Zu diesem Buch

Richard J. Evans' fünf Geschichten von Verbrechen und Strafe, mit Gespür für die historisch aufschlußreiche Episode ausgewählt und spannend erzählt, illustrieren die Versuche der staatlichen Autorität im 19. Jahrhundert, Wohlverhalten und Gehorsam zu erzwingen. Das Urteil, in diesem Jahrhundert habe sich durch Überwachen und Strafen eine «Gefängnisgesellschaft» herausgebildet, erweist sich dabei als sozialhistorisches Klischee. Von den epischen Abenteuern der preußischen Sträflinge, die 1802 nach Sibirien deportiert wurden, über die komischen Täuschungsmanöver eines politischen Schwindlers mitten im 19. Jahrhundert bis zu der ironischen Biographie einer Prostituierten, die beweist, daß die «ehrbare» Gesellschaft unmoralischer war als die «Unterwelt», der sie angehörte, behandeln diese Geschichten Grenzgebiete von Fiktion und Realität, von historischer Wirklichkeit und ihrer romanhaften Bearbeitung.

Richard J. Evans, geboren 1947, studierte Geschichte an der Universität Oxford. Von 1976 bis 1989 lehrte er Geschichte an der University of East Anglia in Norwich. Seit 1989 lehrte er als Ordinarius für Geschichte am Birkbeck College der Universität London, seit Anfang 1998 ist er Ordinarius für moderne Geschichte an der Universität Cambridge. Einer seiner Forschungsschwerpunkte ist die deutsche Geschichte des 19. und 20. Jahrhunderts. Unter seinen zahlreichen Veröffentlichungen: Sozialdemokratie und Frauenemanzipation im deutschen Kaiserreich, Bonn 1979; Kneipengespräche im Kaiserreich. Die Stimmungsberichte der Hamburger Politischen Polizei 1892–1914, Reinbek bei Hamburg 1989 (Rowohlt); Tod in Hamburg. Stadt, Gesellschaft und Politik in den Cholera-Jahren 1830–1910, Reinbek bei Hamburg 1990 und 1996 (Rowohlt); Rituals of Retribution. Capital Punishment in Germany 1600–1987, Oxford 1996; In Defence of History, London 1997.

Richard J. Evans

Szenen aus der deutschen Unterwelt

Verbrechen und Strafe, 1800–1914

Aus dem Englischen
von Claudia Preuschoft

Rowohlt

Veröffentlicht im Rowohlt Taschenbuch Verlag GmbH,
Reinbek bei Hamburg, Dezember 1997
Copyright © 1997 by Rowohlt Taschenbuch Verlag GmbH,
Reinbek bei Hamburg
Teile des 4. Kapitels erschienen unter dem Titel
«Prostitution, State and Society in Imperial Germany» in
Past and Present 70 (1976), World Copyright © The Past and Present Society.
Eine frühere Fassung des 5. Kapitels wurde in Richard J. Evans:
Rethinking German History. London 1987, Routledge, veröffentlicht.
Alle deutschen Rechte vorbehalten
Copyright © 1997 by Richard J. Evans für den Sammelband
Lektorat Wolfgang Müller
Umschlaggestaltung Walter Hellmann
(Bildmotiv aus: Wolfgang Kirchbach:
Das Leben auf der Walze, Berlin o. J. [1892])
Satz Aldus und Univers (Linotronic 500)
Gesamtherstellung Clausen & Bosse, Leck
Printed in Germany
2490-ISBN 3 499 60522 8

Inhalt

Für Barbara und Logie, den Radfahrern aus Bremen

Für Unterstützung bei mehreren Forschungsreisen bin ich vor allem der Alexander-von-Humboldt-Stiftung dankbar, die mir 1981 und wieder 1989 ein Forschungsstipendium an der Freien Universität zu Berlin gewährte, sowie dem Deutschen Akademischen Austauschdienst und der British Academy, die meine weiteren Forschungen während der neunziger Jahre förderten. Ohne Michael Burleigh und Tony Nicholls wäre mir diese Unterstützung nicht bewilligt worden. Die Universität Stirling (Schottland), die Universität von East Anglia (Norwich) und das Birkbeck College (London) haben ebenfalls bei den archivalischen Forschungen, die diesem Buch zugrunde liegen, zur jeweiligen Zeit geholfen. Besonders möchte ich den Mitarbeitern und Mitarbeiterinnen der verschiedenen Archive und Bibliotheken danken, die mir bei der Suche nach Dokumenten und Büchern behilflich waren, so u. a. der British Library, des Deutschen Historischen Instituts London, der Staatsbibliothek Preußischer Kulturbesitz in Berlin, des Bundesarchivs in Potsdam, des Bayerischen Hauptstaatsarchivs in München, des Niedersächsischen Hauptstaatsarchivs in Hannover, der Staatsarchive der Freien und Hansestädte Bremen, Hamburg und Lübeck, des Badischen Generallandesarchivs in Karlsruhe, des Mecklenburgischen Landeshauptarchivs in Schwerin, des Staatsarchivs in Coburg, der Stadtarchive in Braunschweig und Frankfurt am Main, des Archivs des Bundes Deutscher Frauenvereine (im Landesarchiv Berlin) und (insbesondere) des Geheimen Staatsarchivs Preußischer Kulturbesitz in Berlin. Hartmut Kaelble, Ilona Wolter und Martyn Phillips in Berlin sowie Tony und Willy McElligott in Hamburg und vor allem Logie Barrow und Barbara Dabrowski in Bremen halfen während dieser Jahre, das Leben des Forschers fern von seinem Zuhause erträglich zu machen; Joanna Bourke, Marybeth Hamilton, Philippa Levine und Lucy Riall haben das Manuskript gelesen und viele Vorschläge zur Verbesserung gemacht; Nikolaus Wachsmann hat viel bei der Überprüfung der deutschen Fassung geholfen; Helga Stachow ermunterte den Autor mit ihrem Enthusiasmus für die verschiedenen Themen des Buches und schlug eine Lesung von Margarethe Böhmes «Tagebuch einer Verlorenen» vor; Christine Corton hat die Niederschrift mit Rat und Tat unterstützt. Ihnen allen möchte ich an dieser Stelle recht herzlich danken.

Richard J. Evans
London, im August 1997

Einführung

In diesem Buch werden fünf sehr unterschiedliche und voneinander unabhängige Geschichten zum Thema Verbrechen und Strafe im Deutschland des 19. Jahrhunderts vorgestellt: die epischen Abenteuer eines Kunstlehrers, der im Jahr 1802 mit einer Bande gewalttätiger preußischer Schwerverbrecher nach Sibirien deportiert wurde, nachdem er wegen wiederholter Fälschung von Banknoten im Gefängnis gesessen hatte; die tragische Leidensgeschichte einer trunksüchtigen Landstreicherin, die in den zwanziger und dreißiger Jahren des 19. Jahrhunderts von den Bremer Behörden immer wieder der Prügelstrafe unterzogen wurde, weil sie sich des Verbrechens schuldig gemacht hatte, nach wiederholten Ausweisungen hartnäckig in die Stadt zurückzukehren; die komischen und phantasievollen Täuschungsmanöver eines professionellen Hochstaplers, der in den frühen sechziger Jahren festgenommen wurde, weil er seine Hotelrechnung nicht bezahlt hatte; die voll bitterer Ironie steckende Biographie einer jungen Frau, die in den neunziger Jahren in die Prostitution abglitt, nachdem sie ein uneheliches Kind bekommen hatte, und an deren Niedergang und Fall abzulesen ist, daß die «ehrbare» Gesellschaft bei weitem grausamer und unmoralischer war als die «Unterwelt», der sie schließlich zugerechnet werden sollte; und schließlich die moralisch aufbauende Geschichte eines jungen Mannes, den die Erfahrungen während eines Aufruhrs im Jahr 1906 überzeugen, daß Trunksucht die Wurzel von Verbrechen und Unordnung ist, und der daraufhin sein Leben dem Kampf gegen den Alkohol widmet.

Diese Geschichten gehören in das Genre der «Mikrostudien», das sich in den letzten Jahren in der internationalen Geschichtswissenschaft immer mehr durchgesetzt hat. Im Mittelpunkt von Mikrostudien steht zum Beispiel die Geschichte eines Individuums wie Martin Guerre, die Natalie Zemon Davis nacherzählte, oder einer kleinen Gemeinde wie Montaillou, die Emmanuel Le Roy Ladurie zu neuem Leben erweckte, oder eines Ereignisses wie des «großen Katzen-Massakers» im Paris des 18. Jahrhunderts, das Robert Darnton analysierte.[1] Den Historikern, die in den sechziger und siebziger Jahren des 20. Jahrhunderts an den Themen Verbrechen und Devianz arbeiteten, ging es hauptsächlich um die Formulierung allgemeiner Aussagen über Verbrechen und die Strafrechtspolitik einerseits sowie andererseits um ihre Verbindung zu übergreifenden historischen Entwicklungen wie der Industrialisierung, der Modernisierung und dem Entstehen des Nationalstaates. Dabei bedienten sie sich häufig hochentwickelter quantitativer Techniken. Das brachte zwar bedeutende Untersuchungen hervor, allerdings nicht besonders viele spannende Bücher.

Die menschliche Dimension verschwand dabei hinter Bergen von Statistiken. Es gelang den quantitativ vorgehenden Historikern zwar, eine Reihe wesentlicher Tendenzen und Entwicklungen in der Geschichte des Verbrechens darzustellen, die großen historischen Verbindungen und Erklärungen aufzuhellen, nach denen sie suchten, fiel ihnen jedoch weit schwerer.[2] Das ist wohl kein Wunder, zumindest nicht für Deutschland im 19. Jahrhundert, denn wir wissen immer noch relativ wenig über die Geschichte von Verbrechen und Strafe in diesem Zeitraum. Für das 16., 17. und 18. Jahrhundert liegt eine Reihe hervorragender Untersuchungen über Verbrechen und Strafe vor, für das 19. Jahrhundert jedoch wird die Spur dünner, und die frühen Untersuchungen des deutschen Historikers Dirk Blasius, dem Pionier auf diesem Gebiet, blieben ohne Nachfolge.[3] Der Grund dafür ist vermutlich, daß die gewöhnlichen Kriminellen des 19. Jahrhunderts nur selten in der romantischen Aura erstrahlen, die die Banditen, Wilderer und am Rande der Gesellschaft stehenden Menschen früherer Epochen umgibt.[4] Aufruhr und Rebellion, sozialer Protest und die Arbeiterbewegung haben sich als Themen erwiesen, mit denen Historiker sich viel leichter identifizieren können.[5]

Was moderne Historiker an dieser Zeit besonders interessierte, war weniger die kriminelle Unterwelt als vielmehr der Versuch des Staates, sie zu unterdrücken. Das 19. Jahrhundert galt vor allem als eine Zeit, in der der preußische Staat, gefolgt von den anderen deutschen Staaten, die oft leer gebliebenen Versprechen eines «aufgeklärten Despotismus», die Monarchen wie Friedrich der Große im 18. Jahrhundert gegeben hatten, einlöste und eine durchgreifende Polizeikontrolle über die deutsche Gesellschaft errichtete. Nachdem sich der preußische Staat am Beginn des Jahrhunderts von den vernichtenden

Niederlagen durch die Armeen Napoleons bei Jena und Auerstedt wieder erholt hatte, verwirklichte er eine großangelegte Reihe bürokratischer Reformen, die die soziale und politische Ordnung verändern und sie mit jener Effizienz und Verantwortlichkeit ausgestalten sollten, die erforderlich waren, wollte man die Franzosen vertreiben. Auf der einen Seite wurden alte soziale Barrieren und Hierarchien angegriffen: der Würgegriff der Zünfte auf industrielle und handwerkliche Produktion wurde gelockert, ebenso das starre Netzwerk von Pflichten und Verbindlichkeiten, die den Gutsuntertanen auf dem Lande auferlegt waren. Der Weg wurde frei für den Übergang von der traditionellen Ständegesellschaft auf der Grundlage von ererbtem Status zu einer modernen Klassengesellschaft auf der Basis von Unterschieden der ökonomischen Macht und des sozialen Bewußtseins. Andererseits entwickelte der Staat eine Fülle neuer Kontrollinstanzen, um dieses umfangreichen Prozesses sozialer Veränderung Herr zu werden: eine professionelle Polizei und die «Gendarmerie», Pässe und Personalausweise, ein Registrierungssystem für namentlich bekannte, sozial Unangepaßte wie ehemalige Häftlinge und Prostituierte, Polizeiregister, Korrespondenznetze, Listen und Informationszentren, um von der Norm Abweichenden und Verbrechern auf der Spur zu bleiben. Das Strafrechtssystem wurde von Grund auf verändert, öffentlich vollzogene Prügelstrafen und Hinrichtungen verschwanden, an ihre Stelle traten Strafen, die verborgen hinter den Mauern der Korrektionsanstalten verbüßt wurden, und das Zuchthaus trat an die Stelle des Prangers.[6]

All diese Veränderungen wurden von Historikern überwiegend unter dem Aspekt der Modernisierung und Rationalisierung staatlicher Kontrolle betrachtet, in deren Verlauf der Staat in Deutschland – und besonders in Preußen – die Bevölkerung in eine Zwangsjacke von Konformität und Gehorsam steckte, aus der sie sich in der Folge nicht mehr befreien konnte. Der Absolutismus hatte das Individuum immer als Untertan und nicht als Bürger betrachtet, und während Untersuchungen über das 17. und 18. Jahrhundert bewiesen haben, daß die Verpolizeilichung der Gesellschaft in den meisten Fällen wenig mehr als ein hoher Anspruch blieb, hat die Forschung über das 19. Jahrhundert unterstellt, daß das Versprechen eines Polizeistaats in dieser Zeit Wirklichkeit wurde.[7] Die Würfel waren also gefallen für die Abrichtung zu gläubigem Gehorsam und Liebe zur Autorität, die beim Zusammenbruch der Weimarer Republik und unter der Herrschaft der Nationalsozialisten einen so schrecklichen Preis fordern sollten.[8]

Viele Historiker betrachteten dies zwar als deutsche Sonderentwicklung; Untersuchungen über andere Länder deckten dort jedoch tendenziell ähnliche Muster auf. Auch wenn die Arbeiten des französischen Philosophen Michel Foucault auf deutsche Historiker bisher nur wenig Einfluß hatten, so verstärkte seine Untersuchung der Geschichte von Verbrechen und Strafe im Europa des 19. Jahrhunderts im allgemeinen und insbesondere in England und Frankreich das gängige Bild vom 19. Jahrhundert als der Zeit, in der eine «Disziplinargesellschaft» geschaffen wurde. Durch ein Netzwerk kontrollierender Institutionen sowie klassifizierender wissenschaftlicher Diskurse verschwanden die «tolerierten Illegalitäten», die für die Gesellschaft der frühen Neuzeit so charakteristisch waren, von der Bildfläche. Im Verlauf dieser Entwicklung, so argumentierte Foucault, schufen die neuen Diskurse der Soziologie, Kriminologie, Psychologie und Psychiatrie das Bild von den «gefährlichen Klassen», an deren konstruierter Abweichung die Tugenden der bürgerlichen Welt gemessen werden konnten. Auf diese Weise wurde eine Unterklasse geschaffen, die Gegenstand fortwährender staatlicher Überwachung und Kontrolle war und deren Mitglieder ihr Leben in einem Netz von Einschließungsanstalten zubrachten, vom Waisenhaus und dem Obdachlosenasyl bis zum Arbeitshaus und Zuchthaus. Diese neue institutionalisierte Unterwelt stellte für den Bürger, der die Pfade der sozialen Anpassung zu verlassen erwog, eine ständige Mahnung an die möglichen Konsequenzen eines solchen Handelns dar.[9]

Diese apokalyptisch düstere Sicht von Autorität und Gehorsam im 19. Jahrhundert war jedoch das Produkt einer relativ kurzen Periode in Foucaults Laufbahn. Seine Ansichten über Verbrechen und Strafe waren eingefärbt vom allgemeinen Skeptizismus der Radikalen nach 1968 im Hinblick auf die Möglichkeiten einer umfassenden sozialen und politischen Reform. Man findet hier einige unangenehme Ähnlichkeiten mit dem vulgärmarxistischen Paradigma jener Zeit, nach dem Polizei und Justiz nichts anderes als Instrumente kapitalistischer Herrschaft seien.[10] In seinem übrigen Werk entwickelte Foucault eine differenziertere und anspruchsvollere Auffassung von Macht. Statt Macht nur als etwas zu betrachten, das schlicht «von oben nach unten» ausgeübt wird, vom Staat auf die Gesellschaft, setzte Foucault seine Auffassung der Macht als «ein Ensemble von Handlungen in Hinsicht auf mögliche Handlungen; [...] eine Weise des Einwirkens auf ein oder mehrere handelnde Subjekte, und dies, sofern sie handeln oder zum Handeln fähig sind»[11]. Mit anderen Worten: Macht ist etwas Strukturelles, und dazu gehört in den meisten Gesellschaften ein zweiseitiger oder multilateraler Prozeß der Interaktion zwischen Menschen, die selbst in unterschiedlichen Graden die Freiheit zum Handeln besitzen, um nach Belieben Macht auszuüben. In weniger abstrakten Begriffen läßt sich Macht im Deutschland des 19. Jahrhunderts nicht als einseitiger Prozeß betrachten, in dem der Staat und seine Organe die Polizeigewalt und Kontrolle über die Gesellschaft ausübten, sondern vielmehr als eine Reihe von Strukturen, die sich fortwährend verlagerten und in denen die «Unterwelt» der Unangepaßten und Kriminellen ihre eigene Art der Macht ausübte, indem sie die diskursive Praxis des Staates beeinflußte und sich seinen Kontrollorganen entzog oder sie manipulierte. Diese Sichtweise liegt auch den in diesem Buch zusammengetragenen Geschichten zugrunde.

Die Fallgeschichten sollen jedoch nicht nur ein differenziertes Bild der Funktionsweise von Macht bieten oder etablierte Stereotypen vom ordnungsbesessenen und gehorsamen Deutschen in Frage stellen.[12] Jede Geschichte wirft auf ihre Weise eine ganze Reihe grundlegender Fragen über die Natur von Devianz und den Sinn von Kontrolle auf. «Mikrostudien» bleiben zu oft auf einer analytischen Ebene, die wenig mehr als trivial ist, statt als Hinweise für weiterreichende historische Probleme genutzt zu werden. Wenn wir uns wie in diesem Buch den Rändern der Gesellschaft zuwenden, kann sich uns nur dann eine neuartige Sicht auf eine Gesellschaft als ganze eröffnen, wenn wir entschlossen sind, diesen Ausgangspunkt für eine Reihe allgemeinerer Betrachtungen zu nutzen. Deshalb beginnt jedes Kapitel mit einer individuellen Geschichte und endet auch mit ihr, reflektiert dann aber im mittleren Teil darüber, was die betreffende Geschichte uns auf einer übergeordneten Ebene zum Thema Verbrechen und Strafe im Deutschland des 19. Jahrhunderts zu sagen hat. Diese allgemeineren Überlegungen führen grob gesagt in drei Richtungen.

Zuerst einmal, und dies am sinnfälligsten, versucht jedes Kapitel eine Verbindung zwischen dem Individuum und dem Kollektiv herzustellen. Im ersten Kapitel führt die Geschichte des Fälschers Wilhelm Aschenbrenner, der 1802 nach Sibirien deportiert wurde, zu den

Geschichten der anderen Verbrecher, die mit ihm dorthin verbannt wurden. Die Lebensgeschichten der Männer, die zu Beginn des Jahrhunderts offiziell als Preußens gefährlichste Kriminelle galten, können uns guten Aufschluß geben über das Leben an den Rändern der damaligen Gesellschaft sowie über die verzweifelten Mittel, zu denen manche Männer griffen, um zu überleben. Die Frage, warum sie deportiert wurden, führt zu einer allgemeineren Übersicht über die Politik der Deportation von Schwerverbrechern im 19. Jahrhundert in Deutschland. Großbritannien hatte seine Strafkolonie in Australien, Frankreich seine Teufelsinsel, aber obwohl manche deutsche Staaten tatsächlich Sträflinge nach Übersee schafften, wurde die Deportation nie zu einer allgemeinen Praxis. Kurz nach der Jahrhundertmitte wurde sie schließlich ganz eingestellt und nie wieder aufgenommen, auch wenn gewisse Kreise die Rückkehr zu dieser Praxis betrieben. Das Thema Strafrechtspolitik ist in diesem Beispiel mit einer ganzen Reihe weiterer Fragen verknüpft, sie reichen vom Status des deutschen Kolonialreichs bis zu neuen Theorien über Verbrechen und Devianz, die von den professionellen Eliten vorgebracht wurden, und die Erzählung hat uns darüber eine Menge zu sagen. Die Deportation wurde unter anderem deshalb in Frage gestellt, weil ihre rechtliche Grundlage als «Polizeimaßnahme», legitimiert durch die Lehre von der Präventivhaft, zunehmend bestritten wurde. Wie die Geschichte der Verschickung von Strafgefangenen im Jahr 1802 und die folgenden Maßnahmen zeigen, war die Deportation außerdem alles andere als ein besonders wirksames Mittel der Strafe. Allein das weitverbreitete Gefühl, die wichtigste Alternative zur Deportation, die Gefängnishaft, sei genauso unwirksam, trieb die Forderungen an, zu dieser Praxis zurückzukehren.

Das zweite Kapitel beginnt mit der bestürzenden Geschichte von Gesche Rudolph, einer Vagabundin, die in den zwanziger und dreißiger Jahren mit den Bremer Behörden in Konflikt geriet: Sie wurde über zwei Jahrzehnte hin immer wieder geschlagen und ins Gefängnis gesteckt und verbrachte nur kurze Perioden in Freiheit. Die Geschichte eröffnet die Frage nach den Körperstrafen, einer Sanktionsform, die im Vormärz zunehmend unter Beschuß der Liberalen geriet, die sie als Symbol der feudalen, autoritären Verachtung der Würde des einzelnen Bürgers betrachteten. Im Jahr 1848 schließlich war die Mehrheit übereinstimmend der Ansicht, Körperstrafen seien unwirksam, und so wurden sie schließlich abgeschafft. Das allmählliche Verschwinden der körperlichen Züchtigung und das Scheitern des Versuchs, sie in der zweiten Hälfte des 19. Jahrhunderts wieder einzuführen, lassen sich jedoch nicht ausschließlich als Folge des Untergangs einer Ständegesellschaft erklären, in der feudale Eliten patriarchale Macht ausübten und es als ihr Recht betrachteten, mit voller Unterstützung durch das Gesetz ihre Untergebenen zu schlagen. Auch dies war kein Fall, wo eine Strafe unwirksam geworden war und durch ein effektiveres Instrument, die Gefängnishaft, ersetzt wurde. Sowohl die Verfechter der Prügelstrafe wie ihre Gegner waren sich offenbar darin einig, daß die Gefängnisse ständig überfüllt waren und Haftstrafen kaum mehr bewirkten, als Generationen von Rückfalltätern zu erzeugen. Eine andere Möglichkeit, diesen Vorgang zu verstehen, so wird in Kapitel 2 argumentiert, besteht darin, ihn als das Verschwinden von offener Gewalt aus der öffentlichen Sphäre und ihren allmählichen Rückzug in die Abgeschiedenheit des Privaten zu interpretieren. Die Studie zeigt, daß die Konsequenzen dieser Veränderung keineswegs durchgängig positiv waren, sie führten nicht notwendig in die Richtung einer «zivilisierten Gesellschaft», wie die Liberalen annahmen.

Im dritten Kapitel enthüllen die Polizeiverhöre eines Hochstaplers in Bremen ein Leben, das sich in den fünfziger und sechziger Jahren unter den Masken einer scheinbar endlosen Vielzahl von Identitäten vollzog. Der nach außen hin ehrbare Herr in der Polizeizelle war gezwungen zu gestehen, daß die Karriere, mit der er seinen Lebensunterhalt verdiente, aus Lug und Betrug bestand. Franz Ernst, von der Polizei als politischer Schwindler der gefährlichsten Sorte beschrieben, illustriert mit seinen ruchlosen Aktivitäten, welch goldene Gelegenheiten einem skrupellosen Abenteurer die politische Instabilität in den mittleren Jahren des 19. Jahrhunderts boten. Das Klima gegenseitiger Irreführung, das von den konspirativen Aktivitäten der Revolutionäre und ihren Gegenspielern im Spionage- und Infiltrationsapparat der politischen Polizei Preußens geschaffen wurde, ließ sich leicht ausnutzen, um am Rand dieses tödlichen Spiels ein bißchen Geld zu machen. Die Leichtigkeit und Geschicklichkeit, mit der es Ernst und vielen anderen gelang, Ausweispapiere zu fälschen und sich in vielen verschiedenen Maskeraden als ein anderer auszugeben, zeigt, wie begrenzt die Wirkung der Ausweis- und Überwachungsmaschinerie war, die nach Ansicht vieler Autoren der deutschen Polizei im 19. Jahrhundert eine unvergleichliche Kontrolle über die Gesellschaft verlieh. Außerdem wirft seine erstaunliche Lebensgeschichte vom Rande her Licht auf viele andere Aspekte der deutschen Gesellschaft in der Mitte des Jahrhunderts, von den anhaltenden Schwierigkeiten, denen die «unehrenhaften Personen» ausgesetzt waren, bis hin zur psychischen Dynamik des bürgerlichen Heiratsmarktes.

Das vierte Kapitel geht aus von der Geschichte einer jungen Frau aus ehrbaren Verhältnissen in den neunziger Jahren des Jahrhunderts, die in das Leben einer Prostituierten abglitt. Ihr Schicksal, das in einem nach ihrem Tod gefundenen Tagebuch in malerischen Einzelheiten nacherzählt wird, erregte weithin Aufsehen, und das Tagebuch löste eine Reihe von Nachahmungen aus. Wie typisch aber war ihre Geschichte? Die Prostitution war in der zweiten Hälfte des 19. Jahrhunderts vielleicht die wichtigste Form weiblicher Abweichung von bürgerlichen Normen. Historikerinnen zufolge schufen die Kontrollen, die die Sittenpolizei in deutschen Städten über registrierte Prostituierte ausübte, ein undurchdringliches Netz von Regeln und Vorschriften, das nahezu totalitär schien. Bei näherer Untersuchung jedoch stellt sich heraus, daß das nicht der Fall war. Ein immer geringer werdender Teil von Prostituierten wurde offiziell registriert, und auch diese entzogen sich zunehmend den Polizeikontrollen oder widersetzten sich ihnen. Die Flucht aus einem staatlich konzessionierten Bordell war nicht schwierig, und das offizielle Netz von Regeln und Vorschriften war lückenhaft. Darüber hinaus stellten Sozialforscher damals fest, daß Frauen, die diesem Gewerbe nachgingen, ihre Tätigkeit in vielen Fällen in einem positiven Licht sahen, als willkommene Alternative zur Armut, zur Tretmühle und zu den langen Arbeitszeiten in den Fabriken oder als Hausangestellte. Historikerinnen wie Judith Walkowitz haben für andere Länder gezeigt, daß es zu einfach ist, Prostituierte einfach als die unglücklichen Opfer der bürgerlichen Gesellschaft und der sexuellen Heuchelei der Männer zu betrachten. Auch in diesem Fall bedürfen sowohl die konventionellen Darstellungen als auch die marxistischen Mythen der Korrektur. Um die Jahrhundertwende war Prostitution in der deutschen Gesellschaft nur eine von vielen Formen der Ausbeutung von Arbeiterfrauen und Frauen der unteren Mittelschicht, und zwar nicht nur durch bürgerliche Männer, sondern Männer aller sozialen Klassen, einschließlich

14

des Proletariats, und zumindest manche Frauen gaben diesem Beruf den Vorzug vor anderen. All dies läßt die moralische Integrität, die die respektable Gesellschaft für sich reklamierte und den Frauen verweigerte, indem sie sie aus ihren Reihen ausschloß, in einem überaus ironischen Licht erscheinen.

Das fünfte Kapitel beginnt mit den heroischen Abenteuern eines jungen Richters, die in dem über alle Maßen beliebten Roman «Helmut Harringa» erzählt werden und sich auf tatsächliche Vorkommnisse in Hamburg zu Beginn des 20. Jahrhunderts stützen. Im Mittelpunkt des Romans stehen die berüchtigten «Gängeviertel»; diese Viertel nahe der Stadtmitte waren Zentren der Kleinkriminalität und der Prostitution. Der Held, eine Ausgeburt deutscher Tugenden, gerät in Berührung mit den «Verkommenen» dieser Viertel, als Alkohol, Unmoral und die Versprechungen gewissenloser politischer Agitatoren sie zu einem gewalttätigen Aufruhr treiben. Die Ordnung wird nur wiederhergestellt mit Hilfe der Sozialdemokraten, die die ehrbare Arbeiterklasse gegen den alkoholisierten wütenden Mob verteidigen. Als der Held gewahr wird, daß der Alkoholismus für Unmoral und Unordnung in der wilhelminischen Gesellschaft verantwortlich ist, beschließt er, sein Leben der Abstinenzler-Bewegung zu widmen. In gewisser Weise liegt das Hauptinteresse der Geschichte nicht in dieser Wendung, bedeutsam sind vielmehr der rassenhygienische Standpunkt, von dem aus Kriminalität, Abweichung und politische Unordnung diskutiert werden, und das zwanghafte Beharren auf der Vorstellung, Entartung werde vererbt. Auf diese Weise verbindet sich die Geschichte von Helmut Harringa mit weiterreichenden Besorgnissen. Im Fortgang des fünften Kapitels werden die Unruhen, die im Zentrum des Romans stehen, genauer dargestellt, zugleich wird gefragt, ob die Einstellungen des Autors, eines Richters und linksliberalen Aktiven der Temperenzler-Bewegung in Hamburg, von einer breiteren Öffentlichkeit geteilt wurden. Was waren tatsächlich die Wurzeln der sozialen Unruhe und Kleinkriminalität in dieser Gesellschaft, wie verhielten sich die Sozialdemokraten dazu, und welche Rolle spielten Polizei und Behörden in der Auseinandersetzung mit ihnen? So wird die leicht literarisierte Darstellung der Wahlrechtsunruhen am 17. Januar 1906 – dem «roten Mittwoch», wie er bald genannt wurde – zum Ausgangspunkt für eine umfassendere Betrachtung der Ursachen sozialer Unruhe in der wilhelminischen Gesellschaft und des öffentlichen Diskurses über den Zusammenhang zwischen Verbrechen und Revolution.

In allen fünf Kapiteln erweisen sich die Verbindungen des Individuums mit dem Kollektiv als komplex und facettenreich. Aber es gibt noch einen zweiten Aspekt, unter dem diese Fallstudien als Ausgangspunkt für weitere Überlegungen dienen: die Vorstellung von einer Unterwelt, die diese Fälle miteinander verbindet. In allen fünf Studien benutzen Polizei und bürgerliche Kommentatoren den Begriff «Gaunerwelt» oder (später) «Unterwelt», im Fall der Prostitution auch «Halbwelt», um das soziale Milieu der Unangepaßten und Ausgestoßenen zu charakterisieren. Am Beginn des 19. Jahrhunderts wurden Gesetzesverstöße von Polizei, Strafrechtstheoretikern und Bürokraten als Resultat der individuellen moralischen «Verworfenheit» des «Verbrechers» betrachtet, als Schlußpunkt einer abschüssigen moralischen Laufbahn, die mit der Vernachlässigung in der Erziehung und der Aufsässigkeit des Kindes begann.[13] Gleichzeitig ging man davon aus, daß solche Leute sich in den unehrenhaften Gewerben besonders konzentrierten, wie die in Kapitel 1 wiedergegebenen Lebensgeschichten einer beträchtlichen Anzahl der Kriminellen zeigen, die nach Sibirien deportiert wurden. Viele dieser Menschen waren Vagabunden und Bettler, sie gehörten zu Deutschlands «fahrendem Volk», einem Milieu, aus dem auch eine überdurchschnittlich große Zahl von Kriminellen hervorging. Aber nicht nur die Lebensgeschichten der Deportierten, sondern auch ganz allgemein die Geschichte der Körperstrafen, die in Kapitel 2 nacherzählt wird, demonstrieren, daß zu dieser Zeit die Peitsche ein bevorzugtes Instrument war, das gegen solche Missetäter eingesetzt wurde. Absichtliche Bosheit und Bösartigkeit galten als Wurzel der Devianz und harte körperliche Strafen als einziges Gegenmittel, als Abschreckung, um den verbrecherischen Willen zu brechen und denjenigen, der von einem solchen Willen beherrscht wurde, zu zwingen, sich dem Gesetz zu beugen.

In der Mitte des Jahrhunderts begannen Berichterstatter, diese Menschen als Mitglieder einer organisierten kriminellen Unterwelt oder Gaunerwelt darzustellen, die ihre eigenen Regeln und Vorschriften und sogar eine eigene Sprache besaß. In vieler Hinsicht war auch der Hochstapler eine klassische Figur der Unterwelt, sowohl seiner Herkunft nach als auch durch seinen Lebensstil, wie wir in Kapitel 3 sehen werden. Der Zuhälter oder Kuppler galt ebenfalls als zentrale Figur in der Unterwelt des organisierten oder halborganisierten Verbrechens, wie sich aus den Debatten über Prostitution, die im Kapitel 4 nacherzählt werden, schließen läßt. In Kapitel 5 treten die bürgerlichen Ängste vor der Trunkenheit als dem «Schmiermittel» der Unterwelt und dem Gasthaus oder der Kneipe als ihrem wichtigsten Ort in den Vordergrund. Marx und Engels faßten die Vorstellung einer Unterwelt in dem von ihnen neugeprägten Begriff vom «Lumpenproletariat», und ihre Nachfolger in der deutschen Sozialdemokratischen Partei machten begeistert Gebrauch von diesem Ausdruck bei ihrem Versuch, die ehrbare Arbeiterklasse, die sie repräsentierten, von den «rohen» Elementen weiter unten auf der sozialen Stufenleiter abzugrenzen.[14] Auch hier wurde also ein scharfer Trennstrich zwischen der Unterwelt und der bürgerlichen Gesellschaft gezogen. All diese offiziellen, bürgerlichen und sogar sozialistischen Kommentare durchzog die Erkenntnis, daß viele, wenn nicht die meisten Verbrecher Wiederholungstäter waren; und das Schreckgespenst des Rückfalltäters, das in allen Studien dieses Buches auftritt, läßt darauf schließen, daß Haftstrafen einfach nicht den erhofften Erfolg brachten. Allmählich gelangte man zu der Ansicht, daß sie wirkungslos blieben, weil sie zu Unrecht voraussetzten, man habe mit moralisch schwachen und deshalb besserungsfähigen Individuen zu tun, anstatt mit einer organisierten sozialen Schicht professioneller Krimineller, für die das Gefängnis nichts weiter als ein Geschäftsrisiko darstellte. Das Prinzip der Besserung mag bei den Liberalen von den vierziger bis in die achtziger Jahre hinein das vorherrschende Prinzip in der Strafrechtstheorie gewesen sein, aber es konnte nie die Tatsache verdekken, daß keine der angewendeten Maßnahmen die erwünschte Wirkung zeigte, nämlich Menschen davon abzuhalten, ein zweites Mal ins Gefängnis zu kommen.

Am Beginn des 20. Jahrhunderts führte das allmähliche Einsickern sozialdarwinistischer Vorstellungen und Sprache in den Diskurs von Wohlfahrt, Kriminologie und Strafrechtsreform zu einer Wiederbelebung der Idee, die Kriminalisten wie Friedrich Christian Benedict Avé-Lallement bereits in der Mitte des vorangegangenen Jahrhunderts propagiert hatten, daß nämlich die Zugehörigkeit zur Unterwelt von Natur her erblich sei.[15] Aber während Avé-Lallement die «Gaunerwelt», die Welt der «Schurken» und «Banditen» auf das zurückgeführt hatte, was er für fremde Einflüsse der «Zigeuner» und Juden hielt, schrieben die neuen kriminologischen Theoretiker soziale Devianz und Kriminalität statt dessen individuell vererbbaren Defekten in allen «Rassen» zu, einschließlich der deutschen. Besonders einflußreich war hier der italienische Kriminologe Cesare Lombroso mit seiner Auffassung, Kriminelle seien «Rückfälle» in einen früheren, primitiveren Menschentyp und an bestimmten körperlichen Merkmalen zu erkennen, die ihre ererbte Neigung verrieten, gegen zivilisierte Verhaltensnormen zu verstoßen. Nicht alle Kriminologen akzeptierten am Ende des 19. Jahrhunderts alles, was Lombroso vorbrachte. Aber nur wenige bestritten die These, daß Verbrechen von erblichen Faktoren beeinflußt würden, die, so wurde weithin angenommen, durch die Erfahrung extremer Armut oder durch übermäßigen Alkoholkonsum aktiviert werden. Diese eugenische Sichtweise der kriminellen Schichten kommt am deutlichsten zum Vorschein in dem Bild, das bürgerliche Schriftsteller und Journalisten von den Aufrührern gaben, die im Mittelpunkt von Kapitel 5 stehen. Es blieb den Nationalsozialisten überlassen, die beiden Stränge Rassismus und Erblichkeit zu verbinden und Menschen, die in diese Kategorien fielen, wie Juden und «Zigeuner», aber auch deutsche Kriminelle und Randständige, der Sterilisation, dem Konzentrationslager und letztlich der Gaskammer auszuliefern. In den fünf Mikrostudien in diesem Buch wird sorgfältig darauf geachtet, welcher Sprache sich die Juristen, Verwaltungsbeamten, Polizisten und bürgerlichen Kommentatoren bedienten, wenn sie über die Unterwelt sprachen. In ihr zeigt sich, wie sich die Zuschreibung absichtsvoller Bösartigkeit verlagert zu der Zuschreibung persönlicher Schwäche und letztlich zu der Annahme erblicher Schäden.[16]

Gleichzeitig spielte diese Sprache eine Rolle bei der Schaffung wie auch der Aufrechterhaltung gerade der Unterwelt, deren Existenz sie in aller Form beklagte. Dies geschah in Worten wie in Bildern. Wie Kapitel 1 zeigt, machten Narben auf dem Rücken eines Verbrechers oder das Brandmarken seines Körpers es diesem automatisch schwer, einer ehrbaren Beschäftigung nachzugehen. Indem von der Norm Abweichende einer «unehrenhaften» gesellschaftlichen Gruppe zugeschrieben wurden, lieferte man sie zum einen der Auffassung aus, die für viele, die in Kapitel 2 zu Wort kommen, Grundlage ihres Handelns war, daß sie nämlich außerhalb der Reichweite aller reformerischen Bemühungen stünden, die normalen Verbrechern zuteil wurden. Darüber hinaus überantwortete man sie der Verfemung und Feindseligkeit seitens der «ehrbaren Gesellschaft», wie Kapitel 3 erkennen läßt. Frauen konnten ihre Ehre noch leichter verlieren, wenn sie gegen die sexuellen Normen verstießen, wie die Geschichten, die in Kapitel 4 nacherzählt werden, deutlich illustrieren. Nur sehr wenige Autoren vertraten die Auffassung, daß es die Normen waren, die die davon Abweichenden schufen, und nicht das Verhalten des einzelnen. Auch hier kennzeichnete die Sprache der Kleidung und des Benehmens subtil, aber unmißverständlich die Frauen der sexuellen Unterwelt und unterschied sie von Frauen aller Klassen der ehrbaren Gesellschaft. Im Kapitel 5 sehen wir schließlich, wie Männer und Frauen aus dem Hamburger «Gängeviertel» allein deswegen die feindselige Aufmerksamkeit der bürgerlichen Gesellschaft und der öffentlichen Meinung auf sich zogen, weil sie in einem Elendsviertel lebten. Vor allem die Aktionen der Polizei am Nachmittag und Abend während der politischen Demonstrationen des 17. Januar lösten jedoch den Ausbruch von Kriminalität und Zerstörung im Gängeviertel aus.

Diese Studien stellen in unterschiedlicher Weise die Frage, wie weit die bürgerliche Gesellschaft in Wirklichkeit selbst die Unterwelt in ihrer Vorstellung schuf als einen ihr entgegengesetzten Bezugspunkt, mit dessen Hilfe sie ihre eigenen Normen der Ehrbarkeit definieren konnte. Die bloße Vorstellung einer Unterwelt sowie die Stigmatisierung, die damit einherging und von Polizeiregistern sozial Auffälliger und Krimineller noch unterstützt wurde, war wenig dazu angetan, die Kriminalitätsrate zu senken: Wenn das Gesetz Menschen durch Strafe stigmatisierte, ließ es ihnen kaum eine andere Möglichkeit, als ein Leben im Verbrechen zu führen. Die Geschichten von der Unterwelt, die in der deutschen Gesellschaft des 19. Jahrhunderts in Umlauf waren, boten eine Reihe abschreckender Beispiele, mit deren Hilfe die Normen aufrechterhalten werden konnten. Stabilisierend wirkte sich auf die bürgerliche Öffentlichkeit unter anderem auch die Darstellung der schrecklichen Konsequenzen aus, die mit der Überschreitung ihrer Normen einhergingen: wiederholte Gefängnishaft, Deportation in die eisige Ödnis Sibiriens, Auspeitschen und Prügel, grobe Behandlung durch zweifelhafte Revolutionäre, physischer Verfall und Abstieg, der Makel von Geschlechtskrankheiten, Alkoholismus und Selbstmord aus Verzweiflung oder verlorener Ehre. All diese Sanktionen spielen eine bedeutende Rolle in den Geschichten, die in diesem Buch vorgestellt werden. Die Institutionen, die der deutsche Staat und die deutsche Gesellschaft im Verlauf des 19. Jahrhunderts schufen, waren, wie wir sehen werden, ebensosehr darauf gerichtet, das Verhalten der ehrbaren Mehrheit zu regulieren wie das der auffällig gewordenen Minderheit.

Dem Schutz der ehrbaren Gesellschaft dienten aber nicht nur die entsprechenden Institutionen oder Gesetze. Der moralische Diskurs war im Deutschland des 19. Jahrhunderts nicht bloß eine Angelegenheit von Polizeiverordnungen. Er stützte sich auf zahlreiche literarische Vorbilder, auf Balladen und Märchen, Romane und Autobiographien, in denen die Lebensgeschichten derer erzählt wurden, die sich in ein Drama von moralischer Abweichung, Verbrechen und Sünde verstrickt hatten. Alle fünf Mikrostudien in diesem Band sind nicht nur Ausgangspunkte für Überlegungen zur Beziehung des einzelnen zu einem kollektiven Schicksal und zu Verschiebungen in der Vorstellung einer kriminellen Unterwelt, sondern auch zum Wesen der Erzählung und der Erzählbarkeit überhaupt. Denn jede der fünf zentralen Geschichten trägt nur einen Teilaspekt bei und steht letztendlich in einer unbestimmten und nicht bestimmbaren Beziehung zu der zu ermittelnden historischen Wahrheit. Jede wird darüber hinaus nicht nur, und vielleicht nicht einmal in erster Linie, von den Konturen realer Begebenheiten geformt, sondern auch von literarischen und fiktiven Vorbildern und Strukturen. Die Autobiographie von Wilhelm Aschenbrenner zum Beispiel, mit der Kapitel 1 eröffnet wird, stellt, wie angenommen werden muß, nur sehr indirekt den Leidensweg ihres Autors dar, nicht nur weil Aschenbrenner ein zwanghafter und meisterhafter Fälscher war und daher an der Authentizität seines Werks insgesamt gezweifelt werden muß, sondern auch weil seine pikareske Erzählung mit vielen Strukturen und Motiven der populären Sensationsliteratur seiner Zeit übereinstimmt. Die Geschichte von Gesche Rudolph, die am Anfang von Kapitel 2 steht, ist ein Plädoyer ihres Anwalts und im tragischen Stil verfaßt: Es gibt keinen Grund, an der Wahrhaftigkeit der geschilderten Einzelheiten zu zweifeln; der unbekannte Faktor liegt hier in dem, was ausgelassen wird. Desungeachtet ist sie «Archiv-Fiktion» in dem Sinn, wie Natalie Zemon Davis den Begriff benutzte: ein absichtsvolles und künstlerisch konstruiertes Plädoyer um Gnade, eine literarische Schöpfung zu dem Zweck, die Emotionen des Lesers zu rühren und das Herz auch des versteinertsten Beamten aus Mitgefühl zum Schmelzen zu bringen.[17]

Der deutsche Räuber- und Ritterroman, das populäre literarische Genre der Abenteuergeschichte, an das Aschenbrenners romantische Erzählung sich so eng hielt, hatte am Beginn des 19. Jahrhunderts auch die Wahrnehmung beeinflußt, so daß viele das Leben des Verbrechers für ein Leben voller Vergnügen und Aufregung hielten. Auch dies verstärkte die offizielle Ansicht, Kriminalität sei in erster Linie Ausdruck eines eindeutigen und bösartigen Willens zur Abweichung. Gleichzeitig sprechen die Abenteuer Aschenbrenners oder der anderen Schwerverbrecher, die nach Sibirien deportiert wurden, des Banditen Johann Friedrich Exner zum Beispiel, von einem Unternehmensgeist, einer Härte und Entschlossenheit, die kaum als romanhaft bezeichnet werden kann. Im Gegensatz dazu war die sentimentale Geschichte eines Lebens im Verbrechen, das der Anwalt der Gesche Rudolph als ein Leben in Leid und Verzweiflung darbot, darauf berechnet, den mitfühlenden liberalen Standpunkt zu unterstützen, nach dem Verbrechen in erster Linie aus der Gewissensschwäche eines einzelnen und der Feindseligkeit und Verständnislosigkeit einer gleichgültigen Gesellschaft entstand. Gesche Rudolphs Geschichte gehört ganz eindeutig in die Kategorie der Tragödie. Das Leben des Hochstaplers Franz Ernst hingegen ließ sich kaum anders darstellen denn als Komödie, selbst von den verzweifelten Polizisten, deren undankbare Aufgabe es war, ihn zu verhören. Auch wenn sie ihn als «gefährlich» bezeichneten, fällt es schwer zu glauben, daß sie die Bedrohung, die er angeblich für die öffentliche Ordnung und die Moral darstellte, allzu ernst nahmen. Als Franz Ernst ein kunstvolles Gespinst nach dem anderen aus Wahrheiten, Halbwahrheiten und Lügen spann, sah die Polizei sich genötigt, ihre Bemühungen zu verstärken, um die Wahrheit ans Licht zu bringen. Dabei wurde immer offensichtlicher, daß Ernst selbst kaum fähig war, die Wirklichkeit von der Erfindung zu unterscheiden. Wie wir sehen werden, hatte er sich durch seine Veröffentlichungen und auf seinen Vortragsreisen als respektabler Intellektueller etabliert, und dies wurde zu einem entscheidenden Requisit für seine professionellen Täuschungsmanöver. Ihn als «wirklichen Gauner» zu bezeichnen, ging an der Sache vorbei; beide Seiten seiner Identität hatten die gleiche Gültigkeit. Das

Wesen seiner Lebensgeschichte lag in ihrer Doppelbödigkeit. Hier brach die Unterwelt in die ehrbare Gesellschaft ein, dies war verstörend und warf das Problem auf, wie man die eine von der anderen unterscheiden könne.

Die Geschichte, mit der Kapitel 4 beginnt, bewegt sich im ironischen Modus: Sie erzählt den Abstieg einer unschuldigen Frau in Prostitution, Krankheit und Tod ohne eigenes Verschulden. Jedes Stadium ihres abschüssigen Lebenswegs wirft ein scharfes und kritisches Licht auf die moralische Anmaßung der ehrbaren Gesellschaft, die sie zunächst durch die herzlose Starrheit ihrer Konventionen ausgrenzt und sie dann in einer Weise ausbeutet, die die Scheinheiligkeit an ihrer Wurzel nur zu deutlich bloßlegt. Eine derartige Beschreibung unterschied sich nur in ihrem Ausgangspunkt von herkömmlichen Verbrecherbiographien, wie sie die populäre Pitaval-Reihe enthielt, oder von den wahren Kriminalgeschichten, die Paul Anselm von Feuerbach in den späten zwanziger Jahren des 19. Jahrhunderts veröffentlichte.[18] Feuerbachs Bösewichter waren von Anfang an vom Schicksal mit einem Makel behaftet, und nur ihre Verbrechen wurden mit zunehmendem Alter immer schwerer. Die wenigen Kriminellen, die er der Sympathie für würdig befand, wurden von ihm überwiegend so dargestellt, als hätten sie ihre Verbrechen nur aufgrund heftigster Provokationen oder in einem verwirrten Moment der Schwäche, Wut oder Versuchung begangen. Das Tagebuch der «Thymian Gotteball», mit dem Kapitel 4 beginnt, weist weit mehr Übereinstimmung auf mit einem Stereotyp, das aus der Literatur über Kindsmord seit dem späten 18. Jahrhundert vertraut war: dem der betrogenen Unschuld, die allmählich verdorben wird durch eine ausbeuterische und moralisch korrupte Gesellschaft. Das Kapitel untersucht noch weitere zeitgenössische Quellen, um das Ausmaß zu prüfen, in dem das Tagebuch Enthüllungen über die Erfahrung von Prostituierten in Deutschland um die Jahrhundertwende widerspiegelt.

Der Roman, der als Ausgangspunkt für Kapitel 5 dient, folgt sehr eng dem Modell der Heldengeschichten. Dies mag seinen überwältigenden Erfolg im wilhelminischen Deutschland und dem der Weimarer Republik erklären. «Helmut Harringa» bietet leicht erkennbare Schwarzweißstereotypen und erzählt die Geschichte eines reinen, moralisch aufrechten jungen Deutschen, der den Kampf mit den dunklen Mächten des Alkoholismus, der Unmoral und der rassischen

Entartung aufnimmt. Diese Darstellung von Ordnung und Unordnung, Gesetzestreue und Ungesetzlichkeit deutet voraus auf das Verhängnis vereinfachender rassenhygienischer Stereotypen der Nationalsozialisten. Das Kapitel führt eine Reihe zeitgenössischer Belege für die These an, daß der Roman eine zunehmende Tendenz im öffentlichen Diskurs des wilhelminischen Deutschland erkennen läßt, Verbrechertum als erblich und daher nicht behandlungsfähig aufzufassen und revolutionäre Aktivitäten als an sich kriminell, ja rassisch bedingt. «Helmut Harringa» ist zugleich Abstinenzler Traktat und Roman; die geringfügige Fiktionalisierung der Ereignisse, über die er berichtet, ist bis zu einem bestimmten Grad ein Vorwand, um eine sozialpolitische Botschaft zu verkünden. Auch hier wird mit Hilfe archivalischer Quellen die Darstellung des Aufruhrs vom 17. Januar 1906 im Roman kritisch befragt, denn er veranlaßt den Helden des Romans zu seiner Kampagne gegen die Übel des Alkohols. Darüber hinaus läßt sich durch diese Quellen einschätzen, wie zutreffend Berichterstatter in Politik und Journalismus von den Sozialdemokraten bis zu Vertretern der nationalistischen Rechten den Aufruhr und seine Ursachen gedeutet haben.

Eines der impliziten Argumente dieses Buches ist, daß ein solches Vorgehen nicht nur eine vollkommen legitime Übung für den Historiker ist, sondern auch ein notwendiger Teil seiner Aufgabe, und zwar eine, die besonders erfolgversprechend ist. Mit anderen Worten: Zwischen historischen Fakten und historischer Fiktion besteht ein großer Unterschied. Aber es reicht nicht aus, derartige Berichte einfach anhand anderer Quellen zu überprüfen, um so herauszufinden, wie stark sie der historischen Wirklichkeit entsprechen. Ebenso wichtig ist es auszuloten, auf welche Weise diese und andere Schilderungen die diskursive Praxis verschiedener sozialer und politischer Gruppen im Deutschland des 19. Jahrhunderts reflektierten und wie weit sie dazu beitrugen, die Auseinandersetzung mit dem Problem der sexuellen und sozialen Devianz zu formen, wenn diese – wie im Beispiel – als weibliche Prostitution auftrat. Fiktionale und nicht-fiktionale Texte lassen sich in mancher Hinsicht einfach als unterschiedliche Wege betrachten, wie grundlegende Fakten in dieser Gesellschaft zum Ausdruck gebracht wurden, und ihr Einfluß aufeinander war keineswegs nur einseitig.

Über die Beziehung zwischen Individuellem und Kollektivem, die

Vorstellung von der Unterwelt und die Vieldeutigkeit der Erzählungen hinaus spinnen sich noch weitere Fäden, verknüpfen Themen und verbinden die Geschichten, die in diesem Buch vorgestellt werden: Klasse und Geschlecht, Staat und bürgerliche Gesellschaft, Autorität und Gehorsam, Polizei, Staat und Gesellschaft, soziale und politische Veränderung. In jeder Geschichte steht eine andere Figur der Unterwelt im Mittelpunkt: der Fälscher, die trunksüchtige Landstreicherin, der Hochstapler, die Prostituierte, der Trinker und der Dieb. In den Reflexionen über die Verbindung der verschiedenen Figuren in der deutschen Unterwelt werden jeweils auch Figuren einbezogen, die in den anderen Geschichten auftreten. So spielt zum Beispiel die Prostitution, das zentrale Thema in Kapitel 4, auch in der Geschichte von Wilhelm Aschenbrenner, dem Fälscher, eine Rolle sowie in der Darstellung der Hamburger Unruhen und der kriminellen Unterwelt in Kapitel 5. Außerdem war Prostitution nahezu das einzige Mittel, mit dem Gesche Rudolph, die Frau, die in Kapitel 2 im Zentrum steht, ihren Lebensunterhalt verdienen konnte. Auf ähnliche Weise spielen Körperstrafen, das Thema desselben Kapitels, nicht nur in Rudolphs Leben eine Rolle, sondern auch in der Erzählung von der Reise der preußischen Häftlinge nach Sibirien in Kapitel 1, ebenso wie Deportation im Leben von Franz Ernst, dem Hochstapler von Kapitel 3, vorkommt. Der «Volksteufel» des Zuhälters und Kupplers hat seinen Auftritt sowohl in Kapitel 2, wo er im Zuge der Versuche, die Körperstrafe wieder einzuführen, an die Wand gemalt wird, wie auch in den Kapiteln 4 und 5 als Gegenstand bürgerlicher Ängste zur Zeit der Jahrhundertwende. Sexuelle Ausbeutung und die Verführung unschuldiger Mädchen ist ein Thema von Kapitel 4, kommt aber, vielleicht überraschend, auch in Kapitel 3 vor, der Geschichte von Franz Ernst. Täuschung, Ehrlosigkeit, die Auswirkungen von Gefängnishaft, die Dilemmas der Strafrechtsreform, der unterschiedliche Erfolg von Polizeimaßnahmen und Strafen, die Ausbeutung von Strafrechtspolitik für symbolische politische Zwecke auf allen Seiten des politischen Spektrums – dies sind auch Themen, die sich durch die fünf Kapitel dieses Buches ziehen.

Die Personen, die im Mittelpunkt der Erzählungen stehen, stellen die leibliche Verkörperung von Figuren aus dem Repertoire des bürgerlichen Diskurses über die Unterwelt dar. Dieser Diskurs hat sich im Verlauf des 19. Jahrhunderts nur wenig verändert, ähnliche The-

men und Vorstellungen tauchen im ganzen Jahrhundert in unterschiedlichen Zusammenhängen und zu unterschiedlichen Zeiten wieder auf. Es geht hier also um mehr als nur um eine Sammlung span-
nender Geschichten. Am Schluß des Buches werden wir deshalb zu
einigen allgemeineren Überlegungen zum Thema Verbrechen und
Strafe, Autorität und Gehorsam im Deutschland des 19. Jahrhunderts
zurückkehren.

1 Die Reise der preußischen Sträflinge nach Sibirien

Wilhelm Aschenbrenners authentische Geschichte

Autobiographien von Verbrechern sind zu jeder Zeit und in jeder Form ungewöhnlich. Zu den ungewöhnlichsten zählt wohl die heute in Vergessenheit geratene Geschichte, die der notorische Fälscher und Abenteurer Wilhelm Aschenbrenner aufgezeichnet hat und die im Jahr 1804 in Berlin veröffentlicht wurde, nachdem ihr Autor in die Bergwerke von Sibirien deportiert worden war.

Der Aschenbrenner, von dem diese «authentische», in der dritten Person erzählte Geschichte handelte, kam in Groß-Glogau in Schlesien zur Welt, als Sohn eines ehemals polnischen Offiziers, der Kaufmann geworden war. Nachdem er bei der preußischen Artillerie gedient hat und als Invalide entlassen worden ist, wird er Erzieher des Sohns eines Offiziers, der in Kulm (Westpreußen) stationiert ist. Dort findet er eine Stelle als Lehrer in der Kadettenschule der Armee, wo er auch als Quartiermeister tätig ist. Aschenbrenner ist ein talentierter Künstler und gibt den Kadetten auch private Zeichen- und Malstunden. Auf seine Eheschließung folgt rasch die Geburt von zwei Kindern, und alles scheint gutzugehen. Aber der Unterhalt für die größer werdende Familie, die Begleichung der Schulden, die sein Vater bei seinem Tod seiner Mutter hinterlassen hat, sowie die Kosten für Bücher, Leinwand, Malutensilien und andere Ausrüstungsgegenstände lassen ihn immer tiefer in Schulden geraten. Ein neuer Direktor an der Kadettenschule beendet Aschenbrenners Tätigkeit als Privatlehrer, und sein Versuch, Geld mit dem Malen und dem Verkauf von Landschaftsbildern aus Westpreußen zu verdienen, kostet ihn mehr Geld, als es ihm einbringt. Die Eltern seiner Frau drückt ebenfalls eine Schuldenlast, so können auch sie nicht helfen. Aschenbrenners Familie gerät in Not. «Aus blühenden, froh spielenden Kindern waren schleichende, um trockenes Brod winselnde Schattengestalten geworden.» Aschenbrenner borgt sich Geld von Freunden und versetzt den Schmuck seiner Frau, aber das ist nicht genug.

Der Direktor der Kadettenschule vertraut ihm eine Banknote über 500 Taler an, die er zur Bank bringen soll. Aschenbrenner kann der

Aschenbr. Geschichte S. 23.

Wilhelm Aschenbrenner

Ihr, die ihr reines Herzens ꝛc

Selbstporträt des Kunstlehrers und Fälschers Wilhelm Aschenbrenner, Spandau 1801. Vollständig lautet das Epigraph: «Ihr, die ihr reines Herzens, vielleicht mit geheimen Unwillen ihn straucheln, fallen sehet – versaget ihm nicht die sanfte Thräne des Mitleids.» Aus: Wilhelm Aschenbrenner: Aschenbrenners authentische Geschichte bis zu seiner Deportation nach Sibirien. Freimuthig von ihm selbst geschrieben, und mit Hinsicht auf die über ihn verhandelten Akten herausgegeben. Nebst seinem Bildnisse. Anhang: Einige Nachrichten über die Stadt und Festung Spandau. Berlin 1804, Frontispiz und S. 23 f. (British Library, London)

Versuchung nicht widerstehen, er kopiert sie und geht zu einer Bank in Liebstadt, wo er die Fälschung unter falschem Namen einlösen will. «Er wollte Vater, Gatte, Sohn und redlicher Abzahler seiner Schulden seyn; er wollte seine Pflichten als solcher erfüllen: edle Absicht, edler Entschluß. – Aber die Wahl des Mittels – die Noth hat die Urtheilskraft geschwächt, nur das Herz handelt noch.»[1] Es dauert nicht lange, bis die Justiz Wilhelm Aschenbrenner auf die Spur kommt, er wird vor Gericht gestellt und zu sieben Jahren Festungshaft in Königsberg verurteilt. Fälschung gilt als schweres Verbrechen, und im schlimmsten Fall steht darauf sogar die Todesstrafe, deshalb ist er eigentlich noch recht glimpflich davongekommen. Seine Frau hält zu ihm, und allgemein wird ihm Verständnis entgegengebracht wegen der Notlage, die ihn dazu verführt hat, die Straftat zu begehen. Sympathie für Aschenbrenner ist wohl auch das Motiv für seine Befreiung durch einen mysteriösen Fremden, der ohne Vorankündigung eines Tages vor seinem Zellenfenster auftaucht und ihm ein Paket durch das Gitter reicht, das Bargeld, falsche Ausweispapiere und eine Feile enthält. Aschenbrenner verliert keine Zeit, feilt die Gitterstäbe durch und klettert auf die Straße, wo er einen weiteren mysteriösen, in einen Umhang gehüllten Mann antrifft. Dieser bringt ihn zu dem nahe gelegenen Ostseehafen Pillau und setzt ihn auf ein Schiff nach Dänemark. Aschenbrenner läßt sich in Kopenhagen nieder und versucht, sich mit dem Verkauf seiner Bilder durchzuschlagen. Er lebt jedoch weiter über seine Verhältnisse und steht bald wieder vor dem ihm wohlbekannten Berg der Rechnungen von Schuhmachern, Schneidern, Lebensmittelhändlern und anderen Lieferanten. Unvermeidlich fällt er wieder der Versuchung anheim und fälscht ein paar weitere Banknoten. Ebenso unvermeidlich entdecken die dänischen Behörden die Fälschung, und er kommt wieder in Haft. Wieder gewinnt er die Sympathie von Freunden, die ihm Geld schicken, mit dem er seinen Aufseher besticht und flieht. Aschenbrenner macht sich auf den Weg zurück nach Berlin, diesmal begleitet von einem dänischen Diener, den der hilfreiche Gefängniswärter ihm besorgt hat. Er hofft, in den Genuß der Generalamnestie zu kommen, die zur Feier der Thronbesteigung des neuen Königs, Friedrich Wilhelm III., verkündet worden ist. Als er von einem Rechtsanwalt erfährt, daß sein Fall nicht unter die Amnestie fallen würde, beschließt er, Deutschland zu verlassen und nach Frankreich zu gehen. Die Mittel dazu beschafft er sich mit dem einfachen, aber zweckdienlichen Trick, die Zahl «100 Taler» auf einer Banknote in «10000» zu verändern.[2]

Als Aschenbrenner gerade dabei ist, seiner neuen Fälschung den letzten Schliff zu geben, sieht er aus dem Fenster und erblickt auf der anderen Straßenseite ein schönes junges Mädchen, das von einer älteren Frau geschlagen wird. Diese Szene spielt sich vor einem Haus ab, das, wie sein Vermieter ihm mitteilte, ein bekanntes Bordell ist. Angetrieben von den edelsten Motiven, wie in seiner Autobiographie versichert wird, rettet er das Mädchen, Wilhelmine O. Sie erzählt ihm, sie sei durch Schulden zur Prostitution gezwungen worden, obwohl sie erst 16 Jahre alt sei. Aschenbrenner kauft sie aus dem Bordell frei und beschließt, sie auf seinem Weg nach Paris zu ihrer Mutter nach Magdeburg zu bringen. Die Beziehung des Fälschers zu der Dirne rückt nun in den Mittelpunkt der Geschichte. Aschenbrenners Bericht betont immer wieder, daß er sich trotz der Umstände stets mit größtem Anstand verhalten habe, aber es gelingt ihm, das nicht nur spannend, sondern auch prickelnd darzustellen:

Als er sich durch die lange Friedrichsstraße dem Hallischen Thore, boi der Ausfahrt aus Berlin, näherte, fühlte er zuerst die Verlegenheit, für was er seine Begleiterin, sowohl dem wachhabenden Offizier als den Wirthen auf der Reise, angeben solle. Er fragte sie: ob sie lieber als Gattin oder Schwester oder Cousine angegeben und unterwegs behandelt zu seyn wünsche? Und sie wählte, aus überzeugenden guten Gründen, deswegen das erste, weil sie dann wenigen Verlegenheiten von andern Herren, die sie als Schwester oder Cousine nicht so leicht von sich entfernen könnte, ausgesetzt zu seyn glaubte.

Aschenbrenner reist mit Wilhelmine, die sich als seine Frau ausgibt, schläft mit ihr im selben Zimmer und wird von Zeit zu Zeit von ihr mit Küssen der Dankbarkeit überschüttet, und er gesteht durchaus, daß sein Verlangen nach ihr schwer zu beherrschen ist. Aber, so sagt er, er bleibt seiner Frau treu, und nachdem er seine gefälschte Banknote in Leipzig eingewechselt hat, bereitet er alles vor, um Wilhelmine zu ihrer Mutter nach Magdeburg zu schicken. Jetzt aber weigert sie sich, ihn zu verlassen:

Wilh.: Sagen Sie, denken Sie, was Sie wollen: meinem – ach ich kann dies Geständniß länger nicht zurückhalten! Sie faßte seine Hand, drückte sie an ihr Herz und mit einem unbeschreiblichen Blick und *einer Erröthung im Gesicht fuhr sie fort:* meinem Herzen sind Sie Alles!

Erst zu diesem Zeitpunkt beichtet Aschenbrenner in einem langen und leidenschaftlichen Gespräch, in dem sie einander bald mit «Du» anreden, daß er verheiratet sei und Schwierigkeiten mit dem Gesetz habe. Seine Begleiterin erklärt ihm daraufhin dennoch ihre unsterbliche Treue. «Die Welt [...] muß mich für deinen Bruder halten. Noch heute werfe ich das weibliche Gewand ab, um es mit männlicher Kleidung zu wechseln.»[3]

Nachdem es ihm gelungen ist, seine Fälschung in Leipzig einzulösen, begleitet die verkleidete Wilhelmine den Autor nach Amsterdam, das damals von revolutionären französischen Truppen besetzt war. Aschenbrenner erhält Arbeit von den Franzosen und zeichnet Landkarten für sie. Inzwischen wird Wilhelmine krank, und weil sie glaubt, sterben zu müssen, beichtet sie, sie sei nicht die Unschuld, für die ihr Retter sie hält, sondern eine gefallene Frau, die im Alter von 14 Jahren ein uneheliches Kind zur Welt gebracht hat. Nach weiteren tränenreichen Szenen vergibt ihr Aschenbrenner großzügig ihre Täuschung. Weitere Abenteuer folgen, die beiden steigen in einem Ballon auf, um die Position der englischen Schiffe, die die Mündung der Texel blockieren, zu erkunden und zu kartographieren, sie versuchen die Blockade zu durchbrechen, wobei Wilhelmine sich als Marinekadett verkleidet, und werden in einen Kampf mit einem englischen Kriegsschiff verwickelt. Wieder an Land, wird Aschenbrenner schließlich von heftigen Schuldgefühlen übermannt, weil er seine Frau und seine Familie im Stich gelassen hat, und ihn überkommt die Verzweiflung über seine schlimme Lage:

«Meine schönsten Träume sind aus. – Statt Ruhm, den ich mir erringen wollte, wird Schande mich brandmarken. Statt häuslicher Glückseligkeit im ruhigen Zirkel der Meinigen zu genießen, muß ich, wie ein scheues Wild, von Land zu Lande, von Meer zu Meer, von einem Weltteil zum andern flüchten; und noch glücklich genug, wenn das gelingt – und ich nicht unter allen Schrecknissen des höchsten Elends eines schauderhaften Kerkers verschmachten darf.»

Von Melancholie überwältigt nimmt er ein Gewehr und geht um Mitternacht in den Garten des Hauses, wo er mit Wilhelmine wohnt. Voller Sorge über seine Absichten folgt sie ihm.

Plötzlich hob er seine rechte Hand mit dem Pistol empor gegen sein

Gesicht, und dies so schnell, daß, ehe sie noch, herbeispringend, ihn zurückhalten vermöge, der Druck geschah. Fürchterlich war von der Nähe der Pulverflamme sein Gesicht in diesem Moment erhellt: es ließ die höchste Verzweiflung erkennen. O Gott! Gott! schrie Minna – Er sank sinnlos zurück.

Aber nur das Pulver hatte gezündet: die Kugel steckt noch im Lauf. Wilhelmine bringt den verhinderten Selbstmörder zurück ins Leben, indem sie dicht neben seinem Ohr das Gewehr abfeuert. Sie holt die Kugel aus dem Baum, in den sie eingeschlagen hatte, hängt sie sich an einer Seidenschnur um den Hals und trägt sie von diesem Augenblick an über ihrem Herzen.[4]

Das Tempo der Handlung wird nach Aschenbrenners Entschluß zu leben keineswegs gemächlicher. Unser Held erhält ein Angebot, in Amerika als Lehrer zu arbeiten, und reist mit seinem Diener und seiner Begleiterin zurück nach Hamburg, mit der Absicht, seine Frau und seine Familie für die Fahrt über den Atlantik abzuholen. Unterwegs gerät er in einen Sturm und erleidet Schiffbruch. In Hamburg haben die Lokalzeitungen die Geschichte der gefälschten Banknote, die er in Leipzig eingelöst hatte, veröffentlicht, und Personenbeschreibungen über ihn sind in Umlauf. Außerdem ist Wilhelmine dem preußischen Gesandten bekannt, dem sie in Berlin begegnet war (wo und unter welchen Umständen, enthüllte Aschenbrenner nicht). Als polnischer Offizier verkleidet («Alle Kunst, ihn unkenntlich zu machen, ward aufgeboten»), begibt er sich zu dem preußischen Gesandten, und es gelingt ihm, einen Paß für die Weiterfahrt nach Danzig zu erhalten. An diesem Punkt jedoch verpfeift ihn sein dänischer Diener an die Behörden, in der Hoffnung auf eine Belohnung. Vorausgegangen waren viele Streitereien mit seinem Arbeitgeber, auch wollte er dem «Hurenhausfräulein», wie er Wilhelmine nannte, die er bei zahllosen Gelegenheiten versucht hatte zu verführen, nicht mehr aufwarten. Das Paar wird festgenommen und nach Berlin gebracht, wo Aschenbrenner wie ein gewöhnlicher Krimineller der untersten sozialen Schicht behandelt wird:

Man [...] wies ihm eine elende hölzerne Pritsche ohne die mindeste Unterlage zum Nachtlager in einem engen Gefängniß an, wo ein ganz gemeiner roher Mensch seit zehn Monaten in Ketten lag, der voll Ungeziefer wimmelte, und weil er sich nicht von der Stelle bewegen konnte, neben sich einen offenen Eimer stehen hatte, wodurch die Luft aufs ekelhafteste verpestet wurde. Hier mußte er sich völlig entkleiden. [...] Nur die allerunentbehrlichste Bedeckung ließ man ihm zurück. [...] Man redete ihn mit Er an, und sagte ihm, ehe noch eine Frage voran ging, gleich beim Eintritt: man sey schon völlig von der Wahrheit der wider ihn angebrachten Beleidigungen überzeugt; bei dem mindesten Widerspruch könne er sich der Peitsche gewärtigen.

Erst nach einiger Zeit wird er als einer der «Eximierten», als Angehöriger einer höheren Klasse erkannt und erhält mildere Haftbedingungen. Diese sind in der Tat so milde, daß der freundliche Gefängnisaufseher Wilhelmine den Tag in der Zelle verbringen läßt, außerdem nimmt er Aschenbrenner (verkleidet mit Hut und Umhang) bei zahlreichen Gelegenheiten zu Aufführungen von Stücken seines Lieblingsautors mit, des Schriftstellers August von Kotzebue.[5]

Diese Annehmlichkeiten sind jedoch nicht von Dauer. Der freundliche Gefängnisaufseher stirbt, und Wilhelmine wird mit einer Gruppe von Frauen, die «nicht von der sittlichen Klasse» sind, ins Gefängnis gesperrt. Die Erzählung wechselt geschickt zwischen dem pikanten Bericht, wie die anderen Frauen fortwährend versuchen, sie zu verderben, und der Darstellung von Aschenbrenners fortschreitender Krankheit, Melancholie und Verzweiflung. Er erleidet einen Nervenzusammenbruch und wird von Wilhelmine gepflegt, die als Näherin zu arbeiten beginnt, um Geld zu verdienen und ihn zu unterstützen. Am Ende der Geschichte gibt sie Aschenbrenner nach und nach auf und verlobt sich mit einem «jungen wohlhabenden Bäckerssohn», während für den Fälscher kein Ende seiner Leiden in Sicht ist. Er fällt ein weiteres Mal dem «Nervenfieber» zum Opfer, als er erfährt, daß er wegen der Leipziger Fälschung zu 20 Jahren Festungshaft in Spandau verurteilt wurde und zusätzlich den Rest der sieben Jahre absitzen muß, zu denen er in Königsberg verurteilt worden war. Seinen Versuchen, sich in Spandau mit dem Verkauf seiner Bilder und Zeichnungen sowie dem Schreiben von Stücken seinen Lebensunterhalt zu verdienen, ist nur wenig Erfolg beschieden. Seine Haftbedingungen verschlechtern sich wieder einmal, nachdem ein bankrotter Höfling ihn besucht und ihn beauftragt, eine weitere Banknote zu fälschen. Aschenbrenner wird dabei erwischt, seine Malutensilien werden ihm weggenommen, er wird in einer winzigen Zelle angekettet, mit gewöhnlichen Verbrechern zu Bauarbeiten gezwungen und mit Schlägen bedroht. «Sein Loos ward immer unerträglicher.» Im Jahr 1799 wird er für zwei weitere Jahre verurteilt, weil er angeblich für den Höfling falsche Papiere hergestellt hatte. Da es ihm nicht gelingt, Geld für Essen, Licht und Feuerholz zu verdienen, wird er dauernd krank und überlebt nur dank der Großzügigkeit eines neuen Wohltäters, des Uckermärkischen Ritterschafts-Syndikus Stilke, der Mitleid mit seiner Notlage hat und durchaus der anonyme Freund gewesen sein mag, dem er schließlich seine Memoiren anvertraut, um sie veröffentlichen zu lassen.[6]

Die Erzählung wird in groben Zügen durch die Schilderung bestätigt, in der die Gefängnisbeamten im Jahr 1801 Aschenbrenner beschreiben. Ihre Darstellung beruhte auf den Geständnissen, die man im Verhör von ihm erhalten hatte. Sie notierten, daß er ursprünglich für sieben Jahre verurteilt worden war für die Fälschung von Bank-Obligationen über die Summe von 12 000 Talern, die er für eine beträchtliche Summe Geldes verpfändete. Aschenbrenner war nach Kopenhagen geflohen, «wo er sich der Schauspielkunst und Malerey widmete», während er weiter seine Fälschungen anfertigte. (In Aschenbrenners Buch wird nicht erwähnt, daß er mit dem Theater zu tun hatte, vielleicht weil der Hinweis, dem Schauspielerberuf angehört zu haben, dem Bild, das er von sich zeichnete, hätte schaden können.) In Kopenhagen wurde er ein weiteres Mal verhaftet, er floh – dem offiziellen Bericht zufolge, der damit auch hier seine eigene Geschichte bestätigte – nach Berlin, fälschte weiter Banknoten und betrog Kaufleute in verschiedenen deutschen Städten, vor allem in Leipzig. Die offiziellen Dokumente belegen außerdem seine Geschichte, daß er schließlich in Hamburg, wo er unter falschem Namen gelebt hatte, festgenommen und zu weiteren 20 Jahren Gefängnis verurteilt wurde. All das erhärtete wenigstens die Grundzüge seiner Erzählung und bestätigte, daß er einer Strafe von insgesamt 27 Jahren Festungsarrest entgegensah, die er im Jahr 1799 in Spandau abzubüßen begonnen hatte. Sein Verhalten in Spandau wurde als «sehr unruhig» beschrieben, und er wurde beschuldigt, der Kopf hinter einigen «Complotten zum Ausbruch» gewesen zu sein. In Verbindung mit der Bedrohung, die er mit seinem Talent als Fälscher für die

Gesellschaft darstellte, hatte dies dazu geführt, daß der Gefängnisdirektor vorschlug, ihn nach Sibirien zu deportieren.[7]

Getragen von einer Welle des Interesses an exotischen Geschichten
vom Leben der Sträflinge in Rußland, berichtet Aschenbrenners Geschichte, trotz der Erwähnung Sibiriens im Titel, nichts über das Leben von Strafgefangenen unter dem zaristischen Regime. Dagegen
verrät der Autor eine ganze Menge über das Leben in Deutschland:
welche Rolle Ehre und Anstand in der Beziehung zwischen den Geschlechtern spielte, mit welcher Leichtigkeit Banknoten und Papiere
gefälscht und als echt ausgegeben werden konnten, mit welcher
Zwangsläufigkeit sie schließlich entdeckt wurden, wie notwendig es
war, daß ein gebildeter Krimineller seine moralische Laufbahn in
einem für ihn günstigen Licht darstellte, welche Härte Gefängnishaft
bedeutete und mit welcher Ungleichheit Gesetzesbrecher der verschiedenen Klassen behandelt wurden und erwarten konnten, behandelt zu werden. Die zentrale Frage allerdings blieb unbeantwortet:
Was tat Aschenbrenner in Sibirien? Der Aufhänger des Buches und
der Anlaß für seine Veröffentlichung war Aschenbrenners Deportation dorthin. Dieses Schicksal erlitt der Fälscher keineswegs allein. Im
Gegenteil, als er nach Sibirien geschickt wurde, gehörte er zu einem
großen Trupp deportierter Häftlinge, dessen überwiegende Mehrheit
einer Klasse und einem sozialen Umfeld angehörte, an dem Aschenbrenner bereits Anstoß genommen hatte, als er mit einigen ihrer Angehörigen in der Festung Spandau einsaß.

In gewisser Weise war es bloßer Zufall, daß Aschenbrenners Lebensgeschichte in all ihren Einzelheiten bekannt wurde. Und so wie
Sibirien den dramatischen Epilog in «Aschenbrenners authentischer
Geschichte» bildete, stellt Aschenbrenners Lebensbeschreibung bis
zum Jahre 1801 einen dramatischen Prolog zu dem Hauptthema dieses Kapitels dar. Denn um was es uns hier vor allem geht, ist die
Geschichte der Deportation, die im 19. Jahrhundert in Deutschland
wiederholt als Alternative zur Gefängnishaft vorgeschlagen wurde.
Die Fragen, die in diesem Zusammenhang ebenso wie in Aschenbrenners Buch unmittelbar einer Antwort bedürfen, lauten: Wie und
warum war die Entscheidung zustande gekommen, ihn nach Sibirien
zu deportieren? Mit welchem Gesetz oder welcher Verfügung war die
Politik der Deportation institutionalisiert worden? Welche Auskunft
kann uns ihre Anwendung über die Vorstellungen und Absichten der

preußischen Behörden geben? Und markierte dies die Einführung einer festen Einrichtung, einer auf Dauer angelegten Politik der Deportation, oder nur einen einmaligen, vereinzelten Akt, der in einer besonderen historischen Konstellation unternommen wurde?

Die Deportierten

Eine erste, detaillierte Liste von 50 Häftlingen, die für die Deportation nach Sibirien vorgesehen waren, war bereits im März 1801 aufgestellt worden. Damals waren Gefängnisdirektoren in ganz Preußen angewiesen worden, die übelsten und unverbesserlichsten Verbrecher auszuwählen, die wegen Brandstiftung, Raub, Diebstahl oder Betrug verurteilt waren, vorausgesetzt sie waren gesund und hatten eine kräftige Konstitution.[8] Laut königlichem Befehl vom 28. Februar 1801 sei es notwendig geworden, solche Verbrecher zu deportieren, welche um deswillen aus dem Lande geschafft werden müssen, weil sie der allgemeinen Sicherheit gefährlich geworden, jedes gewaltsame Mittel ergreifen, um sich in Freiheit zu setzen, sich durch böses Beispiel und Unterricht in verderblichen Künsten den Zweck der Besserungsanstalten bei ihren Mitgefangenen bisher gänzlich vereitelt haben. Wer zur Zahl solcher incorrigibler Bösewichter gehört, können die Commandanten der Festungen, und die Vorsteher der Zucht- und Arbeitshäuser oder Besserungsanstalten, am sichersten beurtheilen, und es ist daher am zweckmäßigsten, diese durch ihre unmittelbar vorgesetzte Behörden aufzufordern, ungesäumt eine Liste der unter ihrer Aufsicht stehenden, zu lebenswieriger Gefangenschaft Verurtheilten, mit Bemerkung des begangenen Verbrechens, des Alters, der körperlichen Constitution, und des bisherigen Benehmens eines jeden einzusenden.[9]

In den Gefängnissen und Festungen Preußens saßen insgesamt 575 Häftlinge ein, 188 davon waren Soldaten und der Rest Zivilisten. 98 von ihnen verbüßten lebenslange Freiheitsstrafen, 162 mehr als zehn Jahre, 292 zwischen drei und zehn Jahren, und 23 waren auf Befehl des Königs ohne formelle, rechtmäßige Gerichtsverhandlung und ohne Urteil auf unbestimmte Zeit eingesperrt worden.[10] Am Ende des Jahres mußte die Liste der zu deportierenden Insassen revidiert werden, weil einige Häftlinge «desertirt» waren, ein paar waren gestorben, und die Freunde und Verwandten von anderen hatten die Behörden bedrängt, von ihnen abzusehen, weil sie angeblich nicht kräftig genug waren für eine solche Reise.[11] So wurde eine zweite, summarische Liste erstellt.[12] Die darauf aufgeführten 77 Häftlinge waren zumeist wegen Raubes verurteilt worden (67 von 77), einige (12) wegen Mordes und ein paar (4) wegen Fahnenflucht, Brandstiftung (5), Betrug (1) oder Vergewaltigung (1). Einige waren wegen mehr als einer dieser Straftaten verurteilt worden, weshalb die Zahl der begangenen Verbrechen höher liegt als die Gesamtzahl der Straftäter. Der älteste Mann war 54 Jahre alt, der jüngste 21, fünf von ihnen waren 50 oder darüber, 21 waren in den Vierzigern, 30 in den Dreißigern, und 20 in den Zwanzigern; das Durchschnittsalter lag etwas über 35 Jahre.[13]

Die ursprüngliche detaillierte Liste von 50 zu Deportierenden gibt sehr viel besser Aufschluß darüber, welche Art von Schwerverbrecher für den Transport ausgewählt wurden, als die bloße Statistik: Die kurzen Biographien hinter jedem Namen gingen oft ins Detail, und die Sprache, in der sie verfaßt wurden, zeugt von den Ängsten und Frustrationen der Beamten. Aschenbrenner war eindeutig eine Ausnahme unter diesen Männern, sowohl durch seine Bildung und seine Herkunft als auch wegen der Art seines Verbrechens. Ein typischer Vertreter dieser zur Deportation bestimmten Häftlinge war Johann Friedrich Crantz, 40 Jahre alt, der eine lange Verbrecherkarriere hinter sich hatte. Er hatte bereits vor seinem sechzehnten Lebensjahr 144 Diebstähle begangen und war in den Jahren 1780, 1783, 1794 und 1796 wiederholt ins Gefängnis gesperrt worden. 1783 war er für zehn Jahre verurteilt worden. Nach seiner letzten Verurteilung 1796 gelang ihm die Flucht, im Jahr darauf wurde er wieder verhaftet und entkam erneut. Bis 1799 gelang es ihm, einer Verhaftung zu entgehen, dann aber wurde er wegen Raub mit Gewaltanwendung auf unbestimmte Zeit festgesetzt. Wegen seiner Vorstrafen, Verhaftungen und Ausbrüche schien er ein idealer Kandidat für die Deportation zu sein. Es gab noch weitere gewalttätige Verbrecher, Johann Adamski zum Beispiel, 40 Jahre alt, der einen Mann auf einer Landstraße erschossen hatte, weil dieser sich weigerte, ihm «eine Prise Tabak» zu geben. Oder Johann Gerowicz, der eine Serie gewaltsamer Raubüberfälle begangen hatte, oder Albrecht Sigismund, 23 Jahre alt. Er beging im 20ten Jahre seines Lebens an einem Juden auf öffentlicher Landstraße einen Mordraub. Er gieng demselben, da er wußte, daß er nach einem benachbarten Dorfe gehen wollte, des Abends in der Finsternis nach, erreichte ihn in einem Fichtbusche und nachdem er ihn, wohin er gehen wolle gefragt, auch der Jude ihm geantwortet hatte, entriß er demselben die bey sich habende Elle und schlug ihn damit drey Mahl dergestalt auf den Kopf, daß sie sprang, und der Jude blutend zur Erde fiel. Darauf versetzte er demselben mit dem in der Hand behaltenem Stück der Elle noch 2 Schläge ins Genick, beraubte ihn seines Geldbeutels, worin 3 Thaler waren. Den Juden ließ er liegen und es wurden erst mehrere Tage nachher abgerißene Stücke des Cörpers gefunden.

Sigismund war zu lebenslänglicher Zwangsarbeit verurteilt worden, er wurde wegen der Gewalttätigkeit seines Verbrechens vom Gericht in Bromberg für die Deportation vorgeschlagen.

Einige der Sträflinge waren Familienväter, wie der 43 Jahre alte Franz Hübner, von dem es heißt, er «hat eine Frau und 4 Kinder», die er mit Diebstählen am Leben zu erhalten versucht hatte. Grund für das relativ hohe Durchschnittsalter der zweiten Gruppe war zum Teil wohl, daß eine beträchtliche Anzahl der Aufgeführten wegen ihrer langen Karriere als Diebe und Verbrecher offenbar als unverbesserlich abgestempelt worden waren. Der 44jährige Vagabund Franz Schulz etwa wurde beschrieben als «ein Mensch, der seine ganze Lebenszeit mit Verbrechen zugebracht hatte», ein anderer, der 39jährige Vagabund Andreas Conrad Siedentopf, galt sogar noch deutlicher als besserungsunfähig:

Dieser durch Brutalität äußerst gefährliche Mensch wurde schon im Jahre 1789 wegen Straßenraub und eine Menge gewaltsamer und anderer Diebstähle zu lebenswieriger Festungsstrafe verurtheilt. Im Jahre 1798 wurde er mit Herabsetzung seiner Strafe nach eine 10jährige unter der gewöhnlichen Androhung begnadigt, daß er, wenn er in seinen vorigen Verbrechen zurückfallen möchte, von neuem lebenswierig eingesperrt werden werde. Zwar nahmen ihn nach seiner Entlaßung seine Verwandte auf und gaben ihm Gelegenheit zum Broderwerb, aber er zog ein herumschweifendes Leben vor, beging mehrere mit Einbruch und Einsteigen verbundene Diebstähle, und versuchte 3. Weibspersonen auf öffentlicher Landstraße zu nothzüchtigen, zu welchem Zwecke er eine derselben mit einem in einem Tuche gebundenen Stein an den Kopf schlug um sie zu betäuben und zum Widerstande unfähig zu machen.

Schließlich wurde Siedentopf verhaftet, zu «lebenswieriger Fe-
stungs-Arbeit mit Züchtigung und der Erklärung als unfähig zur Begnadigung» verurteilt und 1800 in Magdeburg eingekerkert.

Zu den verwegensten und gewalttätigsten der Schwerverbrecher,
die für den Transport ausgesucht worden waren, zählte auch eine
Reihe «unehrlicher Leute», Männer, die wegen der schmutzigen oder
entehrenden Art ihres Gewerbes von der «ehrbaren» Gesellschaft
ausgeschlossen waren. Solche Menschen stellten eine große Anzahl
der Verbrecher, die im späten 18. und frühen 19. Jahrhundert vor
Gericht standen, und zwar ebenso wegen ihrer Auffälligkeit wie wegen ihrer Kriminalität. In der hierarchischen Gesellschaft des alten
Preußen, in der der Status rigide durch Erblichkeit festgelegt war, gab
es ganze Menschengruppen, denen aufgrund ihrer Zugehörigkeit zu
einer «infamen» Sippe oder Familie das Recht verweigert wurde,
einen ehrbaren Beruf auszuüben oder einer Zunft anzugehören. Sie
galten als «schmutzig», weil sie durch ihre Arbeit, oder die ihrer Eltern
und Verwandten, mit wilden oder kranken Tieren in Kontakt kamen
oder mit schmutzigen und übel riechenden Materialien, oder weil sie
außerhalb der Grenzen der Zivilisation lebten, in den abgelegenen
Tiefen der riesigen Wälder oder in den dünnbesiedelten Heideland-
schaften, die damals weite Flächen Mitteleuropas bedeckten: Abdek-
ker, Schinder, Maulwurffänger, Gerber, Aussätzige, Prostituierte,
Schäfer, Kohlenbrenner und dergleichen. Auch ethnische und religiöse Minderheiten wie «Zigeuner» und Juden gehörten in diese
Kategorie. Bereits die Berührung mit diesen Menschen galt als unrein
und erforderte eine besondere Zeremonie, um das Ansehen eines
Zunftmitglieds oder Bürgers wiederherzustellen, dessen Ehre durch
den körperlichen Kontakt mit einer solchen Person beschmutzt worden
war. Nicht alle diese Menschen waren arm, Scharfrichter und Abdek-
ker zum Beispiel galten zwar als «unehrlich», waren aber normalerweise durchaus in der Lage, ihren Lebensunterhalt auf anständige
Weise zu verdienen. Aber sie lebten alle an den Rändern der Gesellschaft, tatsächlich nicht nur im übertragenen, sondern durchaus buch-
stäblichen Sinn, und für die große Mehrheit von ihnen bedeutete das,
ständig auf Messers Schneide zwischen Überleben und Verelendung
zu leben. Sie hatten nur wenige Rechte, und häufig waren sie die
Zielscheibe von allgemein in der Gesellschaft herrschendem Verdacht
und Mißtrauen. Dies fand seinen Ausdruck in der starken Aufmerk-

samkeit, die ihnen von den für die Aufrechterhaltung von Recht und Ordnung zuständigen Institutionen gewidmet wurde. All dies trieb sie nicht nur zum Verbrechen, wenn sich ihnen die Gelegenheit bot, sondern sorgte auch dafür, daß sie in den Statistiken der wegen minderer Vergehen Verhafteten und Bestraften überproportional vertreten waren. Sogar im Gefängnis wurden solche Menschen im allgemeinen noch bis weit ins 19. Jahrhundert hinein von den übrigen Gefangenen abgesondert.[14]

Zu ihnen gehörte zum Beispiel der nach Sibirien deportierte Anton Leikowski, 49 Jahre alt. Dieser, so der Verfasser der Liste,

war von Jugend auf ein lüderlicher Mensch, gieng zu einem Abdecker in Dienst und wurde deshalb von den Seinigen ganz verstoßen. Sein Bruder weigerte sich, ihm Obdach zu geben: er versteckte sich deshalb in einem Schoppen mit der Absicht, seinen Bruder zu ermorden. Als er daran verhindert wurde, beschloß er, den Dienstjungen des Pächters, in deßen Schoppen er versteckt war zu ermorden, überlegte dieses Vorhaben zwey Tage hindurch und führte es mit einem Zaunpfahle aus. Er ward zur Todesstrafe verurteilt, diese aber nebenstehendermaßen (d. h. in lebenswierige Festungsarbeit) verwandelt.

Auch der Abdeckerknecht Johann Stegemann, 31 Jahre alt, wurde als «ein sehr böser Mensch» beschrieben. Er hatte über 50 Raubüberfälle gestanden, von denen die meisten mit Gewalttaten verbunden gewesen waren. Er hatte während «einer ganzen Zeit von Stehlen gelebt, und mit den berüchtigsten Dieben in Verbindung gestanden». Bei einem Raubüberfall in einem Dorf bei Stettin, den er «gemeinschaftlich mit einem gewissen Stresemann» ausführte, hatte er zwei Kinder im Alter von vier und 13 Jahren umgebracht. Er war der Hinrichtung nur deshalb entkommen, weil er sein Geständnis widerrufen und abgestritten hatte, die Morde vorsätzlich verübt zu haben. Das wirft ein schiefes Licht auf den Stellenwert des Geständnisses im preußischen Recht. Die richterlich angeordnete Folter war zwar im 18. Jahrhundert abgeschafft worden, die juristischen Verfahren jedoch, die sie begleiteten, blieben im wesentlichen unverändert: In Preußen fanden Kriminalprozesse nicht vor einem Schwurgericht in der Öffentlichkeit statt, sondern hinter verschlossenen Türen, und sie bestanden überwiegend aus einem Austausch von Dokumenten zwischen Richtern, Anwälten und akademischen Rechtsgelehrten. Indizien und Augenzeugenberichte dienten weniger als Beweis- oder Entlastungsmaterial im Prozeß selbst, sondern als Druckmittel gegen den Angeklagten im Untersuchungsstadium, während die Angelegenheit vor einem «Untersuchungsrichter» verhandelt wurde, dessen Bericht die Grundlage für die Entscheidung im Hauptprozeß bilden würde. Zweck dieses Verfahrens war es, den Verbrecher zu einem Geständnis zu bringen. Gelang dies nicht, neigten die Juristen in Preußen zu der Ansicht, das Urteil sei nicht zu hundert Prozent abgesichert. An dieser Situation änderte sich trotz wachsender Kritik während der ersten Hälfte des 19. Jahrhunderts nichts. Das führte dazu, daß die Todesstrafe im allgemeinen durch den König, auf den Rat des Justizministers hin, in eine lebenslange Haftstrafe umgewandelt wurde, wenn es dem Untersuchungsrichter bei dem vorausgegangenen Prozeß nicht gelungen war, dem Angeklagten ein Geständnis zu entlocken.[15] Deshalb landete Johannes Stegemann schließlich im Gefängnis und nicht auf dem Schafott.

Unter denen, die für die Deportation bestimmt waren, befand sich außerdem eine Reihe von Gefangenen, die durch eine der verschiedenen Körperstrafen ehrlos geworden waren. Diese Strafen hätten es ihnen nach ihrer Entlassung in die Freiheit schwergemacht, Arbeit zu finden. Körperstrafen wurden in der Öffentlichkeit am Pranger vollzogen, sie führten zur öffentlichen Erniedrigung des Verbrechers vor der Menge durch die Berührung mit dem Henker und seinen Knechten wie auch durch die sichtbaren Male, die die Strafe auf seinem Gesicht oder seinem Körper hinterließ. Gottlieb Friedrich Breitenfeld zum Beispiel, einem 27jährigen Soldaten, der im Jahr 1798 zu «Staupenschlag, Brandmark und lebenswierige Festungsarbeit» verurteilt worden war, standen kaum andere Möglichkeiten offen, als sich den Lebensunterhalt mit Diebstählen zu verdienen. Breitenfeld hatte über 30 Einbrüche gestanden, an denen er als Mitglied einer Bande beteiligt war, während er noch beim Militär in Dienst stand, weshalb seine Bestrafung besonders schwer ausgefallen war.[16]

Viele der Kriminellen auf der Liste der Deportierten hatten irgendwann einmal dem Militär angehört, was in einem Land wie Preußen, dessen wichtigste staatliche Institution die Armee war, keineswegs überrascht. Aber ihr Beispiel bestätigt in vielen Fällen auch, wie fließend die staatlichen Grenzen und Loyalitäten in dieser Zeit waren, in der die Vorstellung nationaler Identität noch nicht wirklich Einfluß gewonnen hatte. Der Hilfsarbeiter Johann Gottlieb Schulze, 30 Jahre alt, der ursprünglich Schuhmacherlehrling gewesen war, hatte das Anwesen seines Meisters angezündet und war wegen dieses Verbrechens zu sechs Jahren Gefängnis verurteilt worden. Nach seiner Entlassung hatte er sich mit einigen ehemaligen Mitgefangenen in Berlin zusammengetan und eine Reihe bewaffneter Raubüberfälle ausgeführt. Dieser Abschnitt seiner Verbrecherkarriere endete mit einer weiteren Gefängnisstrafe. Danach schrieb er sich in die schwedische Armee ein, desertierte und arbeitete als Viehtreiber, bevor er nach Berlin zurückkehrte und weitere Raubüberfälle beging. Im Jahr 1800 hatte er in Spandau eine 15jährige Freiheitsstrafe angetreten und wurde von dem dortigen Gericht für die Deportation vorgeschlagen. Einer seiner Mithäftlinge, Gottfried Ludwig Pfeiffer, ein 40jähriger Artillerist, der seit 1794 eine zehnjährige Haftstrafe absaß, hatte ebenfalls Fahnenflucht aus der schwedischen Armee begangen, aber auch aus der preußischen. Er wurde als «incorrigibler und gefährlicher Mensch» beschrieben. Er hatte sich als Blumenverkäufer getarnt, um sich die Gelegenheit zu Diebstählen zu verschaffen, bis er wegen Raubes ins Gefängnis kam. «Im November 1798 gelang ihm jedoch von der Vestung zu entkommen und nun trieb er sich abermals im Lande herum und machte sich mehrerer Diebstähle in Gemeinschaft mit andern berüchtigten Diebe schuldig.» Er wurde schließlich festgenommen und nach Spandau zurückgebracht, «wo er die gröbste Excesse verübt hat».

Eine beträchtliche Anzahl der Gefangenen war von militärischen und nicht von zivilen Behörden verurteilt worden. Der Tagelöhner Ludwig Christian Friedrich Bolke zum Beispiel war wegen seiner «Diebereyen und anderen Exceße» bereits in der preußischen Armee bestraft worden, bevor er unehrenhaft entlassen wurde. Danach wurde er verhaftet und «seiner liederlichen Lebensart wegen» eingesperrt. Der Gefängnisaufseher in Magdeburg bezeichnete ihn als «tückisch». Der 46jährige Soldat Johann Albrecht, so die Angaben über die zur Deportation ausgesuchten Männer, «ist einer der gefährlichsten und nicht zu bändigenden Bösewichter». Er hatte Mitgefangene in Danzig mit einem Messer angegriffen «und soll es selbst mit kaltem Blute versichern, daß es sein Wunsch sey, auf dem Rade zu sterben, wenn er nur noch vorher recht viel Unglück angerichtet hätte». Dennoch wurde ihm attestiert, «bei vollkommenem Verstande» zu sein. Im Lauf seines Lebens hatte er in den Armeen von Frankreich, England, Spanien und Österreich gedient, und sein

Dienst in der preußischen Armee hatte damit geendet, daß er einen Unteroffizier tätlich angriff. Diese Männer zählten eindeutig zu den gefährlichsten Häftlingen, sie waren weit zäher und sehr viel gewalttätiger als die Mehrheit der zivilen Straftäter, von denen die meisten nur wegen Diebstahls verurteilt waren. Im Gegensatz zu ihnen hatte Matthias Wrajewski, 30 Jahre alt, erst neun Monate in der preußischen Armee gedient, bevor er «desertirte [...] angeblich aus Furcht wegen des bevorstehenden Krieges». Nach seiner Fahnenflucht hatte er von Diebstählen gelebt, aber seine Verbrechen waren nicht ernsthaft gewalttätig gewesen, vielleicht «weil er, um sich zu ferneren Kriegsdiensten unfähig zu machen, sich den Zeigefinger von der rechten Hand abgehauen hatte». Eine derart entschlossene Abneigung gegen den Militärdienst wurde in Preußen, dem militärischsten aller europäischen Staaten jener Zeit, als besonders gefährlich eingestuft, deshalb wundert es nicht, daß Wrajewski für den Transport ausgesucht wurde, obwohl es über seine Führung im Gefängnis keine Klagen gab. Aus diesen und einer Reihe weiterer Kurzbiographien der Deportierten wird deutlich, daß die Gefängnisbeamten sich nicht nur jener Übeltäter entledigen wollten, die sich im Gefängnis als Unruhestifter oder durch Ungehorsam hervorgetan hatten, die ein «sehr schlechtes Zeugnis» von den Gefängnisbeamten erhalten oder versucht hatten zu entkommen oder sonstwie zum Ärgernis geworden waren, sondern auch jener, von denen sie das Gefühl hatten, daß sie nach einer Entlassung mit großer Wahrscheinlichkeit wieder straffällig würden, und das oft in einer «gefährlichen» (sprich: gewalttätigen oder moralisch verderblichen) Weise.[17]

Die überwiegende Mehrheit von ihnen war ungebildet, sie übten niedriggestellte Berufe aus als Tagelöhner, Rattenfänger, Landarbeiter und dergleichen. Einige waren ausgebildete Handwerker wie Flickschuster oder Schneider, aber nur wenige standen ein wenig höher auf der sozialen Stufenleiter, und keiner gehörte einer gesellschaftlich so hochstehenden Schicht an wie Wilhelm Aschenbrenner. Der 37 Jahre alte «Wirthschaftsschreiber» Paul Tarnow aus Pommern war einer der wenigen gebildeten Männer auf der Liste. Er war, ein seltener Fall, wegen eines Verbrechens aus Leidenschaft zum Tode verurteilt worden, aufgrund des Totschlags an seinem Vorgesetzten, dem «Amtmann» Truchs, der ihn schlecht behandelt und durch seine Beziehung mit der Witwe eines Offiziers seine Eifersucht erregt hatte.

Tarnow stand auf der Liste, weil sein Benehmen im Gefängnis Fried-
richsberg, wie es hieß, sehr schlecht war.[18] Diese Handwerker und
bessergestellten Straftäter hatten meist keine langen Strafakten wie
die Mehrheit der für die Deportation Vorgesehenen; auf die Liste
gesetzt wurden sie wegen ihrer schlechten Führung im Gefängnis.
Unter ihnen befand sich auch der 49 Jahre alte Schulmeister und
Schneider Carl Rungenhagen, der seine lebenslange Freiheitsstrafe
mit Zwangsarbeit («lebenswierige Festungsarbeit») erst im Jahr 1801
angetreten hatte. Ursprünglich war er zum Tode verurteilt worden,
weil er Haus und Hof, mitsamt den Tieren, eines Mannes niederge-
brannt hatte, der eine Klage gegen ihn angestrengt hatte. Diese Strafe
war jedoch umgewandelt worden, weil eine Wiederholung der Tat für
unwahrscheinlich gehalten wurde. Obwohl Rungenhagen anscheinend keine Gefahr für die Gesellschaft darstellte, kam auch sein Name
auf die Liste der zu Deportierenden, weil er seinen Wärtern offensichtlich auf die Nerven fiel. Ein anderer Brandstifter, der 26jährige
Schuster Christian Friedrich Burow,

hatte die Absicht eine etwas bejahrte Bauersfrau zu heyrathen, um
dadurch zu dem Besitze ihres Bauernhofs zu gelangen. Er machte
sich aber auf einem Jahrmarkte eines Diebstahls schuldig, weshalb
sich die Verwandten der Witwe der Heyrath heftig widersetzten. Hierauf zündete er des Abends zwischen 9 und 10 Uhr die Gebäude des
Bauernhofes an, weil er glaubte, daß die Witwe zur Wiederaufbau-
ung desselben eines Mannes bedürfen und ihn deshalb gewiß heyrathen werde. Er verursachte dadurch einen Schaden von 2000 Th.
und war bey der Untersuchung boshaft genug eine ganz unschuldig
befundene Person als die Anstifterin seiner That anzugeben.

Abgesehen von diesem zugegebenermaßen vorsätzlich begangenen
Verbrechen und dem dazu führenden Diebstahl hatte Burow keinerlei
Vorstrafen, und seine Führung im Gefängnis wurde keiner besonderen Erwähnung für wert befunden. Der Grund, weshalb sein Name
auf die Liste gesetzt wurde, war vermutlich die Tatsache, daß in seinem Fall das ursprüngliche Urteil der Todesstrafe erst nachträglich in
eine Freiheitsstrafe umgewandelt worden war.[19] Brandstiftung war
auch das Verbrechen, dessen sich der 27jährige Landarbeiter Johann
Gottfried schuldig gemacht hatte. Dieser

verübte mit einer Dienstmagd eine vorsätzliche Brandstiftung, wodurch ein Schaden von über 2000 Th. angerichtet wurde. Beyde un-

terhielten ein Liebesverständnis, weshalb ihre Brodfrau ihnen öfters Vorwürfe machte. Die Magd lief deshalb aus dem Dienst, wurde aber zurückgebracht. Dieses gab beiden die vorzüglichste Veranlassung zum Groll gegen ihre Herrschaft und zu der beschlossenen Brandstiftung, wovon der Gottfried der Urheber war.[20]

Trotz der sehr ungewöhnlichen und vermutlich einzigartigen Umstände der Tat hielt der Gefängnisdirektor in Pillau ihn für überaus geeignet für den Transport, weil Brandstiftung am Eigentum eines sozial Höhergestellten als besonders verwerflich galt. Was Aschenbrenner selbst angeht, so scheint klar, daß erstens die Fälschung von Banknoten als äußerst gefährliches Verbrechen galt, daß zweitens Aschenbrenner keine Anzeichen erkennen ließ, nach der Entlassung das Fälschen aufzugeben, und daß er drittens in Spandau mit seinen fortwährenden Klagen über die Haftbedingungen zum Ärgernis geworden war, so daß die Behörden nur zu froh über die Gelegenheit waren, ihn loszuwerden.

«Abschreckende Beispiele»

Aschenbrenner war also keineswegs der einzige, der das Schicksal erlitt, nach Sibirien ins Exil geschickt zu werden. Sein Fall gehört in den sehr viel weiter gefaßten Kontext einer Politik, die ihren Ursprung in den Strafrechtsreformen hatte, die Preußens König Friedrich II. in der Mitte des 18. Jahrhunderts begonnen hatte. Im Interesse einer rationalen, abgestuften, effektiven und, wie staatlicherseits behauptet wurde, humanen Anwendung des Strafrechts hatte der preußische Staat seit den vierziger Jahren des 18. Jahrhunderts die Todesstrafe sowie Körperstrafen allmählich durch Haftstrafen ersetzt. Viele der alten, auf den Körper gerichteten Strafen und Verstümmelungen, die zuvor nach einem Gesetz verhängt wurden, das sich an die im Jahr 1532 unter Karl V., Kaiser des Heiligen Römischen Reiches deutscher Nation, verkündete «Constitutio Criminalis Carolina» anlehnte, galten bei «aufgeklärten» Monarchen wie Friedrich II. als so grausam, daß sie bei der zuschauenden Menge Mitgefühl erregten und damit ihren Zweck verfehlten, als Abschreckung zu dienen. Jetzt wurde argumentiert, nur die schwerwiegendsten Verbrechen sollten mit dem Tod bestraft werden. Kleine Diebstähle, Einbrüche und sogar Straßenraub, Banditentum und Brandstiftung wurden, solange sie nicht mit Mord oder Totschlag einhergingen, von der Liste der Schwerverbrechen entfernt.[21] In deutlichem Gegensatz zu England, wo bis in die dreißiger Jahre des 19. Jahrhunderts der «Bloody Code» herrschte – die blutigen Gesetze, die forderten, einen Mann zu hängen, weil er ein Schaf oder Sixpence gestohlen hatte –, schaffte das Strafrecht in den meisten Teilen Deutschlands, insbesondere in Preußen, bereits ein halbes Jahrhundert zuvor die Todesstrafe für nahezu alle Verbrechen außer Tötung und Hochverrat ab. Kleinkriminelle in Stadt und Land hatten für geringfügigere Delikte zwar weiterhin mit einer Körperstrafe zu rechnen, Schwerverbrecher jedoch, die nicht so weit gegangen waren, einen Mord oder Totschlag ersten Grades zu begehen, wurden jetzt für längere Zeit in Haft gesteckt.

Die neuen Haftstrafen waren nicht nur dazu gedacht, potentielle Verbrecher abzuschrecken und an verurteilten Kriminellen Vergeltung zu üben, sie sollten außerdem die Verbrecher aus der Gesellschaft entfernen, bis sie wieder geeignet wären, in sie zurückzukehren. Im absolutistischen Regime Preußens im 18. Jahrhundert, wo es kein Parlament und keine unabhängige Richterschaft gab, die unter Berufung auf das Recht der Bürger auf Freiheit willkürlichen Arrest hätte in Frage stellen können oder solch unbequeme Prinzipien wie das Recht des «Habeas corpus» fordern oder die Praxis hätte anfechten können, Menschen ohne Verhandlung festzunehmen und ins Gefängnis zu stecken, war es dem Staat überlassen, darüber zu befinden. In den staatlichen Vorschriften wurden dabei all die grundlegenden Bürgerrechte mißachtet, die in anderen Ländern zu dieser Zeit öffentlich verkündet wurden: in Amerika die Unabhängigkeitserklärung von 1776 oder in Frankreich die Erklärung der Menschen- und Bürgerrechte in der revolutionären Nationalversammlung im Jahr 1791. Das «Allgemeine Landrecht für die Preußischen Staaten» von 1794, die Summe der friderizianischen Strafrechtspolitik, enthielt nicht nur Bestimmungen, die das Strafmaß regelten, sondern auch Verfügungen, nach denen Diebe und Wiederholungstäter ohne Verfahren oder formales Urteil auf unbegrenzte Zeit in Haft gehalten werden sollten, bis sie sich gebessert hätten und nachweisen konnten, daß sie nach der Entlassung ihren Lebensunterhalt auf ehrliche Weise verdienen würden. Das Strafgesetzbuch repräsentierte den Ehrgeiz des aufgeklärten Absolutismus, die Gesellschaft nach rationalen Maßgaben umzugestalten, und obwohl sein Entwurf weit vor die Zeit der Französischen Revolution von 1789 zurückreichte, verrät die letzte Fassung einiges über die wachsende Sorge der Beamten an der Spitze der preußischen Bürokratie, daß eine grundlegende Reform der Strafgesetzgebung eingeführt werden sollte, um die preußische Gesellschaft gegen deren demokratisierende Einflüsse immun zu machen. In diesem Sinn wies sie voraus auf die weit radikaleren Reformen, die nach den schimpflichen Niederlagen Preußens durch Napoleon in den Jahren 1805/06 durchgesetzt wurden. So rationalistisch diese Reformen auch sein mochten, sie hatten nichts Liberales oder Demokratisches, den Rechten des einzelnen Bürgers wurde im Strafgesetzbuch von 1794 und den darauf folgenden ergänzenden Verfügungen kaum Beachtung geschenkt.[22] In einer «Zirkularverordnung wegen Bestrafung des Diebstahls», die 1799 herausgegeben wurde, bekräftigte der preußische Staat seine Politik und gründete sein Recht zur Verhängung unbegrenzter Kerkerhaft auf den absolutistischen Anspruch, daß er die Pflicht habe, seine Bürger vor Schaden zu bewahren. Diebe und rückfällige Straftäter sollten in Haft bleiben, wenn bei ihnen eine «verbrecherische Gesinnung» festzustellen sei oder wenn sie eine Bedrohung für die Gesellschaft darstellten. Sie sollten nur entlassen werden, wenn sie «sich gebessert» hätten. Dieses sogenannte «Spezialpräventionsrecht», für das sich Rechtsgelehrte wie Karl von Grolmann einsetzten, bedeutete in der Praxis also eine Inhaftierung auch in Fällen, in denen nur sehr wenig mehr als ein Verdacht vorlag. Obwohl das Spezialpräventionsrecht von bedeutenden Rechtswissenschaftlern wie dem bayerischen Beamten Paul Anselm von Feuerbach heftig kritisiert wurde, weil es den Zusammenhang von Strafe und Verbrechen aufhob, fand es in Preußen noch jahrelang weiter Anwendung.[23]

Die Zirkularverordnung von 1799 sollte vor allem dem entgegenwirken, was allgemein als Verbrechenswelle nie dagewesenen Ausmaßes betrachtet wurde, die Deutschland in den letzten Jahren des 18. Jahrhunderts heimsuchte. Zeitgenossen schrieben dieses Phänomen vor allem den Auswirkungen der Französischen Revolution und der Napoleonischen Kriege zu. Im Jahr 1801 warnte der preußische Staatsminister Albrecht Heinrich von Arnim patriotisch, diese Kriege hätten zwar noch nicht auf Preußen übergegriffen, ihr Einfluß sei jedoch allmählich zu spüren:

Wohlstand und Cultur haben bei uns zugenommen, während unsere

Nachbarn rund um uns her unter den drückenden Lasten eines verheerenden Krieges erlagen. Sehr natürlich lockt dieser vergrößerte Wohlstand nicht bloß gute und achtungswerthe Menschen, sondern verhältnismäßig noch weit mehrere Müßiggänger und Glücksritter aus anderen Landen herbei. Sie und viele andere, theils mit, theils ohne ihre Schuld im Krieg Verarmte, wünschen ihr Glück in einem blühenden Lande zu versuchen. Bösewichter, welche im Kriege noch mehr verwildert sind, mischen sich unter ihre Zahl, und es ist unter diesen Umständen sehr begreiflich, daß die Zahl aller Verbrecher, besonders aber der Verbrecher gegen die Sicherheit des Eigenthums, beinahe täglich vermehrt wird.[24]

Andere Autoren beschrieben später, mit welch drastischen Problemen die Armeen, die über das Land hinweggingen und vom Land lebten, die zivilen Behörden konfrontierten, deren Aufgabe es war, Gesetz und Ordnung aufrechtzuerhalten. Unmittelbares Resultat sei die Ausbreitung von Banden organisierter Diebe und Räuber über Deutschland. Der Chronist einer solchen Bande schrieb im Jahr 1811: Jeder langwierige Krieg, jede Eroberung und Umwälzung ganzer Länder hatte stets, ausser den großen stürmischen Wirkungen, welche die Gestalt großer Staaten ändern, auch weniger auffallende, aber eben so traurige Einflüsse auf die einzelnen Theile der bürgerlichen Gesellschaft. Aufgelöst ist in solchen Zeitpunkten alle Ordnung, Gewalt allein herrscht, dem ruhigen Gewerbe, der fleißigen Thätigkeit ist jede Hoffnung zum Gelingen benommen, rechtlich erworbene Reichtümer verschwinden, das Glück begünstigt nur Wagstücke und kühnen Betrug, und mancher wird erst Bettler, und dann aus Verzweiflung Verbrecher [...]. Den siegenden so wie den geschlagenen Heeren folgen Schwärme heimathloses, raubgieriges Gesindel [...] Betrügereien, Diebstähle, Straßenraub, Mordthaten vervielfältigen sich, ja sogar der Abscheu vor solchen Verbrechen scheint auf eine Zeitlang vermindert, weil die einzelne Gräuel in Masse zu seyn scheinen [...] An den Gränzen großer Staaten, zumal da, wo die Beamten und Regierungen gewechselt haben, ist die Herstellung der öffentlichen Ruhe und die Handhabung guter Ordnung am schwersten. Daher ist es kein Wunder, daß im letzten Jahrzehende des verflossenen und im ersten des gegenwärtigen Jahrhunderts zahlreiche Rotten von Mördern und Räubern ... in manchen Gegenden ihre Wesen treiben[25].

Zu allem Unglück hatte eine Reihe schlechter Ernten in den frühen neunziger Jahren des 18. Jahrhunderts zu großer Not geführt, die noch verschärft wurde durch die abnehmende Nachfrage für handwerkliche Produkte, weil die Menschen gezwungen waren, mehr Geld für Nahrungsmittel auszugeben. Außerdem machte sich allmählich die Konkurrenz der englischen Industrie bemerkbar und wirkte sich auf die Überlebensfähigkeit der Werkstätten auf dem Festland aus. Weit wichtiger als die Auswirkungen des Krieges waren aber langfristige Entwicklungen in der preußischen Agrargesellschaft östlich der Elbe. Denn seit etwa 1760 hatten die Bevölkerungszunahme in den Städten sowie die wachsende Nachfrage aus England zu einem stetigen Anstieg der Getreidepreise geführt, der die Rittergutsbesitzer veranlaßte, die gutsuntertänigen Bauern durch besitzlose Landarbeiter zu ersetzen. Gemeindeland und Wald wurden übernommen, um die Erträge der Grundbesitzer durch vermehrte Getreideproduktion zu erhöhen. Zwischen 1760 und 1800 nahm die Zahl der besitzlosen Landarbeiter in Ostpreußen um mehr als das Doppelte zu.[26] So war es kein Wunder, daß auch in Westpreußen immer mehr Arme auf der Straße lebten und sich mit Betteln und Diebstahl durchzubringen versuchten.

Die Zirkularverordnung von 1799, mit der härtere Strafmaßnahmen eingeführt wurden, sollte diesem Anstieg der Kriminalität ein Ende setzen. Die neue Einstellung gegenüber Straftätern wie auch der fortwährende Anstieg von Eigentumsdelikten spiegeln sich in den Zahlen der neuen Strafverfahren für derartige Delikte wider, die in Berlin von 423 im Jahr 1798 auf 623 im Jahr 1799 und 637 im Jahr 1800 anwuchsen.[27] Diese Politik führte dazu, daß die Zahl der Straftäter, die ins Gefängnis geschickt wurden, sofort wesentlich zunahm. Diese Zahl war als Resultat der von Friedrich II. eingeführten Strafrechtsreform tatsächlich bereits seit einiger Zeit angestiegen. Der Bau neuer Gefängnisse konnte mit der immer größer werdenden Anzahl der Gefängnisinsassen keineswegs Schritt halten.[28] Viele Straftäter wurden in «Festungen» in Haft gehalten, militärischen Einrichtungen wie Spandau, wo Wilhelm Aschenbrenner einsaß. Viel später waren diese Festungen nur einer sehr kleinen Zahl von Straftätern der oberen Klassen vorbehalten, den Offizieren und Aristokraten zum Beispiel, die an tödlichen Duellen beteiligt waren. Sie sollten hier unter relativ komfortablen Bedingungen untergebracht werden, ohne den degradierenden Aspekt der herkömmlichen Gefängnishaft. Am Ende des 18. und zu Beginn des 19. Jahrhunderts sah jedoch der preußische Staat für gewalttätige Kriminelle offenbar nur wenig Alternativen zur Strafhaft, die in früheren Jahrzehnten aufs Schafott gegangen wären, die Gefängnisse waren eigentlich nicht angelegt worden, um eine größere Anzahl von Verbrechern aufzunehmen. «Zuchthäuser» waren vor allem gebaut worden, um die Insassen durch Arbeit zu bessern, und der Mangel an Arbeitskräften im Deutschland des 18. Jahrhunderts hatte viele Zuchthäuser in fabrikähnliche Einrichtungen verwandelt. In den neunziger Jahren des 18. Jahrhunderts, während der Wirtschaftskrise, ließ der Bedarf an Arbeitskräften nach, und die Zuchthäuser verfielen. Kritik kam auf an den schmutzigen und von Ungeziefer wimmelnden Unterkünften, in denen die Häftlinge lebten.[29] Aufgeklärte Reformer forderten, angeregt von dem Werk des Engländers John Howard, eine umfassende Neuordnung des Gefängnissystems, in der die Gefängnishaft für die Delinquenten nicht nur eine Strafe, sondern auch einen Weg der Besserung darstellen würde.[30] Zur selben Zeit, als juristische Theorie und Praxis in Preußen unbegrenzte Haftstrafen befürworteten, bis die Häftlinge gebessert wieder in die Gesellschaft aufgenommen werden könnten, machten die Haftbedingungen das Erreichen dieses Ziels immer weniger wahrscheinlich. Ein offizieller Bericht hielt fest:

Nach der bisherigen Verfassung konnten die wohlthätigen Zwecke der Criminal-Strafen nicht erreicht werden. Durch Einsperrung in die Festungen und Zuchthäuser wurde die Moralität der auf diese Art Bestraften gewöhnlich dergestalt verschlimmert, daß sie nach wieder erlangter Freiheit der allgemeinen Sicherheit noch gefährlicher waren. An diesen Orten wurde der Auswurf der Nation und des Auslandes zusammen gehäuft, und Bösewichter, welche den höchsten Grad der Verderbtheit erreicht hatten, ersticken den Neuankommenden jeden Funken von Reue, und die guten Vorsätze, welche mancher vielleicht sonst für die Zukunft gefasset hätte [...] Ferner war es bis jetzt nicht möglich, die Zeit zu bestimmen, nach deren Verlauf man einen der allgemeinen Sicherheit gefährlich gewesenen Verbrecher in Freiheit setzen durfte, ohne befürchten zu müssen, daß er solche zur Erneuerung seiner Uebelthaten benutzen werde. Der Criminal-Richter konnte nur eine nach der Größe der Vergehungen abgemessene Strafzeit festsetzen.

Außerdem war die Zahl der Häftlinge so stark angestiegen, «daß es schon längst an Raum und Unterhaltungskosten gemangelt haben würde, wenn nicht das öftere Entweichen der Gefangenen deren Zahl beträchtlich vermindert hätte»[31].

Es war tatsächlich nur allzu einfach, aus den Zuchthäusern und Festungen auszubrechen, wie Aschenbrenners Erfahrung in Königsberg gezeigt hatte. Dennoch drängte Friedrich Wilhelm III. zur gleichen Zeit auf strengere Maßnahmen zur Verbrechensbekämpfung und zwang so noch größere Zahlen von Häftlingen in das System. Der für die schlesischen Gefängnisse verantwortliche Beamte sah sich im Jahr 1800 zu dem Eingeständnis gezwungen, daß «eine Menge der abgefeimtesten und gefährlichsten Räuber und Diebe» entflohen seien und «Banden» gebildet hätten, sie hätten «den Landmann in Fucht und Schrecken gesetzt, und selbst die Königlichen und Depositalcassen sind nicht verschont geblieben»[32]. Der preußische Minister Albrecht von Arnim vermerkte im Jahr 1801, allein im Jahr 1800 seien 346 Fälle bekannt geworden, wo Insassen aus preußischen Gefängnissen geflohen seien, die wahre Zahl, meinte er, läge wahrscheinlich weit höher. Besonders schlimm sei die Situation in den Festungen:

Aus Cösel entflohen unter andern im Jahre 1800 *drei* Hauptverbrecher, wovon zwei zu 12- und einer zu 20jähriger Gefangenschaft verurteilt waren. Eben dies war auch im Jahr 1799 mit *fünf* Hauptverbrechern in Schweidnitz der Fall, wovon einer 20-, ein anderer aber 18jährige Gefangenschaft dulden sollte. Aus Glatz entwich um eben die Zeit ein höchst gefährlicher, zu 20jähriger Gefangenschaft verurteilter Verbrecher, und aus Wesel entflohen *beinahe alle Complicen* der bekannten […] höchst gefährlichen Dillenburgischen Räuberbande, welche größtentheils zu lebenswieriger Zuchthausstrafe verurteilt waren. In dem jetzt laufenden Jahr 1801 entwichen von dort wieder *vier* gefährliche Verbrecher, und aus Clarenburg entsprangen im vorigen Jahr, in einer Nacht, *zwölf* Arrestanten mittelst gewaltsamen Durchbruchs. – In vielen Zuchthäusern und Inquisitoriaten gehet es nicht besser zu. Nach einem Berichte vom 22sten November waren unter andern aus dem Warschauschen Zuchthaus seit dem 24sten Juni 1798, nicht weniger als 35 Gefangene entkommen. Aus dem Stettinschen Zuchthaus befreiten sich am 25sten Juli 1800 *drei* berüchtigte Diebe mittelst Durcharbeitung unter dem Fundamente, und eben dies war auch im Jahr 1799 der Fall mit *sechs* Verbrechern im Zuchthause zu Bayreuth.

Aus der Frohnveste zu Brieg entwichen im Jahr 1800 *drei* der unternehmendsten Bösewichter, zu Gleiwitz aber in einer einzigen Nacht *alle Gefangenen* bis auf einen einzigen, und unter denselben einer, welcher bereits zum Rade verurtheilt war.[33]

Viele Gefangene entkamen, wenn sie nach der Verurteilung aus der Untersuchungshaft in ein anderes Gefängnis verlegt werden sollten. «Bloß von dem aus dem Inquisitoriat zu Warschau vom October 1797 bis dahin 1800 zu den Festungen abgelieferten Verbrechern», schrieb von Arnim, «sind der Zahl nach *ein und zwanzig* auf dem Transport entsprungen»[34].

Einer der wichtigsten Gründe für diese Sicherheitsmängel war die zu jener Zeit herrschende Personalknappheit in den preußischen Gefängnissen. Arnim zufolge gab es einen gravierenden «Mangel an den erforderlichen, hinlänglich besoldeten Aufsehern, Wächtern und sonstigen Officianten»:

Im Zuchthause zu Herford, wo nach einem zwölfjährigen Durchschnitt jährlich 41, in einzelnen Jahren aber bis zu 60 Gefangene gesessen haben, ist, außer dem gar nicht zu rechnenden Inspector, welcher zugleich Stadtdirector ist, und nicht im Hause wohnt, nur ein Zuchtmeister, ein Zuchtknecht und eine Krankenwarterin angestellt.

Das Zuchthaus zu Magdeburg, wo oft 80 bis 90 Verbrecher zu gleicher Zeit gesessen haben, muß sich mit einem Hausvater, einem Zucht- und einem Spinnmeister behelfen […]. Das Zuchthaus zu Königsberg in Preußen, welches beinahe dritteinhalbhundert Gefangene aufnehmen kann, hat keine anderen Hausofficianten, als einen Inspector, einen Zuchthausschreiber, einen Nachtwächter und einen Thorwächter, der zugleich Schließer ist.[35]

Dies waren nur einige von vielen Beispielen: Laut Arnim sah es in allen Anstalten ähnlich aus. Außerdem wurden Stellen im Strafvollzug so schlecht bezahlt, daß sie für qualifizierte oder befähigte Männer keinen Anreiz darstellen konnten. Sie wurden offenbar überwiegend mit ehemaligen Soldaten besetzt, die keinen rechten Beruf ausüben konnten und eine einfache Stelle suchten, die ihnen im Alter den Lebensunterhalt sichern sollte:

Der jetzige Stockmeister zu Schweidnitz, ein sehr braver Mann, der lange rechtschaffen als Soldat gedient, und auch seinem jetzigen Posten gehörig vorgestanden ist, seit einiger Zeit aber so schwach und invalide geworden ist, daß er es nicht weiter thun kann, und sogar das

Schicksal gehabt hat, daß Gefangene ihn überwältigt, gebunden, den Schlüssel vom Gefängnis ihm abgenommen, und sich so in Freiheit gesetzt haben, muß dessen ungeachtet auf seinem Posten bleiben, und kann nicht anderweitig versorgt und untergebracht werden. –

Dienste, wozu, der Natur der Sache nach, junge und rüstige Leute erfordert werden, sieht man daher in den Gefangenenanstalten mit alten, schwachen und abgelebten Greisen besetzt, von welchen man ohne Unbilligkeit nichts fordern kann, und die zum theil, wie unter andern der Stockmeister zu Brieg, weder lesen noch schreiben können.[36]

Trotz des zweifellos sehr bescheidenen Lebensstils dieser Männer zwang die elende Bezahlung viele von ihnen, außerhalb des Gefängnisses noch andere Arbeiten anzunehmen, um überhaupt zurechtzukommen.[37] Viele versuchten auch, ihr kärgliches Gehalt mit dem Verkauf von Essen, Kleidung, Tabak, Alkohol und anderen Waren an die Gefangenen aufzubessern, und nicht wenige eigneten sich einen Teil der Einkünfte der Gefangenen an, als «Zahlung für ihren Lebensunterhalt»[38]. Außer in den Zuchthäusern mußten die Insassen in allen Gefängnissen aus eigener Tasche für ihre Ernährung aufkommen. In Glatz waren ihre Einkünfte zur Zeit der Jahrhundertwende, als der Markt für Produkte aus den Gefängnissen wegen der anhaltenden wirtschaftlichen Depression schlecht war, so gering, daß die Gefängnisverwaltung jeden Samstag einen Insassen in die Stadt schickte, um Almosen für die Kleidung der Gefangenen zu erbetteln. Arnim zufolge setzte all das die Gefangenen der Willkür des Gefängnispersonals aus, außerdem sei es deshalb so gut wie unmöglich, die Gefängnisdisziplin aufrechtzuerhalten.[39]

Die Vernachlässigung der Gefängnisse führte aber nicht nur dazu, daß den Insassen das Entkommen leichtgemacht wurde, sondern hatte auch für diejenigen, die blieben, extrem schlechte Bedingungen zur Folge. Die meisten Gefängnisse waren nicht für den Zweck errichtet worden, Menschen in größerer Zahl über einen langen Zeitraum und unter einigermaßen gesunden Bedingungen aufzunehmen. Insbesondere die Festungen waren feucht, und viele Zellen waren klein und schlecht belüftet. Es gab zu viele unterirdische Verliese, und im Winter ließen sich alle Zellen im allgemeinen nur unzureichend heizen. Vor allem waren sie schmutzig und wimmelten von Ungeziefer, sie wurden nur selten gereinigt, da das wenige Personal oft wegen anderer Arbeiten abwesend war. Allgemein waren die Gefängnisse berühmt als Brutplätze für «Ungeziefer aller Art». Selbst in den Zuchthäusern wurden die Gefangenen weder gewaschen, noch bekamen sie bei der Einlieferung frische Gefängniskleidung. Fast alle Insassen hatten die Krätze. Ein höherer Verwaltungsbeamter in Minden beschrieb das dortige Gefängnis als «Viehstall», und andere seien wenn möglich sogar noch schlimmer. Arnim berichtete:

Aus der Magdeburgischen Müllenvogtei entfloh unter andern in diesem Sommer ein gefährlicher Dieb, welcher demnächst seine Flucht lediglich mit der Unreinlichkeit des Gefängnisses und mit dem übermäßig vielen darin befindlichen *Ungeziefer* entschuldigte. Bei der Untersuchung fand man sein Behaupten wahr und gegründet. Das Holz in den Wänden des Gefängnisses war verfault, das Ungeziefer hatte sich darin eingenistet, und konnte nicht fortgeschafft werden. – In dem Stadtgefängnis zu Marienwerder sieht man, nach den eigenen Worten des dortigen verdienstvollen Regierungspräsidenten, die Gefangenen mit Ungeziefer aller Art bedeckt, und das ist freilich sehr begreiflich, wenn man weiß, daß eben daselbst der Gefangenwärter *wöchentlich* nur 2 Gr[oschen] an Sitzgebühren erhält, wofür er, außer dem dort sehr theuren Holz zum Kochen der Speisen für die Gefangenen, auch das Lagerstroh anschaffen muß.

Kranke wurden nicht von den anderen Häftlingen isoliert, so konnten sich Krankheiten ungehindert ausbreiten, und bei der schlechten Ernährung – normalerweise ernährten sich die Gefangenen überall fast ausschließlich von Brot und Wasser – waren sie anfällig für Infektionen.[40]

An der Wende zum 19. Jahrhundert verschärften sich all diese Probleme noch durch das massive Anwachsen der Gefängnispopulation als Resultat der Zirkularverordnung vom 26. Februar 1799. Schließlich mußte im Jahr 1801 die Festung Spandau, wo der Fälscher Wilhelm Aschenbrenner einsaß, 182 Gefangene aufnehmen, obwohl nur 165 vorgesehen waren; in Kolberg gab es 34 Insassen, obwohl 18 als maximale Auslastung galten, in Graudenz waren 115 untergebracht statt der geplanten 66, in Pillau 110, obwohl die Festung für 50 Häftlinge gedacht war. Arnim beklagte, «daß alle unsere Strafanstalten mit Verbrechern überschwemmt sind, so daß zur Unterbringung derselben schlechterdings kein Platz weiter vorhanden ist»[41]. In den preußischen Institutionen der Rechtspflege herrschte deshalb das Gefühl, es mit einer regelrechten Krise zu tun zu haben, was in den höheren Rängen der Bürokratie zu umfangreichen Diskussionen Anlaß gab. Bereits 1799 hatte König Friedrich Wilhelm III. zwei seiner höchsten Beamten, Großkanzler von Goldbeck und Minister von Arnim, angewiesen, eine Gefängnisreform vorzubereiten. Im Jahr 1801 war ihm aber offensichtlich klargeworden, daß die Ansichten dieser beiden Männer zu diesem Thema stark voneinander abwichen.[42] Arnim schlug eine umfassende Zentralisierung der Strafrechtsverwaltung vor, wobei er «die gänzliche Anarchie, welche bei der Direction und Verwaltung der Gefangenanstalten herrscht», als die Wurzel aller Probleme angriff. Außerdem setzte er sich für den Bau einer Reihe großer, zweckdienlicher Haftanstalten ein, sie sollten die vielen kleinen Gefängnisse ersetzen, die zu der Zeit in Gebrauch waren. Er befürwortete die Unterbringung der unterschiedlichen Kategorien von Häftlingen in getrennten Institutionen, außerdem die Entfernung von Geistesgestörten, Armen, Kranken und Waisen aus den Gefängnissen. Die Gefängnisse seiner Zeit waren in seinen Augen «Schulen der Verführung», in denen unverbesserliche Diebe ihre Mithäftlinge verdarben und außerdem für die Zeit nach ihrer Entlassung neue Raubzüge planten. Berufsverbrecher müßten deshalb von den anderen getrennt werden. Allerdings schlug Arnim als Lösung für dieses Problem nirgendwo das Konzept der Einzelhaft vor. Der Staat sollte die Gefangenen anständig ernähren, kleiden und behandeln, gleichzeitig aber auch ein härteres Regiment führen, denn ihm zufolge waren «Müssiggang, Neigung zum Wohlleben und Hang zur Unordnung [...] die Motive der meisten Verbrechen». Laut Arnim waren die Häftlinge zu oft sich selbst überlassen, deshalb schlug er ein kompliziertes Regelwerk vor, das auf den Idealen von harter Arbeit, Regelmäßigkeit und Ordnung beruhte. In seinen Augen war moralische Besserung durch Erziehung und Religion nicht zu erreichen, denn damit würde nur die äußerliche Anpassung befördert und mit ihr die Heuchelei unter den Gefangenen. Weit besser sei es, sie arbeiten zu lassen, damit trüge man auch noch dazu bei, daß sie genug sparten, um nach ihrer Entlassung einen neuen Anfang zu machen. Schließlich befürwortete Arnim als Vorbeugemaßnahme außerdem noch die Beschleunigung der Verfahren, damit Strafe schnell und nachhaltig als Abschreckung wirken kann. Er forderte härtere Urteile für Diebstahl und bemängelte an den Reformen von Friedrich II.: «Milderung kam zu schnell und zur unrechten Zeit.»[43]

Die Überwachung und Kontrolle entlassener Sträflinge, die Arnim ebenfalls vorschlug, war bereits 1797 versucht worden. Damals war in einer ausführlichen offiziellen Anordnung gefordert worden, nur solche Individuen dürften entlassen werden, die eine Familie und eine Arbeit nachweisen konnten. Die örtlichen Behörden wurden beauftragt, Arbeit für sie zu finden, und die Arbeitgeber am Ort wurden angewiesen, sie einzustellen. Das erlegte den Behörden eine beträchtliche finanzielle und verwaltungstechnische Last auf, und selbstverständlich waren viele nicht bereit, die Anordnung zu befolgen. Die Forderung, Gefangene sollten nach ihrer Entlassung zu ihren Familien zurückkehren, war eindeutig nicht durchführbar. Dies zeigen die Lebensumstände von Männern wie denen, die auf der Liste der nach Sibirien Deportierten erschienen. Bei diesen Menschen handelte es sich im allgemeinen um Landstreicher, Bettler, Soldaten, Banditen, also um Menschen, die entweder keine Familie hatten oder von ihren Familien verstoßen worden waren. Unter anderem hatte sie ja oft gerade die Tatsache, daß sie nicht in geordneten Familien- oder Arbeitsverhältnissen lebten, Verbrecher werden lassen. Deshalb ist es kein Wunder, daß die Anordnung von 1797, obwohl sie viele Jahre in Kraft blieb und zumindest potentiell die Grundlage für die Schaffung eines ausgefeilten Netzes von Überwachung und Kontrolle bildete, in der Praxis wenig Wirkung zeigte und in keiner Weise dazu beitrug, das Übel der Rückfälligkeit zu bekämpfen oder die chronische Übervölkerung der preußischen Gefängnisse zu lindern. Aber obwohl sich alle darin einig waren, daß eine Krise vorlag und die bestehenden Strafmaßnahmen unzulänglich waren[44], gab es keine allgemeine Bereitschaft, die von Arnim vorgeschlagenen Lösungen zu akzeptieren. Insbesondere mit seiner Kritik an der Gefängnisverwaltung, für die er die Verantwortung tragen sollte, und mit der Veröffentlichung eines 800seitigen Memorandums, in dem er in allen Einzelheiten weitreichende Reformen zur Verbesserung darstellte, geriet Arnim in Konflikt mit Preußens höchstem Justizbeamten, dem mächtigen Großkanzler Julius von Goldbeck. Er war der Ansicht, Arnim überschreite seine Befugnisse, mische sich in seinen eigenen Kompetenzbereich ein und zwang ihn daraufhin zum Rücktritt.[45] Arnims Reformen wurden nicht realisiert.

Goldbeck schlug seinerseits vor, die Haftanstalten in strenge und milde Einrichtungen zu unterteilen, um so die verschiedenen Arten von Straftätern trennen zu können. Seine Vorschläge waren typisch für das Verlangen nach präzisen Anordnungen und Klassifikationen, das die bürokratische preußische Aufklärung charakterisierte. Die milden Einrichtungen sollten jenen Verbrechern vorbehalten sein, die sich gebessert hätten und aus den strengeren Gefängnissen dorthin geschickt würden. Auch sollten Straftäter, die nicht als Gefahr für die öffentliche Sicherheit galten, dort eingeliefert werden, ebenso «Junge Leute, welche auf Ansuchen ihrer Eltern oder Vormünder, mit obrigkeitlicher Genehmigung dorthin zur Correction gebracht werden». Dies war die preußische Version der berüchtigten «lettres de cachet», die die Kritiker des Rechtssystems im vorrevolutionären Frankreich so aufgebracht hatten. Sie zeigt, welche Erziehungsgewalt Eltern in dieser durch und durch patriarchalen Gesellschaft noch immer über ihre Kinder ausübten. «Strenge Besserungs-Anstalten» hingegen sollten nicht nur Schwerverbrecher aufnehmen, sondern auch «Vagabunden» und «die öffentliche Sicherheit gefährdende Müßiggänger». Außerdem sollten Arbeitshäuser eingerichtet werden für die Besserung von Bettlern und Arbeitslosen.

Sogar innerhalb der strengen Besserungsanstalten sollten die Häftlinge in verschiedene Klassen der «Verderbtheit» aufgeteilt werden. Gegen «Entweichungen oder Meutereien» sollten ausgefeilte Vorsichtsmaßnahmen getroffen werden; so sollten die Insassen der strengen Zuchthäuser zum Beispiel keinerlei Werkzeuge erhalten, die sie zu einem dieser Zwecke gebrauchen könnten. Die Häftlinge sollten zur Sauberkeit erzogen werden, zu Pünktlichkeit, Gehorsam und Moral: «Jede Aeußerung verderblicher Grundsätze, Erzählung der selbst oder von andern verübten Schandthaten, und überhaupt jedes Benehmen, wodurch die Besserung der Mitgenossen entgegen gewirkt werden könnte, muß ernstlich gerüget werden.» Ein ausgeklügeltes System von Belohnungen und Bestrafungen sollte eingeführt werden, das weitgehend auf Abstufungen der Ehre beruhte: Besondere Plätze in den Schlafräumen sollten als «schimpflich» bezeichnet werden, die Häftlinge, die am härtesten arbeiteten, sollten Sonderrationen erhalten, «Widerspenstige» sollten ausgepeitscht werden, an Gehorsame dagegen sollten besondere Uniformen ausgegeben werden, um ihren überlegenen Status deutlich zu machen (die Instruktionen legten besonderes Gewicht auf eine «Bekleidung, welche hauptsächlich zu vielfachen Abstufungen giebt, mittelst deren die Direction Zeichen der Zufriedenheit oder des Tadels austheilen kann»). Die Häftlinge sollten während des Gottesdienstes genau überwacht werden, und detaillierte Berichte sollten über ihr Verhalten in jeder Hinsicht Aufschluß geben. So könnten die Behörden von Zeit zu Zeit entscheiden, welche Häftlinge als unverbesserlich klassifiziert werden mußten und welche einer milderen Form der Haft überführt werden konnten, bevor sie wieder in die Gesellschaft entlassen wurden, sobald eine Arbeitsstelle für sie gefunden worden war. [46]

Dieses abgestufte System von Haftstrafen, das 1804 schließlich in einen «Generalplan» einging und im Jahr 1805 durch eine neue «Criminal-Ordnung» gestützt wurde, galt allgemein jedoch immer noch als unzureichend, um die Gesellschaft vor unverbesserlichen Straftätern zu schützen. Die preußischen Behörden waren gezwungen einzugestehen:

Das Entweichen der Gefangenen kann bei aller nur möglichen Sorgfalt nicht verhütet werden. Zur Erbauung und Unterhaltung einer hinlänglichen Anzahl fester Gefängnisse werden sehr beträchtliche Summen erfordert, und noch höher belasten sich die zur Speisung der eingesperrten Verbrecher nothwendigen Fonds. Arbeitsanstalten In den Gefängnissen anzulegen, ist mit großen Schwierigkeiten verknüpft.

Zu all dem kam noch, daß die Gefängnisse wegen des Widerstandes der Zünfte nur noch beschränkt Möglichkeiten besaßen, ihren Unterhalt durch den Verkauf der von Häftlingen angefertigten Produkte selbst zu bestreiten. Die Zünfte befürchteten, daß in einer Zeit schwerer wirtschaftlicher Krise ihre Preise unterboten und Arbeitslosigkeit unter den Handwerksgesellen die Folge sein würde. Aschenbrenners Erlebnis in Spandau zeigt, wie schwierig es für Gefängnisinsassen war, durch Arbeit selbst für ihren Lebensunterhalt aufzukommen, auch wenn sie sehr gut ausgebildet waren. Und «sobald eine große Anzahl listiger, verwegener und nach dem einzigen Ziel strebender Menschen zusammengehäuft ist», standen die Chancen für eine Flucht offenbar gut, die Chancen auf eine gute, produktive und finanziell einträgliche Arbeit jedoch entsprechend schlecht.

Bei einer Verschärfung des Gefängnissystems müßten die «incorrigiblen» Kriminellen unter besondere Bewachung gestellt und strenger behandelt werden, auf potentielle Straftäter außerhalb des Gefängnisses jedoch hätte eine solche Behandlung keine erkennbar abschrekkende Wirkung. «Wollte und könnte man aber auch dem Entweichen der nicht zu bessernden Bösewichter auf diese Art vorbeugen», schrieb ein anderer Justizbeamter, müßte man «eine sehr hohe Summe» ausgeben. So wie die Dinge standen, kamen entwichene Häftlinge oft mit anderen «Bösewichtern» zusammen, und «hierdurch bilden sich Mordbrenner, Räuber oder Diebes-Banden, welche überall Schrecken verbreiten, und so wie itzt die strengste Maaßregeln nothwendig machen». Eine verhältnismäßig preiswerte Methode, die Gesellschaft vor unverbesserlichen Kriminellen zu schützen, war natürlich, die Anwendung der Todesstrafe auszuweiten. Das ließ allerdings das «Allgemeine Landrecht» von 1794 nicht zu, und Änderungen des Gesetzes konnten in der Praxis nicht rasch durchgeführt werden (es wurde trotz zahlreicher Versuche bis 1851 nicht ersetzt).[47] Aber auch der «Generalplan» von 1804 wurde nie in die Praxis umgesetzt und ging in der allgemeinen Krise des preußischen Staates, die auf die schweren Niederlagen durch die Napoleonischen Armeen in den Jahren 1805 und 1806 folgte, unter.

In den Augen der preußischen Beamtenschaft, die eifrig bemüht war, die neuentwickelte Doktrin der «Spezialprävention» zu befolgen, bestand die einzige Möglichkeit zum Schutz der Gesellschaft vor derartigen Verbrechern darin, ihre «Verbannung in einen entfernten Weltteil» zu betreiben, wo die Kriminellen gezwungen wären, durch harte Arbeit selbst für ihren Lebensunterhalt zu sorgen und vielleicht sogar ihren Charakter verbessern konnten. Die geographische Entfernung zu Preußen würde ihre Rückkehr verhindern. So wäre die Bestrafung «keine Grausamkeit» und außerdem billig im Vergleich zu den Kosten, die entstehen würden, müßte man die betreffenden Kriminellen bis zum Ende ihres Lebens in Hochsicherheitsgefängnissen festhalten. Und:

Für die Sittlichkeit der niedrigeren Volks Classen wird auf das zweckmäßigste gesorgt, wenn man ruchlose Bösewichter fortschaffet, die es sich sonst zum Gewerbe machen, bei ihren Mitgefangenen jeden noch übrigen Keim guter Gesinnungen zu ersticken. [...] Die Bekanntmachung einer solchen Veranstaltung wird ausländische Mißethäter von den dießseitigen Gräntzen abhalten, und auch für die sonst zum Müßiggang geneigten Einländer abschreckende Beispiele darbieten.[48]

Die Absichten, die man mit der Deportation verfolgte, wurden schließlich zusammengefaßt in dem offiziellen Dekret, mit dem ihre Einführung verkündet wurde:

Um das Eigenthum allerhöchstdero getreuen Unterthanen gegen die verwegenen Angriffe der Diebe, Räuber, Brandstifter und ähnlicher grober Verbrecher möglichst sicher zu stellen, habe Seine Königliche Majestät von Preußen, Unser allergnädigster Herr, zwar die nachdrücklichsten Maasregeln getroffen, solche Bösewichter ergreifen zu lassen; Es hat aber die Erfahrung gezeigt, daß hierdurch der beabsichtete Zweck nicht vollständig erreicht wurde, weil bey der größten Vorsorge, dennoch nicht verhindert werden konnte, daß nicht von Zeit zu Zeit mehrere solcher Verbrecher aus den Straf-Anstalten entwichen, und von neuem der Schrecken ihrer gutgesinnten Mitbürger geworden wären.[49]

So war beschlossen worden, diese Verbrecher «in einen entfernten Welttheil transportiren zu lassen, um dort zu den härtesten Arbeiten gebraucht zu werden, ohne daß ihnen einige Hoffnung übrig bliebe, jemals wieder in Freiheit zu kommen». Das würde nicht nur die Gesellschaft schützen, sondern wäre auch ein wirksameres Abschreckungsmittel als eine Freiheitsstrafe in Deutschland, wo die Hoffnung auf einen Ausbruch dem Zweck der Haft entgegenarbeitete.[50]

Die Deportation schien also eine ganze Reihe von Vorteilen zu haben. Entsprechend wurde von den Behörden in Berlin empfohlen, Kontakte mit Hamburger Kaufleuten aufzunehmen, um herauszufinden, was man in dieser Richtung tun konnte.[51] Goldbeck fügte im August 1800 hinzu:

Das Danziger Stadtgericht hat in einem am 7ten April an die West-Preuß. Regierung erstatteten Bericht, welcher durch das Entweichen der Speicherdiebe Basian und Consorten veranlaßt worden, unter anderen darauf angetragen, daß statt vieljährigen oder lebenswierigen Einsperrung der incorrigiblen Bösewichter diese des Landes verwiesen und des Endes auf einem ausländischen segelfertigen Schiffe untergebracht würden.

Die westpreußischen Behörden hatten dieser Idee zunächst ablehnend gegenübergestanden. Aber Goldbeck teilte die Ansicht, daß zumindest die gewalttätigsten und bösartigsten Straftäter in einen Teil der Welt transportiert werden konnten, von wo sie wohl kaum je zurückkehren würden. Damit würde man nicht nur die Gesellschaft schützen, es wäre außerdem eine schwere zusätzliche Strafe, die, so dachte man, beträchtlich zum Abschreckungsarsenal der Behörden im Kampf gegen das Verbrechen beitragen würde.[52] Außerdem würde man so in Preußens Gefängnissen mehr Platz schaffen.[53] So wurde mit den preußischen Gesandten in Hamburg, Kopenhagen, Amsterdam, Madrid und Lissabon Kontakt aufgenommen, und sie wurden aufgefordert, Erkundigungen einzuholen über die Möglichkeiten, Kriminelle nach Übersee zu verschiffen.[54] Bald ging eine Reihe verschiedener Vorschläge ein. Die Idee war ihrer Realisierung ein gutes Stück nähergekommen.

Deutsche Räuberleben

Die Verhandlungen über die Deportation zogen sich in die Länge, und die Vorbereitungen dazu verzögerten sich immer mehr, in der Zwischenzeit entkamen oder starben eine Reihe von Gefangenen auf der Liste. So wurde Anfang 1802 eine neue detaillierte Liste mit weiteren 35 Namen zusammengestellt, insgesamt waren es nun 85 Gefangene, die seit Beginn der Planungen für die Deportation ausgewählt worden waren. Unter denen, die über diese zweite Liste zu der ursprünglichen Gruppe hinzukamen, befand sich Johann Friedrich Exner, ein Ausbruchskünstler, der offenbar ebenso genial wie hartnäckig war. Der 35jährige Exner war Wollspinner, aus der Oberpfalz gebürtig und seit seiner Jugend ein berüchtigter Dieb, der schon verschiedener mal wegen beträchtlicher und gewaltsamer Diebstähle bestraft war, aber aus der Strafanstalt dem Zuchthaus zu Pauer entwich, sich zu mehreren Diebsgenossen gesellte, deren Anführer er wurde, und mit denselben seinem eigenen Geständnis nach 18 beträchtliche gewaltsame Diebstähle beging. Zwar wurde er oft ergriffen, er entfloh aber gewöhnlich mit großer Verwegenheit aus dem Gefängnisse, und auch nachher, wie er schon verurtheilt war, machte er zu Silberberg, wo er sich zumeist befand, und hernach zu Glatz Versuche zu entweichen, wobey er sich der schwersten Feßeln entledigte, große Oeffnungen zum Durchkriechen durch Dielen brannte, und sich 40 Fuß hoch an einen von Bettüberzügen zusammengeknüpften Seile herabließ. Jetzt ist er in Glatz ganz angeschmiedet.[55]

Die Behörden gingen wohl davon aus, daß die Wahrscheinlichkeit, er könne aus Sibirien entkommen, geringer war, und setzten seinen Namen auf die neue Liste.

Wie in der ersten Liste gab es wieder mehrere Häftlinge, die so oft aus dem Gefängnis ausgebrochen waren, daß die Behörden davon überzeugt waren, der Versuch, sie dort festzuhalten, lohne nicht.[56] Einer aus Exners Räuberbande, Franz Anton Fiedler, stand ebenfalls auf der Liste. Er war 42 Jahre alt und hatte sich, seit er acht Jahre alt war, allein durchschlagen müssen, denn sein Vater kämpfte in den österreichischen Feldzügen gegen die Türken. Fiedler hatte seit seiner Kindheit von Diebstählen gelebt. Unter dem neuen Schwung Deportierter befanden sich noch drei weitere Räuberbanden. Die erste wurde angeführt von einem «Vagabund» aus Danzig, Johann Gottlieb Borowski, 24 Jahre alt. Er und sein Stiefbruder, Franz Borowski, 34 Jahre alt, und zwei weitere, so der Verfasser der Liste, «gehören zu den gefährlichen Menschen die die Bewohner der Westpreußischen Niederung so lange durch Raub und Diebstahl geschadet haben». Sie hatten immer schon als Vagabunden gelebt und nur selten gearbeitet. Seit 1787 hatten sie über 30 Raubüberfälle begangen, die meisten davon Einbrüche, oftmals mit Gewaltanwendung. «Sie waren unter sich und mit mehreren anderen Dieben der Gegend verbunden, theilten ihre Beute und gaben sich eigene Diebes Namen.» Sie bildeten eine Räuberbande, die jenen Banden glich, die etwa zu dieser Zeit im Rheinland ihr Unwesen trieben. So waren sie zum Beispiel nachts in ein Bauernhaus eingebrochen, hatten den Bauern mit einem Messer bedroht, ihm den Arm gebrochen und ihn gezwungen, zu verraten, wo er seine Ersparnisse versteckt hielt – ein Vorfall, der typisch war für Verbrechen, für die Räuber wie der Schinderhannes ein paar hundert Kilometer weiter westlich berühmt werden sollten.[57]

Auf der zweiten Liste für die Deportation stand noch eine weitere komplette und wohlorganisierte Räuberbande, die aus sechs Männern bestand. Ihr Anführer war Johann Wisniewski, 35 Jahre alt. Wisniewski, die Brüder Casimir und Simon Buttkowski, 30 beziehungsweise 24 Jahre alt, Matthias Fuhrmann, 24 Jahre alt, und zwei weitere gehören sämtlich zu den Westpreußischen Vagabunden, die verbunden und verwandt mit Dieben und Diebesgesindel, Stehlen und Rauben als ein Gewerbe treiben. [...] Alle haben sehr viele größtenteils gewaltsame Diebstähle begangen, sie waren bald unter sich, bald mit einer Menge anderer Diebe [...] und lebten ohne bestimmte Beschäftigung, von Betteln und Stehlen. Im Julius 1800 begingen diese 6 mit noch einigen anderen Gehülfen einen nächtlichen Raub. Mit Prügeln bewaffnet stiegen sie durch ein erbrochenes Fenster in das Haus eines Landmanns. Der Wirth, ein 72jähriger Greiß, setzte sich mit seiner Familie zur Wehre und wollten Schießgewehr brauchen, allein sie warfen ihn mit Wagenleitern, Thüren und Bänken am Kopf wodurch er zu Boden stürzte. Er versteckte sich nun zwar, die Räuber aber suchten ihn wieder auß, behandelten ihn unmenschlich mit Schlägen, und setzten diese barbarische Behandlung noch fort, wie er schon sinnlos zur Erde lag. Dann raubten sie alles, was sie von Werth fanden, ließen den alten Mann blutend und mit Wunden bedeckt im Hausflur liegen, und gingen, nachdem sie noch die Fenster zerschlagen hatten, davon.

Wisniewski, die Brüder Buttkowski, Matthias Fuhrmann und ein weiterer waren zu 100 Peitschenhieben verurteilt worden, gefolgt von Zwangsarbeit bis zur Begnadigung durch den König. Das sechste Mitglied der Bande hatte 60 Peitschenhiebe erhalten, bevor es die gleiche Haftstrafe antrat. Die Verbrechen waren so offensichtlich von gewaltsamer und gefährlicher Natur, daß die Auswahl der Bande für den Transport keiner weiteren Rechtfertigung bedurfte. Und noch eine vierte Bande wurde in die ursprüngliche Liste aufgenommen, angeführt von dem Tagelöhner Carl Gotthilff Fritze, 42 Jahre alt, einem Pferdedieb, der seit 1798 seine Strafe in Spandau absaß, die letzte einer langen Reihe von Verurteilungen seit 1783. Seine Verbrechen waren mit «List und Verschlagenheit» ausgeführt worden, und der Gefängnisdirektor von Spandau beschrieb ihn als «einen sehr unruhigen Menschen und Aufwiegler, der andere zum Ausbruche verführt». Sein «Diebsgenosse» Georg Sigismund Schnurbaum, 47 Jahre alt, der ein ähnlich langes Vorstrafenregister vorzuweisen hatte, war offenbar ebenfalls ein schwieriger Häftling in Spandau, und er kam mit auf die Liste, ebenso wie der 38jährige «Hehler» Friedrich Müller, der ihr Diebesgut verkaufte.[58]

Ob es wirklich klug war, Männer, die seit einer Reihe von Jahren gemeinsam Verbrechen verübt hatten, auf denselben Transport zu schicken, schien sich niemand gefragt zu haben. Räuberbanden wie die genannten gab es im ausgehenden 18. und zu Beginn des 19. Jahrhunderts in vielen Teilen Deutschlands. Mit den Räubern und Banditen der romantischen Legenden hatten sie jedoch wenig gemein. Auch mit den

«Sozialrebellen», die der Historiker Eric Hobsbawm untersuchte, bestand in Wirklichkeit wenig Ähnlichkeit. Hobsbawm betrachtete den typischen Banditen des Mittelmeerraums als «primitiven Rebell», der die herkömmliche bäuerliche Gesellschaft gegen die Übergriffe der modernen Welt verteidigte und ihre Vorstellungen von Ehre, Gerechtigkeit und Gleichheit vertrat, indem er reiche Ausbeuter beraubte und die Abgesandten des Staates angriff. Über die Berechtigung seiner These ist viel diskutiert worden. Aber was die deutschen Banditen betraf, so bemerkte Hobsbawm scharfsichtig, der deutsche Bandit sei im allgemeinen eher ein Verbrecher als ein sozialer Rebell gewesen. Seiner Ansicht nach waren kriminelle Banditen

wahrscheinlich Leute, die Verbrecherstämmen oder Verbrecherkasten angehören, oder Individuen, die aus Gruppen Ausgestoßener kommen. So waren die Mitglieder der Bande von Krefeld und Neuß der neunziger Jahre des 18. Jahrhunderts hauptsächlich Messerschleifer; desgleichen die Kumpane aus Keils Bande. [...] Oftmals war die Berufung zum Verbrechertum eine vererbte Neigung. So konnte die bayerische Räuberin Schattinger auf eine zweihundertjährige Familientradition zurückblicken; mehr als zwanzig Verwandte, darunter Vater und Schwester, waren im Gefängnis gewesen oder hingerichtet worden. Wenn sich solche Kriminelle nicht um die Sympathien der Bauern bemühten, so ist das gar nicht überraschend, denn gleich allen anderen «Rechtschaffenen» waren doch die Bauern ihre Feinde, Opfer und Unterdrücker. [...] Sie gehörten hingegen einem weithin verzweigten Netz an, als welches sich die lose organisierte Unterwelt auch über halbe Kontinente erstrecken mochte [...].[59]

Diese Unterwelt, so Hobsbawm, bildete eine eigene Gesellschaft oder sogar eine Gegengesellschaft, die die Welt der Landbevölkerung widerspiegelte, ihr aber nicht angehörte. Die «anständigen» Beschäftigungen, denen die Banditen nachgingen, waren keine für die Landbevölkerung typischen Arbeiten, sie benutzten eine eigene Verbrechersprache, das Rotwelsch, im Gegensatz zu den Sozialrebellen, die die Sprache der Menschen in ihrer Umgebung sprachen. Auch was Religion und Ideologie betraf, waren sie oft Nonkonformisten.[60]

Dieser Nonkonformismus der deutschen Banditen veranlaßte einen anderen Historiker, Carsten Küther, der sie in den siebziger Jahren als erster zum Gegenstand wissenschaftlicher Untersuchungen machte, noch weiter zu gehen als Hobsbawm. Er versuchte, die deutschen Banditen für die Welt der Sozialrebellen wiederzugewinnen, mit dem Argument, die Unterwelt, in der sie sich bewegten, sei eine echte Gegengesellschaft gewesen. Sie stand im schroffen Gegensatz zur Welt der Reichen, begriff den Staat als feindlich und sei deshalb eigentlich für die arme und unterdrückte Mehrheit repräsentativ gewesen. Küther konnte auf die ungeheure Beliebtheit von Räubern in der deutschen Volkskultur verweisen, wie Johannes Bückler, den rheinischen «Schinderhannes», dessen Räuberkarriere im Jahr 1803 auf dem Schafott endete und der in zahlreichen Balladen und Volksmärchen gefeiert wurde. Oder Matthias Klostermaier, dem «Bayrischen Hiesl», ein Wilddieb, der 1771 hingerichtet wurde und in der bayrischen Landbevölkerung einen ähnlichen Ruf genoß. Küther argumentierte, der rebellische Geist, den solche Männer nährten, sei schließlich in die deutsche Arbeiterbewegung eingegangen, und Hobsbawm sei der ablehnenden Einstellung des zeitgenössischen Beamtentums, auf dessen Quellen seine Darstellung weitgehend basiert, zu stark auf den Leim gegangen, wenn er sie als bloße «Kriminelle» abtat.[61] Die deutschen Räuber und Banditen seien zwar aus dem fahrenden Volk hervorgegangen und gehörten zu den Menschen, die durch das Land zogen und in der ländlichen Gesellschaft keinen festen Platz besaßen, Küther zufolge wurden sie jedoch von den Bauern akzeptiert und konnten deren Groll gegen die reichen Städter und die Staatsdiener weitgehend artikulieren.[62]

Auch diese Sicht ist in den letzten Jahren bestritten worden, insbesondere durch den deutschen Historiker Uwe Danker, der die drei wichtigsten Gruppen der um das Jahr 1700 aktiven Räuber untersuchte. Danker sieht in ihrer Einstellung oder ihrem Verhalten keinen Hinweis auf irgendeine allgemeine oder prinzipiell feindliche Einstellung gegenüber dem Staat, der sozialen Ordnung oder der modernen Welt. Keiner der von ihm untersuchten Banditen ließ irgendwelche Solidarität mit den Armen und Unterdrückten erkennen. Wenn sie vor allem die Reichen bestahlen, dann einfach deshalb, weil bei den Reichen logischerweise am meisten zu holen war. Mit einer sorgfältigen Zusammenstellung von Beispielen wies er nach, daß es sich bei den meisten Unternehmungen von Banditen um Einbrüche in Mühlen, Bauernhöfe oder Häuser reicher Bauern handelte, meist im Schutz der Dunkelheit ausgeführt. Dabei war die Wahrscheinlichkeit, daß die Räuber das Gesinde quälten, damit es das Versteck eventueller Schätze verriet, ebensogroß wie die, daß sie den Bauern oder Mitglieder seiner Familie mißhandelten. Danker bestätigt Küthers Erkenntnis, daß sich die deutschen Räuber hauptsächlich aus den Reihen der umherziehenden Armen rekrutierten, und unterstreicht Hobsbawms These, solche Verbrecher hätten eine eigene «Unterwelt» gebildet mit eigener Sprache und eigenen Sitten. Solche Menschen standen natürlich nicht außerhalb der bäuerlichen Gesellschaft, denn soweit sie normale Tätigkeiten ausübten, erfüllten sie nützliche, wenn auch geringgeachtete und oft «unehrenhafte» Funktionen in ihr, vom Messerschleifen bis zum Entsorgen von Tierkadavern, Maulwürfe fangen und Getreide mahlen. Wer gezwungen war, überwiegend vom Betteln zu leben, bettelte offen, denn Bettler gehörten seit Jahrhunderten zum Alltag der ländlichen Gesellschaft. Ihre kriminellen Aktivitäten führten sie im Gegensatz dazu im verborgenen aus, und hier lag der Hauptgrund für die Entwicklung einer besonderen Geheimsprache, des Rotwelsch, mit dem sie sich verständigten. All dies spricht nicht dafür, daß sie den Staat oder die bestehende soziale Ordnung grundsätzlich in Frage stellten, im Gegenteil, wenn sie aufs Schafott gebracht wurden, zeigten sie im allgemeinen echte Reue und Bußfertigkeit für das verbrecherische Leben, das die Umstände sie zu führen gezwungen hatten.[63]

Wenn sie eine Gefahr für den Staat darstellten, argumentierte Danker, dann deshalb, weil sie mit ihrem Leben den geheimen Wunsch nach einer von Regeln und Zwängen freien Existenz verwirklichten, den jeder hegt.[64] Dieses Motiv erklärt wohl wenigstens zum Teil die Welle der Legenden über Banditen wie den Schinderhannes oder den Bayrischen Hiesl, selbst wenn diese sich weit von der Wahrheit entfernten. Im Grunde war Klostermaier ein Wilddieb, aber er mag tatsächlich in gewisser Hinsicht die Forderungen und den Groll der bäuerlichen Gesellschaft in Bayern zum Ausdruck gebracht haben, den diese wegen des Schadens empfand, den die Jagdrechte der Aristokratie ihrer Lebensgrundlage zufügten. Der Schinderhannes jedoch war ein Räuber der in Deutschland üblichen Sorte: Er lebte hauptsächlich von bewaffneten Überfällen, Einbrüchen und Diebstählen, geplanten oder Gelegenheitsraubzügen. Sie gingen oft mit Gewalt und körperlicher Grausamkeit einher, wobei er keine Unterschiede zwischen seinen Opfern machte.[65] Und wenn es den Räubern an den Kragen ging, so war die Masse der Menschen weit davon entfernt, den Übeltäter auf dem Schafott zu feiern, sondern beteiligte sich bereitwillig an dem kollektiven Ritual von Vergeltung und Verdammung, das eine öffentliche Hinrichtung in jener Zeit darstellte. Denn Banditen und Räuber stellten für sie eine körperliche wie auch seelische Bedrohung dar; und die meisten Menschen waren froh, wenn die von Banditen verletzten gesellschaftlichen Normen wiederhergestellt wurden: Der Räuber auf dem Schafott trug dazu bei, diese Normen zu bekräftigen.

Die Banditen, die im Jahr 1802 auf die Liste der preußischen Deportierten nach Sibirien gesetzt wurden, paßten in vieler Hinsicht in das grundlegende Muster, das Historiker für deutsche Räuberbanden im 18. und frühen 19. Jahrhundert skizziert haben. In den offiziellen Dokumenten werden sie als «Westpreußische Vagabunden» bezeichnet, sie gehörten eindeutig zu der nicht seßhaften Bevölkerung dieses Gebietes. Sofern sie überhaupt zur ehrlichen Gesellschaft zählten, scheinen sie überwiegend vom Betteln gelebt zu haben. Sie waren keine Straßenräuber, sondern Einbrecher, die sich, wie andere deutsche Banditen dieser Zeit, auf bewaffnete Einbrüche in Bauernhäuser, Mühlen und abgelegene Gutshäuser spezialisiert hatten. Sie waren durchaus bereit, deren Bewohner zu foltern, damit diese ihnen das Versteck von Schätzen verrieten. Sie waren lose in wechselnden Gruppen organisiert, die sich manchmal auch überschnitten und in denen sich bestimmte Leute zu bestimmten verbrecherischen Zwecken zusammentaten, sie bedienten sich einer Geheimsprache und gaben einander «Diebsnamen», um sich zu verständigen. Bisher liegt kein Beweis vor für irgendeine Ideologie des Widerstands gegen die Obrigkeit oder irgendwelches Mitgefühl für die Armen und Unterdrückten. Sie galten als besonders bedrohlich nicht nur für den Staat, sondern auch für die Gesellschaft. Darin ähnelten sie vielen anderen Räuberbanden, die damals in Mittel- und Westdeutschland ihr Unwesen trieben.[66]

Die Häftlinge, die für die Deportation ausersehen worden waren, waren alles in allem also offenbar Schwerverbrecher; viele von ihnen waren gewalttätig, hatten ein langes Vorstrafenregister oder hatten sich im Gefängnis ungebärdig aufgeführt. Eine ganze Reihe von ihnen hatte versucht, aus der Haft zu fliehen, und manche, wie Exner, hatten in dieser Beziehung offenbar einiges Geschick entwickelt. Ihre Verbrechen reichten von Diebstahl und Brandstiftung bis hin zu

Mord und Vergewaltigung. Eine letzte Auflistung von 60 Männern, die für die Deportation ausgewählt worden waren, gab an, daß 51 von ihnen wegen Diebstahl oder Raub verurteilt worden waren, elf wegen Mordes, vier wegen Brandstiftung, drei wegen Fahnenflucht und je einer wegen Fälschung (Aschenbrenner) und Vergewaltigung. Mehrere von ihnen waren für mehr als eine dieser Straftaten verurteilt worden. Ihr Durchschnittsalter lag bei 34,6 Jahren. Die endgültige Auswahl hatte König Friedrich Wilhelm III. persönlich vorgenommen, nach einer gründlichen körperlichen Untersuchung aller Kandidaten, die dazu geführt hatte, daß einige der Älteren und Schwächeren im Hinblick auf die zu erwartende Mühsal eines langen Fußmarsches nach Sibirien ausgemustert worden waren. Andere waren entflohen oder wurden von der Liste gestrichen, weil die Zahl der zu Deportierenden beschränkt war. Es gab jedoch immer noch einige, die nach damaligen Maßstäben relativ alt waren, darunter vier in den Fünfzigern (der älteste Deportierte war 54 Jahre alt). Angeführt wurde die Liste, die danach angeordnet war, welche Gefahr die Verbrecher für die Gesellschaft darstellten, von Johann Friedrich (Franz) Exner, dem Ausbruchsexperten und Bandenführer, an vierter Stelle stand der Ex-Soldat, der gebrandmarkt worden war, Gottfried Breitenfeld, und an achter Stelle der glücklose Deserteur Matthias Wrajewski, dessen Abneigung gegen den Militärdienst von den preußischen Beamten ein weiteres Mal als extrem gefährlich beurteilt wurde. Der Abdeckergehilfe Johann Stegemann wurde auf der Liste auf Platz 13 geführt. Der Fälscher Wilhelm Aschenbrenner stand nicht weit zurück, auf Platz 17. Unter denen, die offenbar als weniger gefährlich galten, befanden sich Andreas Siedentopf, Carl Rungenhagen, die Brüder Borowski, Johann Wisniewski und seine Spießgesellen Matthias Fuhrmann und die Brüder Buttkowski, Franz Schulz, Anton Karaschin, Michael Constantin, Johann Crantz, Franz Hübner und Franz Fiedler.[67] Ob diese Einschätzungen zutrafen oder nicht, sollte sich im Verlauf der Reise erweisen.

«Entfernte Weltteile»

Bereits Ende November 1800 zeigte sich, daß die Idee, Preußens schlimmste Verbrecher nach Übersee zu deportieren, in der Praxis alles andere als einfach sein würde. Der Vorschlag der Danziger Behörden, sie den Engländern zum Dienst in der Marine zu übergeben, wurde als undurchführbar abgelehnt. Zweifellos hätten wenigstens einige von ihnen durchaus halbwegs anständige Matrosen abgegeben; ihre moralischen Maßstäbe sowie ihre geringe Bildung hätten sich nicht wesentlich von denen der meisten Seeleute unterschieden, die auf den Schiffen der Royal Navy fuhren. Aber wie weit sie auch auf ihnen segeln mochten, am Ende liefen die britischen Schiffe doch immer wieder in den Hafen von Spithead ein, und deshalb war nicht zu verhindern, daß preußische Häftlinge, die auf ihnen dienten, wieder heimkehren könnten.[68] Die meisten Beamten waren damals offenbar der Ansicht, der sicherste Weg, eine Rückkehr unmöglich zu machen, sei, sie nach Amerika zu schicken. Die gerade unabhängig gewordenen Vereinigten Staaten von Amerika weigerten sich jedoch strikt, ausländische Sträflinge einreisen zu lassen, was kaum verwunderlich ist. Ein Beamter wies darauf hin, daß die Androhung einer Verschiffung nach Amerika, um dort ein neues Leben anzufangen, kaum als Abschreckungsmaßnahme betrachtet werden könne; es sähe viel eher aus wie eine Belohnung.[69] Erkundigungen bei den Portugiesen, die ihre eigenen Kriminellen nach Angola transportierten, führten zu der Erwiderung, die preußischen Häftlinge seien nicht erwünscht, weil sie kein Portugiesisch sprachen. Eine ähnliche Antwort kam von den Spaniern. Die Niederländer hatten ihre Kolonien in den Kriegen verloren, so konnten auch sie nicht helfen. Was die Franzosen betraf, die regelmäßig ihre Sträflinge auf die westindische Insel Cayenne schickten, so äußerten die preußischen Beamten Bedenken, daß
es gegenseitig Prinzipienunding erscheinen und Anstand finden würde, die Verbrecher eines revolutionär-demokratischen Staats und die einer geordneten Monarchie an dem nämlichen Ort zu der nämlichen Strafe zusammen zu thun, und überdies, wenn auch ein Arrangement zu Stande kommen könnte, doch die Unzuverläßigkeit und Unfestigkeit der jetzigen Französischen Regierung keine Bürgschaft für die sichere und beständige Aufbewahrung der zu deportierenden Verbrecher giebt.

So wurde beschlossen, die Franzosen gar nicht erst zu fragen.[70]

Außerdem bot offenbar keines dieser Projekte die Möglichkeit, Sträflinge an ihrer Rückkehr nach Preußen zu hindern. Denn nach ausländischem Gesetz hatten sie kein Verbrechen begangen, und das bedeutete, daß sie als freie Männer behandelt würden, sobald sie in Amerika, Australien, Angola oder wo immer die Regierung sie hinzuschicken versuchte, angekommen wären. In diesem Fall, so prophezeite ein Beamter, sei die Wahrscheinlichkeit angesichts ihrer allgemeinen Charakterschwäche groß,

daß ferner die bisher üblich gewesene sogenannte Seelenverkäufereien, auf welche man bey unserm Project allenfalls Rechnung machen konnte, sich blos damit abgegeben, junge Leute in schlechten Häusern zu debauchiren und besonders durch Schuldenmachen zum Militair- und Matrosendienst zu nöthigen, so daß solche häufig wenn sie ihre Schulden durch die Löhnung abverdient, werden in Freiheit und zu den ihrigen gekommen.

Abgesehen von derartigen Überlegungen, die offenbar hauptsächlich der überhitzten Phantasie preußischer Beamter entsprangen, gab es das ernstere Problem der Kosten – die Ausgaben, die entstehen würden, wenn man die «incorriglen» Häftlinge auf absehbare Zeit in preußischen Gefängnissen festhielt, mußten aufgerechnet werden gegen die Transportkosten nach Übersee. Ein gewissenhafter Beamter in Berlin rechnete aus, daß die Kosten der Verschiffung von 40 oder 50 Kriminellen nach Frankreich sich auf ungefähr 2500 Taler belaufen würden und daß es ebenso teuer wäre, sie nach England zu schicken.[71] Außerdem war es wahrscheinlich, daß die englische Regierung zusätzlich eine beträchtliche Summe fordern würde, um die Auslagen für die Überfahrt nach Botany Bay zu decken. All das machte das Projekt unerschwinglich teuer. Die billigste Möglichkeit war offenbar, sie auf die dänische Ostsee-Insel Bornholm zu verfrachten. Das würde nicht sehr viel kosten, und die Dänen konnten bestimmt dazu gedrängt werden, die Sträflinge dort festzuhalten. Allerdings hatte Aschenbrenners Erfahrung gezeigt, wie einfach es war, in Dänemark aus der Haft zu fliehen und auf preußischen Boden zurückzukehren, und Bornholm lag gefährlich nah an Preußen. Wie dem auch sei, die Dänen waren keineswegs bereit, sich auf diesen Vorschlag einzulassen, und so wurde auch dieser Plan rasch wieder fallengelassen.[72]

Es blieb nur eine letzte Möglichkeit, sich der unerwünschten Übel-

täter zu entledigen: Sibirien. Die Häftlinge über die Ostsee nach Rußland zu verschiffen wäre billig, es kostete nur etwa 1000 Taler. Und
die Möglichkeiten, daß sie zurückkehrten, wären gering, denn das
Silberminengebiet von Nertschinsk, das der Zar im 18. Jahrhundert
erworben hatte, lag über 5000 Kilometer von St. Petersburg entfernt
jenseits des Baikalsees, an den Grenzen zur Ostmongolei und West-
mandschurei. In den Bergwerken arbeiteten Leibeigene und Sträflinge, sie wurden streng bewacht, und eine Flucht wäre schwierig,
wenn nicht unmöglich. Außerdem machte sich der Zar als absoluter
Monarch keine Gedanken über juristische Spitzfindigkeiten, die
westliche Empfänger preußischer Häftlinge mit großer Wahrscheinlichkeit beunruhigen würden. Er konnte sie einfach als leibeigene
Sträflinge behandeln und sie für den Rest ihres Lebens in Nertschinsk
festhalten. Das, so dachte man in Berlin, wäre sicherlich ein wirksames Abschreckungsmittel, wenn es erst einmal in Preußen bekannt
würde.[73] Am 18. Januar willigte der Zar ein, die Sträflinge zu übernehmen. Die einzige Bedingung, die er stellte, war, daß die gefährlichen Schwerverbrecher nicht durch die Straßen seiner Hauptstadt,
St. Petersburg, reisen durften.[74]

Entzückt über diese rasche und positive Reaktion begannen die
preußischen Behörden unverzüglich, Vorbereitungen zu treffen, um
ihren Plan in die Tat umzusetzen. Ursprünglich dachten sie daran, die
Häftlinge per Schiff nach dem arktischen Hafen Archangelsk zu
schicken. Bald aber erwies sich, daß nur sehr wenige preußische Han-
delsschiffe dorthin segelten und die Fahrt durch die Ostsee, die Nord-
see und um die nördliche Spitze Skandinaviens herum selbst bei günstigen Winden acht bis zehn Wochen dauern würde. Die preußischen
Beamten befürchteten, daß in dieser Zeit die Gefahr einer Meuterei
der Strafgefangenen sehr groß wäre. Außerdem könnten sich Krankheiten, die die Häftlinge aus den unhygienischen Zuständen in den
Gefängnissen mitbrachten, auf dem ganzen Schiff verbreiten und die
Mannschaft ernsthaft dezimieren. Eine starke militärische Wache
wäre erforderlich, die nach Ablieferung der Ladung mit dem Schiff
den ganzen Weg zurück nach Preußen transportiert werden mußte.
Die Kosten für ihre Nahrung und ihren Unterhalt für eine Reise von
etwa 20 Wochen betrachtete man als unerschwinglich. Aber die Alternative, die Strafgefangenen auf dem Landweg loszuschicken, war
auch nicht viel besser, denn dann müßte man einen Troß bilden, au-

ßerdem würde die Reise genauso lange dauern wie auf dem Seeweg, wenn nicht länger. Im Frühjahr 1801 schließlich wurde die Idee, die Sträflinge über Archangelsk zu schicken, ohnehin vereitelt durch die «Erscheinung der Englischen Flotte im Sunde, und das Absterben des Rußischen Kaisers» oder, in anderen Worten, die Ermordung Pauls I., mit dem das Abkommen ursprünglich vereinbart worden war. Die Sträflinge auf einem Schiff zu transportieren, das unter neutraler Flagge segeln würde, schien die Aussichten, daß es ungehindert sein Ziel erreichte, nicht zu verbessern. Also waren die preußischen Beamten gezwungen, die Sache neu zu überdenken.[75]

Nach einiger Überlegung wurde beschlossen, die Häftlinge sollten in dem kleinen preußischen Hafen Pillau an Bord gehen, an der Ostseeküste entlang in den Finnischen Meerbusen segeln und im estländischen Hafen Narwa, etwa 150 Kilometer westlich von St. Petersburg, an Land gesetzt werden. Das war ein ganzes Stück weiter südlich als Archangelsk, aber nicht weiter entfernt von Nertschinsk als die arktische Hafenstadt. Die Russen waren einverstanden. Die Kosten stiegen jedoch bereits dramatisch an. Die russischen Behörden forderten nun, die Preußen müßten die täglichen Lebenshaltungskosten der Sträflinge für die gesamte Reise von Narwa nach Nertschinsk bezahlen. «Deux copecks par jour», teilten sie den knauserigen Preußen in einem späteren Stadium der sich hinziehenden Verhandlungen mit, «sont très insuffisans». Der Weg von Narwa nach Nertschinsk betrug etwa 1124 Werst, und wenn die Gruppe 25 Werst am Tag schaffen würde, brauchte sie 285 Tage. Zehn Kopeken am Tag wären notwendig, um jeden Häftling und jede Wache mit Nahrung und Wasser zu versorgen – das machte also 28 Rubel 50 Kopeken pro Kopf. Darüber hinaus würde jeder Sträfling sieben Rubel 75 Kopeken für Kleidung benötigen, außerdem war Vorsorge zu treffen für den Fall von Krankheiten, Verletzungen und anderer unvorhersehbarer Ausgaben, die auf der Reise wahrscheinlich auftreten würden. Zudem mußte die Rückreise der Wachen, die die Russen für den Transport stellten, bezahlt werden. Für den Transport von 50 Häftlingen, so schätzten die russischen Behörden, würden die Gesamtkosten nicht weniger als 2000 Rubel betragen.[76] Außerdem hielt es die preußische Regierung für notwendig, die Befestigungen in Pillau zu verstärken, denn das Gefängnis dort wurde für zu unsicher gehalten, um derart gefährliche Schwerverbrecher aufzunehmen. Besorgt über die Möglichkeit, daß

71

die Deportierten die dort einsitzenden «besseren» Kriminellen verderben könnten, unternahmen die Behörden beträchtliche Bauarbeiten, um sicherzustellen, daß sie getrennt untergebracht und an der Flucht gehindert wurden.[77] So stiegen die Kosten der Operation weiter an. Wenn man sie mit der Summe aufrechnete, die die Russen forderten, und den 885 Talern, die als Kosten für die Verschiffung der Sträflinge nach Narwa veranschlagt wurden, dann sah es jetzt so aus, als wären zur Ausführung des Projekts insgesamt weit über 10 000 Taler nötig.[78] Zu einem früheren Zeitpunkt, als die preußischen Behörden überlegt hatten, etwa 200 Verbrecher nach Sibirien zu schikken – über ein Drittel aller Gefängnisinsassen zu dieser Zeit –, waren die Gesamtkosten auf 18 000 Taler geschätzt worden.[79] Kein Wunder, daß sie daraufhin beschlossen, den ersten Transport auf nicht mehr als 60 Häftlinge zu beschränken. Tatsächlich verlangten die Russen jetzt so viel Geld, daß die Verantwortlichen in Preußen ernsthaft erwogen, das gesamte Projekt fallenzulassen.[80] Außerdem hatten sich die Verhandlungen so lange hingezogen, daß das Wetter anfing, sich zu verschlechtern, und es wurde klar, daß der Transport jetzt nicht vor dem Frühjahr 1802 stattfinden konnte.[81]

Nach einigen Beratungen befand die preußische Regierung im Herbst und Winter 1801, daß der Deportationsplan sich trotz aller damit verbundenen Probleme immer noch lohne. Außerdem war zu diesem Zeitpunkt bereits eine beträchtliche Summe ausgegeben worden, und die Vorbereitungen für die Verschiffung waren bereits weit fortgeschritten. Als schließlich der Frühling kam, wurden 60 der Häftlinge von ihren ursprünglichen Haftorten aus in Bewegung gesetzt. 58 von ihnen trafen Anfang Mai 1802 sicher in Pillau ein. Am 11. Juni wurden sie zwischen neun Uhr morgens und zwölf Uhr mittags an Bord genommen, unter den aufmerksamen Augen einer Wache, die aus einem preußischen Armeeleutnant, zwei Unteroffizieren, zwölf gemeinen Soldaten und vier Gefängniswärtern bestand, die sie auf der Reise nach Narwa begleiteten. Bei günstigem, wenn auch starkem Rückenwind setzten sie Segel. Am nächsten Tag, dem 12. Juni, machten einige der Verbrecher, nach dem Bericht des Leutnants, sich durch «sehr öfters wiederholtes Besuchen der Abtritte als auch häufiges Herandrängen an die Luken böser Absichten verdächtig», und am 13. Juni «äußerte sich wieder einer der Verbrecher, daß er eine gefährliche Stimme unter seinen Mitkameraden bemerkt habe». Der

Informant teilte dem Leutnant mit, sie planten eine Meuterei. Sie hielten die Wache für schwach und beabsichtigten, «alles, was sich widersetzen wollte, über Bord zu werfen». Bald probierten sie ihre Entschlossenheit an der Wache aus, indem sie «mit großem Ungestüm Bier zum Getränke» forderten. Aber der Leutnant erwiderte «mit aller möglichen Gelassenheit, daß im Contract ihnen kein Bier bestimmt worden wäre». Mit ihrem schlechten Benehmen würden sie gar nichts erreichen, teilte er ihnen mit. Dennoch wurde die Stimmung der Strafgefangenen im Verlauf der Reise immer unruhiger. Am 15. gab der Leutnant den Häftlingen «zu verstehen, daß er nicht der Mann wäre, der sich schrecken ließe». Dem «Haupttrotzkopf Exner» machte der Leutnant deutlich, daß seine Intrigen beobachtet worden waren und keine Aussicht auf Erfolg hätten. Danach haben die Sträflinge die Idee einer Meuterei offenbar aufgegeben. Das Schiff erreichte Narwa ohne weiteren Vorfall am 16. Juni, und am folgenden Tag gingen sie, nach Abwicklung der Einreiseformalitäten, von Bord.[82] Ganz offensichtlich waren die Häftlinge, wie der offizielle Reisebericht feststellte, in der Tat eine «gefährliche Ladung». Wenn man in irgendeiner Weise nach ihrem Verhalten an Bord des Schiffes gehen konnte, dann würden sie vor nichts zurückschrecken, um auf ihrem Weg über Land nach Sibirien auszubrechen.

Zu diesem Zeitpunkt hatte das Unternehmen die preußische Regierung die Summe von 24856 Talern gekostet, einschließlich der Heuer für das Schiff, der Bezahlung der Mannschaft und des Proviants für die Sträflinge und ihre Wachen.[83] In Anbetracht der Forderungen, die die Russen erhoben, um Kleidung für die Verbrecher zu besorgen, hatten die preußischen Behörden wenig Skrupel, diese nur «notdürftig bekleidet» nach Narwa zu schicken.[84] Deshalb war es notwendig, daß man bei ihrer Ankunft, wie die Russen berichteten, «on leur acheta pour le premier moment à chacun une chemise, une paire de caleçons, une paire de bas et de souliers de paysans» (ihnen fürs erste ein Hemd, eine Unterhose, ein Paar Strümpfe und Pantinen kaufte). Für Sibirien würden sie jedoch festere Kleidung brauchen. Eine Woche blieben die Strafgefangenen in Narwa, in dieser Zeit wurden die notwendigen Dokumente ausgestellt und Proviant für ihren Marsch besorgt. Dann machte sich die Sträflingskolonne am 25. Juni 1802 schließlich auf den Weg, zu Fuß und bewacht von einer Abteilung von 46 Soldaten, die von einem Leutnant der Garnison Narwa kommandiert wurden.[85] Vor ihnen lag eine Strecke von über 8000 Kilometern. Unterbrochen wurde ihr Marsch über Land nur nachts, hin und wieder legten sie, zum Beispiel auf der Wolga, eine Strecke auf einem Häftlingsschiff zurück. Den Baikalsee überquerten sie mit einem Pferdeschlitten, was nur im Winter möglich war, wenn der See zugefroren war. Wer die Reise überlebte, würde sein Ziel kaum vor März oder April 1803 erreichen.[86] Dort müssen wir sie verlassen, um die Geschichte der Politik, die sie aus Deutschland dorthin deportiert hatte, weiter zu verfolgen.

Die Deportationspolitik geht weiter

Der preußischen Regierung war es gleichgültig, was aus den Häftlingen wurde, nachdem diese erst einmal nach Sibirien aufgebrochen waren, sie war hochzufrieden mit dem Ergebnis. Es war ihr gelungen, sich einer beträchtlichen Anzahl schwerer Straftäter endgültig zu entledigen, wenn auch mit einigem finanziellen Aufwand. Die Beamten waren eifrig bestrebt, die Maßnahme zu wiederholen. Nach ihren Vorstellungen sollten einmal im Jahr 50 bis 60 Schwerverbrecher von Preußen nach Sibirien geschickt werden. Bei einem solchen Verfahren hätten die preußischen Gefängnisse innerhalb eines Jahrzehnts nahezu alle langfristig einsitzenden Gefangenen abgeschoben.[87] Bei den Plänen zur Gefängnisreform dachte man zu jener Zeit durchaus auch an eine fest institutionalisierte Deportationspolitik. Bereits im April 1801 hatte Goldbeck angeordnet:

In Zukunft soll die Strafzeit benutzt werden, um die gewesene Verbrecher, wo möglich, zur Ordnung und Arbeitsamkeit zu gewöhnen, und sie dergestalt zu beobachten, daß man zu der Ueberzeugung gelangen könne, welche unter ihnen als incorrigible außer Landes zu schaffen, oder als gebessert wieder in Freiheit zu setzen.[88]

Lange Haftstrafen sollten praktisch eine Sache der Vergangenheit werden, denn es wurde in Aussicht genommen, Deportationen nach Sibirien jetzt zu einer regelmäßigen Einrichtung zu machen.[89] Im November 1802 wurde jedoch berichtet, der neue russische Zar, Alexander I., sei «ganz abgeneigt», die Operation zu wiederholen. Der preußische Botschafter in St. Petersburg berichtete, Alexander vertrete diese Ansicht, weil erstlich der Transport dieser Leute mit großen Schwierigkeiten verknüpft sey, und zweitens es dem moralischen Gefühle widerspräche, ähnlichen verworfenen Menschen im eigenen Staate einen Aufenthalt zu gönnen; weil auf jeden Fall damit der Verweisung nach Sibirien verknüpfte Strafe nicht für Einländer geltend seyn könnte.[90]

Da kurz darauf der Krieg mit Frankreich wiederaufflammte, wurde die Situation ohnehin zu heikel, als daß die preußische Regierung in Betracht ziehen konnte, regelmäßig eine beträchtliche Anzahl gefährlicher Sträflinge quer durch das Land zu schicken. Der preußische Generalplan für die Gefängnisreform, der 1804/05 verkündet wurde, erwies sich aus finanziellen Gründen als undurchführbar, und die Behörden mußten sich mit dem Versuch begnügen, die Zahl der Ausbrüche aus den Gefängnissen zu vermindern, indem sie für das Wiedereinfangen entflohener Schwerverbrecher Belohnungen aussetzten und für den Transport der Häftlinge von einem Gefängnis zum anderen Militäreskorten bereitstellten.[91] Im Jahr 1804 beklagten sich die preußischen Behörden immer noch über «die sehr große Zahl der jedes Jahr entwichenen Verbrecher» und drohten Wärtern, die ihre Pflichten vernachlässigten, an, ernsthaft gegen sie vorzugehen.[92]

Als die Napoleonischen Kriege im Jahr 1815 vorüber waren, hatte sich das Klima in der Rechtswissenschaft zu wandeln begonnen. Das Konzept der «Spezialprävention», das der Deportationspolitik zugrunde lag, war unter heftigen Beschuß von Rechtsreformern geraten, besonders von dem bayrischen Juristen Paul Anselm Ritter von Feuerbach. Feuerbach wies darauf hin, daß Haft und Deportation auf den bloßen Verdacht hin, der Straftäter werde in Zukunft weitere Verbrechen verüben, willkürliche Maßnahmen seien, die die grundlegenden Prinzipien der Rechtsstaatlichkeit verletzten. In Zukunft würden Gesetzeswerke wie das, das Feuerbach 1813 selbst für Bayern vorbereitete, sich auf Strafen im Rahmen einer Politik der Abschreckung («Generalprävention») beschränken. Die Justizbeamten in Preußen waren bereits im Jahr 1815 beeinflußt von diesen Argumenten, die schließlich in die Grundsätze eingehen sollten, auf denen das preußische Strafrecht basierte, das nach jahrzehntelanger Vorarbeit im Jahr 1851 verkündet wurde.[93] Die Bedeutung, die Feuerbach der allgemeinen Abschreckung beimaß, führte dazu, daß die Vorstellung, Gefängnisse seien Besserungsanstalten, weitgehend in den Hintergrund trat und sich die Auffassung durchsetzte, daß sie nur dazu dienen sollten, Strafen zu vollstrecken. Als sich in den zwanziger Jahren eine liberale Bewegung zur Strafrechtsreform herausbildete, ging sie von der Annahme aus, im Prinzip seien alle Kriminellen zur Besserung fähig, vorausgesetzt, es würden die richtigen Bedingungen dafür geschaffen. Bis zur Durchsetzung dieses Programms dauerte es aber noch einige Jahrzehnte.

Angesichts der dauernden Überfüllung der Gefängnisse darf es nicht überraschen, daß die Idee der Deportation weiterhin Einfluß auf die Strafpolitik in Deutschland ausübte. Das Beispiel Preußens ermutigte andere Staaten, ihm zu folgen. Wie die Preußen wollten auch sie sich der finanziellen und verwaltungstechnisch aufwendigen Last entledigen, langfristig für eine große Zahl von Straftätern zu sorgen. Im Gegensatz zu den Preußen gaben sie jedoch nicht vor, daß es dabei auch um ein gewisses Maß an Abschreckung oder Besserung gehe. Als Deutschland noch aus Hunderten von größeren oder kleineren unabhängigen Staaten bestand, die das moribunde «Heilige Römische Reich» bildeten, dem Napoleon im Jahr 1806 ein Ende bereiten sollte, war es jahrhundertelang üblich gewesen, daß Städte und Staaten Kriminelle, die für ihre Verbrechen nicht zum Tod verurteilt worden waren, mit der Vertreibung aus ihrem Territorium («Landesverweisung») bestraften. Dabei wurde mit der Todesstrafe oder anderen weniger harten, aber immer noch strengen Strafen bedroht, wer seinen Eid (die «Urphede»), nicht zurückzukehren, brach. Diese Praxis war im frühen 19. Jahrhundert immer noch allgemein üblich. Mit der Befreiung Amerikas aus kolonialer Herrschaft zwischen 1770 und den zwanziger Jahren des 19. Jahrhunderts und der Einrichtung sicherer und schnellerer Verbindungen auf dem Seeweg nach dem Frieden von 1815 waren eine Reihe von Staaten versucht, das Prinzip der Vertreibung über die Grenzen Deutschlands oder sogar Europas hinaus auszuweiten. Dies schien die wirksamste Methode, sich unwillkommener Straftäter zu entledigen. Im Gegensatz zu den in den Jahren 1802 und 1803 aus Preußen Deportierten sollten diese Schwerverbrecher jedoch nicht zusätzlich zu den ohnehin über sie verhängten Haftstrafen als unbezahlte Arbeitskräfte in eine Sträflingskolonie geschickt werden, sie sollten vielmehr frei sein, sobald die Küsten Europas hinter ihnen lagen. Das war der Anreiz, den man ihnen bot, damit sie außer Landes gingen. Ein typisches Beispiel für die Motive der Behörden, wie auch für die Erfahrungen der Deportierten, bot das Großherzogtum Mecklenburg-Schwerin.

Beamte des Großherzogtums waren bereits im Zuge der Vorbereitungen der preußischen Regierung für die sibirische Unternehmung im Jahr 1801 auf die Möglichkeit aufmerksam gemacht worden, Schwerverbrecher in entlegene Teile der Welt zu deportieren. Ein Beamter aus Berlin hatte offenbar auf ein Mißverständnis hin nach Schwerin geschrieben und die mecklenburgischen Behörden gebeten, von ihren Erfahrungen mit der Verschickung von Sträflingen nach Sibirien zu berichten. Verwundert hatten die mecklenburgischen Beamten geantwortet, daß keinerlei derartige Erfahrungen vorlägen; inoffiziell merkten sie freilich an, eine derartige Deportation sei wahrscheinlich viel zu teuer. Ein Einwand in diesem Sinn muß auch der Grund gewesen sein, warum das Großherzogtum einen Deportationsplan, der ihm im Jahr 1803 unterbreitet wurde, ablehnte. Die Angelegenheit blieb damit erst einmal auf sich beruhen.[94] Aber der Keim war gelegt, und die Idee bedurfte nur der richtigen Bedingungen, um Wurzeln zu schlagen. Zwanzig Jahre später schlug Oberst Graf von der Osten-Sacken, Direktor des Landarbeitshauses in Güstrow, der 1803 an den Debatten teilgenommen hatte, dem Großherzog vor, einige der Insassen seiner Anstalt nach Brasilien zu schicken. Der riesige südamerikanische Staat hatte kurz zuvor seine Unabhängigkeit von Portugal erlangt und war gerade von Mecklenburg anerkannt worden.[95] Die mecklenburgische Regierung ergriff bereitwillig die Gelegenheit beim Schopf, diese «völlig Heimathlosen, deren Aufbewahrung dem Landarbeitshause Zeit ihres Lebens zur Last zu bleiben droht», loszuwerden.[96] Die Entlastung des Staatshaushaltes war jedoch nicht der einzige Grund, diesem Vorschlag zuzustimmen. Am 4. Oktober 1823 war im Landarbeitshaus Güstrow eine schwere Meuterei ausgebrochen, und sie hatte den Direktor in der Überzeugung bestärkt, daß die Überfüllung der Anstalt eine ernste Bedrohung für die Ordnung darstellte. Das Militär war zu Hilfe gerufen worden, und bis zur Unterdrückung des Aufruhrs waren zwei Insassen getötet und vier verwundet worden, vier Soldaten und ein Wärter hatten Verletzungen durch die Insassen erlitten. Neun Männer waren wegen ihrer Beteiligung an diesen Vorfällen verurteilt worden, sie erhielten unterschiedlich lange Haftstrafen im Zuchthaus von Dömitz, in den meisten Fällen in Verbindung mit 15 Stockhieben.[97] Kein Wunder also, daß die Verwaltung des Arbeitshauses darauf erpicht war, sich so vieler Insassen wie möglich zu entledigen. Die Brasilianer hingegen, die dringend Arbeitskräfte brauchten, um ihre Wirtschaft aufzubauen, erklärten sich durch ihren Agenten in Hamburg, Major Schäffer, der aktiv deutsche Emigranten anwarb, bereit, alle aufzunehmen, die kommen wollten.

Das Arrangement schien also für beide Regierungen von Vorteil zu sein, und für die Menschen, die deportiert werden sollten, muß es erst recht reizvoll geklungen haben. Das Landarbeitshaus in Güstrow beherbergte eine Reihe Armer, Obdachloser und Verelendeter. Freiwillig war dort niemand. Die mecklenburgischen Behörden benutzten es, um die Straßen von Menschen freizuhalten, die sie als Ärgernis betrachteten, wie Bettler und Vaganten. Ein Vagant war in diesem überwiegend ländlichen Staat offiziell definiert als «jeder, der ein verbotenes, nutzloses oder gar gefährliches Gewerbe betreibt und wer sich ohne Legitimation oder gültigen Paß mit unzuläßigen und unzulänglichen Erwerbsmitteln den Umtrieb im Lande zu verschaffen sucht, mithin namentlich: Bärenführer, Marionettenspieler, Seiltänzer, Musikanten &c. &c.»[98] Das Arbeitshaus war also Bestandteil eines umfassenden Angriffs der Behörden auf die traditionellen wandernden Gewerbe, von denen tatsächlich viele lange an den äußeren Rändern der kriminellen Unterwelt angesiedelt waren.[99] Es nimmt kaum wunder, daß viele der Insassen offensichtlich mit ihrem Schicksal oder mit den Bedingungen, unter denen sie eingesperrt waren, so unzufrieden waren, daß sie eine ausgewachsene Meuterei anzettelten. Obwohl es üblich war, die Kinder solcher Leute in Pflege zu geben, lebten im Jahr 1823 immer noch eine Reihe von Familien im Landarbeitshaus Güstrow. Die brasilianische Regierung erklärte, die Emigranten könnten selbst entscheiden, ob sie nach ihrer Ankunft in Brasilien ein Gewerbe ausüben, sich in die Armee einschreiben oder Bauern werden wollten. Den zukünftigen Siedlern boten die Brasilianer bis zu 200 Morgen Land für jeden im gemäßigten Süden des Landes und noch mehr für Familien mit mehr als drei Kindern. Sie würden Vieh, Zugtiere, landwirtschaftliches Gerät, Saatgut und ein mit allen Gerätschaften ausgerüstetes Wohnhaus erhalten. Die einzige Bedingung bestand darin, die brasilianische Staatsbürgerschaft anzunehmen und mindestens zehn Jahre im Land zu bleiben, danach stand ihnen frei zu gehen, wohin sie wollten. Die mecklenburgische Regierung erklärte sich mit diesen Bedingungen einverstanden. Das heißt, es war ihr offenbar vollständig bewußt, daß einige der Deportierten schließlich zurückkehren könnten. Sie übernahm außerdem die Kosten des Transports bis zur Einschiffung, für den Rest kamen die Brasilianer auf.[100] Schäffer versicherte den mecklenburgischen Behörden, es stehe den Emigranten frei, ihren protestantischen Glauben zu praktizieren.[101] All das klang zu schön, um wahr zu sein.

Mit lobenswerter Ehrlichkeit warnten die Behörden in Schwerin die Häftlinge, es gäbe keinerlei Mittel, die Brasilianer dazu zu zwingen, ihren Teil des Handels einzuhalten, wenn sie erst einmal in Rio angekommen seien. Einige, so wurde berichtet, hätten sich von diesen eher ernüchternden Überlegungen abschrecken lassen. Die Tatsache, daß manche in diesem Stadium einen Rückzieher machten, läßt darauf schließen, daß die Behörden die Wahrheit sagten, wenn sie allen Beteiligten erklärten, die Deportation sei vollkommen freiwillig. Trotz ihrer Warnungen aber erklärte sich eine beträchtliche Zahl von Häftlingen bereit, nach Brasilien zu gehen. Die meisten von ihnen waren Landarbeiter, es waren aber auch einige Handwerker darunter, ein Schreiber und sogar ein «Candidat der Theologie».[102] Am 24. Juni 1824 um 4 Uhr morgens verließen neun vierspännige offene Wagen mit 77 Männern, 23 Frauen und 33 Kindern Güstrow unter militärischer Eskorte nach Schwartau, wo sie am Abend desselben Tages vom Regen durchnäßt ankamen. Hier stieß der brasilianische Agent aus Hamburg zu ihnen, der sie alle mit neuer Kleidung im brasilianischen Stil versorgte. Außerdem versah die Hamburger Bibelgesellschaft jeden aus der Gesellschaft mit einer Bibel. Am nächsten Tag kamen die Auswanderer in Boizenburg an der Elbe an, von wo aus sie auf einer Barke flußabwärts an Hamburg vorbei nach Blankenese segelten. Dort gingen alle, außer einem, der sich im Verlauf der Reise als «unsinnig» erwiesen hatte, am 27. Juni 1824 um 19 Uhr an Bord der Fregatte «Georg Frederic».[103] Kurz nachdem sie am 28. die offene See erreicht hatten, änderten vier der Deportierten ihre Meinung und wurden zurückgeschickt. Die Disziplin auf der Seereise war streng. Einer von ihnen berichtete später:

alle Vergehungen wurden mit einem gedrehten Stricke auf dem Hintern bestraft. Von den Auswanderern der hiesigen Anstalt ist vorzüglich die Ehefrau des Jägers S…mann mehrere Male, unter andern ein Mal mit 500 Streichen belegt worden, dafür, daß sie gestohlen hatte, und besonders, weil sie den Diebstahl nicht eingestehen wollte, obgleich sie dessen völlig überführt war.

Abgesehen davon verlief die Reise ereignislos, und außer drei Kindern und einem Erwachsenen überlebten alle die Strapazen der langen Überfahrt. Das Schiff kam nach 72tägiger Reise in Rio an, wo die Auswanderer von dem selbsternannten Kaiser von Brasilien höchstpersönlich empfangen wurden, der sie noch auf dem Kai einen Treueeid schwören ließ.

Ein paar Monate später folgte eine zweite Schiffsgesellschaft mit 32 Männern, sechs Frauen und zwei Kindern aus dem Arbeitshaus. Dazu kamen noch Schwerverbrecher aus dem Zuchthaus und dem Militärgefängnis (Stockhaus) in Dömitz: 28 Männer und 13 Frauen aus dem Zuchthaus und 39 Verbrecher aus dem Militärgefängnis (davon 28 Zivilisten). Weitere zehn Männer und eine Frau stammten aus dem Kriminalgefängnis in Bützow, wo sie nach der Verurteilung darauf gewartet hatten, nach Dömitz überführt zu werden. Diese zweite Schiffsgesellschaft, insgesamt 90 Menschen, bestand überwiegend aus Verbrechern, die wegen Diebstahls zu Strafen zwischen 6 Monaten und lebenslanger Haft verurteilt worden waren. Zwei waren wegen Mordes und zwei wegen Beihilfe zum Mord verurteilt worden, und vier Frauen waren Kindsmörderinnen. Ein Mann war zu zwei Jahren verurteilt worden wegen «Tumulte[n] und Excesse[n]». Das schwerste Verbrechen hatte ein Mann begangen, der seine Frau umgebracht hatte und dafür eine lebenslange Haftstrafe verbüßte. Außerdem waren zehn Soldaten dabei, die wegen Fahnenflucht in Haft waren. Nur «der berüchtigte Banden-Anführer Johan Mehl» war durch einen Befehl des Großherzogs ausdrücklich von der Deportation ausgeschlossen worden, ansonsten konnte jeder, der wollte, nach Brasilien gehen.[104] Beim Abschied von Dömitz hatte jeder Sträfling eine Bibel und ein Gesangbuch erhalten und war von Osten-Sacken, der jedem zum Abschied die Hand schüttelte, persönlich ermahnt worden, hart zu arbeiten und sich gut zu benehmen. Als sie in Rio ankamen, trafen sie mit dem deutschen Händler Biesterfeld zusammen, der am 29. Oktober zum mecklenburgischen Konsul in der Stadt ernannt worden war.[105] Schließlich erreichte noch eine dritte Schiffsgesellschaft Rio mit zehn Verbrechern aus Bützow, 17 aus Dömitz und 41 aus dem Arbeitshaus in Güstrow, die am 4. August 1825 ihre Reise angetreten hatte. Auch hier handelte es sich überwiegend um verurteilte Diebe, aber es gehörten auch zwei Männer dazu, von denen der eine wegen Totschlags und der andere wegen Sodomie verurteilt war.[106] Es scheint, als ob die mecklenburgischen Behörden, nachdem sie sich erst einmal entschieden hatten, Sträflinge und Insassen aus Arbeitshäusern nach Brasilien zu schicken, die Absicht gehabt hätten, damit nicht eher aufzuhören, bis sie jedem, der gehen wollte, seinen Wunsch erfüllt hatten: 291 Menschen auf drei Schiffen insgesamt. Inzwischen waren so viele Verbrecher deportiert worden, daß die Gefängnisleitung in Dömitz sich Sorgen zu machen begann, es würden nicht genug Häftlinge zurückbleiben, um die verschiedenen Arbeitsprojekte des Gefängnisses in Gang zu halten. Der verantwortliche Beamte in Schwerin gab dem Großherzog jedoch zu bedenken, daß «das Zuchthaus [...] keine Fabrik-Anstalt [ist], und es dürfte kein Unglück seyn, wenn es aus Mangel an zu bestrafenden Verbrechen ganz leer stünde»[107].

Die Auswanderer konnten kaum als ideale Bürger für den neu gegründeten Staat gelten. Wer ein Gewerbe ausüben konnte, wie der Tischler Gierz oder der jüdische Chirurg Meyer, fand in Rio leicht Arbeit. Johann Reinaecker war vielleicht eine Ausnahme unter den relativ gut ausgebildeten Emigranten; nach dem Bericht zweiter später nach Mecklenburg zurückgekehrter Männer war er «ein Barbier, und war fast gänzlich taub, sein Verstand hatte auch so sehr gelitten, daß er zu keinem Geschäfte brauchbar war». Er landete schließlich als Bettler auf den Straßen von Rio. Wenigstens ein Dutzend der verheirateten Männer mit Familie hatten Land am Rio Grande erhalten. Es lag zwar nicht wie versprochen im Süden Brasiliens, aber das Land war fruchtbar, und es gab dort bereits deutsche Siedler, was vielleicht der Grund war, weshalb die Einwanderer dort angesiedelt wurden. Zum Zeitpunkt des Berichts der beiden Rückkehrer ließ sich noch nicht sagen, ob die Neuansiedler Erfolg hatten oder nicht, aber mindestens einer von ihnen, Heinrich Kruse, verkaufte sofort sein Land, vertrank den Erlös und wurde später auf den Straßen Rios angetroffen, wo er bettelte und behauptete, die Kaiserin persönlich hätte ihm versprochen, ihn nach Mecklenburg zurückzuschicken, wann immer er wolle. Mindestens 15 Männer waren als Arbeiter auf Bauernhöfe oder Güter geschickt worden, anstatt selbst Land zu erhalten. Ein verheirateter Mann, Hans Schrader, wurde Soldat in der Armee, er hatte sich auf Befehl des Majors von seiner Frau «wegen ihrer Liderlichkeit und

Betrunkenheit» scheiden lassen, offenbar mit seiner Einwilligung. Sie wurde zuletzt als «Gassenhure» in Rio gesehen. Ein anderer Ehemann war freiwillig in die Armee eingetreten, und seine Frau hatte ein erfolgreiches Unternehmen gegründet, das die Truppen mit Essen und Getränken versorgte, aber es hieß, sie würden fortwährend streiten, weil «sie ihren Mann vom Trunke abhalten will».

Die große Mehrheit der unverheirateten Männer landete in der brasilianischen Armee, die verzweifelt Soldaten suchte. Offenbar waren aber nur wenige von ihnen brauchbare Soldaten, denn schließlich hatte eine Reihe von ihnen wegen Fahnenflucht im Gefängnis gesessen. Einer steckte bekanntermaßen fortwährend in Schwierigkeiten, «wegen seines auch in Brasilien fortgesetzten Hanges zum Trunk»; einer seiner Kameraden, Johann Guthoff, bekam mit ähnlicher Häufigkeit «Stockschläge [...] wegen seiner öfteren Betrunkenheit». Ein anderer, der in die Armee eingetreten war, erwies sich als «nicht brauchbar [...], weil er schwachsinnig zu seyn schien». Mit wieder einem anderen Soldaten, Johann Kursch, nahm es rasch ein böses Ende, «denn in der Betrunkenheit hatten ihn die Neger seiner Kleidungsstücke beraubt und ihn hiernächst in einen Brunnen gestürzt, aus welchem man ihn todt herausgezogen hat». Fritz Grotz, einer der Schwerverbrecher aus Dömitz, war noch nicht lange in der Armee, als er wegen Diebstahls für sechs Jahre auf den Hulken verurteilt wurde. Er war oft in einem Sträflingstrupp, der auf den Hafenmauern arbeitete, zu sehen. Ein Johann Volkmann war zum Feldwebel befördert worden, aber es hieß, daß er versuche, aus der Armee auszuscheiden und einen Bauernhof zu erwerben; in anderen Berichten steht, daß er «ein lustiger Bruder ist und den Branntwein liebt». Mindestens zehn Soldaten hatten Fahnenflucht begangen und versucht, sich wieder nach Europa durchzuschlagen.

Zwei von ihnen, Gunther und Sichtling, saßen im September 1828 wieder im Landarbeitshaus Güstrow ein, wo sie die Behörden mit all diesen Einzelheiten versorgten.[108] Zwei weitere Auswanderer, die Brüder Marlow, wurden 1830 in Mecklenburg verhaftet. Gunther und Sichtling zufolge gab es noch eine Reihe weiterer ehemaliger Sträflinge, die ihren Weg zurück nach Deutschland gefunden hatten, aber nicht von den Behörden aufgegriffen wurden. Schließlich konnten die Behörden nicht viel dagegen unternehmen, daß Leute vor Ablauf der im Vertrag ausgemachten Frist von zehn Jahren zurückkehrten. Sie nach Brasilien zurückzuschicken stand selbstverständlich außer Frage.[109] Insgesamt läßt sich kaum sagen, welche Regierung bei dem Handel den kürzeren zog, die mecklenburgische oder die brasilianische. Wenn im Rückblick die Annahme der Behörden in Schwerin recht töricht erscheint, die Menschen, die sie ins Ausland schickten, würden alle dort bleiben, so war die Annahme der Behörden in Rio womöglich noch törichter, die Insassen deutscher Arbeitshäuser und Gefängnisse würden gute Soldaten und tüchtige Siedler abgeben.[110] Es ist also durchaus kein Wunder, daß so viele desertierten oder ein böses Ende nahmen. Spätere Klagen, die Einwanderer hätten in dem von der Verfassung her katholischen Staat trotz der ihnen in Deutschland gegebenen Versprechen Schwierigkeiten bei der Ausübung ihres protestantischen Glaubens bekommen, sind mit Vorsicht zu genießen: Vermutlich hatten nur die wenigsten den Wunsch dazu, und es ist überaus unwahrscheinlich, daß mehr als eine Handvoll von ihnen viel mit den Bibeln und Gesangbüchern anzufangen wußte, mit denen sie von wohlmeinenden christlichen Philanthropen zu Beginn ihrer Reise so üppig ausgestattet worden waren.[111] Die Erfahrungen waren offenbar entmutigend, wenigstens unternahm die mecklenburgische Regierung keinen weiteren Versuch. Ein Vorschlag im Jahr 1847, sie solle der Verschickung eines weiteren Kontingents von Verbrechern nach Amerika zustimmen, wurde mehr oder weniger ignoriert.[112] Die Brasilianer ihrerseits zeigten auf diese Weise ebenfalls kein Interesse, nach 1825/26 weitere Soldaten oder Siedler anzuwerben.

Meuterei und Gewalt auf hoher See

In den zwanziger Jahren des 19. Jahrhunderts hatten die Rekrutierungsaktivitäten des brasilianischen Agenten Major Schäffer in Norddeutschland noch einen anderen Staat überzeugt, Schwerverbrecher ins Ausland zu schicken. Als die erste Gruppe aus Mecklenburg sich auf die Reise über den Atlantik machte, waren ihr bereits Sträflingstransporte aus der Freien und Hansestadt Hamburg vorausgegangen. Im Jahr 1824 wurden 36 Sträflinge auf zwei Schiffen von Hamburg nach Brasilien geschafft, die am 23. März beziehungsweise am 6. Mai absegelten. Allen zwölf Gefangenen auf dem ersten Schiff war bei ihrem Urteil mitgeteilt worden, daß sie deportiert werden könnten, wenn sie dies wünschten und wenn sich die Gelegenheit dazu ergäbe. Bei den anderen 24 scheint man erst nachträglich auf diese Idee gekommen zu sein. Sämtlichen Häftlingen wurde erlaubt, ihre Ersparnisse mitzunehmen, und sie wurden vom Gefängnisdirektor mit Kleidung, Gesangbüchern, Bibeln und anderen nützlichen oder erbaulichen Gaben ausgestattet. Von Eifer beseelt hielten die Gefängnisbehörden fest:

Unter den nach Brasilien gegangenen Gefangenen ist keiner, der eine infamierende Strafe, d. h. Staupbesen oder Brankmark erhalten oder unter Büttels Händen gewesen wäre. Am Pfahl haben einige gestanden, besonders vom ersten Transport, welcher überhaupt die schlimmsten Individuen enthält. [...] Ein Kerl, der zum letzten Transport gehörte, Heinrich Wilhelm Müller, ohne Zweifel der gefährlichste von allen, stahl sogleich an Bord des Schiffs, wurde der Polizei zurückgeliefert, erlitt die Strafe des Pfahls und ward dann nach Lübeck transportirt. Die Übrigen haben sich an Bord gut betragen, und von dem zweiten Transport sind deshalb verschiedene zu Unteroffizieren, einer, Rasch, zum Wachtmeister ernannt.[113]

Sobald die Schiffe auf offener See waren, erwies sich jedoch, daß der Optimismus der Gefängnisbehörden über dieses Unternehmen nicht gerechtfertigt war.

Einer der Passagiere des zweiten Schiffs, Johann Diedrich Holtermann, der kein Sträfling war, berichtete am 20. November 1825, die Reise sei sehr unglücklich verlaufen. Unter den etwa hundert Passagieren, die am 6. Mai in See gestochen waren, befanden sich 24 Schwerverbrecher, und sie hatten ihre Gegenwart bald bemerkbar gemacht. «Des Nachts», schrieb Holtermann, «fingen einige davon an sich zu schlagen, hielten sich ihre Verbrechen vor». Sie betranken sich, und der Kapitän konfiszierte sämtliche Alkoholika an Bord. Aber es stellte sich heraus, daß er selbst kaum besser war als die Kriminellen. Die Spannung nahm zu, insbesondere zwischen dem Sträfling Rasch, dem es gelang, sich bei den Passagieren beliebt zu machen, und ein oder zwei Offizieren des Schiffes. Es gab weitere lautstarke Streitereien wegen Alkohols, und die Atmosphäre verschlechterte sich derart, daß viele der Passagiere, die nicht zu dem Häftlingstrupp gehörten, auf einem anderen Schiff weiterreisten, das zufällig vorbeikam und sich bereit erklärte, sie an Bord zu nehmen. Unter den Zurückgebliebenen eskalierte die Spannung, als der Kapitän, der inzwischen einen der jüngeren weiblichen Passagiere in seine Koje genommen hatte, anfing, die konfiszierten Alkoholika an seine Günstlinge auszuteilen. Zu dieser widerwärtigen Crew gehörten nach Holtermann der «Hurenwirt Weimann aus Wandsbeck» und «Leutnant Kiesewetter, ein Abenteurer». Nach einem heftigen Streit, bei dem Pistolen gezogen wurden, willigte der Kapitän ein, die Getränke zurückzugeben, gab aber nur billigen Schnaps heraus statt der teuren Weine und Spirituosen, die die Passagiere an Bord gebracht hatten und die er und seine Zechbrüder längst weggeputzt hatten.

Unterstützt von Mitgefangenen, die drohten, jeden niederzustechen, der wagen sollte, sich ihm zu widersetzen, begann Rasch jetzt, von Meuterei zu sprechen und davon, den Kapitän zu zwingen, nach Lissabon abzudrehen, anstatt nach Rio weiterzusegeln. Aber der Kapitän bekam Wind davon und erschien mit einer Gruppe bewaffneter Offiziere, um Rasch und seine Mitverschwörer aufgrund einer Reihe weitgehend erfundener Vorwürfe festzunehmen. «Rasch», so berichtete Holtermann, «sah dem Leutnant frei ins Auge. Dieser hieb ihm dafür mit seinem Hirschfänger den Arm ab. [. . .] Alle erhielten einige Kolbenstöße.» Sie wurden geschlagen, bis sie alles gestanden, was ihnen zur Last gelegt wurde. Jeder von ihnen bekam 60 Hiebe mit einem dicken Seil, und dem Schiffsarzt wurde die gleiche Strafe angedroht, als er einzugreifen versuchte. Nachdem sie eine ganze Nacht ohne Wasser und Brot eingesperrt worden waren, wurden sie zum Tode verurteilt. Der Kapitän, so Holtermann, schrie: «‹Schießt sie alle nieder.› Die anderen halfen, und so wurde alle 8 erschossen, Rasch zuletzt. Einer musste des anderen Tod sehen.» Das galt als besonders schockierend, weil es jedem der Männer im voraus zeigte, welches Schicksal ihn erwartete, und man damit das Risiko einging, daß er die Nerven verlor. Aus diesem Grund sorgten Beamte im 19. Jahrhundert bei Gruppen-Hinrichtungen in Deutschland dafür, daß keiner der Verbrecher irgendeine Chance hatte, Zeuge zu werden, wie seine Kameraden ins Jenseits befördert wurden.[114]

Für den Rest der Reise wurden die verbliebenen Passagiere auf halbe Ration gesetzt, obwohl immer noch reichlich Nahrungsmittel an Bord waren. Holtermann selbst protestierte jetzt, wurde aber für seine Bemühungen unter Arrest gestellt, mit der Anklage, in Hamburg einen Mord begangen zu haben und Gift mit sich zu führen. Er wurde auf Notrationen gesetzt, und ein Holzklotz wurde über seinen Arm gena-

gelt. Ein Mann, der ihm zu helfen versuchte, wurde zusammengeschlagen. Als sie Rio erreichten, kamen Holtermanns Kontaktperso-
nen an Bord und versuchten, ihn freizubekommen, wurden jedoch
vom Kapitän und seiner Bande mit gezogenen Säbeln vertrieben. Erst
als die Behörden eingriffen, erhielt Holtermann seine Freiheit wieder.
Der Kapitän und seine Freunde waren gezwungen zu fliehen. Einer
von ihnen wurde von den übriggebliebenen Sträflingen fast zu Tode
geprügelt und über die Kaimauer geworfen. Die Brasilianer versuchten, Holtermann in die Armee zu zwingen, und er konnte sie nur mit
Mühe dazu überreden, ihn seinen Plan ausführen zu lassen, Siedler
zu werden. Holtermann beendete seinen dramatischen Bericht mit
dem Rat, nicht nach Brasilien zu gehen, es sei denn, man hätte eine
Menge Geld und gute Verbindungen im Lande.[115]

Die Details dieses Berichts ließen sich nicht belegen, klangen aber
überzeugend. In diesem Fall hatte sich die Deportation also als erfolg-
loses Mittel erwiesen, um Sträflinge aus einem Leben in Gewalt und
Brutalität herauszuführen. Der Hamburger Trupp scheint ein sehr
ähnliches Schicksal gehabt zu haben wie die Häftlinge und Arbeits-
häusler aus Mecklenburg: Die brasilianischen Behörden hatten vor
allem ein Interesse daran, körperlich tüchtige Männer für den Militärdienst ins Land zu holen, und es ist anzunehmen, daß die meisten
Männer aus Hamburg schließlich zwangsrekrutiert wurden oder als
billige Arbeitskräfte auf brasilianischen Bauernhöfen oder Plantagen
landeten. Wie bei dem weit größeren Mecklenburger Kontingent beschlossen wahrscheinlich nur sehr wenige von ihnen ihr Leben als
erfolgreiche Siedler. Die Wahrscheinlichkeit, daß sich die Vorstellung bewahrheitete, sie würden sich bessern oder, wenn ihnen die
Chance geboten würde, ein neues Leben anfangen, war also schon,
bevor sie in Rio ankamen, außer in ein paar Fällen, nicht sehr groß.

In den Augen des regierenden Senats in Hamburg jedoch war
diese Operation ein voller Erfolg. Folglich beschloß er, das Experi-
ment ein paar Jahre später zu wiederholen. Im Jahr 1832 beklagte der
Hamburger Polizeichef, Senator Dammert, «die Überfüllung unserer
Strafanstalten» und befürwortete die Deportation einiger «leichterer
Sträflinge», die nur noch ein paar Jahre abzusitzen hatten. Auf seine
Initiative hin erklärten sich dreizehn Häftlinge bereit, in die USA zu
gehen. Jeder erhielt eine Bibel und 61 Mark Taschengeld. Typisch für
diese Straftäter war

Johann Martin Fr[ie]dr[ich] Stange, aus Duvenstadt gebürtig, der wegen Diebstahls und gebrochener Urpfehde nun schon zum 6. mal eingezogen ist. Dessen Strafzeit endet am 17. Juni 1833. Es steht zu erwarten, daß derselbe nach wieder erlangter Freiheit ohne Ausweg und Mittel in Hamburgs Nähe bleiben und in Kürze sich neuer Verbrechen schuldig machen wird. Wenn Stange auch jetzt von dem im Rede stehenden Transporte ausgeschlossen blieb, so wäre es doch sehr zu wünschen, diesen schweren Verbrecher bei sich vielleicht bald wieder darbietenden Gelegenheit seewärts fortzuschaffen.[116]

Der Vorsatz, nur «leichtere Sträflinge» zu deportieren, trat also von Anfang zurück hinter dem Wunsch, den Stadtstaat endgültig von «schweren Verbrechern» zu befreien. Dennoch scheint diese Maßnahme auf Straftäter beschränkt worden zu sein, die wegen Eigentumsdelikten und nicht wegen Gewaltverbrechen verurteilt waren.

Ein anderer Sträfling, der 1832 deportiert wurde, war Johann Jacob Vogelsang aus Soltau, ein 35jähriger Ölfabrikant, der zu einer achtjährigen Haftstrafe verurteilt worden war, weil er seinen Besitz angezündet hatte. Berücksichtigte man die zwei Jahre Untersuchungshaft, so konnte er im Jahr 1837 mit seiner Freilassung rechnen. Er hatte den Prozeß gegen die Versicherungsgesellschaft verloren, die sich geweigert hatte, für den Schaden an seinem Eigentum aufzukommen, außerdem war er von schlechter Gesundheit. Dennoch zahlte er aus eigener Tasche für die Überfahrt. Ob Vogelsang ein typisches Beispiel war, läßt sich nicht sagen. Aber die Briefe, die er nach Hause schickte, vermitteln sowohl eine Vorstellung von den Bedingungen, unter denen die Verbrecher transportiert wurden, als auch davon, wie es ihnen nach der Ankunft erging. Die Reise nach New York, schrieb er, verlief zu Anfang gut, die Deportierten genossen zunächst «die beste Behandlung von Seiten unserer Schiffsequipage». Aber das Essen war so schlecht auf der 67tägigen Überfahrt nach New York, daß einige der Häftlinge «nachts das Magazin des Kapitäns erbrachen, und dasselbe nicht allein an Brot, Fleisch und sonst vorhandenen Eßwaren bestahlen, sondern auch den Rum und Cognac zuzusprechen nicht vergassen». Der Kapitän verhörte die Deportierten, deren Anführer Johann Stange war, der Dieb aus Duvenstadt. «Stange und Tiedemann, die am meisten kompromittiert waren, die bereits unter ihren Kameraden allerlei Diebereien ausgeübt hatten, so wurden sie in den spanischen Bock gespannt». Der spanische Bock war eine hölzerne Vorrichtung, an die Verbrecher gebunden wurden, um ausgepeitscht zu werden. Seine Verwendung war fast überall in Deutschland bereits seit Jahren verboten.[117] Um so erstaunlicher, daß er sich überhaupt an Bord eines Schiffes befand, und das noch in den dreißiger Jahren. Aber das Vorhandensein des «spanischen Bocks», und mehr noch, daß er auch gebraucht wurde, ist ein weiteres Zeugnis für die extreme Härte und Brutalität, die in der Ära der Holzschiffe oft typisch für das Leben auf See war.

Die Folter hatte jedoch nicht die erwünschte Wirkung, denn den Übeltätern war kein Geständnis zu entlocken. Im Gegenteil, die Häftlinge wurden noch aufsässiger. Stange und seine Spießgesellen stahlen Vogelsangs Essen, Getränke und Kleider, außerdem all seine Ersparnisse, und da sie offensichtlich mit einigen aus der Mannschaft gemeinsame Sache machten, gelang es dem Kapitän trotz aller Untersuchungen nicht, auch nur eines der Diebesgüter zu entdecken. Außer Vogelsang erlitten noch andere ein ähnliches Schicksal. Bei der Ankunft in New York informierten Vogelsang und seine Freunde die Behörden über die Verbrecher an Bord, die daraufhin bei der nächstgelegenen Polizeiwache registriert wurden. In der Lokalpresse erschienen sensationell aufgemachte Berichte über die Vorgänge, mit der Folge, daß die Deportierten keine Aussicht hatten, Arbeit zu finden.[118] Vogelsang machte sich deshalb auf den Weg nach Norden, er gelangte über Albany nach Buffalo, das gerade die Stadtrechte erhalten hatte. Die Entbehrungen seiner Reise hatten zur Folge, daß seine Gedanken ständig ums Essen kreisten. So berichtete er, Rindfleisch koste zwei Cents das Pfund, und Schweinefleisch sei ebenfalls billig. Er erhielt etwas Geld von seinen Verwandten, pachtete eine Talgfabrik und begann in der Hoffnung auf schnellen Profit Seife und Kerzen herzustellen.[119] Ob er damit Erfolg hatte oder nicht, ist offenbar nicht bekannt. Seine Briefe lassen darauf schließen, daß einige der Häftlinge, die in die Vereinigten Staaten verschifft worden waren, offensichtlich ihr Bestes taten, um ein neues Leben anzufangen. Andere jedoch, wie zum Beispiel Stange, ließen keinerlei Anzeichen erkennen, ihre Chance für einen Neuanfang zu nutzen. Stange und einige seiner Kumpane wurden später wegen Straßenräuberei zu 15 Jahren Zwangsarbeit im Staat New York verurteilt.[120]

Ermutigt von dem seiner Ansicht nach großartigen Erfolg wies Senator Hudtwalcker im November 1834 den Generalkonsul der Stadt in London an, Verhandlungen mit der Regierung von Neusüdwales über die Deportation von Bagatellstraftätern aufzunehmen. «Unsere Häftlinge», schrieb er, «sind nicht so gefährlich wie die englischen». Sie würden schwer arbeiten und das Gesetz achten. Mit dem Segen der Australier, die dringend junge, kräftige und gesunde Arbeiter brauchten, wurden zwanzig Sträflinge für die Deportation ausgesucht. Ihnen wurde mitgeteilt, das Klima in Neusüdwales sei «warm und schön, nicht übertrieben heiß, und gesund». Sie sollten Land erhalten, kleine Häuser, Nahrung und Tabak, und es würde ihnen erlaubt sein, zu heiraten. Sie sollten als Freiwillige betrachtet werden. In Wirklichkeit aber war der Hamburger Senat keineswegs ehrlich, denn er wählte einige Schwerverbrecher für die Reise aus, darunter auch einen Mörder und einen Häftling, der sechs Jahre Galeerensklave auf dem Mittelmeer gewesen war und wiederholt versucht hatte, seiner zehnjährigen Haftstrafe in Hamburg zu entfliehen. Außerdem legt die Zahl der Bittschriften, die der Senat von Häftlingen erhielt, die von der Aussicht, nach Australien zu gehen, keineswegs begeistert waren, die Vermutung nahe, daß die vielgepriesene Freiwilligkeit bei der Auswahl ebenfalls Augenwischerei war. Auch waren viele der Deportierten weder gesund noch jung, denn die endgültige Quote von vierzig wurde erfüllt, indem unterschiedslos Vagabunden und Bettler von der Straße geholt wurden. Aber es waren weniger diese Gründe ausschlaggebend dafür, daß der Plan schließlich doch fallengelassen wurde, als die allgemeine Krise des britischen Deportationssystems. Die neue Ära politischer und sozialer Reformen, die in den dreißiger Jahren des 19. Jahrhunderts eingeleitet wurden, hatte unter anderem zur Folge, daß Deportationen ohnehin reduziert wurden. Außerdem nahm in London der politische Einfluß jener freien Kolonisten zu, die Australien in eine ruhigere und respektablere Gesellschaft umwandeln wollten. «Kürzlich erfuhr ich», schrieb einer von ihnen im Jahr 1836 aus Neusüdwales, «daß es den Plan gab, eine bestimmte Zahl von Häftlingen aus dem Staat Hamburg in die Kolonie zu importieren. Ich protestierte gegen eine derart unnötige Übernahme ausländischer Verbrecher, denn ich sah voraus, daß dies dem Charakter der Kolonie schaden würde.» Seiner Aussage nach war das letzte, was die Kolonisten wollten, daß «Neusüdwales zu einem allgemeinen Aufbewahrungsort für Kriminelle aus allen Teilen Europas würde». So wurde das Projekt vom Kolonialministerium in London abgelehnt und nie in die Tat umgesetzt.[121]

Von da an deportierten die Hamburger Behörden nur noch einzelne Sträflinge und versuchten nicht mehr, unliebsame Verbrecher in Schüben loszuwerden. Das Ausmaß dieser Transporte ist unbekannt, offensichtlich wurden sie in den späten dreißiger und frühen vierziger Jahren ziemlich regelmäßig vorgenommen. So wurden 1841 zum Beispiel sechs Personen zu unterschiedlichen Zeiten in die USA verbracht, darunter der Fälscher Valerius de Roi, der die Hälfte seiner Haft von sechs Monaten wegen Münzfälschung verbüßt hatte. 1846 jedenfalls hatten Bedenken, dieses Verfahren könnte amerikanische Vorbehalte auslösen und den immer gewinnträchtigeren Transport legitimer Auswanderer auf Hamburger Schiffen beeinträchtigen, der Deportation ein Ende bereitet und überdies die Hamburger Behörde bewogen, auch den Transport von Sträflingen aus anderen Ländern zu verweigern.[122]

Verbrechensbekämpfung und Gefängnisreform

Mecklenburg und Hamburg waren nicht die einzigen deutschen Staaten, die Häftlinge nach Übersee schickten. Auch das kleine Fürstentum Sachsen-Coburg-Gotha versuchte es mit dieser Politik.[123] Im Jahr 1826, als Mecklenburg sich zur Deportation von Verbrechern entschlossen hatte, beschäftigten sich die Behörden in Coburg zum ersten Mal mit diesem Verfahren, lehnten es jedoch ab, weil es ihnen nicht das legitime Mittel zum Umgang mit Straftätern zu sein schien. Allein es fragt sich, ob eine christliche Regierung auch solche böse Leute, ja die schwerste Verbrecher auf solche Weise in einen entfernten anderen Welttheil transportiren lassen dürfe, auf welchen sie gar keinen Einfluß hat. So kann und soll zwar jede Regierung die Unterthanen zur Erfüllung aller bürgerlichen Pflichten anhalten, die Widerspenstigen am Leib und Leben strafen, mit lebenslänglichem Gefängnis und mit dem Tode, doch sie aber die *ihr* von Gott anvertrauten Unterthanen aus dem Vaterlande ihres eigenen Wirkens wegreißen und in eine weit entfernte Himmelgegend transportiren lasse, sich damit gänzlich von ihnen lossage, sie einem eben so ungeheuern als unsicheren Loose überantworte und in eine Lage versetze, welche sie selbst nicht zu überschauen und in welcher sie nicht mehr für dieselben zu thun vermag – das dürfte sich kaum rechtfertigen lassen.

Die Praxis, Schwerverbrecher nach Brasilien zu verschicken, schloß die Verwaltung in Coburg, sei weder moralisch noch juristisch zu rechtfertigen.[124] Das waren starke Worte für konservative Bürokraten, und für eine gewisse Zeit, wie es scheint, galten diese Argumente als überzeugend.

Kaum ein Jahrzehnt später jedoch waren derartige Skrupel offenbar vergessen. Denn 1837 wurde aus der Hafenstadt Bremen berichtet:

Seit einiger Zeit wird mehr wie früher in den amerikanischen Staaten darauf geachtet, daß sich unter den europäischen Einwanderern keine notorischen Verbrecher in das Land einschleichen. Eine zahlreiche Gesellschaft rechtlicher Auswanderer kann dadurch in Gefahr kommen, nicht zugelassen zu werden, wenn dergleichen mit dem nämlichen Schiffe transportirt werden sollten. [...] Erst heute sind 13 Züchtlinge aus einem der kleineren sächsischen Staaten, welche sich auf einen mit mehr als 100 Auswanderern besetzten segelfertigen Schiffe zu Bremerhafen befanden, auf Befehl der Behörde wieder ausgeschifft worden.

Die dreizehn Unglücklichen kamen tatsächlich aus Sachsen-Coburg-Gotha und wurden jetzt dorthin zurückgeschickt, um anderen Passagieren die ungehinderte Einreise in die USA zu ermöglichen.[125] Wenn das der erste Versuch der Coburger Regierung war, sich unerwünschter Krimineller zu entledigen, dann war er fehlgeschlagen. Allerdings gab sie jetzt, wo sie sich an die Vorstellung der Deportation gewöhnt hatte, nicht so schnell wieder auf. Nun wurden lediglich Einzelpersonen deportiert statt ganzer Gruppen, was offensichtlich weniger auffällig war. Uns liegen zwar nur fragmentarische Quellen vor, aber es gibt eine Reihe eindeutiger Deportationsfälle, und es gab sicherlich noch viele mehr, die bisher nicht ans Licht gekommen sind. 1846 zum Beispiel erwog die fürstliche Regierung in Coburg, 50 Gulden zu bezahlen, um «die berüchtigte, ganz vermögenslose Elisabeth Tag» zu deportieren, die im Gefängnis war «seit einer Reihe von Jahren wegen der vielfältigen Verbrechen und Vergehen», deren sie sich schuldig gemacht hatte. Elisabeth Tag hatte eine Bittschrift an die Behörden gesandt, sie wollte freigelassen werden und zu ihrem Bruder in die Vereinigten Staaten ausreisen. Die Regierung bewilligte ihr die Mittel für die Reise, weil «ein solches Geldopfer um so mehr im Interesse der Staatskasse selbst liege, als voraussichtlich die p. Tag bei ihrem unverbesserlichen Lebenswandel, wenn sie hier bleibe, dem Lande unverhältnißmäßig mehr kosten werde».

Unausgesprochen war in dieser Bemerkung enthalten, es sei von Vorteil, wenn die Kosten von den amerikanischen Behörden übernommen würden. Die Deportation einer «dem fremden Eigenthum so gefährlichen Person» würde dem Staat das Geld sparen, das er unvermeidlich für ihren Lebensunterhalt im Gefängnis aufbringen müßte, und sie sei zudem sehr im Interesse der öffentlichen Sicherheit. Der Betrag von 50 Gulden für Reisekosten schien allerdings recht hoch, und die Landesregierung übergab die Frage, wie diese Mittel aufzubringen seien, an die örtlichen Behörden. Wir wissen nicht, was schließlich aus Tag wurde. Aus dem Briefwechsel über ihren Fall geht jedoch eindeutig hervor, daß die Coburger Polizei im Lauf der Jahre eine ganze Menge Erfahrung mit der Deportation derartiger Straftäter gemacht hatte.[126] Wie im Fall von Hamburg oder Mecklenburg war die Deportation keine gesetzlich sanktionierte Strafe oder eine «Polizeimaßnahme», sondern ein administrativer Akt. Wenn ein Straftäter sich einverstanden erklärte, ein bestimmtes Ziel in Übersee anzusteuern und nie mehr zurückzukehren, willigten die Behörden ein, sie oder ihn zu begnadigen und mit den Mitteln für die Reise auszustatten.[127] Wie die Verantwortlichen in den anderen beiden Staaten behauptete auch die Regierung in Coburg, die Deportation geschehe auf rein freiwilliger Basis. Das war jedoch nicht der Fall. Im April 1847 empfahlen die Behörden in Coburg, den Schlossergesellen Carl August Schuster nach Amerika zu deportieren. Schuster «verbüßt seit dem Monat May 1843 eine wegen zudringlichen und frechen Bettelns, wegen Liederlichkeit, Trunkenheit und müssigen Umherziehens ihm zuerkannte vierjährige Correctionshausstrafe». Die Initiative kam eindeutig von ihnen («Wir haben indeß für zweckmäßig erachtet, daß p. Schuster nach Amerika übergesiedelt werde», die Formulierung im Passiv weist eindeutig darauf hin, daß Schuster nicht freiwillig ging).[128] Wie in den meisten Fällen wurde dieser Vorschlag kurz vor der Entlassung des betreffenden Häftlings gemacht. Es ging dabei keineswegs um einen Gnadenakt: Dies war eine administrative Maßnahme, die auf dem eingestandenen Bedürfnis beruhte, den betreffenden Straftäter daran zu hindern, in Zukunft dem Staat aufs neue zur Last zu fallen. In dieser Hinsicht hatte das

Verfahren mehr Ähnlichkeit mit der Deportation von 1802/03 in Preußen. Da es nichts mit einer Begnadigung zu tun hatte, war folglich gute Führung kein Auswahlkriterium für Ausreise, sondern eher deren Gegenteil. Im Jahr 1845 wurde zum Beispiel Johann Lorenz Köhler, der offensichtlich aus eigener Initiative staatliche Unterstützung für seine Ausreise nach Amerika beantragt hatte, beschrieben als «eins der gemeinschädlichsten und gefährlichsten Subjecte, welche dermalen in der Corrections-Anstalt detenirt werden»[129]. Je schlechter der Ruf eines Verbrechers als Unruhestifter, desto größer die Wahrscheinlichkeit, daß seine Ausreise bewilligt wurde. Eduard Langguth etwa, der 1856 deportiert wurde, war ein junger Mann, der «schon sich dem Streunen und dem Mussiggange ergeben und nach und nach auf der Bahn des Lasters solche Fortschritte gemacht, daß er vielfach theils polizeiliche, theils justitielle Maßregeln gegen sich veranlaßte». «Es müßte somit als höchst erwünscht erscheinen», fügte die Behörde hinzu, «daß dieses für den Staat eben so lästige, als gefährliche Individuum den Entschluß faßte, nach Amerika auszuwandern». Obwohl er gerade erst einen zwangsweisen Militärdienst abgeleistet hatte und immer noch zur Reserve gehörte (weshalb er normalerweise für eine Emigration nicht in Frage gekommen ware), hatte er auch in der Armee so viel Ärger verursacht, daß es ratsam schien, seine Ausreise zu finanzieren. Diesmal waren die staatlichen Finanzen in Ordnung, und der Fürst bewilligte die Ausgabe von 70 Gulden, um Langguth über den Atlantik zu schicken.[130] Die Sprache des Berichts über den Fall läßt vermuten, daß die Emigration auch bei Langguth nicht völlig freiwillig geschah.

Die Praxis der Deportation muß im weiteren Zusammenhang mit der Politik der Coburger Regierung gesehen werden, die all jenen finanzielle Unterstützung zur Emigration zukommen ließ, bei denen die Wahrscheinlichkeit, daß sie dem Staat zur Last fallen würde, als groß eingeschätzt wurde, sei es, daß sie die Armenfürsorge in Anspruch nehmen oder Kosten für die Verwahrung im Gefängnis verursachen würden. Im ländlichen Süd- und Mitteldeutschland herrschte damals beträchtliche Not, und Arme emigrierten zu Hunderttausenden nach Amerika. Aus den Akten geht hervor, daß die Behörden in Coburg zwischen 1833 und 1855 bei 321 Einzelpersonen und Familien (einige davon recht groß) prüften, ob sie ihnen die Emigration nach Amerika ermöglichen sollten. Die große Mehrheit der Anträge wurde bewilligt, ob sie von den Behörden gestellt worden waren oder – wie bei den meisten Familien – von den Anwärtern selbst.[131] Die Mehrzahl dieser Menschen war arm, aber ehrlich. Eine Familie wie die von Georg Heinrich Schilling war äußerst ungewöhnlich: Seine Frau und zwei ihrer Kinder hatten wie er selbst wegen Diebstahls im Gefängnis gesessen, und da es drei weitere Kinder in der Familie gab, denen der gleiche Weg vorbestimmt schien, war es kaum überraschend, daß die Verwaltung im Jahr 1855 berichtete, die zuständige Behörde «wünscht dringend, daß diese dem fremden Eigenthum höchst gefährliche Familie vermocht werde, nach Amerika auszuwandern». Wie in Coburg üblich, waren es nicht zuletzt die Kosten für den Lebensunterhalt der Straftäter im Gefängnis, die die Behörden veranlaßten, ihre Emigration in die Wege zu leiten.[132] Noch 1867 deportierten die Coburger Behörden Straftäter, die sie für unverbesserlich hielten. Wie gewöhnlich wurden sie nach ihrer Entlassung aus dem Gefängnis nach Amerika geschickt.[133] In den meisten Fällen waren die Betroffenen Bagatellstraftäter, sie hatten sich Eigentumsdelikte zuschulden kommen lassen und saßen Strafen von nicht mehr als vier oder fünf Jahren ab. Gewaltverbrecher schienen für die Emigration nicht in Frage gekommen zu sein. Auch wenn dieses Verfahren nicht in großem Maßstab praktiziert wurde, schließlich war Sachsen-Coburg-Gotha auch kein besonders großer Staat, so wurden dort doch mindestens drei Jahrzehnte lang, wenn nicht länger, verurteilte Kriminelle mit Hilfe öffentlicher Gelder regelmäßig in die Vereinigten Staaten deportiert. Diese Tatsache mag durchaus etwas mit der Verbindung der regierenden Familie nach England zu tun gehabt haben, wo Königin Viktoria, die mit dem Prinzen Albert von Sachsen-Coburg-Gotha verheiratet war, einen Staat regierte, der seit dem 18. Jahrhundert eine führende Rolle spielte bei der Deportation von Schwerverbrechern nach Übersee und diese Praxis in beträchtlichem, wenn auch ständig abnehmendem, Umfang bis 1857 weiter fortsetzte.

In manchen deutschen Staaten wurde die Deportation also noch weit bis ins 19. Jahrhundert hinein praktiziert. Und da die Verwaltungsbeamten in Preußen die Deportation nach Sibirien von 1802 in guter Erinnerung hatten, gab es Versuche, die Idee der Deportation auch dort wiederzubeleben. Im Jahr 1828 nutzte der konservative schlesische Provinzial-Landtag die ständigen Diskussionen über den Entwurf eines neuen Strafgesetzbuchs, das die entsprechenden Bestimmungen des Allgemeinen Landrechts von 1794 ersetzen sollte, um zu erklären:

Unläugbar giebt es kein Mittel, welches in dem Grade wie die Deportation den Staat vor ferneren Rechtsverletzungen anerkannter Verbrecher sicher zu stellen vermöchte, keines, welches unter gewissen Voraussetzungen mehr geeignet wäre, den Verbrecher wieder zu versittlichen und deshalb in beiden Beziehungen unstreitig den Vorzug vor den durch unser Gesetzgebung diktirten langwierigen Freiheitsstrafen entschiedener verdiente. Während diese bloß auf den Zweck der sittlichen Beßerung aber gänzlich außer Acht laßen und verfehlen müßen, kann eine angemeßene Einrichtung der Deportationsstrafe, indem sie dem Verbrecher ohne Beeinträchtigung seiner Mitbürger eine, wenn auch nur beschränkte Freiheit bewahrt, demselben die verlorene oder wenigstens gesunkene sittliche Selbständigkeit wiedergeben.

Daß die Deportation die deutsche Gesellschaft vor der drohenden Rückfälligkeit solcher Verbrecher schützen würde, mußte erst gar nicht erwähnt werden. Außerdem würden «Verbrecher-Kolonien» erlauben, die Kriminellen unter Kontrolle zu halten und ihre moralischen Fortschritte zu überwachen. Schließlich ist «für incorrigible Verbrecher [...] der Verlust eines Vaterlandes nicht so fühlbar, als für den wohlgesinnten Bürger». Dennoch wandten die preußischen Behörden ein, das Beispiel von «Neusüdwallis und Vandiemensland» [sic] zeige, daß solche Kolonien im Endeffekt nur noch mehr Verbrechen und Unordnung nach sich ziehen würden. In echt preußischer Manier schoben sie die Schuld dafür den «mangelhaften Anordnungen der Regierung» zu, dem Versäumnis der dortigen Behörden, Vergehen zu bestrafen, dem Umstand, daß die Häftlinge zu oft ohne Aufsicht blieben – kurz gesagt, einem allgemeinen Mangel an Härte auf seiten der britischen Behörden. Sie waren skeptisch, ob die Situation anderswo besser sein würde.[134] Ihr Problem war wie immer die «Überfüllung der Strafanstalten».[135] Und doch fiel es dem Justizministerium schwer, das Konzept der Deportation von Verbrechern nach Übersee zu akzeptieren, hätte es doch dann keine Kontrolle mehr über die Behandlung der Straftäter. Auch könne man den ausländischen Regierungen nicht sicherzustellen trauen, daß die Deportierten nie zurückkehrten.

Die Idee wurde schließlich verworfen, im Jahr 1835 jedoch diskutierte das preußische Kabinett den Vorschlag erneut, da die Kriminalitätsraten wieder einmal Anlaß zur Sorge gaben. Es sah sich schließlich zu der Feststellung gezwungen, daß eine Deportation von Kriminellen zwar «wünschenswert» sei, bislang aber «keine Gelegenheit zur Unterbringung der Deportirten» vorhanden war. Das Problem, einen Ort zu finden, wo sie hingeschickt werden konnten,

dürfte jedoch größtentheils als gehoben zu beobachten sein, wenn bei uns nur Deportation nach Amerika eingeführt würde, da dem sichern Vernehmen nach in diesem Welttheile bis jetzt noch alle Fremden ohne Unterschied aufgenommen werden, wenn sie sich nur über einige nothwendige Subsistenzmittel ausweisen können. Auf den Namen, Stand und früheren Lebenswandel solcher Fremden wird gar nicht gesehen.

Ein solcher Plan hätte den Vorteil, daß der preußischen Regierung die Kosten erspart blieben, die Verbrecher in ihrem neuen Leben zu unterstützen. Selbstverständlich müßte diese Art der Strafe als eine Abmilderung härterer Urteile betrachtet werden:

Wer z. B. zum Tode, zu lebenslänglicher Freiheitsstrafe verurtheilt worden ist, wird sich niemals beklagen können, wenn er statt jener Strafe nach Amerika deportirt wird, wer aber wegen eines politischen Verbrechens zu 5 oder 10 Jahren Freiheitsstrafe verurtheilt worden, für den kann in vielen Fällen die Deportation eine weit hartere Strafe seyn. Hinsichtlich jener könnte also eine Deportation unbedingt gestattet werden, hinsichtlich dieser aber nur alsdann, wenn sie einwilligen, statt der Strafe deportirt zu werden.[136]

Der Anlaß für das preußische Kabinett, über diese Möglichkeit nachzudenken, waren Berichte von der Deportation einer Gruppe von Revolutionären aus der Gefolgschaft Mazzinis. Diese waren in Mailand wegen Hochverrats verurteilt und von der Habsburgischen Regierung in die Vereinigten Staaten geschickt worden.[137] Allerdings sei klar, wie das preußische Außenministerium betonte, daß dies nicht mit einer Deportation beispielsweise nach Australien zu vergleichen sei, denn die Verbrecher konnten ihre Strafe frei wählen und befänden sich, sobald sie auf der anderen Seite des Atlantiks ankämen, praktisch in Freiheit. Es handle sich dabei eher um eine Art Verbannung, bei der die eigentliche Bestrafung darin bestand, jemanden aus der Heimat zu entfernen. Die Verbannung der Mazzini-Anhänger durch die österreichische Regierung war ein Sonderfall, zum einen, weil ihr Vergehen politischer Natur war, und zum anderen, weil sie eine Abmilderung der ursprünglich sehr schweren Strafen darstellte, die gegen sie verhängt worden waren – unter anderem auch die Todesstrafe. Diese Abmilderung war im Rahmen einer Amnestie angeordnet worden, die zur Feier der Thronbesteigung von Kaiser Ferdinand I. im Jahr 1835 verkündet wurde. Normalerweise wurden nur gewöhnliche Kriminelle deportiert, nicht aber politische Straftäter. Außerdem hatte sich 1833 gezeigt, als politischen Straftätern die Wahl gegeben wurde, entweder in Graudenz, Danzig und Pillau in Haft zu bleiben oder nach Amerika zu gehen, daß sie «auf der Ueberfahrt sich theils in England, theils in Frankreich zu setzen wußten.» Eine Deportation nach Amerika sei deshalb nur dann eine Strafe, wenn sie gegen den Willen des Straftäters erfolgen würde.[138]

Dennoch setzten die schlesischen Landstände im April 1837 ein weiteres Mal alle Hebel in Bewegung, um die Deportation nach dem Muster der sibirischen Operation von 1802 wiedereinzuführen. Vorbild waren ihnen andere deutsche Staaten, die kurz zuvor ein derartiges Verfahren mit, wie sie meinten, beträchtlichem Erfolg angewendet hatten. Weiter stellte der Oberpräsident der Provinz Brandenburg am 23. Juni 1837 fest:

[…] die wachsende Ueberfüllung der Strafanstalten im Preußischen Staate ist einer angemessenen Behandlung und Klassifikation der Züchtlinge und überhaupt dem Beßerungs-Zweck der Anstalten hinderlich, die steigende Häufigkeit des Rückfalls hat sich weder durch größere Strenge in den Strafanstalten, noch durch Kommunalfürsorge und polizeiliche Aufsicht in den Heimathorten heben laßen.

Die Hälfte der Insassen in den Gefängnissen von Spandau und Brandenburg war vorbestraft, einige von ihnen sechs- bis zehnmal. Die Besorgnis über die Kriminalität erreichte einen Höhepunkt in der Mitte der dreißiger Jahre, als der preußische Monarch eine großangelegte Untersuchung anordnete über die Ursachen der, wie er meinte, massiven Verbrechenswelle, die über sein Herrschaftsgebiet hinwegrollte. Es gab lebhafte Diskussionen, ob die Deportation das geeignete Mittel sei, ihr Einhalt zu gebieten. Viele betrachteten die gesetzlich angeordnete Deportation als die wirksamste Methode, das Land von unverbesserlichen Kriminellen zu befreien.[139] Am 8. August 1837 befahl der König seinen Ministern, zu einem abschließenden Urteil über das Projekt zu gelangen.[140] Die Mehrheit äußerte sich skeptisch.

Die Kriminalität, so sagten sie, würde am besten durch die Steigerung der Effektivität der Polizei und ähnliche Mittel bekämpft. Straftäter ins Ausland zu schicken käme dem Eingeständnis gleich, versagt zu haben. Sie gelangten zu dem Schluß, eine solche Maßnahme sei mit beträchtlichen praktischen Schwierigkeiten verbunden, außerdem seien viele Straftäter für einen derartigen Transport nicht geeignet.[141]

In der Zwischenzeit war eine neue Bewegung zur Gefängnisreform entstanden. Reformerische Beamte und liberale Strafrechtstheoretiker wiesen im folgenden Jahrzehnt übereinstimmend auf die Tatsache hin, daß über zwei Drittel der Gefängnisinsassen rückfällig wurden und die existierende Strafpraxis die Kriminalität weiter fortbestehen lasse, anstatt ihr vorzubeugen.[142] Eine große Konferenz zur Gefängnisreform 1846 in Frankfurt machte deutlich, daß die liberalen Strafrechtsreformer der ersten Hälfte des 18. Jahrhunderts bei den großen englischen Reformern wie John Howard Anregung suchten. Die neuen englischen Gefängnisse, wie das 1842 gebaute Pentonville, stellten sie als Vorbilder für die Pläne dar, die sie im eigenen Land verwirklichen wollten. Frühere deutsche Reformer wie Heinrich Wagnitz hatten das stärkste Gewicht noch auf den Schutz der Gemeinschaft vor Verbrechen durch die Entfernung von Kriminellen aus ihrer Mitte gelegt sowie auf die Abschreckung potentieller Täter durch harte Strafen. Wagnitz' wichtigste Neuerung lag in der Forderung, die Häftlinge sollten durch Erziehung moralisch gebessert werden. Wie Arnim und Goldbeck hatte er vorgeschlagen, Sträflinge in unterschiedliche Klassen zu unterteilen; Grundlage dafür sollte bei ihm der Grad ihrer Verworfenheit sein. Allerdings hatte er außerhalb von Halle, wo er Gefängniskaplan war, nur wenig Einfluß.[143] Ähnlich begrenzt war auch der praktische Einfluß anderer Befürworter einer Klassifikation von Gefängnisinsassen je nach dem Grad ihrer moralischen Bildung.[144] Erst als in der Öffentlichkeit über die Einführung der Einzelhaft diskutiert wurde, einer weit härteren Maßnahme, um Gefängnisinsassen zu zwingen, sich moralisch zu bessern, stießen die Reformer allmählich auf eine gewisse Resonanz. Nach der Vorstellung der Engländer, berichtete Nikolaus Julius 1827 in einer einflußreichen Vortragsreihe in Berlin, die den Beginn der Reformbewegung in Deutschland markierte, sollte der Geist des Straftäters neu geformt werden, indem man ihn in Einzelhaft sperrte, ihm Sprechverbot auferlegte, ihm alle Besuche, ganz gleich ob von Freunden oder Verwandten, untersagte und mit allen möglichen Mitteln verhinderte, daß er mit dem verderblichen Einfluß anderer in Kontakt kam. So wäre er gezwungen, sich nach innen zu wenden, er würde deshalb nachdenken und seine Verbrechen bereuen, und dieser Prozeß würde durch häufige Gottesdienste und das richtige Erziehungsprogramm unterstützt.[145] Julius drängte darauf, dieses System in Deutschland zu übernehmen.

Ähnlich wie Julius äußerte sich auch der führende deutsche Strafrechtsreformer dieser Zeit, Carl Joseph Anton Mittermaier, der sich unablässig für das System der «Separierung» von Häftlingen nach englischem Vorbild einsetzte. Seiner Vorstellung nach bestand das Ziel darin, «daß die Sträflinge zur Ordnung, Fleiß und Reinlichkeit gewöhnt werden», und Einzelhaft galt ihm als das entscheidende Mittel zu diesem Zweck:

Nur die Einzelhaft gewährt die Bürgschaften, welche die Wirksamkeit der auf Besserung berechneten Einrichtungen sichern: 1) durch sie allein werden die Hindernisse entfernt, welche sich wegen der verderblichen Einwirkung verdorbener Mitgefangenen der Besserung entgegenstellen, 2) sie bewahrt das Ehrgefühl des Sträflings, der in der einsamen Haft den Vorteil hat, daß er nicht in die Klasse der übrigen gemeinen Verbrecher gestoßen wird, 3) sie kann den Sträfling, wenn auf gehörige Weise nachgeholfen wird, zum Nachdenken und zur Reue bringen, 4) sie macht die Wirksamkeit der Elemente möglich, welche nach den obigen Andeutungen geeignet sind, durch Unterredungen die besseren Gefühle im Sträfling zu wecken, Vertrauen ihm einzuflößen, gute Rathschläge zu geben, 5) die Einzelhaft macht es möglich, nach der *Individualität* des Sträflings die zu seiner Besserung dienlichen Mittel anzuwenden.

Zur Durchsetzung dieser Verfahrensweise sollten besondere Gefängnisse mit Einzelzellen gebaut und die bereits existierenden Gefängnisse umgebaut werden. Die Sträflinge sollten Nummern erhalten, und es sollte ihnen verboten werden, den eigenen Namen zu benutzen. Wenn sie sich außerhalb ihrer Zelle im Gefängnis bewegten oder zum Ausgang in den Hof des Gefängnisses gebracht würden, sollten sie eine Maske tragen, damit sie von keinem ihrer Mitgefangenen erkannt werden konnten. Gefängniskapellen, die zentralen Einrichtungen der moralischen Wieder-Erziehung, sollten neu oder so umgebaut werden, daß von der Kanzel aus alle Insassen auf den Kirchenbänken zu sehen waren, die einzelnen Sitze aber sollten so angelegt sein, daß die Häftlinge von denjenigen, die über, unter oder zu beiden Seiten von ihnen saßen, nicht gesehen werden konnten.[146] In diesen Maßnahmen sahen die liberalen Reformer die wichtigste Verbesserung in der Strafrechtspolitik, der es ihrer Ansicht nach zuvor an Zweck und Richtung gemangelt hatte. Die Vorstellung, daß der Staat gezwungen ist, die Besserung von Schwerverbrechern mit dem Bau von Strafanstalten zu erreichen, schrieb Mittermaier 1834, sei hauptsächlich eine Konsequenz des Prozesses der Zivilisation und der sich immer weiter ausbreitenden Überzeugung, daß der Staat an die Stelle der rohen, physischen Gewalt, mit der er einst herrschte, eine geistige Autorität und Macht setzen müsse.[147] Auch deutsche Historiker sahen in einem solchen Vorgehen eine Chance für eine humane und fortschrittliche Strafpraxis, die letztlich an der Sturheit der reaktionären aristokratischen Konservativen und der Pfennigfuchserei der geizigen preußischen Bürokratie scheiterte.[148] Das System der Einzelhaft läßt sich jedoch auch als Aspekt der dunklen Seite des rationalistischen Liberalismus interpretieren; zu ihr gehörten auch der radikale Anti-Katholizismus und die Intoleranz gegenüber allem, was der Rationalismus als irrationales Element im öffentlichen Leben betrachtete.[149] Er war Teil des Versuchs, ein neues Konzept von sozialer Ordnung zu verwirklichen, das besonderen Nachdruck auf Regelmäßigkeit, harte Arbeit und Selbstdisziplin legte. Auf der anderen Seite verwiesen die Liberalen beharrlich auf die Verantwortung des Individuums für sein eigenes Handeln und damit auch im Gefängnis für seine eigene Besserung in einem Prozeß erzwungener Kontemplation und moralischer Reflexion in der Vereinzelung. Die Armen sollten diszipliniert werden, bis sie sich unterwarfen und auf die neue Welt der Industrie und des Handels vorbereitet waren. Sie sollten von ihrer Widersetzlichkeit abgebracht werden, die eine so weithin gefürchtete Bedrohung für die sich herausbildende bürgerliche Gesellschaft darstellte und sich in den dreißiger und vierziger Jahren des 19. Jahrhunderts unter dem Einfluß von raschem sozialem Wandel, zunehmender Verarmung und wirtschaftlicher Krise in einer massiven Welle von Eigentumsdelikten und sozialem Protest äußerte.[150]

Kritiker des Systems der Einzelhaft zitierten Beschwerden der Häftlinge über die geistige Folter, die diese totale Isolierung nach ihrer Behauptung für sie darstellte. «Mein Verstand ist wie verwirrt», schrieb einer, «und das Einzige, was mir klar vor den Augen steht, ist Haß gegen die Menschen.» Ein anderer beklagte sich über die «Ungerechtigkeit und Härte» des Systems der Einzelhaft und erklärte, daß es bei ihm nichts weiter erreiche, als daß er davon träume, sich an der grausamen Gesellschaft, die ihm dies antat, zu rächen.[151] In den vierziger Jahren waren solche Stimmen aber nur noch selten zu hören. Die Befürworter der Einzelhaft setzten sich in diesem Meinungsstreit allmählich durch. Im Jahr 1834 hatte Mittermaier die Zufälligkeit, den Mangel an Klarheit und die konzeptionelle Verwirrung beklagt, die er in den herkömmlichen deutschen Gefängnisverwaltungen jener Zeit sah, ein paar Jahre später aber nahmen die Dinge allmählich eine andere Richtung und änderten sich in der von ihm gewünschten Weise. Vereine zur Verbesserung des Gefängnissystems erhoben kollektiv ihre Stimme für die liberale Forderung nach Reformen, wie es für die frei gebildeten Interessengruppen, die zu jener Zeit überall in der liberalen Mittelschicht in Deutschland aufkamen, typisch war. Nach und nach gewannen sie Einfluß auf die Behörden, je mehr sich liberale Justizbeamte und Staatsdiener der Art, die in der Revolution von 1848 eine prominente Rolle spielten, durchsetzen konnten und je besorgter die Regierungen darum bemüht waren, die steigende Flut der Revolution durch rechtzeitige Konzessionen an liberale Auffassungen einzudämmen.[152]

In den Jahrzehnten vor der Revolution wurde also ein ausgedehntes, wenn auch langsam fortschreitendes Programm von Gefängnisreformen in ganz Deutschland verwirklicht. Auf den Bau von Modellgefängnissen in Insterburg und Bützow in Mecklenburg folgten größere Gefängnisbauten nach dem Modell von Pentonville in Bruchsal (Baden) und Moabit (Berlin). Moabit wurde 1844 für 508 Insassen gebaut, es war eine direkte Kopie von Pentonville. Im Jahr 1856 ordnete der dortige Gefängnisdirektor für dreihundert jüngere «bildungsfähige» Sträflinge «Einzelhaft» für fünf Jahre an. «Anwendung der Masken, Absonderung bei dem Gottesdienst und der Schule sind eingeführt.»[153] 1838 wurde in Vechta, dem wichtigsten Gefängnis des norddeutschen Großherzogtums Oldenburg, das System der Einzelhaft eingeführt, und in Mecklenburg mußten die Insassen des Gefängnisses Dreibergen ab 1851 wenigstens ein Jahr in Einzelhaft verbringen, das war Teil ihrer Strafe.[154] 1851 wurde in Münster ein neues Gefängnis mit 348 Zellen eröffnet, die für Einzelhaft gedacht waren, und 1852 wurden die Pläne zum Gefängnisbau in Breslau mit 244 Einzelzellen und Ratibor mit 380 Einzelzellen abgeschlossen.[155] Im späten 19. Jahrhundert gab es eine beträchtliche Zahl von Gefängnissen in Deutschland, die nach dem Modell von Pentonville neu oder umgebaut worden waren: Bei diesen sternförmigen Anlagen gingen von einem zentralen Beobachtungspunkt Flügel mit Einzelzellen ab.[156] All das läßt auf einen neuen Optimismus schließen im Hinblick auf die Möglichkeit, Straftäter zu bessern und die Rückfallquote zu senken. Die Verzweiflung, die die Straf- und Rechtsbehörden zur Deportation «incorrigibler» Häftlinge veranlaßt hatte, schien also in der Mitte des 19. Jahrhunderts nicht mehr so drängend zu sein wie am Anfang, trotz des Widerstrebens vieler lokaler Behörden, Geld für neue Gefängnisse auszugeben.

«Übelgesinnte Personen»

Es gab einen Staat, in dem sich diese Veränderung offenbar nicht durchsetzen konnte: das Königreich Hannover. Es ist sicherlich nicht ganz von der Hand zu weisen, daß dies, wie im Falle Coburgs, mit der engen Verbindung der regierenden Familie nach England zusammenhing. Hannover war bis zur Thronbesteigung Königin Viktorias im Jahr 1837 mit der britischen Krone vereinigt; Viktoria kam jedoch als Frau für die Thronfolge im Königreich Hannover nicht in Frage. Danach wurde der Staat vom Onkel der Königin regiert, dem Herzog von Cumberland, der als König den Namen Ernst August führte. Der neue Monarch hatte einen großen Teil seines Lebens in England verbracht, und seine Beamten waren wahrscheinlich mit der englischen Praxis vertraut, Schwerverbrecher in die Kolonien zu deportieren. Ernst August war extrem reaktionär, und unter seiner Regierung war das Königreich immun gegen alle Formen des Liberalismus, selbst der englischen. In den 1850er Jahren war Hannover für seine Rückständigkeit in der Strafrechtspolitik berüchtigt. So war es der einzige größere deutsche Staat, in dem die Todesstrafe weiterhin durch die herkömmliche, aber oft unzuverlässige Methode der Enthauptung mit dem Schwert vollstreckt wurde.[157] Die Welle der Strafrechtsreform, die über den Rest Deutschlands hinwegging, schien an diesem

Staat vorbeizulaufen. Ein im Jahr 1860 veröffentlichter Bericht konstatierte, daß in nahezu allen hannoverschen Gefängnissen immer noch Doppel- und Gemeinschaftszellen üblich waren. Viele waren überfüllt, und Probleme, die von «der verderblichen Gemeinschaft der Gefangenen unter sich» verursacht wurden, waren oft die Folge. Trotz dieses Eingeständnisses dauerte es zwei Jahre, bevor die erforderlichen Mittel zum Um- und Neubau von Gefängnissen zur Verfügung standen, und bis zum Ende des Jahrzehnts, bevor die Reform durchgeführt war.[158] Deshalb ist es kein Wunder, daß Hannover seine Deportationspolitik bis weit in die zweite Hälfte des 19. Jahrhunderts hartnäckig weiterführte, während andere Staaten sie einschränkten oder ganz aufgaben.

Das Königreich Hannover führte in großem Umfang Deportationen durch. Das erregte natürlich die Aufmerksamkeit der amerikanischen Behörden. Am 15. Dezember 1847 schrieb Dudley Mann, der amerikanische Agent in Hannover, an die Hannoversche Regierung und berichtete, daß «häufig in Washington und an anderen Orten festgestellt wurde, es sei bei Staaten, Städten, Gemeinden und Sprengeln in Europa üblich, denjenigen Personen, die krimineller Taten wegen angeklagt und verurteilt wurden – aber solchen, die aus Zuchthäusern entlassen wurden –, Mittel für die Auswanderung in die Vereinigten Staaten zur Verfügung zu stellen.» Er wollte wissen, ob «eine für die Wohlfahrt der Amerikanischen Union so schädliche Praxis gegenwärtig [...] im Königreich Hannover existiert».[159] Im Jahr 1845 hatte die amerikanische Regierung eine Kommission des Senats zur Untersuchung dieser Angelegenheit eingerichtet als Nachfolgerin einer Kommission, die 1838 ohne Beschluß getagt hatte.[160] Sie hatte eine Reihe eidesstattlicher Erklärungen gesammelt, unter anderem auch die eines Moses Catzenstein, der im Dezember 1843 von Bremen nach Baltimore gereist war auf einem Schiff, unter dessen Passagieren sich «achtundzwanzig Kriminelle befanden, die von ihren jeweiligen Regierungen außer Landes geschickt und von einem Polizeibeamten begleitet wurden, bis sich das Schiff auf hoher See befand.» Catzenstein, der jetzt in Balitmore lebte, bezeugte außerdem, er kenne «einen weiteren Verbrecher, außer denen, die in seiner Aussage erwähnt wurden, der wegen Trunkenheit und Raub in dieses Land transportiert wurde und aus der Nachbarschaft komme, aus der er selbst [Catzenstein] stammte, und daß besagter Verbrecher sich jetzt in der Stadt aufhalte». Sein Bericht wurde von einer Miss Amelia Blogg bestätigt, die, nachdem sie «auf die fünf Bücher Moses geschworen hatte», berichtete, daß «ein Mann, seine Frau, zwei Söhne und drei oder vier Töchter vor etwa vier Jahren von der Stadt Hannover nach New York geschickt worden waren, weil sie wiederholt Raubzüge ausgeführt hatten. Die Hälfte der Kosten für die Überfahrt», so fügte sie hinzu, «sind von der Regierung in Hannover bezahlt worden und die andere Hälfte von einer Kirchengemeinde in dieser Stadt.»[161]

Nach den Erkenntnissen der Senatskommission unterstützten Regierungen im Ausland die Reise von Verarmten und Verbrechern in die USA, die dort zur bleibenden Last für den Staat wurden. Schon 1837 stammten drei Viertel aller Insassen im Gefängnis Sing-Sing des Staates New York aus dem Ausland, und in den Armenhäusern der Stadt New York war der Anteil der Ausländer genauso hoch. «Unsere Einrichtungen», so hatte die Kommission von 1838 beklagt, «scheinen nur für die ausländischen Armen und Kriminellen gemacht zu sein.»[162] Gegen die Deportationspolitik stellten sich auch die Organisationen legaler deutscher Auswanderer, die um ihren guten Ruf fürchteten. Eine deutsche Auswanderer-Organisation stellte 1845 fest, daß in die USA deportierte Verbrecher dort immer schlimme Spuren hinterließen.[163] Dudley Manns Initiative bei den Behörden in Hannover erfolgte also vor dem Hintergrund wachsender Besorgnis über diese Politik in den USA.

Der hannoversche Innenminister war der Meinung, angesichts der Bedeutung, die die Fortsetzung dieser Praxis im Interesse der öffentlichen Sicherheit besaß, sei es am besten, Manns Anfrage unbeantwortet zu lassen. Sollte sich allerdings erweisen, schrieb er vertraulich an den Außenminister, daß eine Antwort unvermeidbar sei, sollte er folgendes wissen (wenn es auch nicht ratsam war, diese Informationen weiterzugeben). Seit Anfang 1836, kurz nachdem man in Hannover mit Deportationen angefangen hatte, bis Ende 1846 waren 332 verurteilte Kriminelle in die Vereinigten Staaten deportiert worden. Dies sei selbstverständlich keine Strafe gewesen, sondern im Gefolge königlicher Begnadigungen oder Begnadigungsschreiben des Justizministeriums geschehen. «Das hiesige Königreich ist durch diese Maßregel von einer Menge zum Theil gefährlicher Verbrecher und die öffentliche Casse ungeachtet der meistentheils aus derselben bestrittenen Übersiedelungskosten von einer nicht unerheblichen Ausgabe befreit worden.» Das Innenministerium hielt es für «dringend wünschenswert», diese Praxis fortzusetzen, und fügte hinzu, es «würde im Interesse der öffentlichen Sicherheit es sehr beklagen, wenn die Übersiedelung solcher benadigter Verbrecher nicht mehr thunlich sein sollte». Wie andere Staaten auch, die dieses Verfahren praktiziert hatten, betonte das Ministerium mit Nachdruck, die Deportation sei völlig freiwillig. «Überhaupt ist auf den Entschluß der Sträflinge zur Auswanderung von Seiten der Regierung grundsätzlich nicht der geringste Einfluß ausgeübt.» Den Gefängnisbeamten wie auch anderen Staatsdienern wurde überdies ausdrücklich untersagt, irgendwelchen Druck auf die Verbrecher auszuüben. Das Innenministerium behauptete, seit 1834 seien Mörder, Mitglieder von Räuberbanden und andere Schwerverbrecher von der Emigration ausgenommen, obwohl es zugab, es hätten «Ausnahmen hiervon hin und wieder stattgefunden». Eine Voraussetzung für die Begnadigung war gute Führung im Gefängnis, und die Deportierten hatten alle den größten Teil ihrer Strafe verbüßt, bevor ihre Ausreise bewilligt worden war. Auf jeden Fall seien die meisten Deportierten keine Verbrecher, sondern «Landstreicher und ähnliche der öffentlichen Sicherheit gefährliche oder gemeinschädliche Personen». Zwischen 1836 und 1846 waren nicht weniger als 563 solcher Personen deportiert worden, einschließlich ihrer «Ehefrauen, Zuhälterinnen und Kinder», denn die Entlastung des Königreichs von den Kosten für ihren Lebensunterhalt sei «einer der hauptsächlichsten Vorteile des bedachten Verfahrens».[164]

895 gefährliche Personen der verschiedensten Art, die im Lauf von nur elf Jahren nach Amerika geschickt worden waren, das war eine beeindruckende Zahl. Die Zahl lag unter anderem deshalb so hoch, weil die örtlichen Behörden im Königreich recht weitgehende Befugnisse hatten und aus eigener Initiative «dem Gemeindewesen zur Last fallenden Personen, namtlich solcher, die einen umherstreifenden, unordentlichen Lebenswandel führen, nach Amerika» schicken konnten. Bei der Festnahme solcher Personen war die Polizei nach einer 1835 herausgegebenen Zirkularverordnung angewiesen, sie zu befragen, ob sie lieber deportiert oder in ein Arbeitshaus eingesperrt würden. Auch die Gefängnisbehörden wurden aufgefordert, Insassen für die Deportation auszuwählen und sie zu fragen, ob sie außer Landes

gehen wollten. Die Behauptung der Regierung, es handle sich um eine vollkommen freiwillige Maßnahme, war also sehr zweifelhaft, denn nur in seltenen Fällen ergriffen die Straftäter selbst die Initiative, und bei den Befragungen verhielten sich Polizei oder Gefängnisverwaltung wahrscheinlich auch nicht vollkommen neutral. Hatten die Anwärter auf die Deportation erst einmal zugestimmt, konnten sie damit rechnen, daß die Kosten für ihre Ausreise, wenn sie selbst keine Mittel hatten, entweder von den örtlichen Behörden oder dem Innenministerium bezahlt wurden. Außerdem konnten sie erwarten, daß die Behörden sie mit Geld für die Reise ausrüsteten. Sie bekamen sauberes Bettzeug und Kleidung für die Reise, einschließlich «drei guten Hemden» und zwei Paar Schuhen. Ihnen wurden neue Pässe ausgestellt, in denen ihre Vorstrafen nicht erwähnt wurden. Dies geschah später auch im Fall gefährlicher Krimineller, die ebenfalls nach Amerika geschickt wurden. Sie wurden ermahnt, sich auf der Reise gut zu betragen, und die Beamten, die sie bis zur Einschiffung begleiteten, sollten mit den Einzelheiten ihrer Verbrechen vertraut gemacht werden. Wenn sie je zurückkehrten, sollten sie sofort ins Gefängnis gesperrt werden. Unter diesen Umständen hatten die zukünftigen Deportierten wohl kaum eine andere Wahl, selbst wenn die Polizei nicht, was wahrscheinlich ist, offen Druck auf sie ausübte.[165]

Auch andere Staaten wendeten dieses Verfahren an und bezahlten armen Menschen die Emigration nach Amerika: So ist zum Beispiel bekannt, daß das Großherzogtum Baden allein im Jahr 1855 422 Menschen nach Kanada schickte. Wie es hieß, wurden sie am Kai ausgesetzt, «schmutzig und verkommen» und ohne jegliche Aussicht auf Arbeit. Die Kanadier beklagten sich erbittert, es sei unrecht von den deutschen Regierungen, «sie mit dem Auswurfe eines fremden Pauperismus zu überschwemmen». Als Einwanderer brauchten sie starke, energische Menschen «und nicht kranke, schwache Männer, hülflose Weiber und Kinder».[166] Auf die Aufforderung des britischen Botschafters hin beschloß die Regierung in Hannover, keine armen Leute mehr nach Kanada zu schicken.[167] Die überwiegende Mehrheit der deutschen Emigranten in die Vereinigten Staaten war in der Tat arm oder verelendet, darin lag der wichtigste Grund für die Ausreise, und der Unterschied zwischen dem Kontingent aus Baden und den meisten anderen war nur eine Frage der Abstufung. Auch die belgische Regierung schickte gewohnheitsmäßig Insassen aus Arbeitshäusern in die USA, sie beklagte sich im Jahr 1855 über Schwierigkeiten in New York durch die erhöhte Wachsamkeit gegen kriminelle Immigranten, für die sie die Hannoveraner verantwortlich machte, und die ihre Emigranten nach Meinung der Regierung nicht verdienten.[168] Wieder einmal befand das Innenministerium in Hannover, es sei am besten, einer Diskussion dieser Angelegenheit mit ausländischen Regierungen aus dem Wege zu gehen, und wenn es sich schon nicht vermeiden ließe, nach Möglichkeit nichts Konkretes zu sagen.[169] Aus der Sicht der Behörden der Einreiseländer viel schwerwiegender war jedoch die Einreise verurteilter Verbrecher sowie von Personen, die nicht deshalb deportiert wurden, weil sie arm, sondern weil sie gefährlich waren. Das Königreich Hannover war nicht der einzige Staat, der diese Praxis bis in die fünfziger Jahre hinein beibehielt, auch Sachsen-Coburg-Gotha praktizierte dieses Verfahren weiter, wie wir sahen. Hannover aber war der einzige Staat, der weiterhin in großem Maßstab deportierte, Coburg hingegen schickte offenbar nur bei passender Gelegenheit einzelne Individuen und ihre Familien außer Landes.

Die Regierung in Hannover traf ihre Vorbereitungen für die Deportation unter äußerster Geheimhaltung und weigerte sich standhaft, öffentlich zuzugeben, daß eine solche Praxis überhaupt existierte. Dennoch sah sich der Präsident des Senats in Bremen im Jahr 1851 gezwungen, die Hannoveraner zu erinnern,

daß die Regierung der Vereinigten Staaten von Nord-Amerika mit großer Aufmerksamkeit, ja mit einer gewissen Reizbarkeit, darüber wacht, daß die Vereinigten Staaten nicht als ein Deportations-Land für Verbrecher und Taugenichtse betrachtet werden, weshalb dieselbe die strengsten gesetzlichen Anordnungen gegen das Hereinbringen von Verbrechern und Vagabunden (vagrants) ja sogar von «paupers» (hülflosen Armen) unter dem Namen von Einwanderern erlassen hat.

Nach den Einwanderungsbestimmungen, die am 9. April 1845 in Kraft traten, sollten die für die Schiffe und ihre Ladung Verantwortlichen bestraft werden, und zukünftig sollten Einwanderer aus den Staaten, die bekanntermaßen Schwerverbrecher deportierten, bei der Einreise im Hafen mit besonderer Wachsamkeit behandelt werden. Der Bremer Senat befürchtete, das hartnäckige Festhalten der Hannoveraner an der Deportation von Verbrechern würde zu Sanktionen gegen seine Handelsflotte führen und dem einträglichen Transport legitimer Emigranten schaden. Deshalb forderte er die Regierung in Hannover auf, «künftig keine Verbrecher und schlechte Subjekte aus Straf-, Corrections- und Armen-Anstalten mit von der Weser expedierten Schiffen den Vereinigten Staaten von Nord-America zu senden»[170]. Wie im Fall der amerikanischen Anfrage von 1847/48 hielt es das königliche Innenministerium in Hannover für das beste, gar nicht erst zu antworten; wenn eine Antwort jedoch für unbedingt notwendig gehalten würde, dann sollte sie, auch wieder wie 1847/48, neutral abgefaßt werden und auf die Aufforderung weder eingehen noch sie explizit leugnen.[171]

Das Innenministerium in Hannover wurde in seiner Entscheidung bestärkt durch einen Bericht, wonach die amerikanischen Behörden in Wirklichkeit nur wenig unternahmen, um die Einwanderung von Verbrechern zu verhindern. Wie es hieß, waren die Untersuchungen bei der Einreise in New York weitgehend Sache betrügerischer Rechtsanwälte, die ihre Kenntnisse benutzten, um die Kapitäne der betreffenden Schiffe zu erpressen.[172] Man hielt es für besser, wenn Straftäter in Zukunft anderswohin verschifft würden. So war seit einiger Zeit bekannt,

daß in New-Orleans auf die Einwanderer nicht so genau geachtet werde, wie in Baltimore und New-York, und daß auch die Behörden der Stadt Bremen und die Auswanderer nach jenem Platze weniger achten, mithin die Verschickung von Personen aus den Straf- und Besserungsanstalten nach New-Orleans mit den wenigsten Schwierigkeiten verbunden sei[173].

Vielleicht sollten sie besser dorthin geschickt werden, auch nach Charleston oder noch weiter nach Texas.[174] 1848 erging in diesem Sinn eine Weisung an die örtlichen Behörden.[175] Aber daß sie weiterhin in die USA deportiert werden sollten, schien niemand in Zweifel zu ziehen. Insbesondere die örtlichen Behörden übten Druck auf die Landesregierung in Hannover aus, die Praxis nicht völlig zu unterbinden, denn die Kosten für den Lebensunterhalt von Landstreichern und Verbrechern in den Arbeitshäusern und Gefängnissen mußten weitgehend von den Gemeinden getragen werden.[176] Es gelang ihnen, die Abschiebungen ohne Eingriffe seitens der Landesregierung fortzusetzen, abgesehen von gelegentlichen kurzen Phasen, wie den letzten Monaten des Jahres 1851, als eine Gemeindebehörde erklärte, das

Geld für die Deportation nicht aufbringen zu können.[177] Wenn sich bei der Untersuchung herausstellte, daß ein Sträfling die Mittel besaß, nach Amerika zu gehen, oder Verwandte hatte, die über solche Mittel verfügten, weigerte sich der Staat im allgemeinen, die Kosten zu tragen.[178] Handelte es sich bei dem zu Deportierenden um einen Juden, fragte das Ministerium manchmal bei der jüdischen Gemeinde an, ob sie die Kosten übernehmen würde.[179] Nur in Zeiten wirtschaftlicher Krisen in den USA, wenn die Deportierten Schwierigkeiten hatten, Arbeit zu finden, setzte das Innenministerium in Hannover die Deportationen aus wie zum Beispiel im Frühjahr 1855.[180] Sobald die Krise vorüber war und damit die Gefahr schwand, daß die Deportierten nach Hannover zurückkehrten, weil sie in den Vereinigten Staaten ihren Lebensunterhalt nicht verdienen konnten, wurde diese Praxis wiederaufgenommen.

Auch wenn das Innenministerium das Gegenteil behauptete, unter den Deportierten befanden sich zahlreiche Kapitalverbrecher, die wegen äußerst schwerer Verbrechen verurteilt waren. Allerdings mußte in solchen Fällen die Deportation vom Ministerium selbst bewilligt werden. Im allgemeinen gab es sich viel Mühe, um sicherzugehen, daß die betreffende Person keine Bedrohung für die Gesellschaft mehr darstellte. 1837 zum Beispiel begnadigte das Ministerium einen Georg Helmbrecht, der zwölf Jahre seiner lebenslangen Haftstrafe mit Zwangsarbeit verbüßt hatte, zu der er «wegen intendirter Nothzucht, beabsichtigten Mordes und verübten wiederholten Diebstahls» verurteilt war, und bewilligte die Übernahme der Kosten für die Emigration nach Amerika. Vielleicht noch gravierender war der Fall des Gelegenheitsarbeiters Heinrich Georg Hundertmark: Er war Sohn eines Kleinbauern, 1810 geboren und 1826 wegen Mordes zum Tode verurteilt. Vorsätzlich hatte er den Knecht eines Försters erschossen, als ihn die beiden Männer verfolgten, nachdem sie ihn beim Wildern erwischt hatten. Von den Behörden wurde er als «einfältig, ungebildet, roh» beschrieben, trotzdem wurde er begnadigt, und seine Strafe wurde in lebenslange Haft in Ketten abgemildert. Bereits 1841 reichte sein Bruder Wilhelm durch einen Anwalt bei der Gefängnisdirektion eine Bittschrift ein, damit Heinrich nach Amerika geschickt würde. Darin verbürgte er sich für den guten Charakter seines Bruders und gab zu bedenken, es würde für Heinrich mit zunehmendem Alter immer schwieriger, nach seiner Entlassung seinen Lebensunterhalt als nützliches Mitglied der Gesellschaft zu verdienen. Zu diesem Zeitpunkt wurde die Bitte abgelehnt, offenbar fand das Ministerium, fünf Jahre im Gefängnis seien zu wenig für ein derart abscheuliches Verbrechen, das unter anderem auch von gewalttätigem Widerstand gegen die Staatsgewalt begleitet gewesen war, und König Ernst August persönlich weigerte sich, das Urteil abzumildern. Erst nach vielen weiteren Versuchen erreichte Hundertmark endlich seine Entlassung, aber da hatte er bereits über achtzehn Jahre im Gefängnis verbracht. Grund für seine Entlassung waren vielleicht auch die milderen Ansichten des neuen Königs Georg V., der 1852 den Thron bestieg. Offenbar hatte Hundertmark sich im Gefängnis gut geführt, es hieß, er sei ruhig und arbeite hart und zeige eine «Gutmütigkeit, die zu der Überzeugung leitet, daß gewiß nicht eine aus innerer Bosheit und Überlegung entsprungene Absicht ihn zu der verbrecherischen That führte, welche er durch seine jetzige Strafe sühnte». Schließlich wurde er im März 1854 in Bremerhaven an Bord eines Schiffes gebracht, seine Überfahrt nach New York zahlte die Behörde in Pyrmont.[181]

Die Deportation von Schwerverbrechern aus dem Königreich Hannover wurde bis in die 1860er Jahre hinein fortgesetzt. Noch am 20. Juli 1866 wurde sie als Politik vom Innenministerium bestätigt.[182] Der Maler und Glaser Heyko Boelsen, der 1858 wegen Brandstiftung zum Tode verurteilt worden war, wurde im März 1864 begnadigt und nach Amerika geschickt, nachdem er nur etwas mehr als ein Drittel der 15jährigen Haftstrafe verbüßt hatte, in die sein Urteil umgewandelt worden war. Seine Brüder hatten im Sommer zuvor ein Gnadengesuch eingereicht mit der Bitte, ihn freizulassen. Neue Zweifel über die Stichhaltigkeit seiner Verurteilung waren aufgekommen, und er hatte stets geleugnet, das Delikt begangen zu haben. Seine Führung im Gefängnis war, wie es hieß, «musterhaft». Boelsen hatte sich bereit erklärt, außer Landes zu gehen, nur müsse dies bald geschehen, denn er litt an Rheumatismus und befürchtete, wenn die Deportation noch länger hinausgezögert würde, könnte er in den Vereinigten Staaten seinen Lebensunterhalt nicht mehr verdienen. Einer seiner Brüder holte ihn vom Gefängnis ab und brachte ihn an Bord, streng angewiesen von den Behörden, Heyko Boelsen daran zu erinnern, daß er sofort wieder festgenommen würde und die restlichen neun Jahre seiner Strafe absitzen müsse, wenn er je zurückkehrte.[183] Im ähnlich gelagerten Fall von Johann Sander schien es derartige Zweifel nicht gegeben zu haben. Er war 1845 im Alter von zwanzig Jahren wegen Brandstiftung zum Tode verurteilt worden, nachdem er das Haus eines Nachbarn angezündet hatte, weil die Tochter der Familie seine Annäherungsversuche zurückgewiesen hatte. Die Familie hatte zur Tatzeit zwar im Haus geschlafen, aber es war ihnen allen gelungen, den Flammen zu entkommen. Der Gefängniskaplan brachte vor, Sander zeige «fortwährend unverkennbare Beweise wahrer Reue sowie eines ernsten Willens, sich zu bessern». Zahlreiche ähnliche Berichte über seinen Charakter wurden herangezogen, bis die Behörden einwilligten, ihn ziehen zu lassen. Am 15. Juli 1865, nachdem er zwanzig Jahre im Gefängnis gesessen hatte, verließ er das Land und ging nach Amerika.[184] Im Fall von Heinrich Mundt hingegen widersetzten sich die Gefängnisbehörden im Jahr 1865 der Freilassung zur Deportation, weil dieser sich hartnäckig geweigert hatte, einen Mord zu gestehen, den er ihrer Ansicht nach begangen hatte. Heinrich war 25 Jahre zuvor mit seinem Bruder beim Wildern erwischt worden, dabei war ein Wildhüter umgebracht worden. Heinrich war zu lebenslanger Haft verurteilt worden, sein Bruder hingegen mußte nur ein paar Monate absitzen. Heinrichs Betragen im Gefängnis war in den ersten Jahren seiner Gefangenschaft extrem schlecht gewesen, er war häufig bestraft worden wegen «grober Vergehen jeder Art». Obwohl er sich in den letzten Jahren gebessert hatte, hielt ihn der Gefängnisdirektor immer noch für ungeeignet zur Freilassung.[185]

Im selben Jahr wurde ein anderer verurteilter Mörder nach Amerika geschickt. Hans Heinrich Kammann war im Jahr 1854 wegen schweren Totschlags zum Tode verurteilt worden. Er hatte einer Bande von Wilderern angehört, und es war zu einem Kampf mit einem Trupp Forstbeamter gekommen, in deren Verlauf ein Wildhüter erschossen worden war. Der Geistliche, der ihm die letzten Tröstungen zukommen ließ, bezeugte, Kammann habe bis zur letzten Minute geschworen, unschuldig zu sein. Erst im allerletzten Moment vor der Hinrichtung war die Nachricht eingetroffen, der König habe ihn begnadigt, weil nach wie vor Zweifel bestünden, daß Kammann tatsächlich den tödlichen Schuß abgegeben hatte. Sein Pastor, der überzeugt war, Kammann selbst sei an dem Tod des Wildhüters nicht schuldig, obwohl er natürlich einräumte, als Mitglied der Bande trage Kammann einen Teil der Verantwortung, nahm daraufhin den Fall auf. Kammanns Urteil wurde zu einer lebenslangen Freiheitsstrafe in Ketten abgemildert, so daß er nichts dagegen unternehmen konnte, daß seine Frau und seine Familie in Armut und Krankheit versanken. Eins seiner Kinder starb an Typhus, seine Frau erlag im Jahr 1862 einer langen Krankheit und ließ die übrigen Kinder praktisch als Waisen zurück. Angesichts dieser Heimsuchungen entsprach das Ministerium dem Gesuch des Pastors, ihn freizulassen, damit er nach Amerika gehen könnte, und ein Gefängnisbeamter begleitete ihn auf das Schiff, das am 18. Dezember 1865 nach New York segelte.[186] Bei derartig schweren Kapitalverbrechen war klar, daß das Innenministerium sowohl die Verbüßung eines beträchtlichen Teils der Strafe forderte als auch den Nachweis, daß der Betreffende seine Verbrechen bereute oder sich moralisch gebessert hatte, oder daß irgendwelche Zweifel an der Berechtigung der Verurteilung bestanden. Im März 1866 wurde dem 44jährigen Ferdinand Noack die Überfahrt nach Amerika bezahlt (teilweise aus eigenen Einkünften im Gefängnis), nachdem er 20 Jahre einer lebenslangen Freiheitsstrafe verbüßt hatte. Er war 1847 zum Tode verurteilt worden für einen Einbruch, bei dem er den Bewohner eines Kaufmannshauses in Lüneburg mit einer Axt angegriffen und schwer verletzt hatte, aber das Urteil war in lebenslange Haft umgewandelt worden. Die Gefängnisbeamten hielten ihn für einen musterhaften Insassen, der sich tatsächlich redlich um Besserung bemüht hatte, und unterstützten nachdrücklich sein Gesuch, außer Landes gehen zu dürfen.[187]

Häftlinge, die zu langen Freiheitsstrafen verurteilt waren, wußten selbst, daß sie mit Reue oder der Behauptung, sich gebessert zu haben, die besten Aussichten hatten, freigelassen zu werden, um emigrieren zu können. Theodor Knoop, der nach einer Reihe von Vorstrafen, von denen er die erste mit gerade dreizehn Jahren erhielt und zuletzt 1845 wegen Diebstahls zu 25 Jahren verurteilt worden war, schrieb aus dem Gefängnis Lüneburg am 30. November 1856 an den Justizminister:

Ich war bei meiner Verhaftung erst 20 Jahre alt, ohne Charakterfertigkeit und durch das frühe Hinsterben meines Vaters nur mangelhaft erzogen, keineswegs will ich mich hiermit rechtfertigen, denn ich fühle wohl, daß meine Strafe eine gerechte sei; aber der Gedanke, meine besten Jahre in der Strafanstalt, zumal meine Constitution schwach ist, verbringen zu müssen; so wie die Besorgniß um meine künftige Existenz giebt mir Muth jedes gesetzlich erlaubte Mittel zu ergreifen, um meine Haft zu verkürzen. In der einzig mich belebenden Hoffnung meine vielleicht noch wenigen Lebens Tage nicht – wie mein unglücklicher Bruder – mit Kummer belastet zu enden, wage ich es, Euer Hochwohlgeboren die unterthänigste Bitte vorzutragen, doch im Wege der Gnade die noch übrige Strafzeit in Verbannung nach den britischen Nord-Amerika gnädigst umwandeln zu wollen. Die hiezu nöthigen Geldmittel haben meine Geschwister sich erboten zu beschaffen.[188]

Aber dieses Argument zog nicht, zumindest nicht zu diesem Zeitpunkt, als er weniger als die Hälfte seiner Strafe abgesessen hatte. Knoop wurde offenbar der Kategorie der gewalttätigeren und gefährlicheren Gefangenen zugeordnet, und in solchen Fällen wurde, wie wir sahen, ein Beweis gefordert, daß der Verurteilte sich gebessert hatte, oder daß Zweifel an der Stichhaltigkeit der Verurteilung bestanden, bevor die Behörden eine Deportation bewilligten. Sein Gesuch wurde abgelehnt, ebenso die wiederholten Bittschriften seiner Familie, alle Handwerker und deshalb relativ gebildet. Im Jahr 1862 notierte der Gefängnisdirektor in Lüneburg, Knoop sei seit Jahren «jähzornig, heftig und lügnerisch» und habe im Jahr 1850 und noch einmal 1858 «wegen ungebührlichen Benehmens gegen Vorgesetzte» mehrere Male diszipliniert werden müssen. Das wird wohl einer der Gründe gewesen sein, weshalb die Kampagne, ihn außer Landes zu bringen, bis dahin fehlgeschlagen war. Aber, so fuhr er fort: «Wenngleich leicht gereizt, so ist doch sein Betragen gut, auch übt er keinen nachtheiligen Einfluß auf seine Mitgefangenen und ist stets fleißig.» Trotz seiner Charaktermängel sei er also «empfänglich für das Gute».[189] Es sei an der Zeit, ihm eine Chance zu geben. Der Gefängnisgeistliche nutzte recht geschickt das Meinungsklima zugunsten der Einzelhaft aus, die sich bei den hannoverschen Beamten zu dieser Zeit bemerkbar machte, und fügte hinzu, Knoop sei sicherlich fähig, sich moralisch zu bessern und würde sich sicherlich in Freiheit besser verhalten «als unter den ungünstigen Verhältnissen der Gemeinschafts-Haft», unter denen er bis dahin gelitten hatte.[190] Knoop wurde endlich begnadigt, und 1863 wurde ihm gestattet, nach Amerika zu emigrieren.

Straftäter, die sich weniger schwerer Verbrechen schuldig gemacht hatten, wurden deportiert, weil sie für «incorrigibel» gehalten wur-

den, und der Frage, in welchem Umfang sie ihre jüngste Strafe verbüßt hatten, wurde wenig Aufmerksamkeit gewidmet. In den meisten Fällen hatten sie eine Reihe kurzer Strafen abgesessen und nicht
eine einzige lange Freiheitsstrafe. Typisch für diese Fälle waren Männer wie der Schuhmacher Johannes Sommerfeldt, der ein langes, bis
1825 zurückreichendes Vorstrafenregister wegen Diebstahls, Erpres-
sung und Einbruchs besaß und der 1841 nach Amerika geschickt
wurde.[191] Das ausschlaggebende Argument zugunsten der Deportation von Johanne Schweinebart im Jahr 1861 war die Tatsache, «daß
eine Besserung der Bittstellerin nicht für wahrscheinlich» gehalten
wurde. Sie war erst 23 Jahre alt, trat aber bereits ihre dreizehnte Gefängnisstrafe wegen Landstreicherei an, mit achtzehn Monaten bisher die längste. Am 9. September wurde ihr mitgeteilt, sie bekäme
Geld, wenn sie sofort nach Amerika ginge, vorausgesetzt, sie kehrte
nie zurück. Kaum einen Monat später befand sie sich auf dem Weg in
die Vereinigten Staaten.[192] Mit der Deportation wurde in der Mitte
der dreißiger Jahre also nicht nur eine Präventivmaßnahme eingeführt, sie ermöglichte der Regierung in Hannover und auch den örtlichen Behörden, sich zahlreicher Straftäter zu entledigen, die ihnen
– und den Staatsfinanzen – schon jahrelang zur Last gefallen waren
und dies wahrscheinlich noch auf Jahre hinaus tun würden. Ein typisches Beispiel war eine Johanne Angerstein, die seit 1821 immer
wieder im Gefängnis oder in verschiedenen Zuchthäusern gesessen
hatte. Sie war Prostituierte und ging dem Gewerbe, mit dem sie ihren
Lebensunterhalt verdiente, auf den Straßen ihrer Geburtsstadt Göttingen und anderer Städte nach, weigerte sich jedoch, sich bei der
Polizei registrieren zu lassen. Angerstein gab zu, vergangene Weih-
nachten in einem Stall für Geld mit dem Schankkellner eines Gast-
hauswirtes geschlafen zu haben. Die örtliche Polizei berichtete am 26.
Februar 1836:

Sie ist nach ihrer letzten Entlassung aus dem Zuchthause zu tief gesunken, als daß man bei ihrer bekannten Arbeitsscheu und ihrem
schlechten Rufe, der ihr fast allen Verkehr mit rechtlichen Menschen
abgeschnitten hat, einen rechtlichen Erwerb und eine Besserung
derselben annehmen könnte. Dagegen ist zu fürchten, daß sie durch
schamloses Aufdringen manchen Studierenden zu Ausschweifungen verleiten werde, welcher noch zu verschämt ist, um einen auch
nur anscheinend ehrbaren Mädchen eine Unsittlichkeit zuzumuthen.

Ihre Entfernung von hier und die angedrohte Bestrafung der von ihr begangenen Ausschweifungen erscheinen daher um so nothwendiger, als nur die Furcht vor strenger Strafe eine Menge hiesiger liederlichen Dirnen in Zucht hält und dieselben zwingt, wenigstens den Schein von Sittsamkeit zu beobachten.

Die Polizei schlug vor, sie für längere Zeit zu entfernen.[193] Auf Anregung des Erziehungsministeriums in Hannover[194] wurde Angerstein jedoch gefragt, ob sie bereit wäre, statt dessen nach Amerika zu gehen. Angesichts der Alternative ist es kaum überraschend, daß sie sich dazu bereit erklärte.[195]

Die Art, wie das Konzept der Begnadigung bei solchen Straftätern praktisch umgesetzt wurde, zeugt von bemerkenswerter Heuchelei. Normalerweise kam es in Fällen zur Anwendung, wo gewisse Zweifel über die Stichhaltigkeit der Verurteilung bestanden, wenn eindeutig mildernde Umstände vorhanden waren oder Beweise für musterhafte Führung im Gefängnis. In Hannover wurde es auf Straftäter angewendet, die als schwierig oder gefährlich eingestuft wurden, so daß sie eigentlich keine besondere Rücksicht verdient hätten. Insofern wurde dieses Konzept oft als kostenfreies Äquivalent für eine lebenslange Haft betrachtet, wenigstens in den Augen der Öffentlichkeit. «Eine gründliche Besserung», schrieb der Gefängnisdirektor in Lingen am 9. März 1856 über eine seiner widerspenstigsten Gefangenen, Margarethe Schulz, die zwanzig Jahre einer lebenslangen Haftstrafe verbüßt hatte wegen Verleumdung, Brandstiftung und Beteiligung an einer Abtreibung, «ist von dieser Person schwerlich zu hoffen und möchte der Wunsch gerechtfertigt erscheinen, ein solches Subject, wenn es nicht durch lebenswierige Einsperrung unschädlich gemacht wird, auf geeignete Weise aus dem Lande geschafft zu sehen»[196]. Ähnlich äußerte sich die Polizei in Göttingen, als sie am 3. September 1841 die Empfehlung formulierte, den 21jährigen Carl Wilhelm Augustin nach Amerika zu deportieren:

[Er] wurde durch unglückliche Familienverhältnisse, den verworfenen Character seiner Eltern und angeborenen Hang zum Bösen schon in seinem gegenwärtigen jugendlichen Alter ein so vollkommener Verbrecher, daß dessen Entfernung aus der Gesellschaft zu deren Sicherheit und Wohlfahrt unumgänglich nothwendig scheint.

Angesichts seiner Vorstrafenregister war, wie sie hinzufügten, «keine Zeit zu verlieren», um ihn nach Amerika zu verschiffen.[197]

Was danach aus ihm wurde, kümmerte sie nicht. Daß einige der deportierten Schwerverbrecher zurückkehrten, ist mehr als wahrscheinlich. Allerdings können nur wenige so unverfroren gewesen sein wie der verurteilte Dieb Wilhelm Rettstadt, dessen Gesuch, in die Vereinigten Staaten deportiert zu werden, im Juli 1865 von den Behörden in Gronau abgelehnt wurde,

weil der p. Rettstadt schon einmal, im Jahre 1857, auf Kosten und durch Vermittlung des Magistrats zu Elze nach America übersiedelt aber unverbessert nach hier zurückgekehrt ist, auch später die ihm abermals von Verwandten zu Gebote gestellten Mittel zur Auswanderung nach America zu diesem Zwecke nicht verwandt, sondern sofort verschwendet hatte.

Trotzdem bewilligte das Innenministerium in Hannover zwanzig Thaler, zu denen noch dreißig weitere Thaler aus der Kasse der örtlichen Behörden kommen sollten, «um dadurch die Übersiedelung des in Rede stehenden unnützen und gefährlichen, dem Trunke im höchsten Grade ergebenen Subject zu ermöglichen»[198]. Offenbar dachte man, die Entlastung des Celler Zuchthauses von den Kosten für seinen Lebensunterhalt sei das Risiko wert, daß Rettstadt ein weiteres Mal zurückkehrte. Die Behörden in Hannover hegten keine Illusionen, was die Chancen anging, daß sich solche Leute veränderten, wenn sie erst einmal auf der anderen Seite des Atlantiks angekommen wären. Die Tatsache, daß ein Deportierter, wie es in einem Gefängnisbericht ausgedrückt wurde, «ein Mensch» sei, «der nicht die geringste Neigung, sich zu bessern zeigt», galt vielmehr wenn schon nicht als Grund, ihn nach Amerika zu schicken, dann sicherlich nicht als Hindernis, ihn ausreisen zu lassen.[199]

Wie viele dieser Beispiele zeigen, waren es oft die Verwandten des in Frage stehenden Straftäters, die die Initiative für die Deportation ergriffen. Manchmal war es ein Bruder, dem sehr daran gelegen war, der Schande für die Familie ein Ende zu bereiten, daß ein naher Verwandter im Gefängnis saß, oder der einen seiner Ansicht nach unschuldig Verurteilten unterstützen wollte. Wahrscheinlich weniger oft war es die Frau des Straftäters. Ein Fall wie der von Katharina Hartjen war sehr außergewöhnlich. Sie reichte am 5. August 1840 bei den Behörden ein Gesuch ein, ihren Ehemann betreffend, der zu dieser Zeit eine Gefängnisstrafe in Hameln verbüßte. Sie schrieb, er sei ein Faulpelz und Trunkenbold, er habe ihr schwerverdientes Geld verschwendet, und wann immer sie versucht hatte, ihn zu bessern, «so wurde ich von ihm auf die empörendste Weise mißhandelt». Nach mehreren Warnungen hatte sie seine Diebstähle der Polizei gemeldet, woraufhin er zu einem Jahr Gefängnis verurteilt wurde. Als er im Gefängnis war, erfuhr seine Frau, daß er den Wärtern gesagt hatte, er habe vor, sie nach seiner Entlassung umzubringen. «Er ist dazu und noch zu Mehreren fähig», schrieb sie, «und ich bin überzeugt, daß er ausführen wird, was er sich einmal vorgesetzt hat». Er war, «es thut mir wehe, bekennen zu müssen, ein höchst gefährlicher Mensch». Deshalb bat sie die Behörden, «denselben nach Amerika übersiedeln lassen zu wollen» oder, wenn sie das ablehnen sollten, ihn «in irgend einer Besserungsanstalt aufzunehmen oder auf sonstige Art unschädlich machen zu wollen».[200] Die Gründe für die Ablehnung ihres Gesuchs waren sehr verräterisch, nicht nur was die Prioritäten des staatlichen Vorgehens auf diesem Gebiet angeht: Er könnte nicht auf Staatskosten ins Ausland geschickt werden, weil diese Möglichkeit jenen vorbehalten war, «welche zu den Allergefährlichsten gehören, weil die Anzahl der Competenten andernfalls zu groß werden möchte».[201] Die bloße Drohung eines Ehemanns, seine Frau umzubringen, galt offenbar nicht als Beweis für die Gefährlichkeit eines Mannes. Daß der Staat gleichzeitig Menschen deportierte, einfach weil sie arm waren oder weil die Möglichkeit bestand, daß sie dem Staat zur Last fallen oder in Zukunft eine Gefahr für die Gesellschaft darstellen könnten, zählte offenbar nicht. Andererseits wäre mit der Bewilligung der Bitte von Frau Hartjens womöglich eine Bresche geschlagen worden, und die Bevölkerung hätte die Praxis unterstützt, unerwünschte Personen einfach ins Ausland abzuschieben. Dies aber versuchte die Regierung in Hannover, deren Wunsch, die ganze Angelegenheit geheimzuhalten, ohnehin immer stärker wurde, nicht nur aus einem Grund ängstlich zu vermeiden.

Wie das Beispiel Hannover zeigt, schwanden in den fünfziger Jahren immer schneller die Möglichkeiten, Amerika als Abstellplatz für diejenigen zu benutzen, die in Deutschland nicht erwünscht waren. Das wachsende Nationalgefühl in den USA führte zu immer größerer Wachsamkeit. 1856 setzte der Kongreß eine dritte Untersuchungskommission in dieser Angelegenheit ein. Sie berichtete, daß über die Hälfte aller Insassen in amerikanischen Gefängnissen aus dem Ausland stammten und daß ihr Unterhalt den amerikanischen Steuerzahler riesige Summen kostete.[202] Im Jahr 1875 verbot der Kongreß durch Gesetz schließlich die Einwanderung von Kriminellen.[203] Doch schon geraume Zeit vorher hatten die Deportationen aufgehört. Bereits in den vierziger Jahren war einigen Verfechtern der Deportation durchaus bewußt, daß diese Maßnahme ohne überseeische Kolonien unpraktikabel geworden war. Sie drängten darauf, statt dessen vorübergehend Strafkolonien innerhalb der Grenzen Deutschlands einzurichten, wo die Verurteilten interniert würden und für ihren Lebensunterhalt arbeiten müßten. Diese Vorstellung lief also auf Arbeitslager hinaus. Der einzige wirkliche Unterschied zum Gefängnis bestand darin, daß anstelle eines einzigen großen Gebäudes in der Stadt solche Kolonien aus einer Reihe individueller Unterkünfte bestehen würden, die von offenem Land umgeben wären. Es nimmt nicht wunder, daß diese Pläne bei denen, an die sie gerichtet waren, auf nur wenig oder gar keine Reaktion stießen.[204] Wie wir sahen, schickten die Regierungen der deutschen Staaten, wenn sich die Gelegenheit ergab, auch in den fünfziger Jahren des 19. Jahrhunderts wie eh und je Sträflinge nach Übersee.

So nutzte im Jahr 1852 der Senat des Stadtstaates Bremen das Angebot des dort ansässigen Handelshauses F. C. und W. Bley, auf einem Schiff der Gesellschaft, der «Anna», neun Häftlinge nach Bahia in Brasilien zu transportieren. Auf diese Weise wurde die Hansestadt drei Insassen des städtischen Arbeitshauses los – alles Vagabunden – und sechs Sträflinge aus dem Zuchthaus. Die Überfahrt war freiwillig, und es gab sogar eine Warteliste für den Fall, daß einer der neun abzuspringen beschloß. Die Kosten wurden vom Senat der Stadt getragen, außer in einem Fall, wo eine private Wohltätigkeitsorganisation einsprang. Die Aussichten, einreisen zu dürfen, waren inzwischen jedoch selbst in einem Land wie Brasilien so unsicher geworden, daß die Brüder Bley den Senat drängten, einzuwilligen, «daß, wenn der Capitain des Schiffes genöthigt sein sollte, die Leute wieder mit zurückzubringen, von Seiten des Staats auch die Rückpassage bezahlt werden solle»[205]. Wie wir sahen, hielten das Königreich Hannover und das Herzogtum Sachsen-Coburg-Gotha trotz wachsender Schwierigkeiten bis weit in die sechziger Jahre hinein an dieser Maßnahme fest. Erst die Vereinigung Hannovers mit Preußen nach der Niederlage im österreichisch-preußischen Krieg von 1866 und die Einigung

Deutschlands 1871, in deren Folge das Reich Auslieferungsabkommen mit anderen Ländern wie den Vereinigten Staaten abschloß, setzten der Praxis der Deportation ein Ende.

Selbst in der repressiven Atmosphäre des Jahrzehnts nach dem Scheitern der Revolution von 1848, als Konservative gewöhnliche Kriminalität mit politischer Unruhe in einen Topf warfen und ängstlich nach Wegen suchten, das eine wie das andere zu unterdrücken, erlebte die Vorstellung der Deportation keine wirkliche Renaissance in Preußen. Im Jahr 1853 schrieb die Kommission für Rechtspflege der ersten Kammer des preußischen Abgeordnetenhauses:

Es ist thatsächlich als richtig anzuerkennen, daß im ganzen Lande die Gefängnisse nicht nur in schädlichem Maße überfüllt sind, sondern daß auch eine sehr große Menge rechtskräftig erkannter Strafen, jedoch größtentheils nur die von geringerer Dauer, wegen Mangels an Raum sowohl in den Zuchthäusern als in den Gefängnissen zum Theil nicht vollstreckt werden können, sondern auf längere Zeit hinaus geschoben werden müssen.

Es gab mehrere tausend Fälle dieser Art, und um mit diesem Zustand aufzuräumen, war vorgeschlagen worden, die Deportation wieder einzuführen, um sich der Straftäter zu entledigen. Die Kommission lehnte den Vorschlag jedoch ab mit dem Hinweis, er sei bereits bei einer Reihe früherer Gelegenheiten diskutiert und verworfen worden, von den Kommissionen für die Revision des Strafrechts von 1826 und 1843 bis zur Kommission des Staatsrats in den Jahren 1839 und 1840. Die Deportationen von 1802, so behauptete sie nicht ganz ehrlich, sei lediglich eine «Polizei-Maaßregel» gewesen und bilde keineswegs einen Präzedenzfall.

Es gab eine Reihe praktischer und juristischer Gründe, die den preußischen Staat daran hinderten, die Deportation als rechtmäßige Maßnahme einzuführen: Einige davon hatten Ähnlichkeit mit den Einwänden, die die Behörden in Coburg einige Jahrzehnte zuvor erhoben hatten. Im Jahr 1853 wies eine preußische Kommission darauf hin:

Alle Staaten, welche die Deportation kennen, lassen dieselbe *in eigenen*, ihnen gehörigen Kolonien vollstrecken; kein Staat kenne eine Strafart, die im Inlande erkannt, aber im Auslande vollstreckt werde.

Die urtheilsmäßige Vollstreckung der Strafe müsse diesseits kontrolliert werden und dürfe der Willkür des jenseitigen Staates nicht überlassen werden, von dem es abhängt, ob der Verbrecher zu den schwersten und schmachvollsten Sklavendiensten zu verwenden oder ob ihm ein leichtes und angenehmes Loos bereitet wird, wobei der Charakter der Strafe verloren geht und die innere Gerechtigkeit verletzt wird.

Erstes Requisit der Ausführung der Deportation würde also der Erwerb einer, zur Kolonisation geeigneten, überseeischen Besitzung und einer schützenden beträchtlichen Marine sein, deren Beschaffung und Unterhaltungskosten abgesehen von den Verwickelungen, zu denen sie mit anderen Seemächten führen könnten – mit den dadurch zu ersparenden Kosten und beabsichtigten Vortheilen im größten Mißverhältnisse stehen würden.

Erst mehr als dreißig Jahre später veränderten sich diese negativen Einstellungen gegenüber dem Aufbau einer Flotte und dem Erwerb von Kolonien, jedoch nicht mit der Absicht, Strafkolonien einzurichten, sondern mit dem diffuseren Ziel, das nationale Prestige zu erhöhen. Die Ereignisse, die nach der Jahrhundertwende eintraten, sollten der Warnung der Kommission vor den Verwicklungen mit anderen Seemächten recht geben.

Außerdem, fuhr die Kommission fort, würde die Deportation gegen die verbrieften Rechte der Ehepartner und Familien der Deportierten verstoßen. Jedenfalls sei die Ursache für die Überfüllung der Gefängnisse «die große Anzahl der zu kürzerer Freiheitstrafe Verurtheilten», so daß die Deportation von Sträflingen, die zu einer langen Haftstrafe verurteilt waren, und nur bei ihnen sei eine solche Maßnahme angemessen, keine Abhilfe schaffen würde. Und endlich, so hielt das Ministerium fest, wüchse in England der Widerstand gegen die Deportation, tatsächlich wurde diese Praxis dort vier Jahre später, im Jahr 1857, abgeschafft. Außerdem bewiesen die zahlreichen in Botany Bay durchgeführten Exekutionen, daß die Deportation in keiner Weise dazu beitrug, den Charakter der Kriminellen zu bessern.[206] Humanitäre Strafrechtsreformer wie Franz von Holtzendorff mochten sich für die Einrichtung deutscher Verbrecherkolonien in Südamerika einsetzen und die erzieherische Wirkung harter Arbeit in Neusüdwales preisen, in den sechziger Jahren des 19. Jahrhunderts galten diese Ansichten jedoch fast in allen Punkten als überholt.[207] Jetzt weigerten sich fast alle Staaten, Kriminelle aus Europa aufzunehmen. Angesichts dieser Tatsache beendeten die Behörden im mittlerweile zu Preußen gehörenden Königreich Hannover am 21. April 1868[208] förmlich die Deportationspraxis. Es war nun offensichtlich, daß eine Wiedereinführung der Deportation nicht möglich sein würde, solange es den deutschen Staaten nicht gelang, selbst Kolonien zu erwerben. Die Voraussetzung dafür, wie die Kommission von 1853 zu Recht feststellte, war jedoch ein starkes, vereintes Deutschland, das über eine große Hochseeflotte verfügte, deren Entwicklung sollte jedoch erst kurz vor Ende des Jahrhunderts einsetzen.

Das Projekt der Strafkolonie

Der Einigung im Jahr 1871 folgte rasch die Etablierung Deutschlands als europäische Großmacht, und damit auch ein Sitz am Verhandlungstisch, als es in den achtziger Jahren darum ging, die Beute des Imperialismus zu verteilen. Bald hatte Deutschland selbst ein Kolonialreich geschaffen, das rasch konkrete Gestalt anzunehmen begann. Die Errichtung einer deutschen Kolonie in Südwestafrika hatte zur Folge, daß die Rufe, Sträflinge dorthin zu verschicken, immer lauter wurden. Als die Überfüllung in den deutschen Gefängnissen wieder zunahm und die Meinung in den neunziger Jahren von dem früheren, liberalen Glauben an die Mission der Besserung durch Haftstrafen abrückte hin zu einer pessimistischeren Sicht, wonach Kriminelle erblich geschädigt seien, eine eugenische Bedrohung für die Rassengemeinschaft darstellten und grundsätzlich unverbesserlich seien, verstärkte sich auch der Druck, Deportationen wieder einzuführen.

Sozialdarwinismus verflocht sich mit Rassismus, und der kriminologische Diskurs verlagerte sich: Im Vordergrund stand nicht mehr, im Interesse rationaler Abschreckung Verbrechen mit angemessenen Strafen zu ahnden, sondern die Verbrecher zu bestrafen, mit dem Ziel, angeborene kriminelle Charaktereigenschaften zum Schutz der Gesellschaft aus der «deutschen Rasse» zu tilgen.[209] Unter dem Einfluß des italienischen Autors Cesare Lombroso stellte die neu entwickelte Disziplin der Kriminologie in Deutschland immer mehr das in den Mittelpunkt, was als erbliche Elemente in der Kriminalität galt. Wie in früheren Jahrzehnten des Jahrhunderts galt die offensichtlich hohe Rückfallquote bei Gefängnisinsassen als Hinweis darauf, daß die reformerischen Absichten der Gefängnishaft durch die Masse der «Incorrigiblen» vollkommen vereitelt wurden. In den neunziger Jahren machte die Wissenschaft Fortschritte in der Untersuchung der Erbanlagen, sie verliehen der Überzeugung, die Tendenz, erneut gegen das Gesetz zu verstoßen, sei ererbt, immer mehr Glaubwürdigkeit. Vielen Konservativen und sogar Liberalen erschienen die Armen in den großen Städten fast schon als eine andere Rasse.[210] Der Bau neuer Gefängnisse, um Deutschlands wachsende Population von Straftätern aufzunehmen, war allem Anschein nach keine befriedigende Lösung für das Problem der Rückfälligkeit. Deportationen wären weit billiger als der Bau neuer Gefängnisse in Deutschland, erklärte eine Zeitung im Jahr 1896, als weithin über dieses Konzept diskutiert wurde.[211] Die rechtsgerichteten «Hamburger Nachrichten», eine Zeitung, die in den neunziger Jahren allgemein als Sprachrohr des abgesetzten Kanzlers Bismarck galt, setzte sich eifrig für die Deportation von Schwerverbrechern in die Südsee ein.[212]

Die Deportationspläne, die in den neunziger Jahren wieder auf den Tisch kamen, standen im Zusammenhang mit den neu entflammten Ängsten des Bürgertums vor sozialen Unruhen, denn das Sozialistengesetz war aufgehoben worden, und die Sozialdemokraten gewannen immer mehr Arbeiter für ihre Sache. Die Klasse der Industriearbeiter war nun die bedeutendste Kraft auf der sozialen und politischen Bühne, die Bedrohung durch Verbrechen dagegen hatte sich in der Wahrnehmung seit der Mitte des Jahrhunderts drastisch verändert. Anstelle von Banditentum, Holzdiebstahl und Raub auf offener Landstraße, die auf dem Lande weit verbreitet waren, hatte sich ein dem Industriezeitalter entsprechendes Muster von Verbrechen herausgebildet. Die Zentren der Kriminalität und der Unruhe waren leicht zu identifizieren, sie lagen in den ärmsten Vierteln der großen Städte wie Hamburg und Berlin oder in den Industriegebieten wie Oberschlesien und dem Ruhrgebiet. Die Verbrechensrate und insbesondere die der Gewaltverbrechen war auf dem Lande nach wie vor höher als in den Städten. Auf die Diskussion über Kriminalität und wie mit ihr umzugehen sei, die im Kaiserreich hochgradig politisiert worden war, wirkte sich diese Tatsache jedoch nur in Grenzen aus: Sozialdemokraten betrachteten Verbrechen als Ergebnis kapitalistischer Ausbeutung, Konservative, Bürokraten und Justizbeamte hielten dies für eine Ausrede oder sogar Rechtfertigung von Gesetzesbruch und Ungehorsam, sie stellten sogar noch explizitere Verbindungen zwischen Verbrechen und Revolution her als ihre Vorgänger im Gefolge von 1848.[213] Ein Staatsanwalt in Zweibrücken, der gleichzeitig Vorsitzender des dortigen Zweigs der Deutschen Kolonialgesellschaft war, legte die Gründe auf den Tisch, warum er für die Einrichtung von Strafkolonien eintrat:

Schwere Frevelthaten in allen Ecken und Enden des Reichs, wie sie in großgedruckten Lettern der Tagesblätter fortgesetzt berichtet werden, erzeugten nicht bloß ein Gefühl der Unsicherheit und Unbehaglichkeit, sondern steigerten sich von Zeit zu Zeit zu anarchistischen und nihilistischen Ausbrüchen, welche beweisen, daß gewaltthätige Umwälzungsbestrebungen vorhanden seien und wachsen. Dazu komme, daß in unseren Großstädten, in denen täglich eine Reihe der gefährlichsten Verbrecher nach verbüßter Strafe entlassen werden, eine Fülle von Gesindel sich ansammele, das gierig und beutelustig die Zeit der Empörung und des Barrikadenkampfes herbeisehne. Gegen alle solche Frevelthaten und Ausbrüche schaffe nur das Sicherheitsventil der Strafverschickung eine wirksame Abhilfe. [...] Die Deportation wirkt staatserhaltend und ruhesichernd.[214]

Die Deportation, fuhr er fort, würde nicht nur derart gefährliche Elemente aus Deutschland entfernen, sondern die Verbrecher selbst bessern, dadurch, daß sie ihnen ermöglichte, an der zivilisierenden Mission der Kolonialmacht teilzuhaben. Dieser Fürsprecher war so begeistert von der Idee der Strafkolonien, daß er vorschlug, es sollten eigentlich alle Straftäter dorthin geschickt werden, zusammen mit den Bettlern und Landstreichern, damit Deutschland von seiner gesamten Gefängnisbevölkerung befreit würde. Der Kolonialbund hob diese Punkte in einer langen Bittschrift an den Reichstag besonders hervor und wies dabei nachdrücklich auf das Ansteigen von Gewaltverbrechen hin und das Versagen der bestehenden Strafrechtsordnung bei der Verbrechensbekämpfung.[215] Im Jahr 1906 drängte er auf «fakultative Strafverschickung»[216] und setzte ein Komitee ein, das eigens dazu geschaffen wurde, entsprechende Pläne auszuarbeiten.[217] In der nachfolgenden Debatte sprachen sich wenigstens ein paar Abgeordnete zugunsten des Projekts aus, darunter der Anführer der Antisemiten, Otto Böckel. Die Mehrheit jedoch war strikt dagegen.[218]

Für den Widerstand, auf den das Projekt einer Strafkolonie im

Zeitalter des Imperialismus stieß, gab es mehrere Gründe. Andere Kolonialmächte ließen zunehmend Abneigung erkennen gegen das Entstehen neuer Strafkolonien in der Nähe ihrer eigenen Einflußsphäre.[219] Beobachtern war bereits zu Anfang der achtziger Jahre klar, daß das Verschicken von gefährlichen Kriminellen nach Afrika oder Neu-Guinea zu Konflikten mit benachbarten Staaten und Kolonien führen könne, denen diese ein Dorn im Auge waren.[220] Bei der Aufteilung der Südsee zwischen den Imperialmächten im Jahr 1886 sicherten sich die Briten die deutsche Zusage, keine Verbrecher in deutsche Kolonien wie Neu-Guinea oder den Bismarckarchipel zu schaffen.[221] Als zehn Jahre später die Debatten über eine Deportation von Sträflingen nach Deutsch-Südwestafrika wiederaufflammten, griff die Presse in der benachbarten Kap-Kolonie, die zum britischen Hoheitsgebiet gehörte, das Thema rasch auf und brachte energisch ihre Opposition gegen den Vorschlag zum Ausdruck.[222] Die freien Siedler in den fraglichen Gebieten reagierten entsetzt auf die Aussicht, Seite an Seite mit Sträflingen leben zu sollen. Im Jahr 1905 schickten die deutschen Kolonisten in Neu-Guinea und Neu-Pommern in der Südsee Bittschriften gegen diesen Vorschlag an Reichskanzler Bernhard von Bülow. Die Regierung sah sich gezwungen, ihnen zu versichern, sie habe den Plan nie ernsthaft in Betracht gezogen.[223] Zudem äußerten sich Anhänger der kolonialistischen Mission Deutschlands besorgt darüber, welche Wirkung die Deportation auf die Beziehungen zu den eingeborenen Völkern der kolonisierten Gebiete haben würde. Der bayerische Justizminister zum Beispiel vertrat im Jahr 1896 in einer Diskussion über dieses Thema die Auffassung, die Anwesenheit von deutschen Sträflingen in den Kolonien würde «das Ansehen der Weißen dort sehr schädigen». Die Kolonialbehörden pflichteten dem in der Tendenz bei. Der Anblick weißer Männer in Ketten wäre der Achtung vor der europäischen Herrenrasse kaum dienlich. Der deutsche Gouverneur in Togoland erklärte im Jahr 1896 in einem Memorandum, dem ein Beigeschmack jener rassistischen Ideologien anhaftete, die die europäischen Imperialmächte dieser Zeit nährten:

[...] daß mit dem Augenblicke, wo wir mit der Einrichtung von Strafkolonien beginnen, das Prestige des weißen Elements, diese Hauptgrundlage, auf welcher die Machtstellung und das Ansehen der Weißen gegenüber der farbigen Rasse beruht, vernichtet sein würde. Die

Gebildeteren unter den Eingeborenen würden uns mit Sicherheit die Frage vorlegen, wie es mit der idealen Auffassung unserer Kulturaufgabe zu vereinbaren ist, die Kolonien, welche wir der Civilisation zuzuführen unternommen haben, mit Verbrechern zu bevölkern und Zuchthäuslern die ehrenvolle Rolle zu übertragen, Pioniere und Träger europäischer Kultur zu sein.

In einer dichtbevölkerten Tropen-Kolonie wie Togoland seien Strafkolonien weder praktikabel noch wünschenswert. Und womöglich unmoralische und unverbesserliche weiße Frauen zu deportieren, stand völlig außer Frage. Nur dort – so meinte man –, wo die Zahl der Einheimischen klein sei, ihre «Kultur» nicht besonders «fortgeschritten» und das Klima für Europäer erträglich, sei das Projekt Deportation überhaupt durchführbar.[224]

Und doch hieß es zum Beispiel in einer Zeitung: «Wenn ‹Neudeutschland› keine anderen ‹Pioniere› findet, als Verbrecher, so ist es verloren.»[225] «Deportation», so eine andere, konservative Zeitung im selben Jahr, sei «eine kurzsichtige Geldverschwendung. [...] Die Deportation ist endlich ein kolonialpolitischer Fehler; keine Kolonie kann prosperieren, solange sie Deportationsort ist.»[226] Ein begeisterter Fürsprecher des Kolonialismus, Graf Schweinitz, erklärte: «[...] unsere Kolonien sollen nicht durch Verbrecher verderben. [...] wir brauchen in unseren Kolonien nur Leute, die arbeiten können und wollen.»[227] Opposition kam innerhalb Deutschlands außerdem sowohl von Vereinigungen der Vollzugsbeamten, die die Deportation als Bedrohung für ihren Lebensunterhalt betrachteten, als auch von Gefängnisreformern, die sie als Mißtrauensvotum gegenüber der Institution ansahen, der sie ihre Bemühungen widmeten. Der «Verein der deutschen Strafanstaltsbeamten» empfahl statt dessen die freiwillige Emigration von Häftlingen nach ihrer Entlassung, vielleicht als Mittel, sich der Bürde zu entledigen, die die hartnäckigsten ihrer Schutzbefohlenen für sie darstellten.[228] Eine derartige Maßnahme wäre für den reuigen Ex-Sträfling, der es sich verdient hätte, eine bessere Chance, ein neues Leben anzufangen, als er sie in Deutschland finden würde.[229] Die Frage wurde im Jahr 1908 auf die Initiative von General Liebert, einem früheren Gouverneur von Deutsch-Ostafrika, ein weiteres Mal diskutiert.[230] Selbst die so derart abgewandelte Version der Deportation erhielt relativ wenig Unterstützung. Die Franzosen mochten ihre Gefangenen wie eh und je auf die Teufelsinsel schicken, die Deutschen folgten ihrem Beispiel am Ende nicht. Der politische Druck im In- und Ausland brachte die Verwirklichung dieser Idee zum Scheitern. Die gleichen Rassen- und Erblehren, die dazu geführt hatten, daß der Glaube an die bessernden Wirkungen von Freiheitsstrafen verlorengegangen war, schufen also ironischerweise ein unüberwindliches Hindernis dafür, daß Deutschlands neue Kolonien als Abstellplatz für die «Incorrigiblen» benutzt wurden.

Auf dem Weg nach Sibirien

Der einzige Fall, wo die Deportation in eine Strafkolonie ausdrücklich als Strafe angewendet wurde, war also die Verschickung der preußischen Häftlinge nach Sibirien im Jahr 1802. Was aus den Männern wurde, die schließlich die Minen von Nertschinsk erreichten, ist nicht bekannt. Aber wir können ihnen wenigstens auf einem Teil des Weges folgen und durch die Augen einiger Sträflinge, denen die Flucht gelang, ein paar Einblicke in die Bedingungen gewinnen, unter denen sie ihren Marsch fortsetzten. Wie wir sahen, befanden sich unter den Deportierten ein paar Räuberbanden, von denen zu erwarten war, daß sie gemeinsame Sache machen würden, um ihre Freiheit wiederzuerlangen. Die Schwierigkeiten begannen wenige Tage nachdem sie sich in Marsch gesetzt hatten, als es den Brüdern Casimir und Simon Buttkowski gelang, den wachsamen Augen der Militäreskorte zu entkommen und in der Dunkelheit zu verschwinden. Trotz aller Widrigkeiten schafften sie es, ihren Weg nach Hause zu finden. Etwa achtzehn Monate später, im Winter 1803/04, wurden sie in Ostpreußen wieder festgenommen, erzwangen ihre Flucht aus der Haft und verschwanden endgültig aus den Akten.[231] Die übrige Gruppe umging im Herbst 1802 Moskau im Norden und marschierte weiter auf Kasan zu. Die Flucht der Brüder Buttkowski spornte die Eskorte an, bessere Vorkehrungen gegen weitere Fluchtversuche zu treffen, und die Wachen sperrten die Häftlinge jeden Abend ein, ketteten die Hand des einen an den Fuß eines anderen, um jeden Fluchtversuch zu unterbinden. Um diese Zeit jedoch begegnete ihnen auf dem Weg ein «durchreisender russischer Graf», er warf Geld unter die Sträflinge und ihre Wachen, und der verantwortliche Leutnant erlaubte seinen Männern unklugerweise, den unverhofften Geldregen in dem etwa 50 Werst östlich von Moskau liegenden Dorf Kostroma, wo die Gruppe die Nacht in einem Heuschober verbrachte, in Getränke umzusetzen. Die Soldaten betranken sich samt und sonders und schliefen ein, und einem der Häftlinge, Johann Borowski, gelang es, ihnen die Schlüssel zu stehlen und sich und drei weitere Mitgefangene – Johann Wisniewski, Johann Friedrich Exner und Matthias Fehrmann – von den Ketten zu befreien. Außer Exner gehörten sie alle der gleichen Räuberbande an wie die beiden Brüder Buttkowski, denen bereits die Flucht geglückt war. Der fünfunddreißigjährige Exner war, wie wir sahen, ebenfalls der Anführer einer «Diebesbande» gewesen, die in dem gleichen Gebiet Westpreußens operiert hatte wie die Bande der Brüder Wisniewski. Er war zu lebenslanger Gefängnishaft verurteilt worden und hatte sich bereits auf dem Weg von Pillau nach Narwa als Anstifter der versuchten Meuterei an Bord des Schiffes hervorgetan. Exners gesamte Biographie war die Geschichte wiederholter und hartnäckiger Ausbruchsversuche aus der Haft, und es war kein Wunder, daß er bei dem größten erfolgreichen Ausbruch von Häftlingen auf dem Weg nach Sibirien der Anführer war.

Exner und seine drei Kameraden machten sich auf den weit über tausend Kilometer langen Weg, der sie nach Hause bringen sollte. Sie hielten sich an die Route, auf der sie gekommen waren, um sich nicht in der Grenzenlosigkeit der russischen Steppe zu verirren, wo sie sich weder verständlich machen konnten noch verstanden, was die Leute ihnen sagten. Da sie nicht betteln konnten, waren sie gezwungen, vom Land zu leben, sie stahlen in den Dörfern, durch die sie kamen, Essen, Brot und insbesondere Hühner. In einem Dorf bei Nowgorod wurden sie von mißtrauischen Landbewohnern erkannt, die die Sträflingskolonne, als sie auf ihrem Weg nach Sibirien durchkam, gesehen hatten. Sie wurden «von Bauern überfallen» und «körperlich gezüchtigt», gefesselt und in einer Scheune festgehalten, während die Vertreter der Obrigkeit geholt wurden.[232] Aber das Gebäude war unbewacht, und die Verbrecher schafften es, sich zu befreien und zu fliehen. Nach diesem Erlebnis setzten sie ihren Weg nur noch bei Nacht fort. Kurz hinter Nowgorod jedoch kamen sie an eine Brücke, in deren Schutz eine Gruppe von Bauern die Nacht offenbar schlafend verbrachte. Die Bauern wachten auf und griffen sie an: Wisniewski und Fehrmann gelang es, zu entkommen, aber Borowski und Exner wurden gefaßt.[233] Die beiden, die sich noch auf freiem Fuß befanden, schlugen sich weiter durch nach Opazka und Wikowicz bei Kauen bis nach Pren, wo sie von Husaren verhaftet und nach Marienpohl geschickt wurden. Hier jedoch gelang es ihnen, den zuständigen Beamten davon zu überzeugen, sie seien Russen, die aus ihrem Land geflohen seien, um nicht zum Militärdienst eingezogen zu werden. Der freundliche Mann gab ihnen die überlebenswichtigen Pässe, die sie mit falschen Namen ausfüllten, und schickte sie weiter nach Olezko in Polen, wo sie den Winter 1802/03 verbrachten und ihren Lebensunterhalt mit Arbeit verdienten. Im folgenden Frühjahr machten sie sich wieder auf den Weg in Richtung preußisches Gebiet und trennten sich. Wisniewski jedoch, der immer noch vorgab, ein russischer Deserteur zu sein, hatte das Unglück, zufällig einem offiziellen Übersetzer der Regierung zu begegnen, der wegen Wisniewskis offenbar nur sehr schwacher Russischkenntnisse Mißtrauen schöpfte und seine Festnahme veranlaßte. Als die juristische Maschinerie des preußischen Staates ihn durch ihre Mühlen zu drehen begann, gestand er im Verhör seine wahre Identität, und die ganze Geschichte kam heraus.

Inzwischen waren Borowski und Exner nach Nowgorod geschafft worden, wo sie als Mitglieder der Sträflingskolonne erkannt wurden und unter der Bewachung eines einzigen bewaffneten Soldaten ein weiteres Mal den mühseligen Weg nach Sibirien einschlagen mußten, mit dem Ziel, die langsam vorankommende Hauptgruppe irgendwo unterwegs einzuholen. Nach einigen Wochen kamen sie wieder nach Kostroma, dem Dorf, in dem ihnen die Flucht geglückt war. Der Soldat, der sie bewachte, stammte offensichtlich aus dem Dorf, und dies war vermutlich der Grund, weshalb er zu ihrer Begleitung abkommandiert worden war. Wegen der zusätzlichen Sicherheitsmaßnahmen, die nach dem Ausbruch ergriffen worden waren, konnte er ihnen jedoch keine Durchreise durch das nächste Dorf auf der Route verschaffen. Deshalb nahm er sie mit nach Hause und schlug ihnen vor, sie sollten ihren Lebensunterhalt mit Betteln verdienen. Entweder mußte er auf die notwendigen Genehmigungen warten, um die Reise fortsetzen zu können, oder aber er hatte einfach genug von der Armee, denn der Militärdienst mußte unter äußerst brutalen und harten Bedingungen abgeleistet werden und dauerte immerhin fünfundzwanzig Jahre. Aus welchem Grund auch immer, der Soldat behielt sie eine Zeitlang bei sich zu Hause, und sie hatten mit dem Betteln offenbar relativ viel Erfolg, denn sie brachten genug Geld zusammen, um ihn sinnlos betrunken zu machen. Bei einer dieser Zechereien gelang es Borowski und Exner, sich ein weiteres Mal aus der Gefangenschaft zu befreien und sich zum zweiten Mal auf den langen Weg nach Hause zu machen.

Als sie in einem Dorf von mißtrauischen Bauern angehalten wurden, floh Exner und verschwand daraufhin. Der findige Borowski jedoch, wieder einmal in Gefangenschaft, überredete schließlich den Vorsteher des Dorfes, ihn freizulassen und setzte, nun allein, seinen Weg fort. Sein Russisch war inzwischen offenbar gut genug, daß er sich mit Betteln durchbringen konnte, und im Herbst 1802 erreichte er endlich Moskau. Hier begegnete er einigen deutschen Landsleuten und verbrachte den Winter mit ihnen in der Stadt, bevor er im Frühjahr 1803 wieder in Richtung Westen aufbrach. Dieses Mal wählte er den Landweg über Smolensk, Wilna und Kauen, und er wanderte nur nachts, weil die Bauern «sehr wachsam» waren und Bettler nicht freundlich behandelten. Mehrere Tage hielt er sich in den polnischen Wäldern «durch Blätter und Birkensaft» am Leben, wurde aber vom Hunger nach Kauen getrieben, obwohl er keinen Paß hatte und deshalb Gefahr lief, jeden Moment festgenommen zu werden. Hier verwendete er genau die umgekehrte Taktik wie die anderen Flüchtlinge Wisniewski und Fehrmann und verschaffte «unter dem Vorgeben, er sei ein preußischer Deserteur, sich einen Paß von einem Cosaken Obristen [...], um in Rußland frei herumgehen zu können und sich so dann als Holzflößner nach Koenigsberg» den Fluß hinab davonzumachen. Wieder auf preußischem Boden, verlor Borowski keine Zeit, eine «Diebesbande» zu gründen, die er, mit Hilfe seiner alten Kontakte, bald zu einer beeindruckenden Größe aufgebaut hatte. Diese stellte schließlich eine solche Provokation dar, daß die preußischen Behörden im November 1803 eine ihrer periodisch wiederholten, systematischen Kontrollen der Identität und Beschäftigung von jedermann in ihrem Bezirk durchführten. Borowski wurde als «verdächtig» aufgegriffen und unter militärischer Bewachung nach Marienwerder gebracht. Anfang Februar 1804 wurden außerdem sieben Mitglieder seiner Bande festgenommen, und am Ende des Monats konnten die Behörden berichten, daß ihre Bemühungen zu insgesamt nicht weniger als 39 Verhaftungen geführt hatten. Dank des Geständnisses, das Wisniewski im Jahr zuvor entlockt worden war, hatten die Beamten bei seiner Vernehmung weniger Schwierigkeiten, sich den Rest der Geschichte zusammenzureimen.[234] Die Banditen wurden schließlich in preußischen Gefängnissen festgesetzt. Vermutlich war ihr Schicksal hier jedoch weniger hart, als es in den Bergwerken von Nertschinsk gewesen wäre.

Die Geschichte sollte im Sommer 1805 ein dramatisches Nachspiel haben. In der Nacht vom 13. auf den 14. Juli bemerkte der Knecht eines Müllers in Harpersdorf, einem Weiler in der Nähe von Glogau, auf dem Hof etwas, das er in der Dunkelheit für einen Geist hielt. Kurz darauf erschien die Gestalt vor einem Fenster wieder. In Lumpen gekleidet, bärtig und ungekämmt, hatte sie kaum Ähnlichkeit mit einem menschlichen Wesen. Aber sie war wirklich genug, um sich mit Gewalt Eintritt zu verschaffen. Erst als er mehrere andere derartige Gestalten sah, dämmerte es dem Knecht, daß die Mühle von einer Räuberbande angegriffen wurde. Er rief seinen Herrn, der sein Jagdmesser ergriff und es dem Eindringling nach einem Handgemenge ins linke Auge stach. Inzwischen rief der Knecht vom Dach herunter um Hilfe und weckte einen Nachbarn, den Ex-Soldaten Grüttner, der in einem kleinen Bauernhaus in der Nähe wohnte. Grüttner bewaffnete sich ebenfalls und erzwang sich Einlaß in die Mühle. Eine regelrechte Belagerung folgte, und «die Diebe tobten und drohten [...] sie alle todt zu machen». Aber ein Ausfall des Müllers und seiner Helfer reichte, um die Räuber in die Flucht zu schlagen. Sie verschwanden in die Dunkelheit und ließen die Leiche ihres Anführers auf dem Hof zurück. Die Polizei fand bei dem Toten einen österreichischen Paß, der am 13. Mai 1804 in St. Petersburg ausgestellt worden war, ein weiteres russisch geschriebenes Dokument sowie ein Empfehlungsschreiben auf Französisch von einer «Comtesse de Rochechouan», ausgestellt am 5. Oktober 1804, das besagte, der Träger habe ihr ehrlich vier Monate lang gedient. Der Mann war außerdem mit einer Pistole bewaffnet. Dem Arzt, der die Leichenschau durchführte, waren die von den Handfesseln stammenden Male an den Handgelenken des Toten verdächtig, und er durchsuchte seine medizinischen Akten nach Verbrechern, die er in der Vergangenheit behandelt hatte. Darunter befand sich auch Exner, und seine körperlichen Merkmale – Säbelbeine, eine Narbe auf der rechten Wange von einer Wunde, die ihm ein ausschlagendes Pferd beigebracht hatte und so weiter – stimmten genau mit denen des Toten überein. Als Exners frühere Geliebte herbeizitiert wurde, um den

Leichnam zu identifizieren, bestätigte sie, daß es in der Tat der Mann war, der dem Gerücht zufolge vor kurzem der Haft in Sibirien entkommen war. Jedoch nicht nur aus diesem Grund erlangte der Vorfall Berühmtheit, sondern weil er zum Kernstück eines rechtswissenschaftlichen Streits wurde über das Recht, jemanden in Notwehr zu töten, denn der Müller wurde unter Mordanklage vor Gericht gestellt.[235] Er wurde schließlich freigesprochen, und das Urteil wurde in einem Reskript vom 14. Dezember 1805 bestätigt, unterschrieben von Großkanzler von Goldbeck, demselben Mann, der vier Jahre früher Exners Deportation nach Sibirien in die Wege geleitet hatte.[236]

Der Fall erregte weithin öffentliches Interesse, und Exner wurde postum eine Menge Bewunderung für seinen Mut und seine Findigkeit zuteil. Der Rechtsgelehrte Karl Grattenhauer fand das vollkommen ungerechtfertigt:

Der Umstand, daß er sich mehr als einmal durch die Flucht seinen Fesseln entzogen hat, beweißt, außer der Unvorsichtigkeit seiner Wächter, nichts, als seine körperliche Stärke, und seine mechanische Geschicklichkeit. Etwas wirklich Ausgezeichnetes ist in seiner Kriminalgeschichte nicht zu entdecken, und seine Person bleibt um so verächtlicher, als sie zur gemeinen Volksklasse gehört, und seine Individualität nichts enthält, was eine lehrreiche psychologische Bearbeitung veranlassen, oder zu einer poetischen Darstellung auch nur einigermaßen schicklichen Stoff geben könnte.[237]

Es ist bemerkenswert, daß Grattenhauer den niedrigen sozialen Status des Räubers als Motiv für Verachtung anführt. Ein solches soziales Vorurteil war einer der Gründe, warum Banditen in Kriminalgeschichten, die für gebildete Leser gedacht waren, so häufig als edel dargestellt wurden. Grattenhauer jedoch fand das gesamte Genre der Banditenliteratur und populären Kriminalgeschichten abstoßend. Sie seien, so wetterte er, nur als Lesefutter für den Pöbel geeignet, Exner sei kein Held, sondern ein «Schurke»:

Nur der große Haufe, die Masse des gemeinen Volks, kann ihn anders, als einen durchaus nichtswürdigen, tief-verächtlichen Raub- und Diebsgesellen betrachten, und sich wohl gar einbilden, daß er Geist, Gemüth und Charakter gehabt habe. Jedem Einsichtigen ist das Lächerliche dieses Pöbelwahns von selbst klar.[238]

Grattenhauer ging es eigentlich nicht darum, das Recht auf Notwehr zu verteidigen oder die populäre Glorifizierung von Banditen und Räubern zu geißeln, sondern um die Einführung eines Geschworenengerichts bei öffentlichen Gerichtsverhandlungen in Preußen. Ein Geschworenengericht von ehrbaren Bürgern, so meinte er, würde keinen Moment an der Unschuld des Müllers gezweifelt haben und hätte die verwickelte juristische Beweisführung des endgültigen Urteils überflüssig gemacht.[239] Aber es sollte noch fast ein halbes Jahrhundert vergehen, bevor seine Forderung schließlich erfüllt wurde.[240]

Auch der Fälscher Wilhelm Aschenbrenner kam nie in Nertschinsk an. In einem Bericht heißt es, der Gouverneur des Ostseehafens Narwa, wo die Sträflinge nach ihrer Überfahrt von Pillau im Juni 1802 landeten, habe sich darum bemüht, sich bei den preußischen Häftlingen «beliebt» zu machen[241] und angefragt, ob sie irgend etwas brauchten. Aschenbrenner bat um die Mittel, Bilder zeichnen und später auch malen zu können, und es gelang ihm, dem Gouverneur und einigen seiner Offiziere ein paar seiner Bilder zu verkaufen. Diese wurden bei den russischen Offizieren in Narwa so beliebt, daß der Gouverneur ihn ermutigte, beim Zaren ein Gnadengesuch einzureichen, dem tatsächlich stattgegeben wurde. Aschenbrenner benutzte daraufhin den Einfluß seiner neuen Mäzene, um mit Erfolg für zwei weitere seiner Mitgefangenen Begnadigungen zu erwirken, Michael Constantin (einen Ungarn) und Anton Karaschin, die ihm während der Seereise geholfen hätten. Die beiden 27jährigen hatten mit Aschenbrenner in Spandau eingesessen, wo sie lebenslange Haftstrafen verbüßten für die Tötung eines Soldaten, den sie im Verdacht hatten, zu verraten, daß sie Fahnenflucht aus der preußischen Armee begangen hatten. Sie waren Aschenbrenner während seiner Haft offensichtlich eine Hilfe gewesen. Deportiert worden waren sie wegen ihrer Beteiligung an «verschiedenen Ausbruch-Complotten».[242] Die beiden waren mit dem übrigen Troß bis zu der Stadt Twer marschiert, bevor sie zurückgerufen und wieder in Freiheit entlassen wurden. Die preußischen Beamten waren wütend, als sie herausfanden, was geschehen war. Sie setzten alles daran, die Russen zu bewegen, ihre Meinung zu ändern, indem sie ihnen eine lange Liste der Verbrechen schickten, wegen der Aschenbrenner ursprünglich verurteilt worden war, sowie Berichte über seine schlechte Führung in Haft.[243] Was danach aus ihm wurde, ist nicht gewiß. Im Jahr 1804 berichtete der

Freund, der seine Memoiren bearbeitete und herausgab, er sei «bei der Bergschule in Omsk als Lehrer, mit 500 Rubeln Gehalt und 300 Rubeln zur Equipirung angestellt, und bloß mit Stadtarrest belegt». Allerdings ist fraglich, ob dieser Bericht zutreffend ist, denn der Schreiber schien nichts über die Ereignisse in Narwa zu wissen, die inzwischen durchgesickert waren. Er erwähnt die Begnadigung an keiner Stelle. Hätte sie weiterhin gegolten, wäre es sicherlich unnötig gewesen, Aschenbrenners Bewegungsfreiheit in Omsk einzuschränken. Aber wie dem auch sei, es ist mehr als wahrscheinlich, daß seine Klassenzugehörigkeit, seine Bildung und seine Fähigkeiten ihn vor dem Schicksal bewahrten, das die meisten anderen preußischen Strafgefangenen in den Bergwerken von Nertschinsk erwartete.

Als Wilhelm Aschenbrenner in seiner Zelle in Spandau von der Nachricht der bevorstehenden Deportation überrascht wurde, die ihn an seinem Vorhaben hindern würde, seine Memoiren zu verkaufen und Geld damit zu verdienen, war er geneigt, seine bevorstehende Reise von der besten Seite zu sehen. Er tröstete sich mit der Lektüre seines Lieblingsbuchs, August von Kotzebues «Das merkwürdigste Jahr meines Lebens». Der Erfolg dieses Buchs war eines der Motive, die Aschenbrenner bewogen hatten, zur Feder zu greifen und seine Memoiren niederzuschreiben. «Das merkwürdigste Jahr meines Lebens» erschien zu einer Zeit, als die Romantik sich ihrem Höhepunkt zubewegte, Gruseliges und Exotisches in Mode waren und in den Wohnzimmern und den Salons Europas Schauer- und Abenteuergeschichten verschlungen wurden. Thema von Kotzebues Buch war das Jahr, das er als Strafgefangener in Sibirien verbracht hatte. Überraschenderweise war es keineswegs eine Schmähschrift gegen Rußland oder das zaristische Regime. Im Gegenteil, Kotzebue war bekannt als Freund der Russen. Er war 1761 in Weimar geboren, und auch während er als Verwaltungsbeamter im Dienst des russischen Zaren stand, verfolgte er seine Karriere als Dramatiker. 1797 nahm er eine Berufung als Theaterdirektor in Wien an. Als er 1800 nach Rußland zurückkehrte, wurde er auf Anordnung seines Gönners, des launenhaften Zaren Paul I., verhaftet und als Gefangener nach Sibirien geschickt. Im folgenden Jahr fand er wieder die Gunst des Zaren und wurde Direktor des St. Petersburger Theaters. Als Zar Paul ermordet wurde, kehrte er jedoch nach Deutschland zurück und schrieb dort den Bericht über seine Haft nieder.

Kotzebues Laufbahn pendelte danach auch weiterhin zwischen deutscher Dichtung und dem russischen Staatsdienst, und schließlich wurde er für Zar Alexander I. politischer Informant über deutsche Angelegenheiten, womit er sich den Haß und das Mißtrauen der deutschen Liberalen zuzog. Diese Animosität sollte schließlich dazu führen, daß Kotzebue im Jahr 1819 von dem radikalen Studenten Karl Ludwig Sand ermordet wurde. Das Attentat löste in sämtlichen Kanzleien Europas einen Schock aus und führte zur Verkündung der repressiven Karlsbader Beschlüsse durch Metternich. Zu Beginn des Jahrhunderts jedoch war Kotzebue nicht wegen seiner politischen Dienste für den Zaren berühmt, sondern wegen seines Buchs «Das merkwürdigste Jahr meines Lebens»[244]. Es durchlief viele Auflagen, auch wenn es bei einer Reihe von Autoren, die sein Porträt der russischen Gesellschaft für unzutreffend hielten, auf Kritik stieß.[245] Das Buch wurde auch von anderen Schriftstellern kopiert, die sich schnellen Profit versprachen, solange das Interesse an pikaresken Geschichten aus dem Häftlingsleben in Sibirien anhielt. Zu diesen Werken gehörte auch eine zweibändige Abenteuergeschichte, die 1804 unter dem Titel «Die schrecklichsten Jahre meines Lebens» veröffentlicht wurde und sich offenbar an dem Beispiel Kotzebues orientierte. Angeblich handelte es sich bei dem Buch um die Memoiren des uns wohlbekannten Wilhelm Aschenbrenner, den der Herausgeber in einer Strafkolonie in Sibirien getroffen haben will, wo er das Manuskript von ihm erhalten habe. Wäre dem Buch Glauben zu schenken, dann hätte Aschenbrenner wahrlich ein abenteuerliches Leben geführt. Zu seinen angeblichen Erlebnissen gehörten Unterricht bei Zauberern, Dienst in der englischen Armee und der französischen Marine (in Indien), die Rettung einer Prostituierten aus einem Hamburger Bordell, Reisen mit einer Truppe Wanderschauspieler, wissenschaftliche Studien mit einem Adeligen in Polen und die versuchte Fälschung von Banknoten in Berlin. Auf Betreiben der Bank war Aschenbrenner schließlich festgenommen worden, hatte jedoch – dem Buch zufolge – die Unterschrift des preußischen Königs auf seinem eigenen Freilassungsbefehl gefälscht und war, als das aufflog, für das Verbrechen der Majestätsbeleidigung zur Deportation nach Sibirien verurteilt worden.[246] Das Buch kombinierte also mehrere der zentralen Motive dieser großen Ära populärer Sensationsliteratur – Magie, Sex, Gewalt, Schlachten, Flucht, Reisen, exotische Umgebungen, Verbrechen, Gefängnishaft usw.[247] –, und das in einer Weise, die die Handlung des Buches, das es imitierte, bei weitem übertraf. August von Kotzebue, selbst ein notorischer Plagiator, muß es maßlos geärgert haben, daß der Erfolg, den er mit seinem wahren Lebensbericht errungen hatte, von einem Rivalen so schamlos ausgebeutet wurde.

Noch irritierender aber fand ein anderer Leser die Lektüre des Buches. Denn der wahre Wilhelm Aschenbrenner, der angebliche Autor, hatte, wie wir wissen, seine Autobiographie geschrieben, aber in der Festung Spandau, nicht in Sibirien. Im Jahr 1802 hatte er sie einem Freund anvertraut. Allerdings war das nicht der Bericht, der unter dem Titel «Die schrecklichsten Jahre meines Lebens» erschien, sondern ein vollkommen anderer Text. Das Buch läßt einige Kenntnis der Lebensgeschichte Aschenbrenners erkennen, insgesamt aber war es, so der Freund des Gefangenen, nichts als ein Haufen Lügen und Verdrehungen. Besonders zu beanstanden sei sein Porträt von Aschenbrenners Charakter («ein abentheuerliches Gemisch vom häßlichen Auswurf aller Schändlichkeiten und teuflischen Bosheiten, deren der Mensch in *einer* Person [...] auf so vielfältige Weise nicht fähig sein *kann*»). Aschenbrenners Freund publizierte deshalb daraufhin die, wie er behauptete, authentischen Memoiren des Sträflings, geschrieben in der dritten Person. Sie würden demonstrieren, sagte er, daß der Fälscher nicht das «unmoralische Ungeheuer» war, als das er in «Die schrecklichsten Jahre meines Lebens» dargestellt wurde, sondern ein anständiger Mann, dem das Schicksal übel mitgespielt hatte.[248]

Aschenbrenners «authentische Geschichte» enthält also ebenfalls ihren Teil an Episoden und Tricks, die aus der populären Literatur vertraut sind, von Armut, Gefängnishaft und Verbrechen bis hin zu Prostitution, romantischer Liebe, Vermummungen und Maskeraden. Der Grund dafür war vermutlich, unabhängig vom Wahrheitsgehalt der Geschichte, daß der Autor, eingesperrt in die Festung Spandau, wie andere Gefängnisinsassen seiner sozialen Schicht gezwungen war, Geld für seinen Unterhalt aufzutreiben. Offenbar hoffte er, das nicht nur mit dem Verkauf seiner Bilder zu erreichen, sondern auch mit einem erfolgreichen Buch. Der gesamte Text ist mit sensationellen Details durchsetzt.

Aschenbrenner war ohne Zweifel durch und durch Fälscher, deshalb gibt es gute Gründe, seinem Bericht mit Mißtrauen zu begegnen.

Schließlich ist Dichtung doch ohnehin nichts anderes als von einem Fälscher geschriebene Geschichte. Immer wieder werden in der Erzählung Aschenbrenners anständiges Verhalten und seine edlen Motive betont, ganz offensichtlich, um Sympathie für die Notlage des Autors zu wecken. Dem heutigen Leser erscheint diese Charakterstudie ebensowenig plausibel wie Aschenbrenners Behauptung, Wilhelmine habe in Wirklichkeit nie in einem Bordell gearbeitet und seine Beziehung zu ihr sei nie eine sexuelle gewesen. Für die Leser im späten 18. Jahrhundert wäre das Eingeständnis eines Ehebruchs einem Eingeständnis gleichgekommen, moralisch durch und durch verdorben zu sein. Damit hätte er sich jede Sympathie verscherzt, die er mit dem Buch ansonsten erregt haben mochte, indem er seine Straftaten weitgehend als von dem Wunsch motiviert dargestellt hatte, seine Frau und seine Familie vor der Armut zu retten. So ist es kein Wunder, daß er seine Freundschaft zu Wilhelmine als rein platonische darstellt. Außerdem sind sowohl die Sprache wie die Handlung zu fest im Genre der populären Sensationsliteratur verankert, als daß das Buch als authentischer Erlebnisbericht des Autors überzeugen könnte. Die Geschichten, wie Wilhelmine sich als Mann verkleidet, schmecken zum Beispiel nach reiner Erfindung.

Bedenkt man, daß Aschenbrenners Geschichte ihren Ursprung im Bericht Kotzebues über sein Exil in Sibirien hatte, so ist es reine Ironie, daß sie endet, bevor ihr Autor Deutschland überhaupt verlassen hat. In gewisser Weise war dies der letzte Trick, mit dem der geübte Fälscher seine Leser hineinlegte. Aber Aschenbrenner machte nicht nur anderen, sondern auch sich selbst etwas vor. Denn seine in der dritten Person erzählte Autobiographie endet mit den hoffnungsvollen Worten:

Im Mai 1802 ging die Reise der nach Sibirien verurtheilten Verbrecher vor sich. Mit Reue und Wehmuth, aber auch mit Segenswünschen, verließ Aschenbrenner Spandau und sein Deutsches Vaterland. Ernstliche Vorsätze, die Würde eines biedern Mannes aufs neue zu erringen, und Hoffnung, sich dort ein zweites Vaterland zu schaffen, trockneten sein kummervolles Auge, und belebten seinen Muth zu neuen *edlen* Thaten. […] Geht er zwar nur aus einer Sklaverei in die andere über, so ist doch die in Sibirien, wohin die Deportirten der Sage nach kommen sollen, der seinigen ungemein vorzuziehen. Hier herrscht verpesteter Kerkerduft: dort athmet er frische reine Luft unter freiem Himmel. Hier leuchten nur düster dampfende Lampen: dort scheint der Glanz der Sonne auf ihn herab. O, gewiß! er gewinnt unendlich, er wird dort wieder aufleben! Hier mußte er in drückender Unthätigkeit verschmachten: dort eröffnet sich ihm tausendfache Gelegenheit, thätig zu seyn und nützlich zu werden: dort, ja dort wird er seinen Wunsch erreichen, sich mit der Welt wegen seiner Verbrechen durch nützliche Handlungen auszusöhnen.[249]

Kotzebue war jedoch nicht einmal auf tausend Kilometer in die Nähe der Bergwerke von Nertschinsk gekommen, wohin Aschenbrenner und seine Genossen gebracht wurden, und die relative Milde des Klimas und der Bedingungen, in denen Kotzebue gelebt und die er in seinem Buch so schön beschrieben hatte, waren etwas ganz anderes als das, was diese erwartete.

Umgeben von hohen Bergketten war (und ist) das hügelige Plateau von Nertschinsk extrem unwirtlich und nur spärlich bevölkert. Im Sommer stiegen die Temperaturen auf bis zu 40 Grad Celsius an, und in den Wintermonaten fielen sie bis auf minus 40 Grad ab. 8300 Kilometer von St. Petersburg entfernt, 560 Kilometer nördlich der chinesischen Mauer und 1600 Kilometer westlich des Pazifiks lag das Gebiet sogar weit abseits der Handelsstraßen zwischen Rußland und China. In der offiziellen Ankündigung der Deportation in Berlin, die 1802 erschien, wurde schadenfroh berichtet:

Nur wenig Reisenden gelang es, bis in diese entfernten Gegenden durchzudringen, da Wüsten, Seen und Gebirge die Reise dahin unendlich schwierig machen. Man hat nur wenig Nachrichten über die Schicksale der Elenden, die dort zur Arbeit angestellt werden, und da diese Gegend ringsum in der ungeheuersten Entfernung von öden Steppen und unwirthbaren Gebürgen umgeben ist, die nur herumschweifenden tatarischen Horden zum Aufenthalte dienen, so kann der Verwegene, der eine Flucht aus diesem Straforte unternehmen will, nirgends, weder Sicherheit für seine Person, noch Befriedigung der ersten Lebensbedürfnisse, noch Schutz gegen das rauhe Klima des nordöstlichen Asiens erwarten, und seine Versuche zur Flucht würden daher nothwendig bald den schrecklichsten Tod zur Folge haben.[250]

Die Abgeschiedenheit ihres Bestimmungsorts war nur eins der vielen Probleme, mit denen die Strafgefangenen bei ihrer Ankunft konfrontiert werden würden. Die katastrophalen Arbeitsbedingungen in den Bergwerken waren berüchtigt. Einer der wenigen ausländischen Besucher, die im frühen 19. Jahrhundert durch Nertschinsk kamen, war John Dundas Cochrane, ein Kapitän in der englischen Königlichen Marine mit stark ausgeprägten liberalen Neigungen. Er erklärte rundheraus:

Ich sah nichts in Nertschinsk, das mir andere Empfindungen eingeben konnte als die von Verachtung und Empörung über das rücksichtslose Verhalten derjenigen, die die Gewalt über die armen Sträflinge hatten. Es ist unmöglich, sich das abgemagerte, erschöpfte, elende und halb verhungerte Aussehen dieser Opfer vorzustellen. Was auch immer ihre Verbrechen gewesen sein mögen – und ich glaube, sie waren schrecklich genug –, sie können die rücksichtslose Art, wie sie gegenwärtig verwendet werden, nie und nimmer rechtfertigen. […] Der Mann, der verurteilt ist, den Rest seiner Existenz in den Bergwerken von Nertschinsk zuzubringen, kann nicht lange leben. Was ist aus den vielen Tausenden von menschlichen Wesen geworden, die jährlich zu diesem Ort verurteilt wurden? Wo sind ihre Frauen und Familien? Denn hier geht die Arbeit nur weiter durch die ständige Ankunft frischer Opfer.

Anfang der zwanziger Jahre des 19. Jahrhunderts fand Cochrane 1600 Sträflinge vor, die in dreizehn verschiedenen Bergwerken arbeiteten und in «abstoßender Qual und Elend» lebten unter der Bewachung von 564 Soldaten.[251] Er ließ seine Leser nicht im geringsten im Zweifel über die Unmenschlichkeit der Bedingungen, unter denen die Sträflinge gezwungen waren, ihre Existenz zu fristen.

Die Bergarbeiter, berichtete ein anderer Reisender zwei Jahrzehnte später, arbeiteten im Sommer zwölf Stunden am Tag, im Winter sechs Stunden. Im Gegensatz zu den anderen Bergwerken in Sibirien waren die Blei- und Silberminen von Nertschinsk sehr kalt.[252] In den 1850er Jahren fand ein amerikanischer Besucher, der in eine von ihnen hinabkletterte, «die Luft eisig, feucht und faulig». Das Wasser in den Stollen wurde von Hand abgepumpt, die Handpumpen waren rund um die Uhr von Sträflingen bemannt, die in Vier-Stunden-Schichten arbeiteten.[253] Noch drastischer war das Bild, das eine russische Besucherin ein paar Jahre später gab. Sie stieg in eines der Bergwerke hinab und bemerkte, daß die einzige Beleuchtung ein paar an der Wand befestigte Fackeln waren. Sie beobachtete, daß «unter der dünnen Schicht von Staub, die die Gesichter der Arbeiter bedeckte», diese «gespenstisch» aussahen. Die stumpfe, bleierne Färbung ihrer Haut kam von den «giftigen Dämpfen» des Silber- und Bleierzes, das sie abbauten. «Die Sterblichkeit in diesen Orten war erschreckend; wenn ein Mann zwei Jahre nach seiner Ankunft noch lebte, dann war das so viel, wie zu erwarten war.»[254]

Obwohl die Bedingungen sich angeblich Ende des 19. Jahrhunderts verbessert hatten, gab es immer noch keine Dampfmaschinen oder auch nur Pferde. Immer noch wurde ausschließlich durch die Handarbeit von Sträflingen Erz gefördert und Wasser abgepumpt. Der Amerikaner George Kennan, der die Bergwerke in den achtziger Jahren besuchte, bekam von den dortigen Technikern mitgeteilt, daß die Sträflinge fortwährend geschlagen wurden und den Schikanen korrupter Beamter ausgeliefert waren. Die Bedingungen, unter denen sie lebten und arbeiteten, waren erschreckend. Er schrieb: «Ich kann mir kaum eine schrecklichere und hoffnungslosere Existenz vorstellen als die eines Mannes, der den ganzen Tag in einem der feuchten, schlammigen Stollen des Pokrofski-Bergwerks arbeitet, um abends in ein enges, fauliges, von Ungeziefer verseuchtes Gefängnis wie das von Algachí zurückzukehren.»[255] Die Chancen, daß sich die preußischen Häftlinge bei einem solchen Leben moralisch besserten, waren äußerst gering. Doch noch geringer waren die Aussichten, daß sie jemals in ihr Heimatland zurückkehren würden, wie es Exner und seinen Kameraden gelungen ist.

Die Geschichte Franz Exners stellt wie die Wilhelm Aschenbrenners eine epische Erzählung dar, deren Legitimität vehement angefochten wurde von denen, die der Meinung waren, Verbrechen dürfte sich nicht auszahlen und Verbrecher sollten nicht romantisiert werden. Weder Aschenbrenners Optimismus am Schluß seiner Geschichte über seine Aussichten in Nertschinsk, noch Exners erstaunlich hartnäckiger und erfolgreicher Drang, auszubrechen, wurde schließlich von den Ereignissen gerechtfertigt. Die unrealistische Vision des Kunstlehrers von einem neuen Leben in den Bergwerken Sibiriens mag sich am Ende allerdings wenigstens teilweise in der Bergbauakademie von Omsk verwirklicht haben.

Beide Erzählungen, die eine vom Betroffenen selber kunstvoll zusammengesetzt aus einer Mischung von Erfahrungen im wirklichen Leben und erzählerischen Mitteln der populären Literatur, die andere von einem Historiker aus offiziellen Dokumenten und juristischen

Abhandlungen zusammengetragen, vermitteln ein erstaunliches Bild menschlicher Ausdauer angesichts widriger Umstände. Die Deportation, die endlose Reise über große Distanzen in fremde und unvertraute Länder, mußte fast zwangsläufig Darstellungen im epischen Genre hervorbringen. Für diejenigen, die solche Männer nach Übersee schickten, sah die Geschichte jedoch ganz anders aus. Die Deportation basierte auf dem Eingeständnis, gescheitert zu sein. Diejenigen, die außer Landes geschickt wurden, waren die Menschen, für die von staatlicher Seite keine Hoffnung bestand, sie bessern zu können. Das Ende der Deportationen in der Mitte des 19. Jahrhunderts fiel in die Zeit, als der Optimismus, die menschliche Natur, selbst noch die des verhärtetsten Kriminellen, ließe sich vervollkommnen, Hochkonjunktur hatte. Dennoch wurde Gefängnishaft, selbst wenn sie mit den radikalsten Instrumenten zur Besserung des Charakters wie Einzelhaft, Maske und Tretmühle einherging, nie allgemein als wirksamste Methode der Verbrechensbekämpfung akzeptiert. Der «Kerkerdiskurs» blieb nie unangefochten. Wie wir nun sehen werden, gab es neben der Deportation noch andere Alternativen zum Gefängnis, Alternativen, die nicht nur leidenschaftlich diskutiert, sondern das ganze Jahrhundert über auch weithin praktiziert wurden.

2 «Die Zauberruthe des Gerichtsdieners»

Die Leiden der Gesche Rudolph

Am 21. Mai 1845 schrieb der Rechtsanwalt Georg Wilhelm Gröning dem regierenden Senat der Hansestadt Bremen in Sachen einer unglücklichen Frau, deren «Persönlichkeit», wie er offen zugab, «wenig geeignet (war), Interesse für sie zu erwecken, denn sie ist actenkundig eine liederliche, dem Trunke ergebene Person, welche bis jetzt ein in öder Einförmigkeit sich bewegendes Leben geführt hat, welches keine erfreuliche Erscheinung aufweisen kann». Bei der Frau handelte es sich um eine gewisse Gesche Rudolph, «zu Radlinghausen von sehr armen Eltern im Jahre 1797 geboren». Ihre Kindheit war den Kriegen zum Opfer gefallen, die während der Napoleonischen Ära über Norddeutschland hereingebrochen waren. In dieser Zeit waren französische, spanische, dänische und russische Truppen durch das Land gezogen, und da sie alle vom Land lebten, waren weit verbreitete Armut und Zerstörung die Folge. Gröning erklärte:

Sie erhielt nicht nur so gut wie gar keine Erziehung, sondern sie wurde außerdem mit Soldaten aller Nationen, mit welchen unsere Gegend während ihrer ersten 18 Lebensjahren so oft überfüllt war, natürlich bald gut bekannt. Sie ist in solchem Schmutz aufgewachsen, daß sie 20 Jahre alt kaum eine Ahnung davon hatte, daß es mit ihr nicht so stehe, wie es sollte.

Außerdem, fuhr Gröning fort, habe er «Grund daran zu zweifeln, daß sie jemals ordentlichen Religionsunterricht genossen hat, und daß sie confirmirt ist». Er ließ seinen Lesern keinerlei Zweifel, daß es sich um eine Frau der niedersten Art handelte, unwissend, ungebildet, unreligiös, unmoralisch, arm und schmutzig.[1] In seinem Bericht zeichnete er ihre Kindheit und ihren Charakter als Lehrbuchbeispiel für die Einflüsse, die nach Ansicht seiner Zeitgenossen mit großer Wahrscheinlichkeit zu einer Verbrecherlaufbahn führen mußten.

Trotz alledem war Gröning aber der Ansicht, daß Gesche Rudolph von den Behörden der Stadt Bremen mit schreiender Ungerechtigkeit und Härte behandelt worden war. Ihr Leidensweg hatte in ihrem 25.

Lebensjahr begonnen, als sie als gemeine Prostituierte aus der Stadt vertrieben worden war, weil sie sich nicht bei der Polizei registrieren lassen wollte. Warum sie sich weigerte, ist nicht bekannt. Wahrscheinlich schreckte sie der Gedanke, auf diese Weise stigmatisiert und in ihrer Bewegungsfreiheit in der Stadt stark eingeschränkt zu werden, was ebenso mit der Registrierung verbunden war wie die regelmäßigen medizinischen Untersuchungen und die ständige Drohung einer Zwangseinweisung in die geschlossene Abteilung eines Krankenhauses. Was auch immer ihre Gründe gewesen sein mochten, sie wurde ausgewiesen und durfte nicht zurückkehren, eine Maßnahme, die Gröning für «eine sehr harte, man möchte sagen ungerechte» hielt. Das war die unmittelbare Ursache ihres weiteren Unglücks. Gesche Rudolph durfte nicht nach Bremen zurück, außerhalb der Stadt konnte sie sich jedoch ihren Lebensunterhalt nicht mit Prostitution verdienen – dem einzigen Gewerbe, das sie kannte. So war sie bei ihrem Stiefbruder eingezogen, von dem sie nun, um zu überleben, völlig abhängig war. Ihr Bruder, so berichtete Gröning, behandelte sie «mit unbegreiflicher Härte». Er schlug sie «wiederholt so heftig ins Gesicht und an den Kopf, daß beide aufschwollen – eine Behandlung, die in der That wenig geeignet ist, eine gefallene Dirne auf gute Wege zu bringen». Ihre Beziehungen zu den Bewohnern des Dorfes, in dem sie lebte, waren in keiner Weise besser:

Da sie sich damals schon Vielen preis gegeben hatte, so war es natürlich, daß die Bewohner Woltmershausens, wo sie schon damals wohnte, sie verachteten, daß Niemand mit ihr sprach, Niemand ihr Arbeit gab. Von Fremden wie ein Aussätziger behandelt, von ihren Angehörigen wie ein Hund, suchte sie natürlich freundlichere Umgebungen und konnte diese nirgend finden, als in Bremen, unter Frauen, die nicht besser waren, wie sie, ja die zum großen Theil in höherem Grade liederlich und trunkfällig waren.

Gesche Rudolph war mehrfach von der Polizei aufgefordert worden, die Stadt zu verlassen, und wurde einige Male regelrecht aus ihr vertrieben. Schließlich wurde sie am 15. März 1822 festgenommen und «zu einer Gefängnißstrafe von 3 Wochen und 18 Ruthenstreichen verurteilt».

Ein weiteres Mal ausgewiesen, kehrte Gesche Rudolph am 19. Mai wieder nach Bremen zurück, wo sie verhaftet wurde, als «sie sich spät Abends noch auf den Straßen herumtrieb». Sie wurde «vom hochlöblichen Obergericht zu 6 wöchentlicher Zuchthausstrafe und 50 Rutenstreichen verurtheilt». Aber selbst das konnte sie nicht an der Rückkehr hindern. So wurde sie ein weiteres Mal in Bremen festgenommen, «am 22ten August, dies Mal betrunken in einem Hurenhause». Bei dieser Gelegenheit wurde sie zu drei Monaten Gefängnis und 150 Rutenstreichen verurteilt. So begann eine Serie von Verhaftungen und Strafen, Ausweisung und Rückkehr, die sich über mehr als zwei Jahrzehnte hinziehen sollte. Gesche Rudolph mochte durch die Bremer Behörden noch so sehr zu leiden haben, ihre verzweifelte Situation in Woltmershausen trieb sie immer wieder in die Stadt zurück. Die Polizei und die Gerichte reagierten nicht besonders einfallsreich, indem sie sie einfach immer strenger für jeden neuen Gesetzesbruch bestraften.

Im Jahr 1823, nachdem sie für sechs Monate ins Gefängnis gesperrt worden war und 150 Rutenhiebe erhalten hatte, versuchte sie ihr Glück in Hamburg. 1826 war sie jedoch wieder in Bremen, wo sie erneut festgenommen wurde, 175 Rutenhiebe erhielt und für zwölf Monate ins Gefängnis kam, davon sechs Wochen bei Wasser und Brot. Nach ihrer Entlassung blieb sie illegal in der Stadt, wurde festgenommen und zu nicht weniger als 275 Rutenhieben und zwei Jahren Zuchthaus verurteilt, davon wiederum sechs Wochen bei Wasser und Brot.

Diese stetige Eskalation der Strafen, die gegen sie ausgesprochen wurden, zeigte, wie vorauszusehen war, keinerlei Wirkung. Als sie kurz nach ihrer Entlassung im Jahr 1829 wieder festgenommen wurde, erließ ihr deshalb der Senat die 100 Rutenhiebe, zu denen sie das Gericht zusätzlich zu einer dreijährigen Haftstrafe verurteilt hatte. Wenn mit dieser Milde irgendein Zweck verfolgt wurde, so blieb er verfehlt, denn Rudolph wurde am 12. März 1833, nur einen Monat nach ihrer Freilassung, wieder in der Stadt aufgegriffen und zu fünf Jahren Zuchthaus verurteilt. Wieder wurden die 100 Rutenhiebe, die das Gericht mit diesem Urteil verbunden hatte, ausgesetzt, diesmal auf Anordnung des Appellationsgerichts. Und wieder wurde sie fast unmittelbar nach ihrer Entlassung erneut straffällig und zog sich eine sechsjährige Haftstrafe zu, die sie im Jahr 1838 antrat. Die beiden letzten Monate wurde sie auf Wasser und Brot gesetzt. Ende 1844 wurde sie freigelassen, Anfang 1845 in Bremen wieder festgenommen, und zu diesem Zeitpunkt wurde der Rechtsanwalt Gröning mit ihrer

Verteidigung beauftragt. Seit ihrer ersten Verhaftung im Jahr 1822, so rechnete er aus, hatte sie fast 18 Jahre in Haft zugebracht «und 893 sage acht hundert drei und neunzig Ruthenstreiche!» erlitten. Rechnet man die Zeit dazu, die sie in Untersuchungshaft gesessen hatte, dann hatte die jetzt 48jährige Frau seit ihrem 24. Lebensjahr nur etwa vier Jahre Freiheit genossen, und sie war so oft, so heftig und mit so wenig Wirkung geschlagen worden, daß die Behörden am Ende zu dem Schluß kamen, körperliche Züchtigung sei in ihrem Fall vergeblich.[2]

Georg Wilhelm Gröning war sichtlich entsetzt über die Zahl und die Härte der Schläge, zu denen die unselige Gesche Rudolph im Lauf der Jahre verurteilt worden war. Er hielt sie nicht nur für zwecklos, sondern außerdem für brutal und zutiefst unmoralisch. Und doch war Gesche Rudolphs Geschichte keineswegs untypisch für ihre Zeit. Körperstrafen waren, wie aus der Geschichte der preußischen Sträflinge ersichtlich wurde, im Deutschland des frühen 19. Jahrhunderts durchaus üblich. Aber als Gesche Rudolphs Rechtsanwalt in ihrem Namen sein Gesuch beim Bremer Senat einreichte, kamen sie bereits weniger häufig vor, und dort, wo sie noch Anwendung fanden, wurden sie zunehmend in Frage gestellt. In Grönings eindrucksvollem und bewegendem Bericht steckte eine Kritik an den Repressalien der Justiz und deren Wirkungslosigkeit, die ihn zu einem typischen Dokument des deutschen Vormärz machen. Obwohl es sich um eine Bittschrift handelte, war sie abgefaßt in der emotionalen Sprache der meisten literarischen Texte jener Zeit, wie den bekannten «Polizei-Geschichten» von Ernst Dronke, einem radikalen Demokraten, der am Vorabend der Revolution von 1848 mit Karl Marx und Friedrich Engels an der «Neuen Rheinischen Zeitung» mitarbeitete. Auch Dronke bediente sich des Mittels der Wiederholung, um seine Botschaft von der Idiotie und der Sturheit der deutschen Justizbehörden jener Zeit zur Wirkung zu bringen, zum Beispiel in seinem (offenbar wahren) Bericht über die Erlebnisse des Bäckers Johann Hanemann, der 1832 aus Hamburg ausgewiesen worden war, nachdem der Senat festgestellt hatte, daß er falsche Papiere benutzt hatte, um das Bürgerrecht zu erwerben.

Obwohl es ihm schließlich gelang, sich authentische Papiere zu beschaffen, führte Hanemanns Vorstrafe dazu, daß er als unerwünschter Fremder aus Hannover ausgewiesen wurde. Daraufhin eröffnete er ein Geschäft in Altona und erlangte dort das Bürgerrecht auf legitime Weise, wurde aber wegen eines Bagatelldelikts im Jahr 1839 verurteilt. Aufgrund seiner früheren Verurteilung in Hamburg entzogen ihm die Behörden in Altona das Bürgerrecht und schoben ihn über die Grenze in die benachbarte Hansestadt ab, wo er prompt festgenommen und wegen illegaler Einreise ins Gefängnis gesteckt wurde. Nach seiner Entlassung blieb er heimlich in der Stadt, wurde 1841 erneut festgenommen und zu einer Zuchthausstrafe und der Tretmühle verurteilt. Als er seine Haftstrafe verbüßt hatte, wurde Hanemann nach Altona abgeschoben, von wo ihn die Behörden sofort nach Hamburg zurückschickten, nur um ihn kurze Zeit später von den Hamburger Behörden wieder zurückzuerhalten. Erneut nach Hamburg abgeschoben, wurde Hanemann als illegaler Einwanderer festgenommen und ein zweites Mal zur Tretmühle verurteilt. Nach Verbüßen seiner Strafe wurde er wieder aus Hamburg ausgewiesen, dieses Mal verbrachte man ihn auf Gebiet des Königreichs Hannover. Hanemann wurde in Stade verurteilt und kurzerhand wieder nach Altona geschickt, wo er 25 Stockschläge erhielt und nach Hamburg abgeschoben wurde. Als letzte, verzweifelte Lösung entschied der Senat, ihn nach Übersee zu schaffen. Das Große Feuer von 1842, bei dem ein großer Teil der Innenstadt Hamburgs niederbrannte, vereitelte jedoch die Ausführung dieses Plans, und er wurde fallengelassen. Obwohl Hanemann geholfen hatte, das Feuer zu bekämpfen, wurde er wieder ausgewiesen, und so ging die Farce weiter, bis es ihm gelang, nach Frankfurt zu entkommen, wo er seinen Fall dem Reichstag des Deutschen Bundes vorlegte.[3]

Hanemann war zwar eindeutig kein Trunkenbold und hatte in Altona bewiesen, daß er seinen Lebensunterhalt mit ehrlicher Arbeit bestreiten konnte. Dennoch weist seine Geschichte viele Ähnlichkeiten mit der der unglücklichen Gesche Rudolph auf. Dronke verfolgte mit dem Bericht seiner Erlebnisse nicht nur die Absicht, auf die Absurdität der Aufsplitterung Deutschlands in 39 unabhängige Staaten hinzuweisen – sein Beitrag trug den Titel «Vom heimatlosen Vaterland» –, sondern auch die Verfahren des bestehenden Strafrechtssystems anzuprangern, wo jemand wiederholt zu immer härteren Haft- und Körperstrafen verurteilt werden konnte, nur weil er nicht die richtigen Papiere hatte. Die Liberalen und Demokraten des Vormärz setzten sich leidenschaftlich für eine Strafrechtspolitik ein, die auf dem Prinzip der Besserung beruhte. Sie waren davon überzeugt, daß der Zweck einer Strafe darin lag, den Charakter des Straftäters neu zu formen, so daß er befähigt würde, in die bürgerliche Gesellschaft zurückzukehren, und nach seiner Entlassung nicht wieder straffällig zu werden. Gedankenlose Maßnahmen der Art, wie sie von Dronke und Gröning angegriffen wurden, schienen eher dazu da zu sein, Menschen kriminell zu machen, anstatt sie zu bessern. Warum, fragten diese Kritiker, verschwendete der Staat seine Zeit und seine Mittel, relativ harmlose Menschen wie Gesche Rudolph und Johann Hanemann zu verfolgen? In den anderen Kapiteln seiner «Polizeigeschichten» erzählte Dronke von einem armen Mann, der zum Stehlen getrieben wurde, um seine hungernde Frau und seine Kinder zu ernähren, und der sich nach seiner Verhaftung aus Reue aufhängte. Oder von einer jungen Frau, die ein uneheliches Kind zur Welt brachte, von der Polizei aus der Stadt, in der sie lebte, vertrieben wurde, damit sie der Gemeinde nicht zur Last fiel, und schließlich mit ihrem kleinen Kind verhungerte. Oder von anderen armen Leuten, die ohne eigenes Verschulden Opfer von Polizeispitzeln, gleichgültigen Arbeitgebern und unmenschlichen Behörden wurden. All diese Geschichten sollten die Überzeugung Dronkes und der meisten Liberalen des Vormärz illustrieren, daß Armut – die seit den vierziger Jahren des 19. Jahrhunderts dramatisch anstieg – eine Hauptursache von Kriminalität sei und daß das bestehende System der Strafen und des Rechtsvollzugs die Dinge eher schlechter als besser machte.

In den dreißiger und vierziger Jahren des 19. Jahrhunderts befand sich das deutsche Strafrechtssystem in einer Übergangsphase. Einige Staaten – wie Bremen – hielten an einer Version der «Carolina» aus dem 16. Jahrhundert fest[4], dem großen, aber längst überholten Strafgesetzbuch Kaiser Karls V., in anderen – wie Österreich – galten Strafgesetze, die im Geist der Aufklärung verfaßt worden waren, und in wieder anderen – insbesondere in Preußen – existierte eine Mischung unterschiedlicher Rechtssysteme – des Code Napoleon in der Rheinprovinz und des «Allgemeinen Landrechts» von 1794 in den «altpreußischen» Provinzen. Im ersten Jahrzehnt des 19. Jahrhunderts hatte eine breit geführte Diskussion über das Wesen und den Zweck von Strafe und über das Strafrecht stattgefunden, die in eine Reihe neuer Gesetzbücher in verschiedenen deutschen Staaten eingegangen war. Das wahrscheinlich einflußreichste war das Bayrische Strafgesetz von 1813. In Sachsen wurde im Jahr 1839 ein neues

Strafgesetz eingeführt, in Hannover und Braunschweig im Jahr 1840, in Hessen 1841 und in Baden 1845. Die neuen Gesetze verlagerten die Strafvollzugspraxis auf die Besserung des Straftäters. Ergänzt wurden sie, wie wir im vorigen Kapitel gesehen haben, in vielen Staaten von einem umfänglichen Programm zur Gefängnisreform und zum Bau von Vollzugsanstalten; so wurde zum Beispiel in Bremen schon in den späten zwanziger Jahren ein neues Gefängnis errichtet.

Diesen Veränderungen lag der allmähliche Übergang von einer Ständegesellschaft zu einer Klassengesellschaft zugrunde, in der die Institutionen, die das deutsche Ancien régime zusammengehalten hatten – die Zünfte, die Gutsuntertänigkeit, die Patrimonialgerichte und dergleichen –, allmählich um ihre Macht und am Ende um ihre Existenz gebracht wurden. Der Kitt, der diese alte Gesellschaftsform zusammenhielt, war die Ehre. Jeder Stand, von der Aristokratie bis zu den Handwerkern, besaß seinen besonderen Ehrenkodex, der in Gesetz und Sitte verankert war, und viele, wenn nicht die meisten Strafen beinhalteten die öffentliche Entehrung des Missetäters durch seine körperliche Erniedrigung vor einer Menge. Ohne seine «Ehre» konnte im Deutschland des 18. Jahrhunderts niemand einem Gewerbe nachgehen, Land besitzen oder sich an den bürgerlichen Ritualen und Interessenvertretungen beteiligen. Unter dem Einfluß der Industriellen Revolution in England, der Französischen Revolution und den Napoleonischen Kriegen, die die Ökonomie des freien Marktes und die Lehren von der Gleichheit aller Bürger untereinander und vor dem Gesetz in West- und Mitteleuropa verbreiteten, brach dieses System zusammen. Was die Franzosen während ihrer Besetzung von Gebieten wie Norditalien oder dem Rheinland nicht beiseite gefegt hatten, wurde nach und nach von ihren Feinden, wie den Preußen, abgebaut, die mit einer Neuordnung von Wirtschaft und Gesellschaft ein wirksames Gegengewicht zu Napoleons Herrschaft über Europa zu schaffen hofften.

Durch diesen Veränderungsprozeß verloren die «Ehrenstrafen» immer mehr an Wirkung. Sie wurden allmählich durch ein System von Strafen ersetzt, die nicht auf die gesellschaftliche Würde eines Straftäters zielten, sondern auf seinen individuellen Charakter.[5] Körperliche Züchtigung nahm in diesem Wandlungsprozeß eine recht unbestimmte Stellung ein. Wie die Beispiele von Gesche Rudolph und Johann Hanemann zeigen, gingen Züchtigungen im Zuge der

Strafrechtsreformen der Aufklärung keineswegs den gleichen Weg wie Folter, Scheiterhaufen und Vierteilen, vielmehr wurden sie von den deutschen Justizbehörden noch bis weit in die vierziger Jahre hinein vollzogen, und nirgendwo häufiger als in Preußen, dem sprichwörtlichen Land von Stock und Peitsche. Wie Reinhard Koselleck vor einigen Jahren in seiner überzeugenden Erörterung des Themas gezeigt hat, stand hier mehr als anderswo das Recht, körperliche Züchtigungen auszuführen, in Verbindung mit einer spezifischen «Herrschaftsform», mit der Patrimonialmacht, die Höhergestellte in der Ständegesellschaft gegen Untergebene ausübten. Nach dem «Allgemeinen Landrecht» konnten körperliche Züchtigungen sowohl von Polizeigerichten ausgesprochen werden wie auch in einigen Fällen von ordentlichen Gerichten, z. B. bei Jugendlichen, die wegen eines geringfügigen Vergehens überführt worden waren. Schließlich konnte die Prügelstrafe auch bei schweren Straftaten zusätzlich zu einer Zuchthausstrafe verhängt werden. Der Zirkularverordnung zufolge, die 1799 als Reaktion auf den – wie man damals meinte – alarmierenden Anstieg der Kriminalitätsrate angesehen wurde, konnte die Prügelstrafe von der Polizei in Fällen von Kleindiebstählen vollzogen werden, und diese Regelung wurde im Jahr 1806 bestätigt.[6] Am häufigsten fand sie jedoch Anwendung als Instrument der patriarchalen Macht im weitesten Sinne. Ein Angriff auf die körperliche Züchtigung war so nicht nur ein Angriff auf eine bestimmte Rechtsvorstellung und Strafrechtslehre, sie konnte auch als Angriff auf ein ganzes Gesellschaftskonzept betrachtet werden.[7] So gesehen gibt uns die Geschichte der körperlichen Züchtigung im 19. Jahrhundert Aufschluß über die Veränderungen der deutschen – und besonders der preußischen – Gesellschaft insgesamt.

Ehre und Schande

Im Mittelpunkt des Strafsystems, das im 17. und frühen 18. Jahrhundert in Deutschland in Kraft war, stand insbesondere die körperliche Bestrafung des Verbrechers in der Öffentlichkeit – als Akt der Vergeltung und Warnung für andere. Am Beginn des 18. Jahrhunderts hatte die «Carolina», das Strafgesetzbuch von 1532, noch immer großen Einfluß, darin wurde eine Vielzahl von Todes- und Körperstrafen festgelegt, von Enthauptung, Rädern, Verbrennen auf dem Scheiter-haufen und lebendig Begraben bis hin zu Entstellungen des Gesichts, Verstümmelung der Zunge, der Nase oder der Ohren, Brandmarken, Auspeitschen, Schlagen und dem Pranger, an dem man der öffent-lichen Ächtung ausgesetzt wurde. All diese Strafen wurden als sym-bolische Wiederherstellung der Autorität verstanden, die durch den Übeltäter verletzt worden war. Genauer gesagt, sie trafen den Ver-brecher, indem sie ihn oder sie in den entehrenden Kontakt mit dem Scharfrichter oder dem Gerichtsdiener brachten, der die Strafe aus-führte, oder dem Verlust der bürgerlichen Ehre als Folge möglicher Mißhandlung durch die Menge aussetzten.[8] Solche Strafen wurden von einer Vielzahl rechtsprechender Behörden verhängt. Vor allem leichtere Körperstrafen fanden weithin Anwendung bei Rittergutsbe-sitzern, die sie gegen ihre Leibeigenen einsetzten, ohne sich deshalb an irgendeine höherstehende gerichtliche Institution zu wenden, da Adelige, die Leibeigene besaßen, unter dem Patrimonialrecht im all-gemeinen selbst die juristische und polizeiliche Autorität darstellten. Derartige Strafen gingen Hand in Hand mit der weitverbreiteten, of-fiziell sanktionierten Anwendung der Folter, um bei einem Verhör von Untersuchungsgefangenen Geständnisse zu erzwingen – die wichtigste Form des Beweises in einem inquisitorischen System und Grundlage für die Verurteilung von Verbrechern. Zwar war die Folter in Preußen bereits 1754 formell abgeschafft worden und wurde auch in anderen deutschen Staaten am Ende des 18. und Beginn des 19. Jahrhunderts nach und nach aufgegeben[9], in der Praxis aber bedien-ten sich Untersuchungsbehörden und Polizei bei Verhören inoffiziell auch weiterhin physischer Gewalt. In einem preußischen Dekret von 1802 wurde diese Praxis mit dem Versuch, sie bürokratisch zu regu-lieren, sogar sanktioniert. Darin heißt es, vorausgesetzt, die notwen-digen Genehmigungen würden eingeholt, sei es vollkommen in Ord-nung, eine Tracht Prügel zu verabreichen, «damit der eigensinnige und verschlagene Verbrecher sich seiner wohlverdienten Strafe nicht durch unverschämte Lügen und Phantastereien oder durch hartnäcki-ges Leugnen oder vollständiges Schweigen entziehen könne»[10]. Die körperliche Bestrafung in der Öffentlichkeit war eng verbunden mit der physischen Folter von Verdächtigen in der Abgeschiedenheit von Gefängniszellen, und mit der allmählichen Abschaffung letzterer wurde auch erstere in Frage gestellt.

Angetrieben wurde die allmähliche Einschränkung der körperlichen Züchtigung in Preußen während der ersten Hälfte des 19. Jahrhunderts, wie Koselleck bemerkt, in erster Linie vom Bestreben des Staates, die private polizeiliche wie richterliche Gewalt der Rittergutsbesitzer einzuschränken und sich diese Macht selbst anzueignen. Bereits in den neunziger Jahren des 18. Jahrhunderts hatte Berlin ihnen vorgeschrieben, die Peitsche und nicht den Stock zu benutzen und die Zahl der Hiebe einzuschränken, damit solche Strafen in der ländlichen Bevölkerung keine Feindseligkeit erregten. Während der Bauernunruhen, die die Napoleonischen Kriege auf preußischem Gebiet begleiteten, hatten Grundbesitzer und lokale Behörden wieder einmal nach dem Stock gegriffen und auch eine Reihe entehrender Körperstrafen angewendet, die vorher durch das «Allgemeine Landrecht» untersagt worden waren.[11] Diese Praxis hinderte den Staat allerdings nicht, auch weiterhin zu versuchen, das Gesetz mit Gewalt durchzusetzen. Einige Ehrenstrafen, wie die «Fiedel», der «spanische Mantel» und «noch weit schändlichere Straf-Instrumente, der Ganten, Stock und hölzernen Bock», so hieß es im Jahr 1806, fänden auf dem Land als «Polizeistrafen» noch immer Anwendung. Sie wurden ebenso wie andere noch praktizierte Strafarten, wie das Rippenhaus und das Krummeisen, von den Behörden in Berlin als Gefahr für die Gesundheit betrachtet, weil sie die natürlichen Bewegungen des Körpers und den «Umlauf des Bluts» einschränkten, aber auch als Gefährdung der öffentlichen Moral, da «der Bestrafte für den hinzueilenden Pöbel ein Gegenstand des Gelächters und des Muthwillens wird» und dadurch die Rückkehr des Straftäters in die Gesellschaft gefährdet würde. Da derartige Strafen jedes verbleibende «Ehrgefühl bei den niederen Volksklassen» zerstöre, ermutigten sie am Ende die Straftäter, sich der Unterwelt der Kriminellen und Kriminalisierten anzuschließen. Außerdem wurden solche entehrenden Körperstrafen nur «durch Observanz» sanktioniert und nicht vom Gesetz. Deshalb hätten sie fortan zu unterbleiben.

Das Jahr 1806, als Preußen sich nach seiner demütigenden Niederlage gegen die Armeen Napoleons in einer tiefen Krise befand, war vielleicht nicht der beste Zeitpunkt für den Versuch, diese Ansichten durchzusetzen. Deshalb ist es kein Wunder, daß in Berlin auch weiterhin Berichte über den Einsatz entehrender körperlicher Züchtigungen auf dem Land eingingen, obwohl ein Erlaß von oberster Instanz aus dem Jahr 1807, zusammen mit weiteren Gesetzen im Jahr 1811, in den meisten Teilen Preußens zur Abschaffung oder Abschwächung der Gutsuntertänigkeit führte. Das Oberlandesgericht in der Neumark notierte im Jahr 1810, daß der «Block oder Stock oder Ganten» immer noch «bei leichten, besonders Polizei-Vergehungen und Widerspenstigkeit der Unterthanen» gebraucht und von «Dorfgerichten oder Gerichtshaltern» «brevi manu vollzogen» würde. In der Praxis bedeutete das, daß die ostelbischen Rittergutsbesitzer, die die Gerichtsbarkeit und Polizeigewalt über die auf ihren Gütern lebenden und arbeitenden Leibeigenen besaßen, sich der herkömmlichen Körperstrafen bedienten, ohne auf das festgeschriebene Strafrecht zurückzugreifen. König Friedrich Wilhelm III. untersagte 1810 diese Strafen ganz und ordnete an, daß sogar Patrimonialgerichte nur diejenigen Strafen verhängen durften, die im «Allgemeinen Landrecht» von 1794 ausdrücklich aufgeführt worden waren.[12] Dennoch berichtete im Jahr 1816 die Verwaltungsbehörde in Breslau, daß körperliche Züchtigungen, die «längst verboten» waren, in ihrem Bezirk immer noch vollzogen würden. Es sei nach wie vor üblich, daß Straftäter in einem Halseisen vor einer Kirche, einem Gericht oder einem Wirtshaus öffentlich zur Schau gestellt wurden. Zwei Jahre später, im Jahr 1818, verteidigten die Breslauer Beamten energisch diese Praxis und fügten hinzu, «daß die von dem königl. Justiz-Ministerio allegirten beiden Rescripte auf die schlesische Stockstrafe nicht paßen und zwar eben so wenig als das über Abschaffung des spanischen Mantels und des polnischen Bocks». Derartige Strafen waren immer noch «durchgängig in Gebrauch» gegen das männliche Gesinde. Die Gründe dafür waren nicht so sehr ideologische als vielmehr ökonomische: «Denn durch ein Absitzen im Kreis-Gefängniß, wobei die Dauer der Strafzeit natürlich verlängert werden muß, würde durch das Entbehren des Gesindes weniger dieses, als vielmehr die Herrschaft gestraft werden». Gefängnisstrafen beraubten die Grundbesitzer der Arbeitskraft ihrer Arbeiter, eine schnelle Tracht Prügel hingegen nicht. Noch aus dem Jahr 1832 liegen Berichte vor, daß in Schlesien Stock, Bock oder Ganten weiter Verwendung fanden. Auch weiter westlich hielten sich die entehrenden öffentlichen körperlichen Strafen noch lange, nachdem sie formell durch das Gesetz abgeschafft waren. Berichten zufolge wurde das Halseisen in Wittenberg noch im Jahr 1824 angewandt. Außerdem wurden Straftäter vor dem Rathaus zur Schau gestellt, mit einer «Tafel von Pappe» um den Hals, auf der ihr Name und ihr Vergehen («Betrüger oder Meineidiger Betrüger» usw.) standen.[13] Ehre und Schande waren in den zwanziger Jahren des 19. Jahrhunderts noch immer beliebte Waffen im Strafarsenal der lokalen Behörden, sosehr die Zentralbürokratie sie in diesem Kontext auch für überholt halten mochte.

All dies zeigt, daß alle Bemühungen der Behörden in Berlin, die Vorstellung von Gleichheit vor dem Gesetz im Gefolge der Bauernbefreiung durchzusetzen, unvermeidlich auf hartnäckigen Widerstand treffen würden. Schließlich war die Ungleichheit vor dem Gesetz ein zentrales Merkmal der körperlichen Züchtigung selbst.[14] Im Jahr 1804 verschärfte Großkanzler von Goldbeck, Preußens höchster Justizbeamter, diese Ungleichheit noch, indem er die körperliche Züchtigung von Beamten untersagte. «Ueberhaupt», fügte er hinzu, «ist die körperliche Züchtigung hauptsächlich nur für Diebe und ähnliche Verbrecher» anzuwenden. Staatsdiener für «Pflichtwidrigkeiten im Dienste» zu schlagen, so meinte er, sei unangemessen.[15] Rute und Peitsche waren deshalb den niederen Ständen vorbehalten. Das zeigt sich auch in einem der vielen Kompromisse, den die immer unsicher werdenden Behörden in Berlin im Ringen um die Bauernbefreiung eingingen: Im Jahr 1810 gestand die neue Gesindeordnung den Gutsbesitzern auch weiterhin das Recht zu, ihre Knechte und Mägde zu züchtigen. Gleichzeitig verbot es ihnen aber, besonders entehrende Strafen anzuwenden. Im Jahr 1812 wurde diese Regelung vom König unterstützt, indem er ausdrücklich anordnete, körperliche Züchtigung solle nur an «Personen der unteren Volksklasse» vollzogen werden.[16] Die Reformen konnten die Kritik an dieser Art Strafe jedoch nicht zum Schweigen bringen. Die Gerichte zögerten nicht, auf Inkonsequenzen in der Festsetzung von Äquivalenten zwischen Haft- und Körperstrafen hinzuweisen. So bestimmte die «Verordnung zur Verhütung der Pferdediebstähle» vom 28. September 1808 eine Strafe von einem Jahr Gefängnis als Äquivalent für 100 Peitschenhiebe, während ein Reskript vom 17. Juli 1804 eine Haftstrafe von sechs Wochen als Äquivalent für 60 Hiebe festlegte.[17] Aber die Gerichte waren nicht nur über derartige Unstimmigkeiten besorgt, sondern, wie der Kriminal-Senat des Ostpreußischen Oberlandesgerichts am 6. Oktober 1826 berichtete, auch darüber, daß an und für sich schon die Verschiedenheit der körperlichen Konstitutionen der Verbrecher auch den Effekt der körperlichen Züchtigung verschieden macht, um eine an sich geringe Züchtigung bey Verbrechern, die nach ihren frühern Verhältnissen daran nicht gewöhnt sind, oder deren körperliche Beschaffenheit empfindlicher für Schläge ist als die anderer Verbrecher, zu harten schmerzhaften Strafen für sie führt.[18]

Überlegungen wie diese führten zu weiteren Einschränkungen der körperlichen Züchtigung durch die Behörden in Berlin. Am 9. Oktober 1833 wurde verfügt, daß Straftäter, die ein Verbrechen freiwillig gestanden, bevor sie verhaftet oder angeklagt wurden, die Rute erspart bleiben sollte.[19] Da es aber in den zwanziger Jahren immer noch häufig Berichte gab über den Gebrauch von körperlicher Züchtigung auf den Landgütern, wurden schließlich auch die Provinzverwaltungen vom Innenministerium angewiesen, beim Problem der körperlichen Züchtigung entschieden gegen den Mißbrauch der Polizeigewalt vorzugehen und die Prügelstrafe möglichst durch andere Sanktionen, wie Geldstrafen, zu ersetzen.[20]

Die zögerlichen und uneinheitlichen Vorbehalte des preußischen Staates gegen die Prügelstrafe fanden ihren Ausdruck in den zahlreichen Entwürfen für ein neues Strafgesetzbuch, die in dieser Zeit entstanden. Justizminister Mühler berichtete im Jahr 1833:

Gegen die körperliche Züchtigung, welche als gesetzliches Strafmittel jetzt noch bei Verbrechern aus den untersten Volks-Klassen, und bey unerwachsenen Personen zur Anwendung kommt, sind in der neueren Zeit bereits vielfache, und gewichtige Einwendungen erhoben worden, und die Mehrheit der Stimmen bey der Gesetzrevision in ihren bisherigen Stadien hat sich sogar schon für die gänzliche Abschaffung dieser Strafart erklärt.

Der Entwurf von 1827 sah die körperliche Züchtigung nur noch vor «als Nebenstrafe zur Schärfung von zeitiger Zwangsarbeit und Zuchthausstrafe» und «als Hauptstrafe gegen Jugendliche unter 16 Jahren sowie bei gewissen Delikten statt einer achttägigen bis dreimonatigen Gefängnis- oder Arbeitshausstrafe». In weiteren Entwürfen von 1830 und 1833 wurde sie ganz fallengelassen. In einem Entwurf, der 1836 fertiggestellt wurde, zu einer Zeit, als die Behörden in Berlin über die steigenden Kriminalitätsraten beunruhigt waren, wurde sie jedoch wieder eingeführt «als selbständige Strafe und als Schärfungsmittel gegen Personen aus den niedrigsten Volksklassen». Eine derart grundlegende Mißachtung des Prinzips der Gleichheit vor dem Gesetz verlieh diesem Entwurf einen sehr rückschrittlichen Charakter, der im Entwurf von 1843 nur geringfügig abgemildert wurde. Darin wurde festgelegt, die Prügelstrafe dürfe «erkannt werden gegen Personen männlichen Geschlechts und zwar nicht nur wegen der im besonderen Teile bezeichneten Verbrechen und Vergehen, sondern auch als Polizeistrafe, in Fällen eines groben öffentlichen Unfugs»[21]. Allerdings verstärkte sich auch die Opposition gegen derartige Vorschläge. Sie kam von den rheinischen Liberalen, wohl nicht zuletzt deshalb, weil die körperliche Züchtigung in der Rheinprovinz unter dem Code Napoléon abgeschafft und im Jahr 1815 nicht wiedereingeführt worden war. Die Veröffentlichung des Entwurfs von 1843 löste in der Rheinprovinz allgemeine Kritik aus, die dafür sorgte, daß körperliche Züchtigung im nächsten der scheinbar unendlichen Reihe von Entwürfen, der 1845 fertiggestellt wurde, ganz abgeschafft wurde, «aus Rücksichten, die man auf die Erhaltung und Erhöhung des Ehrgefühls, selbst in den unteren Ständen zu nehmen habe». Körperstrafen, so meinte man, würden die Straftäter entehren und dadurch ihre Neigung, Verbrechen zu begehen, eher verstärken als abschwächen.[22]

Erst auf Drängen König Friedrich Wilhelms IV. wurde die körperliche Züchtigung in den endgültigen Entwurf wieder aufgenommen «gegen männliche Verbrecher, welche durch eine frühere rechtskräftige Verurteilung der Ehrenrechte verlustig geworden sind, wenn sie wegen Raubes, Diebstahls oder Hehlerei zu einer zeitigen Zuchthausstrafe verurteilt werden». Der Vereinigte Ständische Ausschuß stimmte jedoch am 30. Dezember 1847 «mit großer Majorität» für die völlige Abschaffung der Prügelstrafe.[23] Daraufhin waren der König und das Justizministerium gezwungen, die Angelegenheit erneut zu überdenken, und sie baten den Polizeipräsidenten, Julius Freiherr von Minutoli, einen Bericht zu verfassen. Minutoli war kein reaktionärer Hitzkopf, im Zuge der Revolution im folgenden Jahr erwarb er sich sogar einen gewissen Ruf als Gemäßigter.[24] In der Frage der körperlichen Züchtigung war er allerdings streng konservativ, und er sprach sich in seinem Bericht in starken Worten für deren Beibehaltung aus. Die Einwände, die von den Liberalen erhoben wurden, schrieb Minutoli, ließen sich auf die Behauptung reduzieren,

daß diese Strafart an sich selbst der sittlichen Würde des Menschen

widerspreche, weil sie nur auf das Thierische seiner Natur berechnet sei, daß die körperliche Züchtigung das bessere Gefühl im Menschen tödte; daß sie daher den Verbrecher nur noch verstockter, nicht aber besser mache, was doch der eigentliche Zweck aller Strafe sei.

Diese Einwände wies Minutoli zurück, denn sie seien nichts als «aus abstrakter philanthropischer Spekulation entnommene Axiome». In der praktischen Erfahrung des wirklichen Lebens entbehrten sie jeglicher Grundlage, verkündete er und wies die Behauptung von sich, die körperliche Züchtigung sei nicht mit der Menschenwürde vereinbar. Es sei ja gerade der Sinn und Zweck jeglicher Strafe, daß sie sich nicht mit der Würde und Ehre des Menschen vereinbaren lasse, zu denen das Verbrechen und die Verbrecher selbst in direktem Widerspruch stünden. Unbestritten sei die persönliche Freiheit die Grundlage der Würde jedes Menschen, und doch hätten die Strafrechtsreformer keine Bedenken, Straftäter für lange Zeiträume ihrer sittlichen Würde zu berauben. Das könne eine schlimmere Qual sein, als ausgepeitscht zu werden. Körperliche Züchtigung, sagte er, richte sich gegen das Tierische im Menschen, denn es sei das Tierische im Menschen, von dem das Verbrechen ausgehe. Zwischen ehrenrührigen und nicht ehrenrührigen Strafen müsse eine strikte Trennung aufrechterhalten werden, sonst würden Verbrecher, die nicht schon durch ihren Beruf oder aufgrund ihrer Stellung im gesellschaftlichen Leben unehrlich wären, ihre Ehre verlieren, und dann fiele es ihnen schwerer als unter anderen Umständen, ihr kriminelles Leben aufzugeben und in die ehrbare menschliche Gesellschaft zurückzukehren. Für schon unehrliche Verbrecher hingegen sei die körperliche Züchtigung angemessen. Bei solchen Menschen sei physische Angst das einzig wirksame Abschreckungsmittel. Sie hätten bereits jedes Moralempfinden verloren, und ein Appellieren an die niedrigeren Instinkte sei der einzige Weg, es wiederzubeleben. «Wer Gelegenheit hatte, der Vollstreckung solcher Körperstrafen häufiger beizuwohnen», bemerkte er, «der wird bestätigen müssen, daß dieselben fast niemals ohne den Eindruck einer günstigen moralischen Umstimmung auf den Verbrecher bleiben». Nicht Einkerkerung, sondern «die Zauberruthe des Gerichtsdieners» würde «wahre Reueempfindung» bringen, erklärte er. Außerdem seien Körperstrafen ein wirksameres Mittel, um Verbrechen zu verhüten, als Gefängnisstrafen – womit er implizierte, daß Zuchthaus und Gefängnis für verhärtete Kriminelle keine Schrecken seien.[25]

Zu der Zeit, als Minutoli seine Ansichten zu Papier brachte, waren sie bereits überholt. Beamte im Justizministerium reagierten mit Skepsis und Unglauben, sie kommentierten Minutolis Memorandum mit Fragezeichen am Seitenrand und mit Unterstreichungen. In der Revolution von 1848 kam die liberale und demokratische Opposition gegen die körperliche Züchtigung offen zum Ausbruch. Ihre Argumente wurden am 24. April 1848 durch den Constitutionellen Club in Berlin zusammengefaßt. Er vertrat die Ansicht,

daß die körperliche Züchtigung als eine durchaus unsittliche und dem Prinzip der constitutionellen Monarchie durchweg widerstrebende Strafe zu erachten ist; daß die Stimme des ganzen Landes sich gegen diese, die Menschheit entehrende Strafe ausgesprochen hat; daß kein Grund erfindlich ist, aus welchen eine der Rheinprovinz unbekannte Strafe in den alten Provinzen noch ferner bestehen soll; daß die *sofortige* Aufhebung dieser Strafe um so gewisser veranlaßt werden kann, als sie nach dem *Ministerial Rescript* vom 23. Mai 1812 nur für Verbrecher aus den *untersten* Volksklassen angewendet werden darf, während doch allen Klassen des Volkes mindestens die Gleichheit vor dem Gesetz dermalen sofort eingeräumt werden muß.[26]

König Friedrich Wilhelm IV. konnte sich diesem Druck nicht widersetzen und sah sich gezwungen, am 6. Mai 1848 ein Reskript herauszugeben, mit dem die körperliche Züchtigung in ganz Preußen abgeschafft wurde.[27] Aber nicht nur in Preußen triumphierten die liberalen Kritiker der Prügelstrafe. Als 1848 ein vereinigtes Deutschland auf der Basis einer parlamentarischen Verfassung geschaffen werden sollte, begann die verfassungsgebende Nationalversammlung, die nach Wahlen in ganz Deutschland in Frankfurt zusammentrat, sofort mit einer weitreichenden Debatte über die fundamentalen Prinzipien, auf denen der neue deutsche Staat aufbauen sollte. So wurde in den Grundrechten des deutschen Volkes auch das Recht festgeschrieben, daß niemand der körperlichen Züchtigung durch den Staat unterworfen werden dürfe. Mit der gesetzlichen Abschaffung der Prügelstrafe in ganz Deutschland fand im Absatz 9 der Grundrechte der liberale Glaube an die ausschließliche Legitimität von Gefängnisstrafen und die Unzulässigkeit von entehrenden und beschämenden Formen von Strafe konkreten Ausdruck.[28] Natürlich wurde damit nur ein Prinzip formuliert, das in den legislativen Verfügungen der einzelnen deutschen Staaten, von Baden und Württemberg bis Bayern und Preußen, Anwendung finden mußte, bevor es rechtskräftig wurde. Dennoch wurde nach dem unmittelbaren Eindruck der Ereignisse von 1848 in den meisten deutschen Staaten dafür gesorgt, daß die Gerichte wenigstens vorübergehend keine Körperstrafen mehr verhängten – auch in Bremen, wo sie im Mai 1848 vollkommen abgeschafft wurde.[29] Die Tage von Peitsche und Rute schienen endgültig gezählt zu sein.

Die Kampagne zur Wiedereinführung von Körperstrafen in der Reaktionszeit

Wie zu erwarten wurden nach dem Sieg der Reaktion in den fünfziger Jahren größere Bemühungen unternommen, die körperliche Züchtigung in Preußen wieder einzuführen. Im Strafgesetzbuch von 1851 kam sie allerdings nicht vor. König Friedrich Wilhelm IV. selbst sagte 1852, er habe die körperliche Züchtigung schon immer als sinnvolle Strafe für Knaben sowie für bestimmte Straftaten betrachtet. Er habe das Gesetz vom 6. Mai 1848 «nur mit großem Widerstreben» unterzeichnet. Alles, was seitdem geschehen sei, so teilte er Justizminister Simons mit, habe ihn in seiner Befürwortung der körperlichen Züchtigung nur bestärkt.[30] Der Gefängnisreformer Dr. Wichern, so der Monarch, habe berichtet, Preußens Gefängnisse und Zuchthäuser seien «überfüllt», und die Situation stelle eine ernste Bedrohung für die Gesundheit und die Moral der Gefängnisinsassen dar. Während Wichern mit seiner Kritik die Absicht verfolgt hatte, die Reform des Gefängniswesens voranzutreiben, verstand Friedrich Wilhelm sie als eine weitere Bestätigung seiner Absicht, Haftstrafen vielfach durch körperliche Züchtigung zu ersetzen. Sie sollte für jugendliche Straftäter gelten, für Verbrechen, die «aus Muthwillen» verübt worden waren, sowie für minder schwere Diebstähle.[31] «Wenn übrigens», fügte er hinzu, «in einem seit Jahrzehnten von liberalen Theorien so durchwühlten Lande, wie Württemberg, die Nothwendigkeit der Wiedereinführung der körperlichen Züchtigung selbst von einer erheblichen Majorität der zweiten Kammer anerkannt worden ist, so möchte es für Preußen wohl nicht unmöglich sein»[32].

Der Vorstoß des Königs entfachte eine lebhafte Debatte innerhalb der preußischen Regierungs- und Verwaltungsmaschinerie. Friedrich Wilhelms wichtigster Verbündeter war der Innenminister, Ferdinand von Westphalen, ein Erzkonservativer, dessen reaktionäre Einstellung möglicherweise noch bestärkt wurde durch den peinlichen Umstand, daß er zufällig auch der Schwager von Karl Marx war. Anfang der sechziger Jahre wurde er sogar einmal mit einem Bettelbrief seiner Schwester konfrontiert, Jenny von Westphalen, Marx' Ehefrau, als die Familie Marx sich in ernsten finanziellen Schwierigkeiten befand.[33] Trotz anfänglicher Skepsis[34] bekehrte sich Westphalen 1854 zu der Ansicht, «daß nach Abschaffung der körperlichen Züchtigung als Strafe, die sittlichen Zustände nicht besser, sondern schlechter geworden sind. Ich bin sogar der Ansicht», fuhr er fort, «daß das neue Strafrechtssystem nicht bessernd, sondern verschlimmernd auf die socialen Zustände gewirkt hat». Seit 1848 hätten Verbrechen zugenommen, weil die Angst vor körperlicher Züchtigung fortgefallen sei. Als Folge davon seien die Gefängnisse Preußens überfüllt. Deshalb, meinte er,

producirt der durch diese Ueberfüllung entstehende, nicht zu verhindernde Verkehr der Verbrecher unter einander die Begehung wiederholter Verbrechen. Die *Erweiterung* der Gefängnisse und Strafanstalten und deren Vermehrung wird in diesem Unheil nichts ändern, sondern dasselbe nur noch steigern.

«Frechheit der Gesinnung» in den niederen Ständen sei das Ergebnis der Abschaffung der körperlichen Züchtigung. Die Rheinprovinz mochte sich (zu Unrecht, nach Westphalens Ansicht) des zweifelhaften Privilegs erfreuen, ihren Untertanen den Stock zu ersparen, die Wiedereinführung der körperlichen Züchtigung im übrigen Preußen würde die Rheinländer dann jedoch davon überzeugen, wie falsch ihr Vorgehen war, wenn sie sehen würden, wie die Verbrechensraten anderswo zurückgingen.[35] Beeinflußt wurde Westphalen in seiner Meinungsänderung von dem Ergebnis einer Meinungsumfrage unter Verwaltungsbeamten in den «altpreußischen» Provinzen, bei der sich ziemlich viel Enthusiasmus gezeigt hatte für die Idee, die Körperstrafen wieder einzuführen. Nur die Beamten in den Provinzialregierungen von Stettin, Bromberg und Münster waren dagegen, alle anderen sprachen sich dafür aus. Es war wohl vorauszusehen gewesen, daß sämtliche Behörden in den Rheinprovinzen, mit Ausnahme von Trier, sich gegen die Idee aussprachen, nach so vielen Jahrzehnten die

Körperstrafen wieder einzuführen; im gesamten Preußen aber waren deren Gegner stark in der Minderheit.[36] Westphalen fand Unterstützung beim Stadtrat von Lützen, bei dem Oberpräsidenten und dem Landtag der Provinz Sachsen sowie durch mehrere «Petitionen, die zum Theil mit Tausenden von Unterschriften resp. Kreutzen statt der Unterschriften versehen sind»[37]. Die Bittsteller befürchteten ganz offensichtlich, daß durch ein Programm zum Neubau von Gefängnissen hohe Kosten auf die Steuerzahler zukommen würden, und zogen die Wiedereinführung der Körperstrafe als billigere Alternative vor. Außerdem betrachteten sie das Gefängnis als eine zu milde Strafe. «Für viele», so wurde in einer Bittschrift geklagt, «ist nämlich das Gefängniß ein Ruheort». Es sei kein Wunder, daß «viele Verbrecher nicht nur keine Strafe, sondern nach ihrem Gefühl eine Belohnung erhalten», wenn sie ins Gefängnis kamen. Deshalb sollten «im Falle hartnäckigen Vagabundirens und Bettelns, bei kleineren Diebstählen, groben Ungehorsam und Frechheit der Dienstboten, bei Grausamkeit gegen Thiere» Körperstrafen verhängt werden.[38]

Ein guter Querschnitt durch die Meinungen der Verwaltungsbeamten im ostelbischen Preußen – von denen die überwiegende Mehrheit natürlich grundbesitzende Adlige waren – findet sich in den Antworten auf die Umfrage des Regierungsbezirks Marienwerder. Einhellig sprachen sich die Landräte für die Wiedereinführung der körperlichen Züchtigung für das Gesinde aus, bei dem es sich schließlich um ihre eigenen Knechte und Mägde sowie die ihrer Freunde, Nachbarn und Bekannten aus dem Stand der Rittergutsbesitzer handelte. Wie einer von ihnen bemerkte, gebe es viele Fälle, in denen «ein paar Hiebe unendlich besser wirken als Gefängniß»[39]. Ein anderer, der Landrat von Neumark, beklagte sich in alarmiertem, aber ohne Zweifel übertriebenem Ton: «Durch die Abschaffung der körperlichen Züchtigung ist es hier bereits leider dahin gekommen, daß der Gutsbesitzer mehr Furcht vor seinem Gesinde und seinen Leuten, als diese vor ihm haben.» Er sprach sich dafür aus, diese Strafe für das Gesinde und für jugendliche Knechte wieder einzuführen, ebenso für Verbrecher und Vagabunden, deren «Frechheit», wie er schrieb, seit der Abschaffung der Prügelstrafe im Jahr 1848 immer mehr zugenommen habe.[40] «In Gegenden, wo das Volk im Allgemeinen noch auf einer sehr niedrigen Stufe der Civilisation steht», schrieb ein anderer Landrat, womit er unter anderem seine eigene meinte, «[...]

kann nach meinem Dafürhalten die allgemeine Abschaffung der körperlichen Züchtigung nur beklagt werden». Er drängte, sie für das
Gesinde wieder einzuführen, weil die Einsperrung nachweisbar wirkungslos sei.[41] Haftstrafen schadeten dem Gutsbesitzer, wie ein anderer Landrat bemerkte, weil sie ihm die Arbeitskraft seiner Landarbeiter entzögen, und sie schadeten den örtlichen Behörden, weil die
Familie des Straftäters der Gemeinde zur Last falle. Das Gefängnis
biete dem armen und unwissenden Landarbeiter regelmäßige Nahrung, häufig besser als die, die er zu Hause erhalte, und verschaffe
ihm die «interessante Gesellschaft alter Gauner». Tatsächlich würden
verurteilte ostelbische Landarbeiter das Gefängnis wahrscheinlich
überhaupt nicht verlassen, «wenn nicht Wanzen und anderes Ungeziefer die schlummernden Gewissensbisse ersetzen» würden.[42] Die
meisten Landarbeiter, vermerkte ein anderer Landrat, hätten kein
«Ehrgefühl» und betrachteten eine Gefängnishaft nicht als entehrend, sondern einfach als etwas, das ihnen ein «sorgenfreies Leben»
biete.[43] All diese Äußerungen dokumentieren nicht nur, in welch bitterer Armut die ostelbischen Landarbeiter lebten, sondern auch, auf
welche Art und Weise die preußischen Gefängnisse geführt wurden.

Mehrere Beamte beklagten, daß Gefängnisstrafen wegen der
schwerfälligen Prozedur der Gerichtshöfe viel zu spät nach dem Vergehen vollstreckt würden, für das sie ausgesprochen worden waren.[44]
Körperstrafen hingegen könnten sofort vollstreckt werden und sofort
ihre Wirkung entfalten, mit oder ohne gerichtliches Urteil. «In früheren Jahren wurden viele kleinere Vergehen nicht zur Kenntniss der
Gerichte gebracht, sondern von Gutsherrn und Polizeibehörden ohne
weiteres Verfahren durch Einsperrung und Züchtigung geahndet.»
Tatsächlich hatte sich diese Praxis in gewissem Maße gehalten, und,
wie ein Landrat bemerkte, die körperliche «Züchtigung ist, wenn auch
seit 1848 nicht mehr als kriminalrechtliche Strafe, so doch in Form der
dienstherrlichen Disziplin noch vielfach üblich». Schläge seien die
einzige Sprache, die die «rohesten Volksklassen» verstünden, und wie
«die große Zahl von Schlägereien, die hier vorkommen, zeigen»,
machten sie auch untereinander häufig Gebrauch davon.[45] Der Landrat von Marienwerder stimmte in den allgemeinen Chor der Klagen
ein über die Entwicklung seit dem Reskript vom 6. Mai 1848. Das
Gesinde, schrieb er, sei

trotziger, eigennütziger und widerspenstiger geworden, indem es, sobald das Frühjahr herannaht, und die Landarbeit beginnt, rücksichtslos den Dienst heimlich verläßt, auch durch Ungehorsam etc. die Brodtherrschaft absichtlich zu leichten körperlichen Züchtigungen verleitet, damit es Veranlaßung findet, gegen die Brodtherrschaft zu klagen und auf Dienstentlassung zu dringen, und sind in solchen Fällen von der Gerichtsbehörde öfters Geldstrafen gegen die Brodtherrschaften verhängt worden.[46]

Ein derart skandalöses Schauspiel, wo durchtriebene Arbeiter die Junker absichtlich provozierten, sie zu schlagen, um dann vor Gericht ihre Entlassung einklagen zu können, entstammte freilich mehr der Phantasie des Landrats als der Realität. Aber auch andere Berichte lassen die Vorstellung durchblicken, daß es sich beim Gesinde nicht um freie Arbeiter handele, sondern um eine Art Besitz der Junker wie noch in den Tagen der Leibeigenschaft. Und wie dieser Landrat waren fast alle der Ansicht, «daß seit dem Jahre 1848 eine bedenkliche Lokkerung der Bande der Zucht und Ordnung eingetreten ist»[47].

Wie der Landratsamts-Verweser in Wallenrodt vermerkte, hatte es einen «Moral-Verfall in den dienenden Klassen» gegeben. Sie betranken sich, sie arbeiteten nicht ordentlich auf den Feldern, und sie ließen sich vom Gefängnis nicht abschrecken. Im Gegenteil, das Gefängnis biete ihnen, was sie ohnehin wollten, denn es entferne sie von der harten Arbeit in der Landwirtschaft und verschaffe ihnen ein Leben in einer bequemen Umgebung, wo sie gut genährt wurden, ohne wirkliche Arbeit leisten zu müssen. Seiner Ansicht nach sei es der Fehler der «superhumanistischen Bestrebungen der jüngsten Vergangenheit und der Forderungen theoretischer Weltverbesserer», daß «insbesondere unter der dienenden Klasse Ungehorsam, Widersetzlichkeit, Rohheit und frecher Muthwille an der Tagesordnung sind»[48]. Der wahre Groll all dieser junkerlichen Grundherren und Verwaltungsbeamten richtete sich gegen den Zusammenbruch der sozialen Hierarchien auf dem Land unter dem Druck der Mächte des Marktes – oder, wie einer von ihnen formulierte, gegen die «zunehmende Entsittlichung der unteren Volksklassen überhaupt, herbeigeführt durch das immer mehr zunehmende Begehren nach Genuß und dem Streben, sich der zunächst höher stehenden Klasse der Gesellschaft gleich zu stellen»[49]. Körperstrafen und das Recht, sie anzuwenden, symbolisierten die Fortdauer des alten sozialen Systems auf dem Land in Ostelbien. Das Volk, zu dem neben den Landarbeitern auch die gesamte polnische Minderheit im Regierungsbezirk Marienwerder gehörte, fristete nach Meinung der lokalen Landräte sein Leben auf einer «niedrigen Cultur-Stufe». Strafen, die gegen Menschen verhängt würden, die ein «Gefühl der höhern Würde und bürgerlichen Ehre» besaßen, blieben bei ihnen ohne Wirkung.[50] Nur Prügel würden das Volk in Zucht halten.

Genau diese Behauptung aber wurde von dem einzigen bürgerlichen Beamten im Regierungsbezirk, dem Bürgermeister der Stadt Thorn, in seinem Bericht an das Justizministerium scharf kritisiert. Ob die Abschaffung der körperlichen Züchtigung im Jahr 1848 berechtigt oder ein Fehler gewesen sei, schrieb er, sei unerheblich. Die alten Bräuche bestehenzulassen, sei eine Sache, eine ganz andere jedoch sei es, sie, nachdem sie erst einmal abgeschafft waren, wieder einzuführen:

Es läßt sich jetzt, – nachdem ein gewißes politisch selbständiges Bewußtsein in dem Theile des Volks, der überhaupt eines solchen fähig ist, angeregt, und Wurzel gefaßt, – nachdem im Verlauf von 5 Jahren die Gesetzgebung die Prügelstrafe als unzuläßige und ehrlose reprobirt, und selbst in den niederen Schichten das Ehrgefühl gegen dieselbe befestigt hat, – es läßt sich jetzt nicht läugnen, das die *generelle* Wiedereinführung derselben, mit der sittlichen Vorstellung und Auffassung von Ehre und Recht, in einem großen Theile der Bevölkerung in einen Konflikt treten würde.

Der Bürgermeister bestritt, daß die Jugendkriminalität im Ansteigen begriffen sei, und erklärte, daß die verschärften Haftstrafen des Strafgesetzbuches von 1851 eine deutliche Wirkung gezeigt hätten. Die Zahl der begangenen Verbrechen sei deutlich gefallen, außer bei einem harten Kern von Wiederholungstätern. «Das Strafrecht eines Volkes ist der Spiegel seines sittlichen Standpunkts und seines Bildungsgrades.» Und er brachte das Argument vor, daß die Wiedereinführung der Prügelstrafe «äußerlich den Standpunkt der Kultur herabsetzt, dessen Höhe zu erhalten und zu heben die Regierung berufen» sei. Eine Wiedereinführung der Prügelstrafe würde lediglich dazu führen, daß in der Bevölkerung weithin «Mitleid» mit den Bestraften empfunden würde. Das bedeute natürlich nicht, daß sie ganz aus der Gesellschaft verbannt werden sollte, und im folgenden legte der Bürgermeister dar, daß die Prügelstrafe in der uralten Tradition väterlicher Gewalt vom Staat ganz legitim als «Disziplinarstrafe» für

Jugendliche eingesetzt werden könne, wenn die Eltern des Delinquenten einverstanden seien. Als gerichtlich verhängte Strafe für Erwachsene jedoch, so glaubte er fest, sei ihre Zeit vorbei.[51]

Mit Ausnahme des Innenministers Westphalen stimmten die preußischen Minister mit dieser Ansicht überein.[52] Das Staatsministerium warnte, daß es in dem neuen juristischen Klima der fünfziger Jahre eine «Verletzung der Grundprincipien des Strafrechts» darstellen würde, wenn «eine entehrende Strafart ausschließlich gewissen Ständen auferlegt werden würde»[53]. Formelle Gleichheit vor dem Gesetz war eine der Forderungen der Liberalen, die als Teil des politischen Kompromisses, den das Strafgesetzbuch von 1851 darstellte, gewährt worden waren. Außerdem wäre der Vorschlag des Königs, die körperliche Züchtigung bei «aus Muthwillen» begangenen Vergehen zu verhängen, verfehlt, da in jedem Einzelfall die Entscheidung über ihre Anwendung oder Nichtanwendung dem jeweiligen Richter überlassen bliebe, die Prügelstrafe also fast zwangsläufig inkonsequent und damit willkürlich eingesetzt würde. Da Prügel das «Ehrgefühl» junger Delinquenten zerstören würden, seien sie ein ebenso schlechtes Mittel wie die Gefängnisstrafe, bei der die jungen Straftäter dem verderblichen Einfluß der älteren Kriminellen ausgesetzt seien. Die Lösung sei die Errichtung besonderer Haftanstalten für jugendliche Straftäter. Das Justizministerium fügte hinzu, daß der Anstieg der Kriminalitätsrate bereits Mitte der dreißiger Jahre des 19. Jahrhunderts eingesetzt habe, also schon Jahre vor der Abschaffung der Prügelstrafe. Die Wiedereinführung der Prügelstrafe sei also rückschrittlich und würde Preußen in Sachen Strafrechtsreform weit hinter viele andere deutsche Staaten zurückfallen lassen. Sie sollte, drängte das Justizministerium, abgelehnt werden.[54]

Die Meinung der Gerichte, deren Stimmung das Ministerium in einem ausgedehnten Konsultationsverfahren erforscht hatte, neigte leicht der körperlichen Züchtigung bei jugendlichen Straftätern zu, bei anderen Kategorien von Straftätern aber schlug Justitias Waage gegen sie aus.[55] 13 Appellationsgerichte und über 60 Gerichte Erster Instanz waren gegen die Wiedereinführung der körperlichen Züchtigung in jeglicher Form, sieben Appellationsgerichte, zwei Kriminalsenate und über 80 Gerichte Erster Instanz sprachen sich dafür aus, allerdings wollten fünf Appellationsgerichte und 40 weitere Gerichte sie nur auf jugendliche Straftäter angewendet wissen. Besonders bemerkenswert war nach Ansicht des Ministeriums die starke Opposition von zwei Dritteln der Appellationsgerichte gegen die Wiedereinführung des Stocks. Gewappnet mit diesem Ergebnis, bekräftigte das Justizministerium in seinem Entwurf zum «Votum» vom 24. März 1854 noch einmal seine Opposition gegen den Plan. Justizminister Simons sah in der Wiedereinführung der Prügelstrafe kaum das geeignete Mittel, um die Verbrechensrate zu senken. Er brachte vor, jene Gerichte und Behörden, die die körperliche Züchtigung für jugendliche Straftäter unterstützten, verträten diesen Standpunkt in erster Linie deshalb, weil in ihren Bezirken noch keine passenden Besserungsanstalten eingerichtet worden seien. Preußens Polizeichef von Hinckeldey vertrat außerdem die Ansicht, daß die körperliche Züchtigung «erfahrungsmäßig bei gefühlloseren und bereits bestraften Subjekten sich als fast ganz wirkungslos bewiesen habe, während sie bei Personen von noch einigem Ehrgefühl auch dieses abstumpfe und zuletzt gänzlich vernichte»[56].

Damit war die Angelegenheit jedoch noch nicht vom Tisch, denn im Jahr 1856 erwog auch der Preußische Landtag die Wiedereinführung der Prügelstrafe. Er reagierte damit auf einen Vorstoß von Rosenberg-Lipinsky und anderer preußischer Konservativer. Bei einigen Ortsverwaltungen, Polizeibeamten und Menschen sehr unterschiedlicher gesellschaftlicher Stellung aus Krotoschin, Falkenberg, Glogau, Pommern, Köslin und anderen Teilen des alten Preußen bestand große Zustimmung für die Wiedereinführung des Stocks für jugendliche Straftäter sowie für Landstreicher, Bettler und Arbeitsscheue. Die Verbrechensraten seien stetig angewachsen, argumentierten von Rosenberg-Lipinsky und seine Kollegen, und die Zuchthäuser und Gefängnisse wären hoffnungslos überfüllt. Um dieser Situation abzuhelfen, seien härtere Strafen erforderlich. Als eine Kommission eingesetzt wurde, um über den zur Debatte stehenden Antrag einen Bericht vorzulegen, war die Überfüllung der Gefängnisse durch das Gesetz vom 11. April 1856, nach dem Strafgefangene nun auch bei Arbeitsprogrammen außerhalb der Gefängnisse eingesetzt werden konnten, etwas zurückgegangen. Allerdings hatte es nicht dazu beigetragen, das Problem des langfristigen Anstiegs der Kriminalitätsrate an der Wurzel anzugehen.

Im Jahr 1836 hatte eine großangelegte Untersuchung über die Ursachen dieses Anstiegs ein Schlaglicht auf eine Reihe von Problemen

geworfen, wie zum Beispiel «Mängel des Volksunterrichts, Über-
maaße des Branntweingenusses, übertriebene Zerstückelung der
ländlichen Grundstücke», die zwanzig Jahre später noch keineswegs
überwunden waren. Außerdem, fuhr die Kommission fort, gebe es
seither neue und noch verderblichere Einflüsse auf die öffentliche
Moral:

Gewiß erscheint es, daß die Steigerung des Luxus und der Genußsucht der höheren Stände eine unheilvolle Nachahmung auch in den
niederen Schichten des Volkes gefunden und mit dem Ruine mancher Familie durch Völlerei und übermäßige Ausgaben die Pforten
des Verbrechens für sie geöffnet hat. Vergegenwärtigt man sich ferner die Ereignisse des Jahres 1848, die damals so tief gesunkene
Autorität der Behörden, die Lehren des Sozialismus und des Kom-
munismus mit ihren gegen die Rechte des Eigenthums gerichteten
Tendenzen, wovon die Nachklänge noch lange fortdauern werden,
nimmt man hinzu das tiefe Elend, was in den letzten Jahren durch die
große Theuerung der nothwendigsten Bedürfnisse des Lebens über
Viele gebracht ist, vergißt man nicht, daß Armuth und Entsittlichung
von jeher die wesentlichsten Ursachen der Verbrechen gewesen sind,
und übersieht man endlich nicht, daß sehr viele Polizei-Verwaltungen
auf dem platten Lande schon seit Jahren nicht diejenige Thätigkeit
und Energie entwickelt haben, die man bei denselben, insbesondere
zur Verhütung der Verbrechen, beanspruchen muß, so erscheint es
ganz unzweifelhaft, daß, welchen Antheil an der Vermehrung der
Zahl der Verbrecher man den seit dem Jahre 1848 eingetretenen
Aenderungen in den Arten der Strafen auch beimessen mag, dieser
Antheil immer nur ein sehr kleiner sein kann.

Außerdem waren die Gefängnisse auch schon vorher überfüllt gewesen, zum Beispiel zu Anfang des 19. Jahrhunderts und dann wieder
in den dreißiger Jahren, so daß es kaum plausibel war, die Schuld für
die Situation der Abschaffung der Prügelstrafe anzulasten.[57] Und obwohl die Verbrechensraten ohne Zweifel eine statistische Zunahme
aufwiesen, äußerte die Kommission starke Zweifel, ob sich darin tatsächlich ein Anwachsen der Zahl der begangenen Vergehen spiegelte.
Die Abschaffung der Privatgerichtsbarkeit am 2. Januar 1849 hatte
viele Gesetzesverstöße der Zuständigkeit des staatlichen Rechtssystems überantwortet, die zuvor außerhalb gelegen hatten. Die Gutsherren, die die Patrimonialgerichtsbarkeit ausübten, hatten versucht,

die Kosten gering zu halten, indem sie Untersuchungen auf ein Min-
destmaß beschränkten und, wenn möglich, auf ihren Landsitzen andere Mittel gegen Straftäter anwandten, wie ein Berichterstatter, der
nicht der Kommission angehörte, am 9. Mai 1856 bemerkte. Auf
diese Weise pflegten die staatlich finanzierten Gerichtshöfe jedoch
nicht vorzugehen.[58] Außerdem machten Änderungen der Gerichtsverfahren es jetzt einfacher, ein Urteil zu fällen, auch wenn kein Geständnis des Angeklagten vorlag. Als Folge dieser neuen Maßnahmen
lag es nach Ansicht der Kommission auf der Hand,

daß zur Zeit die Verfolgung und Bestrafung der Verbrechen in viel
höherem Maaße eintritt, als dies früher der Fall war. [...] Während
früher die Verfolgung der Verbrechen den Gerichten oblag, und bei
den meisten von ihnen nur *einen Theil* ihrer Amtsgeschäfte ausmachte, ist mit dem Institute der Staatsanwaltschaft eine Klasse von
Beamten in Wirksamkeit getreten, deren *alleiniger* Beruf die Strafrechtspflege und deren besondere Aufgabe es ist, darauf zu achten,
daß kein Schuldiger der Strafe entgehe.[59]

Weiter wies die Kommission darauf hin, daß für die Vergehen, die
nach den Vorstellungen der Verfasser der Bittschriften wieder mit der
Prügelstrafe geahndet werden sollten, im «Allgemeinen Landrecht»
von 1794 nur Gefängnishaft vorgesehen war. Ihre Argumente trafen
also eigentlich nur auf Gegenden zu, wo das «Allgemeine Landrecht»
nicht in Kraft war. Das wahre Heilmittel gegen Verbrechen sei nicht,
härtere Strafen einzuführen, sondern die Armut zu lindern und die
Bildung zu verbessern. Bei Strafrechtspolitik geht es nicht nur um
Abschreckung, sondern auch um die moralische Besserung der Straftäter. Eine Politik, die allein auf Abschreckung beruhe, würde Staat
und Gesellschaft bald in die Barbarei vergangener Jahrhunderte zurückfallen lassen. Dennoch habe das Strafgesetzbuch vom 14. April
1851 die Bedingungen für Zuchthausstrafen bereits verschärft. Die
durchschnittliche Dauer von Freiheitsstrafen habe daraufhin zugenommen, worin ein weiterer Faktor für die Überfüllung der preußischen Haftanstalten zu sehen sei. Nach Ansicht der Kommission
stimmte es also nicht, daß Schwerverbrecher im Gefängnis ein leichtes Leben hatten.[60]

Für Landstreicher, Bettler und Arbeitsscheue mochte einfache Haft
unter relativ hygienischen Bedingungen und mit einigermaßen nahr-
hafter Kost eine attraktive Vorstellung sein, und die Kommission

stimmte zu, daß in solchen Fällen andere Strafmittel angewendet werden sollten. Für manche Mitglieder der Kommission hieß das körperliche Züchtigung, zumal sie glaubten, daß ihre Nichtanwendung in Preußen, während sie in benachbarten Staaten noch in Kraft war, zahlreiche Landstreicher anziehe. Die Mehrheit war jedoch der Ansicht, frühere Erfahrungen hätten gezeigt,

daß Verbrecher in dieselben Verbrechen, welche für die Fälle der Wiederholung mit noch schärferer körperlicher Züchtigung gesetzlich bedroht waren, ungeachtet der deshalb bereits erlittenen Züchtigung wiederholt zurückgefallen sind, ja sie lehren sogar, daß Verbrecher, welche bereits wiederholt körperlich gezüchtigt worden, dergestalt gegen die Prügelstrafe abgestumpft waren, daß sie die Schläge mit Gleichgültigkeit hinnahmen und es als eine Art von Ehrensache ansahen, durch Verachtung des körperlichen Schmerzes dem Gesetze Hohn zu sprechen.

Wäre der Kommission der Fall Gesche Rudolph bekannt gewesen, hätte dieser ihr sicherlich als konkreter Beweis für dieses Argument dienen können, denn Rudolph schien sich, wie wir zu Beginn dieses Kapitels sahen – außer bei einer Gelegenheit –, von den immer härter werdenden Strafen, die über sie verhängt wurden, in keiner Weise abschrecken zu lassen. Wenn die körperliche Züchtigung überhaupt Wirkung hatte, dann brachte sie, nach Mehrheitsmeinung der Kommission, «statt Reue und Besserung» nur «Haß und Erbitterung».[61] Die Kommission wiederholte ein gängiges Argument gegen die Körperstrafe mit der Feststellung, sie sei «nur auf das Thierische im Menschen berechnet» und habe deshalb den Effekt, «die edleren Regungen der menschlichen Natur» zu unterdrücken, denn sie «stumpft insbesondere die Gefühle der Scham und Ehre ab». Die Abschaffung der körperlichen Züchtigung in der Armee im Jahr 1848 hatte weder die militärische Disziplin noch die Schlagkraft der Einheiten in irgendeiner Weise beeinträchtigt. Die Kommission wies von Rosenberg-Lipinskys Vorwurf zurück, die Gegner der körperlichen Züchtigung folgten lediglich einer «unpraktischen Humanitätstheorie», und bestand darauf, daß ihre Ablehnung der Bittschrift auf solider praktischer Erfahrung beruhe. Körperstrafen seien 1848 nicht infolge eines übertriebenen Liberalismus abgeschafft worden, vielmehr sei die Abschaffung, wie die Rechtsgeschichte zeige, allmählich und über einen langen Zeitraum hinweg erfolgt, angefangen mit dem «Allgemeinen

Landrecht» von 1794, über die Dekrete von 1811, 1815, 1833 und so weiter. Es sei zwar richtig, daß eine gemäßigte körperliche Züchtigung für Unmündige nach dem «Allgemeinen Landrecht» zugelassen war, die das Strafgesetzbuch von 1851 nicht vorsah, die Kommission entschied jedoch mit einer Mehrheit von fünf zu vier, das Gesetz in all seiner eindrucksvollen Macht in diesem Fall nicht zu bemühen. Die körperliche Züchtigung von Jugendlichen werde am besten deren Eltern überlassen. Sache des Gesetzes sei es hingegen, mit jungen Straftätern fertig zu werden, bei denen der elterliche Einfluß keinen Erfolg gehabt hatte. Hier drängte es die Beamten sehr, das Versprechen von 1851 einzulösen und einen angemessenen Plan für den Bau besonderer Besserungsanstalten für Jugendliche vorzulegen.[62]

Die Debatten der fünfziger Jahre endeten also mit dem Scheitern des Versuchs der reaktionären Kräfte in Preußen, die körperliche Züchtigung wieder einzuführen. Das bedeutete natürlich nicht, daß andere deutsche Staaten Peitsche und Stock sofort aus dem Verkehr zogen. Aus den Äußerungen derer, die befürchteten, die Verbannung der Rute in Preußen würde Landstreicher und Taugenichtse wie ein Magnet anziehen, geht eindeutig hervor, daß sie in anderen norddeutschen Staaten jener Zeit auch weiterhin allgemein in Gebrauch war. Im Königreich Hannover schrieb das Gesetz 50 Hiebe vor für Vagabunden, die außer für Landstreicherei noch wegen eines anderen Vergehens verurteilt waren, sowie für jugendliche Delinquenten zwischen zwölf und sechzehn Jahren. Nach diesem Gesetz war, wie wir sahen, in den vierziger Jahren auch der unglückliche Johann Hanemann mit Schlägen bestraft worden.[63] Aber auch in Bayern war es in den fünfziger Jahren des 19. Jahrhunderts gang und gäbe, daß Landstreicher mit Rutenhieben bestraft wurden[64], und 1853 führte die reaktionäre Regierung in Württemberg die körperliche Züchtigung formal wieder ein, nachdem sie im Lauf der Revolution abgeschafft worden war.[65] In den sechziger Jahren aber waren ihre Tage eindeutig gezählt. Sie war bereits in Hessen-Nassau, Braunschweig und Baden abgeschafft worden, und am 25. Januar 1868 wurde sie schließlich auch in Sachsen untersagt.[66] Am Ende des Jahrzehnts, nach der Niederlage Österreichs gegen Preußen im Jahr 1866 und der Bildung des Norddeutschen Bundes, brachten Bismarck und seine Minister im Bund ein Strafgesetzbuch durch, das am 1. Januar 1872 im gesamten neu geschaffenen Deutschen Reich gültig wurde.

Es basierte weitgehend auf dem preußischen Strafgesetzbuch von 1851 und schaffte die körperliche Züchtigung als Strafmaßnahme endgültig ab.

Öffentliches Ansehen und private Gewalt

Dies bedeutete aber genausowenig das Ende der Geschichte, wie die Abstimmung von 1848 es gewesen war. Denn auch wenn es durchaus legitim ist, die Geschichte der Körperstrafen im Deutschland des 19. Jahrhunderts im Zusammenhang mit dem allmählichen Verschwinden der feudalen und patriarchalen Herrschaftsformen zu betrachten, ist es auch möglich, sie im Kontext der veränderten Beziehungen zwischen Öffentlichkeit und Privatsphäre zu interpretieren. Und aus der privaten Sphäre verschwanden Prügel, wie wir jetzt sehen werden, in den mittleren Jahrzehnten des Jahrhunderts keineswegs. Wie Koselleck betont, verhängte im 18. Jahrhundert nicht nur das Gesetz die Prügelstrafe gegen Straftäter, die vor Gericht rechtmäßig verurteilt worden waren, vielmehr schlugen außerdem mit der expliziten Billigung des Gesetzes Meister ihre Lehrlinge, Ehemänner ihre Ehefrauen, Lehrer ihre Schüler, Eltern ihre Kinder und Gutsherren ihr Gesinde. All diese Beziehungen gehörten in das System des feudalen Patriarchalismus, den die Reformen des 19. Jahrhunderts Stück für Stück beschnitten und schließlich endgültig zerstörten. Es ging bei diesen Reformen in erster Linie um die Bildung und Regulierung der bürgerlichen Öffentlichkeit. In dieser Sphäre galt es, die Gleichheit vor dem Gesetz zu praktizieren, das Ansehen zu wahren und den bürgerlichen Rechten und Freiheiten Gültigkeit zu verschaffen – der Redefreiheit, der Mobilität der Arbeitskraft, gerechte Aufteilung der Lasten und so weiter. Trotz ihres Anspruchs auf universelle Gültigkeit war der Ausschluß bestimmter Gruppen die entscheidende Grundlage der bürgerlichen Öffentlichkeit: ausgeschlossen waren zum Beispiel Frauen und Kinder, sozial Unangepaßte, Kriminelle und Menschen, die in Institutionen wie Gefängnissen, Arbeitshäusern und Schulen saßen. In der öffentlichen Meinung, die sich in der Mitte des Jahrhunderts herausbildete, gab es eine tiefe Unsicherheit, ob die körperliche Züchtigung in diesen Randzonen der Öffentlichkeit oder in den von ihr ausgeschlossenen Bereichen ebenfalls verboten werden sollte. Wie wir sahen, wurden weiterhin leidenschaftliche Debatten um die körperliche Züchtigung Jugendlicher geführt, einer Gruppe, die ausdrücklich von der Teilnahme an der öffentlichen Sphäre ausgeschlossen war. Die Kompromisse zwischen liberalen Prinzipien und konservativen Ängsten vor gesellschaftlicher Unordnung – Ängste, die nach 1848 von vielen Liberalen geteilt wurden – bildeten die Grundlage des Strafgesetzbuchs von 1851 und der mit ihm verbundenen Verfahren der Rechtsprechung und des Strafvollzugs. Zu diesen Kompromissen gehörte, daß die Körperstrafe in solchen aus der öffentlichen Sphäre ausgeschlossenen Zonen weiterhin gültig blieb. In diesen Bereichen hatten viele der Prinzipien keine Gültigkeit, an denen die Liberalen sonst festhielten und die sie dem normalen Strafvollzug zugrunde legten – die Rechte des Individuums, der Appell an die Vernunft, die Vorstellung von bürgerlicher Ehre und so weiter.

Eine solche Ausschlußzone war die Welt der preußischen Gefängnisse und ihrer Insassen. Wie wir im ersten Kapitel sahen, hatte die Doktrin der Spezialprävention, nach der potentielle Wiederholungstäter – als Polizeimaßnahme ohne Gerichtsverfahren – vorbeugend in Haft genommen werden konnten, noch lange nach ihrer besonderen Anwendung im Fall der nach Sibirien deportierten Sträflinge Einfluß auf die Polizei. Gefängnisinsassen hatten kaum Rechte und galten im allgemeinen als ausgeschlossen vom Grundsatz der Gleichheit vor dem Gesetz, da sie sich durch ihre Verbrechen gewissermaßen einer rechtlich niedrigeren Kategorie zugesellt hatten. Zum Beispiel war es in Preußen üblich, daß Verbrecher, die zu einer Freiheitsstrafe verurteilt worden waren, Prügel bezogen, wenn sie im Gefängnis ankamen, und ein weiteres Mal unmittelbar vor ihrer Entlassung – «Willkomm und Abschied» genannt. Die Reformer der preußischen Bürokratie im frühen 19. Jahrhundert hielten dies für eine unnötige zusätzliche Strafe, und im Jahr 1815 ordnete ein königliches Dekret an, «daß in den Fällen, wo auf Willkomm und Abschied erkannt worden, der letztere bei der Entlassung der Verurtheilten aus der Strafanstalt nicht mehr in Vollzug zu setzen sei»[67]. Am 14. Mai 1811 befahl König Friedrich Wilhelm III. eine weitere Einschränkung der körperlichen Züchtigung. Er erklärte:

In allen Fällen, wo auf lebenswirige Einsperrung erkannt wird, kann ich in den nicht öffentlich geschehenden körperlichen Züchtigungen der Diebe nur eine zwecklose Härte finden, da diese Castigationen, von welchen außer dem Richter und Gerichtsdiener niemand Zeuge ist, nicht wie die in andern Fällen gesetzliche Ausstellung am Schandpfahl, der Staupenschlag und ähnliche Verschärfungen der lebenswirigen Festungs- oder Zuchthausstrafe *als Beyspiel* wirksam seyn können.[68]

Mit anderen Worten, der König war der Ansicht, Körperstrafen seien nur dann sinnvoll, wenn sie in der Öffentlichkeit vollzogen wurden. Etwas vollkommen anderes war es jedoch, einen widerspenstigen Häftling zu prügeln als abschreckendes Beispiel für andere Insassen, und als Disziplinarmaßnahme war die körperliche Züchtigung in Haftanstalten viele Jahrzehnte lang weiter im Gebrauch. Tatsächlich wurden das «Willkomm» und in geringerem Maß der «Abschied» weiter praktiziert, wenn auch nicht mehr als gerichtlich angeordnete Strafmaßnahme, sondern als Mittel, mit dem die Vollzugsbeamten bei der Einlieferung ihre Macht über die Insassen demonstrierten, und als informelles Abschreckungsmittel für potentielle Wiederholungstäter vor ihrer Entlassung.

Innerhalb der Gefängnisse standen Prügel an letzter Stelle einer Reihe von Disziplinarmaßnahmen, die mit einer Reduzierung der Nahrungsration und der Entfernung kleiner Bequemlichkeiten wie Kopfkissen aus der Zelle des Delinquenten begann und sich in strengeren Maßnahmen wie Isolierhaft oder Dunkelarrest fortsetzte. Normalerweise wurde die Prügelstrafe vor den versammelten Mithäftlingen im Gefängnishof vollstreckt, es sei denn, der Gefängnisdirektor hielt es für ratsam, sie hinter geschlossenen Türen zu verabreichen. Der Gefangene wurde an ein Gerät gebunden, das bisweilen als «Prügelmaschine» bezeichnet wurde und dazu diente, ihn bei der Ausführung der Strafe festzuhalten. Bis zu 30 Hiebe waren erlaubt. Derart gezüchtigt wurden weibliche wie männliche Gefangene, Frauen allerdings nur mit einer Rute oder einer dünneren Peitsche und «in einem besonderen Lokale, oder doch so, daß die zu Züchtigende den Augen neugieriger Personen entzogen werde, nur in Gegenwart derjenigen Personen, welche bei diesem Akte gegenwärtig sein müssen, unter Benutzung der Züchtigungsmaschine». In beiden Fällen war ein ärztliches Attest erforderlich, um zu bestimmen, ob die körperliche Verfassung des oder der zu Züchtigenden gut genug für den Vollzug der Strafe war.[69] In den Gefängnissen der Rheinprovinz galt folgende, 1827 erlassene Verordnung:

[...] körperliche Züchtigung von fünf und niemals mehr als fünfzehn Hiebe werden bei Männern durch die Peitsche auf den Rücken, bei Weibern durch den Stock auf dem mit einem straff angezogenen Rock bedeckten Hintern vollstreckt. Die Züchtigungen geschehen öffentlich auf den Höfen der Anstalt und im Beisein des Vorstehers.[70]

Auch hier bildete das Auspeitschen oder Schlagen Teil eines ausgefeilten Arsenals von Disziplinarmaßnahmen, zu denen auch die an den Fuß gekettete Kugel gehörten.

Frauen wurden im späten 18. und frühen 19. Jahrhundert in den Gefängnissen häufig Körperstrafen unterzogen, zu einer Zeit, in der die Aufteilung der Geschlechter auf verschiedene Gefängnisse, Gebäude oder Gefängnisflügel noch nicht üblich war. Andere deutsche Staaten waren hier weniger zurückhaltend als Preußen. So wurde im Fürstentum Lippe angeordnet, daß einer gewissen Margareta Langreck, die nach einer Verurteilung wegen Kindsmordes im Jahr 1806 für vier Jahre im Zuchthaus von Detmold einsaß, für die Dauer ihrer Haft an jedem 10. April 15 Hiebe mit dem Stock verabreicht werden sollten. Der 10. April war das Datum, an dem sie ihr Kind umgebracht hatte. Sie war zur Zeit ihrer Einweisung 27 Jahre alt, erwies sich als verstockt und aufsässig und bekam deshalb als Disziplinarmaßnahme kurz nach ihrer Ankunft bereits weitere 16 Hiebe, denen alsbald für einen zweiten Verstoß weitere 30 folgten. «Jedes Mal», so hieß es, «wenn der Wärter ihr zeigte, wie sie das Garn spinnen sollte, hob sie ihren Rock bis zu den Achseln und sagte dabei: ‹Du kannst im Gefängnis Läuse und Flöhe herumkommandieren, aber nicht mich.›» Auf eine weitere Verurteilung zu 40 Stockstreichen folgte am 10. November 1806 eine Bestrafung mit 50 Hieben, nachdem Langreck Mithäftlinge angegriffen hatte, und es dauerte nicht lange, bis sie wegen eines weiteren Verstoßes gegen die Disziplin noch einmal 45 Hiebe erhielt, die über drei Tage verteilt wurden. Erst 1808 wurde sie schließlich für «verrückt» erklärt, und die Prügel wurden eingestellt. Allerdings war Kritikern dieser Praxis zufolge im 18. und 19. Jahrhundert das Schlagen geistig gestörter oder zurückgebliebener Häftlinge in den deutschen Gefängnissen durchaus an der Tagesordnung. Auch die Greisinnen blieben nicht ungeschoren. Im Jahr 1802 zum Beispiel wurde eine gewisse Elisabeth Bax, die zuvor als «schwachsinnig» einem Waisenhaus anbefohlen worden war, wegen Bettelei in das Detmolder Zuchthaus eingeliefert. Obwohl sie 70 Jahre alt war, erhielt sie wegen eines Disziplinarvergehens sechs Hiebe mit einem Ochsenziemer, ein paar Monate bevor im Jahr 1804 in ihrer Akte vermerkt wurde, daß sie an der «Entkräftung alter Menschen» gestorben war. Sicher war es relativ ungewöhnlich, daß solche Häftlinge geschlagen wurden, und männliche Häftlinge bezogen häufiger Prügel als weibliche. Im Zuchthaus von Detmold wurden zwischen 1801 und 1826 insgesamt 52 männliche und 17 weibliche Gefangene geschlagen oder ausgepeitscht. Die Praxis, Disziplinarvergehen mit Prügel zu ahnden, war, zumindest in diesem Gefängnis, ebenfalls rückläufig.[71] Aber wie diese und weitere Beispiele zeigen, waren Körperstrafen in den zwanziger Jahren in den deutschen Gefängnissen immer noch weit verbreitet.

Daß es zulässig war, weibliche Gefängnisinsassen in Anwesenheit anderer auszupeitschen, stand in scharfem Kontrast zu einem Verbot, das gut 15 Jahre vor der Revolution von 1848 erlassen worden war und die öffentliche körperliche Züchtigung von Frauen auf Gerichtsbeschluß untersagte. Am 19. März 1833 hatte der preußische Justizminister Mühler angeordnet, daß weibliche Delinquenten, die über zehn Jahre alt waren, in der Öffentlichkeit nicht mehr geschlagen werden dürften, weil diese Strafe «die Schamhaftigkeit verletzt». Gleichzeitig war jedoch das Auspeitschen erwachsener weiblicher Straftäter im Gefängnis explizit gutgeheißen worden, allerdings, wie König Friedrich Wilhelm IV. erklärte, nur solange es «ohne Verletzung der Schamhaftigkeit» abging.[72] Hier zeigt sich ein Wechsel in der Politik, der der Entstehung einer öffentlichen Sphäre Rechnung trug, die nicht nur an die Klasse, sondern auch an das Geschlecht gebunden war, nicht nur auf dem Begriff bürgerlicher Respektabilität beruhte, sondern außerdem auf der Vorstellung, Frauen sollten auf ein privates Reich von Heim und Familie beschränkt werden. Soweit Strafen überhaupt noch öffentlich vollzogen wurden, waren sie Anlässe, bei denen Herren in Frack und Zylinder kollektiv würdevollen Ernst demonstrierten, die Anwesenheit von Frauen hingegen, sei es als Zuschauerinnen oder als Zur-Schau-Gestellte, wurde immer stärker als Peinlichkeit empfunden. Gleichzeitig ging in den ersten Jahrzehnten des 19. Jahrhunderts die Zahl der Frauen, die in Preußen öffentlich hingerichtet wurden, drastisch zurück, bis sie nur noch weniger als zehn Prozent der Gesamtzahl ausmachte. Außerdem wurde heftig gegen die Anwesenheit von Frauen bei derartigen Gelegenheiten polemisiert. Im Jahr 1847 schließlich hatte die preußische Regierung Pläne vorgelegt – die dann in den fünfziger Jahren umgesetzt werden sollten –, wonach Hinrichtungen in den Gefängnissen und nicht auf öffentlichen Plätzen stattzufinden hätten, und zwar vor einem handverlesenen Publikum, das ausschließlich aus Männern bestand.[73] Das Publikum bei Körperstrafen innerhalb der Gefängnisse unterschied sich insofern, als es die anderen Gefangenen einschloß, im Fall der Todesstrafe hingegen nicht. Aber selbst hier scheint alles darauf hinzuweisen, daß die Obrigkeit, angefangen mit dem König selbst, in den dreißiger Jahren besorgt darüber war, daß weibliche Häftlinge vor Zuschauern ausgepeitscht werden könnten. Denn unvermeidlich befänden sich auch dann, wenn man die Zahl der Zuschauer möglichst gering hielt, eine gewisse Anzahl männlicher Beamter unter ihnen, und das verletzte die hart errungenen Gefühle von Anstand und Sitte in den ehrbaren Klassen.

Im Jahr 1848 verfügte die liberale preußische Regierung, die durch die Revolution an die Macht gekommen war, daß der Erlaß vom 6. Mai, mit dem die körperliche Züchtigung abgeschafft worden war, ohne Ausnahme anzuwenden sei, also auch auf die Insassen der preußischen Gefängnisse.[74] Ein Jahr später jedoch, als die Revolution endgültig vorbei war und ein reaktionäreres Ministerium in Berlin amtierte, hatte sich die Lage vollkommen verändert, und der Druck von seiten der Gefängnisverwaltungen, die körperliche Züchtigung wieder einzuführen, nahm zu. Am 6. Dezember 1849 drängte der Kriminalsenat des Ober-Appellations-Gerichts in Königsberg in einem Schreiben an den Justizminister in Berlin auf die Wiedereinführung der körperlichen Züchtigung, da sie die einzig wirksame Methode sei, die Disziplin in den preußischen Gefängnissen wiederherzustellen. Er bemerkte,

daß vielmehr, im Bewußtsein der Unzuläßigkeit derselben, der frechste Hohn und Spott gegen die Gefangenen-Beamten verübt worden, und daß nur noch vor Kurzem durch Complott der Gefangenen des hiesigen Gefängnisses in einer Zelle zum Federreißen ein dergestalt arger Exceß hervorgerufen worden, daß nur mit Hülfe der bewaffneten Macht dasselbe – und zwar nicht ohne Verwundung – hat gestillt werden können.[75]

Ähnliche Klagen wurden vom Magistrat in Breslau vorgebracht, der im Dezember 1849 berichtete, der revolutionäre Geist habe die

Insassen der dortigen Gefängnisse infiziert und zu einer «unverholen täglich documentirten Neigung der in Untersuchungs- oder Strafhaft befindlichen Personen zu Widersetzlichkeiten und Excessen jeder Art» geführt. Frühere Versuche, die Disziplin zu verbessern, wie durch den Erlaß vom 24. Oktober 1837, hätten den Gefängnisbehörden nicht genügend Macht verliehen:

Die Inhaftirten erklären jetzt ohne Scheu: «daß sie sich das nicht bieten lassen», und trotzen allen Anordnungen der Inspectoren der Anstalten, da diese außer Stande sind, bei der Ueberfüllung der Gefängnisse, wirksame Disziplinarstrafen eintreten zu lassen und den Trotz der Gefangenen zu brechen.

Den Grund dafür sah der Breslauer Magistrat in der Abschaffung der Körperstrafen in den Gefängnissen im Zuge der Revolution. Die Folge sei gewesen, daß es häufig «Ausbrüche der gefährlichsten Inhaftierten aus den Gefängnissen, Verletzungen der Utensilien aus Muthwillen» und ähnliche Vorfälle gegeben habe. «Drohungen gegen die Person der Beamten gehören zu den täglichen Vorkommnissen.» Das einzige Heilmittel dagegen seien Stockschläge, zumindest «gegen solche Gefangene [...], welche in der zweiten Klasse des Soldatenstandes sich befinden oder die National-Kokarde verloren haben»[76].

Dieser letzte Punkt wurde nun von der reaktionären Regierung in Berlin aufgenommen, die erwiderte, daß ihrer Ansicht nach mit dem Dekret vom 6. Mai 1848 Körperstrafen nur als gerichtlich verhängte Strafen verboten worden seien. Als Disziplinarmaßnahme gegen «Ruhestörung» und andere Widersetzlichkeiten gegen die Anstaltsregeln sei körperliche Züchtigung «nicht ausgeschlossen»[77]. Das Appellationsgericht in Magdeburg wies darauf hin, daß es bei dem Dekret in der Hauptsache darum gegangen sei, Ungleichheiten abzustellen, die aus der Regelung resultierten, Körperstrafen nur bei der niedersten Klasse von Straftätern zuzulassen. Häftlinge seien nicht im Besitz der gleichen bürgerlichen oder politischen Rechte wie normale Bürger, deshalb bezögen sich das Gebot der Gleichheit vor dem Gesetz und die Bestimmungen des Dekrets nicht auf sie.[78] Diese Interpretation des Erlasses von 1848 wurde 1853 bestätigt, als der Justizminister erneut versicherte, die Gefängnisbeamten verstießen nicht gegen das Gesetz, wenn sie an dem traditionellen Brauch festhielten und entflohene Häftlinge bei erneuter Verhaftung auspeitschten.[79] Am 6. September 1855 bestätigte der Justizminister:

Die körperliche Züchtigung darf in den *Strafanstalten* (Zuchthäusern) und *Rheinischen Korrektionshäusern* als Disciplinarstrafe bei vorkommenden Vergehen gegen die Hausordnung nach Maßgabe der für diese Anstalten gültigen Reglemente gegen darin detinirte *Straf*gefangenen verhängt werden.

Es sei nicht statthaft, fügte das Ministerium hinzu, sich auf frühere, im Jahr 1827 erlassene Regelungen zu beziehen und sie auf Untersuchungsgefangene anzuwenden.[80] Im Jahr 1862 bestätigte der preußische Justizminister, «körperliche Züchtigung ist als Disziplinarstrafmittel gegen nur polizeilich eingegangene Personen nicht zulässig»[81].

Reaktionäre Kräfte hatten es also geschafft, körperliche Züchtigung für einen bedeutenden Teil der Bevölkerung wieder einzuführen, weil dieser ihrer Ansicht nach außerhalb der Grenzen der bürgerlichen Öffentlichkeit stand. Die postrevolutionäre politisch-soziale Ordnung beruhte tatsächlich auf einer Serie von Kompromissen zwischen bürgerlichen Liberalen und den alten Staatsmächten. Als Gegenleistung dafür, daß er Schutz gegen die Art von Revolte, Rebellion, Unordnung und Verbrechen garantierte, die die Liberalen aus der Mittelschicht im Revolutionsjahr 1848 so sehr in Angst und Schrecken versetzt hatte, ging der preußische Staat auf eine Reihe entscheidender Forderungen der Liberalen ein, wie die Gleichheit vor dem Gesetz und die Öffentlichkeit der Gerichtsverhandlungen. Im Austausch für ein offeneres und berechenbareres Justizsystem sowie für die Abschaffung ungleicher Gesetze, wie die Anwendung der Prügelstrafe bei der Unterschicht, hatte das Bürgertum, zumindest für den Augenblick, die Wiedereinführung der Todesstrafe zugestanden, die 1848 von der Frankfurter Nationalversammlung formell abgeschafft worden war – allerdings mit der Einschränkung, daß sie nicht mehr in der Öffentlichkeit vollstreckt werden durfte. Dieses implizite Zugeständnis machte den Weg frei, daß parallel dazu und zu den gleichen Bedingungen die körperliche Züchtigung teilweise wieder eingeführt wurde.[82]

Selbstverständlich wurde keine dieser Maßnahmen vor allem von den Liberalen vollkommen akzeptiert, und in den sechziger Jahren lebte die Kampagne für die Abschaffung der Todesstrafe wieder auf. Und so, wie die Fürsprecher der Todesstrafe argumentierten, diese sei eine Sanktion, die nur in Ausnahmefällen gegen Menschen verhängt würde, die sich selbst durch das abscheuliche Verbrechen des Mordes außerhalb der normalen menschlichen Gesellschaft gestellt hätten, argumentierten die Fürsprecher der körperlichen Züchtigung, diese sei eine nur in Ausnahmefällen verhängte Sanktion gegen Menschen, die sich außerhalb der normalen menschlichen Gesellschaft gestellt hätten, als sie Verbrechen verübten, die zwar nicht ganz so abscheulich seien, aber dennoch ihre Behandlung als ehrbare Bürger nicht mehr zuließen. Entscheidend war immer noch die Vorstellung von Ehre. Offenbar war man sich allgemein einig darin, daß körperliche Züchtigung einen Menschen entehrte. Ebenso einig war man sich allem Anschein nach, daß körperliche Züchtigung bei Menschen, die als ehrbar gelten konnten, nicht mehr in Betracht kam. Aber in der gesamten zweiten Hälfte des 19. Jahrhunderts hielten Fürsprecher und Verteidiger der Körperstrafe daran fest, daß Strafen, die an die edleren Gefühle wie Selbstwert, Selbstachtung und Selbstverbesserung appellierten, bei denjenigen, die nicht im Besitz der bürgerlichen Ehre oder Rechte waren, verfehlt seien. Zu Auseinandersetzungen kam es nur über die Definition, wer als ehrbar gelten konnte und wer nicht, außerdem darüber, wer in der Gesellschaft wohl auf Versuche ansprechen würde, durch Erziehungsbemühungen das verlorene Ehrgefühl wiederherzustellen.

Wenn es eine Gruppe in der Gesellschaft gab, die als ehrlos bezeichnet werden konnte, dann waren dies verurteilte Zuchthäusler und Strafgefangene. Wie jedermann waren auch die Liberalen aufgeschreckt durch die Verbrechensquote, die damals allgemein als zu hoch betrachtet wurde; ihre Ablehnung der Prügelstrafe war hier also problematischer als zum Beispiel im Fall der Bestimmung in der «Gesindeordnung», nach der Landarbeiter körperlich gezüchtigt werden konnten. Weder gelang es ihnen, die Wiedereinführung der Rute in den preußischen Gefängnissen zu verhindern, noch waren sie geneigt, sich für ihre völlige Abschaffung einzusetzen, nicht einmal auf der Höhe ihres Einflusses in den späten sechziger und siebziger Jahren. Die Abschaffung der Todesstrafe hingegen war ein Kernstück im liberalen Programm dieser Zeit, denn bedingt durch das königliche Recht der Begnadigung war sie seit 1848 zu einem entscheidenden Symbol politischer Souveränität und konstitutioneller Überzeugung geworden. Liberale glaubten an eine Vertragstheorie, der zufolge der Staat nicht das Leben eines seiner Bürger zerstören durfte, denn die

Staatsbürger hatten ihn ursprünglich eingesetzt, um ihr eigenes Leben zu schützen. Die Konservativen hielten an einer organischen Staatstheorie fest, nach der es das von Gott verliehene Recht des Monarchen sei, die Gesellschaft und ihre Institutionen mit allen Mitteln seiner Wahl zu schützen, einschließlich der Hinrichtung von Schwerverbrechern.[83] Der körperlichen Züchtigung kam dagegen in den politischen Auseinandersetzungen eine geringere Symbolbedeutung zu. In der ersten Hälfte des Jahrhunderts hatte der öffentliche Vollzug von Körperstrafen auf Anordnung von Patrimonial- und anderen Gerichten das Fortbestehen der patriarchalen, feudalen Form von Autorität versinnbildlicht. Aus diesem Grund war ihre Anwendung unter der «Gesindeordnung» auch weiterhin sehr umstritten. Liberale und Sozialdemokraten betrachteten das Gesinde als Arbeitskräfte, die einen freiwilligen Vertrag abschlossen und deshalb mit Rechten in der Öffentlichkeit ausgestattet waren, im Gegensatz zu Gefängnisinsassen oder Schulkindern beispielsweise, für die derartige Prinzipien eindeutig nicht galten.[84]

Angesichts einer so breiten öffentlichen Gegnerschaft wurde die körperliche Züchtigung gegen Landarbeiter in den Jahrzehnten vor dem Ersten Weltkrieg vermutlich immer seltener eingesetzt. Um 1900 landeten Rittergutsbesitzer, die den Stock gegen ihre Angestellten gebrauchten, relativ häufig vor Gericht.[85] In anderen Bereichen, auch im Gefängnis und im Zuchthaus, besaß die Prügelstrafe keineswegs diese Bedeutung, insbesondere nicht, nachdem die Patrimonialgerichtsbarkeit abgeschwächt und dann völlig abgeschafft worden war und öffentliche Gerichtsverhandlungen eingeführt wurden. Verbrecher landeten jetzt deshalb im Gefängnis, weil ein Justizapparat, der weitgehend mit den bürgerlichen Vorstellungen des rheinischen Liberalismus übereinstimmte, sie dorthin geschickt hatte. Was im Gefängnis mit ihnen geschah, wurde damit in erster Linie zu einer Angelegenheit der Vollzugspolitik und hatte keine größere politische Bedeutung. In den Zuchthäusern war die körperliche Züchtigung deshalb noch weit über die Mitte des Jahrhunderts hinaus in Gebrauch. In den sechziger Jahren hatten sich geschlechtsspezifische Vorstellungen von Ehre und Schande in einem solchen Maß durchgesetzt, daß weibliche Häftlinge nicht mehr körperlich gezüchtigt werden sollten. Als das Justizministerium im Jahr 1865 erfuhr, daß trotz der Anordnung, die diese Praxis untersagte, im Frauengefängnis in

Stettin immer noch weibliche Häftlinge geschlagen wurden, wies es die Gefängnisverwaltung an, dies zu unterbinden.[86] Derartige Verfügungen wurden von den Zuchthausdirektoren, die kaum Hemmungen kannten, ihre Macht über die ihnen anvertrauten Straftäter auszuüben, jedoch weitgehend ignoriert. Gegner der Prügelstrafe behaupteten, manche Zuchthausdirektoren würden praktisch jeden Tag Prügel für die Gefangenen in ihrer Obhut anordnen. Die «Breslauer Zeitung» berichtete im Jahr 1882 von einer Vollzugsanstalt:

Der derzeitige, jetzt verstorbene Direktor dieser Anstalt fand solchen Genuß am Prügeln, daß er schon als junger Referendar lange bevor, ehe er daran dachte, Strafanstalts-Direktor zu werden, einen stämmigen Tagelöhner miethete, den er zu seinem Privatvergnügen ein Paarmal in der Woche für schweres Geld eigenhändig durchprügelte.

In dem Zuchthaus, dem dieser Mann vorstand, wechselten die Aufseher sich ab, um die Insassen mit heftigen Schlägen zu traktieren. Die Leichen verstorbener Häftlinge wiesen von diesen Prügeleien so schlimme Narben auf, daß das Anatomische Institut der Breslauer Universität, an das sie geliefert wurden, eine formelle Beschwerde über ihren Zustand vorbrachte.[87] Aber selbst wenn ein weniger sadistischer Direktor das Regiment führte, waren Prügel im späten 19. Jahrhundert in den deutschen Zuchthäusern durchaus an der Tagesordnung. In den neunziger Jahren zum Beispiel wurden in der Strafanstalt Ichtershausen aufsässige Insassen in Drillichhosen gesteckt, an eine Bank gefesselt und mit einem Stock geschlagen, der 1,25 Meter lang und einen halben Zoll dick war, und zwar mit solcher Kraft, daß normalerweise nach dem zweiten Schlag Blut floß. Diese Behandlung wurde Frauen ebenso zuteil wie Männern. Außerdem soll nach Zeitungsberichten ein Häftling, dem «Unbotmäßigkeit» vorgeworfen wurde, in Ketten gelegt und an den Haaren eine Treppe hinabgeschleift worden sein, bevor er Prügel bezog.[88] Manche Zuchthausdirektoren lehnten die Anwendung des Stocks ab[89], aber die meisten machten als Disziplinarmaßnahme noch lange Zeit Gebrauch von ihm.

Die Zuchthausverwaltung in Rawitsch zum Beispiel, der 1894 vorgeworfen wurde, eine eigens dafür konstruierte «Prügelmaschine» zu besitzen, sah sich gezwungen zuzugeben, «daß im Rawitscher Zuchthaus ein Apparat existirt, auf dem der Delinquent festgeschnallt wird;

dann wird vermittelst einer Schraube die mittlere Körperpartie des Delinquenten in eine derartige Lage gebracht, daß die Gesäßtheile straff angespannt nach oben ragen». Danach wurden die Schläge im Abstand von jeweils einer Minute verabreicht, bis zu zehn Schläge hintereinander. Die Höchststrafe lag bei 30 Hieben, die in drei Portionen über zwei Tage verteilt wurden.[90] In Preußen und Sachsen war noch die Lederpeitsche in Gebrauch, in den meisten anderen Staaten, in denen noch geprügelt wurde, wie Mecklenburg, Oldenburg, Hamburg, Schwarzburg-Rudolstadt und Lübeck, wurde die Rute bevorzugt.[91] In Bayern war die körperliche Züchtigung in Zuchthäusern nach dem Strafgesetzbuch von 1861 untersagt. In den späten neunziger Jahren schließlich wurde sie in Baden, Württemberg, Braunschweig, Bremen, Sachsen-Coburg-Gotha und Sachsen-Weimar verboten[92], in Preußen noch bis zum Ende des Ersten Weltkriegs praktiziert. Im Staat Oldenburg wurde die körperliche Züchtigung in dieser Zeit als Disziplinarmaßnahme in Zuchthäusern wieder eingeführt. «Willkomm und Abschied» galt in den Hamburger Gefängnissen in den sechziger Jahren als selbstverständliche Praxis.[93] Außerdem setzte sich der Direktor von Hamburgs Zuchthäusern, Dr. Gennat, noch später stark für Körperstrafen ein, wobei er die Unterstützung der Gefängnisdeputation gewann, eines Gremiums, das sich aus Laien und Juristen zusammensetzte und dem auch zwei Mitglieder des regierenden Senats der Stadt angehörten. Andere Vollzugsbeamte sprachen sich zugunsten einer Ausweitung der Körperstrafe aus, sie sollte auch außerhalb der Zuchthausmauern bei «Rohheitsverbrechen» eingesetzt werden.[94] Ihre Argumente stützten sie auf die vorgebliche Tatsache, «daß die rohesten und unbändigsten Verbrechen in den Zuchthäusern nach Empfang einer Tracht Prügel außerordentlich zahm geworden seien»[95].

Aber nicht nur in Zuchthäusern war die körperliche Züchtigung noch in Gebrauch. Auch in Armenhäusern wurde sie lange nach 1848 noch vollzogen. In Gera zum Beispiel wurde dem dortigen Armenhaus erst im Jahr 1882 das Recht aberkannt, seine Insassen zu schlagen, die Prügelstrafe war noch in der Mitte der sechziger Jahre üblich.[96] In einem Arbeitshaus in Sachsen wurden, dem altgedienten Sozialdemokraten August Bebel zufolge, sogar noch im Jahr 1900 alle diejenigen, die ein zweites oder weiteres Mal dort eingeliefert wurden, dem traditionellen «Willkomm» unterzogen.[97] Im deutschen Kaiserreich war Eltern, Vormündern, Schulmeistern und sogar Lehrern in Fortbildungsschulen gesetzlich gestattet, ihre Schutzbefohlenen zu schlagen, solange die Schläge keine Gefahr für deren Gesundheit darstellten – wobei die Gerichte bereits entschieden hatten, daß «durch Striemen oder Hautzerreißungen herbeigeführte Blutungen» die Gesundheit von Schülern nicht gefährdeten, da die Wunden im allgemeinen innerhalb von vierzehn Tagen wieder heilten.[98] Lebenserinnerungen von Deutschen, deren Erziehung in die Zeit Ende des 19. und Anfang des 20. Jahrhunderts fiel, sind voll von Geschichten über brutale Schläge, die ihnen von grausamen Schulmeistern verabreicht wurden.[99] In den sechziger Jahren war die körperliche Züchtigung in Schulen weit verbreitet, sie galt nicht nur als Disziplinarmaßnahme, sondern auch als «Ermunterung zum Fleiß».[100] In Ostpreußen, so zeitgenössische Berichte, schlugen Lehrer ihre jungen Schutzbefohlenen mit der Knute.[101] Zur gleichen Zeit wuchs jedoch die Opposition gegen die Anwendung der Prügelstrafe in den Schulen.[102] Die in einer breiten Öffentlichkeit geführte Debatte über ein neues Schulgesetz, das in den späten sechziger Jahren vorbereitet wurde, brachte zahlreiche Traktate hervor, die das Schlagen von Schulkindern als Akte der Willkür verurteilten, es brutalisiere die Schüler und mache die Lehrer faul. «Die Gewalt tritt da an die Stelle der Vernunft».[103] Angst sei nicht die richtige Erziehungsmethode.[104] Die Androhung des Stocks würde Schüler nur zum Lügen und Betrügen treiben, um Strafen zu entgehen; außerdem würde zwischen Schülern und Lehrern eine unnötige Feindseligkeit geschaffen. Derartige Argumente vermochten die Reichsregierung zu überzeugen, die Anwendung der Prügelstrafe in den Schulen einzuschränken. Ein Gesetz jedoch, das zu ihrer völligen Abschaffung geführt hätte, wurde nicht erlassen.[105]

Selbst die Gegner der körperlichen Züchtigung in den Schulen waren nicht der Ansicht, daß sie aus der Gesellschaft insgesamt verschwinden solle. Ein Autor zum Beispiel räumte ein, es sei notwendig, den «Eigenwillen» kleiner Kinder zu brechen: «Körperliche Züchtigung ist von segensreichem Einflusse nur im Elternhause bei kleinen Kindern unter 9 Jahren. Da wird die Ruthe von den lieben Eltern, namentlich von den lieben schwachen Müttern nur zu sehr gespart!»[106] Eine derartige Schwäche seitens der Eltern würde jedoch später in der Schule zu um so mehr Schwierigkeiten führen. Ein anderer Autor ging sogar noch weiter:

Solange bei Kindern, also in ihrer frühesten Lebenszeit, ein thierartig verworrenes Bewußtsein vorherrscht, aus welchem niedern Standpunkte sich erst das Selbstbewußtsein emporringt, solange werden wir die Ruthe nicht sparen dürfen und durch äußere Eindrücke auf das Seelenleben wirken müssen, da in jenem unentwickelten Zustand der eigentliche Verkehr des Menschen mit dem Menschen noch nicht möglich ist. Wir verwerfen daher die körperliche Züchtigung als Erziehungsmittel nicht ganz, sondern lassen ihr das Recht für die früheren und frühesten Kinderjahre, das erste Jahr nicht ausgenommen, sondern ausdrücklich mit eingeschlossen.[107]

Derartige Ansichten waren so weit verbreitet, daß diejenigen, die sich für die Prügelstrafe als juristische Sanktion einsetzten, nicht säumten zu behaupten: «Auch die Herren auf den äußersten Linken sind ja Anhänger des Stockes im Hause» – so einer von ihnen im Jahr 1900 im Reichstag.[108] Und selbst diejenigen, die die körperliche Züchtigung in anderen Bereichen der Gesellschaft kritisierten, verteidigten ihre Anwendung innerhalb der Familie. So konterte der führende Befürworter der körperlichen Züchtigung um die Jahrhundertwende im Reichstag, der konservative Abgeordnete Oertel, das Argument, die Verabreichung öffentlicher Prügel führe unter anderem zu einer Verrohung des Büttels, mit der Feststellung, daß Familienväter sicherlich nicht verrohen würden, wenn sie ihre Kinder schlügen. Sein Gegner, der nationalliberale Abgeordnete Ernst Bassermann, sprach sich in seiner Antwort bezeichnenderweise nicht gegen die Verwendung des Stocks im Haus aus, sondern erklärte: «Die Hand des Vaters oder der Mutter, welche die Züchtigung vornimmt, läßt sich doch nicht vergleichen mit dem rohem Werke der Knechte, die berufen sind, die Prügelstrafe zu vollziehen.»[109]

All das läßt darauf schließen, daß die Betrachtungsweise, die in dem allmählichen Verschwinden von Körperstrafen im Deutschland des 19. Jahrhunderts ausschließlich einen Aspekt des Übergangs von einer Standes- zu einer Klassengesellschaft sieht, zu eng ist. Körperliche Züchtigung wurde nicht abgeschafft, sie wurde lediglich aus der Öffentlichkeit verbannt. Hier, so steht zu vermuten, sind wir nicht nur Zeugen einer sozialen Veränderung, sondern auch einer Veränderung der Kultur und der Mentalität. Diese Veränderung zu interpretieren und ihre Ursachen nachzuweisen ist keineswegs einfach. Der Soziologe Norbert Elias und seine Schüler würden sie vermutlich als einen Aspekt des «Zivilisationsprozesses» sehen: Mit dem Aufkommen des modernen Staats sei das Theater des Schreckens, in dem der Souverän im Namen der Opfer mit der körperlichen Verstümmelung der Täter in aller Öffentlichkeit Vergeltung für Verbrechen übte, allmählich zu Ende gegangen. Die Menschen genossen derartige Schauspiele nicht mehr, weil der Prozeß der «Gewissensbildung» und der «interpersonalen Identifikation», der die Voraussetzung bildet für die Schaffung eines auf der Souveränität der Nation beruhenden Staatssystems, zugleich das Mitgefühl mit dem Kriminellen am Schandpfahl hervorbrachte. Deshalb mußte die gewaltsame Bestrafung des Körpers aufhören und der unpersönlichen Besserung des Charakters im Zuchthaus weichen. Von diesem Standpunkt aus gesehen erscheint das Verschwinden öffentlicher Gewaltausübung als Teil eines umfassenderen Prozesses, in dem Menschen lernten, gewalttätige Emotionen wie Haß und Rache zu kontrollieren und in Frieden und Harmonie miteinander zu leben.[110]

Elias verstand seine allgemeine Theorie der Zivilisation ursprünglich als Versuch, die weit in die Geschichte zurückreichenden Ursprünge der Nazi-Barbarei zu erklären. Er war der Ansicht, in Deutschland habe der Zivilisationsprozeß versagt. Die Nationalsozialisten hätten deshalb Millionen Menschen ermorden können, weil die Deutschen nicht gelernt hätten, in Frieden und Harmonie miteinander zu leben. Der Prozeß der «Gewissensbildung» sei im Fall Deutschlands grundlegend fehlgelaufen. Die Deutschen hätten nie gelernt, ihre gewalttätigen und zerstörerischen Triebe angemessen zu kontrollieren.[111] Die Geschichte der körperlichen Züchtigung im Deutschland des 19. Jahrhunderts bestätigt diese Argumentation nur teilweise. Denn erstens stoßen wir auf das Problem, daß die Prügelstrafe in England auf Anweisung der Gerichte noch bis zum Ersten Weltkrieg und darüber hinaus vollzogen wurde – Jahrzehnte nachdem sie als legale Sanktion für Straftäter in Deutschland formell abgeschafft worden war. Und Elias hielt England immerhin für so zivilisiert, daß er nach 1933 den größten Teil seines Lebens dort verbrachte. Zweitens kann die körperliche Züchtigung selbst im 18. Jahrhundert und davor, als sie allgemein üblich war, in keiner Weise als Ausbruch von besinnungslosem Haß und Rachlust auf seiten der Zuschauer betrachtet werden. Im allgemeinen ließen die Massen ihre Wut nicht an Verbrechern am Pranger aus, obwohl dies natürlich gelegentlich auch vorkam. Die Körperstrafen waren in Deutschland eng mit der Vorstellung von Ehre verbunden: Was im 18. Jahrhundert zählte und, wie wir sahen, in den Köpfen einiger auch noch lange danach, war nicht der körperliche Schmerz, den die Peitsche zufügte, sondern der Verlust der Ehre, der angeblich mit dieser Strafe einherging. Vor allem ging es um die Verletzung der körperlichen Integrität und um die Schande der öffentlichen Zurschaustellung des eigenen Leidens. Der öffentliche Vollzug von Körperstrafen war eine geordnete und ritualisierte Angelegenheit. Das Verschwinden der öffentlichen körperlichen Züchtigung spiegelte, wie wir sahen, das Verschwinden der Bedeutung von Ehre in der Gesellschaft des 19. Jahrhunderts wider. Darüber hinaus aber werden darin auch veränderte Einstellungen zum menschlichen Körper deutlich – und hier sind Elias' Argumente durchaus hilfreich. Im 19. Jahrhundert verbreitete sich in den sich herausbildenden Mittelklassen eine allgemeine Zimperlichkeit und Scham gegenüber offenen Zurschaustellungen körperlicher Funktionen. Die in der Öffentlichkeit gezeigte Prüderie war ein wichtiger Aspekt der bürgerlichen Kultur, die Fortsetzung der körperlichen Züchtigung am Pranger hätte sicherlich eine Verletzung derartiger Gefühle dargestellt. Diese Übersensibilität wirkte sich entscheidend darauf aus, daß in den fünfziger und sechziger Jahren öffentliche Hinrichtungen ebenso aufhörten wie das öffentliche Auspeitschen und Schlagen. Wichtig war vor allem, daß solche Strafen nicht mehr vor aller Augen, vor einer unterschiedslos zusammengewürfelten Menge stattfinden sollten. Hinter die Gefängnismauern verbannt hingegen, konnten sie überwacht und kontrolliert werden. Und obwohl zwischen den Liberalen und den Konservativen heftige Meinungsverschiedenheiten über die Frage von Körperstrafen überhaupt ausgetragen wurden, herrschte doch allgemeine Einigkeit darüber, daß sie, wenn sie schon sein mußten, wenigstens nicht in der Öffentlichkeit vollstreckt werden sollten.

«Grausame Wollust»

Gleichzeitig lebte in manchen Bereichen der deutschen Gesellschaft der Geist der Rute fort. Die Vertreibung aus der Öffentlichkeit bedeutete nicht ihre restlose Verbannung. In den Randbereichen der öffentlichen Debatte spielte sie weiterhin eine Rolle. Die Befürworter der Prügelstrafe gaben sich nie damit zufrieden, daß sie auf die Randbezirke der Gesellschaft begrenzt war, und bis zum Ersten Weltkrieg wurde von Zeit zu Zeit immer wieder ihre Wiedereinführung als öffentlicher Akt gefordert. Solche Vorstöße kamen im allgemeinen aus den Reihen der Konservativen. Sie gaben ihre traditionelle Unterstützung der Rute als bequemes und, wie sie meinten, wirksames Mittel, unbotmäßige Untergebene zu züchtigen, nie auf. Sie erregten sich immer mehr über das, was sie – oft fälschlich – für einen kontinuierlichen Anstieg der Kriminalitätsrate hielten, der den Zusammenbruch der alten sozialen Ordnung bedeutete, deren Aufrechterhaltung sie als ihre geschichtliche Aufgabe betrachteten. Im Jahr 1880 zum Beispiel trug Otto Mittelstaedt seine umfassende Polemik «Gegen die Freiheitsstrafe» vor, mit der er das Prinzip der Besserung als Grundsatz der Strafrechtspolitik angriff und behauptete, es sei gescheitert. Er drängte auf die Alternativen Zwangsarbeit, Deportation, Hinrichtung, Geldstrafen und körperliche Züchtigung auf der Grundlage des Prinzips der Abschreckung.[112] Im Jahr 1880 teilte ein Beamter des preußischen Innenministeriums den Gefängnisbeamten in Bremen mit, «mehr und mehr überhandnehmende Trunksucht» sei verantwortlich für die Zunahme all jener «Vergehen und Verbrechen, welche auf eine tiefe Entsittlichung und Verwilderung des Volkes zurückzuführen sind». Die Wiedereinführung der Prügelstrafe, erklärte er, sei die einzige Antwort. Eine konservative Zeitung unterstützte diese Ansicht, indem sie «humanitäre Bedenklichkeiten» des Strafgesetzbuches kritisierte, insbesondere das Anführen von Trunkenheit als mildernden Umstand bei Gewaltverbrechen. Wenig plausibel argumentierte sie, der wirkliche Grund für den Anstieg derartiger Verbrechen sei «die völlige Untergrabung jeglicher Autorität in Staat und Gemeinde» durch die respektlosen Satiren der «Witzblätter», die in der Hauptstadt und anderswo erschienen.[113]

Im Jahr 1885 gaben die Zustände in Deutschlands «wildem Westen», der neuen Bergarbeiter- und Industriestadt Bochum, Anlaß zu erneuten Rufen nach Wiedereinführung der Prügelstrafe. Eine Bittschrift zu diesem Zweck führte aus:

Die Brutalitätsstatistik weist für unsere Industriebezirke die betrübendsten Zustände nach. Eine Rohheit und Zügellosigkeit, eine sittliche Verwilderung hat um sich gegriffen, die jedem Gesetz Hohn spricht und die trotz der anerkennenswerten Schärfe, mit der die Gerichte derartige Exzesse bestrafen, keine Milderung erleiden. Die Aburtheilungen der frivolsten Körperverletzungen nehmen schon seit langer Zeit vom frühen Morgen bis zur späten Abendzeit die Strafkammer und Schöffensitzungen in Anspruch und haben die betreffenden Richter längst die Überzeugung gewonnen, daß selbst die nach dem Gesetze zulässigen stärksten Strafen nicht mehr ausreichen.[114]

Auslöser für diese Bittschrift war allerdings eine Serie von brutalen Lustmorden, und man sollte meinen, daß die Konservativen sich in diesem Fall mit der Forderung nach rigoroser Anwendung der Todesstrafe zufriedengegeben hätten. Eine ähnliche Vermengung wurde deutlich in einem Ruf der konservativen «Kreuzzeitung» nach der Wiedereinführung der körperlichen Züchtigung als einem «Gebot der Nothwendigkeit». Die Zeitung erklärte, es sei

keine Zeit zu verlieren, diese wirksame und bei Rohheiten und Mordthaten sehr angebrachte Zuchtmittel wieder zu einem integrirenden Bestandtheile der Strafe zu machen. Unsere Gefängnisse und Zuchthäuser weisen ununterbrochen eine erschreckende Fülle auf, eine große Anzahl von rohen Gesellen fristet hinter Kerkersmauern ein sorgenloses Dasein und verursacht dem Staate jährlich Tausende und Abertausende von Mark an Unkosten. Zuchthaus und Gefängnisstrafe hat, wie die Erfahrung lehrt, für jene Elemente nichts Abschreckendes, und deshalb ist es an der Zeit, diese Strafen durch ein weiteres Zuchtmittel in Gestalt regelmäßiger körperlicher Züchtigung zu unterstützen.[115]

Vielleicht meinte die Zeitung, verurteilte Mörder sollten ausgepeitscht werden, bevor sie aufs Schafott stiegen. Eine solche Maßnahme hätte allerdings massive öffentliche Kritik ausgelöst, kaum aber bedeutend zu der angeblich abschreckenden Wirkung von Beil oder Guillotine beigetragen.

Die Angst vor Gewaltverbrechen war ein wichtiger Impuls für die Rufe nach Wiedereinführung der Rute in den neunziger Jahren des 19. Jahrhunderts:

Jahraus, jahrein sind die Zeitungen gezwungen, über zahlreiche [...] Scheußlichkeiten zu berichten, unter denen die Schändung und Ermordung von Kindern leider noch nicht einmal zu den seltensten Vorkommnissen zu zählen sind. Die häufigen kurzen Anführungen unter der Spitzmarke «Lustmord», die fürchterlichen Tierquälereien, die satanische Schurken aus Rache, aus Eifer, aus dämonischem Vernichtungstriebe und grausamer Wollust verüben, die [...] Teufeleien, mit denen Gebrechliche und Hilflose langsam zu Tode gemartert werden, die systematischen Torturen, die in zahllosen Fällen unglückliche Kinder von ihren entmenschten Eltern zu erleiden haben und sie nicht selten in den freiwilligen Tod treiben, sind Beispiele für die Verruchtheit, bis zu welcher die Kreatur es zu bringen vermag, die der Sage nach von Gott zum Herrn der Welt eingesetzt wird. Da derartige Fälle immer vorgekommen sind und fortgesetzt vorkommen, erscheint es dem normalen Verstand unfaßbar, daß noch immer Juristen, Soziologen und Moralphilosophen über die Frage miteinander herumstreiten, ob es zulässig sei, angesichts solcher Abscheulichkeiten und Entmenschtheit eine besondere Art der Ahndung in Form der körperlichen Züchtigung als eine Schärfung der Freiheitsstrafe eintreten zu lassen.[116]

All diese emotionsgeladenen Äußerungen zeigen, daß Argumente, die auf Kulturpessimismus und Verzweiflung über das Schwinden der alten sozialen Ordnung beruhten, immer stärker in einer neuen, populistischen Sprache abgefaßt wurden. Konservative schlugen jetzt nur noch selten vor, körperliche Züchtigung solle in der traditionellen Weise bei Dienstboten, Arbeitern und niederen Ständen angewendet werden, aber bei niemandem sonst. In den neunziger Jahren schließlich gaben die Befürworter von Körperstrafen zu, «Klassen- oder Standesunterschiede wären bei der Anwendung der Prügelstrafe natürlich ausgeschlossen». So zählte der Einwand der Gegner nicht mehr, mit der Körperstrafe würde das Prinzip der Gleichheit vor dem Gesetz verletzt.[117]

Widerstand gegen die Wiedereinführung der Rute wurde in diesem neuen Diskurs als «Humanitätsduselei» abgetan.[118] «Wer sich wie ein Tier benimmt, soll wie ein Tier behandelt werden.» Das war in der Tat eine paradoxe Forderung, kam sie doch aus einer Ecke, aus der häufig die Forderung laut wurde, die körperliche Züchtigung für Tierquälerei wieder einzuführen.[119] Genauso wie die Rechte in den neunziger

Jahren sich auf anderen Gebieten einen populistischeren Anstrich zu geben begann, griff sie auch zu neuen, populistischen Argumenten, um ihre Kampagne für die Wiedereinführung der körperlichen Züchtigung zu unterstützen: «Wir sind überzeugt», schrieb eine rechtsgerichtete Zeitung im Jahr 1898, «daß, wenn man eine Volksabstimmung über die Wiedereinführung der *Prügelstrafe* veranstalten wollte, die überwiegende Mehrheit sich dafür erklären würde»[120]. Eine Generation früher, hob die konservative Presse hervor, sei die öffentliche Meinung überwiegend entschlossen gegen die Todesstrafe eingetreten, jetzt jedoch, zu Anfang des 20. Jahrhunderts, sei sie entschlossen dafür. «Die Todesstrafe ist wieder eingeführt worden trotz des Geschreis der Humanitätsduseler», bemerkte eine konservative Zeitung. «Die Prügelstrafe wird, davon sind wir überzeugt, dasselbe Schicksal haben wie die Todesstrafe.»[121] Zum Glück, so erklärte eine andere Zeitung, «scheint der Einfluß der liberalen Humanitätsapostel, die mit leidenschaftlichem Eifer den Gedanken der Einführung der Prügelstrafe als einen Ausfluß von mittelalterlicher Barbarei bekämpfen, von Jahr zu Jahr mehr abzunehmen». Es sei nur eine Frage der Zeit, bevor die Mehrheit die Ansicht akzeptiere, daß es bei Bestrafungen nicht um eine Besserung des Täters gehe, sondern um Vergeltung und Abschreckung. «Messerhelden», Zuhälter, anarchistische Bombenwerfer, Vergewaltiger, Kinderschänder – all diese sollten «eine tüchtige Tracht Prügel bekommen», und jeder, der «gesunden Menschenverstand» besitze, würde dem sicherlich vorbehaltlos zustimmen.[122]

Derartige Forderungen waren symptomatisch für das Gefühl auf der äußersten Rechten des politischen Spektrums im wilhelminischen Deutschland, die herkömmliche Strafrechtspolitik habe versagt. In ihnen kam ein vereinfachendes, demagogisches Begehren zum Ausdruck, die Komplexität von Verbrechen und Devianz wie den gordischen Knoten zu durchhauen und durch schlichte Anwendung von Gewalt mit ihnen fertig zu werden. Die aufwieglerische Sprache, in der solche Wünsche vorgebracht wurden, bezeugt dieses Gefühl der Frustration. Im Jahr 1903 empfahlen die ultrakonservativen «Hamburger Nachrichten» die körperliche Züchtigung als Heilmittel gegen die «Zunahme des Rowdythums» und verwiesen darauf, daß sie kurz zuvor in Dänemark zur Bestrafung von Gewaltverbrechen wieder eingeführt worden war.[123] Die «übertriebene Humanität» der Deutschen und ihre «verschwommene Professorenethik», wetterte eine andere rechtsgerichtete Zeitung, habe bisher verhindert, daß die Legislative auf die friedliebenden Bürger gehört hätte, die die körperliche Züchtigung unterstützten.[124] In England, einem Staat, der traditionell bei den Deutschen aller politischen Richtungen als außerordentlich liberal und fortschrittlich galt, war körperliche Züchtigung weiter gang und gäbe. «Dort wird geprügelt», schrieb ein rechtsgerichteter Beobachter bewundernd, «wer Prügel verdient».[125] «In Norwegen», schloß sich ihm ein anderer Autor im Jahr 1900 an, «kommt die Peitschung von Kindern zwischen zehn und fünfzehn Jahren sehr häufig vor [...]. 1892 wurden in England rund 3000 Kinder, in Schottland 335 Knaben zur Peitschung verurtheilt». Allerdings warnten Kritiker, Englands Strafrechtspolitik verdiene in anderer Hinsicht durchaus keine Bewunderung. Die Menschen müßten daran erinnert werden, «daß noch in der zweiten Hälfte des 19. Jahrhunderts in Großbritannien die Schuldhaft existierte und sogar noch die Todesstrafe auf gewisse Eigentumsverbrechen stand, während in Deutschland diese drakonischen Bestrafungen bereits ein überwundener Standpunkt waren»[126].

Der Kommentar des «Vorwärts», der sozialdemokratischen Berliner Tageszeitung zu der Kampagne der ultrarechten «Deutschen Tageszeitung» für die Wiedereinführung der Rute als zusätzliche Maßnahme zu Haftstrafen, die von ihr andauernd als sanfte Alternative dargestellt wurden, war von beißendem Sarkasmus:

Wahre Ferienkolonien sind nach Schilderungen der «Deutschen Tageszeitung» die Gefängnisse. Man hat gutes Obdach, riesigen Arbeitsverdienst, ausgezeichnete Behandlung, und eine Kost, die besser ist als in unseren Kasernen. Vergleicht man diesen Zustand etwa mit dem Elend unserer Agrarier, die hungernd und frierend ihre Strohdächer mit Hypotheken flicken, so begreift man, daß die Hintermänner der «Deutschen Tageszeitung» mit dem Gedanken umgehen, ihre unrentablen Güter zu verkaufen und sich für den Rest ihrer Tage in Gefängnissen und Zuchthäusern anzusiedeln.[127]

In Wirklichkeit, fuhr die Zeitung fort, seien die Bedingungen in den Gefängnissen miserabel. Die Ernährung sei schlecht und reiche sicherlich nicht aus, um einen Mann, der harte körperliche Arbeit leiste, bei Kräften zu halten.[128] Der Sozialdemokrat August Bebel, der wegen politischer Vergehen selbst einige Zeit im Gefängnis verbracht hatte und mit vielen Mitgliedern seiner Partei in Kontakt stand, die das gleiche Schicksal erlitten, pflichtete bei: Die Gefängniskost sei furchtbar, die Unterkünfte seien schmutzig, ungeheizt und von Ungeziefer verseucht.[129] Um sie zu einem wirksamen Instrument der Rehabilitation zu machen, sei eine Reform des Gefängnissystems vonnöten. Die Gegner der Prügelstrafe standen weiter fest zu ihrem Glauben an das Prinzip der Besserung in der Strafrechtspolitik und argumentierten, körperliche Züchtigung zerstöre das Ehrgefühl, das die erste Voraussetzung für moralische Besserung sei.[130] «Sie ist die moralische Todesstrafe», schrieb die «Berliner Zeitung» im Jahr 1890.[131]

Die Gegner der Körperstrafe wiesen darauf hin, daß sie ein paar Jahre zuvor für mindere Straftaten wie Landstreicherei und Betteln gefordert worden war, jetzt aber würde sie in erster Linie für schwere Gewaltverbrechen gefordert, vor allem deshalb, weil das dänische Gesetz sie für diese Delikte vorsah. In Wirklichkeit also, brachten die Gegner vor, wollten die Befürworter der Rute praktisch ihre allgemeine Anwendung.[132] Richter, Anwälte und Kriminologen waren überwiegend Gegner der Prügelstrafe.[133] Der Entwurf des Strafgesetzbuchs von 1909 lehnte eine Wiedereinführung der körperlichen Züchtigung mit der Begründung ab, die Mehrheit der öffentlichen Meinung und der Experten hielte sie für ein «den Lebensverhältnissen und dem Kulturzustand des deutschen Volkes nicht mehr entsprechendes Strafmittel». Seit ihrer Wiedereinführung in Dänemark gebe es keinen Anhaltspunkt dafür, daß sie irgendeine merkliche Auswirkung auf die dortigen Verbrechensraten hatte.[134] Im Jahr 1910 konnten die Kritiker darauf verweisen, daß das dänische Gesetz von 1905 insgesamt nur 14 Mal angewendet worden war, da die Gerichte sich geweigert hatten, die körperliche Züchtigung als reguläre Strafe zu verhängen, und daß ihre Existenz im Gesetzbuch der Zunahme von Vergehen, bei denen sie angewendet werden sollte, in keiner Weise hatte Einhalt gebieten können.[135] Außerdem saß der Minister, der diese Maßnahme eingeführt hatte, inzwischen selbst im Gefängnis, nachdem er wegen schweren Betruges verurteilt worden war.[136] Deshalb überraschte es kaum, daß das Gesetz nicht erneuert wurde, als es Anfang 1911 auslief.[137] Die Gegner der Prügelstrafe benutzten außerdem rassistische Analogien zu den deutschen Kolonien in Afrika, wo der ausgiebige Gebrauch der Prügelstrafe Anfang 1900 zu einem nationalen Skandal geführt hatte, woraufhin Bestimmungen eingeführt wurden, die ihre Anwendung einschränkten. Bereits um die Jahrhundertwende war es offiziell verboten, Araber oder Inder in Deutsch-Ostafrika zu schlagen, und der Gebrauch der Rute wurde vom Gesetz auf Straftäter der Urbevölkerung begrenzt. Politiker in Berlin zögerten nicht, darauf hinzuweisen, daß es eine Beleidigung der «germanischen Rasse» sei, die körperliche Züchtigung im deutschen Vaterland einzuführen, wenn sie in den deutschen Kolonien nur gegen eine Bevölkerungsgruppe eingesetzt werden durfte, die als die zurückgebliebenste und unwissendste aller ethnischen Gruppen in den deutschen Kolonien galt, nämlich die «Schwarzen».[138]

All dies führte nur dazu, daß die Frustration bei der äußersten Rechten noch größer wurde. Es ging hier nicht einfach darum, sich der Tage zu erinnern, als der ostelbische Rittergutsbesitzer sein aufsässiges Gesinde noch in Zucht halten konnte, indem er ihm von Zeit zu Zeit eine ordentliche Tracht Prügel verabreichte. Wie wir sahen, setzten sich die Befürworter von Körperstrafen zu Anfang des 20. Jahrhunderts für neue, demokratische und egalitäre Formen von Gewalt ein, und sie waren durchaus bereit, die Methode ebenso zu modernisieren wie den Zweck. Die nationalliberale «Berliner Börsen-Zeitung» sprach sich im Jahr 1911 für die Einführung körperlicher Züchtigung aus, aber nicht mit der altmodischen Rute, sondern mit den modernen Mitteln einer Elektroschock-Behandlung:

Wer einmal die Wirkungen eines kräftigen Induktionsstromes empfunden hat, weiß, welch infamer Schmerz damit verbunden ist. Der gefesselte Delinquent, welcher nur fünf Minuten lang diesen Schmerz ertragen muß, kommt ganz gewiß nicht wieder. Die Peitsche ist nichts dagegen, und jeden Morgen zu bestimmter Stunde diese Tortur erwarten zu müssen, ist entsetzlich.[139]

Das war keineswegs einer kranken oder exzentrischen Phantasie entsprungen. In England zum Beispiel wurde Ende des 19. Jahrhunderts die «Galvanisation» gegen Gefängnisinsassen eingesetzt, die verdächtigt wurden, sich krank zu stellen. Diese Erweiterung des herkömmlichen Arsenals der Körperstrafen in Gefängnissen wurde in Deutschland aber offenbar nicht übernommen.[140] Der äußersten Rechten und selbst Teilen der gemäßigten Rechten ging es immer stärker darum, die körperliche Züchtigung aus der Privatsphäre wieder in die Öffentlichkeit zurückzuholen. Indem sie sich dafür einsetzten, öffneten sie jedoch eine Büchse der Pandora, aus der weit mächtigere und gefährlichere Übel kamen, als ihnen bewußt gewesen sein konnte.

Denn die Privatisierung der körperlichen Züchtigung seit den vierziger Jahren des 19. Jahrhunderts hatte unter anderem dazu geführt, daß sie sich in eine unerlaubte Quelle privaten Vergnügens verwandelt hatte. Eine der ernstesten Befürchtungen der Gegner der Prügelstrafe betraf nicht die Auswirkungen der körperlichen Züchtigung auf jene, die sie erlitten, sondern auf jene, die zusahen, wenn sie verabreicht wurde. Gewalt gegen den Körper als eine Form von gesetzlicher Strafe, so wurde häufig argumentiert, würde die Ausbreitung von körperlicher Gewalt auch in anderen gesellschaftlichen Bereichen befördern. Aus diesem Grund sei es nicht ratsam, die im Mittelalter üblichen grausamen körperlichen Strafen wieder einzuführen, selbst wenn sie ohne Zweifel in manchen Fällen ein wirksames Abschreckungsmittel darstellten. Einem Kind unmittelbar, nachdem es unartig gewesen war, ein paar hinter die Ohren zu geben sei eine Sache: Jeder Hieb aber, den der amtliche Prügelknecht auf den Rücken oder das Gesäß des wehrlosen Delinquenten Tage, Wochen oder Monate nach der Tat fallen ließe, würde auch in dem Empfinden des Prügelknechts, der Gefängnisbeamten, der Richter, die auf Prügel erkennen, und des ganzen Publikums, dem die Exekution nicht vorenthalten werden dürfte, mit starker Übertragung zum Ausdruck kommen. Durch die Wiedereinführung der Prügelstrafe würden wir das Niveau des Empfindens in weiten Kreisen des Publikums zu Härte, zur Rauhheit und schließlich zur Roheit herabdrücken.[141]

Die «Berliner Börsen-Zeitung» erwog, als sie sich für die Elektroschock-Behandlung von Kriminellen aussprach, außerdem, daß die Verabreichung von Prügeln wahrscheinlich zu einer Verrohung der Vollzugsbeamten führen würde, was jedoch bei einer Elektroschock-Behandlung nicht der Fall sei. Diese Ansicht beruhte offenbar darauf, daß ihrer Meinung nach bei Elektroschocks kein Blut fließen würde.[142] «Und wenn es nur wäre», bemerkte ein anderer Journalist, «um die unvermeidliche Verrohung unseres Beamtenapparates durch die Prügelei zu vermeiden, um alle an der Exekution Beteiligten nicht zu Knechten und Bütteln werden zu lassen, um ihnen die Achtung des Volkes nicht zu entziehen, müßte schon deshalb mit allen Mitteln gegen diesen Rückfall in die Barbarei vergangener Tage protestiert werden».[143]

Der liberale Abgeordnete Ernst Müller-Meiningen sagte in einer Rede vor dem Reichstag im Jahr 1900: «Es ist geradezu schauderhaft, in welcher Weise die Insassen des Zuchthauses verdorben worden sind dadurch, daß man sie hat theilnehmen lassen an diesem Flagellantismus, indem man ihnen die Anwesenheit bei der Exekution gestattet.» Denn das Schauspiel körperlicher Züchtigung, sagte er, befördere einen Zug,

der auch in sexueller Beziehung die der Exekution beiwohnenden Gefangenen aufregt, sie zur Grausamkeit, zur Brutalität selbst bringt; es beherrscht sie ein unheimliches Gefühl der Sehnsucht, einen derartig bestialisch rohen Strafvollzug mit anzusehen und sich an ihm zu gaudiren.[144]

Die Betonung der verrohenden Auswirkung der körperlichen Züchtigung auf das Publikum und ihre gleichzeitige Beschreibung mit farbigen, oft sexuell aufgeladenen Begriffen führten nur dazu, sie in ein verbotenes Vergnügen zu verwandeln, von der Art, wie es der Marquis de Sade ausgemalt hatte. Deshalb gewann die körperliche Züchtigung, als sie aus den Augen der Öffentlichkeit verschwand, in der privaten Imagination an Macht. Sexuelle Flagellation, schon in der frühen Neuzeit bekannt, wurde tatsächlich im späten 18. Jahrhundert zu einem zentralen Element englischer Pornographie, und in der populären deutschen pornographischen Literatur entwickelte sich sadistische Gewalt zu einem wichtigen Bestandteil vor allem in den vierziger Jahren des 19. Jahrhunderts, als die liberale Kampagne gegen die Rute in Deutschland ihren Höhepunkt erreichte.[145] Zur selben Zeit schienen in den Memoiren von Prostituierten Berichte, wonach Kunden der größeren und exklusiveren Bordelle, in denen sie arbeiteten, mit Ruten geschlagen zu werden wünschten.[146]

Am Ende des Jahrhunderts beschrieb Krafft-Ebings «Psychopathia Sexualis» detailliert die Bandbreite privater sexueller Vergnügungen, die mit dem Zufügen von Schmerz verbunden waren. Leopold von Sacher-Masochs pornographische Romane lieferten die gleiche Art von literarischer Kost, allerdings in weniger wissenschaftlicher Form. Selbst die Beschreibung des Vollzugs wirklicher Körperstrafen in früheren Zeiten konnte sich nun einer Leserschaft auf der Suche nach pornographischer Befriedigung sicher sein, wie das pseudohistorische Werk von Rudolf Quanter demonstrierte.[147] Um die Jahrhundertwende lebte ein ganzer Verlag, H. Dohrn in Dresden, später in den

«Leipziger Verlag» umgewandelt, von Einnahmen durch den Druck und die Veröffentlichung sado-masochistischer Pornographie – von Sacher-Masoch, Carl Felix von Schlechtegroll (Autor von «Satans Töchter», «Die Wölfin» und vielen ähnlichen Werken) und einer Reihe weniger bekannter Autoren. Manchmal waren diese Werke in einer pseudo-wissenschaftlichen Form abgefaßt[148], häufiger aber machten sich die Autoren nicht die Mühe, sich auf diese Weise einen Anstrich von Seriosität zu geben, und warben für ihren Inhalt mit eindeutigen Titeln wie «Die strenge Klavierlehrerin», «Die Zuchtrute von Tante Anna», «Rohrstock und Rute in Tätigkeit», «Meine grausame süße Reitpeitsche» und so weiter.[149] Dies war eine Zeit, wie ein pseudo-wissenschaftlicher Sammler derartiger Geschichten beobachtete, «in der Sadismus und Masochismus rapide Fortschritte machen (und dass dies der Fall, das beweist schon allein die Tatsache, dass die dieses Thema behandelnde Literatur in den letzten 4–5 Jahren sehr stark in Aufschwung gekommen ist)»[150]. Auch andere vertraten diese Meinung:

In unzähligen Werken werden Geschichten erzählt von Männern, die mit Ruten blutig geschlagen wurden, um vom Schmerz zur Wollust zu gelangen. Heute kennt jedes Freudenmädchen diese unglückliche Leidenschaft, die gerade in den besseren Gesellschaftsklassen große Verbreitung gefunden hat. In öffentlichen Häusern gehören Ruten und Hundepeitschen zum alltäglichen Handwerkszeug. [...] Glauben Sie nicht, daß solche Begebenheiten nur in alten Geschichten von *anno dazumal* vorkommen; in unseren Zeiten ist das Übel noch viel verbreiteter.[151]

Anfang des 20. Jahrhunderts waren die Gegner der körperlichen Züchtigung, wie die Bemerkungen Müller-Meiningens im Reichstag vermuten lassen, nicht mehr so unschuldig wie ein halbes Jahrhundert zuvor, als kaum jemand sich Sorgen machte über die Auswirkungen körperlicher Züchtigung auf die, die sie verabreichten oder dem Schauspiel zusahen. Die Menge derartiger Publikationen war unüberschaubar geworden, und Deutsche der gebildeten Mittelklasse wie Müller-Meiningen waren nun häufig genauso vertraut mit den Werken von Krafft-Ebing, Freud und anderen Fachleuten der Sexualpsychologie wie mit Gesetzestexten und Strafrechtspolitik.

Die Befürwortung einer Rückführung der Körperstrafen aus der privaten in die öffentliche Sphäre durch die äußerste Rechte und ihre

Sympathisanten im Wilhelminischen Deutschland bedeutete also nicht die Forderung nach der Wiedereinführung einer ritualisierten Form körperlicher Strafe, deren Akzent auf der Schande und dem Ehrverlust lag, die sie dem Straftäter zufügte. Implizit befürworteten sie damit vielmehr ein Freisetzen von gewalttätigen Impulsen, die inzwischen starke sexuelle Untertöne bekommen hatten. Anfang des 20. Jahrhunderts waren diese Impulse vor allem masochistisch, die Pornographie der Gewalt handelte überwiegend von Frauen, die Männern Gewalt antaten. Die Gestalt der mächtigen, verführerischen und zerstörerischen Frau kam auch in Romanen der Zeit vor, wie in Heinrich Manns «Professor Unrat», der im Jahr 1905 veröffentlicht wurde, sowie in Theaterstücken der neunziger Jahre des 19. Jahrhunderts, wie Frank Wedekinds «Büchse der Pandora» und der Kunst des Fin de siècle.[152] Diese Gewaltphantasien stellten unter anderem eine männliche Reaktion dar auf das Aufkommen einer starken, einflußreichen, aktiven und radikalen Feministinnenbewegung seit der Mitte der neunziger Jahre in der wilhelminischen Öffentlichkeit.[153] Liberalen Zeitgenossen wie Müller-Meiningen war jedoch klar, daß die Gewalt ebenso in umgekehrter Richtung ausgeübt werden konnte, wie es in Wirklichkeit im privaten Bereich auch meist der Fall war. Die Niederlage im Ersten Weltkrieg und der Zusammenbruch des wilhelminischen Reichs beschleunigten den Prozeß der Umkehrung zu einer – wirklichen oder fiktiven – Ausübung von Gewalt und sadistischen Impulsen gegen Frauen im Namen einer verletzten Männlichkeit.[154] In den bürgerkriegsähnlichen Unruhen, die der Revolution von 1918 folgten, waren es zuerst die ultrarechten Freikorps, die diese Impulse sowohl in ihren Schriften wie in gewisser Weise auch in ihrer Praxis an die Öffentlichkeit brachten.[155]

Das Ende der Erzählung

Diese Betrachtungen haben uns weit entfernt von den Leiden der unglücklichen Gesche Rudolph in Bremen in dem harmloseren historischen Kontext des Vormärz. Die Geschichte, wie sie ihr Anwalt Georg Wilhelm Gröning erzählte, zeigt, daß Körperstrafen in Deutschland zu Beginn des 19. Jahrhunderts nicht nur als Rechtsmittel üblich waren, sondern auch in der Privatsphäre, wozu auch das Zuhause zählt:

Denn was Rudolph trotz der Wahrscheinlichkeit, dort mit Prügeln bestraft zu werden, immer wieder nach Bremen zurücktrieb, war die Gewalt, die der Stiefbruder ihr in ihrem Elternhaus in Woltmershausen antat. Seine Gewalt war ebenso eine Reaktion auf ihren unangepaßten und von Alkohol gezeichneten Lebensstil wie die der Behörden in Bremen. Wie bei der Gefängnishaft handelte es sich auch bei der körperlichen Züchtigung nicht um einen einzigen «kurzen, scharfen Schock», sondern um eine sich wiederholende, langwierige und, wie Gröning darlegte, sinn- und zwecklos private und, in diesem Fall entscheidend, offiziell verordnete Gewaltanwendung gegen eine Frau, die nicht wirklich in der Lage war, sich selbst zu helfen. Als Gesche Rudolph im Jahr 1845 wieder zu einer langen Haftstrafe von sieben Jahren verurteilt wurde, riet ihr Gröning, der keinerlei Hoffnung hegte, daß ein juristischer Einspruch gegen das Urteil Erfolg haben könnte, den Bremer Senat um Gnade zu bitten. «Wenn diese Unglückliche jetzt wiederum ins Zuchthaus gesperrt wird», teilte er dem Senat mit, «so ist sie für ihre ganze Lebensdauer rettungslos verloren»:

Sie findet dort Verbrecher und Verbrecherinnen, die ihr zum großen Theil durch ihren früheren Aufenthalt auf dem Zuchthause bekannt sind. Bis jetzt hat sie nicht gestohlen, auch kein anderes Verbrechen begangen, als dasjenige, von Woltmershausen nach Bremen zu kommen, woselbst sie freilich liederlich und trunkfällig war. Jetzt ist sie noch einigermaßen kräftig, wenn auch ihre Gesundheit durch die fast zwanzigjährige Gefängnißzeit schon sehr gelitten hat. Aber, wenn sie jetzt wieder ins Zuchthaus zurückkehren muß, so wird ihre Kraft bald dahin sein, sie wird den Einflüssen einer von Grund aus verderbten Umgebung nicht widerstehen können, sie wird wahrscheinlich als vollendete Verbrecherin den Ort ihrer Leiden verlassen. Aber wenn sie auch nicht schlimmer werden sollte, wie sie ist, eine Besserung wird ganz gewiß im Zuchthause nicht eintreten. Sie wird nach ihrer Entlassung von ihrem früheren Lebenswandel nicht ablassen, bald zum letzten Male der strafenden Justiz in die Hände fallen, und im Zuchthause ein Leben beschließen, von dessen Geschichte sich Jeder mit Schmerz und Abscheu abwenden muß.

Ein derartiges Schicksal, erklärte Gröning, sei «über alle Beschreibung furchtbar». Es sei notwendig, wenigstens einen letzten Versuch zu unternehmen, sie zu retten. Vielleicht sei es möglich, sie der menschlichen Gesellschaft zurückzugeben, wenn sie «unter Curatel gestellt» würde.

Gesche Rudolph erklärte tatsächlich ihre Bereitschaft, diesen Schritt zu unternehmen.[156] Am 20. Mai 1845 setzte sie ihr Zeichen («+++ Gesche Rudolph, des Schreibens unkundig») auf ein rechtskräftiges Dokument, das sie unter die Vormundschaft Grönings stellte.[157] Dieser schlug dann dem Senat vor, ihre neue siebenjährige Haftstrafe auszusetzen, und erklärte seine Absicht, sie aufs Land zu schicken, wo sie «unter der strengen Aufsicht eines verständigen Landmanns» untergebracht würde, bis sie soweit sei, in die Gesellschaft zurückzukehren. Der Senat akzeptierte diesen Plan am 21. Mai, fügte jedoch hinzu, daß er das Urteil gegen sie sofort wieder in Kraft setzen würde, sollte Gesche Rudolph ohne Einwilligung ihres Vormundes nach Bremen zurückkehren.[158] Danach verschwindet Gesche Rudolph aus der Geschichte. Es gibt keinen weiteren Eintrag in ihren Bremer Akten. Vielleicht bedeutet das, daß Grönings Plan Erfolg hatte, vielleicht aber auch nicht, vielleicht ist sie einfach woanders hingezogen, wir wissen es nicht. Ihre Geschichte zeigt aber einerseits, welche Macht eine humanitär konzipierte Erzählung in den vierziger Jahren des 19. Jahrhunderts ausüben konnte, andererseits, welche Grenzen ihr gesetzt waren, wenn es darum ging, reale Lösungen für die Probleme von Verbrechen und sozial abweichendem Verhalten vorzuschlagen. Wie die Gefängnishaft, schuf und verlängerte die körperliche Züchtigung Devianz ebenso sehr und vielleicht noch stärker, als sie sie unterdrückte. Gröning wies in seiner Darstellung immer wieder auf die Vergeblichkeit wiederholter Haftstrafen wie auch wiederholter Prügel hin. Die Lösung, die er für die Leiden der Gesche Rudolph vorschlug, machte deutlich, daß er zur Vermeidung von Rückfällen strenge erzieherische Maßnahmen für erforderlich hielt. Auch viele weitere Äußerungen, die im Lauf des gesamten Jahrhunderts von allen Seiten des politischen Spektrums in die Debatte eingebracht wurden, ließen, wie in diesem und dem vorangegangenen Kapitel gezeigt, Skepsis über die Wirksamkeit der Einsperrung durchblicken, solange diese nicht mit einem angemessenen Plan zur Besserung einherging. Es gab keinen einheitlichen «Gefängnisdiskurs», der den Rahmen für die Einstellungen zur Frage der Devianz im Deutschland des 19. Jahrhunderts gebildet hätte. Der Optimismus, mit dem Strafrechtsreformer wie Gröning diese Fragen in den vierziger Jahren diskutierten, scheint rückblikkend übertrieben gewesen zu sein. Aber es war nicht das Scheitern der Revolution von 1848, was ihre Bemühungen vergeblich machte. Im Gegenteil, bei der Fortsetzung von Gefängnisneu- und -umbauten in der zweiten Hälfte des Jahrhunderts wurden Einzelzellen zunehmend zur Norm. Das «System der Separierung» basierte auf dem Pentonville-Modell, mit Einzelhaft, harter und monotoner Arbeit, strenger Erziehung und aufgezwungener moralischer und religiöser Kontemplation. Gegen Ende des Jahrhunderts ließ sich an der Unzufriedenheit der Kritiker von Haftstrafen ablesen, daß die Verbreitung dieses Systems die Zahl von Wiederholungstätern nicht erfolgreicher reduzieren konnte als irgendein anderes System von Gefängnishaft.

Es gab jedoch noch andere Alternativen. Wenn weder Isolation noch harte Disziplin in den Gefängnissen die kriminellen Impulse von Verbrechern unter Kontrolle bringen konnten, dann war ihnen vielleicht mit engmaschigeren Überprüfungen und Kontrollen in der Außenwelt beizukommen. Die Entwicklung hin zu einer Disziplinargesellschaft, wie Foucault sie skizzierte, bestand im wesentlichen aus der Schaffung eines Netzes von klassifizierenden und überwachenden Methoden, die dazu dienten, normale Bürger zu disziplinieren. In diesem Prozeß bildete sich eine eigene Unterwelt heraus, an deren abweichendem Charakter die moralische und soziale Konformität der schweigenden Mehrheit gemessen werden konnte. Die nahezu permanente Überwachung durch die Polizei und durch bürokratische Behörden wurde im 19. Jahrhundert für Menschen, die von der Norm abwichen, zur normalen Erfahrung. Wie dies erreicht wurde und wie die sozial Unangepaßten damit umgingen, ist das Thema, dem wir uns nun zuwenden wollen.

3 Die vielen Identitäten des Franz Ernst

Die Geschichte eines Abenteurers

Am 31. Mai 1864 wurde in der Hansestadt Bremen ein dem Aussehen nach respektabler Herr, der sich selbst Franz von Vietinghoff nannte, verhaftet, weil er der Anordnung nicht Folge geleistet hatte, die Stadt am 29. Mai zu verlassen. Er wurde wie folgt beschrieben:
Alter: 44 J. (geb. 1820); Statur: 66 [Zoll], untersetzt, kräftig, korpulent; Haare: braun; Augen: grau; Zähne: gut; Bart: brauner Schnurrbart; Gesicht: rund, voll, gesund. Gewöhnlich trägt er einen schwarzen Rock mit einer Reihe Knöpfe und einen Stehkragen, wie sie die Geistlichen tragen.[1]

Die Ähnlichkeit mit einem Geistlichen war eine besonders hübsche Note, sie verlieh dem Herrn den Anschein untadeliger Rechtschaffenheit. Aber von Vietinghoff hatte seine Rechnung im Hotel du Nord nicht bezahlt, und als der Wirt die Polizei gerufen hatte, war er nicht in der Lage gewesen, ordentliche Papiere vorzuweisen, um seine Identität zu bezeugen. Alles, was bei ihm gefunden wurde, waren Kleider und ein paar persönliche Habseligkeiten. Er hatte offenbar gut gelebt, denn die Endabrechnung des Hotel du Nord, die der Polizeiakte beigelegt wurde, zeigt, daß er für neun Nächte dort abgestiegen war und acht Abendessen zu sich genommen hatte, mit jeweils zwei Gläsern Bier.[2]

Im Polizeiverhör gab von Vietinghoff Einzelheiten seiner Lebensgeschichte preis, die ebenso dramatisch wie ungewöhnlich waren. Wie er angab, stammte er aus einer nicht nur angesehenen, sondern hochgestellten Familie. Zuerst, so steht im Polizeibericht,
nannte er sich D. med. v. Maltzahn; bald hernach machte er über seine Persönlichkeit folgende Angabe: er heiße Franz Alex. Nap. v. Vittinghoff, sei 1822 auf dem Gute Hoff zu Walterkehmen geboren und ein Sohn des im J. 1836 als pensionirter preuß. Oberst zu Berlin verstorbenen Joh. Mich. Balthasar v. Vittinghoff, welcher von 1826 bis 1832 Hofmarschall in Stuttgart gewesen, und dessen Ehefrau Johanne Friederike Alexandrine geb. v. Maltzahn, verwittwete Majorin v. Puttkamer.[3]

Der Hochstapler Franz Ernst. Polizeifoto, im Juni 1864 in Bremen aufgenommen.
(Staatsarchiv der Freien und Hansestadt Bremen, Akte Nr. 4, 14 / 1 – VII B 1 e)

Das «Nap.», das er als dritten Namen angab, war eine Abkürzung für «Napoleon», und wie sich herausstellen sollte, paßte dieser Name auf einzigartige Weise zu seinem Charakter. Das vorgestellte adelige «von» und der Hinweis auf die preußische Junkerfamilie der Puttkamers deutete auf aristokratische Herkunft hin, was in der deutschen Gesellschaft in den sechziger Jahren des 19. Jahrhunderts von entscheidender sozialer Bedeutung war. Erhärtet wurde seine gesellschaftliche Stellung durch Hinweise auf Verbindungen von hohem Rang. «Nach den Akten verschiedener Behörden der Schweiz», fügte der Polizeibericht an, «stammt v. Vietinghoff aus einer angesehenen Familie, die mit der russischen Familie v. Krudener verwandt sein soll». Vietinghoff gab an, er habe das Gymnasium in Neu-Ruppin besucht. Sein weiterer Lebensweg führte ihn dem Protokoll des Polizeiverhörs in Bremen zufolge nicht nur in die verschiedensten Weltteile, sondern klang auch wie einem Schelmenroman entnommen:

Ich habe Medizin studiert, und zwar während der Jahre 1837 bis 1840 in Halle, Jena, Göttingen, Berlin, an welchem letzteren Orte ich promovirt habe. Im folgenden Jahr promovirte ich in Königsberg als Doctor philosophiae. Ich bin unverheirathet und niemals verheirathet gewesen. In den Jahren 1841 und 1842 fungirte ich als Arzt unter Aufsicht des Medizinalraths Korn in Berlin. Aus Neigung zu Lands- und Völkerkunde begab ich mich 1843 nach Amerika, zunächst nach Newyork, machte 1844 in Philadelphia mein wissenschaftliches Examen und trat als Arzt in die amerikanische Marine.

Er behauptete, zweieinhalb Jahre auf einem amerikanischen Kriegsschiff, das mit der Unterdrückung des Sklavenhandels vor der afrikanischen Küste beschäftigt war, gedient und schließlich in New Orleans abgemustert zu haben. Damit bescheinigte er sich auf eindrucksvolle Weise die Fähigkeit zur Hingabe an eine gute Sache sowie seine Opferbereitschaft im Dienste der Menschheit.[4]

Danach hatte sich von Vietinghoff aufgemacht, um am großen Goldrausch in Kalifornien teilzuhaben. Sein Leben als Goldgräber, als sogenannter Neunundvierziger, war aber offenbar nicht von allzu langer Dauer, und er fand das Nugget nicht, mit dem er sein Glück hätte machen können. «1850 kehrte ich nach Newyork zurück u. trat eine Reise nach dem Orient an, wo ich Alexandrien, Cairo, Jerusalem (von Ostern bis Pfingsten 1851) besuchte. Von da ging ich nach Constantinopel und 1851 zurück nach Amerika.» In den Staaten erhielt er einen Posten als Schiffsarzt bei der Linie, die regelmäßig nach Australien fuhr. In ihren Diensten blieb er für fünf Überfahrten, bis er den Entschluß faßte, sich für ein Jahr in Australien niederzulassen. Hier machte er, wie er berichtete, «ein Vermögen», mit dem er nach New Orleans zurückkehrte, um ein privates Krankenhaus zu errichten (das 36 000 Dollar kostete). Damit lieferte er einen weiteren Beweis für seine philanthropischen Neigungen. «Während des Bürgerkrieges und der Belagerung von Neworleans verlor ich meinen ganzen Hab, und flüchtete zunächst nach Cuba.» Von März bis Oktober 1862 hielt er sich in England auf, «wo ich in London, Bristol, Birmingham und vielen anderen Städten wissenschaftliche Vorträge hielt». Dann reiste er über Paris in die Schweiz, später unternahm er eine weitere Vortragsreise, diesmal nach Heidelberg, Esslingen, Tübingen, Stuttgart und in andere süddeutsche Städte.

Das war in der Tat eine bemerkenswerte Laufbahn. Sie hatte von Vietinghoff nicht nur an viele verschiedene Orte geführt, sondern brachte ihn auch in Verbindung mit einigen der wichtigen weltgeschichtlichen Ereignisse in den mittleren Jahrzehnten des 19. Jahrhunderts (selbstverständlich nicht mit der Revolution von 1848, die in einem Polizeiverhör zu erwähnen politisch äußerst unklug gewesen wäre). Ganz offenbar war er so etwas wie ein Weltbürger mit reichen sozialen, beruflichen und politischen Erfahrungen. Er stellte sich als Mann dar, der sich von rein altruistischen Motiven leiten ließ – Wissenschaft, Medizin, Reisen, Wohltätigkeit –, außerdem gab er sich den Anschein, wenigstens zeitweise über beträchtliche Mittel verfügt zu haben.[5] Er gab an, jetzt amerikanischer Staatsbürger zu sein; in den unruhigen Zeiten, die er durchgemacht hatte, seien leider die Papiere verlorengegangen, die seine frühere preußische Staatsbürgerschaft bezeugten. Allerdings habe er jetzt, wo er festgenommen sei, der Bremer Polizei einige brandwichtige Mitteilungen zu machen. Denn seine Motive seien nicht nur wissenschaftlich und philanthropisch, sondern auch konservativ und patriotisch. Seine Vortragsreise durch Süddeutschland hatte ihn natürlich mit den Arbeiterbildungsvereinen in Kontakt gebracht, und obwohl diese damals – in den sechziger Jahren des 19. Jahrhunderts – in ihrer Ausrichtung und Zusammensetzung weniger revolutionär waren als vor 1848, gehörten ihr noch immer genug Radikale an. Von ihnen hatte er erfahren, daß in Brüssel ein großer internationaler Kongreß von Demokraten stattfinden sollte. Er habe herausgefunden, daß die Absicht bestand, «die bestehenden Staatseinrichtungen in Deutschland gewaltsam umzustürzen». Als Freimaurer konnte er damit nicht einverstanden sein. «Also hielt ich mich verpflichtet, dem Könige von Preußen, als dem Großmeister dieses Ordens, diese Bestrebungen schriftlich zur Kund zu bringen.» Aber nicht nur das, er war außerdem in Genf über ein Komplott gestolpert, das ein Attentat auf den Kaiser von Frankreich plante. «Ich widersetzte mich dem, was zur Folge hatte, das ich mit Einbüßung meiner Effecten und Papiere die Flucht ergreifen, ehe ich erdulden mußte, daß nach mir geschossen, mein Hut durchlöchert und ich geschlagen und in der Schweiz als Spion verdächtigt wurde.» Zum Beweis zeigte er der Polizei eine anonyme Broschüre über den Kongreß, in der sein Name erwähnt wurde. Vietinghoff berichtete, er sei entschlossen, die revolutionäre Bewegung zu entlarven, er habe die Broschüre selbst veröffentlicht und sei nach Bremen gekommen, um über ihren Verkauf und ihre Verteilung zu diskutieren. Er reise, so sagte er, unter einem angenommenen Namen, aus Angst vor den Demokraten und vor Steckbriefen, die die Schweizer Behörden möglicherweise mit seinem wirklichen Namen herausgegeben hatten, nachdem sie von den Demokraten veranlaßt worden waren, ihn der Spionage zu bezichtigen.

Die Broschüre machte keinen Hehl aus seiner Feindseligkeit gegenüber den Revolutionären. Der Verfasser schrieb, er habe zahlreichen geheimen Treffen der Demokraten beigewohnt und sei entsetzt über die Gewaltbereitschaft, die in ihren Zielen und Taktiken zum Ausdruck kämen:

Der zunächst liegende Zweck der Revolutionäre geht in der Regel dahin, die Ochlokratie heraufzubeschwören, um durch diese sich die unentbehrliche Basis physischer Macht zu sichern. Nachdem bei einer Revolution die Ochlokratie eine Zeit lang das Staatsruder aufs Willkürlichste, ohne ein bestimmtes Ziel, in der Faust gepackt, soll die Demokratie, d. h. der Wille des Volkes, durch ihre Vertreter das Staatsschiff fortführen. Bei dieser Übergangsperiode von der Ochlokratie zur Demokratie suchen die Häupter der ersteren sich soviel wie möglich Privilegien auf Kosten des Gemeinwesens zu sichern, um alsdann für den eigenen Vorteil die Staatskräfte immer mehr und mehr zu untergraben.[6]

Die Versammlungen, bei denen diese Ziele offenbart worden waren, hätten ihren Höhepunkt im Brüsseler Kongreß gefunden. Der führende italienische Nationalist und Revolutionär Giuseppe Mazzini hatte Vertreter gesandt, und die Ehrenpräsidentschaft übernahm sein sogar noch berühmterer Landsmann Giuseppe Garibaldi, der sich während der italienischen Einigungskriege von 1859/60 in der ganzen Welt einen Ruf erworben hatte. Über dreihundert Delegierte aus verschiedenen europäischen Ländern waren bei dem Kongreß anwesend gewesen. Sie hatten über heimliche Statuten diskutiert, die vom Zentralkomitee in Genf beschlossen worden waren:

Der § 12 sagt nun ausdrücklich, «daß die Völkerfreiheit nur dann bestehen könne, wenn die hemmenden Personen, die Fürsten mit ihrem Anhange, auf die Seite geschafft seien», also mit andern Worten: der Fürstenmord sanctioniert in den Fällen, wo die Beseitigung der gekrönten Häupter auf keinem anderen Wege zu erreichen ist. Die beliebtesten Fürsten sind die gefährlichsten.[7]

In Brüssel kam es jedoch zu keiner Einigung über diese Statuten, obwohl fünf Abende lang darüber debattiert worden war. Dennoch sei die Bedrohung, die der Paragraph zwölf darstellte, wie die Broschüre behauptete, durchaus spürbar.

Der Verfasser wandte sich dann der Genfer Lokalpolitik zu und berichtete über die Machenschaften des exilierten deutschen Demokraten Johann Phillip Becker, der bei der radikalen revolutionären Bewegung von 1848/49 in Baden eine führende Rolle gespielt hatte:

Er war es, der durch seine Freischaaren die Butter-, Wurst-, Schinken- und Bäckerläden plünderte, und der den Bürgern die Pferde aus den Ställen nehmen ließ, um sich und seine Genossen beritten zu machen. Das gemeinste Bubenstück, was er verrichten wollte, war das Sprengen der Neckarbrücke bei Heidelberg, was ihm jedoch durch die Manöver der preußischen Truppen gründlich verleidet wurde.

Freilich war das alles Schnee von gestern. Aktueller war da schon ein Bericht über Beckers Aktivitäten im Exil in Genf, obwohl diese allem Anschein nach nicht besonders gefährlich waren. Die Broschüre beschrieb darauf die Aktivitäten von Zamparini, der offenbar Mazzini bei dem Zentralkomitee der Demokraten vertreten hatte.[8] Dann fuhr der Verfasser fort:

Im Monat December nahmen nächst einigen Italienern, welche jedenfalls denen die das Attentat auf Napoleon projectirten, nicht ferne standen, noch zwei Deutsche an den Sitzungen des Central-Comités

Theil. Der eine von diesen, Doctor med. v. Hoff, hatte früher den Brüsseler Congreß besucht und war auch nach dieser Zeit noch einmal in Genf gewesen. Er trat aus dem Verein in dem Augenblick, als die Verpflichtung auf die geheimen Statuten statthaben sollte. Seine finanzielle Lage mag wohl keine glänzende gewesen sein, denn er hatte sich von einem hiesigen Spediteur einen Vorschuß von 460 Francs geben lassen.

Er soll über das Treiben der Demokratie dahier den deutschen Regierungen berichtet haben, wie aus Briefen hervorgeht, welche hier, nach seiner Abreise, aufgefangen worden sind.

Später soll derselbe, in Folge einer grundlosen Denunciation, von Seiten des bairischen Gesandten, in Bern verhaftet, nach sieben Tagen aber wieder auf freien Fuß gesetzt worden sein. Ob der bairische Gesandte dabei seine Dienstbefugnis überschritten hat, muß ich dahingestellt sein lassen, nur so viel steht fest, daß die Denunciation ein Werk der demokratischen Verfolger des Dr. v. Hoff gewesen ist und daß der bairische Gesandte beim Bundesrath sich für deren Insinuationen nicht unempfänglich bewiesen hat.

In seiner Bremer Gefängniszelle erklärte Franz Alexander Napoleon von Vietinghoff, dieser «Dr. von Hoff» sei niemand anders gewesen als er selbst. Er habe, um sich zu schützen, unter einem falschen Namen an dem Kongreß teilgenommen. Um besonders zu betonen, daß von Hoff mit jenem Renegaten identisch sei, der jetzt den Regierungen von Europa zu Diensten war, indem er ihnen die mörderischen Absichten der Demokraten enthüllte, fügte die Flugschrift hinzu: «Was ich jetzt durch diese Broschüre thue, hat der Dr. v. Hoff demnach bereits vor mir gethan.» [9]

Aristokratischer Rang und adelige Abkunft, ein Doktortitel, vergangener Reichtum, eine Vergangenheit als Philanthrop, wissenschaftliche Aktivitäten, patriotische Dienste, konservative politische Einstellung – all dies mußte eigentlich reichen, um die sofortige Freilassung Vietinghoffs zu bewirken, mit Entschuldigungen der Bremer Polizei, ihm Unannehmlichkeiten bereitet zu haben. Aber in Bremen, der Freien Hansestadt, wo bürgerliche Werte herrschten und Geld – einschließlich unbezahlter Hotelrechnungen – wichtiger war als gesellschaftlicher Rang, zählte dies alles nicht. Außerdem befand sich unter den Dokumenten, die unter seinen im Hotel du Nord zurückgelassenen Habseligkeiten gefunden wurden, eine undatierte Liste mit zwölf «Fragen an einen deutschen Ehrenmann», adressiert an «Hoff» in Genf, unterschrieben mit «Eine Versammlung deutscher Bürger». Diese Fragen warfen ein vollkommen anderes Licht auf die Ereignisse, die er in seinem Lebensbericht schilderte. War er, wird darin gefragt, derselbe Hoff, der als Konfirmand am Neuruppiner Gymnasium sein Konfirmationsgeld gestohlen hatte, der, als er als Arzt arbeitete, seinen Assistenten mißhandelt hatte, der an dubiosen finanziellen Geschäften in Berlin beteiligt war und eine lange Karriere als Betrüger und Hochstapler hinter sich hatte?

5. Sind Sie derselbe Hoff, der sich in Amerika ein Jahr lang von der öffentlichen Mildthätigkeit erhalten ließ, dann Mucker wurde, um mit Hülfe der Frommen (!) sich eine Existenz zu schaffen?

6. Sind Sie derselbe Hoff, der sich einer Sclavenhändlergesellschaft anschloß, für dieselbe als Arzt Sclaven untersuchte?

7. Sind Sie derselbe Hoff, der sich selbst Sclaven hielt und dieselben unglaublich durchpeitschen ließ?

8. Sind Sie derselbe Hoff, der als Orientale verkleidet Amerika durchreißte und ärztlichen Schwindel trieb?

9. Sind Sie derselbe Hoff, der als Schiffsarzt den Matrosen kranken Impfstoff einimpfte und sie damit vergiftete?

In diesem Dokument wurde behauptet, Hoff sei nach Australien geflohen, als seine Betrügereien entdeckt worden waren, und das Schiff, auf dem er in Afrika gedient hatte, sei in Wirklichkeit ein Sklavenschiff gewesen. Vor der Präsidentschaftswahl in den Vereinigten Staaten habe er als bezahlter Agitator für eine Kampagne gearbeitet, die sich für die Sklaverei einsetzte.

Weiter wurde behauptet, er habe nach seiner Rückkehr nach Deutschland seine Familie dazu veranlaßt, ihm Geld zu geben, damit er seinen richtigen Namen nicht benutzte. Er habe von den Arbeiterbildungsvereinen Geld genommen und sei daraufhin «bei Nacht und Nebel» verschwunden. Er habe beim Demokratenkongreß als bezahlter Polizeispitzel agiert, was zu mehreren Verhaftungen geführt hätte. Die Autoren fügten hinzu: «Ebenso wie Sie den meisten Gastwirthen Deutschlands unvergeßlich sind, so können auch wir nicht so leicht unsre Gedanken von Ihnen trennen, sind Sie auch neuerer Nachricht [nach] derjenige Hoff [...], der hier revolutionäre Schriften kaufte, nicht bezahlte, sie der deutschen Polizei übersandte [...].» Viele der Details, zum Beispiel, daß er die Literatur, die er gekauft hatte, nicht bezahlt hatte, waren außerordentlich belastend. Das Licht, das sie auf ihn warfen, brachte keinen ehrlichen oder aufrechten Charakter zum Vorschein. Deshalb ist es äußerst unwahrscheinlich, daß er die Fragen selbst verfaßt hatte, um Sympathien zu werben. Die exilierten deutschen Revolutionäre in Genf hatten offensichtlich bei Hoffs Aktivitäten Verdacht geschöpft und Erkundigungen eingeholt. Für Radikale und Demokraten ihres Schlags war es nicht schwer, sich von ihren exilierten Freunden und Genossen in den USA Auskünfte zu beschaffen. Das Dokument, das von Hoff zugeschickt worden war, war am 28. Januar 1864 in Genf abgestempelt worden und hatte ihm acht Tage Zeit gelassen, auf diese Vorwürfe zu antworten. Von Hoff war offenbar danach von deutschen Exilanten angegriffen und zusammengeschlagen worden – wobei möglicherweise eine auf ihn abgefeuerte Kugel seinen Hut durchlöchert hatte –, und seine Position in der Schweiz war vollkommen unhaltbar geworden. Manche Details waren eindeutig aus der Luft gegriffen, und keines war leicht zu überprüfen. In den Köpfen der Bremer Polizisten jedoch mußten sie eine Reihe von Fragen aufwerfen, die dringend einer Antwort bedurften.[10]

Von Hoff oder Vietinghoff wurde deshalb mitgeteilt, daß er für den Augenblick in Untersuchungshaft bleiben müsse. Offensichtlich schockiert und enttäuscht über dieses Ergebnis, probierte er es jetzt mit einer anderen Taktik und erklärte: «Ich gebe keine Erklärungen mehr ab, man frage nur bei dem Polizei-Präsidenten v. Bernuth in Berlin über mich an, dann wird man Auskunft erhalten, und ist es jetzt einerlei, wie lange meine Haft dauert.» Er ließ so deutlich wie möglich durchblicken, daß er als Geheimagent für die preußische Polizei gearbeitet hatte, so wie es auch die zwölf Fragen nahelegten, die ihm von den Genfer Exilanten zugeschickt worden waren. In Anbetracht der Macht, die die preußische Polizei in ganz Deutschland und sogar darüber hinaus besaß, und der wohlbekannten Tatsache, daß sie eine große Anzahl von Geheimagenten beschäftigte, die sich in revolutionäre und demokratische Organisationen einschleusten, war das beste, was die Polizeibehörde der kleinen Hansestadt tun konnte, ihn ziehen zu lassen. Die Bremer Polizei jedoch weigerte sich hartnäckig, ihn freizulassen, selbst angesichts dieser neuen und beunruhigenden Enthüllung. So begann der Häftling, Scherereien zu machen und die Bremer Behörden so weit zu provozieren, daß sie ihn freiließen, weil er ihre Geduld strapazierte. Er beklagte sich lautstark über seine Haftbedingungen:

«in der angewiesenen (Zelle)», schrieb er seinen Gefängniswärtern in einem offiziellen Protestschreiben, «könne Niemand existieren». Er behauptete, ein Augenleiden zu haben, das durch das trübe Licht in seiner Zelle verschlimmert würde. Er forderte die Erlaubnis, einige Briefe versenden zu dürfen. All das traf bei der inzwischen völlig feindselig eingestellten Polizeibehörde in Bremen auf eisiges Schweigen. Denn was ihr Gefangener nicht wußte, ihre Nachforschungen und brieflichen Erkundigungen außerhalb der Stadt ließen allmählich seine gesamte Geschichte in einem völlig anderen Licht erscheinen, das allerdings kaum weniger dramatisch war als die Details, mit denen er sie konstruiert hatte.

Die Kunst der Autobiographie

Sobald Vietinghoff verhaftet worden war, hatte die Bremer Polizei begonnen, an Universitäten, Polizei- und andere Behörden zu schreiben, um die Einzelheiten, die er angegeben hatte, zu überprüfen.[11] «Der Polizeibehörde zu Havelberg und Neu-Ruppin», wo er behauptete, geboren und aufgewachsen zu sein, notierte sie, «ist v. Vietinghoff unbekannt»[12]. Außerdem half ihr die Korrespondenz, die sie in seinem Hotelzimmer beschlagnahmt hatte, weitere Einzelheiten aus seinem Leben und über seine Verbindungen aufzudecken, und diese unterschieden sich sehr deutlich von der Geschichte, die sie ihr erzählt hatte. Am 13. Juli informierte sie ihn, daß sie herausgefunden hatte, «daß seine bisherigen Angaben über Namen, Geburtsort etc. etc. durch die inzwischen eingegangenen amtlichen Nachrichten als durchaus unwahr sich herausgestellt hätten». Ihr Gefangener weigerte sich jedoch immer noch, mit ihr zusammenzuarbeiten, und blieb eigensinnig bei seiner ursprünglichen Geschichte. Bald jedoch gelang ihr ein entscheidender Durchbruch. Bei der Durchsicht seiner Briefe hatte die Polizei entdeckt, daß er in Breslau einen Halbbruder namens Kupfer hatte. Als sie ihm am 16. Juli mitteilte, daß sie bei seinem Halbbruder Nachforschungen über seine Identität angestellt hätte, gab er seine bisherige Weigerung auf, seine Geschichte zu korrigieren.

Der Lebenslauf, den er der Polizei jetzt anbot, unterschied sich sehr von dem, den er ursprünglich geliefert hatte:

Ich heiße Franz Ernst und bin am 12. Novbr. 1822 zu Friesack geboren, Sohn des dort noch lebenden Rentiers Ludwig Ernst und dessen verstorbener Ehefrau Johanna, geb. Wesenberg. Ich habe das Gymnasium in Neuruppin besucht, dann in Berlin und der Umgegend von Berlin privatisirt, etwa in den Jahren 1837 bis 1839. Von 1840 bis 1850 habe ich in Berlin ein kaufmännisches Geschäft betrieben, auch in der Nähe Berlins ein Rittergut «Adlerhof» besessen. Im Sept. oder Oct. 1856 bin ich mit einem Auslandsreisepasse des Pol. Präsidiums in Berlin zunächst nach Australien gegangen, wo ich den Namen v. Vietinghoff angenommen, welchen Namen ich, nachdem ich 1858 nach Amerika mich begeben, in v. Hoff veränderte. In Sommerville studirte ich Arzneiwissenschaft und lebte dann als Arzt in Newyork u. in den amerikanischen Südstaaten. 1862 kam ich nach England. Wie es mir später ergangen u. wo ich mich auf dem Continente aufgehalten, habe ich bei meiner ersten Vernehmung angegeben. Im Jahre 1839 habe ich mich verheirathet mit Maria Buchholz, eines Oberbürgermeisters Tochter, von welcher ich 1851 oder 1852 wieder geschieden worden bin. Meine geschiedene Ehefrau lebt in Wittstock, bei welcher meine beiden Kinder leben. Bestraft bin ich niemals.

In dieser neuen Geschichte war keine Rede mehr von Reisen nach Afrika und einer Beteiligung am amerikanischen Bürgerkrieg. Dahin war der philanthropische Einsatz bei der Unterdrückung des Sklavenhandels. Verschwunden war das Studium von «Land- und Völkerkunde». Verschwunden waren der akademische Titel und die medizinische Qualifikation. Verschwunden waren der kalifornische Goldrausch und der Dienst in der amerikanischen Marine. Verschwunden waren auch der aristokratische Hintergrund und sein Junggesellenstatus. Nach all diesen Tilgungen blieb nicht viel übrig.

Aber selbst diese abgemagerte Version seines Curriculum vitae stellte die Bremer Polizei nicht zufrieden. Am 20. Juli bestätigte sein Halbbruder in Breslau, von Hoff sei im Jahr 1856 unter dem Namen Dr. Schulze über Hamburg nach Australien ausgereist und 1859 zurückgekehrt. Im Jahr 1860 hätte die Familie ihm Geld gegeben, um nach Amerika zu gehen, er sei jedoch nur bis England gekommen und habe sein Geld dort ausgegeben. Die Polizei hob hervor, daß er wegen seines schlechten Betragens von seiner Familie gezwungen worden sei, nach Amerika zu gehen. Er war in Wirklichkeit ein Tunichtgut, der von Geldsendungen aus der Heimat lebte, der mit einer «Zuwendung» ins Exil geschickt worden war, um sich dort eine Existenz zu schaffen unter der Bedingung, nie zurückzukehren. Das ließ seine Reisen in einem völlig anderen Licht erscheinen als seine Beteuerungen von wissenschaftlichen Neigungen und philanthropischen Motiven. Darüber hinaus entdeckte die Bremer Polizei, daß auch seine Behauptung, nicht vorbestraft zu sein, keineswegs der Wahrheit entsprach:

Im Februar d. J. wurde er wegen Mangels an Legitimation, Führung falscher Namen, Spionendienste und Schwindelei aus der Schweiz ausgewiesen [...] In Mannheim hat er den Gastwirth Horn «zum schwarzen Löwen» um eine Wirthsschuld von 42 fl. betrogen, während er gleichzeitig einige Buchdrucker daselbst, denen er ein gemeinschaftlich literarisches Unternehmen vorschwindelte, um einen namhaften Vorschuß geprellt hat.

Außerdem war seine Angabe, 44 Jahre alt zu sein, seit mehreren Jahren überholt, wie jetzt aus den Akten über ihn erkennbar enthüllt wurde. Wer war also dieser Mann, der in einer Zelle der Bremer Polizei gelandet war, weil er seine Hotelrechnung nicht bezahlt hatte? Die Ermittlungen der Polizei hatten die ganze Angelegenheit offenbar nur noch rätselhafter gemacht.

Als Ernst oder Hoff mit weiteren aktenkundigen Beweisen konfrontiert wurde, darunter auch Einzelheiten, die sein Halbbruder beigesteuert hatte, und am 23. Juli ein weiteres Mal verhört wurde, veränderte er seine Geschichte noch einmal. Auch wenn bestimmte Einzelheiten gleich blieben wie in der Geschichte, die er eine Woche zuvor geliefert hatte, waren andere doch entscheidend anders. Die neue Fabel war sehr viel weniger schmeichelhaft für ihren Verfasser als die vorherigen Versionen, und klang daher sehr viel authentischer:

Ich mag 1816 oder 1815 geboren sein, genau weiß ich es nicht. Meine Mutter Johanne Sophie, geb. Wesenberg, ist in erster Ehe mit einem Rentier Kupfer in Neuruppin verehelicht gewesen. Nach Scheidung dieser Ehe hat meine Mutter mit dem Oeconomen Ludwig Heinr. Ernst in Friesack sich wieder verheirathet. Ich bin in Friesack geboren u. Franz Hermann getauft. Ich habe die Schule in Fehrbellin, das Gymnasium in Neuruppin besucht, als Freiwilliger im 20. Infanterie-Regiment zu Torgau gedient, nachher, bis zum Jahre 1837 einige Jahre ohne bestimmte Berufsthätigkeit in Berlin gewohnt u. von meinem Gelde gelebt. 1837 kaufte ich in Herzberg Grundstücke, mit welchen die Scharfrichtereiberechtigung verbunden war, verheirathete mich in demselben Jahr mit der Tochter der Scharfrichtereibesitzer Schulze in Torgau, von welcher ich im folgenden Jahre geschieden wurde. Im Jahre 1840 verehelichte ich mich mit der Wittwe des Kaufmanns Leppert, Therese geb. Buchholz in Neuruppin, zog mit derselben nach Fehrbellin und nach ½jährigen Aufenthalte nach Berlin, wo ich kaufmännische Geschäfte trieb, bis ich 1848 wegen betrügerischen Bankerotts in Untersuchung und Strafhaft gerieth. Nach Verbüßung einer sechsjährigen Freiheitsstrafe, im Jahre 1856, u. nachdem ich […] von meiner zweiten Ehefrau geschieden war, mit welcher ich drei Töchter erzeugt habe, von welchen noch zwei leben, begab ich mich mit einem Passe nach Australien. 1858 oder 1859 übersiedelte ich nach Boston und in dem letzten Jahr unter dem Namen Schultz auf einige Monate nach Coethen, wo ich in dem Institute als Dr. Lutze Medicin studirte. Ich bin nach Amerika nicht zurückgekehrt, sondern mich, wie schon angegeben, im Orient aufgehalten.

Er gestand jetzt also, nicht nur ein-, sondern zweimal verheiratet gewesen zu sein. Außerdem waren es inzwischen sechs Nachnamen, die er benutzt zu haben zugab, und stillschweigend hatte er sowohl das adelige «von» als auch den Vornamen «Napoleon» fallengelassen. Seine Reisen nach Übersee hatte er, wie es jetzt aussah, nicht aus wissenschaftlichen Motiven unternommen, sondern um Bankrott, Gefängnishaft und Scheidung zu entfliehen.

Noch dramatischer war sein Geständnis, daß er, weit entfernt von aristokratischer Herkunft, aus den Reihen der «unehrlichen», von der ehrbaren Gesellschaft verfemten sozialen Gruppe stammte. Die «Unehrlichkeit» bestimmter Berufsgruppen war mit dem Übergang von der statusgebundenen, strikt hierarchisch gegliederten Ständegesellschaft des 17. und 18. Jahrhunderts zu der Klassengesellschaft des 19. Jahrhunderts mehr oder weniger verschwunden, zum Beispiel im Fall der Müller. Aber dieser Übergang war bei weitem noch nicht ganz vollzogen, und das galt vor allem für das Gewerbe, mit dem Franz Ernst – das scheint sein wirklicher Name gewesen zu sein – befaßt war. Er war Sohn eines Bauern («Oeconom») und hatte Land erworben, das nicht nur die Rechte und Pflichten eines örtlichen Abdeckers mit sich brachte, sondern auch die des staatlichen Scharfrichters, sollte auf Anordnung des Gerichts in dem Bezirk eine öffentliche Hinrichtung stattfinden. Der Vollzug der Todesstrafe war in Preußen in den späten dreißiger Jahren im Vergleich mit den Zeiten vor den Strafrechtsreformen der Aufklärung natürlich drastisch zurückgegangen, deshalb war es außerordentlich unwahrscheinlich, daß Franz Ernst das Beil je selbst gehandhabt hat. Aber die Aufgaben eines Scharfrichters waren in den Augen der meisten Menschen entehrend genug. Zu ihnen gehörten das Zusammentreiben und Häuten von wilden und kranken Tieren, das Entfernen toter Tiere von den Bauernhöfen, das Töten streunender Hunde und mancherorts sogar das Reinigen der städtischen Abwässer und die Entsorgung menschlicher Fäkalien. In der Praxis konnten diese Aufgaben allerdings recht gewinnbringend sein, denn in der Zeit vor der Herstellung synthetischer Fasern war die Verwendung von Tierhäuten und Fellen weit verbreitet. Natürlich konnte jemand, der ein Stück Land besaß oder gepachtet hatte, das mit diesen Pflichten verbunden war, immer jemand anderes anheuern, der die eigentliche Arbeit übernahm, und viele taten das auch. Damit ließ sich die gesellschaftliche Ächtung, die diesem Gewerbe anhing, bis zu einem gewissen Maß überwinden. Dennoch geht aus den Quellen des 19. Jahrhunderts einhellig hervor, daß Abdecker, Pferdeschlächter und Scharfrichter weiterhin als verfemt galten. Das zwang sie zum Beispiel, ihre sozialen Beziehungen auf die Familien dieser gesellschaftlichen Gruppe zu beschränken. Es war Brauch, daß solche Leute ausschließlich Töchter anderer Angehöriger ihres Berufsstandes heirateten, und daraus gingen große und verzweigte Scharfrichter-Dynastien hervor, die das Gewerbe bis weit ins 20. Jahrhundert hinein dominierten. So war es kein Zufall, daß Ernsts erste Frau selbst die Tochter eines Abdeckers und Scharfrichters war. Außerdem war es kein Wunder, daß er versuchte, seine Herkunft mit Pseudonymen zu verschleiern und eine aristokratische Vergangenheit für sich zu erfinden.[13]

Franz Ernst hatte jetzt so viele Lügen aufgetischt, daß selbst seine neue Lebensgeschichte, in der er viele Abstriche machte, nicht wortwörtlich hingenommen werden konnte. Selbstverständlich stimmte sie in groben Zügen mit dem überein, was der Halbbruder des Verhörten der Polizei erzählt hatte. Aber selbst das hatte sie offenbar nicht vollkommen überzeugt. Die Bremer Polizei konsultierte die umfangreichen Akten, die ihr zur Verfügung standen, nahm sogar die neue Technik der Fotografie zu Hilfe und stellte fest:

Der angebliche v. Maltzahn oder v. Vietinghoff oder v. Hoff hat eine überraschende Ähnlichkeit mit dem in dem Jahrgange 1859 des preußischen Central-Polizeiblatts und des hannoverschen Polizeiblatts signalisirten, in dem letzteren photographirten Gauner von Ziemitzki, welcher, jetzt 68 J. alt, unter den falschen Nahmen Friedrich Massen, Masson, von Oppersdorf etc. etc. und nach Stück 4178. Nr. 10 des preuß. Centralpol. Blatts vom Jahre 1859 auch unter dem Namen Maltzahn und von Maltzahn aufgetreten ist. Dieser hat bekanntlich in den Jahren 1818 bis 1822 mit der schlesischen Gräfin von Oppersdorf zwei Söhne u. zwei Töchter erzeugt, von deren Schicksal wenigstens hier Nichts bekannt geworden ist. V. Hoff will 1822 geboren sein und seine Ähnlichkeit führt zu der Vermuthung, daß er einer jener Söhne ist.

Außerdem war der preußischen Polizei zufolge «Baron von Maltzahn» wegen illegalen «Hazardspiels» und «unbefugter Beilegung des Adels-Prädikats im Rückfalle» zu neun Monaten und weiteren vier Monaten verurteilt worden, da er nicht vor Gericht erschienen war, und wurde nun gesucht, um beide Strafen zu verbüßen. Er war angeblich 68 Jahre alt.[14] Diese biographischen Details seines vermutlichen Vaters stempelten Franz Ernst nicht nur selbst zu einem «Gauner», sondern zu einem Angehörigen einer Familie von Gaunern. Außerdem entdeckte die Polizei bei der Überprüfung seiner Pseudonyme, daß er zahlreiche unbezahlte Rechnungen hatte auflaufen lassen, nicht nur in dem Hotel, wo er festgenommen worden war, sondern auch in anderen Bremer Geschäften, und dabei hatte er den Namen Maltzahn benutzt, genau das Pseudonym, das der Mann verwendete, der verdächtigt wurde, sein Vater zu sein. Je weiter die Polizei in ihren Ermittlungen kam, desto komplizierter schien das Gespinst seiner Schwindeleien zu werden.

Diesen Eindruck erhärtete Kriminalkommissar Pick von der Berliner Polizei bereits am 8. Juni 1864, als er die Bremer Behörden warnte, nahezu alle Informationen über die Lebensgeschichte von Hoffs, die man zusammentragen konnte, würden letztendlich von diesem selbst stammen und seien deshalb mit großer Wahrscheinlichkeit unwahr. Mit Sicherheit war er nie als Arzt in Berlin registriert gewesen. Allerdings machte der Kommissar ein belastendes Eingeständnis, das darauf schließen läßt, wie schwierig es war, mit einem solchen Mann umzugehen:

Der angebliche Baron von Vietinghoff, alias Dr. von Hoff, gehört zu den gefährlichsten politischen Schwindlern der Neuzeit; er hat an verschiedenen Orten seine Dienste angeboten und diese zu allerhand Betrügereien benutzt. So trieb er sich in diesem Jahre namentlich in Frankfurt/M., Gießen, Gotha u.s.w. umher. Überall erregte er durch seine Schwindeleien Aufsehen und gab zu allerlei Anfragen Veranlassung. [...] Um seinen Schwindeleien ohne Aufsehen ein Ende zu machen und ihm die Möglichkeit zu benehmen, andere Personen zu compromittiren, hat der Herr Präsident von Bernuth dem v. Hoff Reisegeld zum Betrage von 113. rM. zahlen lassen, und dieser dagegen sich verpflichtet, über Bremen nach Amerika abzureisen. Hoff hat vorgezogen, das Geld zu verausgaben und in Bremen zu bleiben.

Ich glaube nicht, daß der Herr Präsident von Bernuth sich dazu verstehen wird, dem v. Hoff auch nur einen Pfennig zu bewilligen, es liegt dazu gar keine Veranlassung vor, da hier auf die Schwindeleien des v. Hoff Nichts gegeben wird, nur für die öffentliche Sicherheit es jedenfalls ein großer Gewinn ist, wenn ein derartiges schmutziges und verdorbenes Subject beseitigt werden kann.[15]

Es sah also jetzt so aus, daß die Bremer Polizei es mit einem professionellen Hochstapler zu tun hatte von einer Dreistigkeit und einem Erfindungsreichtum, die immerhin ausreichten, den Chef der Berliner Polizei davon zu überzeugen, Geld für ihn lockerzumachen.

Falsches Spiel mit den gekrönten Häuptern Europas

Wie unverfroren Franz Ernst war, wurde klar, als die Polizei begann, die politischen Betrügereien zu entwirren, in die er verwickelt war. «Von Hoff», heißt es in einem Polizei-Steckbrief vom Juli 1864, «gehört zu den in neuester Zeit vielfach aufgetauchten politischen Schwindlern, welche die Beachtung der Polizei in besonderem Grade verdienen». In ganz Deutschland hatte er Spuren vieler Betrügereien hinterlassen. Die Aufmerksamkeit der Behörden hatte er auf sich gelenkt, als er im November 1863 als Zeuge im Prozeß gegen den Redakteur Rausche und seine Komplizen auftrat.

Zuletzt hat er sich durch Schwindeleien und Betrügereien zu erhalten gesucht. Im April 1863 soll die Zeitung «Felleisen» vor ihm gewarnt haben. [...] Von Genf siedelte er nach Bern über, wo er den

Namen D. Fischer führte. Bei seiner Verhaftung daselbst wurden Papiere bei ihm gefunden, die ihn als politischen Verräther und Spion überwiesen. Nach seiner Ausweisung aus der Schweiz hielt sich Vittinghoff in Mainz, Frankfurt, Berlin &c. auf, verkehrte in den beiden erst genannten Städten mit rothen Republikanern und wurde sowohl in Frankfurt, als in Berlin ausgewiesen. – Im J. 1863 trat er mit dem bekannten Führer der socialrepublikanischen Partei Joh. Ph. Becker zu Genf in Verbindung und lernte dort noch andere Führer dieser Partei kennen, die er zu Frankfurt und Mainz aufgesucht hat.

Mit diesen Aktivitäten verfolgte er, wie die Polizei erkannte, keine politischen, sondern pekuniäre Absichten: Er wollte den Behörden beweisen, wie nützlich er für sie war, indem er das Vertrauen der Revolutionäre gewann. Den Anstoß für seine Karriere als politischer Betrüger gab wohl weitgehend die Obsession, mit der die Polizei und die staatlichen Behörden auf dem europäischen Kontinent jener Zeit die Gefahr der «Demokratie» an die Wand malten. Es war wohlbekannt, daß sie, um dieser Bedrohung zu begegnen, ein weitverzweigtes Netz politischer Geheimpolizei und Agents provocateurs eingerichtet hatten. In den Jahren zuvor hatte dieses Phänomen massives Aufsehen in der Öffentlichkeit erregt. Angefangen hatte es damit, daß Karl Marx bei den Massenprozessen der Kommunisten, die im Herbst 1852 in Köln abgehalten wurden, die Machenschaften, Täuschungen, Fälschungen und die Meineidigkeit des höchsten Offiziers der politischen Polizei in Preußen, Wilhelm Stieber, offengelegt hatte. Darauf hatte Stieber eine scharfe Erwiderung veröffentlicht, die er 1853/54 gemeinsam mit dem Polizeichef von Hannover, Karl Georg Wermuth, als detaillierten Bericht unter dem Titel «Die Communisten-Verschwörungen des neunzehnten Jahrhunderts» erscheinen ließ.[16] Ein paar Jahre später, im Jahr 1860, als sich die politische Atmosphäre mit dem «Neuen Kurs» des preußischen Regenten Prinz Wilhelm entspannt hatte, war Stieber vor Gericht gestellt worden und hatte im Verlauf der Verhandlungen so viele peinliche Tatsachen über das korrupte und willkürliche Vorgehen seiner Vorgesetzten enthüllt, daß der preußische Justizminister und der Generalstaatsanwalt gezwungen waren, zurückzutreten.[17] Daraufhin hatte der Journalist Wilhelm Eichhoff eine Reihe von noch belastenderen und detaillierteren Vorwürfen gegen die obersten Offiziere der politischen

Polizei Berlins erhoben, in einem Buch, zu dem sich bald zwei weitere Veröffentlichungen gesellt hatten, die beide 1862 erschienen und in denen der Einsatz von Spionen und Geheimagenten durch die politische Polizei Preußens angegriffen wurde.[18] All das schuf eine so weitgehende Publizität, daß jeder, der Zeitung las oder Zugang zu diesen Publikationen hatte, Bescheid gewußt haben muß und über die undurchsichtige Atmosphäre von Lügen und Spionage, Agenten und Doppelagenten, Täuschungen und Intrigen, in der die politische Polizei in Berlin und ihre Verbündeten in anderen Staaten wie Hannover operierte.

Diese Atmosphäre versuchte Franz Ernst, «Dr. von Hoff», zu nutzen, um seinen größten politischen Coup zu landen und bei den Monarchen und Polizeipräsidenten Europas Geld lockerzumachen, indem er sie vor Attentatsversuchen warnte, die der konspirative Flügel der «Demokraten» beim Brüsseler Kongreß im September 1863 angeblich geplant hatte. Denn der Autor der anonymen Schrift, die er mit sich herumtrug und über die Aktivitäten des «Dr. von Hoff» berichtete, der die geheimen Pläne der Demokraten verraten hatte, war niemand anders als «Dr. von Hoff» selbst. Es dauerte lange, bis die Polizei hinter seine Absichten kam, aber im Juli 1864 waren sich die Beamten ihrer Sache sicher. «Er will», schrieben sie,

mit dem Uhrmacher Ph. Jakob Schöppler von Mainz und dem Redakteur Rausche auf dem, Ende September 1863 zu Brüssel abgehaltenen europäischen Demokratenkongreß gewesen sein. Bald hernach schrieb er über diesen Congreß eine kleine Broschüre, die er, nebst andern demokratischen Schriften Becker's, mehreren Regierungen angeboten hat. Das lithographirte Einladungsschreiben zum Brüsseler Kongreß, welches Garibaldi's Unterschrift trägt, sowie die lithographirten provisorischen Statuten zum Congreß scheint Vittinghoff gesehen, vielleicht auch in die Hände bekommen zu haben, denn er beschreibt beide Documente ganz richtig. Seine Broschüre über den Brüsseler Demokratenkongreß enthält über die Hauptsache gar nichts, sie spricht von Nebendingen und setzt einige Persönlichkeiten herab. Sie ist so abgefaßt, als ob sie von einem Unbekannten herrühre, als ob der darin genannte D. v. Hoff nicht der Verfasser derselben wäre. So sagt der Verfasser u. A. in derselben: «er nenne keine Personen, nur einmal sei v. Hoff in der Untersuchung gegen Schöppler gerichtlich vernommen worden, dessen Aussage müsse aber günstig für denselben gewesen sein, weil sonst seine Entlassung nicht so rasch erfolgt sein würde.» Das Treiben der verschiedenen revolutionären Parteien kennt der angebliche Vietinghoff gar nicht; er hat von deren Entstehung, Organisation und Centralisation, sowie von deren Zusammenhang nicht die geringste Kenntniß. Einige Häupter der revolutionären Parteien haben ihn bei der Einladung auf den Brüsseler Demokratenkongreß ein wenig in ihre Karten sehen lassen, und das hat er ausgebeutet, indem er eine nichtssagende Broschüre darüber schrieb und dieselbe, wie schon erwähnt, nach allen Seiten hin frei bot.[19]

In der Liste seiner persönlichen Habe, die im Hotel du Nord gefunden wurde, waren auch Briefe und Dokumente verzeichnet, die sich auf den Brüsseler Kongreß beziehen. Er scheint also tatsächlich solche Informationen erhalten zu haben, wie in seiner Broschüre behauptet wird. Die geheime Entscheidung für einen Plan, Attentate gegen europäische Staatshäupter auszuführen, war jedoch ausschließlich seine Erfindung. Der Kongreß hatte wirklich stattgefunden, aber er war in erster Linie organisiert worden mit dem Ziel, gegen das zaristische Rußland und dessen Unterdrückung der nationalen Aufstände zu protestieren, die Anfang 1863 in Polen begonnen hatten. Karl Marx wußte Bescheid über die Art und die Absichten des Kongresses selbst. Er schrieb einige Monate später, während des Aufsehen erregenden Besuchs Garibaldis in London, wo Marx lebte, an Friedrich Engels: «In dem geheimen Revolutionärenkongreß in Brüssel (September 1863) mit Garibaldi als nominellem Chief – wurde beschlossen, G. solle nach London kommen, aber inkognito, also die Stadt überrumpeln. Dann sollte er come out für Polen in the strongest possible way.» Tatsächlich war Garibaldi sehr öffentlich in die englische Hauptstadt eingezogen, und er hatte seine enorme Popularität bei der britischen Öffentlichkeit nicht benutzt, um Sympathie für die Polen zu wecken, denen jetzt nicht mehr zu helfen war, sondern um auf Lord Palmerstons Regierung Druck auszuüben, seinen geplanten Marsch auf das von den Österreichern besetzte Venedig zu unterstützen.[20] Die Tatsache aber, daß der Kongreß hinter verschlossenen Türen tagte und von bekannten Demokraten und Revolutionären vorbereitet worden war, machte es ironischerweise für einen politischen Hochstapler wie «von Hoff» leichter, sensationelle Details über seine Sitzungen zu erfinden und sie der politischen Polizei Preußens zu

verkaufen. Die geplanten oder versuchten Attentate auf Staatsober-
häupter und Regierungsminister, wie im Jahr 1852 auf Friedrich Wilhelm IV. von Preußen, im Jahr 1853 auf Kaiser Franz Joseph von
Österreich und im Jahr 1858 auf Napoleon III. von Frankreich, hatten
trotz ihres Scheiterns bei den Behörden allgemeinen Alarm ausgelöst.
Die Gefahr, daß sie wiederholt werden könnten, muß Franz Ernst als
der wirksamste Hebel vorgekommen sein, Monarchen, Regierungen
und Polizei zu veranlassen, aufzuhorchen und sich aufmerksam anzuhören, was er ihnen mitzuteilen hatte, und ihm als Belohnung Geld
zu geben.[21]

Die Dokumente über den Brüsseler Kongreß waren nicht die einzigen belastenden Beweise unter den Besitztümern des «Dr. von
Hoff» im Hotel du Nord. Als persönliches Eigentum waren hauptsächlich «Wissenschaftliche Bücher» verzeichnet, sowie Hunderte
von Exemplaren seiner Broschüre, auf die der Wirt des Hotels einigermaßen optimistisch Anspruch erhob als Sicherheit für die unbezahlte Rechnung. Noch vielsagender aber waren einige «Briefe in
bettelhafter Weise an hervorragende Personen der conservativen
Parteien», in denen Ernst «sich als einen Märtyrer und als Opfer
seines Patriotismus darstellend, ferner Bettelbriefe an Mitglieder
von Freimaurerlogen». Unter den Bettelbriefen – die alle in der
Bremer Polizeiakte überdauert haben – befand sich zum Beispiel
einer, den er am 20. Juni 1864 an den König von Preußen schickte.
Darin forderte er «besondere Gratifikation für geleistete Dienste in
Betreff des demokratischen Congresses und der damit in Verbindung stehenden demokratischen Bewegung(en)». Ernst behauptete,
er habe kein Geld mehr, und: «Um mein Leben nothdürftig fristen
zu können, wohne ich auf einem Dorfe bei Bremen, wo ich mich
mit literarischen Arbeiten beschäftige.»[22] Mit literarischen Arbeiten war er allerdings beschäftigt: Sie bestanden hauptsächlich im
Verfassen weiterer Bettelbriefe. Aber das «Dorf» in der Nähe von
Bremen war in Wirklichkeit das Hotel du Nord, von dem er einen
unablässigen Strom von Schreiben aussandte. Am 11. Juli zum
Beispiel berichteten die Polizeibehörden im Königreich Hannover,
er habe versucht, 100 Thaler von ihnen dafür zu erhalten, daß er
ihnen Informationen über den Brüsseler Kongreß zukommen ließ.
Sie hatten abgelehnt.[23] Obwohl seine Bemühungen nur teilweise
von Erfolg gekrönt wurden, war Ernst, urteilt man nach den Be-

sitztümern, die in seinem Hotelzimmer gefunden wurden, und den Informationen, die andere Polizeidienststellen beisteuerten, eindeutig ein professioneller Betrüger von erheblicher Findigkeit und großem Geschick.

Identitäten in der Unterwelt

In der Mitte des 19. Jahrhunderts war ein Betrüger wie Ernst in Deutschland keineswegs ein Einzelfall. Von ähnlicher Genialität wie Franz Ernst war zum Beispiel ein gewisser Heinrich Bauer, der auch unter dem Namen Charles Henri Amedée Félix de Latoulade bekannt war. Er behauptete, politischer Flüchtling zu sein und aus Paris zu stammen, wo er angeblich während der Revolution von 1848 einen Polizisten umgebracht hatte. Er berichtete seine (restlos erfundene) Lebensgeschichte in allen Einzelheiten in einem 60 Seiten starken Manuskript mit dem Titel «Souvenirs. Mélanges. Par un pauvre diable». Seine fingierte Autobiographie war auf 1854 datiert, und mit großer Wahrscheinlichkeit hatte er sie benutzt, um von politischen und anderen Sympathisanten Geld zu bekommen. Bei einem Polizei verhör stellte sich heraus, daß sein wirklicher Name Carl Heinrich Linnartz war und er aus Elberfeld stammte. Im selben Jahr brach er aus dem Gefängnis aus, und das letzte, was man von ihm hörte, war, daß er sich im folgenden Jahr als ungarischer Graf ausgab.[24] Um 1850 hatte auch der Angestellte Friedrich Eduard Fritze Berühmtheit erlangt, der sich bei seinen Reisen durch Deutschland mal als Aristokrat, mal als Arzt oder Offizier ausgab, wobei er mindestens zwölf verschiedene Namen benutzte und seine jeweilige Identität mit einer ganzen Garderobe entsprechender Kleidung vervollkommnete, um arglose Bürger zu betrügen und um ihr Geld zu prellen.[25] In den Akten der deutschen Polizei gab es zahlreiche Beispiele für solche Männer. Vor der Einigung Deutschlands waren die Polizeikräfte noch stärker dezentralisiert als nach 1871, und wie wir sahen, fanden die einzelnen Staaten nichts dabei, wenn sie Straftäter, die sie loswerden wollten, des Landes verwiesen und so die Verantwortung auf andere Polizeikräfte abschoben. Sie fühlten sich allenfalls dazu verpflichtet, diese vor ihrem Eintreffen zu warnen. In gewissem Maß versuchte die Polizei natürlich die Probleme von Dezentralisierung und Kleinstaaterei auszugleichen, indem sie einander mit Listen, Bildern und detaillierten Personenbeschreibungen gesuchter Männer und Frauen versorgten. Diese Fahndungsblätter, wie sie genannt wurden, wurden auf nationaler – und in gewissem Maß sogar internationaler – Ebene verbreitet. Man erhielt sie durch Subskription, die das für die Herstellung und den Vertrieb notwendige Geld einbrachte – und vielleicht mehr als das. Zuerst waren es inoffizielle Schöpfungen einzelner Polizeibeamter mit Unternehmergeist, wie dem Polizeirat Merker in Erfurt, dessen 1819 gegründete «Mitteilungen zur Beförderung der Sicherheitspflege» die erste Veröffentlichung dieser Art war. In den «Mitteilungen» wurden «gesuchte Personen», «gemeinschändliche Herumtreiber» sowie unaufgeklärte «vorgefallene Verbrechen» aufgeführt, aber auch die «Erledigungen» erwähnt, die natürlich auch als Werbung für den Erfolg der Fahndungsblätter dienten. Die gesuchten Menschen wurden kurz beschrieben mit Name, Gewerbe, Ort und Datum der Geburt, Wohnort, «Ursache der Verfolgung» und «Ort der Entweichung». Jährliche Verzeichnisse stellten sicher, daß die Namen derjenigen, die immer noch gesucht wurden, sich dem Gedächtnis der Beamten, die diese Blätter lasen, einprägten.

Merkers Journal hatte Erfolg, und in den fünfziger Jahren wurde es von der preußischen Polizei übernommen und umgewandelt in die «Mitteilungen des Königlichen Polizei-Präsidii zu Berlin zur Beförderung der Sicherheitspflege». Diese enthielten lange Listen von Verbrechern, die kürzlich von einem Gericht verurteilt worden waren, außerdem die üblichen Einzelheiten über gesuchte Verbrecher. Neu, und für die Reaktion nach 1848 typisch, war, daß nun auch Berichte über politische Verbrecher und Flüchtlinge darin erschienen.[26] Inzwischen war im Jahr 1820 ein zweites, ähnliches Rundschreiben Merkers Beispiel gefolgt, der «Allgemeine Anzeiger der Sicherheitsfürsorge für den preußischen Staat». Er erschien zweimal in der Woche und bestand aus einem einzelnen, auf beiden Seiten bedruckten Blatt mit Beschreibungen von einem oder zwei Kriminalfällen, sowie einer Auflistung der besonderen Kennzeichen der gesuchten Person. Bald erschienen in immer mehr großen Städten regelmäßige Veröffentlichungen dieser Art. Eine davon, «Erhard's Allgemeiner Polizei-Anzeiger», spielte eine Rolle im Fall des Franz Ernst, dessen Beschreibung sie am 13. Juli 1864 erstmals veröffentlichte. Dazu kamen noch Handbücher, in denen die Unterwelt und deren Angehörige beschrieben wurden und die die Polizei auf Taktiken aufmerksam machten, mit deren Hilfe diese versuchen könnten, der Entdeckung zu entgehen. Diese blühende Literatur über Kriminalität und Kriminelle im Deutschland des 19. Jahrhunderts trug dazu bei, das Bild einer Gesellschaft Krimineller als einer organisierten Unterwelt mit ihren eigenen Regeln und Sitten entstehen zu lassen. Betrüger wie Franz Ernst wurden darin nicht als Einzeltäter dargestellt, sondern als Teil eines viel größeren, hochgradig organisierten und strukturierten sozialen Milieus.

Das klassische Beispiel für dieses Genre war das Werk des Lübecker Polizeibeamten Friedrich Christian Benedict Avé-Lallement, «Das deutsche Gaunerthum», das zwischen 1858 und 1862 in vier Bänden erschien.[27] Avé-Lallement vertrat die Ansicht, daß Kriminelle in Deutschland eigentlich eine eigene Rasse darstellten, mit einer eigenen Sprache (der er den gesamten dritten und vierten Band seiner Untersuchung widmete) und einem Repertoire bestimmter Tricks und «Künste», und daß ihre Geschichte bis zum Ende des Mittelalters zurückreichte, als Staaten und Gesetze dafür sorgten, daß die willkürliche Gewalt abnahm. Ihm zufolge war der deutsche Nationalcharakter grundsätzlich christlich, und die religiösen Minderheiten der Juden und «Zigeuner» hätten bei der Herausbildung der kriminellen Unterwelt eine entscheidende Rolle gespielt, wie seine Sprachforschungen seiner Ansicht nach belegten. Interessanterweise griff er damit zwei Minderheiten heraus, um sie als «kriminell» zu bezeichnen, die in vielen Teilen Deutschlands immer noch erheblich benachteiligt waren, gesellschaftlich nicht akzeptiert wurden und denen in manchen Fällen sogar nicht einmal die Grundrechte zugestanden wurden. Ein Menschenalter später sollten diese beiden Gruppen die hauptsächlichen Zielscheiben für den rassistischen Vernichtungsfeldzug in Hitlers Drittem Reich darstellen. Und doch war Avé-Lallement kein offener Vertreter rassistischer Theorien, sosehr er rassistische Einstellungen auch in der Praxis befördert haben mag: er stigmatisierte «Zigeuner» und Juden, weil sie keine Christen waren und ihnen seiner Ansicht nach deshalb die moralischen Grundsätze fehlten, die jemanden erst zu einem ehrlichen Menschen machten. Außerdem aber seien diese kriminellen Elemente verstärkt worden durch «verworfene christliche Elemente», und je mehr davon sich der Unterwelt zugesellten, desto größer und mächtiger würde diese. Den Begriff

«Unterwelt» verwendete Avé-Lallement allerdings nicht, er war dem organisierten Verbrechen in den großen Städten am Ende des Jahrhunderts vorbehalten; wie seine Zeitgenossen sprach er von der «Gaunerwelt» oder dem «Gaunerthum». Dessen Mitglieder stellten eine vollkommen parallele Gesellschaft dar, die die ehrbare Gesellschaft auf jeder Stufe imitierte und zersetzte:

Von einem Stande, als einer gesonderten socialpolitischen Abschichtung, oder gar von einer gesonderten volksthümlichen Gruppe, kann nicht die Rede sein. Das Gaunerthum repräsentiert vielmehr vom verdrängten Thronerben mit dem Stern auf der Brust, vom verabschiedeten Offizier, vom abgesetzten Geistlichen, vom abgebrannten Bürger bis zum elendsten Bettler, das verbrecherische Proletariat aller Stände, und der fürstliche Stern des verdrängten Prinzen, das ehrbare bescheidene Äußere des vertriebenen Geistlichen oder verunglückten Bürgers ist ebenso viel Gaunerkunst wie der versteckte Klamoniß des Makkeners, oder die Lumpen und das äußere Elend des Bettlers, welchem Lumpen und alles andere Gepräge des Elends als Handwerksgeräthe zu seinem Fortkommen dienen.[28]

Avé-Lallement war der Ansicht, die Polizei sei in der Mitte des 19. Jahrhunderts vor allem deshalb gescheitert, weil sie aus ehemaligen Soldaten bestand, die zu alt waren, um die Kunst des Polizeiwesens zu lernen, und die der Unterwelt mit Gewalt und nicht mit Intelligenz begegneten. Die Polizei, so klagte er, befände sich mit dem gesamten Land im Krieg und nicht nur mit den Verbrechern.[29] «Die Geschichte der deutschen Polizei erscheint wie eine große Krankengeschichte des Volks, in welcher man erkennt, wie das Siechthum der social-politischen Zustände vom prüfenden Blick der zur Heilung berufenen Staatspolizei ebenso oft richtig wie falsch aufgefaßt [...] wurde.» Derartige Fehler auszuräumen und der Polizei zu helfen, professioneller zu werden, sei die Absicht seines Buches.

Ähnliche Untersuchungen erschienen in der Mitte des 19. Jahrhunderts auch von anderen Autoren, die damit ihren Teil zu dem Bild einer organisierten kriminellen Unterwelt beitrugen.[30] Die Polizei selbst setzte formelhafte Beschreibungen der Unterwelt sowie Berichte über Individuen in Umlauf, wobei sie oft Informationen verwendete, die sie im Verhör von Verdächtigen erfahren hatte. Eine solche Beschreibung, die 1856 in Mannheim verfaßt wurde, stellt die Welt der «Kunden» als Spiegelbild der ehrbaren Gesellschaft dar:

Die meisten unter ihnen sind verkommene Handwerkspurschen, doch reisen sie auch als Hausirhändler, Handlungsdiener, Studenten, Schauspieler, ja es giebt sogar ganz feingekleidete vornehme Kunden, die als Beamte oder Offiziere Geschäfte machen, und nur des Abends in die Penne kommen, um da zu spielen, zu trinken und zu huren.

Es sei deshalb unmöglich, auf den ersten Blick zu unterscheiden, ob sie zur Welt der ehrbaren Leute gehörten oder nicht.[31] Wie die ehrbare Welt, die sie nachäffte, wurde auch die Gaunerwelt von Männern dominiert. Frauen tauchen auf diesen Listen und in den Einschätzungen nirgends auf, außer als Lustobjekte der Gauner, als Prostituierte, Huren und «Räuberbräute». In Übereinstimmung mit den Geschlechtsrollenstereotypien der Zeit galten sie als grundsätzlich passive Geschöpfe, die nicht einmal zu selbstmotivierter verbrecherischer Aktivität fähig waren.

Auch Avé-Lallement bedauerte, daß ein «Gauner» sich äußerlich kaum von einem ehrlichen Menschen unterscheiden ließ:

In der Polizei- und Inquirirtenpraxis wird man völlig über die Physiognomik enttäuscht, und wem es an Erfahrung fehlt, der mag in den vielen Photographien welche die heutigen Polizeiblatter, und namentlich der Dresdener Polizeianzeiger, in trefflichster Weise bringen, die meistens gutmüthigen Gesichter mit den raffiniertesten Gaunereien vergleichen. [...] Der Gauner ist und bleibt für den Ethnographen verloren, seine Erscheinung geht nicht über den gewöhnlichen Alltagsmenschen hinaus, wie ihn die Natur geschaffen hat, mag auch vielleicht Krankheit, Leidenschaft und Sünde seine Erscheinung missgestaltet haben. Daher kommt die Verwegenheit, mit welcher das Gaunerthum sich aller Formen des social-politischen Lebens anzueignen und in ihnen sich zu bewegen versucht, und die Schwierigkeit, den Gauner unter diesen Formen zu entdecken.[32]

Gemessen an diesen Kriterien war Franz Ernst eindeutig das klassische Beispiel eines Gauners.

Wie Ernst schlichen sich Gauner nicht nur durch Verkleidung und Täuschung in die ehrbare Gesellschaft ein. Der Mannheimer Darstellung von 1856 zufolge gelang ihnen das vielmehr auch durch die Fälschung von Legitimationspapieren oder die Beschaffung echter Papiere «durch Benutzung der Leichtgläubigkeit der Behörden, wenn nicht gar durch Bestechung». Laufpässe und Wanderbücher, die ihnen ermöglichten, sich als Wandergesellen auszugeben und Nahrung und Unterkunft zu erschwindeln, ließen sich leicht fälschen, ebenso wie die offiziellen Siegel, die sie beglaubigten. Und: «Auch ächte Laufpässe sind nicht schwer zu erhalten, und bieten vor anderen Schriften den Vortheil, daß man nicht zu arbeiten braucht und Visas leichter fälschen kann.» Wie man das anstellte, wurde in dem Dokument detailliert beschrieben:

Man trägt bei einer Polizeibehörde, wo möglich eines kleinen Ortes vor, daß man entweder bestohlen worden sei, oder sein Wanderbuch, Paß pp verloren habe. Man giebt hiebei einen recht weit entfernten Heimathsort, wenn es irgend angeht, außerhalb Deutschlands, in der Schweiz oder Dänemark oder Schweden an. Als Ort, wo zuletzt visirt worden, bezeichnet man ebenfalls einen entfernten Ort; die Behörde, setzt man voraus, hat entweder kein Aug dabei, oder sie scheut die Kosten, Einen zu verhaften und die Mühe weithin zu schreiben und ertheilt den Laufpaß zur directen Heimreise. Dieser Laufpaß, auch Verweis genannt, ist nun ein Freibrief zu weiter langer Reise. Solche Laufpässe sind fast ohne alle Ausnahme ein sicheres Zeichen, daß der Inhaber ein Kunde ist, und in gar vielen, fast den meisten Fällen hat sich hier erwiesen, daß die Inhaber, wenn sie angehalten und ihre Identität durch Correspondenz verificirt wurde, ganz falsche Angaben über ihre persönlichen Verhältnisse gemacht hatten.

So konnten auch Druckereiarbeiter leicht bestochen werden, falsche Wandergesellen-Pässe oder Wanderbücher anzufertigen, oder man schmierte mittellose kleine Handwerksmeister, damit sie Zeugnisse ausstellten. Auch echte Papiere waren mit betrügerischen Mitteln leicht zu beschaffen. Dazu gab es die verschiedensten Methoden: Ein sehr gewöhnliches Manoeuvre ist, mit dem Floß rheinabwärts nach Holland zu fahren. Man läßt unterwegs Etwas ins Wasser fallen und bejammert laut den Verlust seines Passes. Auf ein hierauf vom Floßmeister ausgestelltes Zeugniß über diesen Vorfall, oder auch auf die einfache Erklärung, daß man sein Papier verloren habe, erhält man ohne alle Schwierigkeiten von holländischen Polizeibehörden Pässe auf kurze Dauer. Das große Wappen, die äußerst legale Form und die fremde Sprache gewähren dem Inhaber eine ganz besondere Beruhigung namentlich da, wo das Visieren von Landbürgermeistern besorgt wird.

Es sei außerdem wohlbekannt, fügte das Dokument hinzu, «wie

äußerst leicht Pässe von manchen Gesandtschaften und Consulaten zu erhalten sind», so daß keine weitere Erklärung notwendig sei. Avé-Lallement meinte zwei Jahre später, derartiger Betrug sei schwieriger geworden. Er räumte ein, daß «in neuerer Zeit die Urkundenfälschungen immer ärger und häufiger getrieben worden sind», notierte aber auch:

Die Verlässigkeit der Sicherheitspapiere hat ihrer Verwendung, namentlich in Reisepässen, in neuester Zeit immer mehr die Bahn gebrochen. An Stelle der früheren kümmerlich gedruckten Paßblankets geben die neuesten preußischen, bairischen und badischen Pässe insoweit eine vollständige Sicherheit, indem zu ihnen ein treffliches Sicherheitspapier verwandt wird, welches seiner ganzen Beschaffenheit nach eine Fälschung äußerst schwierig, ja wol kaum noch möglich macht.[33]

Aber daß der Lübecker Beamte 20 Seiten seines Buches der detaillierten Beschreibung von Techniken widmete, die in jener Zeit zur Fälschung von Papieren gebräuchlich waren, läßt darauf schließen, daß Fälschungen immer noch sehr häufig vorkamen, und daß viele der in dem Mannheimer Dokument beschriebenen Methoden durchaus noch in Gebrauch waren. Routinemäßige Überprüfungen und Kontrollen der Identität waren nicht so einfach durchzuführen, wie der Fall Franz Ernst nur zu deutlich zeigte. Gegen Ende der sechziger Jahre äußerte sich etwa der Gefängnisdirektor Hermann von Valentini zu diesem Phänomen und beklagte in alarmierendem Ton, die Zahl der Urkundenfälscher sei seit den Tagen vor der Revolution von 1848 drastisch angestiegen. Er schrieb dies dem zunehmenden Materialismus im Zuge der Industrialisierung Deutschlands zu und wetterte ohne Maß und Ziel gegen diesen «Götzen unserer Zeit»:

Jemehr diese neue Ära ihre Angriffe gegen alles richtet, wofür das Volk bis dahin noch eine Pietät sich bewahrte, gegen das sittliche und religiöse Leben, gegen Thron und gegen Kirche, und jemehr die schmutzigste Selbstsucht zum alleinigen Ideal erhoben wird, desto mehr erweist sich eine solche Atmosphäre des social-politischen Lebens als die eigentliche Lebensluft des grossen Ordens des Industrieritterthums, und das ächte Vollblut, die Matadore dieses Ordens pflegen es zu sein, welche als Urkundenfälscher endlich den Zuchthäuslern verfallen.

Solche Männer, versicherte Valentini seinen Lesern aus seiner Erfahrung als Direktor eines Gefängnisses in Ostpreußen, seien eher gekennzeichnet von Arbeitsscheu, Genußsucht, Eitelkeit und Charakterlosigkeit als von irgendwelchen tiefer sitzenden oder nicht zu beherrschenden moralischen Defekten. Offenbar war er der Ansicht, sie seien in gewisser Weise nur zu typisch für den Durchschnittsbürger des industrialisierten Deutschland seiner Zeit.[34]

Deshalb war es kein Wunder, daß die Angehörigen der Unterwelt in der ehrbaren Gesellschaft fast völlig unbemerkt durchgehen konnten. Allerdings war die Unterwelt in hohem Maße strukturiert und organisiert, wenigstens in der Phantasie derer, die über sie schrieben. Das angeführte Mannheimer Dokument fährt fort:

Die Kunden bilden einen eigenthümlichen Staat im Staate, ohne doch eine eigentliche Bande zu bilden und ohne eine gegliederte Organisation ohne überhaupt ein anderes gemeinsames Band zu besitzen, als das Verbrechen gegen das Eigenthum. Der Kampf, in welchem sie mit den menschlichen Einrichtungen begriffen sind, hat für sie einen besonderen Reiz.

Ihnen sei ein besonderes «Standesbewußtsein» eigen, und tatsächlich gehörten all diese Vorstellungen von einer deutschen Unterwelt zu dem Konzept der Ständegesellschaft, in der Gruppen sich durch Geburt, Status und Grad der Ehre eindeutig voneinander unterschieden. In einer Zeit, in der die Gesellschaft in den Augen der meisten Deutschen immer noch in Stände unterteilt war, deren Eigenschaften und Natur von Erblichkeit und gesellschaftlichem Rang bestimmt wurden, war es nur natürlich, daß Kriminelle im großen und ganzen nicht als Individuen betrachtet wurden, die auf Abwege geraten waren, sondern als Mitglieder einer in sich gegliederten Gruppe, der Unterwelt, in der eigene Regeln, Sitten und Hierarchien herrschten, die also ein Spiegelbild der Gesellschaft bildete und deren Ziel es war, diese zu zersetzen und zugrunde zu richten. Wie die «unehrlichen Leute», die so viele Mitglieder der Unterwelt stellten, bestand diese aus großen, vielfältig verzweigten Sippen, die ihr Wissen von einer Generation zur nächsten weitergaben. Respektabilität der Art, wie sie ein Franz Ernst zur Schau stellte, war eine Maske der Täuschung, und es war Aufgabe der Polizei, diese abzureißen und die kriminelle Physiognomie darunter zum Vorschein zu bringen. Weithin glaubte man, daß die Mitglieder der Unterwelt wie die Mitglieder der Zünfte oder Geheimgesellschaften ihre eigenen geheimen Erkennungszeichen hatten, zum Beispiel indem sie mit dem linken Auge zwinkerten, wenn sie nach links sahen, oder indem sie ihre Fäuste in einer besonderen Weise ballten. Sie waren sich untereinander einig, die Sprache der Unterwelt – die Gaunersprache oder das «Rotwelsch» – abzuändern, wenn ihre Ausdrücke in der ehrbaren Gesellschaft bekannt wurden. «Es giebt zahllose ‹Pennen›, d. h. Gaunerherbergen, Wirthshäuser, in welchen stets der Wirth ‹kochem› ist, d. h. mit zur Gesellschaft gehört.» Hier kamen die Angehörigen der Unterwelt auf ihren Reisen unter, verpraßten ihre unrechtmäßig erworbenen Einkünfte bei Trinkgelagen und Glücksspiel, knüpften Bekanntschaften und heckten neue Pläne aus. Derartige Orte waren die Zentren, von denen aus sich die Neuerungen in der Sprache der Unterwelt verbreiteten:

Wie eine Armee suchen die Kunden diejenigen Gegenden auf, wo sich ihnen leichterer Erwerb der Subsistenzmittel und leichtere Gelegenheit bietet, ihren Gegner, die Polizei, zu überlisten oder dem überlegenen Gegner zu entschlüpfen. Große, reiche, entlegene Bauern- und Rittergüter, Landstraßen ohne aufmerksame Polizeistationen u. dgl. werden von ihnen gesucht. Vermieden werden die Strecken, wo es «heiß», d. h. wo die Gendarmerie zahlreich und fleißig und wo die Polizeibehörden vorsichtig sind. Mitunter sondiren einzelne Kunden das Terrain. Stößt ihnen etwas auf, finden sie Hindernisse, so schneiden sie bei der Rückkehr auf und machen die Gegend zehnmal so heiß als sie ist. Wo einmal ein Kunde verhaftet ward (verschütt gegangen ist) da gehen lange Zeit keine mehr hin.

Ihre Aktivitäten reichten von einfachem Betteln, oft auf der Basis erfundener Unglücksgeschichten, bis zu Diebstählen in Häusern, deren Bewohner dumm genug waren, sie einzuladen, von kleinen Gaunereien und Taschendiebstahl auf Märkten bis zum Betrug beim Kartenspiel mit Bauern, die in die Stadt gekommen waren, um ihre Waren zu verkaufen. Es gab insgesamt vielleicht 150 solche Leute in Nordwestdeutschland, behauptete das Dokument, und vielleicht noch mehr im Süden und im Osten.[35]

In den schriftlichen Berichten der Polizei über die Unterwelt in der Mitte des 19. Jahrhunderts mischte sich also das Eingeständnis, daß bürokratische Überprüfungen und Kontrollen häufig ohne Wirkung blieben, mit der Überzeugung, daß sie systematisch – und nicht zufällig – unterlaufen oder vermieden wurden. Diese allgemeinen Darstellungen verwiesen sicherlich ebenso wie individuelle Fälle gleich dem des Franz Ernst darauf hin, daß die Überprüfung von Dokumenten zur Feststellung einer Identität weit weniger erfolgreich war, als oft behauptet wurde. Der Historiker Peter Becker hat darauf hingewiesen, daß die Polizei mit der Zusammenstellung detaillierter Handbücher und Lexika über die Merkmale, an denen professionelle Gauner zu erkennen waren, im 19. Jahrhundert eine «Semiotik des Gaunertums» konstruierte, die sich weitgehend auf die äußeren Zeichen für ein lasterhaftes und liederliches Leben beschränkte. Kriminelle wurden nicht mehr im Gesicht gebrandmarkt, wie das in der frühen Neuzeit üblich war, aber immer noch war es die äußere Erscheinung, die zählte. Die Behörden waren angewiesen auf Ausweispapiere, die sich fälschen ließen, und Geständnisse, die erlogen sein konnten. Einen Gauner konnte man an der Sprache oder an bestimmten Gesten erkennen oder daran, welche Gastwirtschaften er frequentierte, all das aber konnte er in der einen oder anderen Weise verschleiern. Als Schlüssel zu seiner wahren Identität betrachtete man die Biographie eines Kriminellen, seine Herkunft, seinen Status und seine moralische Laufbahn, und das ist der Grund, warum in den Zirkularen der Polizei so langatmige Lebensgeschichten abgedruckt waren. Aber wie Ausweispapiere konnten auch Biographien gefälscht werden, und in einer Zeit vor der Einführung von Fingerabdrücken und Anthropometrie konnte der Erfindungsreichtum eines Gauners seiner Entlarvung viele Hindernisse in den Weg legen.[36] Im Jahr 1862 sah sich der Verfasser eines Polizei-Handbuchs gezwungen einzugestehen: «Die täglich bei der Berliner Polizei eingehenden Nachfragen von Behörden nach der Identität festgenommener Verbrecher und die häufige Feststellung thatsächlich falscher Namensbeilegung beweisen, wieviele unter falscher Flagge segeln.»[37]

Tatsächlich hatte sich die Unterwelt ihrem Wesen nach seit den Zeiten der großen Räuberbanden, die in der Napoleonischen Ära West- und Mitteldeutschland in Schrecken versetzten und, wie wir sahen, zu dieser Zeit auch in den «Vagabunden» Westpreußens ihre Entsprechung fanden, stark verändert. Schon damals waren die «Gauner» von den Experten als «ein herumziehendes Volk, ohne bleibende Wohnstätte, das überall und nirgends zu Hause ist», dargestellt worden – eine Beschreibung, die auf jemanden wie Franz Ernst nahezu vollkommen paßte.[38] Aber mit der Wiederherstellung der bürgerlichen Ordnung am Ende der Kriege und der Einrichtung einer effizienten Ordnungsmacht in den ländlichen Gebieten in Form der «Gendarmerie» etwa zur selben Zeit war das Zeitalter des Banditenwesens zu Ende gegangen. Die Unterwelt war in den Untergrund abgetaucht. Straßenraub, Überfälle auf Postkutschen, abgelegene Bauernhäuser oder Mühlen durch ganze Banden waren einem individualistischeren Vorgehen der Kriminellen gewichen. Ihre Verbrechen waren nicht mehr von offener Gewalt, sondern von Täuschung gekennzeichnet und gerade deshalb gefährlicher, zumindest in den Augen derjenigen, die versuchten, Verbrecher dingfest zu machen. Noch war die Zeit der Verbrecherbanden im städtisch-industriellen Milieu nicht gekommen. In der Mitte des 19. Jahrhunderts arbeiteten Kriminelle eher allein; und anstatt in einem leicht zu identifizierenden «Verbrecherviertel» zu leben, wie sie gegen Ende des Jahrhunderts in den großen Städten entstanden, drangen sie unbemerkt in die bürgerliche Gesellschaft ein. Die Besessenheit ehrbarer Bürger von der Vorstellung des unsichtbaren Gauners korrespondierte in der Mitte des 19. Jahrhunderts mit der konservativen Paranoia vor den Machenschaften von politischen Geheimgesellschaften, revolutionären Verschwörungen und demokratischen Konspirationen.

Das neue Bild von der Unterwelt brachte zum Ausdruck, wie groß die Unsicherheit der Exekutive war zu einer Zeit, als ihre Gedanken stark beherrscht waren von der Brüchigkeit der gesellschaftlichen Ordnung, die die Revolution von 1848 auf dramatische Weise sichtbar gemacht hatte. Auch politisch befand sich der preußische Staat in der Defensive, denn die Liberalen weigerten sich seit 1862, den Haushalt zu verabschieden, wenn ihnen nicht wirksame Kontrolle über die preußische Armee gegeben würde, und Bismarck, der berufen wurde, um eine Lösung für die Situation zu finden, verfolgte einen prekären und illegalen Kurs, indem er ohne die Zustimmung des Parlaments Steuern eintrieb. In den Köpfen der Beamten mischte sich die politische Bedrohung durch Demokratie und Revolution mit der Gefahr, die der Gesellschaft durch die organisierte Unterwelt drohte. Dieser Sichtweise versuchten Marx und Engels zu begegnen, als sie die «gefährlichen Klassen» einem «Lumpenproletariat» zuschrieben, dessen politische Rolle sich ihrer Meinung nach hauptsächlich darin erschöpfte, daß seine Mitglieder sich als Werkzeuge für die Machenschaften der Reaktionäre hergaben. Auch

Marx und Engels waren der Ansicht, daß diese Schicht sich aus jeder Gruppe der Gesellschaft rekrutierte; sie sahen sie nicht als soziales Residuum, als untersten Bodensatz des Klassensystems, sondern als parallele soziale Welt. Ihr gehörte ein staatsverdrossener Journalist und Politiker wie Louis Napoléon Bonaparte, bevor er als Napoleon III. Kaiser der Franzosen wurde, ebenso an wie der Vagabund, der Trunkenbold, der Verbrecher oder die heruntergekommene Existenz. Mit ihrer Begriffsbildung vom «Lumpenproletariat» hatten die beiden sozialistischen Theoretiker also nichts anderes getan, als die zeitgenössische Vorstellung von der kriminellen Unterwelt aufzunehmen und ihr eine politische Wendung zu geben, ohne sie dabei allerdings allzusehr zu verändern. Die Zeit, wo Anarchisten wie Michail Bakunin ebenso wie die Polizei die Kriminalität als Verbündete der Revolution betrachteten, kam erst später, vor allem nach der Pariser Kommune von 1871.[39]

Der Fall des Franz Ernst führte diese unterschiedlichen sozialen und politischen Ängste säuberlich in einer Person zusammen. Hier war ein Mitglied der Unterwelt, das in der Tat als Werkzeug der Reaktion agierte, das seine Bemühungen darauf konzentrierte, sich in die revolutionäre Bewegung einzuschleusen, um sie an die Behörden zu verraten. Und doch war das ganze Manöver nichts weiter als ein groß angelegter Schwindel, der die Ängste des Establishments ausbeutete, um Profit daraus zu schlagen. Aus der Dreiecksbeziehung zwischen Revolutionären, Reaktionären und krimineller Unterwelt sollte nur letztere als Gewinner hervorgehen. Es steckt eine schöne Ironie in der Tatsache, daß die politische Polizei in Berlin, diese wahren Meister in der Kunst der Täuschung, selbst Opfer eines Betrugs geworden war und erkennen mußte, daß sie von einem dreisten und skrupellosen Hochstapler übertölpelt worden war. Schließlich war es Ernst gelungen, den Polizeichef von Bernuth in Berlin zu beschwatzen, 113 Mark lockerzumachen, und auch die Bremer Polizei zahlte am Ende seine Hotelrechnung. Ähnlich hatte sich auch die Atmosphäre von Geheimhaltung, in der die Demokraten operierten, von einem Mittel, sich zu schützen, zu einer Schwachstelle verkehrt, denn sie hatte es möglich gemacht, daß ein Angehöriger der Unterwelt imaginäre Verschwörungen aushecke, mit denen er die Behörden in Angst versetzen konnte. Die Feindseligkeit, die Ernst von den deutschen Exilanten in Genf entgegengebracht wurde, verriet ihre Befürchtungen zur Genüge. Seine Festnahme auf Veranlassung des bayrischen Botschafters in Bern läßt jedoch vermuten, daß wenigstens in der Schweiz jemand die wahre Natur seines Spieles kannte.

«Ein reines Schwindelgeschäft»

Ob Ernst seinen Lebensunterhalt immer mit Betrug verdient hatte, ist nicht klar. Aus der Polizeiakte geht jedoch hervor, daß er bereits in den vierziger Jahren damit angefangen hatte, sobald er das Erwachsenenalter erreicht hatte. Aber die Grenzen der Unterwelt waren immer fließender, als diejenigen behaupteten, die über sie schrieben. Wie viele ihrer Mitglieder hatte sich Ernst auch in dem einen oder anderen legalen Bereich betätigt. Einmal dachte er daran, seinen Lebensunterhalt nicht nur mit politischem Betrug zu verdienen, sondern auch mit Schreiben. Er plante sogar, eine Zeitschrift zu veröffentlichen, die «Der Zeitgeist» heißen sollte, allerdings ist sie wohl nie erschienen. Und im Gegensatz zu vielen anderen Einzelheiten seiner Lebensgeschichte, die er der Bremer Polizei zuerst auftischte, entsprach die Behauptung, er habe die zweite Hälfte des Jahres 1862 in Großbritannien verbracht, tatsächlich der Wahrheit. In der British Library in London findet sich eine Kopie einer dünnen Broschüre, die er über diese Reise veröffentlichte. Der 20 Seiten starke Bericht, der 1863 in Mannheim erschien, trägt den etwas langatmigen Titel «Die deutschen Gelehrten, Kaufleute, Handwerker und Tagelöhner in England, Schottland und Irland, mit ihren Institutionen, in ihrem Leben und Treiben». Aber es handelte sich dabei weniger um eine Untersuchung sozialer Verhältnisse, wie der Titel verspricht, sondern in der Hauptsache um den Versuch eines Nachweises, daß Großbritannien ein gutes Land war, wo deutsche Arbeiter Arbeit finden könnten. Sie seien bei den britischen Arbeitgebern beliebt, schrieb «Dr. von Hoff», weil sie körperlich kräftiger seien als die Briten, härter arbeiteten und weniger tranken. Allerdings zeigte sich von Hoff wenig beeindruckt von den Lebensbedingungen im armen Londoner Stadtteil Whitechapel, diese seien viel armseliger als die, in denen die Sklaven in den Südstaaten der USA lebten, die er aus eigener Erfahrung zu kennen behauptete, was allem Anschein nach der Wahrheit entsprach. Vermutlich nutzte Ernst die Broschüre als Grundlage für seine Vorträge über Großbritannien, die er in der Verkleidung eines auf «Volks- und Länderkunde» spezialisierten Gelehrten im Lauf des Jahres 1863 in verschiedenen deutschen Städten hielt.

Diese Scharlatanerie aber diente Franz Ernst einem weiteren, noch wichtigeren Zweck, denn in erster Linie stattete sie ihn mit der Identität eines soliden Mitglieds des deutschen Bildungsbürgertums aus. Er verriet sich jedoch mit einem merkwürdigen Abschnitt in seiner Broschüre über die Deutschen in Großbritannien. Dort berichtet er, daß er während seines Aufenthalts in London das «Heiraths-Comptoir» von Herrn und Frau Schwarz besucht habe, einem deutschen Ehepaar, das in einem Landhaus in Dalston lebte, heute ein Stadtteil im Nordosten von London, damals aber noch ein ländliches Gebiet, das allmählich in die städtischen Randbezirke überging. Das Paar sei zwar von einer deutschsprachigen Zeitung empfohlen worden, schrieb von Hoff, er halte es jedoch für seine Pflicht, seine Leser und jeden zukünftigen Klienten der Agentur zu warnen, denn es handele sich hierbei um «ein reines Schwindelgeschäft».

Nachdem ich ihm mein Gesuch vorgetragen, legte er mir ein Buch vor, worin eine Anzahl Damen mit Vor- und Zunamen aufgeführt, und dahinter die Größe ihres Vermögens, ihre eigene Größe, die Farbe der Haare und Augen und das Alter (ob dieses Letztere wohl treu?) verzeichnet war […]. Er zeigte sich sofort bereit, ein *Rendezvous* mit einer Dame zu veranstalten.

Daß Ernst sich beklagt, die Information über das Alter der Damen sei möglicherweise irreführend, ist erstaunlich unverschämt, bedenkt man, daß er sein eigenes Alter gewohnheitsmäßig herabsetzte. Wäre je ein Rendezvous mit einer der Frauen zustande gekommen, hätte ihnen eine köstliche Komödie gegenseitiger Täuschung bevorgestanden. Aber dazu kam es nicht. Schwarz berechnete eine überaus exorbitante Gebühr von vier Pfund pro Konsultation zuzüglich fünf Prozent der Mitgift im Fall einer Heirat. Er versprach seinen Klienten, innerhalb von drei Monaten eine Begegnung mit der Dame ihrer Wahl zu arrangieren. «Fürsten, Grafen und Baronen &c. wollte er schon auf diese Weise Frauen verschafft haben.» Aber das ganze Geschäft schien von Hoff ein ausgemachter Schwindel zu sein. Er bezahlte weder die Gebühr, noch schrieb er sich ein.[40] Ernst hatte in dem Ehepaar Schwarz offenbar wirklich seinesgleichen gefunden. Denn seine wichtigste Beschäftigung im Leben, abgesehen von dem relativ neuen Zweig des politischen Betrugs, war in der Tat der Heiratsschwindel. Er trat als wohlhabender, gebildeter, respektabler Doktor oder Akademiker auf, suchte sich reiche alleinstehende Frauen nahezu jeden Alters aus und überredete sie, sich gegen ein geheucheltes Heiratsversprechen von ihrem Geld und Gut zu trennen. «Als er im Decbr. 1863 Frankfurt verließ», notierte der Steckbrief, den die Polizei im Juli 1864 über ihn herausgab, «hat er die Theresia Kammermeyer, der er die Ehe versprochen, mit sich nach Genf genommen; nur mit Mühe hat sie ihre Sachen, die er hat veräußern wollen, retten können». Unter seinen Habseligkeiten, die im Hotel du Nord gefunden wurden, befanden sich tatsächlich Briefe von einem Dr. Fresenius in Frankfurt und von Theresia Kammermeyer, die offenbar beide Opfer seiner Schwindeleien geworden waren, der Polizei zufolge «der Eine an Vertrauen u. Vermögen, die Andere an der Ehre». Die Frankfurter Polizei bestätigte diese Geschichten am 6. Juli. In den «Zwölf Fragen», die ihm mit feindlichen Absichten von den radikalen deutschen Exilanten in Genf geschickt worden waren, wird ebenfalls behauptet, daß er Theresia Kammermeyer um einen beträchtlichen Geldbetrag gebracht und ihren Besitz in Genf ohne sie zu fragen verkauft hatte. Sie waren offenbar verfaßt worden, bevor sie ihr Eigentum zurückerhielt. In den Fragen wird außerdem der Vorwurf erhoben, Ernst habe ein Mädchen in Lausanne und ein anderes in Mannheim verführt, dazu noch den Wirt «Zum schwarzen Löwen» um 300 Gulden betrogen. War er, fragten sie rhetorisch, derselbe Ernst (oder von Hoff), «der mit dem Sündengeld der Spionage die betrogene Braut bezahlen wollte»?

Theresia Kammermeyer mag ihr Geld zurückerhalten haben, ihre Ehre aber hatte sie verloren, so sahen dies wenigstens die Polizei und ohne Zweifel auch weite Teil der ehrbaren Gesellschaft. Die Polizei war, soweit es ihr möglich war, um Diskretion bemüht. «Manches [...] was bereits über ihn bekannt war», notierte sie, «eignet sich nicht für die Öffentlichkeit». Unter Ernsts persönlicher Habe im Hotel du Nord befand sich auch eine Reihe von Manuskripten und Entwürfen, davon bezogen sich manche auf «eine beabsichtigte und theilweise ausgeführte Schwindelei gegen eine hiesige Familie, dahin gerichtet, mit d. Tochter in eine Verlobniß zu treten». Dazu gehörten auch Briefe und Zeugnisse, die von Hoff «mit großem Geschick» gefälscht hatte, um die Familie zu beeindrucken, darunter auch seine Ernennung zum Professor an der Universität Freiburg, und natürlich die Dokumente, die er für eine Heirat brauchte. Auf der Geburtsurkunde, die er sich beschafft hatte, wird der Name seiner Mutter als «v. Pochham», nicht «v. Puttkamer», angegeben. Vielleicht zog er die Verwandtschaft mit einer relativ obskuren adeligen Familie vor, über die nicht so einfach Nachforschungen angestellt werden konnten. Wie auch immer, es war das adelige «von», auf das es ankam. Ganz eindeutig aber war Ernst ein Mann, der sich sehr viel Mühe gab mit dem Geschäft der Ehe und der Verführung. Und doch war er körperlich außerordentlich wenig einnehmend, wenigstens für einen heutigen Betrachter: Er stand im mittleren Alter und wurde von der Polizei als «korpulent» beschrieben, was von der Fotografie in seiner Polizeiakte bestätigt wird, so daß man sich Franz Ernst kaum als Liebhaber vorstellen kann. Wie kam es dann, daß er solchen Erfolg hatte?

Die Erklärung lag paradoxerweise zum Teil gerade in seinem Äußeren: solide, schwergewichtig, der Inbegriff der Bürgerlichkeit. Das paßte gut zu seiner angeblich hohen gesellschaftlichen Herkunft, seinen medizinischen und wissenschaftlichen Referenzen und seiner kosmopolitischen, abenteuerlichen und doch edelmütigen Lebensgeschichte – denn es ist anzunehmen, daß er die pikareske (und natürlich nahezu vollkommen erfundene) Biographie, die er der Bremer Polizei im Jahr 1864 zuerst auftischte, normalerweise einsetzte, um wohlhabende alleinstehende Frauen für sich zu gewinnen. So wie er die Schwächen der preußischen Polizei jener Zeit zu seinem Vorteil nutzte, vor allem ihre paranoide Angst vor Revolutionären, so nutzte er auch die Schwächen der deutschen Frauen seiner Zeit zu seinen Gunsten. Denn in der deutschen Gesellschaft war die Ehe für die mittleren und wohlhabenden Schichten von überragender Bedeutung. In den Gründerjahren der industriellen Wirtschaft in der Mitte des 19. Jahrhunderts spielten Ehe und Familie eine bestimmende Rolle für die Weitergabe von festem und beweglichem Kapital. Kein Wunder, daß in Herrn Schwarz' Verzeichnis heiratsfähiger Damen in Dalston die reale oder imaginäre Höhe der Mitgift seiner Klientinnen vor ihrem Alter oder ihrem Aussehen aufgeführt wurde. Wohlhabende Familien waren stets um eine «gute Partie» für ihre Töchter bemüht, und manch einem Paterfamilias muß jemand wie der vielgereiste und gebildete Dr. von Hoff mehr als akzeptabel vorgekommen sein. Altersunterschiede spielten hier nur eine untergeordnete Rolle. In der deutschen Mittelschicht waren Ehen zwischen Männern in den Vierzigern und Frauen, die fünfzehn oder zwanzig Jahre jünger waren als sie, keineswegs ungewöhnlich.[41]

Und die unverheirateten Frauen selbst waren mindestens ebenso ängstlich darauf bedacht, eine gute Partie zu machen, wie ihre Eltern. Denn in dieser Gesellschaft gab es praktisch so gut wie keine Möglichkeiten für Frauen der Mittelschicht, sich den Lebensunterhalt durch ertragreiche Arbeit außerhalb des Hauses selbst zu verdienen. Der einzige Beruf, der ihnen offenstand, war der der Lehrerin, aber selbst dieser bedeutete gesellschaftliche Abwertung und wurde gering bezahlt, da es keine höheren Schulen für Mädchen gab und Frauen vom Studium an deutschen Universitäten ausgeschlossen waren. Bei Frauen, die ein Alter erreicht hatten, in dem die meisten ihrer Altersgenossinnen schon lange zum Altar geschritten waren, wetteiferte die Angst, als «alte Jungfer» gesellschaftlich lächerlich gemacht zu werden, mit der Angst vor Verarmung oder zumindest dem Zwang, als Gouvernante oder Gesellschafterin in einem mehr oder weniger dienenden Status arbeiten zu müssen. Außerdem machte die romantische Literatur, die hauptsächliche Lektüre der jungen, gebildeten Frau, sie empfänglich für die Art von Anziehungskraft, die auszuüben Ernst sich so viel Mühe gab. Hier endlich war ein Mann, der behauptete, vor der westafrikanischen Küste Sklavenhändler bekämpft zu haben, der bei dem kalifornischen Goldrausch von 1849 dabeigewesen war, der während des amerikanischen Bürgerkriegs der Belagerung von New Orleans getrotzt hatte, der in karibischen Gewässern vor Kuba gesegelt und durch exotische Gebiete des Nahen Ostens gereist war, einschließlich (für Damen mit religiösen Neigungen) eines Abstechers ins Heilige Land. Eine solche Lebensgeschichte muß für viele Frauen unwiderstehlich gewesen sein. Und Ernst wußte, wie er sie mit einem glaubwürdigen Briefstil zu verbinden hatte, indem er die Etikette wahrte, die für seine Zeitgenossen – und seine Adressatinnen – in den Beziehungen zwischen den Geschlechtern so überaus wichtig war, und gleichzeitig auf verführerische Weise übermächtige amouröse Empfindungen durchblicken ließ, die nur darauf warteten, unter der soliden und respektablen Oberfläche streng ehrbarer Absichten und höchstem gesellschaftlichen Anstand hervorzubrechen.

Ein Beispiel, das seine Technik auf vollkommene Weise repräsentiert, ist ein Briefentwurf, den die Polizei unter seinen Papieren im

Hotel du Nord fand. Er trägt das Datum vom 18. Juni 1864 und ist gerichtet an «Johanne», sein auserwähltes Opfer in Bremen. Ernst war zu dieser Zeit schon sehr geübt, und doch ist der Entwurf einer von mehreren Versuchen, die zeigen, wieviel Mühe er sich machte, den Ton und den Inhalt richtig zu treffen. Unter Beteuerungen seiner Aufrichtigkeit, einem Wert, der im 19. Jahrhundert eine Schlüsselrolle spielte und den hervorzuheben er gut tat, berichtete Ernst Johanne, daß «der Augenblick, wo ich diese Worte niederschreibe, zu ernst» für ihn sei, als daß er seinen «Worten eine Schwärmerei verleihen» könne. Für den, der seine wahre Geschichte und seine wahren Absichten kannte, liegt der Zweck dieses Briefes nur zu klar zutage. Aber für die unwissende Empfängerin muß er glaubwürdig genug geklungen haben. Er schrieb:

Mein mir lieb gewordenes Fräulein! Würden Sie, mein liebes Fräulein, einem Manne, bei dem Sie geschlummerte Gefühle wach gerufen haben, wohl eine Unterredung gestatten, dergestalt gestatten, daß er sich vor und zu Ihnen offen aussprechen darf? Meine Aufmerksamkeit wird Ihnen wohl schon einen Beweis davon gegeben haben, was ich mit den Worten «geschlummerte Gefühle» sagen will. Es ist eines Mannes unwürdig, nach meiner Ansicht, sich mit Hoffnungen herumzutragen, ohne denselben Worte der Erklärung, der aufrichtigen Erklärung folgen zu lassen.

Ich gehöre auch nicht zu denen, welche Gefühle, wenn Sie nicht erwidert werden können, respective erwidert werden, Wurzel pflegen lassen und dann bei der Unterdrückung einen Höllenschmerz gewähren.

Wenn ich, mein mir lieb gewordenes Fräulein, die ergebene Bitte hinzufüge, daß Sie die Gnade haben, mir Allein, ohne beisein von Zeugen, die Unterredung zu gewähren, so wollen Sie darin nichts erblicken, was den Anstand verletzt. Sollten Sie es aber dennoch finden wollen, daß der Anstand dadurch verletzt werden könnte, so werden Ihnen meine heiligen Versprechungen Bürge sein, daß jede Dame, einem Manne gegenüber, stets bei mir wie dem Manne Achtung gebietende Stellung einnimmt und namentlich Sie, welche ich nun im Herzen hoch achte [...].

Mit einer ähnlichen Sprache muß er auch um Theresia Kammermeyer in Frankfurt geworben haben. Daß er soviel Wert auf Anstand legte, spiegelte auf ironische Weise die Absichten wider, die dahintersteckten. Ob er sich in früheren Jahren bei anderen, ähnlichen Versuchen an anderen Orten einer solchen Sprache bediente, wird wahrscheinlich nie bekannt werden.

Die Bremer Polizei faßte in ihrem letzten Bericht vom 10. August 1864 zusammen, was über ihren Häftling bekannt war. Er war 1849, 1853 und so weiter in Berlin vorbestraft worden wegen Verwendung falscher Namen und Betrug, außerdem 1854 wegen wiederholter «Verläumdung von öffentlichen Beamten in Beziehung auf ihren Beruf» (acht Monate). Danach hatte er das Land verlassen und war zuerst nach Australien gesegelt, dann nach Amerika, das er dreimal besuchte. Die Geschichte seines Bankrotts stimmte wahrscheinlich nicht. Die Polizeibeamten gestanden ihm zu, «von vielseitiger aber nur oberflächlicher Bildung» zu sein, «mit beneidenswerthem Gedächtniß und raschem Auffassungsvermögen», aber auch «hochmüthig» und «starrsinnig». Abgesehen von seinen politischen Aktivitäten behauptete er, Freimaurer zu sein, und hatte dies benutzt, um von den Freimaurerlogen Unterstützung zu erhalten. Die Polizei kam zu dem Schluß, daß sie es hier mit einem «frechen Schwindler» zu tun hatte. Nach weiterer Korrespondenz mit der Berliner Polizei teilten die Bremer Behörden Ernst am 8. August 1864 mit, daß er in Anbetracht der Wochen, die er bereits im Gefängnis gesessen hatte, nicht angeklagt oder verurteilt würde, er würde aber ausgewiesen und nach Preußen geschickt, außerdem wurde ihm verboten, nach Bremen zurückzukehren. Es wurde eine Regelung zur Begleichung der Schulden gefunden, die er in Bremen immer noch offenstehen hatte. Ernst versicherte der Bremer Polizei, daß er in die USA zurückkehren würde. In diesem Stadium aber begegneten die Polizeibeamten allem, was er sagte, voller Skepsis, und so gaben sie lediglich ihre Ansicht zu Protokoll, daß dies unwahrscheinlich sei, denn ganz offensichtlich fehlten ihm die Mittel für die Reise. Sie warnten ihre Kollegen überall, vor ihm auf der Hut zu sein. Danach verschwand er jedoch aus den Akten, und es ist zumindest möglich, daß er tatsächlich nach Amerika zurückging. Welches Schicksal ihn dort erwartet haben mag, ist unbekannt.

Die Geschichte von Franz Ernst demonstrierte, wie vielfältig die erzählerischen Techniken waren, deren sich ein professioneller Betrüger bedienen konnte, um sich eine oder mehrere fiktive Lebensgeschichten zu konstruieren. Einem Mann wie Ernst bereitete es wenig

Schwierigkeiten, Ausweispapiere zu fälschen und sich mit verschiedenen Identitäten auszustatten, trotz aller Fortschritte staatlicher Bemühungen in der ersten Hälfte und den mittleren Jahrzehnten des 19. Jahrhunderts, den Normalbürger mit einem Netz von Überprüfungen und Kontrollen zu überziehen. Und doch fielen Männer wie Ernst früher oder später der Polizei in die Hände, und ihre imaginären Lebensgeschichten hielten einer genaueren Überprüfung nicht stand. Ernsts abenteuerliche Erzählung, die ihre Grundlage in der populären Literatur hatte und auf romantische Gemüter einen beträchtlichen Reiz ausübte, brach zusammen, als sie mit den Beweisen konfrontiert wurde, die aus den verschiedenen Polizeiakten zusammengetragen worden waren, und wurde durch etwas viel Gewöhnlicheres und Prosaischeres ersetzt. Das geschah allerdings nicht zum ersten Mal, denn Ernst hatte ein langes Register von Festnahmen und Verurteilungen vorzuweisen, er war einer Reihe von Polizeibehörden wohlbekannt, und diese hatten bereits einen internen Steckbrief von ihm in Umlauf gebracht. Er mochte sich jedesmal erneut herausschwindeln und jedesmal eine neue Identität erfinden, am Ende holten sie ihn offenbar doch immer wieder ein. Andererseits schien Ernst sich ihrem Zugriff auch immer wieder zu entziehen und zu neuen Abenteuern aufzubrechen, trotz allem, was behördlicherseits über ihn bekannt war, und trotz aller Bemühungen der Ordnungskräfte, ihn unter Kontrolle zu halten. In der halb amüsierten, halb verzweifelten Resignation, mit der die Bremer Polizei über seine Abreise berichtete – angeblich nach Amerika, vielleicht aber auch nach irgendeinem anderen Ort in Deutschland –, zeigt sich, wie klar ihnen war, daß ein Überwachungsnetz auf der Basis von Dokumenten zum Nachweis der Identität wohl niemals wirklich perfekt funktionieren könne.

Tatsächlich war Ernst Mitglied der stigmatisierten Unterklasse, aus der zu entkommen schwierig für ihn war; allerdings gelang es ihm immer wieder, sich in Verkleidung als vollkommen ehrbaren Bürger auszugeben. Männer wie er verfügten bisweilen über erstaunliche Fähigkeiten, ihre Biographie selbst zu gestalten. Kaum war die Polizei einer vorgetäuschten Identität auf die Spur gekommen und hatte sie in ihren Rundbriefen veröffentlicht, gelang es Ernst offenbar, eine andere zu konstruieren. Auf jeden Fall stattete er sich immer mit einer bürgerlichen Identität aus, egal welcher angeblichen politischen Couleur: bürgerlicher Intellektueller, bürgerlicher Geschäftsmann, bürgerlicher Philanthrop, bürgerlicher Revolutionär. Nur indem er sich als Bürgerlichen neu erfand, hatte Ernst Aussichten, sich das Einkommen zu verschaffen, mit dem er seinen Lebensunterhalt bestreiten konnte – natürlich in einem Lebensstil, der dem vieler Bürger ähnelte, die in dieser unsicheren Ära des sich herausbildenden Kapitalismus in Deutschland schwere Zeiten durchmachten. Seine Karriere bewies Unverfrorenheit und Täuschungskünste, zeigte aber auch, wie ein einfallsreicher Mann sich der Polizei entziehen und durch die Maschen des Netzes von Überprüfungen und Kontrollen schlüpfen oder es sogar zu seinem Vorteil nutzen konnte, auch wenn manche Historiker behaupteten, im Deutschland des 19. Jahrhunderts habe dieses System zur Kontrolle sozialer und politischer Außenseiter so wirksam funktioniert. Außerdem legte Ernsts Geschichte bloß, wie zerbrechlich die bürgerliche Identität war und welche Unsicherheiten unter dem Anschein von Solidität und Respektabilität liegen konnten, den die Bourgeoisie so eifrig kultivierte. Kein Wunder, daß die Behörden derartige Betrüger für so gefährlich hielten.

Ernst mag den Fängen der Polizei am Ende entkommen sein – wir wissen es nicht. Allerdings gab es viele andere, die einem Netz von Überprüfungen und Kontrollen unterworfen wurden, das sogar noch engmaschiger war als jenes, das sich im Sommer 1864 in Bremen um ihn zog. Die Gruppe, die am meisten stigmatisiert wurde, waren die registrierten Prostituierten, und um deren Stellung in den Strukturen von Autorität und Gehorsam, die das Alltagsleben der Unangepaßten im Deutschland des 19. und frühen 20. Jahrhunderts prägten, soll es jetzt im folgenden gehen.

4 Das Leben einer Verlorenen

Abstieg in die sexuelle Unterwelt

Im Juni 1905 wurde das wilhelminische Deutschland durch eine sensationelle Veröffentlichung erschüttert. Sie drohte, den Deckmantel, der sonst über die Unterwelt der Prostitution und sexuellen Ausbeutung gebreitet wurde, zu lüften und das darunter Verborgene ans Tageslicht zu zerren. In dem «Tagebuch einer Verlorenen» präsentierte die Schriftstellerin Margarete Böhme einer entsetzten Leserschaft die Aufzeichnungen einer professionellen Prostituierten in all ihrer schnörkellosen Unmittelbarkeit, denn, so schrieb sie im Vorwort, es wurde darin nichts verändert außer den Namen und einigen «Streichungen von Stellen, die sich absolut nicht für die Veröffentlichung eigneten». Sie habe das Dokument nach dem Tod der Frau unter deren Habseligkeiten gefunden. «Nichts liegt mir ferner, als die Absicht, mit der Herausgabe dieser Tagebuchblätter die pikante Literatur um ein Buch zu bereichern», schrieb sie und fuhr fort:

Die schlichten Aufzeichnungen erheben keinen Anspruch auf künstlerische oder literarische Wertschätzung; sie sind nichts und wollen nichts sein als ein authentischer Beitrag zu einer brennenden sozialen Frage unserer Tage. Beredter und überzeugender als die glänzendsten Schilderungen aus berufener Schriftstellerfeder, sprechen sie zu uns und werfen ihre grellen Schlaglichter in die Welt der bürgerlichen Toten, der Ausgestoßenen und Parias der Gesellschaft.[1]

Es war eine bittere Geschichte, die das Tagebuch erzählte. «Thymian Gotteball», die Tochter eines angesehenen Apothekers, beginnt ihr Tagebuch als unschuldiges bürgerliches Mädchen und beendet es als lebensmüde Hure, die an Tuberkulose stirbt.

Ihr Abstieg beginnt mit dem Tod ihrer geliebten Mutter, als ihr Vater anfängt, sich eine Reihe von Mätressen zu halten, deren Anwesenheit allmählich einen verderblichen Einfluß auf die Moral in Thymians Elternhaus nimmt. «Es sei einmal so», teilt ihr der Gehilfe ihres Vaters mit, «daß ein gesunder Mann in seinen Jahren die Frauen brauchte.» Eine der Mätressen, die schöne Elisabeth, mit der Thymian sich, ausnahmsweise, angefreundet hat, begeht Selbstmord, nachdem der Apotheker ihr mitgeteilt hatte, daß er sie niemals heiraten werde. Thymian bricht daraufhin zusammen und wird, während sie noch ohnmächtig ist, von dem Apothekergehilfen vergewaltigt. Das führt nun keineswegs zu einer Verhaftung des Mannes oder auch nur einer Entlassung durch ihren Vater, vielmehr wird Thymian die Schuld daran gegeben. Sie ist schwanger und wird in ein privates Etablissement für unverheiratete Mütter geschickt, wo sie sich mit Frauen anfreundet, die wissender und erfahrener sind als sie und in deren Gesellschaft sie ihre Unschuld verliert. Nachdem das Kind zur Welt gekommen ist und zur Adoption fortgegeben wurde, wird Thymian endgültig von ihrem Vater verstoßen, der sich wieder verheiratet. Um sich zu «bessern», wird sie zu einem gefühllosen Pastor und dessen unangenehmer Frau geschickt. Sie widersetzt sich jedoch allen Versuchen, ihren Willen zu brechen, und entflieht, um ihre neuen Freundinnen wiederzufinden. Diese versuchen, sie davon zu überzeugen, daß eine Frau in ihrer Situation keine Chance hat, ein ehrbares Leben zu führen, sondern ihr Glück in der Gesellschaft reicher Männer suchen muß. Als Thymian moralische Bedenken gegen diesen Rat äußert, wird ihr geantwortet, sie möge vielleicht eine Stufe höher gestellt sein als der Durchschnitt.

Aber das nützt Ihnen alles nichts mehr, mein Herzchen. Sie haben ein Kind, und die bürgerliche Gesellschaft will nichts mehr von Ihnen wissen. Für die sind Sie doch verloren, da können Sie machen, was Sie wollen, für voll werden Sie nicht mehr genommen, und wenn Sie wirklich nochmal hereinkommen, leben Sie doch immer in Angst, daß etwas herauskommt.

Thymian kämpft mit ihrem Gewissen. In ihrem Tagebuch erörtert sie dieses Problem auf einigen Seiten, die, wie die Herausgeberin bemerkt, später herausgerissen und vernichtet wurden, weil sie eine schmerzhafte Erinnerung an die Zeit darstellten, «wo sie mit zagendem Fuß die letzte schwankende Brücke zwischen zwei Welten überschritt». Denn der innere Kampf endet damit, daß Thymian sich für das gute Leben entscheidet, das die Unterwelt verspricht, und nicht weiter für eine Sünde bezahlen will, die nicht ihre war.

Sie bricht mit ihrer Familie und zieht mit ihren Freundinnen in einen «Salon» in Hamburg, wo sie die feinen Umgangsformen erwirbt und eine Luxus-Kurtisane der Oberschicht wird. Aber als der «Salon» sich langsam in ein Bordell verwandelt, kommt es zu einer

Polizeirazzia, und die Bordellwirtin, Thymians Freundin, wird verhaftet und ins Gefängnis gesperrt. Thymian ist vorgewarnt worden und nach Berlin geflohen, wo sie bald auf eigene Faust die großen Cafés besucht und reiche Männer auf ihr Zimmer lockt. Sie lernt die Unterwelt der Prostitution in der Hauptstadt kennen und begreift schnell, wie sie der Aufmerksamkeit der Sittenpolizei entgehen kann. Es gelingt ihr, einen Eintrag in die Polizeiliste der «öffentlichen Mädchen» zu vermeiden. Thymian hält die Registrierung als solche für keine Katastrophe und hat auch an sich nichts gegen die damit verbundenen regelmäßigen medizinischen Untersuchungen auf Geschlechtskrankheiten einzuwenden. Aber von registrierten Prostituierten werden exorbitante Mieten verlangt, die die Zimmerwirte als Versicherung gegen eine Anzeige wegen Kuppelei betrachten, die ihnen das Gewerbe ihrer Mieterinnen einbringen kann, wenn diese der Polizei bekannt sind. Andererseits droht Thymian, die allein lebt, die Gefahr, daß Zuhälter sie einzuschüchtern versuchen. Diese Männer beschreibt sie als «heruntergekommene Subjekte [. . .] aus allen Ständen», die zu faul sind oder zu viel trinken, um auf ehrbare Weise ihren Lebensunterhalt zu verdienen. Thymian richtet es deshalb so ein, daß ein Freund aus ihren Kindertagen, der degenerierte Aristokrat Graf Osdorff, zu ihr zieht. Sie heiraten, aber Osdorff ist fortwährend betrunken, schläft mit anderen Frauen, bringt ihr Geld durch, kommt ins Gefängnis und wird schließlich krank und stirbt. Wieder einmal ist Thymian auf sich allein gestellt. Ihr Ziel ist, innerhalb der Welt der Prostitution aufzusteigen und einen reichen Mann zu finden, der sie aushält. Ein wohlhabender Arzt, in den sie sich verliebt, hilft ihr, aber er ist verheiratet und verfügt nicht über die notwendigen Geldmittel. Schließlich findet sie den Mann, nach dem sie sucht, in Osdorffs früherem Vormund, einem ältlichen, verwitweten Grafen. Für Geld gibt sie ihre Liebe auf und wird die Begleiterin des alten Mannes. Mit ihm geht sie auf Reisen, nach Nizza und Monte Carlo, aber sie beginnt sich zu langweilen und sehnt sich nach der Gesellschaft des Arztes. Sie nimmt ihre Beziehung zu ihm wieder auf, geht aber weiter für Geld mit anderen Männern aus. Aber auch das hilft nicht gegen ihr Gefühl von Sinnlosigkeit und Lebensüberdruß. Deshalb beginnt sie mit wohltätiger Arbeit, bis der Verein, dem sie angehört, ihre Vergangenheit entdeckt und sie ausschließt. Von Schuldgefühlen, Depressionen und dem Verlust der Selbstachtung geplagt und voller Bedauern, kein normales Leben mit Mann und Kindern geführt haben zu können, erkrankt Thymian an Tuberkulose und stirbt.

Die Herausgeberin des Tagebuchs, Margarete Böhme, berichtete, sie habe nach der Veröffentlichung des Buches «eine unaufhörliche Flut von Zuschriften aus allen Weltgegenden und Himmelsrichtungen» erhalten. «So sind die Briefe fast nicht mehr zu zählen», fügt sie hinzu, «in denen man mich um Aufklärung resp. Auskunft über diesen oder jenen Punkt des ‹Tagebuchs› bittet. [...] Der Erfolg des ‹Tagebuchs› hat eine Menge von ‹Beichten›, ‹Bekenntnissen›, ‹Memoiren›, ‹Anderen Tagebüchern› mit nur allzu deutlichen Tendenzen heraufbeschworen.»[2] Es ist nicht schwer, sich die Gründe für den Erfolg des Buches vorzustellen. Zum ersten Mal wurde hier das Problem der Prostitution aus der Perspektive einer Prostituierten erörtert, die nicht als niederträchtig oder böse dargestellt wird, sondern als Opfer gesellschaftlicher Heuchelei und Diskriminierung. «Gewiß», schrieb die Autorin des Tagebuchs über ihre Kolleginnen in Berlin, «es sind auch Mädchen darunter, die ganz und *nur* durch Leichtsinn und Schuld dazu gekommen sind, aber ich behaupte, daß keine einzige mit *vollem Wissen* und *Bewußtsein* sich in diese Tinte hineingeritten hat.» Sie alle würden, wie sie schrieb, ihren Weg zurückfinden in «geordnete Verhältnisse», wenn sich ihnen die Möglichkeit bieten würde. Der Abstieg in diese «Halbwelt» könne nichts weiter sein als die Folge eines Mißgeschicks. Wenn eine Frau sich jedoch erst einmal auf diesen Weg eingelassen hatte, gab es in einer Gesellschaft, deren Sitten so streng waren wie die des wilhelminischen Deutschland, keinen Weg zurück. Das «Tagebuch» beschreibt einen solchen abschüssigen Weg, jeder Versuch, ihm zu entkommen – zum Beispiel durch gute Werke –, wird versperrt durch den Verlust des «guten Rufs» der Erzählerin. Die sich wandelnde Sprache der Tagebucheinträge spiegelt sehr gut die verschiedenen moralischen Verfassungen der Schreiberin wider – von der unschuldigen Heranwachsenden über die habgierige Kurtisane bis zur weltverdrossenen «Begleiterin». Damit ermöglicht sie dem Leser, in sicherem Abstand der inneren Reise einer verlorenen Seele ins Verderben zu folgen.

Oberflächlich betrachtet gab es keinen besonderen Grund, warum «Thymian Gotteball», die ihr kurzes Leben in Bequemlichkeit verbrachte und wohl versorgt war, Tuberkulose bekommen haben und so rasch an deren Auswirkungen gestorben sein sollte. Aber die Tuberkulose war nicht nur eine sehr weit verbreitete Krankheit, sie war auch eine Metapher. In literarischen Darstellungen der Prostitution wurde häufig Gebrauch von ihr gemacht – klassische Beispiele sind die «Kameliendame» und «La Bohème», die zu den populärsten Texten des 19. Jahrhunderts gehörten. Die Tuberkulose verwies eher auf die Unvermeidlichkeit geistigen und moralischen Verfalls als auf die verheerenden Auswirkungen anderer Krankheiten, deren Darstellung in einem für die ehrbaren Klassen gedachten Werk unpassend gewesen wäre. Tuberkulose galt auch als Aphrodisiakum und verlieh der Leidenden angeblich beträchtliche Verführungskraft, aber sie konnte auch für seelische Verarmung und Lebensüberdruß unter der Oberfläche von Wohlhabenheit und Glück stehen. Die Leidenschaft, die in einem Tuberkulosepatienten wie zum Beispiel in Werken wie Thomas Manns «Der Zauberberg» brannte, war eine kranke Leidenschaft, die auf einen Mangel an moralischer Vitalität schließen ließ. Aber sie konnte auch verfeinern und veredeln, indem sie in dem Maße, wie der Körper verfiel, die Reinheit der Seele zum Vorschein brachte. An Tuberkulose zu sterben konnte, wie im Fall der Prostituierten Fantine in Victor Hugos «Les Misérables», das Mittel der Erlösung von einem Leben in Sünde sein. Das «Tagebuch einer Verlorenen» war kein großes Werk der Weltliteratur, und das Thema Tuberkulose kommt erst gegen Ende vor, fast als sei es ein nachträglicher Einfall gewesen – denn für die Handlung der Geschichte spielt es so gut wie keine Rolle. Die Leser des Buches aber hatten wohl genug Werke gelesen, in denen die Tuberkulose eine Rolle spielte, um ihre vielschichtige metaphorische Bedeutung zu verstehen.[3]

Abgesehen davon, daß im Mittelpunkt des «Tagebuchs» die vertraute Figur der tuberkulösen Kurtisane steht, ist auch die Handlung in einer sozialen Sphäre angesiedelt, die den meisten seiner Leser mehr oder weniger bekannt war. Die Figuren sind einem eingegrenzten Bereich der Gesellschaft entnommen, von der gebildeten Mittelschicht des Arztes und Apothekers bis hin zu der standesgemäßen Welt der Aristokraten, und entsprechend vollzieht sich auch die Handlung im vertrauten Milieu der Hotels, Cafés, Kasinos, Opernhäuser, in den bequem eingerichteten Räumen und soliden Häusern des Bürgertums. Von der Arbeiterklasse keine Spur. Die Unterwelt, in die Thymian sich begab, war keine Welt der Unterschicht, der Armut und Entbehrung, sondern eine parallele Welt, die zwar durch einen unsichtbaren Vorhang von der ehrbaren Gesellschaft getrennt, aber auf jeder Ebene ihr verborgenes Abbild war. Nicht Armut war dafür verantwortlich, daß Frauen wie Thymian in die Prostitution getrieben wurden, suggeriert das Buch, sondern die Rigidität der gesellschaftlichen Konvention, die in der Öffentlichkeit häufig von Männern eingeklagt wurde, die nichts Besseres zu tun hatten, als sie in ihrem Privatleben zu unterminieren. Die Geschichte einer armen Arbeiterfrau, die sich gezwungen sieht, ihren Körper zu verkaufen, um sich am Leben zu halten, hätte weit weniger Wirkung auf die bücherkaufende Öffentlichkeit der Zeit gehabt als ein solcher Angriff gegen die Verlogenheit und Doppelmoral der respektablen Gesellschaft. Natürlich war es auch wenig wahrscheinlich, daß die Ungebildeten Tagebücher schrieben. Wichtiger aber war die Auffassung, die Armen hätten überhaupt keine Ehre zu verlieren. Der moralische Abstieg von der Unschuld zur Prostituierten konnte nur vom metaphorischen Ausgangspunkt einer relativ hohen gesellschaftlichen Position aus dargestellt werden. Diese Überlegungen führen zu den Fragen, wie repräsentativ die Erfahrungen der «Thymian Gotteball» wirklich waren und warum dieses Buch weit mehr als andere, die zum selben Thema erschienen, eine öffentliche Debatte in Gang brachte. Denn Sexualität und ihre Regulierung waren zwar Themen, die in der sittenstrengen Gesellschaft des wilhelminischen Deutschland selten erörtert wurden, aber sie wurden von ihr auch nicht ganz und gar ignoriert. Tatsächlich existieren jede Menge Belege, die von Sozialforschern, Regierungsbeauftragten, der Polizei und anderen Beobachtern zusammengetragen wurden und die Geschichte, die das «Tagebuch» erzählt, in einem etwas anderen Licht erscheinen lassen.

Nachfrage und Angebot

Im «Tagebuch einer Verlorenen» wird der Bedarf an Prostituierten als bürgerliche Nachfrage dargestellt. Darin folgten ihm viele zeitgenössische Autoren und später auch Historikerinnen. Es ist ein Gemeinplatz geworden, die Existenz von Prostitution im Deutschland des 19. und frühen 20. Jahrhunderts weitgehend der psychosexuellen Dynamik der bürgerlichen Familie zuzuschreiben. Diese Sicht geht letztlich auf die Sozialdemokraten zurück, eigentlich sogar bis auf das

«Kommunistische Manifest», in dem Prostitution als unaussprech-
lichster Aspekt der Ausbeutung des Proletariats durch die Bourgeoisie
dargestellt wird. August Bebel widmete ein ganzes Kapitel seines viel-
gelesenen Buches «Die Frau und der Sozialismus» dem Nachweis, daß
Prostitution eine besondere Form gesellschaftlicher Ausbeutung war,
und daß sie zunahm, wenn die Ausbeutung im allgemeinen zunahm.
Die Nachfrage kam aus der Bourgeoisie, das Angebot aus dem Proletariat.[4] Die Erfahrung von jemandem wie «Thymian Gotteball», die in
einem behaglichen Mittelschichtmilieu aufwuchs, erscheint aus dieser
Perspektive deshalb bereits äußerst ungewöhnlich. Als Prostituierte
stellte man sich in erster Linie Angehörige der Arbeiterklasse vor.
Der sozialdemokratische Autor Heinrich Lux behauptete 1892 sogar,
«daß fast jede selbständige Arbeiterin, die eines Familienanschlusses
entbehrt, beständig in der Gefahr schwebt, entweder dauernd, oder
wenigstens vorübergehend, zu Zeiten stockenden Erwerbes, aus der
Prostitution den größeren Teil des Lebensunterhalts ziehen zu müssen». Es sei «eine Thatsache, daß allgemein die Prostitution als ein
Zusatz zum Lohne aufgefaßt wird, daß zahlreiche Geschäftsinhaber
mit diesem ‹Nebenverdienst› bereits bei der Fixierung der Löhne
rechnen.»[5] In jüngerer Zeit sind manche Historiker sogar noch weiter
gegangen, indem sie die These vertraten, die Nachfrage für die Dienste von Prostituierten sei fast ausschließlich von bürgerlichen Männern gekommen, weil von bürgerlichen Frauen erwartet wurde, daß
sie vor ihrer Eheschließung sexuell unberührt waren und sich in der
Ehe sexuell passiv oder frigide gaben, und dies tatsächlich auch oft
waren.[6] Die Historikerin Regine Schulte bemerkte: «Für die sexuellen Bedürfnisse der Arbeiterschaft spielte die Prostitution kaum
eine Rolle, da sich hier ein völlig anderes Sexualverhalten und damit
eine andere Geschlechtsmoral herausgebildet hatte als im Bürgertum.»[7]

Doch diese Perspektive, alles auf eine Begleiterscheinung des Klas-
senkampfes zu reduzieren, ist in Wirklichkeit vereinfachend. Alain
Corbins klassische Untersuchung der Prostitution im Frankreich des
19. Jahrhunderts enthüllte ein weit komplexeres und differenzierteres
Bild. Sie wies nach, daß die Nachfrage nach Prostituierten auch von
ledigen männlichen Arbeitern, Wandergesellen und jungen Männern
ausging, die in den rasch expandierenden Städten des industriellen
Zeitalters allein lebten, außerdem von Soldaten und Seeleuten sowie

von verheirateten Arbeitern, deren Frauen von Krankheiten oder Schwangerschaften erschöpft waren oder sich aus Angst vor Schwangerschaft sexuell verweigerten (Coitus interruptus war das normale, wenn auch hochgradig unzuverlässige Verhütungsmittel in der Arbeiterklasse bis zum Ersten Weltkrieg und noch darüber hinaus).[8] Die «freie Liebe», die, wie Regine Schulte behauptet, in der Arbeiterklasse üblich war, war, wenn sie überhaupt existierte, ein Merkmal der frühen Erwachsenenjahre; informelle Polygamie war stark eingeschränkt auf Regionen, wo Schichtarbeit vorherrschte, wie in den Bergarbeitergebieten an der Ruhr, und auf solche mit einem drastischen Mangel an Frauen. Ihr Ausmaß wurde von Historikern stark übertrieben.[9] In Wirklichkeit gab es unter Arbeitern ebensoviel sexuelle Not wie unter den Männern der Mittelschicht, selbst wenn sich die Gründe dafür sehr stark unterschieden. Zeitgenossen, die die Prostituierten-Szene im wilhelminischen Deutschland aus eigener Anschauung kannten, erzählen eine ganz andere Geschichte als die Marxisten. Einer dieser Kenner war der Schriftsteller Hans Ostwald, der zwischen der Jahrhundertwende und dem Ersten Weltkrieg eine Fülle von Schriften zu diesem Thema veröffentlichte. Ostwalds Absicht war, die Unterwelt und ihre Institutionen in Berlin zu kartographieren, die soziale Geographie des Verbrechens und der Devianz in ihren mannigfaltigen Spielarten darzustellen.[10] Er nährte die voyeuristische Angstlust des Bürgertums, indem er eine Art Pornographie der Devianz lieferte. So versorgte er seine Leser mit detaillierten Beschreibungen der Häuser, Straßen und Viertel, die sie selbst nur selten betreten würden. In fast jedem Werk, das er schrieb, betonte er die Bedeutung der Unterwelt und der Einrichtungen, die ihr als Schlupfwinkel dienten – Pennen, heruntergekommene Kneipen und Kaschemmen. Und in einer ganzen Reihe seiner Publikationen hob er hervor, welche Rolle die Prostitution für den Zusammenhalt der Unterwelt spielte. Einer der Autoren in einer von Ostwald herausgegebenen Buchreihe, Magnus Hirschfeld, schrieb in seinem Band über männliche Prostitution und die homosexuelle Subkultur in Berlin: «Prostitution und Verbrechertum gehen Hand in Hand; Diebstähle und Einbrüche, Erpressungen und Nötigungen, Fälschungen und Unterschlagungen, Gewalttätigkeiten jeder Art» seien alle Teil dieses kriminellen Milieus.[11]

Ostwald und seine Mitautoren waren keine bürgerlichen Sozialforscher, sondern hatten enge Verbindungen zu dem Umfeld, das sie beschrieben. Magnus Hirschfeld zum Beispiel war selbst homosexuell. Er war ein Pionier in der Erforschung der Homosexualität und ein Kämpfer für die Rechte Homosexueller und für ihre homosexuelle Identität. Er selbst kannte die Risiken, die Männer eingingen, wenn sie die Dienste von Strichjungen annahmen, nur zu genau. Auch Ostwald hatte eigene Erfahrungen mit der zwielichtigen Unterschicht in Berlin und anderswo. Der gelernte Goldschmied wurde im Jahr 1873 geboren, und sein Leben als Wanderbursche war unmerklich zu dem eines arbeitslosen und obdachlosen Vagabunden verkommen. Ermutigt von dem Schriftsteller Felix Hollaender, den er gegen Ende des 19. Jahrhunderts zufällig getroffen hatte, begann er zu Beginn des Jahrhunderts seinen Lebensunterhalt damit zu verdienen, daß er seine Erlebnisse zu Papier brachte.[12] Die «Großstadtdokumente», die Ostwald ab 1905 herausgab, waren sein ehrgeizigstes Projekt. Fünfzig Bände waren geplant, von denen jedoch nicht alle erschienen. Danach ließ Ostwalds erstaunliche Produktivität etwas nach, allerdings veröffentlichte er auch in den zwanziger Jahren noch gelegentlich populäre kulturgeschichtliche Bücher und widmete sich der Herausgabe der Werke des bekannten Berliner Zeichners, Heinrich Zille. Er starb 1940.[13]

Ostwalds Darstellung der Prostitution in Berlin war für eine Veröffentlichung in nicht weniger als zwanzig Bänden geplant, aber offenbar erschien auch von diesen nur ein halbes Dutzend. In allen Details enthüllte er darin seinen Lesern eine Welt mit vielen sozialen Abstufungen und bestätigte damit die Beobachtung von «Thymian Gotteball» im «Tagebuch einer Verlorenen»: «In der halben Welt», vertraut Thymian ihrem Tagebuch an, «gibt's genau so viel Kasten und Kreise wie in der ganzen». Oben auf der sozialen Stufenleiter standen «die bekannten Halbweltdamen Berlins – die Blumenhändlerinnen der vornehmen Restaurants, die Tänzerinnen und Sängerinnen mancher Theater», die die Reichen und die Aristokraten bedienten.[14] Das war die Welt, zu der «Thymian Gotteball» gehörte. Diese Frauen, die spätnachts auch den breiten Boulevard Unter den Linden frequentierten – was im «Tagebuch» nicht erwähnt wird –, beschrieb Ostwald als so reich, daß er nicht einmal wagte, eine Vermutung über ihre Einkünfte anzustellen. Offenbar aber hielt er diese für sehr beträchtlich. Hier ging Prostitution in Konkubinat über. Das Phänomen der «ausgehaltenen Frau» war bekannt aus Romanen wie Heinrich Manns «Der Untertan», dessen Antiheld, der abscheuliche Diedrich Heßling, ein junges Mädchen in einer Wohnung aushält, für die er so lange zahlt, bis es ihm nicht länger genehm erscheint. Auf der nächsten Stufe der sozialen Gegenwelt standen die Frauen, die Klienten aus dem soliden Geld- oder Bildungsbürgertum bedienten, Herren, die oft geschäftlich nach Berlin kamen. Solche Frauen fanden sich nach zehn Uhr abends in der Friedrichstraße und deren Umgebung ein, wo es viele Hotels, Kaffeehäuser und Vergnügungslokale gab. Sie trugen traditionsgemäß einen Hut und einen Schal oder in den ersten Jahren des 20. Jahrhunderts die «jetzt so bekannten Regenmäntel», sie pfiffen, wenn Männer vorübergingen, obszöne Melodien. Eine Prostituierte dieser Klasse trug am Ende des 19. Jahrhunderts üblicherweise einen Schlüssel in der Hand, um anzuzeigen, daß sie ihr eigenes Zimmer hatte. Aus Achtung vor den bürgerlichen Sitten, nach denen es immer der Mann war, der die Initiative zu einer sexuellen Begegnung ergriff, ging sie jedoch nur selten auf einen Kunden zu, sondern wartete lieber, bis sie aufgefordert wurde.[15] Die Räume dieser Prostituierten, notierte Ostwald, lagen normalerweise in der Krausenstraße, der Schützenstraße oder der Charlottenstraße, und ihre Dienste kosteten 20 Mark für ein Mal.[16] «Südlich der Leipzigerstraße», fuhr er fort, «bis zur Koch- und Besselstraße geht wieder eine andere Art, die weniger gut angezogen ist, die ein wenig auffallender auftritt». Geschlechtsverkehr mit einer solchen Frau kostete einen Mann zehn Mark. Viele von ihnen, insbesondere nördlich der Behrendstraße, waren Gelegenheitsprostituierte. Sie waren Näherinnen oder Hausangestellte, und normalerweise befanden sie sich in Begleitung einer älteren Kupplerin, die darauf achtete, daß sie sich nicht zu billig verkauften.[17]

Ostwald ließ sich auf eine detaillierte Beschreibung der verschiedenen Arten von Prostituierten in Berlin ein, von Frauen, die «sich die Pose lebenslustiger junger Witwen geben», bis hin zu jungen Mädchen, die sich nachmittags um den Potsdamerplatz versammelten, wenn der Garten des Café Josty voller Gäste war. Sein Hauptaugenmerk galt jedoch der sozialen Hierarchie der Prostituierten und der sozialen Position ihrer Kunden, und er räumte der Beschreibung des Milieus der kleinbürgerlichen Prostituierten, über die er recht überhebliche Ansichten hegte, beträchtlichen Raum ein:

Mädchen, die alle Unarten des Berliner Kleinbürgertums an sich haben, fast stets geschmacklos gekleidet sind, die sich anbieten, nicht wie die Dirnen der Friedrichstadt und des Potsdamerplatzes, warten bis sie angesprochen werden, sondern sich mit «Komm mit, Schatz!» «Kleener, komm doch!» aufdringen und auch gelegentlich roh schimpfen. Ihre Kunden sind eben kleinbürgerlich. Es sind jene Bewohner Schönebergs und der westlichen Stadtteile, die nur drei und fünf Mark dem Mädchen für seine Gefälligkeit geben, es grob behandeln und das Mädchen in drückender wirtschaftlicher Lage lassen und es tief demütigen.

Ihre Freier waren normalerweise Studenten aus bescheidenen Verhältnissen, besser bezahlte Hand- und Facharbeiter sowie kleine Angestellte. Eine ähnliche Schicht von Prostitution gab es in der Turmstraße, Prenzlauerstraße und Zimmerstraße und in ein paar weiteren Vierteln, insbesondere, wie er hinzufügte, in Berlins bescheideneren «Vergnügungsvierteln». Schließlich, schrieb Ostwald:

Einige wenige Striche sind für das ärmste Volk bestimmt. In der rußigen Koppenstraße am Schlesischen Bahnhof laufen nächtlich, vorzüglich Sonnabends, arme verwetterte und verkommene Geschöpfe ohne Kopfbedeckung und mit blauer Küchenschürze herum. Sie rechnen auf die heimkehrenden trunkenen Arbeiter, denen sie sich für 1,00 bis 2,00 Mark hingeben. [...] Auch beim Bahnhof Tiergarten, auf dem Fußweg, der nach dem Zoologischen Garten führt, stehen abends zwischen 9 und 11 Dirnen niederer Sorte, die, alt und leer aller Reize, sich im Dunkel der Bäume prostituieren.[18]

Die niedrigste und billigste Form der Prostitution, berichtete Ostwald, war ebenfalls im Norden Berlins, in Friedrichshain, zu finden.

So verlief die Prostitution praktisch völlig parallel zur gesamten gesellschaftlichen Stufenleiter: Manche Frauen verdienten bei einer einzigen Begegnung bis zu zwanzigmal mehr als andere, und diese Unterschiede korrespondierten mit den unterschiedlichen Mitteln ihrer jeweiligen Kunden. Prostitution war also keineswegs ein Aspekt der sexuellen Ausbeutung von Frauen des Proletariats durch Männer des Bürgertums, sondern stellte vielmehr eine sexuelle Version der Art von Unterwelt dar, die von vielen Beobachtern im frühen 19. Jahrhundert beschrieben wurde. Sie war die Schattenseite sämtlicher Gesellschaftsklassen von ganz oben bis ganz unten. Ostwald und anderen Autoren war durchaus bewußt, daß auch die Prostitution dieser

Hierarchie folgte. Im Jahr 1846 zum Beispiel rechnete ein Autor aus, daß es in Berlin 500 Mätressen gab, 4500 «feinere Prostituierte, 8000 gewöhnliche Dirnen» und 2000 Huren der niedersten Sorte. Diese Frauen, sagte er, stellten sich Kunden aller Gesellschaftsklassen zur Verfügung, von reichen Wüstlingen und spät heiratenden Beamten bis hinunter zu Wandergesellen und Arbeitern. Die Zahlen erscheinen vielleicht ein wenig hoch, selbst für eine Zeit, die stark von Massenarmut gekennzeichnet war (die der Autor als hauptsächliche Ursache dafür ansah, daß Frauen in ein Dirnenleben getrieben wurden). Die Beobachtung der sozialen Struktur der Prostitution entspricht allerdings aller Wahrscheinlichkeit nach den Tatsachen.[19] Demgemäß gab es auch Unterschiede im Stil. Nur auf den untersten Rängen der sozialen Stufenleiter entsprach Prostitution dem Modell, das die Historikerin Regine Schulte beschrieb: eine «Massenabfertigung», die die Formen «brutalisierte» und «die ständige stumpfsinnige Bereitschaft von der Prostituierten, die Reduzierung des Geschlechtsaktes auf seine mechanischste, schnellste Ausübung» forderte.[20] Selbst den Männern der Arbeiterklasse aber war manchmal auch die Gesellschaft von Frauen in einem Bordell wichtig. Im Jahr 1868 berichtete die Polizei in Braunschweig, daß zwei Arbeiter, die wegen Diebstahls angeklagt worden waren, nicht weniger als acht Stunden in einem Bordell verbracht hatten, von drei Uhr nachts bis elf Uhr morgens. Sie hätten dort ihr unrechtmäßig erworbenes Geld für Geschlechtsverkehr und Alkohol ausgegeben, behaupteten sie, was von den Frauen, die dort arbeiteten, bestätigt wurde. Alkohol hatte entscheidenden Anteil am Umsatz solcher Etablissements, und die Kunden wurden ermuntert zu bleiben und bei einer Flasche Wein oder Schnaps ihr Herz auszuschütten, selbst wenn das gegen die Polizeivorschriften verstieß.[21] Im Jahr 1870 schrieb ein Beobachter:

Viele Männer, selbst die der unteren Stände, fühlen sich nicht mehr befriedigt durch eine bloße Stillung des geschlechtlichen Bedürfnisses, sie legen jetzt auch Werth auf eine angenehme Gesellschaft und eine ansprechende Unterhaltung mit der Frauensperson, mit der sie gewöhnlich eine Art Liaison unterhalten.

In den späteren Jahrzehnten des Jahrhunderts hieß es: «[...] auch jene Rohheiten, die in früherer Zeit von den Freudenmädchen als Anlockungsmittel gebraucht wurden, fangen an nach und nach zu verschwinden».[22]

Häufige Kunden waren, wie zu erwarten, Soldaten und Seeleute. In der Hafenstadt Lübeck zum Beispiel war in den siebziger Jahren des 19. Jahrhunderts oft zu beobachten, wie Prostituierte vor den Armeebaracken auf und ab gingen.[23] Ein halbes Jahrhundert zuvor wurde ein Bordell in der Stadt geschlossen, Grund war eine «blutige Schlägerei», an der «Matrosen, welche jene Locale vorzugsweise zu besuchen pflegen», beteiligt waren.[24] Derartige Gepflogenheiten hielten sich bis lange nach der Jahrhundertwende. So traf die Polizei bei einer Razzia in Lübeck im Jahr 1923 zum Beispiel in einem Bordell fünf Seeleute an.[25] Im Jahr 1910 berichtete ein Abgeordneter des Landtags in Baden, die Bewohner der Kleinen Spitalstraße, wo alle registrierten Prostituierten der Stadt Karlsruhe untergebracht waren, hätten sich beklagt, «wie bei Rekruteneinberufungen oder Reservistenübungen, 50 oder 60 Soldaten herankommen, wie Turnvereine mit fliegenden Fahnen in der Spitalstraße heranziehen». Auch Schuljungen und Studenten besuchten regelmäßig Bordelle, um sexuelle Erfahrungen zu sammeln, und in Karlsruhe gab es Beschwerden über die Art, in der «unter Gebrüll und Gröhlen die Studenten nachts herabziehen»[26]. Ein Pastor im damals preußischen Colmar behauptete: «Mir ist, um ein einziges Beispiel anzuführen, eine Schule bekannt, in welcher sämtliche Schüler der Untertertia, mit einer einzigen Ausnahme, ein Bordell besuchten, und eine Gemeinde, deren Konfirmanden sich in einem solchen Hause einmal ein Stelldichein gaben».[27] Eine Kämpferin für den Feminismus hielt fest, rechtsgerichtete Feierlichkeiten, die auf Bismarcks ehrwürdigem Herrensitz in der Nähe von Hamburg abgehalten wurden, hätten dem Prostitutionsgewerbe eine große Schar von Kunden zugeführt: «[...] die patriotischen Studentenfeiern in Friedrichsruh, die ihren Abschluß fanden in den hamburgischen Bordellen». Zu ähnlichen Vorkommnissen sei es, wie sie behauptete, nach einem größeren Kongreß der «Naturforscher» in der Stadt gekommen. «Hamburgische Herren sollen in den hamburgischen Bordellen verkehren», fuhr sie fort, «viele reiche *verheiratete* und unverheiratete Herren, und auch viele weniger reiche hamburgische Herren [...] und viele Reisende, die vom *Inland* nach Hamburg kommen»[28]. Eine ähnliche Klientel stellten ohne Zweifel die Freier in Baden, wo die Polizei Ende des 19. Jahrhunderts bei den Iffezheimer Rennen zwischen 20 und 30 «Straßendirnen» beobachtete.[29] Es war üblich, daß bei Jahrmärkten, Volksfesten, bei einer Kirmes oder ähnlichen Anlässen sich eine beträchtliche Anzahl von Prostituierten unter die Menge mischte.[30] Möglicherweise verlagerte sich, wie der französische Historiker Alain Corbin in seiner Untersuchung der Prostitution in Paris dargestellt hat, die Nachfrage nach den Diensten von Prostituierten tatsächlich in dem Maße nach oben auf der sozialen Stufenleiter, wie die Mittelschicht größer und reicher wurde. Und vielleicht war dies der Grund für das Aufkommen von Luxusbordellen, die die Illusion eines Zuhause-weg-von-Zuhause boten, in dem exotische sexuelle Praktiken zu haben waren, die Männer der Mittelschicht in der Ehe nicht ausleben konnten.[31] Auch kontrollierte Bordelle zogen vielleicht besondere Gruppen männlicher Kunden an, wie Studenten, Schüler und Soldaten, denen die Tatsache der staatlichen Genehmigung wichtig war.[32] Jedoch nahm im Sog dieser Veränderungen die Nachfrage von Männern aus der Arbeiterklasse, von Wanderarbeitern, Soldaten, Seeleuten und jungen Männern sehr unterschiedlicher sozialer Herkunft keineswegs ab. Wenn das Angebot des Prostitutionsgewerbes so vielfältig war, von den billigsten und elementarsten Diensten bis hin zu den kostspieligen und raffinierten Varianten, dann deshalb, weil es eine breite Nachfrage von Männern aus dem gesamten sozialen Spektrum gab.[33]

Diese Schlußfolgerung wird von einer anonymen Untersuchung der Hamburger Prostitution am Ende der fünfziger Jahre des 19. Jahrhunderts bestätigt, in der die männlichen Kunden nach ihrer gesellschaftlichen Position unterschieden wurden. Darin heißt es zum Beispiel über die teuren Bordelle der Schwiegerstraße: «Das männliche Publikum [...] besteht aus Kaufleuten, feineren Commis, Offizieren, Beamten und vor allem aus den zahlreichen Handlungsreisenden, welche Sommer und Winter unsere Hotels füllen.» Im hafennahen Bezirk St. Pauli, wo es 20 Bordelle gab, in denen insgesamt 250 Mädchen arbeiteten, ging es etwas gemischter zu und keineswegs so fein:

Dort sieht man Land- und Seeleute; reisende bestaubmantelte Handwerker und Körner, theerichte irländische Matrosen, die, an die Wand geworfen, hängen bleiben; brotbackende Sansculotten mit bloßen Füßen, Pantoffeln und Frauenröcken; schlank gravitätische Amerikaner, in seinen [sic!] haitiblauen Habiten; beturbante Beduinen; seine [sic!] Stolze mit Litzen garnirte Kopenhagener; schmutzige bärtige Russen; vom frischen Blut rauchende Schlachtergesellen; breitschultrige, tanzlustige Ostpreußen; kniehosige Vierländer, zipfelmützige Zuckerbäcker und demüthige pechschwarze Neger mit schneeweißen Habiten.

Und weiter heißt es, daß als Bezahlung sämtliche Währungen willkommen waren.[34] 1846 schrieb der Polizist Wilhelm Stieber in Berlin: «Die Besucher der Bordelle gehören sehr verschiedenen, jedoch größtentheils den niederen Klassen der Gesellschaft an.» Auch hier war die Vorstellung schlichter Ausbeutung proletarischer Frauen durch bürgerliche Männer weit von der Wahrheit entfernt. Die häufigsten Kunden, schrieb Stieber, waren

Kaufmannsdiener und Gewerbegehülfen, [...] auswärtige Schiffer und Fuhrleute, die hier ein wirkliches Surrogat für die Ehe suchten, sowie Fremde, welche ihre Schaulust befriedigen und ihre geographischen Kenntnisse bereichern wollten, Studenten und junge Leute höherer Stände, welche hier ihrem Übermuth freien Lauf ließen, Lehrburschen und Schulknaben, welche von Neugierde und früherwachter Sinnlichkeit getrieben wurden, und viele einst dem Gesellenstande angehörige Stammgäste, welche sich in bestimmten Zeiträumen gewöhnlich am Abende eines jeden Sonnabends einfanden, und hier ebenfalls einen Ersatz für die Ehe suchten und fanden.

Was die Soldaten anging, bemerkte Stieber, so waren die meisten zu arm, um sich derartige Vergnügungen leisten zu können.[35]

Die Prostituierten gaben natürlich, soweit sie dazu in der Lage waren, manchen Klienten den Vorzug vor anderen. 1847 wurden die Memoiren einer Prostituierten aus St. Pauli veröffentlicht, die authentisch zu sein scheinen. Ihr zufolge waren die besten Kunden die Amerikaner, anständig und gut betucht. Die schlimmsten seien (leider) die Engländer – «kleine grobknöchige, untersetzte Kerle, trunkfällig, zotig, ruhmredig, händelsuchend, schmutzig, ja nicht selten schmierig gekleidet; knigrig, armselig [...]»[36]. Fünf Jahre zuvor hatte es nach dem Großen Feuer von 1842 anti-englische Aufstände in der Stadt gegeben, und die Vorurteile waren offensichtlich immer noch sehr lebendig. In der Mannigfaltigkeit der Klienten spiegelte sich die Marktsituation wider: die Prostituierte versuchte, mit dem Meistbietenden zu gehen, ihr Preis hing jedoch ebenso von Jugend und Schönheit ab wie von Manieren und Intelligenz. Das gleiche galt auch für den gesellschaftlichen Wert von Frauen der ehrbaren Gesellschaft auf dem Heiratsmarkt. Angesichts der extremen Ungleichheiten in der deutschen Gesellschaft des 19. Jahrhunderts, an deren Spitze es nur eine kleine Zahl reicher oder auch nur wohlhabender Menschen gab, darf wohl mit Recht angenommen werden, daß die Mehrheit der Freier, wie zeitgenössische Beobachter andeuten, aus der Arbeiterklasse und dem Kleinbürgertum stammten und nicht aus den zahlenmäßig begrenzten Reihen des gebildeten und bessergestellten Bürgertums. Eine kleine Minderheit von Mätressen und Kurtisanen stand an der Spitze der Rangfolge, die einer entsprechend kleinen Gruppe reicher Männer zur Verfügung stand.

Die soziale Herkunft der Prostituierten

Wie sah die gesellschaftliche Herkunft der Frauen aus, die den Freiern zu Diensten waren? Der Berliner Polizei zufolge waren 1015 von 2224 Prostituierten, die zwischen 1871 und 1878 in Berlin registriert waren, Töchter von Handwerkern (47,9 %), 467 von Fabrikarbeitern (22,0 %), 305 von kleinen Beamten (14,4 %), 222 von Vätern, die in Handel und Transport beschäftigt waren (10,4 %), 87 von Bauern und Landarbeitern (4,1 %) und 26 von Soldaten (1,2 %).[37] Eine Untersuchung, die vor dem Ersten Weltkrieg in Köln durchgeführt wurde, zeigte, daß zwar nur wenige registrierte Prostituierte aus soliden Verhältnissen stammten, aber auch aus der ärmsten Schicht kamen nicht viele. Bei einer Stichprobe von 70 Prostituierten waren 19 Töchter von Handwerkern, neun von Fabrikarbeitern, fünf von kleinen Angestellten oder niederen Staatsbeamten und sechs von Bergarbeitern. Die übrigen Frauen hatten Väter, die die verschiedensten Berufe ausübten, die fast ohne Ausnahme der Arbeiter- oder unteren Mittelschicht zuzuordnen sind.[38]

Ein ähnliches Muster läßt sich in anderen Städten beobachten. Von 2574 nicht registrierten Prostituierten, die der Münchner Polizei im Jahr 1911 bekannt waren, waren 1147 Töchter von Handwerkern, 944 von Arbeitern und 248 von Bauern oder Landarbeitern. Ähnlich lagen die Verhältnisse in Stuttgart: Die Väter von 565 Prostituierten, die im selben Jahr dort registriert wurden, waren in 127 Fällen Handwerker, in 84 Fällen Tagelöhner und in 60 Fällen Kleinbauern oder Landarbeiter.[39] Die registrierten Prostituierten in den größeren Städten waren im allgemeinen zugewandert. Im Jahr 1907 zum Beispiel waren nur 10,8 Prozent der 408 kontrollierten Prostituierten in Hamburg auch dort geboren, der Anteil der in Hamburg Gebürtigen an der gesamten Stadtbevölkerung lag dagegen bei 50,2 Prozent.[40] Vielleicht wurden die von auswärts Zugereisten eher verhaftet als die Einheimischen. Sie kannten die Stadt und die verschiedenen Möglichkeiten, der Aufmerksamkeit der Polizei zu entgehen, weniger gut, außerdem waren sie vielleicht auch naiver und deshalb bereit, sich registrieren zu lassen. Dennoch scheint diese Statistik ein Beleg dafür zu sein, daß unter den diversen sozialen Gruppen von Frauen, die der Prostitution nachgingen, insbesondere die Töchter von Handwerkern, die vom Land oder aus einer Kleinstadt kamen, schließlich in den Registern der Polizei landeten.

Der Sozialforscher Kurt Schneider äußerte sein Erstaunen darüber, wie häufig die registrierten Prostituierten in Köln in der Zeit vor der Einführung der Registrierung ihre Arbeitsstellen gewechselt hatten. Er schrieb das ihrer Abneigung gegen harte Arbeit zu, ein bürgerliches Vorurteil, das hauptsächlich sein eigenes Unwissen darüber verriet, wie unsicher die Arbeitsplätze für diese Klasse der Gesellschaft überhaupt waren. Nahezu alle 70 Prostituierten seiner Stichprobe hatten vorher eine ganze Reihe von Arbeiten ausgeübt. Nicht weniger als 50 hatten als Dienstboten gearbeitet, 16 als Fabrikarbeiterinnen, 16 als Kellnerinnen, zwölf als Verkäuferinnen, sechs als Näherinnen, vier als Landarbeiterinnen, vier als Künstlerinnen oder Musikerinnen und drei als Kranken- oder Kinderschwestern. Eine hatte sogar den modernsten aller Berufe ausgeübt, den der Telephonistin.[41] Eine ähnliche Untersuchung, die um die Jahrhundertwende in Breslau durchgeführt wurde, brachte ein ähnliches Muster zum Vorschein: 72 Prostituierte hatten früher zeitweise als Dienstboten gearbeitet, 37 als Fabrikarbeiterinnen, 13 als Kellnerinnen, Friseurinnen oder Blumenmädchen, 14 als Verkäuferinnen, 36 als Näherinnen und vier als Tänzerinnen.[42] Von den 4560 Prostituierten, die zwischen 1909 und 1910 in München neu registriert wurden, waren 1261 Dienstboten gewesen, 1102 hatten als «Serviererinnen, Barfrauen usw.» gearbeitet und 513 als Fabrikarbeiterinnen. Von den 2574 Prostituierten der Stadt, die nicht offiziell registriert waren, aber dennoch in den Polizeiakten auftauchten, waren 721 Hausangestellte gewesen, 608 Barfrauen, 255 Fabrikarbeiterinnen und 60 Tänzerinnen oder Sängerinnen auf der Bühne. Ähnlich sah es in Berlin aus, wo 431 der 1200 Prostituierten, die 1909/1910 eingeschrieben wurden,

Hausangestellte gewesen waren, 455 Fabrikarbeiterinnen und 479 Näherinnen oder Wäscherinnen. Dieses Muster war in den letzten Jahren vor Ausbruch des Ersten Weltkriegs nichts Neues. In Hamburg waren im Jahr 1872 162 von 279 neu registrierten Prostituierten früher Dienstboten gewesen, 28 Fabrikarbeiterinnen, 19 Schneiderinnen und 16 Serviererinnen.[43] Und in den siebziger Jahren des 19. Jahrhunderts hatten 794 von insgesamt 2224 in Hamburg registrierten Prostituierten früher als Dienstboten gearbeitet, 355 als Fabrikarbeiterinnen, 946 als Hausangestellte oder Ladengehilfen und 139 als Serviererinnen.[44]

Manche dieser Berufe waren bereits weitgehend in der Domäne sexueller Ausbeutung angesiedelt. Die Kellnerinnen zum Beispiel waren im deutschen Kaiserreich stark von Trinkgeldern abhängig und mußten in Straßencafés oft die Teller und das Besteck vom Besitzer mieten. In einer Untersuchung hieß es, die Mehrzahl von ihnen würde zwischen 14 und 16 Stunden am Tag arbeiten.[45] Die Löhne waren extrem niedrig. Die eindeutigen Angebote männlicher Gäste, die in vielen Cafés, Restaurants und Bars schlicht und einfach davon ausgingen, daß das weibliche Personal sexuell zur Verfügung stand, wurden also durch die wirtschaftliche Not der Kellnerinnen begünstigt. In dieser Situation konnte das Verhalten, das von einer Kellnerin gefordert wurde, um sich ein gutes Trinkgeld zu verdienen, bereits starke sexuelle Untertöne haben. In den Cafés, Varietés und «Tingel-Tangels» wurde von den Barfrauen, Sängerinnen und Schauspielerinnen geradezu erwartet, daß sie sich nicht nur zusätzliches Geld, sondern den Löwenanteil ihres Einkommens durch informelle Prostitution verdienten. In den neunziger Jahren gab es immer mehr derartiger Etablissements.[46] Andere Berufe, die registrierte Prostituierte früher ausgeübt hatten, waren die typischen Arbeiten für junge, ungebildete Frauen aus der Arbeiterklasse jener Zeit. Nähen und Schneidern bedeutete Heimarbeit zu Stückpreisen, die von einem Zwischenmeister ausgezahlt wurden. Diese Arbeit wurde nicht nur gering entlohnt, sondern war auch unsicher, den Launen der Mode unterworfen und abhängig von der Saison und dem Markt. Nicht selten waren Frauen, die von Aufträgen dieser Art abhingen, monatelang ohne Arbeit.[47] Auch Fabrikarbeit war keineswegs eine sichere Einkommensquelle für Frauen; in Zeiten der Depression oder auch nur bei einem vorübergehenden Nachlassen der Nachfrage wurden sie oft arbeitslos.[48]

Armselige Bezahlung und unregelmäßige Einkünfte waren in all diesen Sparten der Normalfall, und das konnte junge Frauen leicht in eine Situation bringen, wo die Versuchung – oder die Notwendigkeit –, Geld mit Prostitution zu verdienen, unwiderstehlich wurde.[49] Es gibt Hinweise darauf, daß viele junge Frauen sich unter derart ausbeuterischen Bedingungen ganz pragmatisch für die Prostitution entschieden und ihr nicht durch moralischen Verfall oder Zügellosigkeit in die Arme getrieben wurden.[50]

Die meisten registrierten Prostituierten waren ehemalige Dienstboten. Hausangestellte stellten im späten 19. und frühen 20. Jahrhundert die größte Gruppe weiblicher Beschäftigter in den Städten, sie machte etwa 28 Prozent aller weiblichen Arbeitskräfte aus. Deshalb ist es nicht verwunderlich, daß die ehemaligen Hausangestellten auch die größte Berufsgruppe unter den eingeschriebenen Prostituierten bildeten. In zwei der oben genannten Untersuchungen lag der Anteil von Hausangestellten sogar noch höher als ihr Anteil bei den weiblichen Arbeitskräften insgesamt, nämlich bei 58 beziehungsweise 36 Prozent. In den anderen beiden Stichproben betrug er genau 28 Prozent. Der amerikanische Sozialforscher Abraham Flexner berichtete, daß um 1900 etwa 60 Prozent der registrierten Prostituierten in Berlin ehemalige Dienstboten waren.[51] Natürlich würde niemand behaupten wollen, daß diese Frauen mehr als nur einen verschwindend kleinen Bruchteil all jener ausmachten, die in den Städten in Dienst standen. Dennoch bedarf der hohe Prozentsatz ehemaliger Hausangestellter unter den registrierten Prostituierten einer Erklärung. Er läßt sich jedoch nicht, wie die feministische Autorin Karin Walser darlegte, damit begründen, daß bürgerliche Männer von Phantasien über die sexuelle Verfügbarkeit weiblicher Dienstboten verzehrt wurden.[52] Das mag auf jemanden wie den Berliner Polizeibeamten Wilhelm Stieber zugetroffen haben, der im Jahr 1846 behauptete, nahezu alle Dienstboten der Stadt seien heimlich bereits Prostituierte.[53] Die Hauptvertreterin dieser Ansicht ist die feministische Historikerin Regine Schulte. Sie schloß aus einer Untersuchung veröffentlichter Statistiken, daß der Anteil von Dienstmädchen unter den registrierten Prostituierten zwischen 1855 und 1898 um das Siebenfache anstieg.[54]

Schulte begründet diesen Anstieg damit, daß Hausangestellte meist auf dem Land aufgewachsen seien, wo vorehelicher Geschlechtsverkehr durchaus üblich gewesen sei. Sie arbeiteten unter armseligen Bedingungen, ihr Arbeitstag war lang, sie hatten keine Bekannten in der Stadt und waren isoliert, denn in den meisten Fällen weigerten sich ihre Arbeitgeber, ihnen die Wärme und Unterstützung einer familiären Atmosphäre zu bieten, die auch die Dienstboten einschloß. Im allgemeinen machten die Mädchen ihre ersten sexuellen Erfahrungen sicherlich nicht mit dem «jungen Herrn» im Haus ihrer Arbeitgeber, auch nicht mit dem Arbeitgeber selbst, sondern mit einem oberflächlichen Bekannten ihrer eigenen sozialen Schicht, den sie außerhalb des Hauses kennengelernt hatten. Daß sie von den Männern verführt worden wären, in deren Haushalt sie arbeiteten, muß wirklich ins Reich der Phantasie verwiesen werden, denn fast alle Kölner Prostituierten, die der Sozialforscher Kurt Schneider befragte, gaben an, sie hätten ihre Unschuld an Männer ihrer eigenen Klasse verloren. Nicht weniger als 42 von 70 waren schwanger geworden, bevor sie ihre Laufbahn als professionelle Prostituierte begannen, und viele waren daraufhin von ihren Eltern verstoßen worden.[55] Wenn ein Dienstmädchen ein Kind bekam, oder wenn die Beziehung vom Arbeitgeber entdeckt wurde, war im allgemeinen eine Kündigung die Folge. Uneheliche Mutterschaft und Prostitution waren tatsächlich miteinander verbunden. Für diese armen Frauen war Prostitution, ob sie sich bewußt dafür entschieden oder von einem Zuhälter verführt wurden, oft die einzige Möglichkeit, sich ihren Lebensunterhalt zu verdienen. In diesem Sinn ging Thymian Gotteball, die weder arm noch Dienstmädchen war, durch eine Erfahrung, wie sie für das Abgleiten von Frauen in die Prostitution nicht typischer sein könnte.

Zeitgenössische Statistiken lassen in der Tat darauf schließen, daß um die Jahrhundertwende Dienstboten zwischen 16 und 30 Jahren zwar ungefähr ein Viertel der weiblichen Bevölkerung von Berlin bildeten, aber grob geschätzt ein Drittel der unehelichen Kinder zur Welt brachten. Und von 1531 Mädchen, die zwischen 1908 und 1910 neu als Prostituierte in der Hauptstadt registriert wurden, hatten nicht weniger als 636 Kinder. Noch wichtiger scheint allerdings der Einfluß zerrütteter Familienverhältnisse gewesen zu sein. Einer Studie zufolge waren ganze 64 Prozent der Prostituierten, die Anfang des 20. Jahrhunderts in Stuttgart registriert wurden, Voll- oder Halbwaisen. Auch im viktorianischen England standen bei einem hohen Prozentsatz von Prostituierten solche zerstörten emotionalen Beziehungen im Hintergrund. Es waren diese Erfahrungen und nicht ein gedankenloses Festhalten an ländlicher Sitte und Moral, die sie in der großen Stadt verletzbar machten und sie dazu trieben, emotionale und sexuelle Wärme zu suchen. Dafür mußten sie nur zu oft einen hohen Preis zahlen: Sie wurden mit einem Kind sitzengelassen, für das sie sorgen mußten, hatten niemanden, der sie unterstützte, und besaßen keine legalen Möglichkeiten, sich ihren Lebensunterhalt zu verdienen.[56] Sie waren die Kinder von Handwerkern, kleinen Beamten und Fabrikarbeitern. Die Behauptung von Schulte, sie stammten aus ländlichen Gemeinschaften, wo vorehelicher Geschlechtsverkehr akzeptiert wurde, und wären dem ganz anderen sozialen Milieu einer Großstadt (wo die Wahrscheinlichkeit, daß auf einen sexuellen Kontakt eine Ehe folgte, sehr viel geringer war) wehrlos ausgeliefert gewesen, ist deshalb kaum zutreffend.

Schulte argumentiert, Dienstboten hätten eine Schlüsselrolle in der sexuellen Sozialisation von jungen Männern jener Gesellschaftsklassen gespielt, die Hausangestellte beschäftigten. Weil die körperlichen Aspekte des Kinderaufziehens, angefangen mit Stillen und Sauberkeitserziehung, im allgemeinen den Dienstboten überlassen wurden, wuchs das Kind auf, indem es lernte, körperliche Intimität mit Verachtung zu verbinden. In der oberen Mittelschicht waren die Mutter und der Vater ferne Gestalten, die das Kind selten zu sehen bekam und noch viel seltener körperlich berührte. Die Hauptsorge bürgerlicher Haushalte galt in der Tat der Unterdrückung der kindlichen Sexualität und der Verheimlichung der sexuellen Realitäten vor den Kindern. Eltern taten alles Erdenkliche, um übliche Praktiken, wie Masturbation, zu unterbinden. Diese Art der Sozialisation, meint Schulte, brachte erwachsene Frauen hervor, die sexuell unwissend waren und sich verweigerten, und erwachsene Männer, die körperlich-sexuelle Intimität nicht bei ihren Ehefrauen suchten, sondern bei Prostituierten. Wie ein zeitgenössischer Autor es ausdrückte, wurde die Prostitution «für notwendig angesehen, damit die jungen Männer Gesundheit und guten Humor bewahren konnten und die jungen Mädchen aus besserer Familie ihre Tugend».[57] Aber diese Sicht der Dinge bedarf einiger Einschränkung. Denn wie wir sahen, läßt sich damit nur ein Teil der Nachfrage nach Prostituierten erklären, kam sie doch zu einem großen Teil von Männern der Klasse, die keine Dienstboten beschäftigte. Außerdem rekrutierte sich ein beträchtlicher Anteil der Prostituierten nicht aus ehemaligen Dienstboten oder war nicht schwanger gewesen. Und obwohl die Instabilität des weiblichen Arbeitsmarktes eine Rolle dabei gespielt haben muß, daß sie dazu gebracht wurden, ihren Lebensunterhalt mit ihren sexuellen Diensten zu bestreiten, waren nicht alle durch Armut und Not gezwungen, sich ihre Existenz auf diese Weise zu sichern.

Wie wir sahen, waren die Einkünfte der bessergestellten Prostituierten recht beträchtlich. Der Sozialforscher Kurt Schneider war erstaunt über die Anzahl von Prostituierten bei seiner Kölner Studie, die unerschrocken genug waren, ihm gegenüber zuzugeben, daß sie in ihrem Beruf glücklich seien. «Es gefällt mir bis jetzt ganz gut, das Leben», sagte ihm eine von ihnen, und eine andere leugnete, irgendwelches Bedauern zu verspüren: «Ich habe es doch so gewollt.» Natürlich brachten viele zum Ausdruck, daß sie nicht glücklich über ihr Los waren, aber das konnte kaum überraschen, denn alle Frauen, die Schneider befragte, lagen wegen Geschlechtskrankheiten im Krankenhaus. Außerdem waren viele von ihnen gewöhnt, Männern zu erzählen, was diese ihrer Meinung nach hören wollten, und so gaben sie Schneider möglicherweise diese Antwort, weil sie meinten, daß er genau das hören wollte. Allerdings lag es Schneider durchaus fern, die positive Einstellung vieler seiner Befragten zu ihrem Prostituiertendasein zu begrüßen. Vielmehr war er schockiert darüber und meinte, darin offenbare sich ihre angeborene Verderbtheit. Er war der Ansicht, diese Einstellung trüge zu den medizinischen und sozialen Problemen, die die Prostituierten seiner Ansicht nach verursachten, nur noch bei.[58] Die Antworten lassen jedoch darauf schließen, daß in der ausbeuterischen und äußerst ungleichen Gesellschaft des wilhelminischen Deutschland eine Reihe von Frauen es als einen positiven Schritt betrachteten, eine Zeitlang ihren Lebensunterhalt als Prostituierte zu verdienen. Die große Mehrheit solcher Frauen stammten vom unteren Ende der sozialen Skala, wenn auch nur selten von der alleruntersten Stufe. Prostituierte, die wie «Thymian Gotteball» aus der Mittelschicht kamen, waren extrem selten. Deshalb muß die Prostitution im Deutschland des 19. Jahrhunderts nicht im Rahmen entweder von Klasse oder Geschlecht begriffen werden, sondern von beidem, denn Männer aller Gesellschaftsklassen beuteten Frauen aus, die in der überwiegenden Mehrheit aus der Kleinbürger- und Proletarierschicht stammten.

Sittenpolizei und «öffentliche Häuser»

Bürgerliche Männer, so die Historikerin Regine Schulte, versuchten der Prostitution Herr zu werden, indem sie die Prostituierten in staatlich kontrollierte Bordelle einsperrten, sie reglementierten und von den Straßen vertrieben, die Frauen zwangen, sich entwürdigenden medizinischen Untersuchungen zu unterziehen, sie mit Haft in streng und unpersönlich geführten Gefängnissen bestraften oder sie in wissenschaftlichen Untersuchungen als abnorm oder geisteskrank klassifizierten. Darin spiegelte sich eine Doppelmoral wider, die auf sehr unterschiedlichen Vorstellungen über die männliche und die weibliche Sexualität beruhte. Tatsächlich nahmen die Verteidiger der Regulierung der Prostitution an, männliche sexuelle Triebe seien «natürlich», Prostituierte hingegen seien «unnatürlich», weil ihre Sexualität nicht mit der bescheidenen weiblichen Norm übereinstimmte. Ein Autor, Robert Hessen, entwarf sogar eine Tabelle zur Illustration seiner Überzeugung, wonach 50 Prozent aller Männer «sehr sinnlich» seien, hingegen nur zwei Prozent der Frauen, während andererseits zwei Prozent der Männer «garnicht sinnlich» seien, im Vergleich zu 50 Prozent der Frauen. 48 Prozent beider Geschlechter, schloß er zwar nicht logisch, aber präzise, seien «mäßig sinnlich». Die zwei Prozent der Frauen, die er als «sehr sinnlich» einstufte, bildeten deshalb die Gruppe, aus der die deutschen Prostituierten stammten. Hessens Besessenheit für Sexualstatistiken ging so weit, daß er behauptete, diese zwei Prozent zusammengenommen würden im Deutschland kurz vor dem Ersten Weltkrieg den Geschlechtsakt nicht weniger als 60 Millionen Mal im Jahr ausüben. Nicht nur für sie, sondern – weit wichtiger – auch für die 50 Prozent der «sehr sinnlichen» Männer sei sexuelle Abstinenz unmöglich.[59]

Wenn Männer jedoch nicht die Möglichkeit hätten, ihre sexuelle Energie bei Prostituierten abzureagieren, argumentierte ein anderer, früherer Autor, würden sie dem sexuellen Schreckgespenst des 19. Jahrhunderts, der Masturbation, zum Opfer fallen – mit all ihren gräßlichen medizinischen und moralischen Konsequenzen, die sie angeblich mit sich brachte.[60] Angesichts des relativ späten Heiratsalters im deutschen Kaiserreich sei es unvermeidlich, so eine Gruppe von Befürwortern der Regulierung, daß Männer ihre natürlichen Triebe in Bordellen zu befriedigen suchten.[61] Prostitution, schrieb ein anonymer Autor im Jahr 1870, sei nicht nur «unausrottbar», sondern auch notwendig, weil

sie denjenigen Individuen, die auf den außerehelichen Beischlaf angewiesen sind, die Befriedigung eines ihrer lebhaftesten und heftigsten Naturtriebe ermöglicht und hierdurch sowohl zahlreiche die Menschenwürde schändende und die Lebenskraft zerrüttende, unnatürliche geschlechtliche Befriedigung verhindert, als auch das Ehebett vor Schändung bewahrt, Tausende von ehrbaren Mädchen vor Verführung und Schande schützt und zur Erhaltung von Zucht und Sitte in den weitesten Kreisen beiträgt, indem sie der Keuschheit verheiratheter Frauen und der jungfräulichen Unschuld einen, wenn gleich nicht beabsichtigten, doch immerhin indirekten Schutz durch Ableitung der unlauteren Lüste und Begierden verleiht.[62]

Der Staat habe deshalb die Pflicht, ehrbare Frauen zu schützen, indem er die nicht ehrbaren in staatlich kontrollierte Bordelle einschloß.

Dieses Argument, das darauf beruhte, daß Männern eine «natürliche» sexuelle Dynamik zugeschrieben wurde und der Mehrheit «normaler» Frauen eine ebenso «natürliche» sexuelle Passivität, wurde auch andernorts vertreten. «Es ist ja eine Thatsache», formulierte eine Gruppe männlicher Bürger in Hamburg um die Jahrhundertwende voller Überzeugung, «daß verhältnismäßig nur wenige Männer in die Ehe treten, welche die sittliche Kraft gehabt haben, sich von jedem Geschlechtsgenuß fern zu halten, und solcher Wahrheit gegenüber hat der Staat [...] die einfache Pflicht, die schädlichen Folgen [...] zu beseitigen.» Eindeutig wurde davon ausgegangen, daß der Staat eine männliche Wählerschaft repräsentierte, daß Männer den Staat beherrschten und daß deshalb der Staat die Pflicht hatte, Männer vor Geschlechtskrankheiten zu schützen, «schon im Interesse seines Bestehens».[63] «Die Prostitution», schrieb ein anderer Befürworter der Regulierung in Hamburg, «ist ein nothwendiges Übel!»

Welcher Einsichtige und Verständige wird diesen Satz anzweifeln? Wir können die Prostitution nicht entbehren, gewiß nicht in einer Großstadt, wo eine große Zahl junger Männer zusammenströmt, am allerwenigsten aber in einer Hafenstadt wie Hamburg, wo viele Tausende von Seeleuten nach monatelanger Enthaltsamkeit zuerst wieder ein weibliches Wesen zu Gesicht bekommen. [...] Wer nicht will, daß Unsittlichkeit in ungeahntem Maße Eingang in die Familien findet, daß sie unsere gesammte Bevölkerung ergreift, wer nicht will, daß demnächst ein ekles von Krankheit zerfressenes Geschlecht unser Vaterland bevölkere, der muß die Prostitution dulden.

Freie weibliche Sexualität mußte deshalb auf einen besonderen Teil der Bevölkerung begrenzt werden, sonst würde sie die ganze Bevölkerung verderben. In drastischen Begriffen schilderte der Autor, welche Konsequenzen es haben würde, wenn man zuließe, daß die Prostitution frei in der ganzen Stadt ausgeübt würde. Prostitution, behauptete er, «bietet sich dem Manne, ja dem kaum der Knabenschuhe entwachsenen Jüngling in tausend Formen und Gelegenheiten dar, sie bestürmt ihn, sie verfolgt ihn, sie drängt ihn [...] und bringt ihn schließlich doch zu Fall». Hier waren es also nicht mehr die Männer, die sich Prostituierte suchten, sondern umgekehrt: «An Stelle des durch Naturbetrieb bedingten Bedürfnisses auf der einen Seite ist auf jener die zügellose wüste Konkurrenz getreten, widerlich und verderblich!» Frauen seien also nicht nur durch Hunger in die Prostitution getrieben oder weil sie in der Liebe verraten worden waren, sondern auch durch «Leichtsinn» und die «Sucht nach eitlem Flitterwerk»[64]. Sie seien «träg, putz- und vergnügungssüchtig [...] sie arbeiten nicht, lassen sich bedienen»[65]. Dem Berliner Polizeibeamten Wilhelm Stieber zufolge hatten sie alle tiefe Stimmen und rochen schlecht.[66] «Müßiggang» war der Anfang ihres Lasters, der Grund für ihren Abstieg, wie ein anderer Bericht, der sich für die Regulierung einsetzte, behauptete.[67] Prostituierte wichen also von der moralischen Norm ab und mußten daher von der Mehrheit der normalen Frauen scharf abgegrenzt werden. Ursache für die Prostitution sei nicht die Armut der Frauen, sondern die «Neigung zahlreicher Weibspersonen, ohne Arbeit der Putzsucht und Genußsucht zu leben»[68].

Die Konsequenz dieser Haltung war zwangsläufig, daß Frauen im allgemeinen strengere Anstandsregeln auferlegt wurden, mit allem, was dies für die soziale Kontrolle ihres Verhaltens in der Öffentlichkeit bedeutete, und ganz unabhängig von ihrer moralischen oder gesellschaftlichen Stellung. So errichtete die bürgerliche Gesellschaft «Sperrbezirke», wie Schulte sagte, um sich gegen medizinische und soziale Ansteckung zu schützen, sie schränkte die Prostitution ein auf eine Unterwelt, deren Grenzen genau festgelegt wurden. Die Gesetze und Vorschriften, die gestatteten, Frauen, die im Verdacht der Prosti tution standen, festzunehmen und mit Gewalt medizinisch zu untersuchen, waren die Waffen, mit der die Polizei diese Aufgabe ausführte. Eine Prostituierte aber, so Schulte,

die nicht entdeckt wurde, hatte «gelernt» sich zu verstecken, nicht aufzufallen, nicht die Regeln zu übertreten, nicht verdächtig zu werden, nicht anstössig zu sein – sie war nicht mehr sichtbar und in derselben Weise diszipliniert wie die gehorsame «Kontrollierte».[69]

Die Berliner Polizeivorschriften zum Beispiel bestimmten, welche Kleidung regulierte Prostituierte zu tragen hatten («einfach und anständig»), in welchen Gebieten ihnen untersagt war zu erscheinen, zum Beispiel im Zoo, in Cafés und Bars, auf verschiedenen öffentlichen Plätzen sowie einer langen Liste von Straßen, und welches Verhalten von ihnen erwartet wurde, wenn sie sich in die Öffentlichkeit wagten («Auf den Strassen und Plätzen der Stadt darf sie durch ihr Benehmen nicht die Aufmerksamkeit anderer auf sich lenken»). Ähnliche Verbote gab es in anderen Städten, wie etwa in Düsseldorf.[70] Das führte Schulte zu dem Schluß:

Die sittenpolizeilichen Vorschriften sind die formale Grundlage und der reale Beginn eines allumfassenden Zugriffs auf die Frau, die als Prostituierte offiziell wird, sie sind ein Netz, das, über die ganze Stadt gelegt, um die Prostituierte selbst immer dichter wird. [...] Die Einhaltung dieser Vorschriften bedeutet eine totale Disziplinierung und Unterwerfung der Prostituierten. Andererseits knüpfen diese um sie ein so engmaschiges Netz von Möglichkeiten, straffällig zu werden, daß sie bei jeder Unachtsamkeit dann stolpern muß. Lebt sie mit und nach diesen Regeln, so bewegt sie sich innerhalb eines unsichtbaren, aber immer präsenten Gefängnisses.[71]

In Braunschweig waren registrierte Prostituierte einer Ausgangssperre unterworfen, es war ihnen verboten, das Bordell in den Sommermonaten nach 19 Uhr und in den Wintermonaten nach 17 Uhr zu verlassen.[72] In Frankfurt am Main ging die Sittenpolizei sogar noch weiter und begrenzte die Prostituierten nicht nur auf einige dafür ausgewiesene Straßen, sondern unterteilte sie als zusätzliche Kontrollmaßnahme in drei Klassen. «Die frisch unter Controlle gestellten», beschrieb diese ein örtliches Untersuchungskomitee im Jahr 1899, «sowie die wohnungslos von außerhalb zugereisten, kommen zunächst in die III. Klasse, aus der sie bei guter Führung in die II. und I. Klasse aufrücken können.» Während die Prostituierten der beiden unteren Klassen jede Woche im Polizeigefängnis antreten mußten, um sich untersuchen zu lassen, wurde den Prostituierten der ersten Klasse gestattet, in weniger häufigen Abständen zu Hause untersucht zu werden. Es läßt sich leicht vorstellen, welche Macht dies der Polizei verlieh, denn ihrem Gutdünken wurde überlassen, zu bestimmen, was als «gute Führung» galt.[73]

Kein Geringerer als König Friedrich Wilhelm III. von Preußen hatte zu Anfang des 19. Jahrhunderts geäußert: «Die Bordelle sind wegen des großen Einflusses, welchen sie auf Moralität und Gesundheit üben, ein sehr wichtiger Gegenstand der Polizei-Verwaltung.»[74] Von einer so erhabenen Meinung unterstützt, nannte die Polizei vier Hauptgründe für ihre Befürwortung des Regulationssystems. Erstens ermögliche eine nicht kontrollierte Ausübung der Prostitution den Frauen, sich medizinischen Untersuchungen zu entziehen, was zu einem Anstieg von Geschlechtskrankheiten führen würde. Die Verteidiger des Systems sprachen sich sogar für tägliche medizinische Untersuchungen von eingeschriebenen Prostituierten aus.[75] Das wurde zwar nirgendwo durchgeführt, aber in jeder Stadt gestatteten die Vorschriften der Polizei, Prostituierte in geschlossene Abteilungen der Krankenhäuser einzusperren, wenn sich herausstellte, daß sie eine Krankheit hatten. Gegner des Systems hingegen argumentierten, in Wirklichkeit würden Krankheiten dadurch erst recht verbreitet, denn man würde die Männer glauben machen, alle regulierten Prostituierten seien ansteckungsfrei. Daß sie nicht so unrecht hatten, zeigen die Zahlen der zwangsweise ins Krankenhaus Eingewiesenen sowie die Vielzahl der Techniken, die angewendet wurden, um mit einem sauberen Gesundheitszeugnis durch die oft recht nachlässig gehandhabten und wenig sorgfältig durchgeführten Untersuchungen zu kommen.

Zweitens äußerte die Polizei Besorgnis über die Gefährdung der öffentlichen Moral. Aus diesem Grund war es den Prostituierten verboten, auf den großen Durchgangsstraßen der Großstädte wie dem Jungfernstieg in Hamburg oder Unter den Linden in Berlin zu erscheinen, vor dem Rathaus, im Zoologischen oder Botanischen Garten, in Theatern und Opernhäusern. Ein Bremer Senator zum Beispiel wurde 1862 von einem Hamburger Kollegen aufgeklärt: «[...] fast alle unsere Dienstmädchen» ebenso wie «in der Stadt verkehrende Bäuerinnen sind sämtliche Huren. Hier ist das Frauenzimmer im Allgemeinen käuflich.» Das verursache eine «Vergiftung der bürgerlichen Kreise Hamburgs». Der Senator war schockiert von den Unschicklichkeiten, die er in den Tanzhallen Hamburgs beobachtet hatte, und äußerte die Ansicht, daß von der Polizei kontrollierte Bordelle helfen würden, solch öffentlicher Unmoral Einhalt zu gebieten. Allerdings gab er zu, daß es große Schwierigkeiten bereiten würde, jede Prostituierte in der Stadt zu registrieren.[76] Im selben Geist waren auch die Vorschriften in Lübeck verfaßt, mit denen man versuchte, die Prostituierten daran zu hindern, die Bordelle zu verlassen, um tanzen zu gehen.[77] Von den 23 Paragraphen der Vorschriften der Hamburger Sittenpolizei für kontrollierte Prostituierte galten allein zehn der Einschränkung ihres Erscheinens in der Öffentlichkeit. Das Laster mochte in den Seitenstraßen und den dunklen Gassen der alten Teile der Großstädte gedeihen, aber keine Polizeibehörde, die etwas auf sich hielt, konnte sich leisten, zuzulassen, daß die ehrbareren Viertel der Stadt zu Marktplätzen für den Handel mit menschlichen Körpern wurden – jedenfalls nicht, wenn sie ihren Anspruch aufrechterhalten wollte, Sittenwächter der öffentlichen Moral und Beschützer der bürgerlichen Gesellschaft zu sein. Da mit der Regulierung jedoch nur ein Bruchteil derjenigen erfaßt wurde, die aktiv Prostitution ausübten, stand von Anfang an fest, daß dieses Ziel keinesfalls zu erreichen war. Zeitgenössischen Beobachtern um die Jahrhundertwende war durchaus bewußt, daß es «nur eine Fiktion» war, zu behaupten, «die Hauptmasse der Prostituierten» würde von dem System erfaßt.[78]

Als dritten Grund für die Kontrolle der Prostitution brachten die Polizeibehörden und die, die sie unterstützten, vor, diese liege nicht nur im Interesse der gesamten Gesellschaft, sondern auch der Prostituierten selbst. Ein Autor meinte sogar, «die Bordelle begünstigen oft die Umkehr des Mädchens zu einem moralischen Lebenswandel [...] durch die beständige Monotonie des Bordellebens»[79]. Ein anderer behauptete, die Kontrolle könnte dazu benutzt werden, die Mädchen zu zwingen, Geld zu sparen, um ein ehrbares Leben anzufangen.[80] Häufiger war jedoch das Argument zu hören, das zum Beispiel Senator Carl Petersen vorbrachte, Hamburgs Polizeichef in den siebziger Jahren des 19. Jahrhunderts: Die Kontrolle würde die Mädchen vor der Ausbeutung skrupelloser Vermieter schützen. In Berlin, wo es keine polizeilich kontrollierte Prostitution gab, sagte er, würden «die Mädchen [. . .] auf das Äußerste geplündert»[81]. Die Polizei argumentierte, mit der Einrichtung offiziell sanktionierter Bordelle würden die Prostituierten von der Straße geholt. Außerdem wiesen sie die Behauptung von Kritikern des Systems weit von sich, Bordellbesitzer würden enorme Profite machen.[82] Ein Polizeibeamter in Braunschweig notierte im Jahr 1868:

Die schnelle Anhäufung von Vermögen ist den Bordellwirthen, sowie dieselben jetzt gestellt sind, nicht mehr möglich und in der That befinden sich dieselben der Mehrzahl nach, und sobald sie nicht von vornherein Mittel gehabt, oder spätere durch besondere Glücksumstände, solche erlangt haben, in Schulden.[83]

Ihrer Ansicht nach war das Betreiben eines Bordells in einer kleinen Stadt wie Braunschweig also keineswegs ein bequemer Weg, schnell reich zu werden. In anderen, vergleichbaren Städten wie Heidelberg antworteten die Gegner der Reglementierung mit der Behauptung, Bordellwirte würden von jeder Prostituierten über 4000 Mark Miete im Jahr einnehmen, so daß Häuser mit einem geschätzten Wert von 24000 Mark für 130000 Mark den Besitzer wechseln könnten, wenn sie von der Polizei als «öffentliche Häuser» gekennzeichnet würden.[84] In Heidelberg gab es natürlich jede Menge wohlhabender Studenten, die potentielle Kunden waren, selbst wenn die Erträge nicht so hoch waren wie in den oberen Rängen des Gewerbes in einer Großstadt wie Berlin. In Anbetracht der Tatsache, daß in Deutschland die Mehrzahl der Städte klein oder mittelgroß waren, ist jedoch zu vermuten, daß die große Mehrheit der Bordellwirte, wie die große Mehrheit der Prostituierten, es im allgemeinen nicht so leicht hatte, sich über Wasser zu halten.

Volksteufel und moralische Erregung

Ein viertes Argument, das von den Anhängern der Reglementierung vorgebracht wurde, war, daß die polizeiliche Kontrolle ein wirksames Mittel darstelle, um den Zuhältern und ihren kriminellen Machenschaften einen Riegel vorzuschieben. «Bordelle», so einer der Befürworter, «sind der beste Damm gegen das Treiben der Unzuchtsbeförderer und gegen die Kupplerwirthschaften»[85]. Staatliche Kontrolle sei deshalb nicht nur für die Mädchen gut, sondern auch für die Gesellschaft insgesamt. In den Ausführungen des Berliner Polizisten Wilhelm Stieber aus den vierziger Jahren spiegeln sich die weitverbreiteten Ängste der staatstragenden Kräfte angesichts wachsender sozialer Unruhe wider, die kurze Zeit später zu dem revolutionären Ausbruch von 1848 führen sollte:

Drei furchtbare Feinde sind es, mit denen unser Zeitalter fast an allen Orten zu kämpfen hat und welche demselben alle Früchte seiner, wenn auch noch so hoch getriebenen, Civilisation zu rauben drohen, nämlich: *das Proletariat, das Verbrechen* und *die Prostitution*. Alle drei werden aber namentlich in Berlin in einem bedrohlichen Übermaße angetroffen und alle drei ergänzen und unterstützen sich gegenseitig mit einer unerschütterlichen Sicherheit und Geschäftigkeit. Der nahrungslose Proletarier wird zum *Verbrecher*, die hungernde Proletarierin zum Opfer der *Prostitution*. Fast alle *Verbrecherinnen* gehören auch dem Stande der *Prostitution* an und fast alle *Verbrecher* werden im Wege der Besserung selbst im günstigsten Falle nur zu *Proletariern*.

Stieber meinte, diese katastrophale Situation sei verschärft worden durch die Abschaffung staatlich kontrollierter Bordelle unter dem Druck der Liberalen im Jahr 1846, und betrachtete ihre Wiedereinführung als dringende Aufgabe für die Aufrechterhaltung der zerbrechlichen gesellschaftlichen Ordnung Preußens vor der Revolution. Darüber hinaus hielt er diese Einrichtungen für ein notwendiges Instrument im Kampf der Polizei gegen das Verbrechen sowie für eine wichtige Quelle von Informationen für die Behörden.[86]

Einige Jahre später brachte die Polizei in Danzig die übliche Behauptung vor, die Abschaffung reglementierter Bordelle vertreibe die Prostituierten in billige, private Zimmer in den armen Stadtvierteln. Die Aussicht auf leichtverdientes Geld mache es attraktiv für die «Besitzlosen und Arbeitsscheuen», sich als Kuppler zu betätigen, und die Folge wäre, daß die arbeitenden Klassen moralisch verdorben würden. Die Regulierung sei der einzige Weg, auch weiterhin für die Sicherheit der nächtlichen Straßen zu sorgen. Die Augsburger Polizei klagte, daß Prostituierte, die allein lebten, im allgemeinen Zuhälter hätten und diese einen wichtigen Bestandteil der kriminellen Unterwelt bildeten. Die Dresdener Behörden waren ebenfalls der Ansicht, durch kontrollierte Bordelle würde die Zahl von Zuhältern niedrig gehalten. Nichtüberwachte Bordelle, erklärte auch die Hamburger

Polizei, seien Zentren von Kriminalität und Unruhe.[87] Mit ähnlichen
Argumenten rechtfertigten die städtischen Behörden in Frankfurt am
Main die Polizeivorschriften für Prostitution in der Stadt im Jahr
1899. Sie seien ein Mittel, die Gefahr «des sich immer mehr vordrän-
genden Zuhältertreibens» zu verringern.[88] Der Zuhälter stelle auch
eine Bedrohung für die ehrbaren männlichen Kunden dar, beklagte
sich eine Gruppe von Männern in Hamburg um die Jahrhundertwende:

Nach der neuesten Mode auf's Eleganteste gekleidet, in Lackstiefeln
und Glacéhandschuhen führt er seine Dirne spazieren. [...] Er liegt in
ihrer Wohnung im Hinterhalt und springt sofort auf jeden Besucher
los, der sich lässig im Bezahlen zeigt, um ihn zu berauben, durchzu-
prügeln und hinauszuwerfen, ja sogar totzuschlagen.

Allein das Auftreten des teuer und modisch gekleideten Zuhälters
sei Zeugnis dafür, in welchem Ausmaß er sein Mädchen ausbeutete,
indem er ihr ihre Einkünfte abknöpfte. Der «Louis», wie er genannt
wurde, lebte ausschließlich von «seinem» Mädchen und schlug sie,
wenn sie ihm nicht genügend Geld einbrachte. Er

hat eine teuflische Lust am Messerstechen. Wenn er der Ausübung
des Gewerbes seiner Dirne im Wege ist, so begiebt er sich hinaus
unter andere Menschen. Er lungert auf der Straße herum oder liegt in
einem Spelunken, spielt Karten und Billard, aber bei der geringsten
Veranlassung schlägt er mit Seidel und Billardqueue, sticht er mit
dem Messer. Und bietet sich ihm solche Gelegenheit nicht von
selbst, so sucht er sie sich auf. Er will Unterhaltung auf seine Art
haben. Deshalb begiebt er sich auf die Straße, belästigt anständige
Damen, rempelt anständige Herren an, und wird ihm nur der geringste Widerstand mit Mund oder That geleistet, so schlägt oder sticht
er zu.[89]

Prostitution, so fuhren die Hamburger Männer fort, sei ein gigan-
tisches Gewerbe, das die Unterwelt zusammenhalte und den Nährbo-
den für alle anderen Formen von Gewalt und Kriminalität biete. Tatsächlich sei es mehr als wahrscheinlich, daß die Prostitution sich in
einer Zeit politischer Aufstände mit der Sozialdemokratie zusam-
mentun würde, um die Stoßtruppen der Revolution zu bilden:

Prostitution und Zuhälterthum in der jetzigen Lebensweise, in der
jetzigen Regelung ihrer Verhältnisse sind Vorstufe und Durchgangs-
stufe zum gemeinen Verbrechen. [...] Wie sehr aber Prostitution und

Verbrecherthum in Berlin mit einander verquickt sind, das kann man daran beurtheilen, daß beide dieselbe Sprache sprechen, dieselbe ursprünglich aus dem Hebräischen stammende, theils verdeutschte, theils mit deutschen Zusätzen versehene rühmlichst bekannte Berliner Verbrechersprache. Das ist die sociale Gefahr, von der wir sprachen. Daneben steht noch eine social-politische. Denn wenn einmal eine Zeit der schweren Noth hereinbrechen sollte, dann werden wir die ungezügelte Prostitution, diese tausende von vagabondierenden Zuhältern auf der Seite der Umstürzler finden, und sie werden fürchterliche Gegner sein, nicht wegen ihrer Tapferkeit, wohl aber wegen ihrer Blutgier und Verthierung, und noch weit mehr wegen der maßlosen Aufhetzung, mit der sie sich allen Kreisen aufdrängen werden, welche ihnen irgendwie zugänglich sind.[90]

Dies war ohne Zweifel ein extremer Standpunkt, aber in weniger hysterischer Form repräsentierte diese Äußerung die Ängste vor gesellschaftlicher Unruhe, die das Bürgertum heimsuchte, wenn es über die Massen der Arbeitslosen oder nur zeitweise Beschäftigten in den Großstädten nachdachte: Allen voran vielleicht in Berlin, wo die Polizeikontrolle über die Prostitution notorisch schlampig war. Dort, so stellte ein Standardwerk über dieses Thema, das in der Weimarer Republik veröffentlicht wurde, fest, bestünde eine «innige Verbindung zwischen Prostitution und Verbrechertum»[91].

Wenn Zuhälter aussagten, was selten vorkam, bestätigten sie diese Verbindungen. 1888 erzählte zum Beispiel der 39jährige Häftling Joseph Kürper einem Gefängnisgeistlichen seine Lebensgeschichte als Krimineller, und der Geistliche ließ die Enthüllungen als Warnung an die Gesellschaft veröffentlichen. Joseph Kürper hatte in seiner Kindheit zusammen mit seiner ledigen Mutter gebettelt, war dann über kleine Diebstähle zum bewaffneten Raub aufgestiegen und hatte auch einige Zeit in Mannheim als Zuhälter verbracht. Seine Aufgaben schlossen dabei ein, das «Mädchen» bei Pferderennen oder auf «Bällen zweideutiger Art» zu beschützen, sie nachts auf der Straße und im Park zu begleiten, unwillige «Herren» zum Bezahlen zu zwingen und nach der Polizei Ausschau zu halten. Deren Aufgabe wiederum war es, Kürpers Geschäft, die «freie» und unregulierte Prostitution, zu unterdrücken. Kürper berichtete: «Ich war mit einem Dolchmesser und mit einem kurzen amerikanischen Todschläger bewaffnet und zu allem bereit.»[92]

Im Jahr 1891 warf ein sensationeller Mordfall auf schaurigste Weise ein grelles Licht auf diese Ängste. Ein Zuhälter, ein gewisser Heinze, und seine Frau, eine Prostituierte, waren in Berlin in eine Kirche eingebrochen, um das Kirchensilber zu stehlen, und hatten einen Nachtwächter ermordet, der sie bei ihrem Einbruch überraschte. Frau Heinze war vierundvierzigmal wegen Verstößen gegen die Sittengesetze vorbestraft, Heinze hatte sie, wie er angab, aus rein professionellen Gründen geheiratet. Zur schockierten Faszination der bürgerlichen Öffentlichkeit war Heinze unverfroren genug, sich auf der Anklagebank von Zeit zu Zeit mit einer Flasche Champagner zu stärken, und seine Verteidigung wurde unter dem Beifall seiner Freunde aus der Unterwelt geführt, die sich auf den Zuschauerbänken versammelt hatten, um ihm zuzusehen. Die allgemeine Empörung der Öffentlichkeit war so groß, daß der Kaiser höchstpersönlich am 22. Oktober 1891 eine Proklamation herausgab, in der er die Milde der Gerichte verurteilte und seine Regierung drängte, strengere Gesetze gegen Prostituierte und deren Anhang einzuführen. Das Dekret erging in einem wichtigen Moment, als die Ängste vor sozialer Unruhe unter den ehrbaren Bürgern ihren Höhepunkt erreicht hatten. Denn im Jahr zuvor waren die Sozialistengesetze aufgehoben worden, worauf eine Flut von Aufmärschen, Demonstrationen und Massenversammlungen der Sozialdemokraten eingesetzt hatte. Diese verursachte eine moralische Panik von beträchtlichem Ausmaß. Die obersten Staatsbeamten konnten die Proklamation des Kaisers nicht unbeachtet lassen, und die Angelegenheit wurde am 2. November und noch einmal am 29. November im preußischen Staatsministerium diskutiert. Die meisten Minister waren einhellig der Meinung, daß die Zunahme von Zuhältern und Kupplern in ganz Berlin und anderen großen Städten sich zu einem ernsten Ärgernis auswuchs. Deshalb wurde beschlossen, die Gelegenheit zu nutzen und den Paragraphen 180 des Strafgesetzbuchs zu verändern, um den Polizeibehörden zu gestatten, das System regulierter Bordelle wieder einzuführen und zu erweitern. Damit, so dachte man, würde man dem Zuhältergewerbe ein Ende bereiten. Denn, wie der Kaiser erklärte: «Der Heinze'sche Prozeß hat in erschreckender Weise dargelegt, daß das Zuhälterthum neben einer ausgedehnten Prostitution in den großen Städten, insbesondere in Berlin, sich zu einer gemeinen Gefahr für Staat und Gesellschaft entwickelt hat.»

Er drängte auf «rücksichtsloses Vorgehen gegen die Ausschreitungen jener verworfenen Menschenklasse»[93].

Trotz derart alarmierter Äußerungen auf höchster Ebene blieb die Tatsache bestehen, daß auch kontrollierte Bordelle in dem Ruf standen, Zentren von Kriminalität zu sein. Im Jahr 1846 sekundierte ein Liberaler dem Polizisten Stieber, dem er sonst in fast allem widersprach, indem er ebenfalls eine Verbindung zwischen Prostitution und Verbrechen herstellte. Er rechnete aus, daß es in Berlin über 2000 «Diebesdirnen» gäbe, sie seien Mitglieder einer «organisierte(n) Diebeswelt» und «verkehren vorzugsweise mit Verbrechern und in deren Niederlagen, helfen das unredlich erworbene Gut, dessen Ursprung ihnen nicht fremd ist, verprassen, leisten selbst Beistand bei Diebstählen, oder begehen selbständig Verbrechen»[94]. Viele von ihnen, meinte er, seien in staatlich kontrollierten Bordellen untergebracht, deren Abschaffung er deshalb nachdrücklich forderte. Ein paar Jahre später stellte F. C. B. Avé-Lallement staatlich kontrollierte Bordelle als zentrale Institutionen der Unterwelt dar, «Hauptherde des Gaunerthums», Orte, wo Diebe und Räuber im allgemeinen ihre Beute versteckten und ihre nächste Freveltat gegen die ehrbare Gesellschaft planten.[95] Diebstahl und Betrug waren in Bordellen, ob kontrolliert oder nicht, in vieler Hinsicht gang und gäbe. In Lübeck zum Beispiel beklagte sich im Jahr 1876 ein gewisser Herr Schmidt, er sei «am 8. Mai d. Mts. in Stockelsdorf» gewesen, «kam dort mit der Bordell-Wirthin Bringezu geb. Meyer von hier und deren Mädchen zusammen und wurde ihm, der animirt war, von denselben: a. eine goldene Uhr, b. ein Wechsel über 100 Mark, c. ein Paar Hand-Knöpfe, d. ein Einhundert Mark Schein und ein Fünf Mark Schein abgenommen». Offenbar war der Gesamtwert seiner Verluste groß genug, daß Herr Schmidt sich sogar über die peinlichen Umstände, unter denen er bestohlen worden war, hinwegsetzte. Dieses Bordell war der Polizei bereits bekannt, weil es ungesetzliche Preise für Getränke verlangte – nicht weniger als 4 Mark 20 für eine Flasche Rotwein, wie sich ein anderer Kunde, der Kaufmann Adolph Liegner, am 25. November 1875 beschwerte.[96] Zweifelsohne gab es in anderen Bordellen in Deutschland im gesamten 19. Jahrhundert ähnliche Vorfälle, trotz der vorgeblichen Strenge der Polizeikontrollen. Im Jahr 1884 faßte ein Autor in Worte, was die Kritiker allgemein empfanden, als er Bordelle als «bedenkliche Brutstätten anderer Laster und Verbrecherhöhlen» bezeichnete.[97]

Die Gegner der Reglementierung mußten sich mit dem Vorwurf auseinandersetzen, sie unterstützten die gesellschaftliche Erscheinung des Zuhälters. Aber der Zuhälter hatte auch seine Verteidiger, deren wichtigster der Berliner Autor Hans Ostwald war. Ostwald bestritt, daß die Zuhälter in Berlin zentrale Figuren der kriminellen Unterwelt seien. Wenn sie ihre Kunden bestehlen würden, so Ostwald, dann würden sie ihrem Gewerbe schaden und ihre Kundschaft abschrecken. Die Bars, in denen sie verkehrten, seien keine «Räuberhöhlen», sondern normale Kneipen. «In den Kaschemmen», schrieb er, «geht's nicht viel anders zu, als in anderen Lokalen. Nicht lauter, nicht roher und nicht ordinärer. Die Späße, die gemacht werden, sind von gleicher handfester Art, wie in Kleinbürger- und Arbeiterlokalen.» Viele Zuhälter gehörten tatsächlich recht konventionellen Vereinen und Gesellschaften an, und um den Alexanderplatz gab es «Vereine, deren Mitglieder fast nur Zuhälter sind», darunter auch Männergesangsvereine (deren Liedgut «mit Vorliebe patriotisch» war) und Sportvereine. Nur für wenige war die Zuhälterei der Hauptberuf. «Die Zuhälter sind gleichzeitig neben Zuhälter: Helfer bei Umzügen, Buchreisende, Kellner, Hundehändler, Buchmacher, gewerbsmäßige Spieler, Artisten, Sänger und Athleten, Stein- und Müllkutscher, Kommissionäre, Agenten bei Versicherungen usw.» Ostwald bestritt, daß sie üble Parasiten seien, die unerfahrene junge Mädchen dazu brächten, sich zu verkaufen, und sie durch verbale oder körperliche Mißhandlung dazu zwingen würden, ihnen ihre Einkünfte abzuliefern. Seiner Erfahrung nach fingen die meisten Zuhälter als unschuldige junge Arbeiter an, die sich in Mädchen verliebten, ohne zu wissen, daß es Prostituierte waren. Oder sie waren Studenten, Soldaten, Polizisten, Lehrlinge, deren Geliebte anfingen, auf der Straße zu arbeiten, um mehr Geld zu verdienen. Viele dieser Männer wurden allmählich, ohne es selbst zu merken, zu Zuhältern. Die Regel, so behauptete er, sei eindeutig, «daß die Prostituierte immer erst Prostituierte ist und sich dann erst einen Zuhälter anschafft». Sie brauchtes solche Männer zur Gesellschaft und zum Schutz gegen die Sittenpolizei. Der Zuhälter sei nützlich, wenn es darum ging, die Prostituierte vor anrückenden Polizisten zu warnen, sich um ihr Zimmer und ihren Besitz zu kümmern, wenn sie im Gefängnis war, und ihr nach ihrer Entlassung zu helfen, wieder auf die Füße zu kommen. Auch verhindere er, daß sie zu viel Geld für Kleider ausgab. (Ostwald hielt alle Prostituierten, außer der niedersten Sorte, für verschwenderisch und eitel.)

Seine Kritik richtete sich lediglich gegen eine Minderheit von Zuhältern. Vehement äußerte er sich nur gegen lesbische Zuhälterinnen («Der weibliche Zuhälter ist viel bösartiger, blutsaugerischer und gefährlicher als der männliche») und gegen Zuhälter, die von außerhalb in die Hauptstadt kamen:

Einen besonderen Einschlag hat das Berliner Zuhältertum durch die zahlreichen ehemaligen Matrosen und durch die vielen Süddeutschen und Wiener erhalten. Diese Elemente sind wirklich oft roh und brutal. Gefährlich aber sind die Süddeutschen durch ihr Auftreten *à la Gentleman*. Sie tragen sich nach der neuesten Mode, augenblicklich mit hohem Umlegekragen und engen Hosen, haben ein besonders konziliantes Benehmen an sich, und halten sich wohl zur größeren Hälfte unangemeldet in Berlin auf. Und zwar oft nur zu dem Zwecke, daß ihre Dirne irgendeinen Gimpel gut ausrupfen kann – sie geht fast nur in Hotels und Pensionen, wo sie dann Brieftaschen, Portemonnais, Uhren und alles, was wertvoll ist, sich aneignet und schleunigst mit ihrem Zuhälter verschwindet.

Ostwald kannte ganz offensichtlich viele Zuhälter persönlich und sympathisierte mit ihnen. Er beschrieb sie als «die Landstreicher der Großstadt», und bei jemandem, der einen großen Teil seines Lebens selbst als Landstreicher der herkömmlichen Art verbracht hatte, verrät diese Bezeichnung ein gewisses Mitgefühl.

«Das Zuhältertum», beobachtete er weiter, «ist oft nur ein Durchgangsstadium», so wie die «Wanderjahre» des Handwerkers, die er selbst durchgemacht hatte. Viele von ihnen, behauptete er schließlich, benutzten ihre Ersparnisse, um sich als Straßenhändler niederzulassen oder eine Kneipe zu eröffnen.[98] In Ostwalds Darstellung der Berliner Zuhälter und ihres Lebensstils kommen seine Vorurteile klar zum Vorschein, und vieles, was er schrieb, muß mit großer Vorsicht gelesen werden. So ist der Unterschied, den er zwischen den unschuldigen Berlinern und den bösen Auswärtigen machte, nicht überzeugend, um so weniger, als dieser nicht nur antisemitisch, sondern auch frauenfeindlich gefärbt war (er war der Ansicht, 20 Prozent aller Berliner Zuhälter seien Juden, dagegen nur acht bis zehn Prozent der Berliner Prostituierten).

Noch untauglicher war das Argument, Zuhälter seien eigentlich die

Gewalt verabscheuende Unschuldige, sie seien nur durch die Prostituierten, in die sie sich verliebt hätten, verdorben. In Wirklichkeit waren ihre Verbindungen zur kriminellen Unterwelt nur zu offensichtlich. Es war kein Einzelfall, daß Zuhälter wie der oben erwähnte Heinze nebenher Verbrechen verübten, wenn auch relativ wenige Zuhälter bis zum Mord gingen. Zu den kleinen Dieben, die bei den Hamburger Wahlrechtsunruhen am 17. Januar 1906 die Gelegenheit nutzten, um die Juwelierläden der Gegend, in der die Unruhen stattfanden, zu plündern, gehörte auch eine Reihe von Zuhältern, wie wir im folgenden Kapitel sehen werden. Die formale Strenge, mit der die Polizei die Prostitution kontrollierte, bedeutete, daß die meisten Zuhälter einen großen Teil ihrer Energien dafür aufwandten, das Gesetz zu umgehen, und bis zum Gesetzesbruch war es dann nur noch ein kleiner Schritt. Der Sozialforscher Kurt Schneider zeigte sich zwar erstaunt über die emotionale Wärme, mit der viele der Prostituierten, die er kurz vor dem Ersten Weltkrieg in Köln befragte, von ihrem «Louis» sprachen, aber sicherlich gab es eine ganze Reihe von Zuhältern, insbesondere weiter unten auf der sozialen Skala, die die Frauen beraubten, ausbeuteten und mit der Roheit und körperlichen Gewalt behandelten, die in Arbeiterehen zu dieser Zeit durchaus üblich war.[99] Hans Ostwald schließlich schätzte, daß in Berlin auf fünf Prostituierte im Durchschnitt ein Zuhälter kam. Da zweifellos manche Mädchen allein oder in einem organisierten Bordell arbeiteten, das von einer «Madame» betrieben wurde, müssen viele Zuhälter von den Einkünften nicht nur einer Prostituierten, sondern von zwei oder drei gelebt haben.[100] Die polizeiliche Kontrolle von Bordellen hat insgesamt die Zahl der Zuhälter nicht reduziert, selbst in einer Stadt wie Hamburg nicht, wo es streng konzessionierte Bordelle gab, weil das Ausmaß der ungeregelten Prostitution so ungeheuer viel größer war. Im Jahr 1896 zum Beispiel befanden sich in den Akten der Hamburger Sittenpolizei über 400 Zuhälter, sie wurden scharf überwacht, aber die Polizei war offenbar nicht fähig, ihre Aktivitäten in irgendeiner Weise zu beschneiden.[101] Die Zahlen in Berlin müssen sogar noch höher gewesen sein. Auch in kleineren Städten nahmen die Zuhälter die Sittenpolizei kaum ernst. Joseph Kürper zum Beispiel erzählte dem Gefängnisgeistlichen Otto Fleischmann, daß er früher, als er noch Zuhälter in Mannheim war, der Überwachung durch die Sittenpolizei sehr leicht entgehen konnte und «daß – wenigstens zu meiner

Zeit – die Polizei ihrer Aufgabe in dieser Hinsicht nicht im Geringsten gewachsen war»[102].

Dennoch gibt es allem Anschein nach keinen Grund, Ostwalds Beobachtung zu mißtrauen, daß viele Zuhälter zusätzlich noch andere Einkommensquellen besaßen, die mehr mit den Gesetzen in Einklang standen. Und seine Überzeugung, durch Polizeikontrollen und die Verbannung von Prostituierten in offiziell sanktionierte Bordelle würde weder die Zahl, noch die Bedeutung von Zuhältern abnehmen, kann man als einen interessanten Kommentar zu einer der wichtigsten Rechtfertigungen der Polizei für die Reglementierung lesen.[103] Als jemand, der lange am halbkriminellen Rand der Gesellschaft gelebt hatte, verspürte Ostwald keine Neigung, diejenigen zu dämonisieren, deren Leben er in seinem Werk beschrieb. Sein Versuch, den Zuhälter vor der Rolle als Volksteufel zu bewahren, verrät einen stark sexistischen Zug, der ihn die in die Prostitution verwickelten Frauen durchgängig in negativeren Begriffen beschreiben läßt als die Männer. Die offensichtliche Vertrautheit mit dem Milieu, die ihn als eine Art Fürsprecher dieser Menschen erscheinen ließ, bedeutet jedoch, daß zumindest einige seiner Berichte und Kommentare ernst zu nehmen sind. Wie schon andere Quellen belegen Ostwalds Schriften deutlich genug, daß die allgemeine Forderung der Verteidiger polizeiüberwachter Bordelle, das System der Regulierung würde die Verbrechensraten senken und Prostituierte wie Öffentlichkeit von der Erscheinung des Zuhälters befreien, jeglicher Berechtigung entbehrte.

Ohne Zweifel wurde der Zuhälter dämonisiert, in der moralischen Erregung der frühen neunziger Jahre des 19. Jahrhunderts wurde er gar zu einer Art volkstümlichem Teufel.[104] Vor allem die Stigmatisierung dieser Männer durch den Kaiser veranlaßte das preußische Staatsministerium, dem Reichstag einen Gesetzentwurf zur Legalisierung der polizeilich kontrollierten Bordelle vorzulegen. Die Formulierung der dazu erforderlichen Änderung des Paragraphen 180 des Strafgesetzbuchs verursachte einige Schwierigkeiten, denn, wie der preußische Justizminister es ausdrückte, ein solcher Schritt «stellte sich äußerlich als eine Legalisation und Erleichterung der Prostitution dar und es dürfte nicht angenehm sein, wenn eine solche als Folge des Allerhöchsten Erlasses erscheine»[105]. Außerdem verursachte der Entwurf des Gesetzes, der bald als «Lex Heinze» bekannt wurde, weitere Schwierigkeiten, als er im Reichstag debattiert wurde:

das Thema, um das es ursprünglich ging, wurde rasch überschattet von dem Versuch der katholischen Zentrumspartei, das Gesetz als Vehikel zu benutzen, um strenge Zensur- und Repressionsmaßnahmen gegen «pornographische» Kunst, Literatur und Unterhaltung einzuführen. Der Sturm, der daraufhin losbrach, erreichte seinen Höhepunkt erst am Ende des Jahrhunderts, und nach einem titanischen Kampf innerhalb und außerhalb des Reichstags endete er schließlich mit der Ablehnung des Gesetzentwurfs. Bei der allgemeinen Aufregung geriet das ursprüngliche Anliegen, die Aktivitäten von Zuhältern zu beschneiden, indem man polizeilich kontrollierte Bordelle legalisierte, fast völlig in Vergessenheit.[106]

Das Scheitern der Regulierung

Tatsache ist, daß die sittenpolizeilichen Vorschriften nicht nur in bezug auf das Zuhältertum, sondern auch allgemein undurchführbar waren und weitgehend nicht durchgesetzt wurden. Die Detailgenauigkeit, mit der sie verfaßt worden waren, war ein Eingeständnis der Polizei in das Ausmaß ihrer Machtlosigkeit. Denn die Prostituierten wurden am häufigsten genau auf den Straßen, in den Bezirken und Einrichtungen gesehen, aus denen sie mit Hilfe der Vorschriften verbannt werden sollten. Selbst Schulte gibt zu, daß überall im kaiserlichen Berlin Prostituierte zu finden waren, vor allem da, wo sie laut Vorschrift nicht sein sollten. Viele Zeitgenossen waren der gleichen Meinung. Ein Autor notierte 1888, daß der «anfangs so fürchterlich erschienene Polizei-Ukas vom 1. Juli 1887, der der Demimonde das Betreten der Hauptverkehrsadern der Weltstadt verbietet», nur wenig Wirkung hatte, außer vielleicht einer geringfügigen Einschränkung der «Schamlosigkeit», mit der die Prostituierten dort ihrem Gewerbe nachgingen.[107] Gelegentlich versuchte die Sittenpolizei, die Vorschriften strenger durchzusetzen, im allgemeinen in Zeiten moralischer Erregung, die normalerweise durch politische Kritik an ihrem Vorgehen ausgelöst wurde. So zum Beispiel in den Jahren 1894 und 1895 in Hamburg, nachdem der sozialdemokratische Parteichef August Bebel im Reichstag ihre Aktionen angegriffen hatte. Daraufhin wurden 27 Bordelle wegen Verstoß gegen die Vorschriften geschlossen, weil den Mädchen erlaubt worden war, auf der Straße auf Kundenfang zu gehen. Aus dem gleichen Grund wurden 151 Prostituierte angewiesen, ihre Unterkünfte zu verlassen. Die Wirkung derartiger Säuberungsaktionen war jedoch unvermeidlich nur von kurzer Dauer, und gut unterrichtete Kommentatoren waren einhellig der Ansicht, daß die Polizei vollkommen darin versagt hatte, die Vorschriften langfristig durchzusetzen. Im Jahr 1909, als wieder Beschwerden laut wurden, schritt die Hamburger Polizei erneut zur Tat, indem sie 222 offizielle Verwarnungen aussprach und 16 Verhaftungen vornahm. Dieses Durchgreifen zeigte aber ebensowenig eine dauerhafte Wirkung wie die frühere Säuberungsaktion Mitte der neunziger Jahre des 19. Jahrhunderts.[108]

Die Sittenpolizei war in den meisten Großstädten personell zu schwach gerüstet, um dem Anspruch, der an sie gestellt wurde, gerecht zu werden. In den Jahren 1893–94 wurde die Zahl der Beamten in der Hamburger Sittenpolizei von 14 auf 30 erhöht, und im Jahr 1913 hatte sie 46 erreicht: dies in einer Stadt, die Anfang der neunziger Jahre 600 000 Einwohner hatte, zur Jahrhundertwende über eine Million und bei Ausbruch des Ersten Weltkriegs eineinhalb Millionen. Die Aufstockungen konnten in keiner Weise Schritt halten mit der Ausbreitung der Gelegenheitsprostitution sowie der nicht staatlich kontrollierten Prostitution während des stürmischen Wachstums der Stadt.[109] Nicht nur versagte die Sittenpolizei bei dem Versuch, das Wachstum der Gelegenheitsprostitution in Schach zu halten – und um die Jahrhundertwende arbeiteten in Deutschland angeblich bis zu 200 000 Prostituierte, bis zum Ausbruch des Ersten Weltkrieges dürfte diese Zahl auf fast eine Drittelmillion angestiegen sein[110] –, sie war in den neunziger Jahren des 19. Jahrhunderts nicht einmal in der Lage, die Kontrolle über das bereits bestehende System von Vorschriften aufrechtzuerhalten.

Trotz der überall geltenden strengen Polizeivorschriften über das Erscheinen kontrollierter Prostituierter in der Öffentlichkeit konnte das «Hamburger Fremdenblatt» am 20. Dezember 1892 berichten:

Ein reizendes Bild-Notturno entrollt sich, wenn man abends nach 10 Uhr (oft auch um 8 Uhr schon), eine Straße der «Verlorenen» passirt: 50 Dirnen überfallen nacheinander männliche Passanten, zerren sie mit Gewalt (oft auch den Hut in Beschlag nehmend) ins Haus, schimpfen und kichern ungeniert auf der Straße, bis der Ruf erschallt «Die Sitte» – klapp sind alle geöffneten Fenster mit der weiß bemalten Unterscheibe (welchen Zweck hat das Malen hiernach) zu, und gemessenen Schrittes marchirt der Sittenwächter durch die still gewordene Gasse, bis – er um die nächste Ecke ist, dann beginnt die Blocksbergscene aufs Neue.[111]

Die Berliner Polizei verkündete jedenfalls nicht lange nach der Jahrhundertwende, sie sei nicht mehr bereit, ihre Vorschriften allzu streng zu handhaben, denn je schwieriger sie die Situation für die kontrollierten Prostituierten mache, desto mehr Prostituierte würden versuchen, sich der Kontrolle völlig zu entziehen.[112] Außerdem waren Korruption und Bestechlichkeit der Sittenpolizei wohl bekannt, und die Fälle von Bestechung häuften sich. Ein berüchtigter Vorfall, der nur die Spitze des Eisbergs zeigte, ereignete sich in Frankfurt am Main im Jahr 1914, wo bekannt wurde, daß der Polizeichef von einer Bordellwirtin Schmiergelder kassiert hatte, damit sie in einem Arbeiterviertel der Stadt ein großes Bordell eröffnen konnte.[113]

Erschwert wurden sittenpolizeiliche Kontrollen auch dadurch, daß Prostituierte nur selten in einem bestimmten Bordell blieben. In Hamburg wurden jedes Jahr weit über tausend Adressenänderungen registriert – im Jahr 1863 zum Beispiel 1646, drei Jahre später 1294. Das bedeutete, daß jede offiziell kontrollierte Prostituierte in der Stadt im Durchschnitt zweimal im Jahr umzog. Außerdem meldeten sich viele Prostituierte ab, weil sie anderswo Arbeit aufnahmen. Im Jahr 1862 zum Beispiel wurden in Hamburg 610 neue Prostituierte in das offizielle Register aufgenommen und 573 wurden gestrichen. Von diesen wurde in 234 Fällen eingetragen, sie seien zu ihren Familien heimgekehrt, 159 hatten die Stadt verlassen, um anderswo als Prostituierte zu arbeiten, 82 blieben in Hamburg, wurden jedoch aus dem Register genommen, 78 waren untergetaucht, neun verheirateten sich, zehn starben und eine trat einem Magdalenenheim bei (hier zeigte sich deutlich, wie bedeutungslos die «Rettungsarbeit» dieser Institution zahlenmäßig war, wenigstens soweit sie registrierte Prostituierte betraf).[114]

Zwei Jahrzehnte zuvor ließ sich in Lübeck ein ähnliches Muster beobachten, ein Hinweis darauf, daß es sich um kein neues Phänomen handelte. Im Jahr 1843 erlebte Menzels Bordell in Lübeck, in dem im allgemeinen sieben oder acht Mädchen gleichzeitig beschäftigt waren, eine typische Fluktuation von Prostituierten. Nur ein Mädchen blieb das ganze Jahr dort. Von den Mädchen, die am 1. Januar 1843 dort arbeiteten, blieb eines sechs Monate, drei gingen nach vier Monaten und ein anderes Ende Januar. Sechs Mädchen gingen irgendwann im Lauf des Jahres, eines blieb insgesamt neun Monate, ein anderes acht, fünf Mädchen blieben vier (eines davon mit einer zweimonatigen Pause in der Mitte ihres Aufenthaltes) und eines sechs Monate. Vier blieben nur für einen Monat. Von den acht Prostituierten, die am Ende des Jahres dort waren, war ein Mädchen das ganze Jahr dort geblieben, eines war seit sechs Monaten dort, eines seit fünf, eines seit vier, eines seit drei, zwei Mädchen seit zwei Monaten und eines seit einem Monat. Von denen, die fortgegangen und nicht wiedergekommen waren, hieß es in einem Fall, sie sei «weggelaufen», zwei gingen, um in anderen Bordellen zu arbeiten, und nicht weniger als zehn wurden einfach als «abgereist» eingetragen.[115] Und Schneiders Untersuchung der Lebensläufe von 70 Prostituierten in Köln, die in den Jahren 1913/14 im Krankenhaus behandelt wurden, zeigte, daß nur eine von ihnen länger als zehn Jahre unter Polizeikontrolle gestanden hatte, fünf Frauen zwischen fünf und zehn Jahren und drei zwischen vier und fünf Jahren. Die meisten von ihnen waren nur für eine relativ kurze Zeitspanne als Prostituierte registriert – neun zwischen drei und vier Jahren, 16 zwischen zwei und drei Jahren, 20 zwischen ein und zwei Jahren und 16 für weniger als zwölf Monate. Die Befürchtung des Autors, nur wenige von ihnen würden es je schaffen, ihrem Los als polizeilich eingeschriebene Prostituierte zu entkommen, wurde also von seiner eigenen Statistik widerlegt.[116] Viele der Mädchen in Schneiders Stichprobe in Köln erwarteten, daß ihre Laufbahn als Prostituierte wie jede normale Arbeit irgendwann, wenn sie Mitte oder Ende zwanzig wären (und 46 der 70 Frauen in der Stichprobe waren unter 25, 24 zwischen 25 und 36 Jahre alt), mit einer Ehe enden würde.[117]

Diese Zahlen lassen zwei Schlußfolgerungen zu. Erstens, daß die Vorstellung völlig unhaltbar war, registrierte Prostituierte würden in irgendeiner Form eingesperrt oder mit Gewalt in offiziell sanktionierten Bordellen gehalten, wie manche zeitgenössischen Kritiker behaupteten mit ihrer Rhetorik vom «weißen Sklavenhandel» und in ihren Angriffen gegen die staatlich regulierte Prostitution, die diesen angeblich förderte.[118] Niemand machte sich je die Mühe, die Mädchen zu fragen, warum sie so häufig ihre Stelle wechselten. Es steht jedoch zu vermuten, daß dies zum einen gut für das Geschäft war, und zwar nicht nur für sie, sondern auch für die Bordellwirte, in deren Interesse es lag, einen fortwährenden Nachschub neuer Prostituierter zu bekommen, um die Nachfrage ihrer Kunden nach Abwechslung zu befriedigen. Zum anderen aber schafften sich die Mädchen dadurch ein gewisses Maß an Freiheit und konnten sich ihre Arbeitsbedingungen selbst aussuchen. Die Bordellwirte versuchten oft, den Wechsel zu verhindern, indem sie dafür sorgten, daß sich die Mädchen fortwährend für die Ausstattung mit Kleidung, Zimmermiete und so weiter bei ihnen verschuldeten, aber wenn diese finanziellen Forderungen zu hoch wurden, scheinen die Mädchen wenig Hemmungen gekannt zu haben, sich bei den Behörden zu beschweren. Die finanziellen Forderungen der Zimmerwirte hatten weniger eine permanente Verschuldung zur Folge, sie führten vielmehr dazu, wie der amerikanische Forscher Abraham Flexner berichtete, daß die Prostituierten es nicht schafften, irgendwelche nennenswerten Ersparnisse zusammenzubekommen, trotz der hohen Summen, die ein beträchtlicher Anteil von ihnen verdiente.[119] Tatsächlich sieht es so aus, als hätten Bordelle mit dem Verkauf von Getränken fast ebensoviel verdient wie mit dem Verkauf von Sexualität. Das erklärt weitgehend die Disparität zwischen dem, was die Prostituierten verdienten, und dem, was die Bordellwirte einnahmen. In Frankfurt am Main zum Beispiel berechnete Madame Bohnert, die Besitzerin eines Bordells mit 16 Zimmern in der Blücherstraße, im Jahr 1914 ihren Mädchen im Durchschnitt 15 Mark Miete am Tag. Jede von ihnen konnte das jedoch mit einer einzigen Nummer verdienen; der Verkauf von Getränken muß ihr netto ungefähr 100 Mark am Tag zusätzlich eingebracht haben, was ihr auch ermöglichte, die Sittenpolizei zu bestechen.[120] Es war nicht zu erwarten, daß die Mädchen bei diesem Einkommen viel sparen konnten, aber als Sklavinnen konnte man sie auch nicht beschreiben.

Zweitens muß die Behauptung von Prostituierten gegenüber der Polizei, sie würden zu ihren Familien zurückkehren, zwar mit einem angemessenen Maß an Skepsis behandelt werden, aber zumindest scheint klar zu sein, daß es für eine registrierte Prostituierte nicht schwierig war, sich aus dem Register streichen zu lassen, wenn sie dies wünschte. Und viele von ihnen kehrten tatsächlich, ob zeitweilig oder auf Dauer, zu einem Leben relativer «Ehrbarkeit» zurück. Wie unwirksam das Regulationssystem gegen Ende des Jahrhunderts war, unterstreicht die Tatsache, daß der Anteil aktiver Prostituierter, die offiziell registriert waren und in staatlich sanktionierten Bordellen arbeiten mußten, nur noch relativ klein war und während dieser Zeit noch weiter abnahm.

Für das Ausmaß der illegalen Prostitution läßt sich aus den Statistiken von Verhaftungen manches Indiz gewinnen. Im Jahr 1898 richtete die Hamburger Sittenpolizei auf Beschwerden von Anwohnern hin, die Niedernstraße und die Steinstraße in einem der heruntergekommenen Gängeviertel würden von Prostituierten überrannt, in diesem Gebiet einen besonderen Wachdienst ein. In den ersten elf Monaten des Jahres 1899 führte sie 769 Verhaftungen wegen illegaler Prostitution durch. Zwangsläufig war die Wirkung solcher Aktionen nicht von langer Dauer, sie waren als Abschreckungsmaßnahmen gedacht oder als Reaktionen auf politische Umstände, und ihre Resultate waren entsprechend mager. Im Jahr 1897, ein Jahr zuvor, hatte es in ganz Hamburg nur 1654 Verhaftungen gegeben. Die Tatsache, daß 1899 in einem Zeitraum von elf Monaten in nur zwei Straßen fast halb so viele Verhaftungen vorgenommen wurden, gibt also einige Anhaltspunkte für die Zahl der Prostituierten, die illegal in der Stadt arbeiteten. Der glaubwürdigsten Quelle zufolge waren es um die Jahrhundertwende mindestens 3000. Die Fertigstellung des Hamburger Hauptbahnhofs 1905/06 führte zu einem raschen Anwachsen der Prostitution in dem angrenzenden Stadtteil St. Georg. Die Ausbreitung kommerzieller Vergnügungsstätten, seien es billige Konzertsäle, Tanzsäle, Cafés chantants oder Wiener Cafés (deren Zahl in Hamburg zwischen 1893 und 1899 von sieben auf 33 zunahm), bot eine wachsende Vielfalt attraktiver, oft recht luxuriöser Alternativen zum offiziellen Bordell. Im Jahr 1894 weitete die Hamburger Polizei auf Beschwerden hin ihre Lizenzvorschriften auf 276 Nachtcafés aus, in denen (angeblich) kein Alkohol ausgeschenkt wurde. 50 davon schlossen sofort, weil sie wußten, daß sie keine Schankgenehmigung erhalten würden, und weitere 36 wurden zugemacht. Auch in Bierkellern wurden sexuelle Dienste angeboten. Im Jahr 1898 wurde dem Wirt der «Großen Bierhalle» auf dem Spielbudenplatz in St. Pauli mit dem Entzug der Schankerlaubnis gedroht, wenn er nicht die Prostituierten vertriebe, die sich häufig dort aufhielten; einem Bericht zufolge waren es 150 Prostituierte jeden Tag. Als der Wirt widerstrebend nachgab, gingen seine Einkünfte von 1000 auf 250 Mark am Tag zurück. In den ersten sechs Monaten des Jahres 1898 führte die Polizei im Viertel um die Reeperbahn über 700 Verhaftungen wegen Prostitution durch, als Reaktion auf Beschwerden der Bewohner des Stadtteils. Die Polizei war jedoch gezwungen zuzugeben, daß die Aussichten, die Prostitution wirksam zu kontrollieren, minimal waren und daß die Lage in Hamburg sich fast den Zuständen in Berlin annäherte.[121]

Mit der Absicht, ihre Mittel mehr auf die Bekämpfung der illegalen Prostitution zu konzentrieren, schloß die Sittenpolizei nach und nach kontrollierte Bordelle und faßte die verbleibenden in einer kleineren Zahl von Straßen zusammen, um sie so besser überwachen zu können. Zwischen 1876 und 1879 wurden in Hamburg in elf Straßen von der Polizei konzessionierte Bordelle geschlossen, allein 1879 mußten nicht weniger als 30 weitere ihren Betrieb einstellen. Im Jahr 1889 schließlich gab es nur noch 16 Straßen in der Stadt, in denen offiziell kontrollierte Bordelle angesiedelt waren, und 1895 wurden in weiteren sieben Straßen Bordelle geschlossen. Von 1834 bis 1874, als die Polizei in gutem Glauben an der Vorstellung festhielt, sie könne und würde die gesamte Prostitution in der Stadt unter ihre Kontrolle bringen, war die Zahl der Bordelle, die von der Sittenpolizei genehmigt waren, von 98 auf 191 gestiegen. Seit Mitte der siebziger Jahre gab sie dieses ehrgeizige Ziel jedoch nach und nach auf. Im Jahr 1889 war die Zahl der Bordelle auf 157 gesunken, und in den folgenden Jahren nahm sie noch weiter ab.[122] Außer in Hamburg wurde auch noch in anderen Städten offenbar, wie unwirksam die Vorschriften waren. In Frankfurt am Main zum Beispiel wurden am 31. Dezember 1913 die Bordelle in der Rosengasse geschlossen. Den Prostituierten wurde daraufhin gestattet, zu leben, wo sie wollten. Gleichzeitig wurden Pläne für eine stufenweise Schließung aller anderen von der Polizei kontrollierten Bordelle in der Stadt verkündet, trotz der Proteste der Hauswirte in den betroffenen Straßen, sie könnten die geräumten Häuser wegen ihres unmoralischen Rufs nicht wieder vermieten oder verkaufen.[123]

«In den meisten Städten», stellt der amerikanische Forscher Abraham Flexner kurz vor dem Ersten Weltkrieg fest, «[...] ist die Regulierung zum Scheitern verurteilt, und in vielen recht gestorben.» Im Jahr 1909 zum Beispiel waren in München 140 Frauen registriert, aber im selben Jahr kam die Münchener Sittenpolizei nicht weniger als 1076 «heimlichen» Prostituierten auf die Spur. Die Registrierten machten also weniger als sieben Prozent aller Prostituierten aus, die der Polizei bekannt waren, und selbst diese waren nur ein Teil der Gesamtzahl.[124] In kleinen und mittelgroßen Städten waren 1908 oder 1910 nur eine Handvoll registriert: 45 in Mannheim, 63 in Karlsruhe, neun in Konstanz, neun in Baden-Baden (trotz seines Rufs als europäisches Zentrum des Glücksspiels), fünf in Freiburg und vier in Pforzheim.[125] In diesen Städten arbeitete die große Mehrheit von ihnen außerhalb des Zugriffs der Polizei. Und das hatten sie in Wirklichkeit immer schon getan. Eine Schätzung veranschlagte die Zahl der kontrollierten Prostituierten in Berlin in der Mitte der fünfziger Jahre des 19. Jahrhunderts auf 300 und die Zahl jener, die im verborgenen arbeiteten, auf nicht weniger als 6000.[126] Die Reglementierung, notierte ein Kritiker, sei sinnlos, denn sie erfasse nur einen kleinen Bruchteil des Gewerbes.[127] Im Jahr 1870 war die Zahl unkontrollierter Prostituierter in der Stadt auf 20000 angewachsen.[128] Kurz nach der Jahrhundertwende hieß es, es seien 5000 Prostituierte in Berlin unter Polizeikontrolle, «einige weitere Tausend als verdächtig beobachtet», und zwischen 30000 und 50000 arbeiteten außerhalb des Zugriffs der Behörden.[129] Gleichzeitig gab es in Köln angeblich für jede kontrollierte Prostituierte zwanzig «heimliche».[130] Die Wahrheit war, wie eine Berliner Prostituierte Flexner berichtete, «nur die Dummen werden inscribiert»[131]. Die Erfahrung der Thymian Gotteball, einer intelligenten Frau, der es keine Schwierigkeit bereitete, der Aufmerksamkeit der Sittenpolizei zu entgehen, scheint also nicht untypisch gewesen zu sein.

Rechtsprobleme und Volksprotest

Die Probleme der Reglementierung wurden durch das Reichsstrafgesetzbuch von 1871 noch verschärft. In vielen deutschen Städten und Großstädten war die staatliche Regelung der Prostitution während der Revolution und der Napoleonischen Kriege von den Franzosen eingeführt worden. In Hamburg zum Beispiel wurde sie 1807 eingeführt, zur Zeit der französischen Besetzung.[132] In Preußen war die Regulierung der Prostitution nach den Paragraphen 996 bis 1026 des Allgemeinen Landrechts von 1794 bis zur Mitte des Jahrhunderts legal gewesen.[133] 1846 wurde dann die Regulierung unter dem Druck der Liberalen in Berlin aufgegeben und vom preußischen Strafgesetzbuch von 1851 außer Kraft gesetzt, was unter dem Regime von Berlins Polizeichef Carl von Hinckeldey zeitweilig ignoriert wurde.[134] Das Gesetz von 1871 folgte dem Berliner Präzedenzfall und legte Haftstrafen fest für jeden, der durch eigene Vermittlung eine Gelegenheit für die Ausübung der Prostitution bot, sie so unterstützte und förderte. Allerdings begannen die Probleme bereits mit Preußens Annexion der Provinz Schleswig-Holstein nach dem Krieg von 1866, als diese dem geltenden preußischen Strafgesetzbuch unterworfen wurde. Die Polizei in Altona, die sich bis dahin an die Praxis des benachbarten Hamburg gehalten hatte, wo Bordelle streng kontrolliert wurden, focht die in Berlin geltende Ansicht an und argumentierte, «daß die erfolgte Einführung des Preußischen Strafgesetzbuchs die Aufhebung der in Altona bisher noch geduldeten Bordelle werde zur Folge haben müssen». Sie verwies darauf, daß sogar in Berlin unter dem Strafgesetz von 1851 eine Form der Reglementierung existiert hatte, und stellte sich auf den Standpunkt, «daß sich das Fortbestehen konzessionierter Bordelle in der Provinz Schleswig-Holstein durch die Vorschriften des Strafgesetzbuchs nicht für ausgeschlossen erachte»[135]. Tatsächlich waren aber die Vorschriften in Berlin im Jahr 1857 als Folge des Konflikts mit dem Strafgesetzbuch verändert worden. Die Ausweitung des Strafgesetzbuchs auf Altona hatte nun «eigentümliche Konflikte» mit der örtlichen Polizei zur Folge.[136] Außerdem beklagte sich jetzt auch die Polizei in Kiel, daß der preußische Staatsanwalt ständig die Wirte von polizeilich geduldeten Bordellen wegen des Paragraphen 180 vor Gericht brachte, und obwohl die Richter angesichts der Situation den schuldigen Parteien gegenüber Milde walten ließen, war dies dennoch eine beträchtliche Quelle der Peinlichkeit. Die Sittenpolizei gab nach und schloß im Jahr 1876 die Bordelle, nur um sie drei Jahre später in aller Stille wieder aufzumachen, ohne Zweifel nach längeren Diskussionen mit der Staatsanwaltschaft.

Ein weiterer, von Preußen nach dem Krieg von 1866 annektierter deutscher Staat, das frühere Königreich Hannover, mußte ebenfalls seine staatlich kontrollierten Bordelle schließen, wie auch Frankfurt am Main im Jahr 1867. Schwierigkeiten mit dem Gesetz führten auch zur Schließung der von der Polizei geduldeten Bordelle in Dortmund im Jahr 1873, in Köln 1880, Erfurt 1885 und Leipzig im Jahr 1889.[137] Manche Städte übergingen stillschweigend den Paragraphen 180, wie zum Beispiel Bremen, wo eine einzige Straße mit Unterkünften für 52 Prostituierte weiter unter der Überwachung der Sittenpolizei stand. Sie bezogen sich auf eine andere Klausel des Strafgesetzbuchs, den Paragraphen 361, Absatz 6, der der Polizei die Macht gab, jede Frau zu verhaften und einer medizinischen Untersuchung zu unterziehen, die im Verdacht stand, Prostituierte zu sein. Sie behaupteten, die Einrichtung überwachter Bordelle sei der einzige Weg, wie dies durchzuführen sei. Manche Provinzbehörden, wie zum Beispiel im Großherzogtum Baden, fanden einen Weg, das Gesetz zu umgehen, indem «mehreren einer polizeilichen Aufsicht im Sinne des Paragraphen 361 Ziffer 6 R. St.G.B. unterstellten Weibspersonen gestattet wird, in dem selben Hause zu wohnen»[138]. Andere Beamte der Sittenpolizei gerieten durch diese Taktik jedoch in Konflikt mit den Politikern. In Dresden zum Beispiel beklagte sich der Polizeichef, daß er durch den Widerstand von Beamten im sächsischen Innenministerium daran gehindert worden sei, die Prostitution auf bestimmte Häuser und Straßen einzuschränken.[139]

Häufiger jedoch protestierten normale Bürger. Oft waren Beschwerden von Nachbarn der Grund für die Schließung von Bordellen, insbesondere, wenn in der Nachbarschaft Kinder lebten. Die Bewohner einer Straße in Lübeck, in der ein Bordell lag, wandten sich 1862 gegen die

Excesse namentlich der öffentlichen Prostitutionen, welche sich die Einwohner des Hauses am hellen Morgen erlauben, außerdem ihrer frechen Zudringlichkeiten und Insulten gegen Vorübergehende und endlich des lauten Lärmens während der Nächte, welches sogar, begünstigt von dem Umstande, daß die Straße bis dahin von der Gasbeleuchtung ausgeschlossen ist, noch auf der Straße kein Ende finden will.[140]

Grundstücksbesitzer in Mannheim protestierten erfolgreich gegen Bordelle in angrenzenden Häusern, indem sie sich auf ein Gesetz beriefen, das 1900 erlassen wurde. Versuche der örtlichen Polizei, das Gewerbe in die neue Wohnsiedlung der Arbeiterklasse, die Neckarvorstadt, zu verlagern, schufen «eine große Aufregung in der Neckarvorstadt», und der Umzug wurde abgeblasen. «Es sei nun für Dirnen sehr schwer, Wohnung zu finden», bemerkte die badische Regierung, «die Nachbarschaft sehe sich leicht in Eigentum wie in ihrer ganzen Lebensführung benachteiligt.»[141]

Manchmal wurden die Beschwerden aufgebrachter Nachbarn von radikal-liberalen Gegnern des staatlichen Regulationssystems unterstützt. Diese Leute schafften es auch im Jahr 1876, nach einer langwierigen Reihe gerichtlicher Anhörungen, ein Urteil gegen die Hamburger Behörden zu erzwingen, als der Bundesrat dem Hamburger Senat mitteilte, er müsse die Bordelle schließen, sonst würde er nach Paragraph 180 angeklagt.[142] Die Aussicht, daß überaus respektable Senatoren aus der Kaufmannschaft wegen Kuppelei vor Gericht gezerrt würden, erschien der Hamburger Polizei so abwegig, daß sie sich sicher fühlte und damit begnügte, sämtlichen Bordellen einfach die Getränkekonzessionen zu entziehen und den Wortlaut ihrer Vorschriften zu verändern. So wurden zum Beispiel Bordellwirte jetzt als «Vermieter» und nicht als «Inhaber» bezeichnet. Die Versicherung der Sittenpolizei, keinerlei Beziehung zu solchen Leuten zu haben, war wenig überzeugend. Tatsächlich waren die Bordellwirte eins der wichtigsten Elemente im Hamburger Kontrollsystem. Manchmal wurden lokale Proteste auch von den Sozialdemokraten unterstützt. In Frankfurt am Main war im Jahr 1912 ein Vorschlag der Sittenpolizei, in der Gneisenaustraße in der Nähe des Bahnhofs 17 neue Bordelle zu eröffnen, Anlaß für eine Protestversammlung, die von 2000 Arbeitern dieses Viertels besucht wurde. Frauen waren von der Versammlung ausgeschlossen, weil es als unanständig galt, daß sie das Thema in der Öffentlichkeit erörterten. Die Versammlung beklagte in einer Sprache, an der deutlich abzulesen ist, daß die sozialdemokratische Partei bei der Formulierung der Beschwerde federführend war, «dass in ihrem Stadtteil auf Betreiben skrupelloser Kapitalisten die Ausübung der öffentlichen Unzucht kaserniert und konzessioniert werden soll». Dem Protest folgte eine Bittschrift, und in der Frankfurter Stadtverordnetenversammlung wurde eine Debatte abgehalten. Das Ergebnis war, daß der Plan schließlich fallengelassen wurde.[143]

Am Vorabend des Ersten Weltkriegs waren derartige lokale Proteste also zu einer Macht geworden, mit der man rechnen mußte. Die Tatsache, daß Behörden Bordelle in Arbeitergegenden ansiedelten, beleidigte die ehrbaren, normalerweise festangestellten Familienväter, die die Basis der Sozialdemokratie bildeten. Im Gegensatz zur Darstellung von Konservativen gab es keineswegs eine Allianz zwischen Prostitution und linksgerichteter Politik, vielmehr waren sie oft erbitterte Gegner. Ganz abgesehen von der Störung, die sittenpolizeilich konzessionierte Bordelle im Alltagsleben der Arbeiterklasse darstellten, mit ihren Polizeirazzien und Patrouillen, Überprüfungen von Schankkonzessionen, den Besuchern von außerhalb des Stadtteils usw., beleidigte die Anwesenheit von Prostituierten außerdem das Gefühl von Anstand und Sitte, das die Sozialdemokraten aufrechterhielten und das sie, ganz zu Unrecht, wie wir sahen, zu der Behauptung veranlaßte, Männer der Arbeiterklasse nähmen die Dienste von Prostituierten niemals in Anspruch.[144]

Moralunternehmer und Frauenrechtlerinnen

Die Fronten in der Debatte über die Prostitutionsfrage im kaiserlichen Deutschland verliefen zum Teil quer zu den politischen Parteien und gegensätzlichen Meinungen zu anderen Tagesfragen. So war die Evangelische Kirche zwar gesellschaftlich konservativ und identifizierte sich politisch mit der wilhelminischen Monarchie, einer Polizeiregulation der Prostitution stand sie jedoch kritisch gegenüber, weil das Weiterbestehen von Unmoral und Laster in einem angeblich christlichen Staat damit offiziell abgesegnet würde. Daß der Kaiser die Reglementierung unterstützte, war wohl der Grund, warum die Kirche als solche eher davor zurückschreckte, in dieser Frage einen Standpunkt zu beziehen. Ihre Ansichten wurden jedoch deutlich in dem Standpunkt, den die Allgemeine Konferenz der deutschen Sittlichkeitsvereine bezog, eine Organisation, die sich überwiegend auf Protestanten der unteren Mittelschicht, insbesondere auf Volksschullehrer, stützte, der jedoch auch einige Katholiken angehörten. Frauen waren streng von der Mitgliedschaft ausgeschlossen, denn es galt, wie gesagt, als unschicklich, daß sie in der Öffentlichkeit über Prostitution und Sexualität diskutierten. Die Sittlichkeitsvereine bildeten eine der außerparlamentarischen Interessengruppen, die im politischen Spektrum Deutschlands am Ende des 19. Jahrhunderts an Bedeutung gewannen. Sie waren Teil einer weit verbreiteten Selbstmobilisierung des radikalisierten Kleinbürgertums, das einerseits überwiegend politisch rechtsgerichtet war, sich andererseits jedoch Autoritäten gegenüber zunehmend kritisch äußerte, da es sie für zu schwach hielt, die gesellschaftliche Stabilität, die öffentliche Moral und den Nationalstolz zu bewahren. Ihr Anführer, Pastor Ludwig Weber, war ein ehemaliger Armeeoffizier und Bewunderer des früheren Hofpredigers und antisemitischen Demagogen Adolf Stöcker. In seiner Autobiographie schrieb Weber, sein wichtigstes Ziel im Leben sei die Zerschlagung des Sozialismus gewesen. Er glaubte, der Staat habe als moralischer Erzieher der Arbeiterklassen eine wichtige Rolle zu spielen. Wenn die Prostitution gemeinsam mit «unmoralischen» Spielen, «schmutzigen» Büchern und «unanständiger» Kunst abgeschafft würde, sei dies ein wichtiger Schritt, den Einfluß der Sozialdemokratie zu neutralisieren und das Proletariat für das zu gewinnen, was Weber für das nationale Interesse hielt.[145]

Für Männer wie Weber symbolisierte die Prostitution, wie die Heinze-Affäre enthüllt hatte, die Gefahr der sozialen Unordnung und die Drohung des politischen Aufruhrs, die die großen Städte und das Wachstum des städtischen Proletariats mit sich brachten. Unmoral, die Zerstörung der Familie und die sexuelle Emanzipation der Frauen galten als Bestandteile dieser allgemeinen Bedrohung der Gesellschaft. Prostituierte waren Instrumente des Teufels, unmoralische Verführerinnen: der Staat hatte die Aufgabe, sie zu verfolgen, und nicht, sie zu kontrollieren. Sogar noch vor ihrem Zusammenschluß zur Allgemeinen Konferenz im Jahr 1888 hatten einzelne Sittlichkeitsvereine eine Reihe von rechtlichen Angriffen gegen die polizeiliche Tolerierung der Prostitution geführt, zum Beispiel in Braunschweig, Krefeld und Mühlhausen. Im Jahr 1891 erschien eine Broschüre, die sie anläßlich des Heinze-Prozesses herausgaben, in einer Auflage von 65 000 Exemplaren unter dem Titel «Der Kampf gegen die Unsittlichkeit». Darin wurde behauptet, daß Deutschland genauso wie Babel, Assyrien, das antike Griechenland und das Römische Reich und (natürlich) Frankreich durch sexuelle Unmoral niedergehen und zusammenbrechen werde, wenn sich das deutsche Volk nicht gesammelt hinter Jesus Christus stelle, um den Werken des Teufels zu widerstehen.[146] Die Polizei, so verlangte die Broschüre, sollte jede Frau verhaften, einsperren oder deportieren, die sie bei der Ausübung des gottlosen Gewerbes der Prostitution erwischte, anstatt diese mit dem System der Reglementierung stillschweigend zu dulden. Wenn Frauen ihre Triebe beherrschen könnten, dann sollten Männer dies ebenfalls können, und wenn sie es nicht täten, sollten sie deshalb bestraft werden.[147] Die Annahme, Männer seien nicht fähig, ihre Triebe unter

Kontrolle zu halten, bedeute, sie auf die Stufe von Tieren herabzusetzen. «Mit dem Ersterben der Keuschheit stirbt auch alle rechtliche Gesinnung, alle Kraft, aller Gemein- und Opfersinn.» Die einzige Lösung sei ein rigoroses polizeiliches Verbot.[148] Und ein anderer konservativer Gegner der Bordelle fügte hinzu, ein solches Verbot solle verbunden werden mit einer gründlichen christlichen Erziehung zur Stärkung der Moral, insbesondere bei jungen Mädchen, um sie von den Ideen weiblicher Emanzipation und Unabhängigkeit abzubringen.[149] Die kirchlichen Würdenträger waren sich einig in der Verdammung sexueller Unmoral, und ein Staat, der behauptete, christlich zu sein, dürfe diese nicht dulden.[150] So gab es noch eine weitere Stimme, deren Einfluß für das Scheitern der polizeilichen Regulierung in der wilhelminischen Zeit mitverantwortlich war.

Diese feindselige Einstellung sowohl gegenüber der sittenpolizeilichen Reglementierung der Prostitution wie auch gegenüber den Frauen, die sie ausübten, hegte auch der Verein Jugendschutz, der im Jahr 1888 in Berlin gegründet wurde, im selben Jahr wie die Allgemeine Konferenz der Deutschen Sittlichkeitsvereine. Die Gründerin war eine Frau, Hanna Bieber-Böhm, und der Verein bildete in gewisser Weise eine Art weibliches Gegenstuck zur Allgemeinen Konferenz. Bieber-Böhm gewann die Unterstützung einer großen Bandbreite von Frauenverbänden für ihre Kampagne, die sie unermüdlich die ganzen neunziger Jahre des 19. Jahrhunderts hindurch führte. Eine Bittschrift, die sie dem Berliner Polizeichef im Jahr 1895 vorlegte, forderte unter anderem die Abschaffung staatlich regulierter Bordelle, die Deportation aller ausländischen Prostituierten und die Einsperrung aller anderen Prostituierten, einschließlich der nicht vorbestraften, für ein bis drei Jahre. Um mit der Prostitution aufzuräumen und Prostituierte zur Sittsamkeit zu erziehen, sollten Frauengefängnisse reformiert und besondere Abteilungen eingerichtet werden. Die Jugendschutzvereine setzten außerdem auf präventive Maßnahmen wie die Gründung von Heimen, Vereinen und Freizeitvereinen für weibliche Hausangestellte, die sie für das hauptsächliche Reservoir hielten, aus dem sich die Prostituierten rekrutierten. Diese Auffassung erklärt sich unter anderem durch die Tatsache, daß nahezu alle bürgerlichen Frauen, die den Verein unterstützten, selbst Hausangestellte beschäftigten und darauf bedacht waren, soviel Kontrolle wie möglich über deren Leben auszuüben.[151] Der Jugendschutzverein stand gesellschaftlich ein kleines Stück über den Sittlichkeitsvereinen. Er hatte eine entschieden feministische Tendenz, denn er bestand auf dem Recht bürgerlicher Frauen, in der Öffentlichkeit aufzutreten und über sexuelle Themen zu diskutieren, die früher als zu undelikat galten, um sie in weiblicher Gesellschaft auch nur zu erwähnen. Bieber-Böhm selbst war eine treibende Kraft bei der Gründung des Bundes Deutscher Frauenvereine im Jahr 1894 und bis zum Ende des Jahrzehnts eine führende Figur in seinen Kampagnen. Sie tat viel dafür, die zunächst widerstrebenden Feministinnen davon zu überzeugen, es sei richtig und angemessen, daß sie öffentlich einen Standpunkt in diesen Fragen bezögen.[152] Wie viele Feministinnen dieser Zeit war sie fest davon überzeugt, daß für Männer die gleichen Maßstäbe moralischer und sexueller Zurückhaltung gelten sollten, wie sie die Konvention von Frauen forderte. Der Jugendschutzverein engagierte sich in diesem Sinne in einer öffentlichen Aufklärungskampagne. So forderte er zum Beispiel in einer Petition den Kaiser auf, Kurse zur sexuellen Aufklärung für seine Truppen einzurichten, in denen die Soldaten überzeugt werden sollten, daß nur der gesund bleibe, der sich des Geschlechtsverkehrs enthalte.[153]

Der Jugendschutzverein unterschied sich zwar von den Sittlichkeitsvereinen insofern, als er darauf bestand, daß die Stimmen von Frauen zum Thema Prostitution gehört werden sollten, und die Wiederbelebung der Rolle der Religion sowie den Kampf gegen gesellschaftliche Unordnung, die in der Vorstellung von Pastor Weber eine zentrale Rolle spielten, für weniger wichtig hielt. Die grundlegende Annahme jedoch, Prostituierte seien böse und unmoralisch und sie gehörten bestraft, wenn sie sich weigerten, sich zu bessern, teilte Bieber-Böhm mit ihrem männlichen Gegenspieler. Genau diese Annahme aber war es, die den Zorn der neuen und radikaleren Generation von Feministinnen erregte, die gegen Ende der neunziger Jahre in Erscheinung trat. Diese neuen «Frauenrechtlerinnen» wurden angeführt von Anita Augspurg und Käthe Schirmacher, die beide mit den britischen Kämpferinnen gegen die staatliche Regulierung der Prostitution Kontakt gehabt hatten, als sie im Ausland studierten. Sie waren Anhängerinnen von Josephine Butler, die in den achtziger Jahren eine erfolgreiche Kampagne für die Abschaffung der Reglementierung in Großbritannien geführt hatte. Butler hatte danach eine «Internationale Föderation zur Abschaffung der Staatlich Reglementierten Prostitution» gegründet. 1898, als die Debatte über die Lex Heinze ihr letztes und publizistisch erregtestes Stadium erreicht hatte, gründeten Augspurg, Schirmacher und andere einen deutschen Zweig dieses Verbandes von Abolitionistinnen. Wie Butler waren sie davon überzeugt, die staatliche Regulierung der Prostitution stelle die offizielle Billigung eines doppelten moralischen Maßstabs für Männer und Frauen dar, denn die männlichen Kunden kämen ungeschoren davon, während die Prostituierten den Preis für die Lüsternheit von Männern zahlen müßten. Die Abolitionistinnen betrachteten die Prostituierten als Opfer und glaubten, mit der Abschaffung der staatlichen Regulierung und der Erziehung der Männer zu Selbstbeherrschung würde die Doppelmoral verschwinden und Frauen würden nicht länger durch ihre Armut und die Unfähigkeit von Männern, ihre sexuellen Impulse zu kontrollieren, zur Prostitution gezwungen.

Die Abolitionistinnen setzten sich leidenschaftlich für einen allgemeingültigen Maßstab sexueller Enthaltsamkeit ein, zum Beispiel gab Lida Gustava Heymann im Jahr 1902 einer Klasse Abiturientinnen mit auf den Weg: «Geschlechtlich verkehren sollt Ihr einzig und allein in der Ehe. Der aussereheliche Verkehr bringt oft Krankheiten mit sich; die Folgen davon könnt Ihr Euch nicht schwarz genug machen.» Diese Folgen malte sie in den grellsten Farben aus, um die Mädchen zu ermahnen, den Versuchen männlicher Verführer zu widerstehen. So fuhr sie fort:

Schmeichler reden Euch auf der Strasse an, fordern Euch auf ein Glas Bier mit ihnen zu trinken, hernach macht man Euch Geschenke, heuchelt Euch Liebe vor, führt Euch auf den Tanzboden, in Tingel-Tangel und zweideutige Restaurants. Man wird Euch Wein anbieten, wer nicht daran gewöhnt ist, ist bald berauscht und weiss nicht mehr was er thut. – Verführer und Verführte, beide in berauschtem Zustande, beide die Nerven bis auf das Äusserste gereizt, verkehren geschlechtlich miteinander. Ist der Mann krank, so steckt er das Mädchen an. [...] Der Verführer aber verlässt Mutter und Kind.

Daraufhin, so fuhr sie gnadenlos fort, würde die Mutter zur Prostitution gezwungen und die Polizei würde sie in ein Bordell einsperren.[154] Heymanns Ausführungen hielten sich genau an das Muster, das in größerem Rahmen auch das «Tagebuch einer Verlorenen» zeichnete, die paradigmatische Lebensgeschichte der «gefallenen Frau». Wahrscheinlich machten diese düsteren Warnungen nachhal-

tigen Eindruck auf viele ihrer jugendlichen Zuhörerinnen. Wirkungs-
voll kam Heymann immer wieder darauf zurück, daß es die Frauen
waren, und nicht die Männer, die für außerehelichen Geschlechtsverkehr zu zahlen hätten. Die Regeln des Anstandes, die das öffentliche
Leben im kaiserlichen Deutschland regierten, verhinderten jedoch immer noch, daß Feministinnen wie Heymann sich mit ihrer Botschaft
von der sexuellen Enthaltsamkeit direkt an die eigentlichen Adressaten
wenden konnten – die Männer. Sie waren gezwungen, hilflos zuzusehen, wie eine Debatte im Reichstag, die von ihrer Kampagne angeregt
worden war, in unangemessener Heiterkeit unterging. Wie eine von
ihnen erbittert bemerkte, zeigte dies, «daß ein großer Teil der deutschen Männerwelt nicht die sittliche Reife und den sittlichen Ernst
besitzt, um derartige Fragen überhaupt mit der ihnen gebührenden
Würde zu behandeln»[155].

Für diese Feministinnen war Prostitution ein Symbol der Machtlosigkeit von Frauen in der Gesellschaft ihrer Zeit. Liberale Gegner der
Reglementierung hatten bei früherer Gelegenheit bemerkt: «Das
Bordellwesen ist [. . .] nur eine Folge der verschrobenen socialen Stellung des weiblichen Geschlechts im Allgemeinen»[156]. Die Abolitionistinnen gingen jedoch über diese allgemeine Auffassung hinaus. Ihrer Ansicht nach bestand das Problem nicht darin, daß Prostituierte
durch die Polizeivorschriften tatsächlich in «Sperrbezirke» verbannt
wurden, denn das war, wie wir sahen, offensichtlich nicht der Fall.
Ihnen ging es vielmehr darum, daß durch die Schaffung eines derart
ausgeklügelten Katalogs von Regeln und Vorschriften, auch wenn
diese nur selten durchgesetzt wurden, die Polizei sich das Recht her-
ausnahm, nach Gutdünken in das Alltagsleben der Frauen einzugreifen, wenn sie der Meinung war, daß eine von ihnen die unsichtbaren
Grenzen überschritt, die die sozialen und sexuellen Konventionen ihnen vorschrieben. Eine Prostituierte, die auf einer der großen Durchgangsstraßen wie dem Jungfernstieg in Hamburg, der Friedrichstraße
oder Unter den Linden in Berlin auf und ab spazierte oder ihrem Gewerbe in einem wohlbekannten Restaurant oder Café nachging,
konnte vielleicht das Gefühl haben, die Möglichkeit einer Verhaftung
sei ihr Berufsrisiko, und es sei es wert, dieses Risiko einzugehen, denn
in der Praxis kamen Verhaftungen an diesen Orten nur sehr selten
vor. Aber auch jede andere Frau, die sich allein an diesen Orten aufhielt, ging dieses Risiko ein: dem Blick von Männern ausgesetzt, die

herauszufinden versuchten, ob sie eine Prostituierte sei oder nicht, beobachtet von der Sittenpolizei, wenn diese dort auftauchte, wurde ihr das Gefühl vermittelt, daß sie ohne männliche Begleitung dort nichts zu suchen hätte. Diese Orte, daran sollte man sich erinnern, waren keineswegs abgelegene «Rotlichtbezirke», sondern große Durchgangsstraßen, die zentralen Adern der öffentlichen Sphäre in den Städten. Die Regulierung erleichterte so auf dem direktesten Weg, durch Einschüchterung, die Durchsetzung des männlichen Monopolanspruchs auf die öffentliche Sphäre.[157]

Genau dieser Anspruch war es, den die Feministinnen bekämpften. Eine von ihnen erklärte in einer öffentlichen Protestversammlung des Hamburger Frauenvereins im Jahr 1902:

Ich weiß, daß man in Hamburg nicht allein ausgehen kann. Es ist dann in Hamburg wie in anderen Großstädten Deutschlands auch, man kann nicht unbehelligt seiner Wege gehen. Meine Bekannten, hochanständige Frauen, werden Abends, wenn sie von den Bureaux kommen, wo sie ihre Arbeiten abzuliefern haben, vielfach auf den Straßen belästigt, und Frau Louise Zietz hat noch in dieser Woche öffentlich in einer Frauenversammlung bei uns erklärt: daß man in Hamburg nicht einmal vor den uniformierten Schutzleuten Abends sicher sei; sie wäre zweimal abends, als sie sich verspätet, von Konstablern in unflätigster Weise belästigt worden.[158]

Louise Zietz war in Wirklichkeit eine wohlbekannte Organisatorin und Sprecherin der sozialdemokratischen Frauenbewegung, deshalb mag hinter dem Verhalten der Polizei ihr gegenüber durchaus ein besonderes Maß an politischer Animosität gestanden haben. Doch insgesamt war die Beschreibung richtig. Selbst in den badischen Kleinstädten gab es im Jahr 1910 Klagen, «daß eine anständige Frau gegen Abend und nachts überhaupt nicht mehr durch die Straßen gehen konnte, ohne daß sie belästigt wurde [...] erstens von Männern [...] aber auch [...] von Polizeibediensteten»[159]. Die wachsende Unabhängigkeit der Frauen im Alltagsleben des kaiserlichen Deutschland, die die viel weiter reichenden Entwicklungen in der Weimarer Republik nur ankündigte, war deshalb eine weitere Kraft, die die Bekämpfung der polizeilichen Regulierung der Prostitution beeinflußte.

Feministinnen wie Augspurg stellten nicht nur einen Zusammenhang her zwischen den Polizeivorschriften, der Unterordnung von Frauen und dem Versuch, sie aus der öffentlichen Sphäre zu verbannen, sie brachten die Reglementierung außerdem in Verbindung mit der Dominanz eines überlebten Systems aristokratischer und militaristischer Werte im kaiserlichen Deutschland. Auch bei einer ganzen Reihe weiterer Themen vertraten sie einen radikalen Standpunkt, vom Frauenstimmrecht (das vorher von der Frauenbewegung nicht gefordert wurde) bis zu Imperialismus, Frieden und Demokratie. Die Abolitionistinnen stießen sich an der Tatsache, daß Prostituierte bestraft und verachtet wurden, aber «nicht die Männer der oberen Zehntausend», die ihre Kunden waren.[160] Mit dieser Argumentation näherten sie sich stark dem politischen Standpunkt der Sozialdemokraten an, die, wie wir sahen, Prostitution als Aspekt der sozialen Ausbeutung betrachteten, der für die kapitalistische Gesellschaft charakteristisch ist. Der Radikalismus ihrer Kampagne war in jeder Weise ebenso dynamisch wie der der Sozialdemokraten. In Hamburg strengten die Abolitionistinnen, angeführt von Lida Gustava Heymann, wegen Verstößen gegen Paragraph 180 des Strafgesetzbuchs eine Reihe von Prozessen gegen die Polizei an. Sie unterstützten diese Aktionen durch eine Reihe medienwirksamer, öffentlicher Massenversammlungen. Der Senat reagierte darauf mit einem Verbot, weitere öffentliche Versammlungen abzuhalten, und hob dieses Verbot erst 1908 auf. Das Verbot führte zu einer Debatte im Reichstag, in dem die linksgerichteten Liberalen und die Sozialdemokraten sich zusammenschlossen, um das Vorgehen des Senats und die Übel der Regulierung gemeinsam zu verurteilen.

Aber obwohl die Abolitionistinnen in Baden und in Frankfurt am Main ähnliche Kampagnen ins Leben riefen und obwohl sie die Unterstützung der Hauptströmung der Frauenbewegung für sich gewinnen konnten und Bieber-Böhm aus deren führenden Kreisen verdrängten, gelang es ihnen nicht, einen wirklichen Durchbruch zu erzielen. Das ist nicht überraschend, denn der Reichskanzler und preußische Ministerpräsident Bernhard von Bülow sprach im Namen vieler, als er 1908 die Ansicht vertrat, die herkömmliche Methode der Regulierung sei der beste Weg:

Der Herr Ministerpräsident sprach es als seine persönliche Ansicht aus, daß eine befriedigende Lösung der Prostitutionsfrage nur durch Wiedereinführung von Bordellen werde erzielt werden können. Wer, wie er, längere Zeit im Auslande gelebt habe, der denke eben über diese Frage anders als die jetzigen Wortführer in Frauenvereinen,

Synoden usw. In Frankreich z. B., wo polizeilich genau kontrollierte Bordelle existieren, seien so skandalöse Zustände, wie sie in Berlin in der Friedrichstraße beständen, unbekannt. Indessen wisse er wohl, daß angesichts der herrschenden Vorurteile an die Einführung von Bordellen im gegenwärtigen Augenblicke bei uns nicht zu denken sei.[161]

Jedoch schufen die Abolitionistinnen – gemeinsam mit den Sittlichkeitsvereinen und den Kirchen – wenigstens ein Meinungsklima, in dem nach der Lex Heinze von offizieller Seite kein Versuch unternommen wurde, den weiteren Verfall der Regulierung aufzuhalten oder den Paragraphen 180 des Strafgesetzbuchs zu verändern. Und sie erreichten, daß weithin öffentlich über die Frage der Prostitution debattiert wurde, außerdem überzeugten sie viele Menschen davon, Prostituierte als Opfer zu betrachten und nicht als Täter. Zweifellos war es diese Debatte, die Margarete Böhme inspiriert hatte, das «Tagebuch einer Verlorenen» zu veröffentlichen, und sie schuf auch die Bedingungen dafür, daß das Buch in der Öffentlichkeit eine so breite und insgesamt günstige Aufnahme fand.[162]

Geschichten und Erzählungen über sexuelle Devianz

Als das «Tagebuch einer Verlorenen» im Jahr 1905 erschien, hatte das politische Klima, in dem die Debatte über die Prostitution geführt wurde, bereits begonnen, sich zu verändern. Innerhalb der feministischen Bewegung näherten sich die «Radikalen» unter dem Einfluß der Sexualreformerin Helene Stöcker immer mehr einer liberaleren Haltung zur Sexualität an. 1908 initiierten sie eine Kampagne für die Abschaffung des Paragraphen 218 des Strafgesetzbuchs und für die Legalisierung der Abtreibung, für die Anerkennung gleicher Rechte unverheirateter Mütter und für die Anerkennung der Vorstellung, daß Frauen ebenso wie Männer ein Recht auf sexuelle Erfüllung hatten. Damit unterliefen sie nicht nur ihre früheren Argumente zur Prostitution, sondern riefen auch einen immer lauter werdenden Protest von Feministinnen hervor, die das Gefühl hatten, diese Forderungen gingen zu weit. Im Jahr 1908 wurde bei der jährlichen Generalversammlung des Bundes Deutscher Frauenvereine ein Versuch abgewiesen, den Bund zu verpflichten, gegen den Paragraphen 218 zu kämpfen, und bald wurden die «Radikalen» bei dieser und anderen Fragen innerhalb der Bewegung an den Rand gedrängt.

Gleichzeitig kam es unter dem wachsenden Einfluß der Eugeniker und Sozialdarwinisten in der politischen Kultur in Deutschland zu einer Neuorientierung des Verbandes der Abolitionistinnen, der 1910 von seinen radikalsten Elementen gereinigt wurde. Die Deutsche Gesellschaft zur Bekämpfung der Geschlechtskrankheiten, die 1902 gegründet wurde, sah das Hauptproblem der Prostitution nicht in der Degradierung von Frauen, sondern in der Bedrohung, die diese für die Erbgesundheit des deutschen Volkes darstellte, da sie bei der Verbreitung von Syphilis und Gonorrhöe eine wichtige Rolle spielte. Die Abolitionistinnen begannen, sich für eine Form von «Neo-Reglementarismus» einzusetzen, womit sie sich immer weiter von den Abolitionistinnen in anderen Ländern entfernten. Am Vorabend des Ersten Weltkriegs kämpften sie nicht für die Abschaffung der Polizeiregulation im Namen sexueller Gleichheit, sondern für die Einführung von Gefängnisstrafen für jeden, der Geschlechtsverkehr hatte und gleichzeitig wußte, daß er mit einer sexuell übertragbaren Krankheit infiziert war. Eine solche Maßnahme bedeutete natürlich nichts anderes als eine stärkere Polizeikontrolle der Prostitution und unterschied sich nur insoweit von der Argumentation, die vorher von Hanna Bieber-Böhm und den Sittlichkeitsvereinen vertreten wurde, als sie für Frauen und Männer in gleicher Weise galt. Um 1910 schließlich herrschte in Regierungskreisen weitgehend Übereinstimmung, daß der hauptsächliche Zweck der Polizeikontrolle über die Prostitution darin bestünde, die Verbreitung von Geschlechtskrankheiten einzudämmen, und daß die Behörden – wie der Innenminister des Großherzogtums Baden erklärte – die Pflicht hätten, alle Prostituierten zu verhaften und medizinisch zu untersuchen, nicht nur die, die unter Polizeikontrolle standen.[163] Während des Ersten Weltkrieges wurde dieses Vorgehen zur offiziellen Politik des Deutschen Reiches, unterstützt von weiteren Maßnahmen, die den Militärbehörden gestatteten, jede Frau als Prostituierte zu registrieren, von der bekannt war, daß sie mit mehr als einem Mann Geschlechtsverkehr gehabt hatte (selbst wenn sie dafür kein Geld genommen hatte).[164]

Die Tendenz zum Neo-Reglementarismus, die vor dem Ersten Weltkrieg bereits spürbar wurde, verweist auf weitere Veränderungen in der Einstellung zu Kriminalität und abweichendem Verhalten. Die Debatte in der Strafrechtspolitik bewegte sich weg von der mehr oder weniger liberalen Idee, die fast im gesamten 19. Jahrhundert vorherrschend gewesen war, wonach die Strafe nach der Tat zu bemessen sei, und hin zu der Vorstellung, im Mittelpunkt der Aufmerksamkeit der Gesellschaft solle der Kriminelle selbst und nicht seine Tat stehen. Immer stärker galt Kriminalität als das Produkt ererbter Degeneration. Die Forderung, die Strafrechtspolitik auf Abschreckung zu gründen, setzte eine rationalistische Auffassung der menschlichen Natur voraus. Doch wenn Straftäter von Erbfaktoren getrieben wurden, für die sie nichts konnten, dann war Abschreckung sinnlos. Sozialforscher und Kriminalanthropologen wandten sich der detaillierten Untersuchung von Familienstammbäumen und dem Milieu der Straftäter zu und entdeckten ganze Sippen von Devianten, deren Weigerung, sich den gesellschaftlichen Normen anzupassen, jetzt dem Blut zugeschrieben wurde und nicht mehr der Moral. Derartige Vorstellungen haben erstaunliche Ähnlichkeit mit der Ansicht Avé-Lallements, der um die Mitte des 19. Jahrhunderts die kriminelle Unterwelt weitgehend als Produkt rassischer Einflüsse dargestellt hatte. Diese Einflüsse wurden aber jetzt nicht nur bei Juden und «Zigeunern» gesucht (obwohl deren Rolle für ebenso wichtig gehalten wurde wie bei Avé-Lallement), sondern auch im heimtückischen Wirken schädlicher Erbfaktoren in der deutschen «Rasse». Die Strafrechtspolitik wandelte sich nach und nach zur «Rassenhygiene», und ein juristisches Modell von Kriminalität machte immer stärker einem medizinischen und eugenischen Modell Platz.[165]

Mit dem Aufkommen dieses neuen Diskurses war es kein Wunder, daß sich auch die Einstellung zu Prostituierten wieder einmal änderte. Der Innenminister des Großherzogtums Baden sprach eine bei den Regierungen weit verbreitete Ansicht aus, als er 1910 bemerkte, «daß man es eben bei der großen Mehrzahl dieser armen Geschöpfe mit geistig und moralisch nicht normalen Wesen zu tun hat». Dies sei eine «Tatsache», wie er hinzufügte, «die von vielen Sachverständigen bestätigt wird»[166]. Selbst die Abolitionistinnen betrachteten Prostituierte schließlich in den letzten Jahren vor dem Ersten Weltkrieg als erblich belastet und degeneriert. Aus dieser Perspektive gesehen steckt in der erzählerischen Parabel im «Tagebuch einer Verlorenen» eine allgemeinere soziale Parabel: Der Abstieg und Fall eines Individuums in Prostitution, Krankheit und Tod spiegelte den allgemeineren Prozeß von Abstieg und Fall wider, der sich in der Kette von erblichen Übeln abspielte, zu denen, wie man meinte, auch die Prostitution gehört. Die Prostituierte wurde zu einem Objekt medizinischer, psychologischer und sozialer Forschung, die die Absicht verfolgte, die Natur, das Ausmaß und die Ursprünge ihrer sozialen Degeneration genau zu bestimmen. Diese Geisteshaltung ließ Projekte wie das des Psychologen Kurt Schneider aufkommen, der davon überzeugt war, die Prostituierten, mit denen er sprach, seien weitgehend pathologisch degeneriert, und es bestünde keine Hoffnung für sie, je ein normales Leben zu führen. Von hier war es immer noch ein weiter Weg zur Einsperrung in Konzentrationslager, zu erzwungener Sterilisation und sogenannter Euthanasie in den Gaskammern von Grafeneck und Hartheim, was im «Dritten Reich» ihr Schicksal sein sollte. Der kurze Moment gesellschaftlicher Sympathie aber, die den Prostituierten während der feministischen Kampagnen Anfang des 20. Jahrhunderts gegolten hatte und sowohl in der Erzählung in der ersten Person im «Tagebuch einer Verlorenen» zum Ausdruck kam wie in der weitverbreiteten und positiven Rezeption des Buches, sollte sich nicht wiederholen.

In der Weimarer Republik wurde das «Tagebuch» verfilmt. Regie führte der berühmte Filmemacher G. W. Pabst, das Drehbuch, das in mehrerer Hinsicht von der ursprünglichen Erzählung abwich, schrieb Rudolf Leonhardt. Die Rolle der Thymian spielte ein bekanntes Sexsymbol der Weimarer Zeit, die amerikanische Schauspielerin Louise Brooks. Der Film erhielt eine Reihe mäßig wohlwollender Kritiken. Aber die Lizenz, die er am 24. August 1929 für den kommerziellen Verleih bekam, wurde am 5. Dezember desselben Jahres von der Filmoberprüfstelle Berlin widerrufen, nach dem Protest einer Reihe von kirchlichen Organisationen, Frauenvereinen und Wohlfahrtseinrichtungen, die sich der Prävention der Prostitution verschrieben hatten (oder «Gefährdetenfürsorge», wie es jetzt hieß). Die Zensoren nahmen Anstoß an dem Kontrast zwischen dem negativen Porträt von Thymians Elternhaus, aus dem sie (im Film) mit Hilfe von Graf Osdorff entflieht, und der positiven Darstellung des Bordells, in das sie durch den Grafen eingeführt wird. Sie stimmten den Protestierenden zu – darunter viele Organisationen, die sich der Führung von Mädchenheimen widmeten –, daß dieser Gegensatz wahrscheinlich eine demoralisierende Wirkung auf beeindruckbare Mitglieder des Kinopublikums hatte.

Der Bildstreifen veranschaulicht mit aller und in keiner Weise abstoßender, also abschreckender Deutlichkeit das Leben in einem Bordell, das als leicht, schön, bequem und dadurch erstrebenswert und verlockend hingestellt wird. [...] Die Prüfstelle hat [...] in zahlreichen Entscheidungen festgestellt, daß einer Darstellung eine entsittlichende Wirkung beizumessen ist, in der das Dirnenleben als etwas gegebenes, angenehmes und einfach abzuwerfendes dargestellt wird, ohne daß ein solches Leben als verwerflich und die Rückkehr der Prostituierten in ein bürgerliches Leben mit allen seinen Schwierigkeiten und Enttäuschungen gezeigt wird. Hierin ist ein Anreiz zu Leichtsinn, Preisgabe und Verzicht auf Moral zu erblicken, der insbesondere auf ungefestigte weibliche Beschauer entsittlichend wirkt.[167]

Die Behörden wandten sich damit gegen jegliche Darstellung der Prostitution als einer in irgendeiner Weise positiven Wahl der Frauen, die sie ausübten. Noch bemerkenswerter aber ist, daß sie offensichtlich empört waren über die Vorstellung, daß Frauen Prostitution, auch die Arbeit in einem Bordell, ausüben und wieder aufgeben und dadurch willentlich die Grenzen zwischen der ehrbaren Gesellschaft und der sexuellen Unterwelt überschreiten konnten. Prostitution durfte nicht als etwas «einfach abzuwerfendes» dargestellt werden. Die ehrbare Gesellschaft trennte weiterhin scharf zwischen sich und der Welt der Abweichler, mochte die Wirklichkeit aussehen, wie sie wollte, und trug damit selbst dazu bei, daß diese Grenze schwer zu überschreiten war.

Pabsts Film war nur der letzte in einer langen Reihe von erfinderischen Bearbeitungen der Lebensgeschichten von Prostituierten. Denn auch das ursprüngliche «Tagebuch einer Verlorenen» war in Wahrheit keineswegs das Tagebuch einer wirklichen Prostituierten, sondern ein Roman, geschrieben von seiner «Herausgeberin» Margarete Böhme. Böhme reproduzierte sogar zwei handgeschriebene Seiten des «Manuskripts» des Tagebuchs am Ende des Buches, um ihm einen Anschein von Echtheit zu verleihen. Und niemand Geringeres als die Londoner «Times» ließ über die englische Übersetzung verlauten, daß es «keinen Zweifel zu geben scheint an der Authentizität dieses Tagebuchs einer ‹verlorenen› Frau». Aber indem sie die Fortsetzung, «Dida Ibsens Geschichte», ausdrücklich als «Roman» bezeichnete, räumte Böhme implizit ein, daß auch der Vorläufer Fiktion war. Diese Implikation wird auch im Vorwort des «Tagebuchs» deutlich, wo sie eingesteht, daß sie ursprünglich vorgehabt hatte, «den Inhalt nach einiger Zeit zu einem Roman zu verarbeiten», aber «auf Anraten meines Verlegers, des Herrn Fontane», sich hatte überzeugen lassen, dies nicht zu tun.[168] Viele der 30 weiteren Romane der Autorin drehten sich um ein ähnliches Thema: die verzweifelte Situation einer Frau, die wegen eines moralischen Fehltritts – einem illegitimen Kind oder einer Scheidung – von der ehrbaren Gesellschaft ausgestoßen wird. Sowohl die gepflegte Sprache als auch die sorgfältig komponierte Struktur des «Tagebuchs» kennzeichnen es als eine ihrer literarischen Erfindungen und nicht als ein Dokument, das sie zufällig gefunden hatte und das von jemand anderem geschrieben worden war. Tatsache bleibt jedoch, daß es noch im Jahr 1905 für Böhme sicherer war, ein Buch wie das «Tagebuch» als Dokument zu veröffentlichen und nicht zuzugeben, daß sie es selbst geschrieben hatte, um so der Gefahr zu entgehen, als unmoralisch verdammt zu werden. Der schlechte Ruf hätte sich dann auch an Böhmes andere Werke geheftet, schließlich war sie eine bekannte populäre Autorin ihrer Zeit, und dies hätte entsprechend verheerende Auswirkungen auf die Verkaufszahlen gehabt. Auf das Thema kam sie vermutlich durch die allgemeine Debatte über Prostitution, die um die Jahrhundertwende vor allem von den Feministinnen geführt wurde.[169] Die zwei oder drei Abschnitte des Tagebuchs, die von der Prostitution im allgemeinen handeln, konnten auf irgendeiner der zahlreichen sozialwissenschaftlichen Untersuchungen beruhen, die in dieser Zeit veröffentlicht wurden. Die Begrenzung der Handlung des Buches auf ein weitgehend bürgerliches Milieu, der Verzicht auf jeden Versuch, ein wirkliches Bordell darzustellen, und die Zurückhaltung, Details aus dem Alltagsleben einer Prostituierten preiszugeben, außer an öffentlichen Kontaktorten wie der Oper, bezeugen, daß Böhme selbst von all dem keine Kenntnis hatte, und spiegeln ihre weise Entscheidung wider, sich an Szenarien zu halten, die ihr vertraut waren.

5 Der rote Mittwoch in Hamburg

Helmut Harringas große Stunde

Im Jahr 1910 beschloß der Hamburger Richter, linksliberale Politiker und kämpferische Abstinenzler Hermann Popert, den Kampf gegen Alkoholmißbrauch, für den er bereits stadtbekannt war, mit der Veröffentlichung eines Romans weiter voranzutreiben. Unter dem Titel «Helmut Harringa. Eine Geschichte aus unserer Zeit» erzählt der Roman die Geschichte eines jungen Richters aus Ostfriesland, der um die Jahrhundertwende in die Großstadt zieht mit der Absicht, hier seine Laufbahn fortzusetzen. Der adrette, blonde Helmut Harringa bringt die Anständigkeit, Aufrichtigkeit und Unmittelbarkeit der deutschen Landbevölkerung in seine Arbeit ein und versucht, sich mit diesen Werten gegen die abgestumpfte politische Blasiertheit der Hamburger Senatoren und Richter durchzusetzen, die offenbar nicht fähig oder bereit sind, mit Alkohol, Kriminalität und Prostitution aufzuräumen, jenen Übeln, die das moderne Leben in der Großstadt heimsuchten.

Harringa hingegen ist von Anfang an ein Muster an Tugend. Er hat nie einen Tropfen Alkohol angerührt und trat sogar wegen des zügellosen Alkoholgenusses und der häufigen Bordellbesuche seiner Kommilitonen aus seiner Studentenverbindung aus:

In den letzten Jahren des Gymnasiums, und vollends auf der Hochschule, hat die jungen Hirne der Wahn ergriffen, ihre halbreifen nordischen Körper von neunzehn, zwanzig, einundzwanzig Jahren bedürften dringend des Genusses käuflicher Weiber. Es hat als unmännlich gegolten, da nicht mitzumachen.

Helmut Harringa jedoch bewahrt seine körperliche Reinheit «vor der Berührung mit den Keimen entartender und entehrender Krankheit». Er hat Freude an seinem Militärdienst und findet geistige Erholung in der natürlichen Schönheit der norddeutschen Landschaft.[1] Im Gegensatz zu Helmut mangelt es seinem Bruder Friedrich an der Willenskraft, der Verlockung von Alkohol und Sexualität zu widerstehen. Friedrich berichtet Helmut, er sei nach einem exzessiven Trinkgelage mit seinen Kameraden von der Burschenschaft schließlich mit seinem Freund Mosler in einer finsteren Gegend der Stadt gelandet. Dort gingen sie

eine düstere Straße entlang. Eine häßliche Haustür mit einer roten Laterne darüber. Und dann plötzlich helles Licht, ein schön eingerichtetes Zimmer. Sprechen und Lachen von einem halben Dutzend weiblicher Stimmen. Mosler bestellt Sekt und wir trinken. Von da an verschwindet alles in einem rosaroten Wirbel.

Kurze Zeit später wird bei Friedrich eine «fortschreitende Doppelentzündung der Zeugungsorgane» diagnostiziert. Nach Aussage des Arztes ist er durch diese Infektion unfruchtbar geworden. Entsetzt erkennt Friedrich, daß er das tausend Jahre alte Erbe der Harringas verraten hat. Er wird den Stammbaum des Geschlechts nicht weiterführen können. Sein Brief an Helmut ist ein Abschiedsbrief, und ein paar Stunden später wird die Leiche des jungen Mannes gefunden.[2]

Inzwischen wird Helmut in Hamburg mit dramatischen sozialen und politischen Konflikten konfrontiert. Unten in der Niedernstraße, einem berüchtigten Schlupfwinkel von Kriminellen und Prostituierten in einem der heruntergekommenen Gängeviertel der Altstadt, gerät der aufrechte Polizist Hennings in Bedrängnis, als er versucht, eine Verhaftung vorzunehmen. Polizeihauptmann Nevermann versucht, Verstärkung zu holen, denn eine feindselige, höhnisch lachende Menge hat sich auf der Straße vor dem zwielichtigen Tanzlokal «Herzog von Holstein» versammelt. Darunter befinden sich auch der Arbeiter Claus Mertens, der sein Geld vertrinkt, anstatt seine Familie zu ernähren, sowie der revolutionäre Agitator Emil Malchow, der seine Talente als Aufwiegler an den «Ausgestoßenen» der Verbrecherkeller erprobt, die die Straße auf beiden Seiten säumen, und die tuberkulöse Prostituierte Katharina Eggers, «die braune Kathrin», seine Geliebte.

Die braune Kathrin und zehn andere Weiber – ein paar Masken dabei aus dem «Herzog von Holstein» – schleppen aus Wirtschaften und Kellern Arme voll Gläser mit Bier und Branntwein unter die heulende Menge. Ein splitterndes Glasgeschoß nach dem andern fliegt unter Nevermanns Leute. Mehrere bluten heftig; einer taumelt und stürzt. Schwer keuchend ringen sie, die braven Söhne des niederdeutschen Landes ringsum. Ausgesuchte Leute aus Hamburgs Walddörfern, aus den Vierlanden, aus Hannover und Holstein. Ihnen gegenüber in wirrer Verknäuelung alles, dem die Großstadt das Menschentum ausgebrannt hat: Schlacken von Germanen, Polen dazu und Gesindel aus Italien und Halbasien.

Der lautstarke Krawall dringt bis zu den Mitgliedern eines sozialdemokratischen Sportvereins, die in einer nahe gelegenen Halle trainieren. Ihr Anführer, Ludwig Thormann, erinnert sich, daß der Polizist Hennings ihn während seiner Militärzeit, als sie beide im selben Zug dienten, vor dem sicheren Tod gerettet hatte. «Was ein ordentlicher organisierter Arbeiter ist, der hilft jetzt den Schutzleuten!» ruft Thormann, als die Sportler zur Hilfe herbeistürmen. «Die Ordnung zur Ordnung, die Organisation zur Organisation. Gegen die Unordnung und das Chaos, die der Tod sind für alle.» In dem folgenden Handgemenge wird der Agitator Malchow von Hennings verhaftet, es gelingt ihm jedoch zu entkommen, als der betrunkene Arbeiter Mertens den Polizisten ersticht. Mertens wird seinerseits von einem der anderen Polizisten mit gezogenem Säbel niedergehauen, und die Aufrührer laufen auseinander.[3] Helmut Harringa wird mit der Ermittlung der Umstände des Krawalls und des Mordes beauftragt. Der Roman beschreibt dann weiter den Verlauf seiner Untersuchung und seine weitreichenden Schlußfolgerungen über den sittlichen Zustand der deutschen Gesellschaft.

Popert muß mit seinem Roman bei den Lesern eine Saite zum Klingen gebracht haben, denn sie wußten nur zu gut, daß der Geschichte tatsächliche Ereignisse zugrunde lagen. Sie werden sich wohl ohne Schwierigkeiten daran erinnert haben, daß nur vier Jahre vor der Veröffentlichung des Buches in der Niedernstraße tatsächlich ein Aufstand stattgefunden hatte. Das kaiserliche Deutschland wurde oft als Oase des Friedens und der Stabilität dargestellt zwischen dem Sozialprotest in der Mitte des 19. Jahrhunderts und den politischen Gewalttätigkeiten in der Weimarer Republik und im Dritten Reich. Denn nicht nur schien die Gesellschaft im Wilhelminismus vergleichsweise geordnet gewesen zu sein, sondern es wurde auch von Historikern hervorgehoben, daß sogar die organisierten Kräfte gesellschaftlichen Wandels wie die Arbeiterbewegung an gesetzlichen Vorschriften festhielten und nicht bereit waren, sich auf gewaltsame Akte des Widerstandes gegen die herrschende soziale und politische Ordnung einzulassen.[4]

Und doch stauten sich unter der friedlichen Oberfläche wachsende Spannungen im politischen und sozialen System, die schließlich offen ausbrachen. Gewaltsame Massenaktionen waren im kaiserlichen Deutschland keineswegs unbekannt.[5] Am 17. Januar 1906 war Hamburg Schauplatz von massiven Unruhen, in denen Deutschlands erster politischer Streik sich zu einer blutigen Konfrontation mit der Polizei entwickelte und in umfänglichen Plünderungen und allgemeinem Chaos endete. Aufgerufen zu dem Streik hatten die Sozialdemokraten, um gegen eine rückschrittliche Revision des kommunalen Wahlrechts zu protestieren. Der Schwerpunkt der Unruhen lag in der Niedernstraße. Offenkundig war dieser Vorfall die Grundlage für die Ausschreitungen, die in «Helmut Harringa» dargestellt werden. Die Leser des Romans werden das ganz sicher verstanden haben. Der Roman enthält deshalb nicht nur eine fiktive Handlung, die der Einbildungskraft seines Autors entstammte, sondern spiegelt die tatsächliche Ansicht wirklicher Menschen über wirkliche Ereignisse wider. Diese werden in Poperts Schilderung jedoch nicht nur übermäßig vereinfacht, sondern auch parteiisch dargestellt. Eine Sichtung der Augenzeugenberichte, der Unterlagen der Polizei und der Zeitungsmeldungen über den Krawall, die sich im Hamburger Staatsarchiv befinden, ergibt eine weit komplexere Geschichte und stellt die Auffassungen, die in «Helmut Harringa» zum Ausdruck kommen, in einem völlig anderen Licht dar, wie wir im folgenden sehen werden.

Wahlrechtsraub und Massenstreik

Als der politische Streik gegen den «Wahlrechtsraub» im Januar 1906 ausbrach, hatte Hamburg bereits seit einiger Zeit mit den Problemen zu kämpfen gehabt, die rasche Expansion und Industrialisierung mit sich brachten. Dieser Prozeß läßt sich am Wachstum der Bevölkerung ablesen: Hatte die Stadt im Jahr 1890 noch 622 530 Einwohner, so war die Zahl im Jahr 1900 auf 763 349 und im Jahr 1910 auf über eine Million gestiegen. Zu diesem Zeitpunkt lebten außerdem mehr als eine halbe Million Menschen in den Vorstädten und Außenbezirken, die nicht zur Hamburger Bevölkerung gezählt wurden, weil sie sich unter preußischer Oberhoheit befanden. Grundlage für die industrielle Expansion, die diesem massiven Bevölkerungswachstum zugrunde lag, war der Schiffbau. Nicht nur die rasch wachsende Handelsflotte der Stadt brauchte Schiffe, sondern auch die neue deutsche Kriegsflotte, die seit der Jahrhundertwende aufgebaut wurde. Der Boom im Schiffbau zog das Wachstum zahlreicher Zuliefererindustrien nach sich, insbesondere in der Metallverarbeitung sowie im Maschinen- und Gerätebau. Gleichzeitig wurde Hamburgs Rolle als größter Einfuhrhafen für importierte Waren nach Deutschland immer wichtiger, und im Zuge dieser Expansion nahm auch die Zahl industrieller Unternehmen zu, die mit der Verarbeitung importierter Rohmaterialien beschäftigt waren. Und schließlich schuf der Wohlstand der Stadt selbst Arbeitsplätze, denn auf Baustellen wurden Arbeiter für Abriß- und Aufbauarbeiten und andere Bereiche des Baugewerbes gebraucht.[6]

Das Wachstum der neuen Arbeiterklasse war die Basis für die zunehmende Bedeutung der Sozialdemokratischen Partei Deutschlands in Hamburg. Ihre Mitglieder rekrutierten sich überwiegend aus den Reihen dieser neuen Arbeiterschaft. Seit 1890 fand die Partei eine so breite Unterstützung, daß sie ohne Unterbrechung die drei Sitze Hamburgs im Reichstag, der Legislative im deutschen Kaiserreich, innehatte.[7] Die Reichtstagswahlen beruhten auf dem allgemeinen Wahlrecht für alle erwachsenen Männer. Die Kommunalwahlen zur Hamburger Bürgerschaft hingegen basierten auf einem eingeschränkten Wahlrecht. Wie auch andernorts wurde in Hamburg den meisten Menschen das Stimmrecht vorenthalten, weil sie wenig oder gar kein Eigentum besaßen. In den neunziger Jahren des 18. Jahrhunderts besaß in Hamburg das Recht zu wählen nur, wer männlichen Geschlechts war und außerdem die Bürgerschaft erwarb. Für dieses Privileg war eine beträchtliche Summe in Form eines «Bürgerschaftsgeldes» zu zahlen, außerdem mußten die Steuern des Anwärters über einer bestimmten Mindestrate liegen. Das hatte zur Folge, daß es im Jahr 1892 lediglich 23 645 Stimmberechtigte gab, obwohl insgesamt über 600 000 Menschen in den Grenzen des Stadtstaates lebten.[8]

Das Argument, mit dem diese Einschränkung gerechtfertigt wurde, war durchaus nicht nur für die Hamburger Stadtväter typisch, die Auffassung, auf dem es gründete, war weit verbreitet. Danach war nur Männern von Besitz zuzutrauen, bei Entscheidungen über das Wohlergehen des Staates verantwortlich zu handeln. Wer nichts besaß, für den stand bei den Angelegenheiten der Kommune nichts auf dem Spiel, Habenichtse konnten mit Geld bestochen oder von unverantwortlichen Agitatoren, die nur an ihrem eigenen Fortkommen interessiert waren, auf Abwege geführt werden. Mit anderen Worten, wer nichts zu verlieren hatte, dem war am Wohlergehen Hamburgs auch nicht mehr gelegen als am Wohlergehen von Timbuktu. Allerdings könnte man darauf vertrauen, daß den Besitzenden das Interesse der Besitzlosen am Herzen lag, denn sollten diese rebellieren, würden sie alles verlieren. Dazu kam in Hamburg noch das Argument, daß das Wohlergehen der gesamten Stadt von Handel und Gewerbe abhing, und die Besitzenden, die zu einem großen Teil aus Handelsfamilien stammten, wären am aktivsten daran beteiligt. Deshalb seien sie als einzige in der Lage, über derartige Dinge zu entscheiden, weil sie am besten wüßten, was im allgemeinen Interesse der Stadtbevölkerung sei.

Das Problem dieser Feststellung war, daß den Besitzenden ihre eigenen Interessen natürlich sehr viel mehr am Herzen lagen als die der restlichen Bevölkerung. Regiert wurde die Stadt vom Senat, er bestand aus 18 Mitgliedern, die auf Lebenszeit von der Bürgerschaft gewählt wurden. Ohne die Möglichkeit, die Repräsentanten der besitzenden Klasse durch eine Willensbezeugung der Öffentlichkeit abwählen zu können, konnte ihr ökonomischer und politischer Egoismus nicht wirklich in Schach gehalten werden. Jedem Besucher Hamburgs, der in den neunziger Jahren des 19. Jahrhunderts die paar hundert Meter von den vornehmen «Villenvierteln» Rotherbaum oder Harvestehude hinunterging zu den rußigen, baufälligen, oft überfluteten alten Wohngebieten in der Nähe des Hafens, wo Zehntausende armer Arbeiterfamilien unter erbärmlichen Bedingungen in überfüllten und verkommenen Unterkünften hausten, mußte sofort der schockierende Kontrast von Reichtum und Armut auffallen. In der Praxis trug das bestehende politische System der Stadt sehr weitgehend dazu bei, diesen Gegensatz aufrechtzuerhalten. Da die Besitzlosen in öffentlichen Belangen keine Stimme hatten, war kaum zu verwundern, daß tatsächlich nur wenig unternommen wurde, um ihr Los zu erleichtern. Den auffälligsten Beweis dafür lieferte die entsetzliche Cholera-Epidemie von 1892, bei der im Zeitraum weniger Wochen weit über 10 000 vor allem arme Menschen starben. Die Hauptursache der Epidemie war, daß die Stadt nicht für richtig gefiltertes Wasser gesorgt hatte. Deshalb mußte die Bevölkerung mit Wasser vorliebnehmen, das direkt aus der Elbe genommen wurde, an einer Stelle, die vom Hauptabfluß der Kanalisation nicht weit entfernt lag. Nachdem der Senat in den achtziger Jahren mit dem Bau der neuen Hafenanlagen und der «Speicherstadt» eine größere finanzielle Anstrengung unternommen hatte, eilte es ihm nicht, für die Bewohner der Stadt eine neue Wasserversorgung anzulegen. Zwar war am Ende der achtziger Jahre mit Bauarbeiten begonnen worden, eine Fertigstellung aber war im Jahr 1892 noch längst nicht in Sicht. Das Ergebnis war, daß Hamburg die unselige Berühmtheit erlangte, mit Ausnahme Neapels die einzige westeuropäische Stadt zu sein, in der es im letzten Viertel des 19. Jahrhunderts zu einer größeren Cholera-Epidemie kam. In allen anderen größeren Städten Westeuropas war schon lange vor der Entdeckung der Ursache der Cholera durch Robert Koch im Jahr 1884 begonnen worden, angemessene Vorkehrungen zu treffen. [9]

Die Cholera-Epidemie rückte Hamburg in das volle Scheinwerferlicht der Weltöffentlichkeit, sie hatte auch zur Folge, daß Senat und Bürgerschaft sich genötigt sahen, das Wahlrecht zu reformieren. Im Jahr 1896 wurde das Bürgergeld nach zahlreichen Debatten schließlich abgeschafft. Die Mindestanforderung zum Erwerb der Bürgerschaft wurde nun auf ein jährliches Einkommen von 1200 Mark über einen Zeitraum von mindestens fünf Jahren festgesetzt. Dieser Betrag war für die meisten Arbeiter aber immer noch bei weitem zu hoch, 1200 Mark lagen beträchtlich über dem jährlichen Durchschnittseinkommen eines Handarbeiters jener Zeit. Noch wichtiger aber war die Tatsache, daß damals nur wenige Arbeiter ständig beschäftigt waren. Es war üblich, daß die Firmen ihre Arbeitskräfte in Zeiten der Rezession entließen, außerdem gab es in vielen Bereichen ohnehin keine festen Arbeitsstellen, vor allem nicht im Hafen, der für die Hamburger Arbeiter eine so große Bedeutung hatte: Hier wurden nach Bedarf Männer angeheuert, und wenn nur wenige Schiffe einliefen, wie im Winter, wurden entsprechend wenige beschäftigt. Noch unsicherer wurden die Einkünfte schließlich auch durch Krankheit, die in den ärmeren Schichten natürlich häufig vorkam. Aber trotz all dieser Hinderungsgründe stieg die Zahl derer, die das Bürgerrecht besaßen, noch einmal an, bis sie 1904 eine Gesamtzahl von fast 60 000 erreicht hatte. Viele von ihnen waren kleinbürgerliche Grundbesitzer. Eine beträchtliche Anzahl gehörte aber offenbar auch der Arbeiterklasse an: 12 000 der 13 500 neuen Bürger, die zwischen 1901 und

1903 registriert wurden, waren Lohn- oder Gehaltsempfänger und keine Grundeigentümer.[10]

Obwohl das Hamburger Wahlrecht nach wie vor eingeschränkt war, führten das Anwachsen der Arbeiterschaft, der steigende Wohlstand der Stadt und die Wahlrechtsreform von 1896 dazu, daß im Jahr 1901 der erste sozialdemokratische Abgeordnete in die Bürgerschaft gewählt wurde: Otto Stolten. Im Jahr 1904 gesellten sich zu Stolten noch zwölf weitere Abgeordnete seiner Partei.[11] Den Bestimmungen von 1896 zufolge war es der SPD jedoch nicht möglich, jemals eine Mehrheit der Abgeordnetensitze zu erhalten, denn die Hälfte der Sitze waren den Honoratioren und Grundeigentümern vorbehalten. Sobald die SPD sich jedoch 40 von den insgesamt 160 Sitzen sichern konnte, was sicherlich im Rahmen des Möglichen lag, wenn sich weiter so viele Arbeiter als Bürger registrieren ließen wie in den Jahren 1896 bis 1904, dann würden ihre Abgeordneten in der Bürgerschaft jede Veränderung der Hamburger Verfassung blockieren können, für die eine Zweidrittelmehrheit erforderlich war.[12] Außerdem stellte bereits die Anwesenheit von 13 Sozialdemokraten in der Bürgerschaft von 1904 in den Augen des Senats eine bedrohliche Entwicklung dar. Bis dahin war die Bürgerschaft kaum Schauplatz parteipolitischer Debatten im heutigen Sinne gewesen. Die politischen Gruppen (Fraktionen) in dieser Körperschaft entsprachen weniger den politischen Parteien auf nationaler Ebene, als daß sie die unterschiedlichen ökonomischen Interessen innerhalb der besitzenden Elite repräsentierten. Der Zweck der Debatten in der Bürgerschaft bestand im allgemeinen darin, ein Gleichgewicht zwischen den Interessen der Grundbesitzer, der Kaufleute, Reeder und so weiter herzustellen. Deshalb waren ein entspannter, höflicher Diskussionsstil, Kompromisse und eine allgemeine Bereitwilligkeit, sich mit der anderen Partei zu einigen, an der Tagesordnung.[13] Kurz gesagt, Hamburg wurde durch eine «Honoratiorenpolitik» regiert.[14]

Der Einzug der SPD in die Bürgerschaft machte der Gemütlichkeit ein Ende. Die SPD brachte mit politischer Polemik und sozialer Kritik einen neuen Stil in die Debatten, den die Mehrheit der Abgeordneten zutiefst geschmacklos und verstörend fand. Als organisierte, professionell geführte und aggressive politische Partei stellte sie ein neues Element in der Hamburger Politik dar. Mit ihren Angriffen auf das freie Unternehmertum und ihrer Unterstützung der Gewerkschaften versetzte sie Hamburgs herrschende Kaufmannsschicht in Angst und Schrecken.[15] Noch schlimmer jedoch war, daß die SPD dank ihrer 13 Sitze das Recht hatte, in den verschiedenen Kommissionen und Ausschüssen der Bürgerschaft vertreten zu sein. Zu vielen solcher Gremien gehörten auch Mitglieder des Senats, und manchmal wurden hier Regierungsgeschäfte verhandelt, die in den Augen des Senats in höchstem Maße vertraulich waren.[16] Kurz und gut, aus der Sicht des Senats stellten 13 Abgeordnete der SPD einen störenden Faktor in der politischen Szene dar, 40 oder mehr würden bedeuten, daß es mit der althergebrachten Form, Politik zu machen, ein für allemal vorbei wäre. In den Worten des offiziösen Geschichtsschreibers Hamburgs, Ernst Baasch, würde ein weiterer Anstieg der Zahl von SPD-Abgeordneten eine ernsthafte Bedrohung für die «ungestörte Fortentwicklung des hamburgischen Staatswesens» darstellen.[17]

Aus diesem Grund hielten der Senat und die führenden Köpfe der Konservativen in der Bürgerschaft in den ersten Monaten des Jahres 1905 eine Reihe geheimer Treffen ab, bei denen sie eine Strategie erarbeiteten, wie sich das verhindern ließe. Die Ergebnisse dieser Beratungen wurden am 14. Mai 1905 veröffentlicht: Der Senat schlug eine Revision des Wahlrechts vor, um den Zuwachs sozialdemokratischer Abgeordneter zu verhindern.[18] Der ursprüngliche Vorschlag wurde im Verlauf des Jahres in mehreren Aspekten modifiziert, außerdem wurde er noch mit einer Reihe von Zusätzen versehen, so daß der endgültige Gesetzentwurf zur Änderung des Wahlrechts zu einem Dokument von beträchtlicher Komplexität wurde. Die wichtigsten Klauseln des endgültigen Gesetzentwurfs wurden am 24. Dezember 1905 veröffentlicht. Dieses Datum war natürlich gewählt worden, weil man spekulierte, daß sich so wegen der Weihnachtsferien die öffentliche Kenntnisnahme und Diskussion vermeiden oder wenigstens so lange wie möglich hinauszögern ließen. Der Entwurf sah vor, die Wählerschaft in zwei Klassen zu unterteilen. Wahlberechtigte mit einem Einkommen von über 2500 Mark im Jahr sollten 48 Abgeordnete wählen. Wahlberechtigte mit einem Einkommen zwischen 1200 und 2500 Mark im Jahr sollten über 24 Sitze entscheiden. Weitere acht Abgeordnete sollten von den Bürgern der außerhalb der Stadtgrenzen liegenden ländlichen Bezirke gewählt werden, ohne Rücksicht auf die Einkommensklasse. Bei geringfügigen Abänderungen im Wahlrecht sollte die Zahl der Abgeordneten, die von

Besitzenden und Honoratioren gewählt wurden, gleichbleiben, ebenso die Mindestanforderung für das Bürgerrecht (ein Einkommen von mindestens 1200 Mark im Jahr für die Dauer von mindestens fünf aufeinanderfolgenden Jahren). Außerdem sah das Gesetz die Einführung eines Verhältniswahlsystems vor, um zu verhindern, daß die SPD alle 24 Sitze erhalten könnte, über die in der zweiten Klasse entschieden wurde.

Gerechtfertigt wurden diese Vorschläge mit einer Reihe unbewiesener Vorwürfe gegen die Sozialdemokraten: Sie seien dem Staat gegenüber feindselig eingestellt, gegen das Wachstum des Handels, auf dem sein Wohlstand beruhte, gleichgültig gegenüber den Bestrebungen des einzelnen Bürgers, undankbar gegenüber den Bemühungen des Staates, das Los der Arbeiter zu verbessern und so weiter.[19] In ihrem Bemühen, die Zahl der Sozialdemokraten in der Bürgerschaft so klein wie möglich zu halten, brachten die herrschenden Fraktionen ihre Verachtung für die Mehrheit der Hamburger Einwohner zum Ausdruck, deren Unterstützung für die SPD sie offensichtlich für das Resultat von Leichtgläubigkeit oder Ignoranz hielten, die deshalb nicht weiter ernst zu nehmen sei. Wäre dieser Gesetzentwurf verabschiedet worden, hätte er den Fortbestand der krassen gesellschaftlichen Ungleichheit jener Zeit besiegelt, das heißt eine weitere Förderung von Handel und Profit zum Nachteil sozialer Reformen und politischer Mündigkeit der Mehrheit des Volkes. Der Vorschlag stellte eine öffentliche Beleidigung der Intelligenz und geistigen Unabhängigkeit des ganz normalen Hamburgers dar. Die Massen Hamburgs erwarteten deshalb, daß die Sozialdemokraten etwas unternahmen, um die Verabschiedung des Gesetzentwurfs zu verhindern.

Die Partei war sich ihrer Verantwortung vollkommen bewußt. Sie beschloß zunächst, alle praktisch möglichen Schritte zu unternehmen, um den Vorschlag zu bekämpfen. In der Realität bedeutete dies, zu verhindern, daß der Entwurf die Unterstützung der Bürgerschaft erhielt. So richtete die SPD Appelle an die bürgerlichen Abgeordneten der Bürgerschaft, gegen den Gesetzesvorschlag zu stimmen (was am Ende auch einige von ihnen taten). Während der Debatte über den Gesetzentwurf, die am 17. Januar begann, versuchten die SPD-Abgeordneten mit allen Mitteln, den Ablauf zu verzögern, indem sie zahlreiche Anträge einbrachten und lange Reden hielten.[20] Derartige Taktiken waren zwar durchaus wichtig, die Erwartungen der Masse derer, die die Partei unterstützten, befriedigten sie jedoch nicht. Verständlicherweise wollten sie etwas unternehmen, um selbst Einfluß auf die Situation zu nehmen. Die Führung der Sozialdemokraten in Hamburg war nicht besonders radikal; sie teilte vollkommen die Abneigung der Partei insgesamt, den Zorn der Behörden herauszufordern und damit erneut Zustände wie zu Zeiten des Sozialistengesetzes (1878–90) heraufzubeschwören, als der Partei eine Arbeit in der Öffentlichkeit kaum möglich war. Der Druck der Mitglieder, außerhalb des Parlaments aktiv zu werden, war jedoch enorm. Der Protest der SPD gegen den «Wahlrechtsraub» äußerte sich in einer immer lauter werdenden Propaganda im «Hamburger Echo», der Tageszeitung der Partei, in massenhaft in Umlauf gebrachten Flugblättern und Plakaten sowie in den zahlreichen öffentlichen Versammlungen, die 1905 abgehalten wurden.

Die Kampagne, in der immer wieder lautstark nach Aktion gerufen wurde – wenn auch unbestimmt blieb, worin diese bestehen sollte –, erreichte ihren ersten Höhepunkt, als am 5. Januar 1906 gleichzeitig 16 Versammlungen abgehalten wurden. Bei einigen dieser Versammlungen wurde deutlich, daß die Mitgliederschaft der Partei den Ruf nach aktivem Handeln als Aufruf zu einem Generalstreik verstand. Manche forderten außerdem einen massenhaften öffentlichen Protest vor dem Rathaus, wo Senat und Bürgerschaft zusammentraten. Spätere Berichte lassen erkennen, daß die Initiative für derartige Aktionen von den gewöhnlichen Parteimitgliedern ausging und nicht von der Hamburger Parteiführung.[21] Als die Bürgerschaft sich schließlich auf den 17. Januar als Termin einigte, an dem die Debatte über das Wahlrechtsgesetz stattfinden sollte, beschlossen die Sozialdemokraten, den Aufrufen zur Aktion Folge zu leisten. Sie organisierten eine Reihe von acht Massenversammlungen, die zur selben Zeit anberaumt waren wie der Beginn der Debatte.

Diese Entwicklungen fanden in einer politischen Atmosphäre statt, die ohnehin schon recht explosiv war. Die sozialdemokratische Propaganda einerseits und die Kampagne der Befürworter des Gesetzentwurfs andererseits hatten in Hamburg eine Spannung geschaffen, die nicht nur durch ähnliche Vorgänge an anderen Orten Deutschlands, sondern auch durch den ständigen Strom von Nachrichten aus Rußland über die Liberalisierung des politischen Systems im Verlauf der Revolution von 1905 verschärft wurde. Diese Nachrichten schürten in der SPD das Gefühl von Frustration und weckten bei den Behörden böse Vorahnungen.[22] Dazu kam noch, daß die SPD auf ihrem Parteitag in Jena im September 1905 den Beschluß gefaßt hatte, daß Massenstreiks als wirksame Waffe gegen reaktionäre Maßnahmen wie die Einschränkung des Wahlrechts gerechtfertigt seien.[23] Mit diesem Beschluß wurde der Hamburger SPD-Führung von der Partei offiziell der Rücken gestärkt für die Entscheidung, die Forderung der Mitglieder nach Taten zu erfüllen und die Gelegenheit zu nutzen, um Deutschlands ersten politischen Generalstreik auszurufen.[24] Die Protestversammlungen sollten nicht wie sonst üblich am Abend, sondern um 16 Uhr abgehalten werden, während der normalen Arbeitszeit.

An der Spitze der Hamburger SPD standen orthodoxe Sozialdemokraten, keine Radikalen. Sie machten durchaus deutlich, daß es keineswegs darum ging, unbegrenzt der Arbeit fernzubleiben, nicht einmal am 17. Januar den ganzen Tag, sondern vielmehr darum, die Arbeit vorzeitig zu beenden, um den Versammlungen beiwohnen zu können. Der Streik war als Massendemonstration der SPD geplant, außerdem sollte er das Engagement und die Opferbereitschaft derer beweisen, die sie unterstützten. Ziel war nicht, etwa durch eine Beeinträchtigung der Wirtschaft der Stadt unmittelbar Macht auszuüben und die Bürgerschaft zu drängen, ihren Gesetzesvorschlag zurückzuziehen. Die Arbeiter würden versuchen, am nächsten Tag ihre Arbeit wiederaufzunehmen, obwohl der SPD bewußt war, daß es als Vergeltungsmaßnahme der Arbeitgeber zu Aussperrungen und Entlassungen kommen konnte. Aber trotz dieser strengen Einschränkungen war dies der erste politische Generalstreik, zu dem die SPD in Deutschland aufrief, und als solcher löste er sogar noch mehr schlimme Befürchtungen bei den Behörden aus.

Wie sich zeigen sollte, weckte der Streikaufruf bei den Arbeitern mehr Erwartungen, als die SPD-Führung beabsichtigt hatte. Auch bei Historikern stand bisher der Streik im Zentrum des Interesses; den Demonstrationen und Unruhen, die dem Streik folgten, wurde dagegen nur wenig Aufmerksamkeit gewidmet.[25] Das ist vielleicht verständlich, wenn man die politische Bedeutung der innerhalb der SPD sehr kontrovers geführten Massenstreikdebatte in jenen Jahren bedenkt. In diesem Kapitel soll jedoch gezeigt werden, daß eigentlich den Demonstrationen mehr Interesse und letztendlich auch mehr Bedeutung zukommt als dem vorangegangenen Streik.

Aufruhr im Verbrecherviertel

Am frühen Morgen des 17. Januar 1906 schickte die Hamburger SPD ihre Männer zu den Werften und zum Hafen und verteilte Tausende von Flugblättern, in denen die Arbeiter dringlich aufgefordert wurden, aus Protest gegen den «Wahlrechtsraub» zu streiken und die öffentlichen Versammlungen zu besuchen, die später an diesem Tag abgehalten werden sollten. Befolgt wurde der Aufruf der Partei in einem Maß, das nach Aussage der SPD-Führung der Stadt die Erwartungen weit übertraf. Wie sich herausstellte, war diese Behauptung nicht bloß ein Cliché der SPD-Propaganda. Am Hafen herrschte am Nachmittag des 17. Januar, wie es später in der bürgerlichen Presse hieß, «Feiertagsstille, wie noch nie am Sonntag. Die Alsterschiffahrt ruhte vollständig. Große Fabriken, alle Bauten, die meisten Werkstätten waren verlassen.»[26] Die massenhafte Reaktion auf den Streikaufruf der Partei, so beeindruckend und ermutigend sie war, erwies sich für die SPD jedoch auch als Anfang ihrer Probleme. Um 16 Uhr sollten an acht Orten Massenprotestveranstaltungen beginnen. Die liberale Hamburger Zeitung, der «General-Anzeiger», berichtete, in fast allen Werkstatten der Werften hätten die Arbeiter angekündigt, sie würden um 14 Uhr die Arbeit niederlegen. Anderswo, so hieß es, herrschte weniger Solidarität, dafür aber beträchtliche Angst vor Entlassungen. Man ging jedoch davon aus, daß die Bauarbeiter wahrscheinlich in besonders großer Zahl antreten würden, denn im allgemeinen hörte die Arbeit auf den Baustellen ohnehin um 16 Uhr auf.[27]

Tatsächlich waren die Versammlungen bereits um 16 Uhr überfüllt. Nach späteren Schätzungen der Polizei befanden sich 3000 Menschen im Saal des Hammonia-Variétés in St. Georg, um Emil Fischer zu hören, einen SPD-Abgeordneten der Bürgerschaft; 2500 Menschen hätten sich in Strathmanns Saal eingefunden und 2200 bei Buckowicki am Mühlenkamp. Diese Zahlen waren allerdings noch bescheiden im Vergleich zu den Massen, die andere Versammlungen besuchten: Zwischen 5000 und 6000 waren es im Hallwachs Saal in Eimsbüttel, 5000 bei Springborn, und ähnliche Menschenmengen versammelten sich an drei weiteren Veranstaltungsorten (Sieberlings, Deneckes und Bocks Gesellschaftshaus in Rothenburgsort). Bei sämtlichen Versammlungen beobachtete die Polizei nur sehr wenige Frauen. Auch außerhalb der Veranstaltungssäle drängten sich riesige

Menschenmengen, die keinen Einlaß fanden, weil die Versammlungen bereits voll waren. Insgesamt waren nach Schätzungen der Polizei bei den eigentlichen Versammlungen 24000 Menschen anwesend, mit dieser Zahl lag sie aber eindeutig zu niedrig: schon die Summe der Teilnehmer, die die Polizei für die einzelnen Versammlungen angab, beläuft sich auf über 30000. Dem «Vorwärts» zufolge, der Berliner Tageszeitung der SPD, nahmen 30000 an den Versammlungen teil und weitere 50000 standen draußen.[28]

Die Organisatoren hatten keine weitere Absicht, als die Bürgerschaft mit der überwältigenden Größe der Versammlungen zu beeindrucken. Einer der SPD-Abgeordneten in der Bürgerschaft, Adolf Bartels, teilte seinen Zuhörern bei Sieberling mit:

Wir sind eine gut disziplinierte Partei und wollen demonstrieren und wirksam demonstrieren. Wir wollen zeigen, daß wir gut diszipliniert sind. Und daß wir den gewaltsamen Kampf nicht wollen und werden uns dazu nicht provozieren lassen. [...] Ich möchte nun wünschen, daß diese Massendemonstration in letzter Stunde auf diese Leute Eindruck macht, daß die Hamburger Arbeiterschaft bereit ist, für ihr Wahlrecht auch einmal einen Kampf zu riskieren.

«Diese Leute» – die Bourgeoisie – sollten, wie aus dem Zusammenhang deutlich wird, beeindruckt werden durch den «Kampf», den die Arbeiter riskierten, indem sie der Arbeit fernblieben, nicht durch irgendwelche Gewaltszenen auf der Straße. Von Anfang an zeigte sich jedoch in den Versammlungen, daß die großen Arbeitermassen, die ihren Lohn einbüßten, indem sie ihre Arbeit früher niederlegten, und sehr wahrscheinlich auch ihre Arbeitsplätze riskierten, sich nicht damit zufriedengeben würden, einfach nur Reden anzuhören. Sie wollten, daß gehandelt wurde. Ihre Entschlossenheit wurde unterstützt vom Wetter, denn es war ungewöhnlich klar, sonnig und warm, und außerdem vom Bier, das in den Veranstaltungssälen, wie es bei politischen Versammlungen in Deutschland Sitte war, ausgeschenkt und späteren Berichten zufolge auch in beträchtlichen Mengen getrunken wurde. In sämtlichen Versammlungen wurden fortwährend Zwischenrufe laut wie «Jetzt nach dem Rathaus!» Jedesmal, wenn ein Redner das Rathaus erwähnte, wo die Debatte über das Wahlrecht stattfand, wurde ihm zugerufen: «Da wollen wir hin!» Besorgt über die militante Stimmung ihrer Zuhörer, gaben sich die Hauptredner alle Mühe, zur Vorsicht zu mahnen: «Wir sind auch viel zu gesetzliebend, als daß wir Dummheiten machen», äußerte der Vorsitzende der Versammlung bei Sieberling optimistisch seine Meinung. «Wir wollen keine Konflikte, aber wenn diese hervorgerufen werden, dann mag die herrschende Klasse auch die Verantwortung tragen», so wurde die Zuhörerschaft bei Strathmann gewarnt. «Verlassen Sie die Versammlung und folgen Sie allen gesetzlichen Anordnungen und zeigen Sie, daß wir auf dem Boden der Gesetzlichkeit stehen», rief der Vorsitzende der Versammlung in Rothenburgsort auf. Die Versammlung bei Springborn endete mit einem ähnlichen Appell an die Menge, ihrer Wege zu gehen «in ruhiger Weise», und der Redner bei Buckowicki schloß seine Ansprache mit den Worten: «Ich möchte Sie ersuchen, so ruhig wie möglich zu sein, um nicht zu Gewalt Veranlassung zu geben.» Nur in St. Georg, wo Emil Fischer sprach, wurde von keinem Versuch seitens eines Repräsentanten der Organisatoren berichtet, die Menge zu beruhigen.

Die Bezirksvertreter folgten dem Beispiel der Männer an der Spitze der Partei allerdings nicht, ganz offensichtlich teilten sie die Stimmung der Massen, wenigstens bis zu einem gewissen Grad. In Eimsbüttel war zu hören, wie der Bezirksvorsitzende Ziemer, nachdem der Hauptredner fertig war, die Zuhörerschaft zu einem «Spaziergang» zum Rathaus einlud, obwohl er, wie er gleichzeitig klarmachte, damit gegen die offizielle Linie der Parteiführung in Hamburg verstieß. Vermutlich wurden bei den anderen Versammlungen ähnliche Ratschläge gegeben, wenn auch weniger ostentativ, denn die folgenden Ereignisse zeigen, daß die Mitglieder der Bezirksversammlungen Ordner bestimmt hatten, die den Marsch zum Rathaus überwachen sollten. Im Gegensatz dazu unternahmen sämtliche Funktionäre der SPD-Spitze mit Ausnahme von Emil Fischer – wie selbst aus den Polizeiberichten hervorgeht – offenbar jeden Versuch, die Massen zu Ruhe und Ordnung aufzurufen. Ihre Appelle, die voller Hinweise auf die russische Revolution steckten, hatten vermutlich jedoch genau die entgegengesetzte Wirkung. Wenn ihnen auch klar war, daß sie die Massen nicht hindern konnten, zum Rathaus zu marschieren, dann konnten sie wenigstens versuchen, dafür zu sorgen, daß dies in geordneter Weise vor sich ging. Dennoch war bereits vor Ende der Versammlungen zu erkennen, daß ihnen die Kontrolle über die Ereignisse aus der Hand geglitten war.[29]

Die Versammlungen waren zwischen 17.30 und 18 Uhr beendet,

und die Massen strömten nach und nach von den verschiedenen Veranstaltungsorten zum Rathaus. Die Polizei hatte von Anfang an damit gerechnet, daß es wahrscheinlich zu Demonstrationen vor dem Rathaus kommen würde, und ihre Taktik schon lange im voraus festgelegt. In der gesamten Polizei war jeder Urlaub gestrichen worden. Dienstfreien Polizisten war befohlen worden, sich um 16.30 Uhr bei ihrer Dienststelle zu melden. Der Plan war, vor dem Rathaus ein starkes Aufgebot zu postieren und kleinere Kontingente in den benachbarten Straßen. Die Polizisten, die sich in den Wachen Neuer Wall, Hafenmarkt, Raboisen und Dammtorstraße sammelten, sollten in Bereitschaft gehalten werden, um den Haupttrupp der Schutzleute zu verstärken, die sich um 17 Uhr am Rathaus einfinden sollten. Bereits um 16.30 Uhr jedoch hatten sich etwa 500 kleine Jungen zwischen zwei und zwölf Jahren vor dem Rathaus auf dem Rathausmarkt versammelt.

Sie wuselten vor dem Rathaus herum, als das Hauptkontingent der Polizei, angeführt von Leutnant Niemann, eintraf – 175 Schutzmänner zu Fuß, 25 berittene Polizisten, zwölf Wachtmeister und zwei Oberwachtmeister. Als Niemann die Kinder sah, befahl er seinen Männern, den Platz zu räumen, gemäß seinem Auftrag, alle Menschenansammlungen in diesem Gebiet aufzulösen. Dann riegelte er, ebenfalls seinen Befehlen folgend, die Zugänge zum Rathausplatz ab. Die Straßenbahnführer wurden angewiesen, nicht wie üblich an der Haltestelle auf der Ostseite des Platzes anzuhalten, sie durften aber weiter über diesen Teil des Platzes fahren, wie die anderen Fahrzeuge auch. Vor den Toren des Rathauses postierte Niemann eine Reserve von 25 berittenen Polizisten und 20 Polizisten zu Fuß.[30] Bereits zu diesem Zeitpunkt erkannten seine Vorgesetzten, von Berichten über die unerwartet hohe Beteiligung an den SPD-Versammlungen alarmiert, daß er Verstärkung brauchen würde. Sie riefen den größten Teil der Polizisten, die anderswo in der Stadt ihre Runden gingen, zum Rathaus, so daß es in weiten Teilen Hamburgs keine Patrouillen mehr gab. Um 17.30 Uhr hatten sich praktisch die gesamten Polizeikräfte der Stadt auf dem Rathausplatz oder in seiner Nähe versammelt.[31]

Kurz nach 18 Uhr trafen die ersten Gruppen von Demonstranten ein, die von den SPD-Versammlungen, die überwiegend in den außerhalb liegenden Arbeiterwohnvierteln abgehalten worden waren, in das Stadtzentrum gezogen waren. Nachdem sie erfolglos versucht hatten, den Polizeikordon zu durchbrechen, begannen einige aus der Menge mit Steinen und leeren Flaschen zu werfen – offenbar hatten viele von ihnen nicht nur bei den Versammlungen getrunken, sondern sich auch unterwegs mit Bier gestärkt. Gegen 18.30 Uhr, als die letzten Demonstranten von den entferntesten Versammlungssälen eintrafen, entschied Niemann, Verstärkung zu der Verbindung Bergstraße und Hermannstraße zu schicken, weil er meinte, der Kordon dort drohe zu brechen. Seine Männer wurden mit Beleidigungen, Buhrufen und Pfiffen empfangen und mit leeren Flaschen beworfen.[32] Niemann befahl ihnen, ihre Säbel oder Schlagstöcke zu ziehen und die Menge zurückzudrängen. Gleichzeitig riegelte er die östliche Seite des Rathausplatzes ab, weil einige der Demonstranten versuchten, den Polizeikordon zu umgehen, indem sie auf vorüberfahrende Straßenbahnen aufsprangen. Zu diesem Zeitpunkt fuhren allerdings kaum noch Straßenbahnen, denn nach 18 Uhr war es ihnen fast unmöglich geworden, durch die dichten Menschenmengen hindurchzukommen, die sich um den Rathausmarkt gebildet hatten, auf dem die meisten Straßenbahnen wendeten. Die Menge erstreckte sich jetzt von der Petrikirche bis zum Jungfernstieg. Offenbar verfolgten die Demonstranten bisher kein weiteres Ziel, als die Bürgerschaftsabgeordneten im Rathaus mit ihrer Zahl und ihrem Engagement zu beeindrucken. Sie sangen oder hörten sich improvisierte Reden an. Schließlich stellte die Straßenbahngesellschaft alle Dienste in der Hamburger Innenstadt bis auf weiteres ein, da die Straßenbahnen in allen zum Rathausmarkt führenden Straßen blockiert wurden.

An diesem Punkt entschied Major Gestefeld, der das Oberkommando der Polizeioperation innehatte, daß weitere Verstärkung notwendig sei. Außerdem fand er, es sei an der Zeit, den Druck auf die Polizeiketten um den Rathausplatz durch einen direkten Angriff auf die Menge zu mindern. Er rief die berittene Polizei von der Raboisenwache, die vorrückte und die Menge bis zu den äußeren Enden des Rathausmarktes drängte. Als die Polizisten diese Aufgabe gegen 20 Uhr ausgeführt hatten, gingen sie in die Offensive und begannen mit gezogenem Säbel die Rathausstraße zu räumen, wo die Menschenmenge erheblich dichter war. Indem sie mit ihren Säbeln auf jeden einhieben, der in ihre Nähe kam, hatten sie gegen 20.30 Uhr die Rathausstraße geräumt und an deren Ende[33] sowie in der Schauenbur-

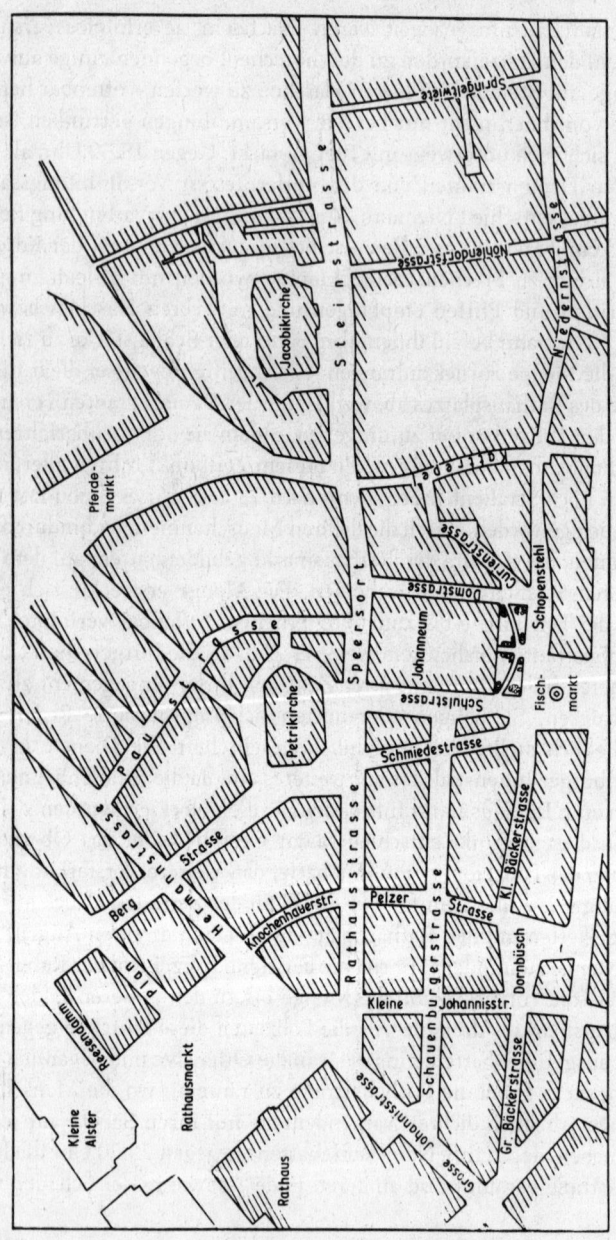

Die Schauplätze des Hamburger Aufruhrs

gerstraße neue Kordons errichtet.[34] Bei der Petrikirche formierten sich einige Demonstranten neu, und nachdem sie die «Arbeitermarseillaise» gesungen[35] und einigen kurzen Stegreifreden über den «Wahlrechtsraub» zugehört hatten, begannen sie, die Bergstraße hinunter und über den Jungfernstieg zu marschieren, wobei sie Arbeiterlieder anstimmten und gelegentlich anhielten, um sich weitere Reden anzuhören. Als sie auf einen Polizeikordon trafen, marschierten sie durch die Großen Bleichen zur Klopstockstraße, wo sie vor dem Haus von Dr. Johann Burchard, dem Hamburger Bürgermeister und Senatspräsidenten, haltmachten. Burchard galt allgemein als Gegner der Wahlrechtsreform, und tatsächlich hatte er im Senat gegen sie gestimmt. Die Menge, die von verschiedenen Quellen auf 1000 bis 3000 Menschen geschätzt wurde, brachte drei Hurrarufe auf ihn aus, und Burchard trat auf den Balkon seines Hauses, um zu ihnen zu sprechen: «Meine Herren! Ich habe Ihre Wünsche gehört, ich bitte Sie nun, auf die Stadt, der Sie alle angehören, auf unser liebes Hamburg ein dreifaches kräftiges Hoch auszubringen. Unsere Vaterstadt, unser liebes Hamburg, lebe hoch, hoch, hoch!»[36] Nach dieser Aufforderung drängte er sie, nach Hause zu gehen, und wünschte ihnen eine gute Nacht.

Die Menge schien zwar nicht allzu aufgebracht gewesen zu sein über Burchards patriarchalische Haltung, befolgte aber dennoch seinen Rat nicht. Nach weiteren Hochrufen gingen viele von ihnen keineswegs nach Hause, sondern zurück zur Demonstration, die an der Petrikirche immer noch in vollem Gange war. Denn während diese disziplinertere Gruppe zum Bürgermeister und wieder zurück marschierte, war die Situation um das Rathaus, wo sich die Hauptmasse der Demonstranten immer noch aufhielt, zusehends gewalttätiger und undurchsichtiger geworden. Kurz nach 20.30 Uhr, nach der erfolgreichen Räumung der Rathausstraße, führte die Polizei einen heftigen Angriff auf die Demonstranten, die sich in der Schmiedestraße drängten. Ein Augenzeuge, der sich einige Tage später in der SPD-Zeitung, dem «Hamburger Echo», über das Verhalten der Polizei beklagte, vermittelte einen lebhaften Eindruck von der Szene:

Gegen 8 ½ Uhr kam ich mit einem Kollegen durch die Schauenburgerstraße und begegnete an der Kreuzung Schmiedestraße drei befreundeten Kollegen. Wir unterhielten uns ca. zehn Minuten über die Erlebnisse des Abends, unter anderem auch über die einwandfreie und freundliche Haltung der Polizeibeamten, als plötzlich und für uns ganz unvermutet eine Attacke der an der Mündung der Schmiedestraße stationierten Polizeibeamten erfolgte. Die Straßenkreuzung war durch die dicht hintereinander fahrenden Straßenbahnwagen fast gesperrt, infolgedessen ein schnelles Entweichen unmöglich. Ich wurde gegen eine in Fahrt befindliche Straßenbahn gedrängt, an deren Seite ich geschützt die Schulstraße erreichte. Hier traf ich drei von meinen Kollegen an der Seite des Johanneums wieder. Doch können kaum drei Minuten verflossen sein, als eine zweite Attacke erfolgte; die Menschen stürzten in wilder Hast dem Fischmarkt zu, ich blieb an der Seite des Johanneums stehen, auf der mir gegenüberliegenden Seite sprengte ein Berittener die Stufen auf das Trottoir hinauf unter die dort stehenden Passanten, es kamen Schutzleute zu Fuß hinzu; die blitzenden Polizeisäbel und das Schreien der Menschen hatten große Erregung hervorgerufen. Ganz laut hörte man die ernste Mahnung erschallen: «Wer Parteigenosse ist, der bleibe nicht hier, sondern gehe nach Hause.»[37]

Und wirklich versuchten die SPD-Ordner jetzt, gegen 21 Uhr, immer wieder die Menge zu überreden, sich aufzulösen. Augenzeugen zufolge wurden ihre Appelle mit «höhnischen Redensarten» quittiert.[38] Daß sie dennoch eine gewisse Wirkung hatten, läßt sich daran ablesen, daß die Menge der Demonstranten etwa eine Stunde später deutlich kleiner geworden war.

Der Schwerpunkt der Auseinandersetzungen bewegte sich jetzt auf den Fischmarkt zu. Die Polizisten, die versuchten, die Schmiedestraße zu räumen, wurden mit leeren Flaschen beworfen, die, späteren Berichten zufolge, aus den Fenstern der oberen Stockwerke eines im Bau befindlichen Gebäudes kamen. Die meisten Flaschen trafen jedoch nicht die Polizisten, sondern die Demonstranten, und damit verstärkte sich noch die allgemeine Panik. Von oben mit Flaschen beworfen, von der Seite von Polizisten mit blanken Säbeln angegriffen, wandte sich die Menge unter viel Geschrei und Gepfeife gegen die Polizei. Polizisten wurden von ihren Pferden gezogen und zu Boden geworfen. Dennoch gelang es den Schutzleuten, die Menschenmenge gegen 21.30 Uhr die Schmiedestraße hinunterzudrängen auf den Fischmarkt und in die umliegenden engen Straßen. Mit frisch eingetroffenen Verstärkungen wurde diese Operation von Leutnant Niemann persönlich angeführt. Als es ihm nicht lange nach 21.30 Uhr gelungen war, zum Fischmarkt vorzustoßen, war eine ausgedehnte

Schlacht vorangegangen, in der die Demonstranten Schutzgeländer von den Straßenbahnen abgerissen und Papierkörbe umgestoßen hatten, die sie mit allem, was ihnen sonst noch in die Hände fiel, als Wurfgeschosse benutzten. Augenzeugen berichteten, sie hätten während dieser Ereignisse immer wieder gehört, wie die Menge im Chor die «Arbeitermarseillaise» sang.

Gegen 22 Uhr erschienen die Reste der Kolonne, die zu Bürgermeister Burchard marschiert war, wieder auf der Bildfläche, nachdem sie mit Niemanns Erlaubnis durch die Paulstraße marschiert war. Das Ergebnis war, daß sie in die Domstraße getrieben wurden, eine enge Straße, die am anderen Ende in den Fischmarkt mündete. Hier demonstrierten sie vor dem Büro der «Hamburger Nachrichten», einer konservativen Zeitung. In der Zwischenzeit hatte Niemann beschlossen, den Fischmarkt zu räumen. Mit acht berittenen Polizisten säuberte er das Gebiet, während weitere acht, angeführt von einem Wachtmeister, die Menschen aus der Schulstraße drängten. Die Folge war, daß ein Teil der inzwischen sehr dezimierten Menge aus verschiedenen Richtungen in die drei kleineren Straßen getrieben wurden, die vom Fischmarkt wegführten: die Domstraße, die Curienstraße und den Schopenstehl. Niemann erkannte, wie aberwitzig es war, diese Straßen auf beiden Seiten zu blockieren, im Endergebnis aber kamen zu den Menschenmassen, die in ihnen herumliefen, aus den benachbarten Straßen ständig noch weitere hinzu. Die berittenen Polizisten versuchten wiederholt, diese Straßen vom Fischmarkt her zu räumen, aber das wurde mit improvisierten Barrikaden vereitelt, und die Polizisten wurden mit einem Hagel von Steinen, Flaschen, Papierkörben samt deren Inhalt und Deckeln zurückgetrieben. Die Menge beschimpfte die Polizisten als «Bluthunde» und «Kossacken», und ein Augenzeuge berichtete sogar, Gewehrschüsse gehört zu haben (diese Geschichte ist jedoch eher unglaubwürdig). Nach mehreren erfolglosen Versuchen, die Straßen zu räumen, erkannte Niemann, daß die Zugänge zum Rathaus unbewacht waren, und zog seine Leute auf den Fischmarkt zurück.[39]

Sobald die Polizei abgezogen war, flog aus der Menschenmenge im Schopenstehl ein Steinhagel gegen die gasbetriebenen Straßenlaternen, der sie alle auslöschte. Sofort versank die Straße im Dunkel. Nun wurden Schaufensterscheiben mit Steinen eingeworfen, und die ersten Plünderungen begannen. Der Besitzer eines Juwelierladens im Schopenstehl sagte später aus, gegen 22.30 Uhr, als die Polizei sich zurückzog und die Lichter ausgingen, sei ein Stein durch das Schaufenster seines Ladens geflogen, dann zwei weitere, dann wurde ein richtiges Bombardement eröffnet [...], das die Scheibe total zertrümmerte. Die Blechladen waren heruntergerissen, die eisernen Stangen wurden abgebrochen, indem sich mehrere Personen daran hängten und sie aus dem Verschluß herauswuchteten. Sobald das Fenster zertrümmert und die Eisenstangen abgebrochen waren, griffen gierige Finger nach den Uhren und Goldwaren in der Auslage.

Ähnliche Erfahrungen machten auch viele andere Ladenbesitzer in der Straße, darunter mehrere Juweliere.[40] In einer benachbarten Straße, der Brandstwiete, entzündete die Menge mit dem Inhalt von Mülltonnen ein Freudenfeuer. Als gegen 23 Uhr die Feuerwehr eintraf, um das Feuer zu löschen, wurde sie mit Buhrufen, Pfiffen und einem Hagel von Flaschen und Steinen empfangen. Vier Feuerwehrmänner erlitten leichte Verletzungen. Kaum hatten sie das Feuer gelöscht und sich zurückgezogen, da wurde es wieder angezündet. 25 Minuten später kamen sie zurück, um es unter Beschimpfungen und Pfiffen erneut zu löschen. Auf ihrem Rückweg zur Feuerwache löschten sie in dem Gebiet noch zwei weitere Straßenfeuer. Inzwischen hatte jemand den Feuermelder in der Niedernstraße zerstört, und der Feuerwehroffizier, der ihn austauschen sollte, wurde von der Menge vertrieben.[41] Am Gebäude der Wechselbank in der Brandstwiete wurden zehn Spiegelglasfenster eingeschlagen, in der Schmiedestraße waren schon vorher im Verlauf der Schlacht, die dort früher am Abend stattgefunden hatte, Fenster zu Bruch gegangen.[42]

Vom Standpunkt der Polizei aus gab diese Entwicklung den Ereignissen eine sehr viel ernstere Wendung: Ein Angriff auf das Eigentum hatte begonnen. Nachdem Berichte über Plünderungen und Vandalismus eingegangen waren, ritten um 23 Uhr die 40 Polizisten zu Pferd an der Petrikirche zum Schopenstehl, räumten die Barrikaden und vertrieben die Menge. Alle Polizeiwachen wurden telegraphisch in Alarmbereitschaft versetzt, und rasch wurde eine Mannschaft von 150 Polizisten vor dem Rathaus zusammengezogen. Sie bestand vermutlich zu einem Großteil aus den Männern, die früher am Abend den Kordon um den Rathausplatz gebildet hatten, bevor das Zentrum der Unruhen sich in das Gebiet um den Fischmarkt verlagerte. Sie können sich im Lauf des Abends also kaum eine Stunde ausgeruht haben; Niemann und seine berittenen Polizisten waren sogar ohne Atempause seit sechs Stunden ununterbrochen im Dienst.[43] Mit anderen Worten, die Polizisten waren inzwischen zweifellos müde, wütend und nicht zuletzt in Panik, als sie erkennen mußten, daß ihnen die Ereignisse außer Kontrolle gerieten und sie das Schlimmste zu befürchten hatten. Die Polizeimannschaft vor dem Rathaus teilte sich in fünf Trupps, sie liefen durch die Straßen um den Schopenstehl und trieben die verbleibenden Gruppen von Demonstranten gewaltsam auseinander. Sie stießen nur auf wenig Widerstand. Eine Viertelstunde vor Mitternacht trafen sie auf eine Gruppe von 50 Menschen im Kattrepel, von denen sie mit Steinen angegriffen wurden. Sie wurde angeblich von einem Mann angestiftet, der «Hoch lebe die Anarchie; runter mit den Hunden vom Senat! Kollegen drauflos, runter mit der Pickelhaube!» rief. Die Polizisten gingen mit gezogenen Säbeln zum Gegenangriff über, und die Menge zerstreute sich unter Singen der «Arbeitermarseillaise». Auf ähnliche Weise wurde eine andere, 60 Mann starke Gruppe am Pferdemarkt aufgebrochen.[44] Tatsächlich hatten sich in der Zwischenzeit alle Menschenansammlungen aufgelöst, viele hatten offenbar den Rat der SPD-Ordner befolgt und waren nach Hause gegangen. Außer den beiden Gruppen im Kattrepel und auf dem Pferdemarkt waren gegen 23.30 Uhr nur vereinzelte Personen oder Gruppen von zwei oder drei Menschen auf den Straßen übriggeblieben. Diese Menschen aber bekamen jetzt die ganze Wut der Polizei zu spüren.

Einige der vielen Fälle von Gewaltexzessen seitens der Polizei, über die später berichtet wurde, fallen durch besonders dramatische Umstände auf. Gegen 23.30 Uhr, als die Polizei die Niedernstraße räumte, suchten einige Menschen Zuflucht in der Lunauschen Gastwirtschaft, wo die Stammgäste in aller Ruhe bei ihren Getränken saßen. Mit gezogenen Säbeln brachen zwölf Polizisten in die Kneipe ein, fielen über die Gäste an den Tischen her und hieben auf sie ein, wobei sie «Raus Ihr Spitzbuben!», «Bande», «Diebe», [...] «Hier wollen wir mal die Spitzbubenbande rausschlagen!» riefen.[45] Die Gäste flohen so schnell sie nur konnten, aber nicht schnell genug, um Verletzungen zu entgehen. Einer von ihnen, ein 76jähriger Mann, starb an den Folgen einer Säbelwunde und des Schocks. Die Polizisten behaupteten später, sie seien aus der Kneipe mit leeren Biergläsern beworfen worden (oder, was allerdings weniger glaubwürdig erscheint, sogar mit *vollen* Biergläsern). Das ist jedoch nicht sehr wahrscheinlich, denn die Kneipe hatte ein Spiegelglasfenster, das nicht geöffnet werden konnte und nicht zerbrochen war, und man konnte sie nur durch zwei Eingänge betreten.[46] Das Opfer eines weiteren Vorfalls war ein 22jähriger Schreiner aus Süddeutschland, Georg Wittmann, der wegen seiner Herkunft für die lokalpatriotische Hamburger Polizei besonders anstößig erschien. Er wurde zu Boden geschlagen und getreten, wobei er als «Knödelbayer» beschimpft wurde. Wittmann wurde vom Fischmarkt, auf dem sich dieser Vorfall abspielte, ins Krankenhaus gebracht, starb aber später an den Auswirkungen eines Säbelhiebs, der offenbar so heftig war, daß er laut Obduktionsbericht seinen Schädel am Hinterkopf zertrümmert hatte.[47] Zu ähnlichen Vorfällen kam es gegen Mitternacht in der Domstraße, der Schulstraße, auf dem Jungfernstieg und in anderen Straßen, die jetzt fast leer waren. Zeugen berichteten, sie hätten gesehen, wie Polizisten in Gruppen über einzelne Fußgänger herfielen oder Menschen, die in den Hauseingängen Schutz suchten, mit Säbelhieben vertrieben. Ein Senatsbote aus dem Rathaus wurde von der Polizei angegriffen, als er in offizieller Mission eine Straße hinunterging.[48] Ein Tauber, der die gelegentlichen Warnrufe der Polizisten nicht befolgen konnte und sie auch nicht bemerkte, als sie sich ihm von hinten näherten, erzählte später, er sei auf seinem Heimweg wiederholt von säbelschwingenden Polizisten angegriffen worden.[49]

Ein junger Mann aus dem Bürgertum, der Sohn eines Bürgerschaftsabgeordneten, berichtete später von Erlebnissen, die wohl typisch gewesen sein müssen für das, was viele erlebt hatten, die sich allerdings in einer weniger günstigen Lage befanden als er und sich nicht beschweren konnten:

Er habe am 17. Januar von der Tribüne aus der Bürgerschaftsversammlung beigewohnt. Alsdann wollte er mit einigen Freunden nach einem Restaurant in der Nähe des Klostertor-Bahnhofs gehen, um ein Glas Bier zu trinken. Als er auf den Fischmarkt kam, sah er vierzig bis fünfzig Schutzleute, dagegen gar kein Publikum. Die angrenzende Reichenstraße war fast menschenleer. Als sie letztere Straße passierten, sei plötzlich ein Schutzmann mit gezogenem Säbel auf ihn zugeritten mit dem Ruf: «Du Kerl bist wohl auch so einer!», und schlug ihm heftig mit dem Säbel auf den Kopf sowie auf alle Körperteile. – Vors.: Wie viele Schläge erhielten Sie von dem reitenden Schutzmann? – Zeuge: Das kann ich nicht sagen, jedenfalls war es eine ganze Anzahl. In dem selben Augenblick wurde ich von acht Fußschutzleuten, die sämtlich blank gezogen hatten, umringt und heftig geschlagen. Es gelang mir schließlich, in eine Wirtschaft zu flüchten. Die Schutzleute stürmten nach und trieben mich aus dem Lokal wieder heraus. Auf der Straße wurde ich wiederum von etwa acht Schutzleuten umringt und heftig mit dem Säbel geschlagen. Es gelang mir schließlich zu entfliehen. [...] Auf Befragen des Verteidigers bemerkt der Zeuge noch: Nachdem er seine Freunde getroffen hatte, traten sie an einen Trupp Schutzleute mit der Frage heran, wo die nächste Polizeiwache sei. Im Monde! lautete die Antwort.[50]

Zur Zeit dieses Vorfalls flohen Männer, Frauen und Kinder durch die Straßen, viele bluteten aus Säbelwunden. Apotheker und Ärzte, die Bereitschaftsdienst hatten, waren stundenlang damit beschäftigt, die Wunden zu versorgen. Einer berichtete, er habe in den frühen Morgenstunden des 18. Januar die Wunden von 23 Menschen verbunden, darunter auch die eines zehnjährigen Jungen, dem ein Polizeisäbel die Kuppen mehrerer Finger abgehackt hatte.[51] Gegen 1.30 Uhr am Morgen jedoch war wieder alles ruhig, die letzten Polizisten kehrten zu ihren Wachen zurück und gingen von dort nach Hause und zu Bett. Auf den Straßen herrschte wieder Ruhe. Ein trügerischer Friede senkte sich auf Hamburg.[52]

Deutungen eines Krawalls

Als am 18. Januar der Morgen graute, machten sich die Presse und die Einwohner Hamburgs an eine Bestandsaufnahme der nächtlichen Ereignisse. Die rechtsgerichtete Presse stellte die Vorfälle des 17. Januar, den sie «Roter Mittwoch» taufte, samt der Plünderungen und der gewaltsamen Ausschreitungen, einstimmig als «Generalprobe für die Revolution» dar. Sämtliche Ereignisse seien im vorhinein von den Sozialdemokraten geplant gewesen, und nur das tapfere Einschreiten der Polizei habe verhindert, daß die Situation noch weiter ausgeartet sei.[53] Die Polizisten, die bei dem Aufstand verletzt worden waren, wurden als Helden gefeiert, und die konservativen «Hamburger Nachrichten» richteten einen öffentlichen Spendenfonds für sie ein.[54] In allen Frühausgaben der rechten Presse, in denen über die Ereignisse berichtet wurde, stand die Behauptung, ein Polizist sei getötet worden. Diese Nachricht war reine Erfindung, sie beruhte auf einem falsch kodierten Telegramm und wurde in späteren Auflagen rasch zurückgenommen. Das liberale «Berliner Tageblatt» und die «Frankfurter Zeitung» folgten in ihren ersten Ausgaben nach der Demonstration der Linie der rechtsgerichteten Blätter und brachten ebenfalls die Nachricht von einem toten Polizisten.[55] Erst später gingen sie zu einer differenzierteren Sicht der Ereignisse über und begannen, zwischen der Demonstration und den Plünderungen zu unterscheiden sowie verhaltene Kritik an der Polizei zu äußern.[56]

Die konservativen «Hamburger Nachrichten» stellten in ihrem Leitartikel über die Geschehnisse eine unmittelbare Parallele zur russischen Revolution her. In den Spätausgaben des 18. Januar war folgender Kommentar zu lesen:

Hamburg ist also der traurige Ruhm beschieden gewesen, den Schauplatz der ersten revolutionären Szenen zu bilden, die nach russischem Muster von der Umsturzpartei in Deutschland aufgeführt werden sollten, denn was bisher in Dresden, Chemnitz usw. geschehen ist, kann mit den Ereignissen, welche sich am gestrigen Abend und in der Nacht hier zugetragen haben, nicht in Vergleich gestellt werden. Wie aus den Schilderungen unserer heutigen Morgen-Ausgabe hervorgeht, hat es bei den gestrigen Vorgängen an keinem der Tatbestandsmerkmale gefehlt, welche für die russische Revolution charakteristisch sind: der Mob hat die Polizei angegriffen, Schutzleute in großer Zahl verwundet, zwei getötet, zahlreiche Läden erbrochen und geplündert, Barrikaden erbaut, Feuer angelegt usw. [...]

Wie das Blatt erklärte, sei es mehr als wahrscheinlich, daß sich derartige Ereignisse wiederholen würden. Die sozialdemokratischen Massen seien gar nicht an politischen Rechten interessiert, ihnen ginge es allein um den «Schlüssel zum Geldschrank». Ihr eigentliches Ziel seien nicht Argument und Diskussion, sondern Zerstörung und Einbruch, Rauben und Plündern. Das sei ein Vorgeschmack dessen, was zu erwarten war, wenn die Sozialdemokraten die Macht übernähmen, schloß das Blatt, die ganze Angelegenheit sei von Anfang bis Ende sorgfältig geplant gewesen.[57]

Und diese Meinungen waren noch milde im Vergleich zu denen, die panisch erschrockene Leserbriefschreiber in den Tagen nach dem Aufruhr an die konservative Presse sandten: «Bürger von Hamburg!

Wenn Ihr in Euren Häusern Ratten habt, die die Fundamente in absehbarer Zeit zum Einstürzen bringen – ist es da nicht Eure verdammte Pflicht und Schuldigkeit, rechtzeitig für Gift zu sorgen, das das nichtsnützige Vieh aus der Welt schafft!»[58] Ein Schreiber in der Leserbriefspalte der erzkonservativen «Hamburger Nachrichten» setzte sich ein für die «Bewaffnung der Schutzmänner mit Karabinern, auf die Bajonette gesteckt werden können», ein anderer Leser drängte in seinem Brief die Polizei, sich mit «kurzen dicken Knüppeln und mit Revolvern» auszurüsten. «Ferner», fügte er hinzu, «muß möglichst bald eine große Menge kräftiger, bissiger Polizeihunde zum persönlichem Schutz der Beamten beschafft werden». Ein dritter Leser empfahl den Einsatz von Feuerwehrschläuchen.[59] Das «Deutsche Blatt», Organ der antisemitischen Partei in Hamburg, schrieb die Unruhen «jüdischen Agitatoren» zu, «die die herrliche Parole ausgaben, daß Eigentum Diebstahl sei»[60]. In einem weiteren Leitartikel warnten die «Hamburger Nachrichten» vor weiteren «Putschversuchen», die dazu führen könnten, daß ganze Gebiete in Altona, Harvestehude und Rotherbaum (Wohnviertel der Oberschicht Hamburgs) «verwüstet» werden könnten.[61]

Die Polizei teilte diese Einschätzungen. An einem Bericht, der fast unmittelbar nach dem Aufruhr verfaßt wurde, läßt sich ablesen, welchen Standpunkt sie einnehmen würde. Darin heißt es:

Die anscheinenden Fortschritte der russischen Revolution ließen den führenden deutschen Genossen keine Ruhe. Vielleicht ließe sich durch eine ähnliche Tätigkeit der Parteiangehörigen auch in Deutschland der nach Bebels Behauptung nahe Kladderadatsch schon jetzt herbeiführen. Auf dem Parteitag in Gera und auf der internationalen Konferenz in Brüssel verallgemeinerte Bebel diesen Gedanken. Hamburg sollte durch die bevorstehende Beratung der Wahlrechtsvorlage den Hebel für solche Erfolge bieten. Zur Anleitung solcher Tätigkeit kam Bebel wohl im November vorigen Jahres nach Hamburg, während er angeblich nur seine Auffassung über den Generalstreik den Hamburger Genossen vortragen wollte. Bereits Anfang dieses Monats wurde bekannt, daß Bebel damals mit den leitenden Genossen in einem hiesigen Lokal eine geheime Sitzung abgehalten hat [...].

Bei diesem Treffen, fuhr der Bericht fort, seien sowohl der Streik wie die darauffolgende Demonstration geplant worden. Auch wenn die Sozialdemokraten in der Öffentlichkeit vor Demonstrationen auf den Straßen gewarnt hatten, wäre damit nichts weiter bezweckt worden, als die Polizei irrezuführen. Die Ereignisse des 17. Januar hätten bewiesen, daß sie die ganze Zeit über beabsichtigt hätten, das Rathaus zu stürmen und die Bürgerschaft mit Terrormethoden zu zwingen, die Wahlrechtsvorlage abzulehnen.[62]

Die SPD tat ihrerseits ihr Möglichstes, um sich von den Ereignissen zu distanzieren. Bereits am 23. Januar wurde in einem Artikel des sozialdemokratischen «Hamburger Echo» vermutet, ob nicht die Polizei für die Plünderungen und die Gewalt indirekt verantwortlich sei, denn sie hatte ihre Patrouillen aus den «Verbrechervierteln» um den Schopenstehl zurückgezogen, um ihren Kordon um das Rathaus zu verstärken. Damit hätte sie dem «Janhagel» ermöglicht, ohne Kontrolle zu randalieren.[63] In späteren Ausgaben der Zeitung ging man noch weiter und behauptete, die Polizei habe diese kriminellen Elemente vorsätzlich ermutigt, um einen Vorwand zu schaffen, in Hamburg einen Polizeistaat zu errichten, in dem die Arbeiterbewegung total unterdrückt werden würde. Der SPD-Presse zufolge befanden sich unter denen, die die Unruhen «arrangiert» hatten, angeblich viele Polizeispitzel. Mit diesem Artikel handelte sich der Herausgeber des «Echo», Wabersky, wegen Verleumdung der Polizei fünf Monate Gefängnis ein. In den zehn Jahren seiner Herausgeberschaft war das seine sechzehnte Verurteilung und seine dritte Gefängnisstrafe wegen derartiger Delikte. Wabersky gelang es später, sein Urteil auf 20 Tage mit Bewährung abzumildern, zu diesem Zeitpunkt hatte er jedoch schon 42 Tage lang im Gefängnis gesessen.[64]

So wie in den Leserbriefen an die rechtsgerichtete Presse Ansichten zum Ausdruck kamen, die sogar noch extremer waren als die der Zeitungen, war auch die SPD-Basis vielfach ein gut Teil unerschrockener in ihrer Kritik an der Polizei, als das «Echo» zu sein wagte. Natürlich war es unmöglich, solche Gefühle in Briefen an die Presse zum Ausdruck zu bringen, da die Schreiber Gefahr liefen, deshalb verfolgt zu werden (rechtsgerichtete Leserbriefschreiber riskierten das natürlich nicht).[65] Aber den Polizeispitzeln, die in Verkleidung durch die Hamburger SPD-Kneipen zogen und anschließend die Gespräche der Gäste protokollierten, gelang es in den Tagen nach dem Aufstand, einige recht deutliche Kommentare zu sammeln. «Wir Vernünftigen», bemerkte ein Arbeiter über die Bewohner der Bezirke Uhlenhorst und

Barmbek, «blieben ruhig.» Andere wie die acht Hafenarbeiter, die in einer anderen Kneipe belauscht worden waren, fragten sich: «Seit wann ist es feine Mode, daß wir organisierten Arbeiter Raubzüge unternehmen und Plünderungen ausführen?» Sie kamen zu dem Schluß, der «Mob und Janhagel» sei dafür verantwortlich zu machen, und es sei die Schuld der Polizei, daß sie für die «Verbrecherviertel» keine ausreichende Bewachung aufgestellt hatte. Manche Arbeiter verstiegen sich sogar zu der Ansicht, die Polizisten hätten die Schaufenster der Juwelierläden mit ihren Säbeln selbst zerbrochen, um die SPD in Verruf zu bringen. Wenn die Polizei gehofft hatte, daß ihr in diesen Kneipen irgendwelche Verherrlichung von Gewalt oder Revolution zu Ohren kommen würde, dann muß sie ziemlich enttäuscht gewesen sein.[66]

Diese widersprüchlichen Interpretationen der Ereignisse vom 17. Januar demonstrieren nicht nur die unterschiedlichen politischen Einstellungen, sondern auch unterschiedliche Theorien über soziale Beziehungen und politische Aktion. Die Polizei und die rechtsgerichtete Presse wurden von der Auffassung geleitet, Verbrechen und Revolution seien innigst miteinander verflochten und eigentlich nicht voneinander zu trennen. Kollektive Gewalt sei ein politischer Akt und kenne nur das eine Ziel, politische Macht zu erlangen, und sie sei von Anfang an organisiert und geplant. Der Zweck politischer Macht bestehe darin, den Besitzlosen zu ermöglichen, die Bessergestellten um ihre Besitztümer zu bringen. Der Parteikongreß in Jena und die russische Revolution von 1905 müßten als Warnungen betrachtet werden, die nur zu eindeutig seien. Die revolutionäre Phraseologie der SPD wurde wörtlich genommen, und die Partei galt als kaum mehr als eine kriminelle Verschwörung, die das Ziel hatte, das existierende System der Besitzverhältnisse umzustürzen. Tatsächlich sei das Verhalten des «Mob» ein zusätzlicher Grund, ihm seine Rechte zu entziehen. Das Verhalten der Polizei hingegen betrachteten die Vertreter dieser Ansicht fast einstimmig als vernünftig. Deren Aggression habe ausschließlich dazu gedient, kriminelle Handlungen zu verhindern. Und wirklich wurde jede Kritik am Vorgehen der Polizei in der Nacht des 17. Januar mit Verleumdungsklagen beantwortet, und die Polizei hatte mit dieser Taktik in allen Fällen Erfolg. Die Untersuchungen hingegen, die gegen einen Polizeiwachtmeister angestrengt wurden, der einen Senatsboten angegriffen hatte, führten zu nichts.[67]

Die SPD ging von ganz anderen Auffassungen aus, wenigstens oberflächlich betrachtet. Für sie war die marxistische Theorie vom «Lumpenproletariat» maßgeblich. Marx und Engels hatten sich im «Kommunistischen Manifest» mit der Möglichkeit auseinandergesetzt, daß nicht-proletarische Gruppen der Gesellschaft sich der revolutionären Bewegung anschließen könnten. Sie stellten dar, daß die Gefahr bestehe, durch eine proletarische Revolution könnte die «gefährliche Klasse», der Abschaum der Gesellschaft, die passive, verfaulende Masse, von den untersten Schichten der alten Gesellschaft an die Oberfläche steigen und hier und da in die Bewegung eindringen. Die Lebensverhältnisse dieses «Lumpenproletariats» würden es jedoch weit eher für die Rolle eines bestochenen Werkzeugs reaktionärer Umtriebe prädestinieren.[68] So sah die SPD den Krawall, die anschließende Verfolgung hingegen attackierte sie als «Klassenjustiz».[69]

Und doch war die Art, wie die Sozialdemokraten den Ursprung der Unruhen erklärten, in vieler Hinsicht ein Spiegelbild dessen, was die Polizei vorbrachte. Beide Seiten betrachteten die Unruhen als das Resultat einer Verschwörung, die im vorhinein eingefädelt worden war und deren Gründe hauptsächlich politische waren. Wie die Polizei mußte auch die SPD diese Sicht der Dinge schließlich aufgeben. Wie wir sehen werden, gelang es der Polizei nicht, gegen SPD-Mitglieder wegen ihrer Teilnahme an der Demonstration, geschweige denn an den Plünderungen, Urteile zu erwirken. Die Ordnungskräfte waren schließlich gezwungen, sich auf eine allgemeinere Behauptung zurückzuziehen, wonach die Partei indirekt für diese Ereignisse verantwortlich zu machen sei, denn ohne den Streik und die Massenversammlungen, die darauf gefolgt waren, wäre es nicht dazu gekommen. Das war nicht zu leugnen, reichte als Erklärung jedoch nicht aus. Außerdem hatte sich die Polizei damit sehr weit von ihrer ursprünglichen Behauptung entfernt, die SPD habe die ganze Affäre von Anfang bis Ende geplant und ausgeführt.[70] Auf der anderen Seite konnte die Verteidigung im Verleumdungsprozeß gegen Wabersky, den Herausgeber des «Hamburger Echo», nicht einmal den Zipfel eines Beweises vorbringen, daß im Schopenstehl Polizeispitzel am Werk gewesen seien. Sie mußte sich auf die Behauptung zurückziehen, das «Echo» habe so etwas nie unterstellt. Insgesamt war die SPD gezwungen, spezifischere Erklärungen aufzugeben und die Theorie aufzustellen, der Abzug der Polizisten habe in der fraglichen

Nacht dazu geführt, daß der Schopenstehl unbewacht blieb und damit Gelegenheit zu Plünderungen geboten wurde.[71] Auch das war nicht zu leugnen, es vermochte allerdings ebensowenig zu erklären. Außerdem war diese Deutung etwas völlig anderes als die ursprüngliche Behauptung, die Polizei habe die gesamte Affäre im vorhinein mit dem «Lumpenproletariat» arrangiert. Polizei und SPD gingen am Anfang also von ähnlichen Interpretationen aus, beide waren aber gezwungen, von diesen Abstand zu nehmen, weil das Rechtssystem stichhaltige Beweise forderte und die Presse handfeste Fakten verlangte.[72]

Die Polizei schlägt zurück

Am Morgen des 18. Januar verhängte die Hamburger Polizei, erschüttert durch ihre Erfahrungen der vorangegangenen Nacht und überzeugt, die Revolution stehe unmittelbar vor der Tür, wenn sie nicht rasch und entschlossen handelte, ein vollkommenes Verbot von Versammlungen im Freien. Außerdem bestand sie darauf, daß die SPD ihre geplante Teilnahme an einer Reihe von Demonstrationen auf nationaler Ebene absagte, die für den 21. Januar angesetzt waren. Zudem wurde angeordnet, daß alle Restaurants, Gaststätten und Kneipen im Schopenstehl, der Niedernstraße, dem Kattrepel, der Mohlenhofstraße, Springeltwiete, Altstädterstraße, Fischertwiete und Depenau bis auf weiteres jeden Tag um 15 Uhr schließen mußten.[73] Neben diesen Vorsichtsmaßnahmen machte sich die Polizei gleichzeitig daran, ihre Autorität wiederherzustellen, indem sie diejenigen festnahm, die sie für die Ausschreitungen des 17. Januar für verantwortlich hielt. Aufgrund der Annahme, jeder, der von einem Polizeisäbel getroffen worden war, müsse ein Verbrechen begangen haben, machten sich Kriminalbeamte und Wachtmeister auf und nahmen fest, wer auch immer sich mit einem Verband blicken ließ. Sie beschafften sich bei den Ambulanzen der Krankenhäuser der Stadt Listen mit den Einweisungen vom 17. und 18. Januar und verhafteten alle, die wegen einer Säbelwunde behandelt worden waren. Die Feuerwehr stellte eine Liste von 16 Menschen zur Verfügung, die in der fraglichen Nacht von ihnen verbunden worden waren. Bis auf zwei hatten sie alle Kopfwunden, die anderen beiden waren am Bein beziehungsweise an der Hand verletzt worden. Sie kamen alle in Haft.[74] Typisch ist folgender Bericht eines Polizeibeamten, der für viele ähnliche steht: «Schumacher läuft mit verbundenem Kopf umher und steht in Verdacht, sich an dem Krawall am Fischmarkt am 17. d. M. beteiligt zu haben.» Natürlich wanderte der unglückselige Schumacher ins Gefängnis.[75]

Außerdem lieferten Denunziationen Sündenböcke für die Unruhen. So wurde zum Beispiel ein Mann wohl aus Bosheit von der Mutter eines 22jährigen Mädchens angezeigt, das er in seinem Laden angestellt hatte.[76] Ein verheiratetes Paar wurde in malerischen Einzelheiten von ihrer Wirtin beschuldigt, Müll auf die Polizisten geworfen zu haben, die Frau habe sie mit ihrem Schirm angegriffen und der Mann einen Wachtmeister zu Boden geschlagen.[77] Auch in diesem Fall sind die Motive der Denunziantin zumindest verdächtig. In einem anonymen Brief wurden auf einen Streich vier Menschen denunziert.[78] Weitere Kandidaten für Arrest und Verhör besorgte sich die Polizei, indem sie «verdächtige» Gespräche belauschte. So erörterte zum Beispiel ein paar Tage nach den Unruhen ein Mitglied der Metallarbeitergewerkschaft auf seinem Heimweg von der Werft mit einem Kollegen die Ereignisse des 17. Januar. Kaum kam ihm das Wort «Revolution» über die Lippen, sprang ein vorüberfahrender Polizist von seinem Fahrrad und nahm ihn fest. Auf der Polizeiwache wurde er umringt von den Hütern des Gesetzes, die ihn anschrien: «Du Lump, du willst unsere Kollegen mißhandeln! Du hast unsere Kollegen mit Ziegelsteinen beworfen.» Daraufhin begannen sie, ihn zu schlagen und zu treten. Vor Gericht wurde der Arbeiter beschuldigt, er habe gerufen: «Auf zur Revolution!» Er habe den Polizisten von seinem Fahrrad gestoßen und die Polizeibeamten auf der Wache angegriffen. Er wurde nur wegen des ersten Vergehens für schuldig befunden, das ihm eine Woche Gefängnis einbrachte.[79] Durch ein derartiges Vorgehen kam eine Menge Gefangener zusammen.

Bedenkt man die Voraussetzungen, auf denen die Verhaftungstaktik der Polizei basierte, nimmt es nicht wunder, daß viele der Festgenommenen bald wieder freigelassen werden mußten. Die Denunziationen erwiesen sich in vielen Fällen als reine Bosheit, und in den meisten Fällen fehlte auch nur der geringste Beweis, um formell Anklage erheben zu können.[80] Schließlich wurde gegen etwa 50 Inhaftierte ein Verfahren angestrengt. Sie kamen etwa drei Monate nach den Unruhen vor Gericht, die gesamte Zeit bis dahin verbrachten sie im Gefängnis.[81] Die Prozesse boten die Gelegenheit, die Argumente, die auf den Krawall hin laut geworden waren, erneut vorzubringen. In dem ersten der beiden Prozesse behauptete der Staatsanwalt in seinem abschließenden Plädoyer: «Die Exzesse seien nicht allein von dem Kaschemmengesindel ausgeführt worden, denn die Polizeibeamten haben mitgeteilt, daß sich unter den Exzedenten auch viele Leute in Sonntagskleidern befunden haben, auch Leute, aus denen sich die Sozialdemokratie rekrutierte.»[82] Das sozialdemokratische «Hamburger Echo» wies diese «Lügen» zurück. Unter den 20 Angeklagten des zweiten Prozesses, so erklärte es, sei nur einer «organisiert», und der wurde freigesprochen. Tatsächlich zeigen die Prozeßakten, daß keine der beiden Aussagen ganz den Tatsachen entsprach. Von den 30 Angeklagten des ersten Prozesses gehörten nur vier einer Gewerkschaft an. Von ihnen waren drei wegen aufrührerischer Versammlung und Plünderei angeklagt, einer davon stritt die Vorwürfe unumwunden ab, und die anderen beiden gaben zu, geplündert zu haben, sagten aber aus, sie hätten die gestohlenen Waren auf der Straße gefunden und einfach aufgesammelt. Zwei dieser drei waren Mitglieder der Werftarbeiter-Gewerkschaft, der dritte gehörte zu einer Gewerkschaft der Bauarbeiter. Keiner von ihnen war vorbestraft, sie alle erhielten Gefängnisstrafen zwischen fünf und zehn Monaten.[83]

Der Star des Prozesses war der vierte der organisierten Arbeiter auf der Anklagebank, Emil Stange. Der Gipsergeselle wurde beschuldigt, als «Rädelsführer» Angriffe auf Polizisten angeführt zu haben. Stange war als einziger der 50 Angeklagten, die in den beiden Prozessen vor Gericht standen, Mitglied der SPD. Er war tatsächlich bei den Protestversammlungen gewesen, hatte jedoch, wie eine Reihe anderer Angeklagter, einen großen Teil des Abends am 17. Januar mit Trinken verbracht. Angeblich hatte er eine Truppe von Aufständischen angeführt und wiederholt gerufen: «Hoch die Anarchie! Runter mit den Hunden vom Senat!» Diese Behauptung ist vielleicht ein interessanter Beweis für die Unfähigkeit der Polizei, Sozialdemokraten von Anarchisten zu unterscheiden, die in Wirklichkeit längst aus der SPD ausgeschlossen worden waren und eine verschwindend kleine Gruppierung in Deutschland bildeten, die hauptsächlich aus bürgerlichen Intellektuellen bestand. Die Anklage gegen Stange war in hohem Maße unplausibel. Weiter wurde behauptet, Stange habe das

Schaufenster eines Geschäfts eingeschlagen, das einem Herrn Langbehn gehörte, dessen Identifizierung Stanges die Grundlage für seine Verhaftung bot. Unter allgemeinem Applaus der rechtsgerichteten Presse wurde Stange zu zwei Jahren Gefängnishaft verurteilt. Aber damit war die Angelegenheit noch nicht beendet. Stange legte Berufung ein, mit der Begründung, Langbehn habe aus Bosheit gehandelt, und die anderen Zeugen (überwiegend Polizisten), die behaupteten, ihn bei den Unruhen gesehen zu haben, hätten sich geirrt. Stanges Anwälte legten neue Beweise vor, denen zufolge er gegen 22 Uhr in betrunkenem Zustand eine Kneipe betreten hatte, wo er weitertrank, acht Halbe und 15 kleinere Gläser Bier. Einige Zeit später sei er hinausgewankt, «derart seines Bewußtseins beraubt», daß er nicht mehr richtig laufen konnte. Seine Verteidigung versuchte nachzuweisen, daß er zu betrunken gewesen sei, um eine Bande Aufrührer anzuführen oder auch nur einen Stein in ein Schaufenster zu werfen, geschweige denn es einzuschlagen.

Nachdem Stanges Berufung erfolgreich gewesen war, blieb nichts übrig vom Versuch der Polizei, den Ereignissen ihre ursprüngliche Auffassung aufzuzwingen, sie seien eine geplante Generalprobe für die Revolution gewesen.[84] Hatten die Untersuchungsrichter zu Beginn acht der 65 Angeklagten zu denjenigen gerechnet, die «erkennbar von sozialdemokratischer Seite beeinflußt sind, an Versammlungen teilgenommen haben, u. dergl.», so blieb am Ende der Affäre kein einziger mehr übrig.[85] Natürlich muß dieses Ergebnis durch eine weitere Überlegung differenziert werden. Zwar mißlang der Polizei eindeutig der Versuch, die Verantwortung für die Unruhen der SPD und Gewerkschaftsmitgliedern in die Schuhe zu schieben, der wahre Sachverhalt wird dadurch vermutlich jedoch nicht ersichtlich. Denn mit großer Wahrscheinlichkeit muß den Festgenommenen im Verhör klargeworden sein, daß sie verloren wären, wenn sie zugaben, der Arbeiterbewegung anzugehören. Deshalb werden sie unter allen Umständen geleugnet haben, Mitglieder der SPD oder einer Gewerkschaft zu sein. Trotzdem bleibt es unwahrscheinlich, daß tatsächlich viele derer, die schließlich für schuldig befunden wurden, in der Hamburger Arbeiterbewegung aktiv waren, denn die Polizei verfügte noch über andere Mittel, eine Mitgliedschaft nachzuweisen, und weitere Nachforschungen führten eindeutig zu recht mageren Ergebnissen.

Auch von den anderen Angeklagten in den beiden Prozessen wurden mehrere freigesprochen: Darunter befanden sich drei Hafenarbeiter, ein Kellner, ein Eisenbahnarbeiter, ein Buchbinder und ein Büroangestellter, der sogar Mitglied des extrem rechtsgerichteten Deutschnationalen Handlungsgehilfenverbandes war. Diejenigen, die schließlich für schuldig gesprochen wurden, lieferten der SPD starke Beweise für ihre Behauptung, die Ausschreitungen seien ausschließlich das Werk des «Lumpenproletariats» gewesen. Zu den Verurteilten gehörten zum Beispiel Heinrich Rudolph, ein Hafenarbeiter, sowie seine Frau, Elise Rudolph, eine Prostituierte mit zahlreichen Vorstrafen wegen Verstößen gegen das Sittengesetz. Beiden wurde vorgeworfen, Gruppen von Aufständischen angefeuert zu haben mit den Rufen «Haut die Schutzleute nieder!» Elise Rudolph hatte angeblich außerdem einen Mülleimerdeckel gerollt und einen Stein auf die Polizisten geworfen. Ein anderer Hafenarbeiter, der schuldig gesprochen wurde, war Karl Leek, wohlbekannter Stammgast in einem sogenannten Verbrecherkeller im Gebiet um den Fischmarkt. Er war achtmal wegen Bettelei und zweimal wegen Diebstahl vorbestraft. Friedrich Kadner, ein Bootsmann mit drei Vorstrafen wegen Diebstahls und einer wegen Bettelei, wurde wegen Plünderns verurteilt. Zu seiner Verteidigung brachte er vor, von der Menge gegen das Schaufenster des Juweliers im Schopenstehl gepreßt worden zu sein. Weiter wurden verurteilt: Karl Kloodt, ein Kutscher mit einer Vorstrafe wegen Körperverletzung, der sich mit der Behauptung verteidigte, er sei am 17. Januar besinnungslos betrunken gewesen; Fritz Rehmers, ein Schmiedelehrling mit drei Vorstrafen wegen Diebstahls, der zugab, 13 Paar Ohrringe, sechs Armbänder, zwei Golduhren und außerdem noch einiges andere an sich genommen zu haben; und Christoph Jauszius, ein Bauarbeiter mit zwei Vorstrafen wegen Diebstahls, der verhaftet worden war, als er versuchte, eine gestohlene Uhr zu verkaufen. Seine Verteidigung lautete, er habe gesehen, wie im Schopenstehl jeder an sich raffte, was er in die Finger bekam, und er habe einfach mitgemacht (wobei er unter anderem zwei Armbänder, fünf Broschen, neun Ringe und 22 Silberuhren mitgehen ließ!).

Franz Angelstory, arbeitslos, wurde ebenfalls der Plünderei für schuldig befunden; außerdem Johannes Drewes, ein Arbeiter mit Vorstrafen wegen Hehlerei gestohlener Waren, Einbruchs und Widerstands gegen die Staatsgewalt; Wilhelm Linne, ein Hafenarbeiter, der festgenommen worden war, weil er mit verbundenen Säbelwunden gesehen wurde, auch er war bereits vorbestraft wegen Bettelei, Diebstahls und Hehlerei;[86] Max Nieber, ein arbeitsloser Hafenarbeiter, der seine Zeit «in den Verbrecherkellern» zubrachte, und zugab, in der Nacht vom 17. Januar auf den 18. Januar, nachdem er seit 18 Uhr heftig getrunken hatte, von 21.30 Uhr bis 5 Uhr morgens auf der Straße gewesen zu sein. Leo Hoppe, ein Hausdiener, der bei der Polizei aktenkundig war, hatte angeblich den ganzen Abend im Schopenstehl verbracht, er war von einem «Berliner Jonny» denunziert worden, nachdem er einen Sack voll Diebesgut in einen «Verbrecherkeller» in der Niedernstraße gebracht hatte. Karl Lembke, ein Gelegenheitsarbeiter mit Vorstrafen wegen Diebstahls und anderer Gesetzesverstöße, war wegen seiner Säbelwunden festgenommen worden. Franz Stegmann, ein Kartenschneider mit elf Vorstrafen wegen Diebstahls, Hehlerei und anderer Vergehen, war wegen seines verbundenen Armes verhaftet worden. Weiter waren da noch Hans Grumme, ein Marktarbeiter mit 16 Vorstrafen für eine breite Palette von Gesetzesverstößen, darunter Einbruch und Körperverletzung, und Robert Pesch, ein Schlosser, ebenfalls ein Stammgast in den «Verbrecherkellern», mit 17 Vorstrafen, darunter mehrere wegen Körperverletzung, Diebstahls, Betrugs und Majestätsbeleidigung.[87]

Viele der Verurteilten waren Stammgäste sogenannter Verbrecherkeller um die Niedernstraße oder wohnten in diesem Viertel. Dieses Gebiet, wo Barrikaden gebaut worden und Plünderungen vorgekommen waren, zählte zu den Gängevierteln in der Innenstadt, die lange schon berüchtigt waren als Slums und Brutstätten der Kleinkriminalität. Im Jahr 1892 hatten sie besonders stark unter der großen Cholera-Epidemie zu leiden gehabt, die weite Teile der Innenstadt heimgesucht hatte, und seither waren sie von vielen Beobachtern als Herde von öffentlicher Ruhestörung und Unmoral, von Schmutz und Krankheit dargestellt worden. Die alten Giebelhäuser, deren vorkragende Stockwerke den engen Gassen das Licht nahmen, waren dunkel, baufällig und unhygienisch. Das Gebiet hatte, einer Berliner Zeitung zufolge, «arbeitsscheue» und «lichtscheue» Elemente aus ganz Deutschland angezogen. Selbst die Polizei fühlte sich dort nachts nicht sicher und ging, was sehr ungewöhnlich war, in diesen Gegenden nur gruppenweise auf Patrouille. Tatsächlich waren gelegentlich sogar Gewerkschaftsfunktionäre, die sich, angetan mit ihren Sonn-

Die soziale Zusammensetzung der wegen Aufstand und Plünderei verurteilten Arbeiter bei den Prozessen im Anschluß an den «roten Mittwoch» in Hamburg 1906

Beruf	Zahl der Verurteilten
Arbeiter (H)	1
Arbeitsbursche	1
Bauarbeiter	2
Bootsmann (H)	1
Erdarbeiter	1
Ewerführertagelöhner (H)	1
Gelegenheitsarbeiter (H)	2
Getreidearbeiter (H)	4
Gipsergeselle	1
Hafenarbeiter (H)	3
Hausdiener	4
Kartenschneider	1
Kesselreiniger (H)	1
Kutscher (H)	1
Laufbursche	1
Marktarbeiter	1
Maurerarbeitsmann	1
Schauermann (H)	1
Schiffsreiniger (H)	2
Schlosser (H)	1
Schlosserlehrling (H)	1
Schmiedelehrling (H)	1
Schulknabe	1
Speicherarbeiter (H)	2
Tagmädchen	1
Telephonarbeiter	1
Zigarrenmacher	1

H: arbeitete vermutlich in der Hafengegend.
Quelle: Landgericht 1930-1/I: Rittner und Genossen; Landgericht 1930-1/I: Dörrenhaus und Genossen

tagskleidern, in das Viertel gewagt hatten, um überfällige Mitglieds-
beiträge einzutreiben, von den Bewohnern, die sie als Polizeispitzel
betrachteten, übel zugerichtet worden. Enge Gassen und Durchgänge
führten von den Straßen in ein Labyrinth aus Hinterhöfen, wo Verbrecher sich über lange Zeit immer wieder dem Zugriff der Polizei
entziehen konnten. Es war bekannt, daß sogar Verbrecher aus London, denen die englische Polizei auf der Spur war, dort Zuflucht suchten, was ein ungewöhnliches Streiflicht auf die vielgepriesene «besondere Beziehung» Hamburgs zu England wirft.[88]

Als am Morgen nach dem Aufruhr, am 18. Januar, ein Reporter
von seiner Zeitung losgeschickt wurde, um das Gebiet zu inspizieren,
malte er den Ort des Geschehens sogar in noch düstereren Farben:

Nur ab und zu sah man an einem der dunklen Gänge, die zu den
berüchtigten Höfen führen, eines jener käsigen aufgeschwemmten
Verbrechergesichter auftauchen [...]. Das lichtscheue Gesindel hielt
sich in den Schlupfwinkeln der Höfe und Hinterhäuser verborgen.
Diese Gänge – finsteren Schluchten gleich – die von den Straßen [...]
nach den engen Höfen führen [...]. Wer von ihnen unvorsichtig und
allein in einen solchen Engpaß hineingehen würde, den könnte man
dort im Dunkeln in aller Geschwindigkeit kalt machen. Diese Gänge
waren es auch, die bei der Revolte den Aufrührern den größten
Schutz boten. Sprengten die Berittenen heran, so liefen die Demonstranten in diese Gänge und schleuderten nun aus sicherem Hinterhalt ihre Messer und Flaschen gegen die Pferde und Reiter.

Ganz eindeutig tat dieser Journalist sein Bestes, um dem zu dieser
Zeit vollkommen unbelebten Schauplatz einen dramatischen Anstrich zu verleihen. Seine Geschichte war so gut wie ganz der Phantasie entsprungen, einschließlich der Messer, die nach Polizisten geworfen wurden. Typisch war auch, daß er die Demonstranten mit der
kriminellen Unterwelt gleichsetzte; die Zeitung, für die er berichtete,
waren die extrem rechtsgerichteten «Hamburger Nachrichten».[89]

Dennoch steckte ein Körnchen Wahrheit in solchen ausgeschmück-
ten Berichten über das Gebiet, in dem die Unruhen ihren Höhepunkt
erreicht hatten. Der Berichterstatter hatte das Äußere des Viertels
durchaus richtig beschrieben. Das Gebiet war der Polizei als Unter-
schlupf von Verbrechern wohlbekannt. Nicht nur zwang sie in der
Zeit nach dem Aufstand alle Kneipen in dem Gebiet, um 15 Uhr zu
schließen, sie hatte diesen Teil der Stadt auch im Jahr zuvor, als in

Hamburg eine internationale Kriminologen-Konferenz tagte, ausgewählt, als sie aufgefordert wurde, bei einer Führung den Teilnehmern ein «Verbrecherviertel» vorzuführen. Das «Hamburger Echo» der SPD hatte sarkastisch kommentiert, daß die Polizisten ihre Zeit sinnvoller damit zugebracht hätten, die Gegend besser zu bewachen.[90] Auch waren die Unruhen des 17. Januar 1906 keineswegs die ersten derartigen Vorkommnisse in dieser Gegend. Im Mai 1890 hatte ein Streik der Gasarbeiter einen großen Teil der Stadt in Dunkelheit getaucht, darunter auch die Steinstraße und den Speersort, wo Schaufensterscheiben eingeschlagen und vorüberfahrende Pferdebahnen mit Steinen beworfen wurden. Der Aufruhr griff auf die Niedernstraße und andere Straßen in der Gegend über, setzte sich nach Einbruch der Dunkelheit fort und dauerte insgesamt fast eine Woche. Aus ganz Hamburg waren Tausende von Zuschauern herbeigeströmt, um sich das Spektakel anzuschauen, und es wurde berichtet, Gruppen junger Damen und Herren hätten sich im Speersort Zimmer gemietet, wo sie in der Sicherheit der Räume im ersten Stock zechten und «lustige Tafellieder» sangen, die durch die offenen Fenster zu hören waren, und die unter ihnen tobende Schlacht zwischen der Polizei und dem johlenden Mob mit lauten Hurrarufen anfeuerten.[91] Auch am 18. Januar 1906 erschienen viele Zuschauer, um sich den Schauplatz des Aufstandes anzusehen, so daß die Polizei sich genötigt fühlte, die Menschen wieder einmal mit ihren Säbeln zu vertreiben. Nach 18 Uhr riegelten Polizisten in Doppelreihen den Zugang zum Fischmarkt ab.[92]

Zu diesem Zeitpunkt hatte sich die Neugier der Hamburger nicht nur auf die Ereignisse der Nacht zuvor gerichtet, sondern auch auf das Gebiet, wo sie stattgefunden hatten. Bis 1896 hatte ein großer Teil der Innenstadt aus ähnlichen Elendsquartieren bestanden. Diese alten und übervölkerten Gebiete wurden von der Arbeiterklasse bewohnt, die darauf angewiesen war, in der Nähe des Hafens zu leben, der nahezu ihre einzige Einkommensquelle darstellte. Die Arbeit im Hamburger Hafen war auf der Basis von Gelegenheitsarbeit organisiert. Wenn Schiffe einliefen, wurden ad hoc Leute eingestellt, um die Ladung zu löschen oder sie vor dem Auslaufen zu beladen. Das Aufkommen des Industriekapitalismus in Hamburg in den neunziger Jahren des 19. Jahrhunderts brachte wichtige Veränderungen auf dem Arbeitsmarkt mit sich und wirkte sich auch auf die soziale Geographie der Stadt aus. Die Rationalisierung der Arbeit im Hafen, eines der Ergebnisse eines langen und erbitterten Streiks im Jahr 1896/97, der später als Sieg der Arbeiterbewegung gefeiert wurde, hatte zwar für eine Minderheit der Arbeiter mehr feste Arbeitsplätze geschaffen, die Arbeitsmöglichkeiten für die übrigen jedoch weitgehend reduziert. Durch das Aufkommen neuer Industrien in den Industriegebieten, die sich an der Stadtgrenze entwickelten, waren feste Arbeitsplätze entstanden. Für das neue Industrieproletariat, das auf diese Weise geschaffen wurde, stiegen die Reallöhne nach 1896 stetig an. Die Arbeiter lebten in den neu gebauten Vororten an der Peripherie der Innenstadt, jenen Vierteln, wo am 17. Januar 1906 die SPD-Versammlungen abgehalten wurden. Ein rasch sich ausbreitendes Netz von Straßenbahnlinien und Vorortbahnen bot den Arbeitern relativ preiswerte und regelmäßige Transportmöglichkeiten zu ihren Arbeitsplätzen.

Im Jahr 1896/97 begann der Senat, einen großangelegten Plan zur Räumung der Slums durchzuführen. Im Mittelpunkt dieses Plans stand ursprünglich das von häufigen Überflutungen heimgesuchte Gebiet, das als «Neustadt» bezeichnet wird. Diese Gegend war außerdem während des großen Hafenarbeiterstreiks von 1896 Schauplatz gewaltsamer Zusammenstöße gewesen. Im Jahr 1906 war das alte Elendsquartier um den Fischmarkt und die Niedernstraße sozial und geographisch isoliert, es war fast das letzte derartige Viertel, das noch unberührt war von den Sanierungsmaßnahmen des Hamburger Senats. Dort lebten nicht die «Arbeitsscheuen», wenn es solche überhaupt gab, sondern überwiegend Arbeiter, für die es immer noch wichtig war, in der Nähe des Hafens zu wohnen, um Arbeit zu finden – ein Relikt aus den Zeiten der Gelegenheitsarbeit im Hafen. Im Jahr 1906, zehn Jahre nach der Rationalisierung der Hafenarbeit, bildeten solche Hafenarbeiter eine Gruppe, die ökonomisch immer stärker an den Rand gedrückt worden war. Dieser Prozeß läßt sich an der Tatsache ablesen, daß viele der Hafenarbeiter, die wegen ihrer Beteiligung an den Ereignissen des 17. Januar verurteilt wurden – und sie machten grob gerechnet die Hälfte aller Verurteilten aus –, nicht nur wegen Diebstahls, sondern auch wegen Bettelei vorbestraft waren.[93]

Die Unterscheidung zwischen verschiedenen Phasen der Unruhen vom 17. Januar 1906 ist an dieser Stelle von entscheidender Bedeutung. Das gilt nicht nur für die Bewertung der Liste der Verurteilten, sondern auch für eine weiter führende und allgemeinere Einschätzung der Ereignisse des Abends. Ohne Zweifel gab es einen grundlegenden qualitativen Unterschied zwischen der Gewalt und den Plünderungen in dem Gebiet um den Fischmarkt zwischen 22 und 23 Uhr und der viel größer angelegten, aber weit weniger gewalttätigen und zerstörerischen Kundgebung, die in den vorangegangenen vier Stunden um das Rathaus herum stattgefunden hatte. Aus verschiedenen Gründen waren jedoch weder die Polizei noch die Sozialdemokraten bereit, zwischen diesen Phasen zu unterscheiden – die Polizei, weil sie die Verantwortung für die Plünderungen in der letzten Phase den Teilnehmern der vorangegangenen Demonstrationen zuschieben wollte, und die Sozialdemokraten, weil sie die Verantwortung für die Gewalt, die in der früheren Phase vorgefallen war, auf jene abladen wollten, die später geplündert hatten. Aber sowohl in den SPD-Berichten über die Ereignisse des Abends als auch in den Polizeiberichten und Prozeßakten tritt klar zutage, daß es einen deutlichen Unterschied zwischen diesen beiden Phasen gab. Insbesondere die Verhaftungen und Prozesse liefern handfeste Beweise für die Gültigkeit dieser Unterscheidung. Denn die wichtigsten *politischen* Prozesse, die aufgrund der Unruhen stattfanden, waren nicht die, bei denen die eigentlichen Teilnehmer vor Gericht gestellt wurden, sondern jene, die sich auf eine Reihe vollkommen anderer, späterer Ereignisse bezogen, in deren Folge führende Sozialdemokraten in Hamburg wegen «Aufhetzung» angeklagt wurden. Diese zweite Prozeßserie ist für unser Thema weniger interessant, weil darin lediglich die Argumente wiederholt wurden, die in der sozialdemokratischen bzw. in der konservativen Presse bereits unmittelbar nach dem Aufruhr vorgebracht worden waren. Was jedoch die Behörden betraf, bot der Vorwurf der «Aufhetzung» den wichtigsten «Beweis» für die Verantwortung der SPD an den Ereignissen des 17. Januar.[94] In den Prozessen gegen die *Teilnehmer* ging es der Polizei darum, daß diejenigen verurteilt wurden, die *unmittelbar* für *Eigentumsdelikte* verantwortlich waren. Gewalt und öffentliche Unordnung waren sekundär; die Menschenmenge war so unüberschaubar groß gewesen, der Abend so hektisch, daß jeder ernstgemeinte Versuch eines nachträglichen Vorgehens gegen die Aufrührer zum Scheitern verurteilt war.

Der Grund, weshalb es der Polizei nicht gelang, Sozialdemokraten ausfindig zu machen, die in diesen Prozessen vor Gericht gestellt werden konnten, war, daß sie sich auf die Plünderer konzentrierte und andere Gesetzesbrecher weitgehend außer acht ließ. Die Indizien, von denen sich die Polizei bei ihren Festnahmen wegen aufrührerischer Versammlung leiten ließ – Verletzungen, Verbände, Denunziationen usw. –, waren so lächerlich und unangemessen, daß sie im Hinblick auf Verurteilungen nur zu mageren Resultaten führen konnten. Leichter war es da schon, Verhaftungen wegen Plünderns vorzunehmen, denn die Polizei konnte ihre Kontakte zur Unterwelt nutzen, außerdem Razzien durchführen, Leute bei dem Versuch ertappen, gestohlene Uhren zu verkaufen usw. Damit gelang es ihr, einen großen Teil der Schuldigen festzunehmen, wenn auch natürlich keineswegs alle. Die Anklagen wegen Plünderns und Hehlerei standen insgesamt auf soliderem Boden als die wegen Aufruhrs. 24 Angeklagte, die Mehrheit derer, die schließlich verurteilt wurden, erhielten eine Strafe wegen Plünderns oder Hehlerei, und außer vier bekannten sich alle schuldig. Die meisten der wegen Aufruhr Angeklagten bestritten die Vorwürfe und behaupteten, sie seien bloß von der Menge mitgerissen worden. Von den Freigesprochenen bei den Prozessen waren sieben wegen Aufruhrs angeklagt worden, aber nur einer wegen eines Eigentumsdelikts. Fast alle, gegen die die Anklagen schließlich fallengelassen wurden, waren ursprünglich wegen ihrer angeblichen Beteiligung an dem Aufruhr festgenommen worden.[95] Natürlich läßt sich der Vorwurf, an einem Aufruhr beteiligt gewesen zu sein, von der Sache her leichter bestreiten als eine Anklage wegen Diebstahls oder Hehlerei. Außerdem hatte die Polizei auf der Suche nach Schuldigen mit ihren Routineverfahren bei Vorbestraften wahrscheinlich mehr Erfolg als bei denen, die nicht vorbestraft waren. Sicherlich war ihr Vorgehen, wie wir sahen, im Fall von Eigentumsdelikten rationaler und effektiver als im Fall aufrührerischer Versammlung. Aber selbst wenn man diese Überlegungen mit in Betracht zieht, bleibt es überaus wahrscheinlich, daß die ökonomisch marginale Unterschicht des «Verbrecherviertels» bei der Plünderung und Zerstörung, die die Endstadien der Ereignisse am 17. Januar begleitet hatten, stark überrepräsentiert war. Die Aufrührer waren um 22.30 Uhr auf eine kleine Gruppe zusammengeschmolzen, die möglicherweise nur mehrere hundert Personen stark war, viel mehr Menschen hatten sich in dem engen Gebiet, wo die Ereignisse stattfanden, nicht aufhalten können. Augenzeugen berichteten, daß im Schopenstehl wahrscheinlich nicht mehr als 50 Personen beteiligt waren, und eigentlich war das Ausmaß der Plünderungen nicht besonders groß. Ohne Zweifel kam eine Reihe von Übeltätern ungestraft davon, aber wahrscheinlich gehörten nur wenige von ihnen der fest beschäftigten Arbeiterschaft an, außerdem wurde wohl die Mehrheit der Verantwortlichen tatsächlich zur Rechenschaft gezogen.[96]

Verbrechertum und Revolution

Aber nicht einmal mit einem solch geringen Grad von Sicherheit läßt sich eine Aussage darüber machen, wer an den wichtigsten Ereignissen des Abends beteiligt war. Wahrscheinlich stellten Werft-, Hafen- und Bauarbeiter die Mehrheit des Publikums bei den Protestversammlungen, die um 16 Uhr abgehalten wurden, sowie die Masse der Teilnehmer bei den anschließenden Demonstrationen. Dennoch ist es nicht mehr möglich, mit einiger Zuverlässigkeit festzustellen, wie viele von ihnen der SPD angehörten, wie viele tatsächlich in Lohn und Brot standen oder wie viele bei der Konfrontation mit der Polizei Flaschen geworfen haben oder an anderen gewaltsamen Vorfällen beteiligt waren. Auch lassen sich kaum genaue Schlußfolgerungen ziehen, welche Art von Arbeitern an den Ausschreitungen beteiligt waren. Mit ziemlicher Sicherheit läßt sich jedoch sagen, daß die große Masse der Demonstranten die SPD mehr oder weniger unterstützte, vor allem aber, daß sie sich für gleiches Wahlrecht einsetzte, das Thema, um das es bei dem Streik und der Demonstration ging. Für die massive Unterstützung, die die SPD mit ihrem Aufruf zu einem Protest gegen den «Wahlrechtsraub» fand, waren mehrere Faktoren von Bedeutung. Sicherlich spielte die wirtschaftliche Flaute eine Rolle. Die Unruhen von 1906 fanden im Januar statt, einem Monat hoher saisonbedingter Arbeitslosigkeit nicht nur im Baugewerbe, sondern auch im Hafen, denn alljährlich fror die Elbe zu, die wichtigste Verkehrsader zu den Absatzmärkten im deutschen Hinterland und für die Ausfuhr von Waren. Die größte Gruppe der an der Demonstration vom 17. Januar und dem vorangegangenen Streik Beteiligten stellten, wie gesagt, Bau-, Werft- und Hafenarbeiter. Aus diesen Gewerbezweigen rekrutierten sich auch die Arbeiter, die die Hauptstütze der Hamburger SPD bildeten: So zählten in den Jahren 1911/12 zum

Beispiel über 6000 Bauarbeiter, 4000 Schiffszimmerer, 7500 Metallarbeiter, 6000 Verkehrsarbeiter (die hauptsächlich im Hafen beschäftigt waren) und 8000 nicht weiter klassifizierte Arbeiter zu ihren Mitgliedern, von denen viele vermutlich auf Baustellen, Werften oder im
Hafen Arbeit fanden. Abgesehen von den 8000 weiblichen Mitgliedern der Partei stellten diese Gruppen die überwältigende Mehrheit
der SPD-Mitglieder in jener Zeit.[97] Im Vergleich dazu waren an den
berühmten Berliner Unruhen von 1892 zumindest in den ersten Stadien hauptsächlich Bauarbeiter beteiligt, die wegen saisonbedingter
Arbeitslosigkeit ihre Stellen verloren hatten (die Unruhen fanden im
Februar statt).[98]

Neben diesem allgemeinen ökonomischen Hintergrund spielte ein
weiterer sozialer Faktor eine Rolle. Der Ablauf der Ereignisse brachte
zum Vorschein, daß zwischen der Militanz der Arbeiter und dem Legalismus der SPD ein Abgrund klaffte, in dem möglicherweise auch
generationsbedingte Konflikte zum Ausdruck kamen. Viele, wenn
nicht die meisten Teilnehmer an den Plünderungen wurden als
«Halbstarke» oder «Halbwüchsige» beschrieben. Natürlich liegt es
auf der Hand, daß Greise oder Personen im mittleren Alter nur selten
an derartigen Krawallen teilnehmen. Diejenigen, die wegen der Vorfälle im Schopenstehl verurteilt wurden, scheinen relativ jung gewesen zu sein. Daß sie als «Halbstarke» bezeichnet wurden, läßt sich
vermutlich so verstehen, daß es sich bei ihnen um junge Männer um
die zwanzig handelte, denn damals trat die körperliche Reife später
ein als heutzutage. Das Durchschnittsalter der Verurteilten bei den
beiden Hauptprozessen im Gefolge des Hamburger Aufruhrs betrug
zum Beispiel 22 Jahre und sechs Monate, die meisten von ihnen waren allerdings jünger, denn die Statistiken werden von einigen wenigen Teilnehmern verzerrt, die beträchtlich älter waren. Tatsächlich
lag das Medianalter bei nur 20 Jahren. In den Tageszeitungen, einschließlich der sozialdemokratischen Presse, wurden diese Jugendlichen als «Delinquenten» abgetan, die auf etwas gewalttätigen Spaß
aus gewesen waren oder von erfahreneren Elementen des «Lumpenproletariats» leicht auf Abwege geführt werden konnten. Allgemeinere Aussagen über das Alter der Beteiligten an den vorangegangenen Demonstrationen lassen sich nicht mehr machen, aber sehr
wahrscheinlich lag es etwas höher. Vermutlich war das Engagement
jüngerer Arbeiter für ein allgemeines Wahlrecht recht schwach, denn

das Mindestalter für die Bürgerschaftswahlen betrug 25 Jahre. Jedenfalls brachte der Altersunterschied ein echtes Problem zum Vorschein: Der SPD war es nie gelungen, eine zuverlässige eigene Jugendbewegung aufzubauen. Die Gruppen, die sie vor und während des Ersten Weltkrieges bilden konnte, hatten ständig die Tendenz, sich mit der radikalen Opposition in der SPD zusammenzuschließen. Sie wurden von der Parteileitung fortwährend diszipliniert, die mit ihrem Vorgehen normalerweise Spaltungen, Abtrennungen und Parteiaustritte provozierte. Es ist deshalb zumindest wahrscheinlich, daß die Disziplinlosigkeit der Menge während und nach den Versammlungen, die die Ereignisse des Abends einleiteten, ihren Ursprung zum Teil in einem Graben zwischen den Generationen hatte und damit einen Vorgeschmack gab auf die deutlicher hervortretenden Generationskonflikte, die sich während der Weimarer Republik zwischen den jugendlichen Anhängern und Funktionären der Deutschen Kommunistischen Partei und den überwiegend im mittleren Alter befindlichen Sozialdemokraten herausbildeten.[99]

Für sich genommen reichten diese Faktoren natürlich nicht aus, um Massendemonstrationen auf den Straßen zu provozieren. Damit es dazu kommen konnte, bedurfte es einer *politischen Krise.* Im Jahr 1905 hatten sich die Spannungen zwischen der Arbeiterklasse und der Regierung durch die russische Revolution und die Wahlrechtsvorlage verschärft. Die Moabiter Unruhen in Berlin im Jahr 1910 hingegen sind nur zu verstehen vor dem Hintergrund der mehrere Monate anhaltenden Massendemonstrationen, den Umzügen auf den Straßen, dem Verteilen von Flugblättern und den Reden der SPD über die Demokratisierung des Wahlrechts in Preußen. Das letztlich ausschlaggebende politische Ereignis in dieser Serie war natürlich der Aufstand von 1918, als der verlorene Krieg und die Verfassungsreform den politischen Anstoß zu einer weit größeren Massenbewegung gaben, die angetrieben wurde von wirtschaftlichem Elend und sozialen Spannungen, die ungleich gravierender waren als im Jahr 1910 oder 1906. Die Revolution vom November 1918 wurde oft lediglich als Ausdruck von Kriegsmüdigkeit betrachtet, und die Gewalt, mit der sie am Ende unterdrückt wurde, als Folge der Brutalisierung der Massen durch ihre Erfahrungen in den Schützengräben. Aber die Ereignisse von 1918 hatten starke Ähnlichkeit mit den weniger bedeutsamen Unruhen der Vorkriegsjahre, was darauf schließen läßt, daß den periodisch auftretenden Massenaufständen längerfristige soziale und politische Kontinuitäten zugrunde lagen. Am 6. November 1918 brach in Hamburg ein Generalstreik aus, die Bahnhöfe wurden besetzt, kaiserliche Hoheitszeichen heruntergerissen, überall in der Stadt rote Flaggen gehißt, und die Offiziere der Armee wurden von den Truppen festgenommen. Ein Arbeiter- und Soldatenrat formierte sich, der die Freilassung politischer Gefangener, Redefreiheit und andere Reformen forderte. In Fabriken, am Hafen und in den Werften wurden am 8. November Wahlen für einen Arbeiter- und Soldatenrat abgehalten, der Rat trat am 9. November zusammen und wählte ein Präsidium, das am 12. November die Macht in der Stadt vom alten Senat übernahm. Diese revolutionären Aktionen wurden unter der Leitung der Unabhängigen Sozialdemokratischen Partei Deutschlands durchgeführt, einer Partei, die sich im Jahr zuvor von der offiziellen SPD losgesagt hatte, weil sie nicht bereit war, die Unterstützung des Kriegs durch die SPD mitzutragen. Der Vorsitzende der Unabhängigen in Hamburg, Heinrich Laufenberg, hatte es durchgehend mit der Taktik versucht, gegen die etablierten sozialdemokratischen Arbeiter zu mobilisieren, die weder in einer Partei noch einer Gewerkschaft organisiert waren, vor allem Hafen- und Metallarbeiter, und er scheint damit letztlich erfolgreich gewesen zu sein.[100]

Ein entscheidender Unterschied zwischen den Ereignissen von 1906 und denen von 1918 liegt also darin, daß es im Jahr 1918 eine revolutionäre Führung gab, die bereit war, die Militanz der arbeitenden Massen und ihr Verlangen nach Aktion auszunutzen, während die SPD dies nicht war. Sämtliche Berichte über die Revolution heben besonders hervor, welche Rolle die Führung der Unabhängigen Sozialdemokratischen Partei in Hamburg bei der Entlassung der Vertreter der existierenden Ordnung und der Übernahme der Regierungsmacht spielte. Im Jahr 1906 hingegen hatte die Menschenmenge, die sich vor dem Rathaus sammelte, keine wirkliche Vorstellung davon, was zu tun sei. Kaum eine Behauptung der Polizei war weniger glaubhaft als die, es hätte einen gemeinschaftlichen Plan gegeben, das Rathaus zu stürmen. Selbst die inoffiziellen Ordner der SPD betrachteten es als ihre Hauptaufgabe, die Menge zu kontrollieren, sie zu disziplinieren und schließlich nach Hause zu schicken. Aber auch im Jahr 1906 war die Beziehung zwischen der Parteiführung und den Massen nicht einfach gleichzusetzen mit Zurückhaltung versus Militanz.

Schließlich war es die Hamburger SPD-Führung, die die Demonstration überhaupt erst organisiert hatte, und es ist kaum zu bezweifeln, daß die Propaganda der Partei dazu beigetragen hatte, die Hamburger Arbeiter von der Ungerechtigkeit des «Wahlrechtsraubs» zu überzeugen. Natürlich hatte die Demonstration auch einen gewissen Freizeitwert, und aus den Dokumenten geht unter anderem hervor, welche Rolle der Alkohol spielte. Das eigentliche Motiv der Hamburger Arbeiterklasse für die Demonstration war eindeutig ein tiefes Verlangen nach Gleichheit und ein echtes Gefühl von Empörung angesichts der Aussicht, das Wahlrecht vorenthalten zu bekommen. Das und nicht bloß ein Bedürfnis nach Nervenkitzel war es, was die Arbeiter dazu trieb, ihre Arbeitsplätze aufs Spiel zu setzen, indem sie sich dem Generalstreik anschlossen und an den langen Protestversammlungen teilnahmen, die den Demonstrationen vorangingen.

Als die Arbeiter in die Stadt marschierten, hatten sie nicht die geringste Absicht, gewalttätig zu werden. Die Presse hob natürlich vereinzelte gewaltsame Vorfälle hervor und stürzte sich, wie wir sahen, prompt und mit Eifer auf die falsche Nachricht, ein Polizist sei getötet worden – wie es die Massenmedien heutzutage kaum besser tun könnten. Die gewalttätigen Elemente der Demonstration wurden von allen Zeitungen so hartnäckig in den Mittelpunkt gerückt, daß auch der Bericht, der im 3. Abschnitt dieses Kapitels gegeben wird, nicht vollständig frei von ihrer Sichtweise sein kann, denn zum großen Teil bilden Zeitungsberichte die Quellen, auf die jede Darstellung der Unruhen zurückgreifen muß. Sicherlich hat es gewalttätige Vorfälle gegeben, selbst die SPD unternahm keinen expliziten Versuch, das zu leugnen. Auch wurden nirgends die Berichte, wonach Flaschen geworfen oder Polizeipferde angegriffen worden waren usw., als bloße Hirngespinste abgestritten. Aber wenn man zwischen den Zeilen liest und sich vor Augen hält, wie riesig die Menschenmenge gewesen sein muß, wird deutlich, daß sie sich relativ unauffällig verhalten hat, bevor die Polizeiübergriffe ihren Höhepunkt erreichten. Eine ähnliche Zurückhaltung, was Gewaltanwendung angeht, ließ sich auch in den revolutionären Versammlungen von 1918 beobachten. Die Massen am 17. Januar 1906 waren engagiert und voller Begeisterung, sie brachten ihre politischen Überzeugungen zum Ausdruck, indem sie wiederholt im Chor die «Arbeitermarseillaise» sangen und sich immer wieder Reden über den «Wahlrechtsraub» anhörten. Aber ihre

Überzeugungen führten sie nicht so weit, daß sie ohne Provokation gewalttätig geworden wären oder Aggressionen ausgetobt hätten.

Die Parteiführung der SPD hatte jedoch schon lange vor 1906 angefangen, der Tiefe und Macht der Überzeugungen zu mißtrauen, an deren Entwicklung sie selbst entscheidenden Anteil gehabt hatte. Immerfort betonte sie, die Partei sei gesetzestreu, lehne Gewalt ab und versuche statt dessen, die soziale Revolution per Wahlurne herbeizuführen.[101] Wenn es zu Gewalt kam, sei sie das Werk von «Provokateuren» oder des «Lumpenproletariats». So wurden zum Beispiel bereits 1892 die mehrere Tage andauernden Aufstände, Plünderungen und Zerstörungen in Berlin von der SPD-Zeitung «Vorwärts» dem Lumpenproletariat zugeschrieben, das mit der Geheimpolizei gemeinsame Sache mache.[102] Daran hatte sich zwei Jahrzehnte später wenig geändert. Im Jahr 1910 kam es in Berlin zu Aufständen, die mehrere Tage lang dauerten, die berühmten Moabiter Unruhen. Auch diese wurden von der SPD als Werk des «Lumpenproletariats» verurteilt, und die Partei tat ihr Bestes, den Aufruhr so schnell wie möglich zu beenden.[103] Mit ihrer feindseligen Einstellung gegenüber den populären Unruhen verlor die SPD den Kontakt zu dem militanten Potential der Klassen, die sie zu repräsentieren behauptete. Diese Militanz fand in Momenten hoher sozialer und politischer Spannung immer wieder ihren Ausdruck in spontanen Ausbrüchen kollektiven Protests gegen politische wie auch industrielle Entwicklungen.[104] Als typisches Beispiel für die Einstellung linientreuer Sozialdemokraten während der Hamburger Demonstration von 1906 kann die Bildung jener wohldisziplinierten Kolonne gelten, die losmarschierte, um Bürgermeister Burchard, einem bürgerlichen Politiker, einen Besuch abzustatten und ihm wegen seiner Opposition gegen den «Wahlrechtsraub» zu gratulieren. Möglicherweise repräsentierten diese Männer durchaus die aktivsten und loyalsten Mitglieder der Partei, jedenfalls wurden sie sicherlich auf dem Marsch von örtlichen Parteifunktionären organisiert, deren Hauptanliegen offenbar darin bestand, die Bourgeoisie der Stadt, vertreten durch Dr. Burchard, die friedlichen Absichten der Partei zu versichern und ihr gleichzeitig das Engagement ihrer Mitglieder für «unsere Vaterstadt Hamburg» vorzuführen. Diese Männer stellten jedoch nur eine Minderheit der Demonstranten dar, die meisten ihrer Genossen bevorzugten eine aktivere und weniger ehrerbietige Art, ihre Unzufriedenheit zum Ausdruck zu bringen.

Daß die Polizei und die Behörden nicht zu einer realistischen Einschätzung der Haltung der SPD-Parteimaschinerie gelangten, war also eines der auffälligsten Merkmale der Ereignisse vom 17. Januar 1906, nicht zuletzt im Hinblick auf die lange Geschichte des Legalismus der Sozialdemokraten. Die Haltung der Polizei war weitgehend von der polarisierten Form des politischen Diskurses beeinflußt, der sich durch die Ereignisse des vorangegangenen Jahres, vor allem die russische Revolution und die Generalstreiks-Resolution vom Jenaer Parteitag der SPD, verschärft hatte. Ganz offensichtlich war die Polizei jedoch auch praktisch nicht imstande, die Situation zu bewältigen. Wie es aussieht, war die Polizei bei den Unruhen von 1906 nicht angemessen darauf vorbereitet, dem Phänomen einer Massendemonstration zu begegnen, an der mehrere tausend Menschen beteiligt waren und die mehrere Stunden dauerte. Sie versäumte, mit den SPD-Ordnern zu verhandeln, die nur zu bereit gewesen wären, zu einer Einigung zu kommen [105], und sie versäumte, genügend Ordnungskräfte bereitzustellen, damit die diensthabenden Polizisten von Zeit zu Zeit ausgewechselt werden konnten.

Die Polizeiexzesse nach der Demonstration lassen sich weitgehend der Tatsache zuschreiben, daß die beteiligten Polizeibeamten ohne Unterbrechung mehrere Stunden lang im Dienst gewesen waren und nicht einmal eine Pause gehabt hatten, um sich zu stärken. Die Rolle, die die Polizei bei den Unruhen spielte, hat die Situation tatsächlich eher noch verschärft, als sie unter Kontrolle zu bringen. Hätten die Verantwortlichen einfach beschlossen, die Kordons um das Rathaus aufrechtzuerhalten, hätte sich die Menge möglicherweise einfach zerstreut, entweder aus eigenem Antrieb oder unter dem Einfluß der SPD-Führung. Mit dem Entschluß, die Straßen zu räumen, löste die Polizei eine Eskalation aus. Als sie später die Menge in das «Verbrecherviertel» trieb, lieferte die Polizei den Anlaß und die Erklärung für die Plünderungen, die stattfanden. Ihre unterschiedslosen Angriffe auf die Menge und (nach 23 Uhr) auf Einzelpersonen entfremdete sie der Arbeiterklasse noch weiter und verstärkte das Gefühl von Solidarität. Im Endeffekt hatte das Vorgehen der Polizei zur Folge, daß soziale Spannungen verstärkt und nicht beruhigt wurden. In diesem Sinne sollten die Unruhen als Wechselspiel gesehen werden, in dem beide Seiten interagierten und gegenseitig auf Aktionen reagierten, und nicht als eine einfache Folge von «Aktion» der Massen und «Reaktion» die Polizei, wie die rechtsgerichtete Presse es darzustellen versuchte.

Kurzfristig hatte der «rote Mittwoch» zur Folge, daß der Hamburger Senat sich gerechtfertigt fühlte, den Entwurf für eine Einschränkung des Wahlrechts weiter voranzutreiben. Trotz zahlreicher Versuche der SPD-Abgeordneten in der Bürgerschaft, das Verfahren zu verzögern, gelang es den konservativen Abgeordneten Ende Januar schließlich, die Maßnahme mit einer Mehrheit von nur drei Stimmen über der erforderlichen Zweidrittelmehrheit durchzusetzen. Die endgültige Ratifizierung fand am 28. Februar statt.[106] Langfristig gesehen jedoch führten die Unruhen, wie sich erweisen sollte, zu einem ganz anderen Ergebnis. Schwäche, mangelnde Vorbereitung und Brutalität der Polizei läßt sich auch interpretieren als Hinweis darauf, daß sie wußte, wie zerbrechlich die soziale Ordnung war, deren Verteidigung ihre Aufgabe war. Die Bevölkerung Hamburgs war rasch angewachsen und die Sozialstruktur der Stadt hatte sich in wenig mehr als einem Jahrzehnt tiefgreifend gewandelt, die Polizei hatte sich jedoch als vollkommen unfähig erwiesen, mit dieser Entwicklung Schritt zu halten, indem sie ihre Taktiken anpaßte oder ihren Personalbestand vergrößerte. Die Ereignisse von 1906, und dieser Schluß kann gezogen werden, illustrierten, daß sie sich dieser Schwäche durchaus bewußt war. 1918 war die Demoralisierung komplett, und die Polizei gab die Kontrolle der Straße einfach an die revolutionäre Masse ab.[107]

Helmut Harringas Kreuzzug

Am Ende seiner Untersuchungen zu den Ursachen des Krawalls erkennt Helmut Harringa im gleichnamigen Roman Hermann Poperts, daß der Dämon Alkohol die Wurzel allen Übels, von Gewalt, Verbrechen, Unmoral und Unordnung ist. Er beschließt, einen Kreuzzug gegen den Alkohol zu führen, und gewinnt dafür die Unterstützung seiner Verlobten, der blonden Helga. Der Roman erreicht schließlich seinen Höhepunkt, als das junge Paar die Erfahrung des erregenden Rausches und der leidenschaftlichen Sittlichkeit des fünften deutschen Abstinententags teilt.[108]

Niemand würde behaupten, daß «Helmut Harringa» ein großes

literarisches Werk sei. Zu seiner Zeit aber war der Roman ungeheuer beliebt. Im Jahr 1923, als die 47. Auflage herauskam, waren
bereits über 280 000 Exemplare verkauft worden. Der Erfolg des Romans hatte weniger mit der Handlung zu tun oder der Darstellung
der Charaktere, die vollkommen stereotyp sind. Vielmehr verdankt
er sich der Tatsache, daß das Buch unmittelbar und explizit den politischen und sozialen Vorurteilen des bürgerlichen, kleinbürgerlichen
und zum Teil auch proletarischen Lesepublikums entgegenkam. Ganz
unverhüllt vermittelte er eine eugenisch gefärbte Botschaft: Danach
hing die Erhaltung des deutschen Erbgutes von der Erhaltung rassisch
reiner Angehöriger des Bauernstandes ab, deren Pflicht es war, unbe-
fleckt und frei von erblichen Leiden, Krankheiten oder Unmoral zu
bleiben. Gewalt und Unordnung hingegen galten als Produkte rassisch unterlegener, degenerierter, kranker, ausländischer Elemente,
die zudem noch von skrupellosen revolutionären Agitatoren aufge-
hetzt wurden. Prostitution spielt in dem Buch eine fast so prominente
Rolle wie Alkoholismus, sie wird von Popert als zentraler Bestandteil
der kriminellen Unterwelt dargestellt. In der Sprache, mit der er die
Bewohner der Niedernstraße beschreibt, vermischen sich Bilder von
Schmutz, Krankheit und Degeneration. Darin kommt die neue Betrachtungsweise von gesellschaftlicher Devianz und Verbrechen zum
Ausdruck, die am Vorabend des Ersten Weltkrieges selbst das Denken
liberal Gesinnter angesichts dieser Probleme beherrschte. Poperts liberale Haltung zeigt sich in seiner Kritik traditioneller Institutionen
wie den Burschenschaften und seinen Angriffen auf die Tolerierung
der Prostitution und die Rolle der Bordelle. Außerdem erkannte er
an, daß die Sozialdemokratische Partei als Bollwerk der sozialen
Ordnung fungieren konnte, eine Sichtweise, die 1918/19 vollauf bestätigt werden sollte. Der deutsche Liberalismus hatte sich zu dieser
Zeit jedoch ideologisch nach rechts verlagert, und es war kein Zufall,
daß Popert die Armee als die wichtigste einigende soziale Kraft des
Landes darstellte und daß er in der Polizei die Macht sah, die die
dünne Trennlinie zwischen Ordnung und Unordnung in der Großstadt aufrechterhielt. Der Aufstand in der Niedernstraße kann fast
schon als Metapher betrachtet werden für die Situation, in der sich
Deutschland im Jahr 1910 in den Augen vieler bürgerlicher Leser
von Poperts Roman befand: Von allen Seiten umzingelt von Aggres-
soren, die nichts Gutes im Schilde führten, von innen durch Revolu-

tion und soziale Unordnung bedroht, konnte das Land sich nur auf die Armee und die Polizei verlassen, um sich gegen den Untergang von Nation und Rasse zu schützen.[109]

Mit «Helmut Harringa» dramatisierte Hermann Popert in gewisser Weise seinen eigenen Kreuzzug gegen den Alkohol. Bereits im Jahr 1903 hatte er ein Traktat zum Thema «Hamburg und der Alkohol» veröffentlicht, in dem er gleichermaßen gegen Bier und Branntwein zu Felde zog und die Schließung aller Kneipen in der Hamburger Altstadt und dem armen Arbeiterviertel im Billwärder Ausschlag forderte. Alkoholiker gehörten seiner Ansicht nach entmündigt und in Trinkerheilanstalten eingesperrt, bis sie dem Alkohol entsagt hätten. Nach den Vorfällen von 1906 ging er in die Politik und wurde als Liberaler in die Hamburger Bürgerschaft gewählt, allerdings trat er alsbald aus der Partei aus und benutzte sein Mandat dazu, seinen Kreuzzug gegen den Alkohol in der gesetzgebenden Versammlung Hamburgs fortzuführen. Damit hatte er jedoch keinen Erfolg. Insgesamt war der Einfluß der deutschen Mäßigkeits- und Abstinenzbewegung auf die Gesetzgebung und in weiterem Sinne auf die Einstellung zum Trinken überhaupt nur sehr begrenzt. Nicht zuletzt deshalb, weil die Trinkgewohnheiten und -rituale in der Arbeiterklasse fester und integraler Bestandteil des Alltagslebens waren. Die Arbeiter tranken überwiegend nicht um des Rausches willen; daß eine Reihe von Arbeitern in der Nacht des 17. Januar 1906 offensichtlich betrunken war, darf nicht als Beweis für einen anhaltenden exzessiven Alkoholkonsum eines großen Teils der Arbeiterklasse insgesamt betrachtet werden, wie Popert und seinesgleichen das sahen. Ihre Trunkenheit läßt sich viel besser als Ausdruck eines karnevalesken Aspekts der Demonstrationen interpretieren, eines Moments, in dem die normalen Bedingungen und Beschränkungen des Alltagslebens aufgehoben waren. Normal für die Kneipenkultur der Arbeiter hingegen war, daß sie auf ihrem Weg zur oder von der Arbeit für eine halbe Stunde an einem Lokal haltmachten, um ein oder zwei Gläser zu trinken, die Zeitungen durchzusehen und sich zu unterhalten. Insbesondere der Bierkonsum ging im kaiserlichen Deutschland zurück, ein Zeichen für die Verbesserung der Lebensbedingungen und für eine wachsende Tendenz der Arbeiter, mehr Zeit zu Hause zu verbringen. Und schließlich lassen sich die gewalttätigen Reaktionen der Demonstranten auf das aggressive Vorgehen der Polizei zwar teilweise ihrem Alkoholkonsum zuschreiben, auf die Plünderungen und Diebstähle jedoch, die die bürgerlichen Berichterstatter an den Vorgängen des Abends so besonders schockierend fanden, trifft eine solche Erklärung sicherlich nicht zu.[110]

Die Alkoholfrage war deshalb letztlich für die Gefahr sozialer Unruhen und revolutionärer Bewegungen völlig irrelevant, was immer Hermann Popert auch meinen mochte. Allerdings warf Poperts Betrachtungsweise ihre Schatten bedrohlich in eine Zukunft voraus, in der Revolution, abweichende politische Meinung, Verbrechen und Alkoholismus als unentwirrbar miteinander verstrickt galten und allesamt mit erblicher Belastung und der Schädigung des Erbguts der «germanischen Rasse» in Verbindung gebracht wurden, weshalb sie vom Staat durch drastische und strafende Eingriffe in das Leben der Betroffenen zu kontrollieren seien. Popert war schon 1903 bereit, Alkoholiker auf Verdacht und ohne Verfahren für eine unbestimmte Zeit ins Gefängnis zu stecken. Ansichten wie die seinen waren Resultat der Auffassung von Devianz und Strafe, wie sie über ein Jahrhundert lang gültig war, und Vorläufer der Politik des Dritten Reichs, in dem angebliche Außenseiter aller Art, politische, soziale, sexuelle und rassische, als Feinde oder Verräter der deutschen Rasse betrachtet werden sollten. Sie waren dann die ersten, die eingesperrt, sterilisiert oder auf die eine oder andere Weise aus der Gesellschaft ausgeschlossen wurden, um später allesamt einfach vernichtet zu werden.[111]

Schlußbetrachtung

Nach Michel Foucault hat sich im 19. Jahrhundert eine «Disziplinar-gesellschaft» herausgebildet, in der das Abweichen von bürgerlichen Normen immer schwieriger und die Überwachung durch die Polizei sowie andere Institutionen allgegenwärtig wurden. Die Strafprakti-ken der frühen Neuzeit, behauptete er, hätten darauf basiert, an iso-lierten Straftätern öffentlich ein Exempel zu statuieren, als Symbol für den Machtanspruch des Staates. Gleichzeitig gab es in der Gesell-schaft viele Bereiche tolerierter Illegalität. Das Schauspiel körper-licher Strafen, am Pranger oder am Galgen, bot den einfachen Leuten oft die Gelegenheit zur Selbstbehauptung in einem saturnalischen Ausbruch festlicher Ausgelassenheit. Gegen Ende des 18. Jahrhun-derts nahmen die europäischen Staaten jedoch das ehrgeizige Projekt in Angriff, wirksamere Strafen einzuführen. An die Stelle der öffent-lichen Verstümmelung des Körpers trat als primäre Form der Bestra-fung die Gefängnishaft, bei der es im wesentlichen darum ging, den Willen des Straftäters durch Einzelhaft, Sprechverbot, Isolation von der Außenwelt, harte Arbeit und die Tretmühle zu brechen. Berei-chen tolerierter Illegalität wurde ein Ende gemacht, Gelegenheiten der Selbstbehauptung für das Volk abgeschafft. Das Prinzip der Gleichheit vor dem Gesetz reduzierte jeden auf eine Position, in der er sich vorzüglich als Untersuchungsobjekt der neuen klassifizierenden Wissenschaften Psychiatrie und Kriminologie eignete, die die Men-schen etikettierten wie Schmetterlinge, die auf ein Brett gespießt werden.

Neue Polizeikräfte, die sich der unterschiedlichsten Taktiken be-dienten, von ausgeklügelten Anforderungen an Ausweispapiere über Vorstrafenregister bis zu Polizisten in Zivil, Spitzeln und Agents pro-vocateurs, infiltrierten die Gesellschaft, bis kein Spielraum für freies Handeln mehr übrig war. Die neue Ökonomie der Überwachung und Disziplinierung trug dazu bei, ein neues, reglementiertes Proletariat hervorzubringen als diszipliniertes und berechenbares Instrument des neuen Industriekapitalismus. Foucault argumentierte, der neue

Diskurs von Strafe und Kontrolle grenze die Mehrheit des sich herausbildenden Proletariats gegenüber einer absichtlich geschaffenen Unterschicht von Randexistenzen und Außenseitern ab, die ihr Leben in einer Welt totalisierender Institutionen zubringen sollten, vom Waisenhaus und Arbeitshaus bis hin zum Asyl und Zuchthaus. Das Einsperren und die Androhung, in eine Anstalt eingeliefert zu werden, wurden zu Mitteln, mit denen die gesamte Gesellschaft diszipliniert wurde. Die Macht ging vom Souverän auf die gesamte Gesellschaft über, so daß jeder den anderen überwachte und den neuen wissenschaftlichen Diskurs von Konformismus und Devianz verinnerlichte, bis die Menschen schließlich anfingen, auch sich selbst zu überwachen.[1]

Foucaults Interpretation der Entwicklung moderner Polizei- und Strafsysteme war nicht zuletzt deshalb so einflußreich, weil sie dazu beitrug, daß Historiker die alte liberale und optimistische Auffassung fallenließen, nach der die Geschichte der Strafen einfach beschrieben wurde als Fortschritt von der Barbarei zur Humanität, angeführt von einer engagierten Gruppe aufgeklärter Reformer. Foucault schuf die Voraussetzungen für eine kompliziertere und kritischere Sicht der Geschichte von Verbrechen und Strafe. Außerdem enthielt seine Analyse einige scharfe Beobachtungen des kontrollierenden Impetus hinter vielen der von ihm beschrieben Institutionen. Was Deutschland betrifft, so hat seine Darstellung das in den 1970er Jahren vorgebrachte Argument widerlegt, die liberalen Strafrechtsreformer seien Humanisten gewesen, und der vergleichsweise geringe Erfolg ihrer Reformen hätte dazu beigetragen, daß ein Regiment harter Zuchtmaßnahmen aufrechterhalten wurde, das andere europäische Gesellschaften längst schon überwunden hatten. Tatsächlich legte Foucault einen finsteren Aspekt des Liberalismus im 19. Jahrhundert bloß, der in den Vorschlägen zur Strafrechtsreform von Männern wie Carl Mittermaier deutlich zum Ausdruck kam, der einerseits führender Gegner der Todesstrafe war, andererseits aber auch der wichtigste Fürsprecher von Einzelhaft, Anonymisierung, Sprechverbot und Gefängnisdisziplin.

Gleichzeitig ging es Foucault jedoch nicht wirklich um die Erklärung, wie es zu der von ihm dargestellten Verlagerung des Diskurses kam. Seine Arbeit beantwortete nicht die Frage, wer diesen Prozeß vorantrieb: Er sagte wenig oder gar nichts über die Kräfte, die die

Veränderung in der Strafpraxis in Gang setzten. Er stellte den neuen Überwachungsdiskurs vor, als sei dieser ein in sich geschlossenes sprachliches Konstrukt, und ignorierte, inwiefern der Diskurs selbst Ort von Widerspruch und Diskussion war. Und er zog die Möglichkeit gar nicht in Betracht, daß die Verlagerungen innerhalb des Diskurses Widerstand von unten erfahren haben könnten.[2] Foucault verfaßte sein Werk über Verbrechen und Strafe in den frühen siebziger Jahren, zu einer Zeit, als er selbst in den Auflösungsprozeß der radikalen Impulse des Jahres 1968 verwickelt war. Damals hing die äußerste Linke vorübergehend dem Glauben an, der moderne Staat besitze umfassende Macht und könne nur durch gewaltsame Revolution und Bürgerkrieg abgeschafft werden. Entsprechend allumfassend und extrem waren Foucaults Standpunkte; tatsächlich distanzierte er sich in seinen folgenden Arbeiten von vielen seiner Thesen. In vieler Hinsicht könnte man sein eigenes Leben als das Ausleben der Möglichkeiten des Widerstandes betrachten, deren Existenz er theoretisch leugnete. Vielleicht war es typisch für einen Intellektuellen, daß sein Werk die Grenzen des intellektuellen Diskurses in der Praxis bestätigte, während es in der Theorie leugnete, daß es derartige Grenzen gebe. Eine Interpretation der Geschichte, die der Sozialwissenschaft und Philosophie die Rolle zuschrieb, die gesamte Gesellschaft im 19. Jahrhundert zu formen und zu kontrollieren, konnte wohl nur in Frankreich entstehen, einem Land, in dem der Einfluß der Intellektuellen im 20. Jahrhundert ungewöhnlich stark war.[3]

Die Studien, die in diesem Buch vorgestellt wurden, lassen sich auch als eine Reihe von Kommentaren zu Foucaults Thesen betrachten. Sie wurden mit der Absicht verfaßt, die Aussagekraft der «Mikro-Geschichte» zu demonstrieren und zu zeigen, daß die detaillierte Rekonstruktion von scheinbar trivialen Erscheinungen aus archivalischen Quellen Argumente revidieren kann, die soziologischen Theorien, der Geschichtsphilosophie und anderen übergreifenden Interpretationen der Vergangenheit entspringen. Außerdem bieten sie eine Reihe von Einblicken in das Leben gewöhnlicher Menschen in all ihrer Vielfalt und bezeugen auf beeindruckende Weise die Widerspenstigkeit der menschlichen Natur gegenüber den wiederholten Versuchen, sie auf eine Formel zu reduzieren oder sie in den Dienst großartiger historischer Erzählungen zu spannen. Sie zeigen die Vielschichtigkeit von Kriminalität in der neueren Geschichte Deutschlands und die Komplexität der Beziehungen zwischen abweichendem Verhalten und Kontrolle. Einfache Modelle von staatlicher Autorität und volkstümlichem Widerstand müssen, sofern sie in der Literatur noch geläufig sind, revidiert werden. Denn sie sind in gewissem Maß eng verbunden mit dem tiefverwurzelten historischen Klischee vom deutschen «Untertanengeist». Das Bild des gehorsamen Deutschen wurde jedoch weitgehend aus Beobachtungen der bürgerlichen Welt im 19. Jahrhundert abgeleitet; die zahlreichen Belege für die Widerspenstigkeit und Selbstbehauptung anderer sozialer Gruppen, zum Beispiel in den unteren Klassen, bei Männern wie bei Frauen, wurden hingegen vernachlässigt.

Diese Selbstbehauptung richtete sich, wie die Kapitel in diesem Buch zeigten, nicht nur gegen den Staat, sondern in vielen Fällen auch gegen die eigene Schicht. Gewöhnliche Menschen, die sich den Instrumenten der Überwachung entzogen oder sich ihnen widersetzten, taten das nicht unbedingt aus einem Gefühl von Solidarität mit anderen Benachteiligten. Diebe machten bei der Auswahl der Menschen, die sie bestahlen, keinen Unterschied; Prostituierte nahmen Arbeiter ebenso aus oder legten sie herein wie ihre bürgerlichen Kunden und die Polizei, wie eng ihre Alltagsbeziehungen mit dem Milieu der Arbeiterklasse auch sein mochten; die Leute im Hamburger Gängeviertel plünderten und zerstörten Eigentum in dem Gebiet, in dem sie lebten, anstatt die Reichen und Mächtigen in anderen Vierteln zu belästigen. Kriminalität war keine Quelle für die politische Mobilisierung des Proletariats; wie wir im letzten Kapitel sahen, lehnte sowohl die intellektuelle marxistische Tradition als auch die politische Praxis der Sozialdemokraten Gesetzesverstöße ab. Sie betrachteten sie vor allem als Praktik der politischen Opportunisten und des unzuverlässigen Lumpenproletariats. Aus der Abneigung der Unterwelt gegen die Behörden entstand nie ein allgemeiner Angriff auf den Kapitalismus. Typisch war der politische Standpunkt eines Lumpenproletariers wie Franz Ernst: er sah die politischen Spannungen der sechziger Jahre nur als Gelegenheit, Geld zu machen, und er hatte ebenso wenig Skrupel, die Revolutionäre zu betrügen und zu hintergehen, wie er die Polizei betrog und hinterging.[4]

Die Strafpraxis machte, wie Foucault richtig beobachtete, in der Zeit, die dieses Buch behandelt, einen entscheidenden Wandlungsprozeß durch. Aber wenn wir unseren Blick von den zentralen Themen seines Werks, dem Verschwinden öffentlicher Hinrichtungen und der zunehmenden Bedeutung des Zuchthauses, abwenden und statt dessen auf marginalere Erscheinungen lenken, die Prügelstrafe zum Beispiel oder die Deportation nach Übersee, dann verlieren die Konturen dieses Wandlungsprozesses ihre Schärfe. Über die grundsätzlichen Transformationsprozesse kann es kaum Zweifel geben: Die Anwendung der Todesstrafe war bereits in der Aufklärungszeit stark eingeschränkt worden, Prügelstrafe und Deportation wurden als Instrument der Strafrechtspolitik weniger wichtig, um dann in der zweiten Hälfte des Jahrhunderts vollständig zu verschwinden. Ersetzt wurden sie in der Tat durch die Gefängnishaft, unterstützt von der Verbreitung neuer, stärker eingreifenden Polizeimaßnahmen. In der deutschen Gesellschaft zumindest vollzog sich diese Veränderung im Zuge der viel umfassenderen Entwicklung von einer Standes- zu einer Klassengesellschaft, in deren Verlauf die Begriffe von Ehre und Ehrlosigkeit, auf denen die öffentlichen Strafen beruht hatten, allmählich ihre Bedeutung verloren. Das Bewußtsein, in welcher Weise die alte soziale Hierarchie untergraben wurde, prägte die Debatten sowohl über Deportation wie auch über die Prügelstrafe, in denen die verschiedenen Gruppen unterschiedliche Rezepte vorschlugen, wie mit der beträchtlichen Anzahl von Menschen zu verfahren sei, die sich weigerten, ihre Stellung in der Gesellschaft zu akzeptieren und den Autoritäten zu gehorchen. Zu keiner Zeit wurde die Gefängnishaft als Allheilmittel betrachtet. Das gesamte 19. Jahrhundert hindurch herrschte in weiten Kreisen die Vorstellung, Gefängnisse seien in erster Linie dazu da, mehr oder weniger immer wieder die gleichen Gruppen hartnäckiger Straftäter aufzunehmen, anstatt das zu erfüllen, was die Liberalen für ihre eigentliche Aufgabe hielten, nämlich ihren Charakter zu bessern und sie als nützliche, gesetzestreue Mitglieder in die Gesellschaft zurückkehren zu lassen. Das ist der Grund, warum Alternativen wie körperliche Züchtigung oder Deportation immer wieder auf die politische Tagesordnung kamen.

Es spricht also viel für Foucaults Erkenntnis, Gefängnisse hätten eine weiter gehende Bedeutung gehabt für die Schaffung und den Bestand einer Schicht von Ausgestoßenen und Unangepaßten, deren Existenz die ehrbare Gesellschaft nicht nur fortwährend an die Notwendigkeit erinnerte, ihre eigenen Werte aufrechtzuerhalten, sondern auch an das Schicksal, das jeden erwartete, der von ihnen abwich.

Auch ist klar, daß die künstliche Erzeugung einer ganzen Klasse registrierter Prostituierter als Kontrollinstrument diente, und zwar nicht nur für jene, die nicht registriert waren, sondern auch für die Frauen der Gesellschaft insgesamt, denn damit wurde eine Kultur der Straße abgesteckt, die jede Frau, die sich allein dort bewegte, dem Verdacht aussetzte. Der Polizei wurde so das Recht gegeben, Frauen anzuhalten auf den bloßen Verdacht hin, daß sie ohne die notwendige Erlaubnis der Prostitution nachgingen. Die Aufmerksamkeit, mit der die Polizei Menschen verfolgte, die in den «Verbrechervierteln» der Großstädte wie Hamburg lebten, oder auch gewöhnliche Individuen, denen die notwendigen Ausweispapiere fehlten oder deren Papiere zu erkennen gaben, daß sie vorbestraft waren, ließ diesen kaum andere Möglichkeiten als ein Leben in Verbrechen und Devianz. Der Diskurs über eine «Gaunerwelt» von «Bösewichtern» in der vorindustriellen Zeit oder eine städtisch-industrielle «Unterwelt» im späten 19. und frühen 20. Jahrhundert, in dem Kriminelle als gesonderte soziale Gruppe dargestellt wurden, die auf jeder Ebene Spiegelbild der ehrlichen Gesellschaft war, als eigene «Rasse» mit einer eigenen Sprache und eigenen Sitten oder als Ansammlung erblich Belasteter, trug dazu bei, genau die soziale Bedrohung zu erzeugen und aufrechtzuerhalten, die sie versuchte, namhaft zu machen, um ihrer Herr zu werden.

Diese Punkte mögen überzeugend sein, bedürfen jedoch noch weiterer Qualifizierung. Zunächst einmal ist zweifelhaft, ob das alles so neu war. Die vorindustrielle «Gaunerwelt» war in vieler Hinsicht noch strenger von der ehrenwerten Gesellschaft geschieden als die «Unterwelt» des 19. Jahrhunderts. Wie wir im Fall einiger der nach Sibirien deportierter Schwerverbrecher sahen, trug der frühe moderne Staat in Deutschland durch Brandmarken und die körperliche Markierung von Straftätern auf sehr sichtbare Weise zum Weiterbestehen einer sozialen Unterwelt bei, deren Mitglieder vom Rest der Gesellschaft scharf abgegrenzt waren. Die «unehrlichen Leute», denen wir in diesem Buch begegnet sind, Menschen wie der nach Sibirien deportierte Abdecker Anton Leikowski oder Franz Ernst, der Schwiegersohn eines Henkers, waren weniger von ihrem Charakter her für die Unterwelt bestimmt, sondern mehr noch durch ihre geächtete soziale Stellung. In der vorindustriellen Ständegesellschaft wurden Schindern, Abdeckern und Gerbern, Henkern und Minderheiten wie «Zigeunern» und Juden sowie Menschen, die in Kategorien wie

uneheliche Kinder oder «ehrlose» Frauen gefaßt wurden, die Bürgerrechte nicht zugestanden, sie waren ausgeschlossen von den Zünften
und der städtischen Gemeinschaft und galten häufig als gefährlich
oder «schmutzig». Besonders aus diesen Gruppen der Gesellschaft
rekrutierte sich der harte Kern der Räuber, Bettler und Vaganten, vor
allem deshalb, weil ihre Möglichkeiten, sich ihren Lebensunterhalt
mit ehrlichen Mitteln zu verdienen, so begrenzt waren.[5] Der frühe
moderne Staat malte die Bedrohung, die diese ausgestoßenen Gruppen darstellten, in grausigsten Farben aus, um die Erweiterung seiner
eigenen Macht zu rechtfertigen. Manchmal ging das bis zu umfänglichen Säuberungsaktionen gegen «Ehrlose», weil diese angeblich in
ausgedehnte Verschwörungen verwickelt waren, die die Ordnung untergraben und die Gesellschaft schädigen sollten.[6] Im Licht all dessen
ist die Vorstellung schwer aufrechtzuerhalten, ein solcher diskursiver
Prozeß der Stigmatisierung habe sich gemeinsam mit der Entwicklung der «Disziplinargesellschaft» im 19. Jahrhundert herausgebildet. Tatsächlich könnte sogar argumentiert werden, die Verbreitung
des Konzepts zur Besserung in der Strafrechtspolitik und Verwaltung
habe, auch wenn es im allgemeinen ohne große Wirkung auf die Kriminalität geblieben sein mag, in Verbindung mit dem allmählichen
Zusammenbruch der Ständegesellschaft und der sie stützenden Institutionen wie den Zünften die Barrieren, die die Unterwelt von der
bürgerlichen Gesellschaft im 19. Jahrhundert trennten, eher geschwächt als gestärkt.

Darüber hinaus gab es, wie die Studien in diesem Buch gezeigt haben, in jedem Stadium und auf jeder Ebene Widerstand gegen diese
Prozesse der Stigmatisierung und Kontrolle. Die juristische Lehre der
Spezialprävention zum Beispiel, die den Behörden die Möglichkeit
gab, potentielle Straftäter auf den bloßen Verdacht hin unbegrenzt
festzusetzen, und die die Grundlage bildete für Maßnahmen wie die
Deportation nach Sibirien im Jahr 1802, wurde von Rechtswissenschaftlern im frühen 19. Jahrhundert heftig kritisiert und war zur
Zeit des Vormärz in Verruf geraten. Die Deportierten selbst taten
alles, um ihrem Schicksal zu entkommen, und einigen von ihnen gelang das auch, insbesondere dem Räuber Franz Exner und dem Fälscher Wilhelm Aschenbrenner. Die Prügelstrafe hatte auf das Verhalten von Gesche Rudolph keinerlei Wirkung, obwohl sie ihr immer
wieder auf brutale Weise unterzogen wurde. Polizeikontrollen, die

durch die Einführung von Ausweispapieren möglich geworden waren, konnten, wie die Karriere von Franz Ernst demonstrierte, leicht unterlaufen werden. Und selbst wenn sie Erfolg hatten, schienen sie für die Polizei von zweifelhaftem Wert gewesen zu sein. Die offizielle Registrierung von Prostituierten und die Einschränkung ihrer Aktivitäten auf staatlich sanktionierte Bordelle war ein Schicksal, dem zu entgehen den meisten Prostituierten gelang, so auch «Thymian Gotteball», und die strengen Vorschriften, die die Polizei ausgetüftelt hatte, um das Verhalten der eingeschriebenen Frauen in der Öffentlichkeit zu regeln, wurden von diesen selten befolgt. Die Kleinkriminellen des Gängeviertels in Hamburg widersetzten sich allen Versuchen, sie unter Kontrolle zu bekommen, und die Suche der Polizei nach den Schuldigen des 17. Januar 1906 blieb weitgehend ohne Ergebnis. Die Komplexität der deutschen Gesellschaft war weit größer, als daß sie sich so ohne weiteres unter dem diskursiven Banner vom «ehrbaren Bürger» und dem «abweichenden Halunken» subsumieren ließe, und sie legte vielen dieser Maßnahmen Hindernisse in den Weg. Die deutschen Kolonisten setzten sich zur Wehr gegen die Idee, Strafgefangene zu ihnen zu schicken, in den Arbeitervierteln wurde gegen Versuche der Polizei, Bordelle in ihrem Gebiet anzusiedeln, protestiert, und die Demokratisierung der Ehrbegriffe führte zu einer weitverbreiteten Kritik an der Prügelstrafe bei all jenen, die sich weigerten zu akzeptieren, daß manche Schichten der Gesellschaft automatisch als «ehrlos» zu betrachten seien.

Viele dieser Strafmaßnahmen erregten politische Kontroversen, denn oft wurden sie, und zwar weitgehend zu Recht, als Symbol oder symptomatisch für weiter gehende sozialpolitische Einstellungen betrachtet. Die Liberalen des Vormärz und ihre Nachfolger bekämpften die Politik der Prügelstrafen für die niederen Stände, weil diese gegen das Prinzip als Strafe als Instrument der Besserung verstieß sowie gegen die Gleichheit vor dem Gesetz. Außerdem stand die Prügelstrafe für eine ganze Vorstellung von Gesellschaft, die sie ablehnten. Feministinnen bekämpften die Politik der staatlich regulierten Prostitution, weil sich darin das Prinzip einer Doppelmoral für Männer und Frauen manifestierte. Sozialdemokraten bekämpften die Militarisierung der Polizei, weil damit die gewaltsame Unterdrückung dessen durchgesetzt wurde, was sie als legitime Form von Protest betrachteten. Die Revolution von 1848 markierte den Gipfelpunkt einer langwährenden liberalen Kampagne für die Strafrechtsreform und zugleich, wie wir sahen, die formelle Abschaffung der Prügelstrafe sowie die Aufgabe der Praxis (soweit sie überhaupt bestand), Schwerverbrecher nach Übersee zu deportieren. Das Scheitern von Versuchen, diese Maßnahmen in den reaktionären fünfziger Jahren des 19. Jahrhunderts wiederzubeleben, bedeutet, daß die Reformen des Straf- und Kriminalrechts der mittleren Jahre des Jahrhunderts, die sich vor allem im preußischen Strafgesetzbuch von 1851 niederschlugen, auf einer Reihe von Kompromissen zwischen der alten und der neuen Ordnung beruhten und daß es kein Zurück gab, auch wenn die weiter gehenden Ziele der Revolution nicht erreicht worden waren. Der massive Ausbau der politischen Geheimpolizei während der Reaktionszeit schuf viel Unrecht, aber er hatte auch seine Grenzen, was unter anderem die komischen Episoden zeigen, die der Betrüger Franz Ernst ausheckte.

In all diesen Fällen war das Rechtssystem weit mehr als nur ein Instrument staatlicher Kontrolle. Es konstituierte einen Kanon von Regeln, die, wie wir am Beispiel der Prügelstrafe sahen, die willkürliche Gewalt der höheren sozialen Stände gegen Untergebene allmählich einschränkte. Im Fall der Prostitution erlegte es den Kontrollbefugnissen der Polizei strenge Einschränkungen auf, besonders nach 1871. Öffentliche Gerichtsverhandlungen, die auf Regeln für Beweisführungen beruhten, schränkten die Möglichkeiten der Behörden ein, ihre eigene Interpretation von Ereignissen wie dem Hamburger Aufstand vom 17. Januar 1906 rechtskräftig werden zu lassen. Gleichheit vor dem Gesetz war mehr als bloß ein Mittel, die Überwachung gleichmäßig auf alle Teile der Bevölkerung auszudehnen. Sie ermöglichte schließlich, daß Strafen sich auf das Verbrechen bezogen und nicht auf den Verbrecher. In den mittleren Jahrzehnten des Jahrhunderts verankerte sich das Gesetz im Rechtsbewußtsein der deutschen Gesellschaft und mit ihm die Rechte des gewöhnlichen Individuums. Und doch wirkte die hartnäckige Willkür der Polizeimacht diesem Prozeß entgegen. Die Deportation der Schwerverbrecher nach Sibirien wurde als «Polizeimaßnahme» gerechtfertigt. Auch die Prügelstrafe wurde, wenigstens am Beginn des 19. Jahrhunderts, nicht nur durch gerichtliches Urteil verhängt, sondern auch von Polizeikräften eigenmächtig ausgeübt. Die Polizei verhaftete Franz Ernst und hielt ihn mehrere Wochen fest, ohne daß er je vor Gericht gestellt wurde.

Die Sittenpolizei handelte bei der Einschränkung der bürgerlichen Freiheiten von Prostituierten vollständig außerhalb der Reichweite des Rechtssystems. Die Hamburger Polizei übte nach dem Aufruhr sogar eine gewaltsame Terrorherrschaft auf den Straßen der Stadt aus und wurde nie zur Rechenschaft gezogen. Beobachter wie der Amerikaner Raymond Fosdick hatten keineswegs unrecht mit ihren Feststellungen, die deutsche Polizei gehe willkürlicher vor, neige eher zu Übergriffen und sei weniger rechtlicher und politischer Kontrolle unterworfen als in Ländern wie Großbritannien oder den Vereinigten Staaten.[7] In dieser Hinsicht vollzogen sich Veränderungen im Deutschland des 19. Jahrhunderts sehr langsam.

Auch der Umgang mit Gefängnishaft änderte sich nur allmählich. Im 18. Jahrhundert machte sich der Geist der Aufklärung bemerkbar, als in den meisten deutschen Staaten für Schwerverbrechen wie Raub Haftstrafen an die Stelle der Todesstrafe traten. Bis zum Jahr 1800 wurde die Todesstrafe nur noch für Mord und Hochverrat verhängt. Gleichzeitig brachte die Ausweitung des staatlichen Rechtssystems, das die Patrimonialjustiz zuerst überlagerte und dann ersetzte, mehr Kleinkriminelle in die Reichweite der Gerichte. Zunehmend trat Gefängnishaft als primäre Strafmaßnahme an die Stelle von Körperstrafen. Die Erweiterung der Eigentumsrechte, die Waldland schützen sollten, das zuvor für Millionen armer Landbewohner in Deutschland die Quelle für kostenloses Feuerholz und Baumaterial gewesen war, schuf im Gefolge der Abschaffung der Erbuntertänigkeit eine neue Kategorie von Gesetzesverstößen. Tatsächlich war Holzdiebstahl in den dreißiger und vierziger Jahren bei weitem die häufigste Art von Diebstahl überhaupt, obwohl Armut und Elend in diesen Jahrzehnten jeden zum Diebstahl trieb, um zu überleben. Außerdem wuchs die deutsche Bevölkerung im gesamten 19. Jahrhundert in nie zuvor gesehenem Maße. Die Industrialisierung und die Pauperisierung der Handwerker schufen eine neue Klasse umherziehender Armer. All dies bedeutet, daß die Behörden noch so viele Gefängnisse bauen mochten, es waren doch nie genug, um mit der wachsenden Population von Straftätern Schritt zu halten. Vom Beginn bis zum Ende des Jahrhunderts verstummten kaum jemals die Klagen über die Überfüllung der Gefängnisse. Nicht zuletzt als Reaktion auf diese Situation wurden immer wieder Pläne vorgebracht, Verbrecher nach Übersee zu schaffen oder die Prügelstrafe wieder einzuführen.

Darin zeigt sich unter anderem, welch geringe Priorität im 19. Jahrhundert die Ausgaben für Gefängnisse in Regierungskreisen besaßen. Die Einrichtung einer «Disziplinargesellschaft» kostete Geld. Grund für die Knausrigkeit war unter anderem, daß die Verbrechensraten den größten Teil des Jahrhunderts über wenige Anzeichen erkennen ließen, dramatisch anzusteigen. In der ersten Hälfte des Jahrhunderts nahmen Diebstähle zwar zu, Gewaltverbrechen hingegen ab. Während der Kaiserzeit kehrte sich dieses Verhältnis um, die Anzahl der Diebstähle ging zurück, Gewaltverbrechen hingegen zeigten einen entschiedenen, wenn auch nicht besonders auffälligen Aufwärtstrend. Zeitweise erhitzten sich die Gemüter mehr über eine Art von Verbrechen, dann wieder über eine andere. So stand in der Mitte der dreißiger Jahre Diebstahl im Zentrum der moralischen Entrüstung, in den frühen neunziger Jahren waren es Zuhälterei und Prostitution und nach der Jahrhundertwende Körperverletzung. Unter dem Druck einer solchen allgemeinen moralischen Empörung kam es in weiten Kreisen zu einer kritischen Reflexion der Strafrechtspolitik, der Natur und Rolle von Strafe. Aber trotz der zahlreichen kurz- und mittelfristigen Verschiebungen in den Verbrechensraten gab es langfristig nie einen Zuwachs an Kriminalität insgesamt. Statistisch betrachtet, war der Einfluß der Industrialisierung und der Verstädterung auf die Kriminalitätsraten nicht besonders groß.[8] So ernst die Bedrohung durch eine Zunahme von Verbrechen an manchen Orten und zu manchen Zeiten auch erschienen sein mag, sie war doch nie so durchgängig vorhanden, um auf Dauer oder in großem Maßstab Ausgaben für Korrektionsanstalten zur Folge zu haben. Außerdem kam trotz der Allgegenwärtigkeit der Lehre von der Besserungshaft in der Mitte des Jahrhunderts die Ausbildung und Rehabilitation der Häftlinge immer erst an zweiter Stelle, nach der Disziplinierung und der Verhinderung von Ausbrüchen, so wie die Sorge für Straftäter und ihre Wiedereingliederung in die Gesellschaft immer an zweiter Stelle stand nach ihrer Überwachung und Kontrolle durch die Polizei. All dies waren keine spezifisch deutschen Phänomene. Anderen Gesellschaften in Europa gelang es im 19. Jahrhundert ebenso wenig, Projekte für Gefängnisreformen mit Konsequenz oder Entschlossenheit durchzusetzen. Die kriminelle Bevölkerung gehörte nie zu den wichtigsten Themen der Finanzpolitik.

Um die Jahrhundertwende mischte sich das schon lange während

Unbehagen an dieser Situation, vor allem an der Überfüllung der Gefängnisse und dem Ausmaß der Rückfälle, mit bürgerlichen Ängsten über soziale und politische Unruhe, symbolisiert vor allem durch die anarchistischen Attentate und Verschwörungen der achtziger und neunziger Jahre. Obwohl letztlich nur wenige solcher Anschläge in Deutschland stattfanden, erzeugte diese Verbindung eine Reihe neuer Einstellungen zum Verbrechen. Die Sozialdemokraten mit ihrer vereinfachenden Korrelation von Verbrechen mit Armut und Ausbeutung und ihrer windigen Revolutionsrhetorik trugen unfreiwillig zu diesem Prozeß der Abwendung vom liberalen Strafrecht bei, indem sie genau die Art bürgerlicher Ängste auslösten, die sich im Begriff vom «Lumpenproletariat» äußerten. Auf der Suche nach neuen Lösungen wurden Sozialdarwinismus und Eugenik in ihren verschiedenen Erscheinungsformen auf das Problem der Kriminalität übertragen. Kriminalität wurde zunehmend als Resultat erblicher Belastung dargestellt. Tatsächlich wurden erst zu diesem Zeitpunkt gesellschaftliche Außenseiter wie Bettler, Nicht-Seßhafte, Prostituierte, Trinker und Diebe Gegenstand neuer klassifizierender Wissenschaften wie der Kriminologie und der forensischen Psychiatrie. Diese stempelten sie als abnorm ab und schlugen eine Reihe von Maßnahmen, wie mit ihnen zu verfahren sei, vor, die von unbegrenzter Haft bis zu Zwangssterilisation reichten. Bei all diesen Maßnahmen handelte es sich um neue, eingreifendere Beschneidungen ihrer bürgerlichen Freiheiten als zuvor. Die diskursive Repräsentation von Kriminalität wurde zunehmend in eine gewalttätige Sprache gefaßt, die «Humanitätsduselei» ablehnte und damit implizit das Ausüben physischer Gewalt gegen sozial Unangepaßte befürwortete.

Es wäre jedoch zu einfach, würde man dies als einen schlichten Rückfall in frühere, «unzivilisierte» Formen des Verhaltens betrachten, die im übrigen Europa weitgehend überholt waren, oder als Beweis für ein langfristiges Defizit im «Zivilisationsprozeß» in Deutschland. Im 19. Jahrhundert war die Strafrechtspraxis in Deutschland sicherlich nicht weniger «zivilisiert» als in anderen Ländern, und in mancher Hinsicht war der Übergang zu einer neuen Strafrechtspolitik, die weitgehend auf Haftstrafen beruhte, in Preußen und den anderen deutschen Staaten weiter gediehen als anderswo. So wurde die Todesstrafe in England bis hinein in die vierziger Jahre des 19. Jahrhunderts weit häufiger vollzogen als in Preußen; öffentliche Hinrichtungen gab es in Frankreich bis 1939, in Deutschland hingegen waren sie Ende der sechziger Jahre des 19. Jahrhunderts eingestellt worden; in England wurden bis in die fünfziger Jahre des 19. Jahrhunderts regelmäßig Kriminelle deportiert und in Frankreich bis weit nach der Jahrhundertwende; die Prügelstrafe wurde in England auf gerichtliche Anordnung hin noch 1914 verhängt, während sie in Deutschland ein halbes Jahrhundert zuvor abgeschafft worden war. Allerdings wurde die Rute in deutschen Gefängnissen auch weiterhin als Disziplinarinstrument eingesetzt, aber zumindest wurde dort nicht die Elektroschockbehandlung eingeführt wie in manchen britischen Gefängnissen am Ende des 19. Jahrhunderts, so sehr manche Kommentatoren auch über ihre Vorzüge spekuliert haben mochten.

Die Unterschiede in Deutschland lagen weniger im Strafrecht als in der Militarisierung, Autonomie und permanenten Gewalttätigkeit der Polizei sowie im Ausmaß ihres Anspruchs, die öffentliche Moral und das persönliche Verhalten einzelner zu kontrollieren. Außerdem war in den neunziger Jahren der Einfluß sozialdarwinistischer Auffassungen von Verbrechen und Devianz in Deutschland größer als in anderen Ländern.[9] Um 1914 war die Welt der Kriminologie und Strafrechtspolitik durchsetzt von einem anti-egalitären Diskurs über Eugenik und Selektion. Außerdem nahm das Strafrecht einen wichtigen Stellenwert in politischen Debatten ein. Von der Zeit des Vormärz an legte die Linke bei den Ursachen von Kriminalität die Betonung auf die Rolle der Umstände, vor allem von Armut und Deprivation, während die Rechte entsprechend die Unmoral, den Unglauben, Religionslosigkeit, Ignoranz und Bestialität des Straftäters hervorhob, die später unter dem pseudo-wissenschaftlichen Begriff des Erbschadens zusammengefaßt wurden. Die Verschmelzung von Kriminalität und Revolution, die sowohl von traditionellen wie auch von neu-konservativen Kommentaren vollzogen und in verschiedenen Kapiteln dieses Buches dokumentiert wurde, hatte ernste Konsequenzen für die Strafrechtspolitik. Vor allem nach dem Ersten Weltkrieg und in der sich anschließenden Revolution polarisierte und radikalisierte sich die deutsche Politik in einem nie dagewesenen Ausmaß. In dieser Atmosphäre wurde, wie wir sahen, der gewaltsame physische Übergriff des Staates auf die sozial Unangepaßten möglich, den die Herrschenden in Hitlers «Drittem Reich» schließlich verwirklichten. Diese weitreichenderen Einflüsse standen mindestens ebenso wie irgendwelche deutschen Besonderheiten auf dem Gebiet der Rechts- und Strafrechtspolitik hinter Deutschlands Abweichen von dem Weg, den andere europäische Länder in der ersten Hälfte des 20. Jahrhunderts im Umgang mit Kriminellen und Kriminalität beschritten.

Langfristig gesehen war also die Art, wie die Menschen im Deutschland des 19. Jahrhunderts über Verbrechen und Strafe sprachen und schrieben, ebenso wichtig wie die Art und Weise, wie sie in der Praxis damit umgingen. Ihre Erzählungen gingen jedoch nicht alle in eine Richtung; sie waren nicht alle Beispiele einer neuen diskursiven Strategie sozialer Kontrolle. Im Gegenteil, es gab eine größere Bandbreite von Möglichkeiten. Für Wilhelm Aschenbrenner zum Beispiel bot, wie seine «authentische Geschichte» beweist, die Populär- und Sensationsliteratur ein Vorbild für die Verherrlichung von Verbrechen und abweichendem Verhalten, indem sie diese als Abenteuergeschichten darstellte und die Unerschrockenheit, Schläue, Gewitztheit und, auf seinen eigenen Fall bezogen, die grundsätzliche Gutherzigkeit des Verbrechers und den romantischen Seelenadel betonte. Darin äußerte sich ein volkstümlicher Widerstand gegen die Darstellung moralischer Verkommenheit in den offiziellen Verbrecherbiographien der Art, wie sie Grattenhauers Kommentare über das Leben und die Schandtaten des Ausbrechers Franz Exner lieferten. Andere Schilderungen, wie der Bericht des Anwalts Georg Wilhelm Gröning über die Leiden der Gesche Rudolph oder die Beschreibung der Romanschriftstellerin Margarete Böhme über den abschüssigen Weg, den «Thymian Gotteball» beschritt, stellten die Kriminellen als Opfer der Abgestumpftheit der Behörden sowie gesellschaftlicher Vorurteile dar. In den Erzählungen oder unglaublichen Geschichten, wie sie der Hochstapler Franz Ernst vortrug, sehen wir eine Reihe von Appellen, die eine Vielzahl von Absichten verfolgen: Er stellte seine Lebensgeschichte dar als die eines romantischen Reisenden, eines Edelmanns, Liebhabers, Arztes, Gelehrten, Wissenschaftlers, politischen Agenten und Vertrauten der politischen Polizei Berlins. In Ernsts Darstellungen wurde Fiktion zum Faktum, denn eine ganze Reihe von Menschen fielen auf seine Geschichten herein und handelten, als ob sie wahr seien, und Fakten wurden zur Fiktion, wenn er bestimmte Details seiner Vergangenheit aufnahm und sie in ein Gewebe von Phantasie und Täuschung verspann.

All diese Geschichten sind in gewisser Weise fragmentarisch: Wir wissen nicht, was mit den meisten der nach Sibirien deportierten Strafgefangenen geschah; wir wissen nicht, was später aus Wilhelm Aschenbrenner wurde; wir wissen nicht, ob die Lösung des Anwalts Gröning für die Probleme der Gesche Rudolph Erfolg hatte; wir wissen nichts über Franz Ernsts weiteren Lebensweg, nachdem er Bremen verlassen hatte. Auch wissen wir letztendlich nicht, wie weit die Erfahrungen von «Thymian Gotteball» und «Helmut Harringa» auf den Erfahrungen leibhaftiger Menschen basierten. Die Begrenztheit historischer Belege bedeutet, daß diese Menschen nur kurz die historische Bühne betreten und eine Menge unbeantworteter Fragen hinterlassen. In gewisser Weise ist die Beziehung all dieser Erzählungen zur historischen Realität jedoch eine Frage von zweitrangiger Bedeutung: Sie haben ihre eigene Art von Gültigkeit und vermitteln ihre eigenen Einsichten in den zeitgenössischen Diskurs von Verbrechen und Strafe. Dennoch müssen sie letztlich vor dem Hintergrund dessen gelesen werden, was sich anderswo zu diesen Themen finden läßt, von denen sie handeln. Der Vergleich von Erfundenem und Halberfundenem mit anderen Arten von historischem Quellenmaterial kann zu weiteren Einsichten führen und uns in die Lage versetzen, die Gründe zu verstehen, warum die Geschichten, mit denen wir uns befaßt haben, so und nicht anders strukturiert und erzählt wurden. Mikrostudien müssen in größere Zusammenhänge gestellt werden, wenn sie zu unserem Verständnis umfassenderer historischer Fragen beitragen wollen. Sie sind viel mehr als bloße «Fallstudien», deren Funktion sich erschöpft in der Illustrierung bereits vorgefaßter Argumente zu historischen Themen allgemeinerer Art. Wie die Studien in diesem Buch zu demonstrieren versuchten, können sie dazu beitragen, unsere Sicht dieser Themen zu verändern, wenn wir sie aus einem ungewohnten Winkel betrachten.

Anmerkungen

In den Anmerkungen wurden folgende Abkürzungen verwendet:
BA Bundesarchiv; GLA Generallandesarchiv; GStA Geheimes Staatsarchiv
Preußischer Kulturbesitz; HStA Hauptstaatsarchiv; LHA Landeshauptarchiv;
StA Staatsarchiv; Sta Stadtarchiv

Anmerkungen zur «Einführung»

1 Zu einer allgemeinen Erörterung dieses Genres vgl. Carlo Ginzburg: Clues,
   Myths and the Historical Method. Baltimore 1989; Edward Muir und Carlo
   Ruggiero (Hg.): Microhistory and the Lost Peoples of Europe. Baltimore
   1991. Klassische Beispiele für die Mikrogeschichte sind: Natalie Zemon Da-
   vis: The Return of Martin Guerre. Cambridge, Mass. 1983; Emmanuel Le
   Roy Ladurie: Montaillou. Ein Dorf vor dem Inquisitor. Berlin u. a. 1980;
   Robert Darnton: Das große Katzenmassaker. München 1989
2 Zu den quantitativen Arbeiten auf diesem Gebiet gehören: Howard Zehr:
   Crime and the Development of Modern Society. Patterns of Criminality in
   Nineteenth-century Germany and France. London 1976; Eric A. Johnson:
   The Roots of Crime in Imperial Germany. In: Central European History 15,
   1982, S. 351–376; ders.: Urbanization and Crime. Germany 1871–1914.
   New York 1995; ders. und Vincent E. McHale: Urbanization, Industrializa-
   tion, and Crime in Imperial Germany. In: Social Science History 1, 1976/77,
   S. 45–78, 210–247; Dirk Blasius: Kriminalität und Alltag. Zur Konfliktge-
   schichte des Alltagslebens im 19. Jahrhundert. Göttingen 1978
3 Dirk Blasius: Bürgerliche Gesellschaft und Kriminalität. Zur Sozialgeschichte
   Preußens im Vormärz. Göttingen 1976; ders.: Kriminalität als Gegenstand
   historischer Forschung. In: Kriminalsoziologische Bibliographie 25, 1979,
   S. 1–15; ders.: Gesellschaftsgeschichte und Kriminalität. In: Beiträge zur
   Historischen Sozialkunde 1, 1981, S. 13–19; ders.: Kriminalität und Geschichtswissenschaft. Perspektiven der neueren Forschung. In: Historische
   Zeitschrift 233, 1981, S. 615–627; ders.: Kriminologie und Geschichtswissenschaft. Bilanz und Perspektiven interdisziplinärer Forschung. In: Geschichte und Gesellschaft 14, 1988, S. 136–149; ders.: Recht und Gerechtigkeit im Umbruch von Verfassungs- und Gesellschaftsordnung. Zur Situation
   der Strafrechtspflege in Preußen im 19. Jahrhundert. In: Der Staat 21, 1982,
   S. 365–390. Vgl. auch die wichtige Kritik an Blasius' Ansatz von John Breu-
   illy in: Social History 3, 1978, S. 99–102; sowie Karl-Georg Faber: Historische Kriminologie und kritische Sozialgeschichte: das preußische Beispiel. In:
   Historische Zeitschrift 227, 1978, S. 112–122
4 Beispiele für Forschungsarbeiten zur Geschichte von Verbrechen und Strafe
   im frühneuzeitlichen Deutschland sind u. a.: Richard van Dülmen: Theater
   des Schreckens. Gerichtspraxis und Strafrituale in der Frühen Neuzeit. München 1985; Martin Dinges: Frühneuzeitliche Justiz. In: Heinz Mohnhaupt

und Dieter Simon (Hg.): Vorträge zur Justizforschung. Bd. 1: Geschichte und Theorie. Frankfurt/Main 1992, S. 269–292; Gerd Schwerhoff: Köln im Kreuzverhör. Kriminalität, Herrschaft und Gesellschaft in einer frühneuzeitlichen Stadt. Bonn, Berlin 1991, S. 17–48; Wolfgang Behringer: Mörder, Diebe, Ehebrecher: Verbrechen und Strafen in Kurbayern vom 16. bis 18. Jahrhundert. In: Richard van Dülmen (Hg.): Verbrechen, Strafen und soziale Kontrolle. Frankfurt/Main 1990, S. 85–132; Andreas Blauert und Gerd Schwerhoff (Hg.): Mit den Waffen der Justiz. Zur Kriminalitätsgeschichte des späten Mittelalters und der Frühen Neuzeit. Frankfurt/Main 1993; Bob Scribner: The «Mordbrenner» Fear in Sixteenth-century Germany: Political Paranoia or the Revenge of the Outcast? In: Richard J. Evans (Hg.): The German Underworld: Outcasts and Deviants in German History. London 1988, S. 29–56; ders.: Politics and the Territorial State in Sixteenth-century Württemberg. In: E. I. Kouri und Tom Scott (Hg.): Politics and Society in Reformation Europe. Essays for Sir Geoffrey Elton on his Sixty-fifth Birthday. London 1987, S. 103–120. Eine umfassende Einführung in die Kriminalität der frühen Neuzeit bietet Gerd Schwerhoff: Devianz in der alteuropäischen Gesellschaft. Umrisse einer historischen Kriminalitätsforschung. In: Zeitschrift für historische Forschung 19, 1992, S. 385-414

5 Vgl. z. B. Louise Charles und Richard Tilly: The Rebellious Century 1830–1930. London 1975, S. 208–214; Rainer Wirtz: Widersetzlichkeiten, Excesse, Crawalle, Tumulte und Scandale. Soziale Bewegung und gewalthafter sozialer Protest in Baden 1815–1848. Frankfurt/Main 1981; Arno Herzig: Unterschichtenproteste in Deutschland 1790–1870. Göttingen 1988; Heinrich Volkmann und Jürgen Bergmann (Hg.): Sozialer Protest. Studien zu traditioneller Resistenz und kollektiver Gewalt in Deutschland vom Vormärz bis zur Reichsgründung. Opladen 1894. Eine Kritik findet sich in: Richard J. Evans: Proletarians and Politics. Socialism, Protest and the Working Class in Germany before the First World War. London 1991, Kapitel 2

6 Zu den neueren Studien über die Geschichte der Polizei in Deutschland gehören: Alf Lüdtke: «Gemeinwohl», Polizei und «Festungspraxis». Staatliche Gewaltsamkeit und innere Verwaltung in Preußen, 1815–1850. Göttingen 1982; ders.: The Role of State Violence in the Period of Transition to Industrial Capitalism: The Example of Prussia from 1815 to 1848. In: Social History, Nr. 4, 1979, S. 175–221; Peter Nitschke: Verbrechensbekämpfung und Verwaltung. Die Entstehung der Polizei in der Grafschaft Lippe 1700–1814. Münster, New York 1990; Alf Lüdtke (Hg.): «Sicherheit» und «Wohlfahrt». Polizei, Gesellschaft und Herrschaft im 19. und 20. Jahrhundert. Frankfurt/Main 1992; Wolfram Siemann: «Deutschlands Ruhe, Sicherheit und Ordnung». Die Anfänge der politischen Polizei 1806–1866. Studien und Texte zur Sozialgeschichte der Literatur, Bd. 14. Tübingen 1985; Albrecht Funk: Polizei und Rechtsstaat. Die Entwicklung des staatlichen Gewaltmonopols in Preußen 1848–1918. Frankfurt, New York 1986; Ralph Jessen: Polizei im Industrierevier. Modernisierung und Herrschaftspraxis im

westfälischen Ruhrgebiet 1848–1914. Kritische Studien zur Geschichtswissenschaft, Bd. 91. Göttingen 1991. Die Geschichte der Gefängnishaft in Deutschland wurde vernachlässigt, die einzigen modernen Untersuchungen sind Blasius, Bürgerliche Gesellschaft; sowie Thomas Berger: Die konstante Repression. Zur Geschichte des Strafvollzugs in Preußen nach 1850. Frankfurt/Main 1974

7 Vgl. dazu: Richard J. Evans: Police and Society from Absolutism to Dictatorship. In: ders.: Rereading German History: From Unification to Reunification. London 1997, Kapitel 6

8 Entwickelt werden diese Thesen in: Norbert Elias: Studien über die Deutschen. Machtkämpfe und Habitusentwicklung im 19. und 20. Jahrhundert. Frankfurt/Main 1992

9 Michel Foucault: Surveiller et punir: La naissance de la prison. Paris 1975; deutsch: Überwachen und Strafen. Die Geburt des Gefängnisses. Frankfurt/Main 1976; Michael Weisser: Crime and Punishment in Early Modern Europe. Hassocks 1979. Letzteres ist ein eher unspezifischer und unbefriedigender Versuch, einige von Foucaults Ideen anzuwenden; vgl. die Kritik in: Blasius, Kriminalität und Geschichtswissenschaft. Vgl. zur Rezeption Foucaults und der Möglichkeit, seine Theorien auf Deutschland anzuwenden, auch: ders.: Michel Foucaults «denkende» Betrachtung der Geschichte. In: Kriminalsoziologische Bibliographie 41, 1983, S. 69–83; Martin Dinges: The Reception of Michel Foucault's Ideas on Social Discipline, Mental Asylums, Hospitals and the Medical Profession in German Historiography. In: Colin Jones und Roy Porter (Hg.): Reassessing Foucault: Power, Medicine and the Body. London 1993, S. 181–212; Detlev J. K. Peukert: Die Unordnung der Dinge. Michel Foucault und die deutsche Geschichtswissenschaft. In: François Ewald und Bernhard Waldenfels (Hg.): Spiele der Wahrheit. Michel Foucaults Denken. Frankfurt/Main 1991, S. 320–333. Eine klassische, wenn auch umstrittene Studie für England im gleichen Sinn stammt von Michael Ignatieff: A Just Measure of Pain. The Penitentiary in the Industrial Revolution 1750–1850. New York 1978

10 Vgl. dazu: Richard J. Evans: Rituals of Retribution. Capital Punishment in Germany 1600–1987. Oxford 1996, S. 881–892

11 Michel Foucault: Das Subjekt und die Macht. In: Hubert L. Dreyfus und Paul Rabinow: Michel Foucault: Jenseits von Strukturalismus und Hermeneutik. Frankfurt/Main 1987, S. 255

12 Vgl. dazu die Vorüberlegungen zu diesen Themen in: Richard J. Evans: Rethinking German History. Nineteenth-century Germany and the Origins of the Third Reich. London 1987, Kapitel 5: In Pursuit of the Untertanengeist: Crime Law and Social Order in German History, S. 156–190

13 Evans, Rituals, Kapitel 4

14 Vgl. Karl Marx und Friedrich Engels: Manifest der Kommunistischen Partei. In: dies.: Werke. Bd. 4. Berlin (Ost) 1959, S. 459–493

15 F. C. B. Avé-Lallement: Das deutsche Gaunerthum in seiner social-politi-

schen literarischen und linguistischen Ausbildung zu seinem heutigen Bestande. 4 Bde. Leipzig 1858–1862

16 Martin Wiener: Reconstructing the Criminal. Culture, Law and Policy in England, 1830–1914. Cambridge 1990. Darin wird diese Verlagerung im britischen Kontext untersucht. Für Deutschland vgl. Richard F. Wetzell: Criminal Law Reform in Imperial Germany. Dissertation, Stanford University 1991

17 Natalie Zemon Davis: Der Kopf in der Schlinge. Gnadengesuche und ihre Erzähler. Berlin 1988

18 Paul Anselm Ritter von Feuerbach: Aktenmässige Darstellung merkwürdiger Verbrechen. 2 Bde. Giessen 1828–1829; J. C. Hitzig und W. Häring: Der neue Pitaval. Eine Sammlung der interessantesten Criminalgeschichten aller Länder aus älterer und neuerer Zeit. Leipzig 1842

Anmerkungen zu 1. «Die Reise der preußischen Sträflinge nach Sibirien»

1 Wilhelm Aschenbrenner: Aschenbrenners authentische Geschichte bis zu seiner Deportation nach Sibirien. Freimuthig von ihm selbst geschrieben, und mit Hinsicht auf die, über ihn verhandelten Akten herausgegeben. Nebst seinem Bildnisse. Anhang: Einige Nachrichten über die Stadt und Festung Spandau. Berlin 1804, S. 1–20

2 Ebd., S. 21–51

3 Ebd., S. 51–81

4 Ebd., S. 81–143

5 Ebd., S. 143–207

6 Ebd., S. 207–329

7 GStA Berlin Rep. 84a/7794, Bl. 240f.: Verzeichniß der zur ersten Ablieferung designirten nach Sibirien zu deportirenden Verbrecher, Nr. 2; und: Anon.: Allgemeine Nachricht an das Publicum über die aus den königl. preuss. Staaten nach Sibirien geschickten Bösewichter, nebst kurzer Schilderung ihres Lebens und ihrer Vergehungen aus den Acten gezogen. Berlin ²1803, Nr. 17

8 GStA Berlin Rep. 84a/7794, Bl. 240f., Bl. 70, 104f.

9 Albrecht Heinrich von Arnim: Bruchstücke über Verbrechen und Strafen, oder Gedanken über die in den Preussischen Staaten bemerkte Vermehrung der Verbrechen gegen die Sicherheit des Eigenthums; nebst Vorschlägen, wie derselben durch zweckmäßige Einrichtung der Gefangenanstalten zu steuern seyn dürfte. Zum Gebrauch der höhern Behörden. Frankfurt, Leipzig 1803, Anlage 4: Allerhöchste Cabinets-Ordre an den Groß-Canzler, Geheimen Etats- und Justizminister von Goldbeck, Berlin den 28sten Februar 1801

10 GStA Berlin Rep. 84a/7794, Bl. 104f.: Extract aus den Listen (etc.)

11 Ebd./7795, Bl. 36; ebd. Bl. 241: Schulenburg an Goldbeck, 19. April 1802

12 Ebd., Bl. 69–77: Zweites Verzeichnis der zur Deportation qualificirten Verbrecher

13 Ebd./7794, Bl. 265c–d: Uebersicht der sämmtlichen jetzt zur Deportation aufgezeichneten Verbrecher, worin selbige nach ihrer Strafbarkeit und Gefährlichkeit rangirt sind

14 Richard van Dülmen: Der infame Mensch. Unehrliche Arbeit und soziale Ausgrenzung in der Frühen Neuzeit. In: ders. (Hg.): Arbeit, Frömmigkeit und Eigensinn. Studien zur historischen Kulturforschung, Bd. I. Frankfurt/Main 1990, S. 106–140; Carsten Küther: Räuber und Gauner in Deutschland. Das organisierte Bandenwesen im 18. Jahrhundert. Göttingen 1976; Otto Beneke: Von unehrlichen Leuten. Cultur-historische Studien und Geschichten aus vergangenen Tagen deutscher Gewerbe und Dienste, mit besonderer Rücksicht auf Hamburg. Hamburg 1865; Kathleen Stuart: The Boundaries of Honor: Dishonorable People in Augsburg, 1510–1800. Dissertation, Yale University, Mai 1993

15 Richard J. Evans: Rituals of Retribution. Capital Punishment in Germany 1600–1987. Oxford 1996, S. 252 f.

16 Weitere Beispiele für körperliche Züchtigung vgl. Nr. 20, 22, 28, 29, 35, 37 und 39 auf der Liste im GStA Berlin Rep. 84a/7794, Bl. 265c–d: Uebersicht

17 Ebd., Nr. 45, 46 und 48

18 Ebd., Nr. 22; für Tarnow vgl. auch: J. C. Hitzig und W. Häring: Der neue Pitaval. Eine Sammlung der interessantesten Criminalgeschichten aller Länder aus älterer und neuerer Zeit. Leipzig 1842, II. Teil, S. 362–385. Tarnow wird von Hitzig und Häring nicht als einer der Deportierten genannt, aus der Beschreibung seines Verbrechens geht jedoch deutlich hervor, daß es sich um denselben Tarnow handelt wie den auf der Liste

19 GStA Berlin Rep. 84a/7794, Bl. 265c–d: Uebersicht

20 Ebd./7795: Nr. II: Zweites Verzeichnis der zur Deportation qualificirten Verbrecher

21 Detlev Merten: Friedrich der Große und Montesquieu. Zu den Anfängen des Rechtsstaats im 18. Jahrhundert. In: Willi Blümel u. a. (Hg.): Verwaltung im Rechtsstaat. Festschrift für Carl Hermann Ule zum 80. Geburtstag am 24. Februar 1978. Köln 1987, S. 187–208; Jürgen Regge: Strafrecht und Strafrechtspflege. In: Jürgen Ziechmann (Hg.): Panorama der friderizianischen Zeit. Friedrich der Große und seine Epoche. Bremen 1985, S. 365–375; Eberhard Schmidt: Die Kriminalpolitik Preußens unter Friedrich Wilhelm I. und Friedrich II. Berlin 1914

22 Eine nützliche neuere Sammlung von Untersuchungen zu diesem Thema findet sich in: Jörg Wolff (Hg.): Das Preußische Allgemeine Landrecht. Politische, rechtliche und soziale Wechsel- und Fortwirkungen. Motive – Texte – Materialien, Bd. 70. Heidelberg 1995

23 Eberhard Schmidt: Einführung in die Geschichte der deutschen Strafrechtspflege. Göttingen ³1965, S. 225–253

24 Arnim, Bruchstücke, Teil I, S. 6

25 A. G. F. Rebmann: Damian Hessel und seine Raubgenossen. Aktenmässige Nachrichten über einige gefährliche Räuberbanden, ihre Taktik und ihre Schlupfwinkel, nebst Angabe der Mittel, sie zu verfolgen und zu zerstören. Mainz ³1811, S. 5–7

26 William W. Hagen: The Junkers' Faithless Servants: Peasant Insubordination and the Breakdown of Serfdom in Brandenburg-Prussia, 1763–1811. In: Richard J. Evans, W. R. Lee (Hg.): The German Peasantry. Conflict and Community in Rural Society from the 18th to the 20th Century. London, 1986, S. 71–101

27 Arnim, Bruchstücke, Teil I, S. 30

28 Zum Ursprung und der Entwicklung von Gefängnissen und Gefängnishaft in Deutschland vgl. Eberhard Schmidt: Entwicklung und Vollzug der Freiheitsstrafe in Brandenburg-Preussen bis zum Ausgang des 18. Jahrhunderts. Berlin 1915; Albert Ebeling: Beiträge zur Geschichte der Freiheitsstrafe. Breslau 1935; R. von Hippel: Beiträge zur Geschichte der Freiheitsstrafe. In: Zeitschrift für die gesamte Strafrechtswissenschaft 18, 1898, S. 419–494, 608–666; ders.: Die Entstehung der modernen Freiheitsstrafe und des Erziehungs-Strafvollzugs. Jena 1932; Herbert Lieberknecht: Das Altpreussische Zuchthauswesen bis zum Ausgang des 18. Jahrhunderts. Charlottenburg 1921; Albrecht Meyer: Das Strafrecht der Stadt Danzig von der Carolina bis zur Vereinigung Danzigs mit der preußischen Monarchie. Danzig 1935; Ernst Rosenfeld: Zur Geschichte der ältesten Zuchthäuser. In: Zeitschrift für die gesamte Strafrechtswissenschaft 26, 1906, S. 1–18; Günther Seggelke: Die Entstehung der Freiheitsstrafe. Breslau 1928; Hannes Stekl: Österreichs Zucht- und Arbeitshäuser, 1671–1920. Institutionen zwischen Fürsorge und Strafvollzug. Wien 1978; Adolf Streng: Geschichte der Gefängnisverwaltung in Hamburg von 1622 bis 1872. Hamburg 1878; Pieter Spierenburg: The sociogenesis of confinement and its development in early modern Europe. In: ders. (Hg.): The Emergence of Carceral Institutions: Prisons, Galleys and Lunatic Asylums 1550–1900. Rotterdam 1984, S. 9–77

29 Heinrich Wagnitz: Historische Nachrichten und Bemerkungen über die merkwürdigsten Zuchthäuser in Deutschland. Nebst einem Anhange über die zweckmässigste Einrichtung der Gefängnisse und Irrenanstalten. 2 Bde. Halle 1791; ders.: Ideen und Pläne zur Verbesserung der Policey- u. Criminalanstalten. Dem 19. Jahrhundert zur Vollendung übergeben. Halle 1801

30 Dirk Blasius: Bürgerliche Gesellschaft und Kriminalität. Zur Sozialgeschichte Preußens im Vormärz. Göttingen 1976, S. 67 f., 86 f.

31 GStA Berlin Rep. 84 a/7794, Bl. 205: Grundsätze, nach welchen die in der allerhöchsten Cabinets-Ordre vom 28. Februar 1801 befohlene Einrichtung der in sämmtlichen Preußischen Staaten anzulegenden Besserungs-Anstalten zu bewerkstelligen, S. 1

32 Zitiert in: Arnim, Bruchstücke, Teil II, S. 179 f.

33 Ebd., S. 178 f.

34 Ebd., S. 180

35 Ebd., S. 169 f.

36 Ebd., S. 175 f.

37 Ebd., S. 174 f.

38 Ebd., S. 215, 222

39 Ebd., S. 202–204, 234

40 Ebd., S. 190–200, 205–209

41 Ebd., S. 237–239

42 Ebd., Anlage 5, S. 68 f.: Allerhöchste Cabinets-Ordre, Friedrich Wilhelm III. an Arnim, 16. März 1801; ebd., Anlage 6: Allerhöchste Cabinets-Ordre, Friedrich Wilhelm III. an Goldbeck und Arnim, 1. Februar 1799

43 Ebd., Teil II, S. 15, 27 f., 33 f., 45 f., 49–63, 84, 160; Teil I, S. 7

44 Anon., Allgemeine Nachricht, S. 4

45 Blasius, Bürgerliche Gesellschaft, S. 72 f. Vgl. außerdem die Korrespondenz zwischen Arnim und Goldbeck in: Arnim, Bruchstücke, Anlage 1–3. Arnim beendete seinen letzten, 36seitigen Brief an Goldbeck mit dem Eingeständnis, der Brief sei eine Abhandlung geworden, er sei von seiner Länge selbst überrascht. Arnim sparte nie mit Worten. Vielleicht konnte nur ein preußischer Beamter darauf verfallen, einer aus vier Teilen bestehenden und 800 Seiten umfassenden Veröffentlichung einen Titel zu geben, der mit dem Wort «Bruchstücke» beginnt

46 GStA Berlin Rep. 84a/7794, Bl. 205–208: Grundsätze

47 Ebd., Bl. 1: Promemoria vom 6. Juli 1800 betr. das Project zur Deportation (Kgl. Geheimrat Beyme); ebd., Bl. 7: Memorandum von Großkanzler von Goldbeck, 10. August 1800

48 Ebd.

49 Ebd.

50 Publicandum wegen Deportation incorrigibler Verbrechen in die Silberischen Bergwerke. Berlin, 7. Juli 1802 (Kopie in der British Library, London)

51 GStA Berlin Rep. 84a/7794, Bl. 1: Promemoria vom 6. Juli 1800; ebd., Bl. 7: Goldbeck-Memorandum, 10. August 1800

52 Ebd., Bl. 7: Goldbeck-Memorandum, 10. August 1800

53 Ebd., Bl. 53: Arnim an Goldbeck, 26. November 1800, S. 5

54 Ebd., Bl. 13 f.: Anweisungen an Botschafter

55 GStA Berlin Rep. 84a/7795: Bl. 69–77. Zweites Verzeichnis

56 Ebd./7794, Bl. 265 c–d: Uebersicht, Nr. 8

57 Vgl. Manfred Franke: Schinderhannes. Das kurze, wilde Leben des Johannes Bückler. Nach alten Dokumenten neu erzählt. Düsseldorf 1984; Küther, Räuber und Gauner; Uwe Danker: Räuberbanden im Alten Reich um 1700. Ein Beitrag zur Geschichte von Herrschaft und Kriminalität in der Frühen Neuzeit. Frankfurt/Main 1988

58 GStA Berlin Rep. 84a/7794, Bl. 249 f.: Uebersicht, Nr. 24, 25 und 26

59 Eric J. Hobsbawm: Die Banditen. Frankfurt/Main 1972, S. 44 f.

60 Ebd.

61 Carsten Küther: Räuber, Volk und Obrigkeit. Zur Wirkungsweise und Funk-

tion staatlicher Strafverfolgung im 18. Jahrhundert. In: Heinz Reif (Hg.):
Räuber, Volk und Obrigkeit. Studien zur Geschichte der Kriminalität in
Deutschland seit dem 18. Jahrhundert. Frankfurt/Main 1984, S. 17–42, hier
S. 37. Vgl. außerdem: ders.: Räuber und Gauner. Eine konservativere Betrachtungsweise, die sich auf die Tradition der «Kriminalbiologie» bezieht, die
ihren mörderischen Höhepunkt in Hitlers «Drittem Reich» fand, bietet: Hermann Arnold: Ländliche Grundschicht und Gaunertum. Zur Kritik von Küthers Buch: Räuber und Gauner in Deutschland. In: Zeitschrift für Agrarge-
schichte und Agrarsoziologie 25, 1977, S. 67–76. Vgl. Joachim S. Hohmann,
Die Forschungen des «Zigeunerexperten» Hermann Arnold. In: 1999. Zeitschrift für Sozialgeschichte des 20. und 21. Jahrhunderts, 3195, S. 35–49

62 Carsten Küther: Menschen auf der Straße. Vagierende Unterschichten in
Bayern, Franken und Schwaben in der zweiten Hälfte des 18. Jahrhunderts.
Göttingen 1983

63 Uwe Danker: Räuberbanden; ders.: Bandits and the State. Robbers and the
Authorities in the Holy Roman Empire in the Late Seventeenth and Early
Eighteenth Centuries. In: Richard J. Evans (Hg.): The German Underworld.
Deviants and Outcasts in German History. London 1988, S. 75–107. Eine
nützliche regionale Untersuchung, auch wenn in ihr Begriffe wie «Asoziale»
und «Berufsverbrechertum» verwendet werden, die von Kriminologen des
Dritten Reiches stammen, insbesondere von Edmund Mezger, bietet: Her-
mann Bettenhäuser: Räuber und Gaunerbanden in Hessen. Ein Beitrag zum
Versuch einer historischen Kriminologie Hessens. In: Zeitschrift des Vereins
für hessische Geschichte und Landeskunde 75/76, 1964/65, S. 275–348

64 Danker, Bandits and the State, S. 103

65 Vgl. Franke, Schinderhannes, in dem sich ein detaillierter Bericht seiner Laufbahn findet. Vgl. außerdem: B. Becker: Actenmässige Geschichte der Räuberbanden an den beyden Ufern des Rheins. 2 Bde. Köln 1804

66 Vgl. z. B.: Carl Philip Schwencken: Actenmässige Nachrichten von dem Gau-
ner- und Vagabunden-Gesindel, sowie von einzelnen professionirten Dieben,
in den Ländern zwischen dem Rhein und der Elbe, nebst genauer Beschreibung
ihrer Person. Kassel 1822; Rebmann, Damian Hessel; Ludwig Pfister: Actenmässige Geschichte der Räuberbanden an den beiden Ufern des Mains, im
Spessart und im Odenwalde. Heidelberg 1812; Friedrich Ludwig Adolf von
Grolmann: Actenmässige Geschichte der Vogelsberger und Wetterauer Räuberbanden, und mehrerer mit ihnen in Verbindung gestandener Verbrecher.
Nebst Personal-Beschreibung vieler in alle Lande teutscher Mundart dermalen
versprengter Diebe und Räuber. Giessen 1813

67 GStA Berlin Rep. 84a/7794, Bl. 249f.: Uebersicht. Die numerierten Biographien auf dieser Liste wurden in abgekürzter Form in Anon., Allgemeine
Nachrichten veröffentlicht, auf S. 7 werden dort auch die medizinische Untersuchung und die Auswahl des Königs erwähnt

68 GStA Berlin Rep. 84a/7794, Bl. 23: Kgl. Stadtgerichts-Direktor Danzig an
Goldbeck, 17. Juli 1800, und Erwiderung, 2. August 1800

69 Ebd., Bl. 127 f.: Struensee-Memorandum, 22. März 1801

70 Ebd., Bl. 47 f.: Bericht vom 20. November 1800, Berlin

71 Ebd., Bl. 36

72 Ebd., Bl. 48: Bericht vom 20. November 1801, Berlin

73 Ebd., Bl. 127 f.: Struensee-Memorandum, 22. März 1801

74 Ebd., Bl. 61: Auswärtiges Amt an Goldbeck und Arnim, 14. Februar 1801, und Bl. 62: Notiz über die Vereinbarung mit den Russen, 18. Januar 1801

75 Ebd., Bl. 120 f. (Geh. Justizrat Grutzmacher, Bericht vom 10. März 1801) und Bl. 162 ff., 197, verschiedene Notizen

76 Ebd./7795, Bl. 47: Memorandum von St. Petersburg, 31. Dezember 1801 (alter Stil)/12. Januar 1802 (neuer Stil); GStA Berlin Rep. 84a/7796, Bl. 2: Brief vom Procureur-Général in St. Petersburg an den Vizekanzler, Berlin, 28. Juni 1802 (alter Stil)

77 Ebd./7794, Bl. 366 ff., Dezember 1801

78 Ebd./7796, Bl. 20

79 Ebd./7794, Bl. 129 f.: Struensee-Memorandum, 22. März 1801

80 Ebd./7795, Bl. 55

81 Ebd./7794, Bl. 266 ff., Dezember 1801

82 Ebd./7795, Bl. 167–176 (Bescheinigungen der Ankunft in Pillau), 235 (Bericht aus Pillau), 243–49 (Liste der Häftlinge), 273 f. (Quittung der russischen Behörden in Narwa), 277–279 (Bericht von Friedrich Zimmermann). In denselben Quellen wird angedeutet, daß die militärische Eskorte am 8. Juli nach Pillau zurückkehrte

83 Ebd., Bl. 276: Rechnung über die von Pillau nach Narwa transportirten incorrigiblen Verbrecher

84 Ebd./7794, Bl. 241: Schulenburg an Goldbeck, 19. April 1802

85 Ebd./7796, Bl. 2: Procureur-Général an Vizekanzler, 28. Juni 1802 (alter Stil)

86 Anon., Allgemeine Nachricht, S. 8

87 GStA Berlin Rep. 84a/7794, Bl. 141–150

88 Ebd., Bl. 205: Grundsätze, S. 1

89 Novum Corpus Constitutionum Prussico-Brandenburgensium Praecipue Marchicarum. Bd. X. Berlin 1801, S. 958 f., Edikt vom 7. Juli 1802

90 GStA Berlin Rep. 84a/7796, Bl. 51 f.: Botschafter in St. Petersburg, Berichte vom 18. November 1802 und 14. und 26. Oktober 1802

91 Novum Corpus, 1804, Nr. 8, S. 2145 f.: Publicandum, wegen Entweichung der zur Haft gezogenen oder bereits zur Strafe verurtheilten Verbrecher aus den Gefängnissen, oder auf dem Transport nach den Besserungs-Anstalten, 3. April 1804; ebd., 1804, Nr. 62, S. 2787 f.: Circulare an sämmtliche Ober-Landes-Justiz-Collegia, excl. des Geheimen Ober-Tribunals, wegen Verhütung des Entweichens der Verbrecher auf dem Transport, 6. Dez. 1804; ebd. 1805, Nr. 3, S. 1867–1874: Publicandum, wegen besserer Organisation der Criminal-Collegium, 14. Jan. 1805, Nr. 59, S. 3057 f.; Rescript an das Cammergericht, wegen der für Wiedereinbringung entwichener Festungsgefangene bewilligten Finanzgelder à 5 Rthlr, 13. Nov. 1805

92 Ebd., 1804, Nr. 6, S. 2129–2134: Circulare an sämmtliche Provinzial-Landes-Justiz-Collegia: wegen Einsendung der Listen von den entwischten Verbrechern, 17. März 1804

93 Schmidt, Einführung, S. 225–228; Richard Hartmann: P. J. A. Feuerbachs politische und strafrechtliche Grundanschauungen. Berlin (Ost) 1961, S. 68–113

94 Ernst Rosenfeld: Verschickung freiwillig auswandernder Insassen der Gefängnisse von Mecklenburg nach Brasilien in den Jahren 1824 und 1825. In: Zeitschrift für die gesamte Strafrechtswissenschaft 24, 1904, S. 412–425, hier: 412–417

95 Vgl. die entsprechende Unterakte und den Austausch diplomatischer Noten in LHA Schwerin, Großherzogliches Kabinett I/78

96 Ebd., I/53, Bl. 1: Serenissimo Allerunterthanigstes Pro-Memoria, 12. Mai 1824

97 Ebd., Bl. 64–68: In Untersuchungs-Sachen wider die Inculpanten Rhode etc.

98 Zit. in: Rosenfeld, Verschickung, S. 412

99 Vgl. Küther, Menschen auf der Straße

100 Kopie der Übereinkunft im LHA Schwerin, Großherzogliches Kabinett I/54, Bl. 5

101 Ferdinand Schröder: Die Deportation mecklenburgischer Staatsgefangener nach Brasilien 1824/25. In: Der Auslandsdeutsche, Nr. 15, 1929, S. 497f.

102 LHA Schwerin, Großherzogliches Kabinett I/53, Bl. 41–45: Nachweisung von denjenigen Arbeitern des Land-Arbeitshauses, welche unter den ihnen bekannt gemachten Bedingungen in Brasilien ein Etablissement zu erwerben wünschen

103 Ebd., Bl. 98–103: Nachtrag zum General-Rapport für den Monat Juni 1824 betreffend die Transportierung der nach Brasilien auswandernden Landarbeitshäusler nach Hamburg

104 Ebd., I/54, Bl. 70–75: Rectificirte-Liste derjenigen Sträflinge pp. welche am 6. Decbr. von Dömitz nach Brasilien abgegangen; ebd., Bl. 65: gedruckte Notiz vom 10. Dezember 1824. In Schröder, Deportation, wird außerdem behauptet, daß noch 30 Gefangene aus der Correctionsanstalt in Rostock auf dem Schiff waren. Eine weitere Liste von 102 Insassen, aus denen schließlich eine Auswahl getroffen wurde, befindet sich im LHA Schwerin, Kriminalkollegium zu Bützow 1127, Bl. 21–31

105 LHA Schwerin, Großherzogliches Kabinett I/78, Unterakte über die Ernennung des Konsuls

106 Ebd., I/62, Bl. 56f.: Verzeichniß derjenigen Personen, welche in dem Criminal-Gefängnisse zu Bützow inhaftiert, und sich auf den Grund der dieserhalb erlaßenen Allerhöchsten Bestimmung freywillig zur Auswanderung nach Brasilien erklärt

107 Ebd., Bl. 63: Serenissimo Allterunterthänigstes Pro-Memoria, 26. Juli 1825

108 Ebd., I/58, Bl. 69: Registrature, Güstrow, im Landarbeitshause, den 12. September 1828

109 Vgl. die Diskussion über die Brüder Marlow im LHA Schwerin, Kriminalkollegium zu Bützow 1128, Bl. 55–58

110 Rosenfelds Bericht beruht zwar auf einigen der relevanten Akten, ist aber hauptsächlich darauf gerichtet, nachzuweisen, daß die deutschen Siedler getäuscht und von den Brasilianern schlecht behandelt worden seien. Er ist hochgradig selektiv und läßt alle Einzelheiten über das schlechte Betragen der Emigranten aus

111 Vgl. dazu Schröder, Deportation. Schröders Hauptanliegen war, der Kritik entgegenzutreten, die Regierung in Mecklenburg habe kaltblütig gehandelt, als sie diese Menschen nach Brasilien schickte. Er wollte zeigen, daß es nicht ihre Schuld war, wenn die Auswanderer ihre Religion nicht ausübten

112 LHA Schwerin, Kriminalkollegium zu Bützow 1130: Der Vortrag des Oberinspektors Ehlers und des Pastors Romberg aus Dreibergen auf Begnadigung mehrerer Sträflinge zur Auswanderung nach Amerika, 1847

113 StA Hamburg, Gefängnisverwaltung A 41: Bericht über die nach Brasilien gegangenen Gefangenen, vom Verwaltenden Vorsteher der Gefängnisse

114 Evans, Rituals of Retribution, S. 259

115 StA Hamburg, Gefängnisverwaltung A 41: Holtermann, Brief vom 20. November 1825

116 Ebd.: Senatsprotokoll vom 6. Juli 1832 und Notizen vom 1. Juli 1832. Zur Geschichte der Deportationen aus Hamburg nach Brasilien und in die USA vgl. G. Moltmann: Die Transportation von Sträflingen im Rahmen der deutschen Auswanderung im 19. Jahrhundert. In: ders.: Deutsche Amerika-Auswanderung im 19. Jahrhundert. Stuttgart 1969, S. 147–196

117 Vgl. Kapitel 3 und Moltmann, Die Transportation, S. 150–153

118 StA Hamburg, Gefängnisverwaltung A 41: Vogelsang, Brief vom 10. November 1832

119 Ebd.: Vogelsang, Brief vom 19. November 1832

120 Moltmann, Die Transportation, S. 155

121 Jürgen Tampke und Colin Doxford: Australia, Willkommen. A History of the Germans in Australia. Kensington, Neusüdwales 1990, S. 14–19; Robert Hughes: The Fatal Shore. A History of the Transportation of Convicts to Australia 1787–1868. London 1987, S. 493–500

122 Moltmann, Die Transportation, S. 176–178

123 GStA Berlin Rep. 84a/7797, Bl. 37–38: von Jordan, Botschafter in Dresden, an das Ministerium der auswärtigen Angelegenheiten, darin eine Beschreibung eines Gesprächs mit dem Coburger Staatsminister von Carlowitz, 22. September 1837

124 StA Coburg Min. D/469, Bl. 16–20: Gruner, Landes-Regierung, 29. August 1826

125 GStA Berlin Rep. 84a/7797, Bl. 34: Allgemeine Zeitung (Abschrift), 18. Oktober 1837

126 StA Coburg Min. A/124: Landes-Regierung, 5. März 1846 und Notiz von Prinz Ernst, 14. März 1846

127 GStA Berlin Rep. 84a/7797, Bl. 10–16: Votum vom 29. November 1835; ebd., Bl. 17–19: Petition der Stände der Mark Brandenburg, 6. April 1837; ebd., Bl. 35: Bericht vom 29. November 1837

128 StA Coburg Min. D/471, Bl. 145: Landes-Regierung, 24. April 1847

129 Ebd., Bl. 133: Landes-Regierung, 25. November 1845

130 Ebd., Landes-Regierung, 7. Mai 1856 und Notiz von Prinz Ernst, 15. Mai 1856

131 Ebd., Min. D/471, 472 (vgl. Liste am Anfang jeder Akte)

132 Ebd., Min. D/472, Bl. 188, 189: Landes-Regierung (Habermann), 20. August 1855

133 Ebd., Min. D/473, Bl. 243: Bericht des Landraths-Amts, 4. April 1867

134 GStA Berlin Rep. 84a/7796, Bl. 65–74: Merckel, 6. April 1828, und Abschrift der Petition Nr. 19 des 2. Provinzial-Landtags, 28. Februar 1828

135 Ebd./7797, Bl. 2: Votum des Justiz-Ministers von Kamptz, 18. Januar 1834

136 Ebd., Bl. 11: Votum des Justiz-Ministers von Kamptz, 11. November 1835, Abschrift des Kabinett-Votums vom 30. Oktober

137 Ebd., Bl. 12–14: Auszug aus der Wiener Zeitung vom 6. Oktober 1835

138 Ebd., Bl. 14–16: Votum Ancillon, 29. November 1835

139 Ebd., Bl. 20e–k: Oberpräsident der Provinz Brandenburg: Gutachtliche Äußerung des Landtags-Kommissarius zu der abschriftlich hier beigefügten Immediat-Vorstellung der Stände der Mark Brandenburg und des Markgrafthums Nieder-Lausitz vom 6. April 1837

140 Ebd., Bl. 21

141 Ebd., Bl. 21–29

142 Hermann von Valentini: Das Verbrecherthum im Preussischen Staate, nebst Vorschlägen zu seiner Bekämpfung durch die Gesellschaft und durch die Reform der Strafvollstreckung. Leipzig 1869, S. 4–7

143 Heinrich Wagnitz: Über die moralische Verbesserung der Zuchthausgefangenen. Halle 1787

144 Herbert Schattke: Die Geschichte der Progression im Strafvollzug und der damit zusammenhängenden Vollzugsziele in Deutschland. Frankfurt/Main 1979, S. 79–90

145 Nikolaus Heinrich Julius: Vorlesungen über die Gefängnis-Kunde, oder über die Verbesserung der Gefängnisse und sittlichen Besserung der Gefangenen, entlassenen Sträflinge u. s. w., gehalten im Frühlinge 1827 zu Berlin. Berlin 1828, bes. S. 216–222; vgl. auch Valentini, Verbrecherthum

146 Carl Joseph Anton Mittermaier: Die Gefängnisverbesserung, insbesondere die Bedeutung und Durchführung der Einzelhaft im Zusammenhange mit dem Besserungsprinzip, nach den Erfahrungen der verschiedenen Strafanstalten. Erlangen 1858, S. 53–56, 74–76

147 Carl Joseph Anton Mittermaier: Besserungsanstalten. In: Carl von Rottek und Carl Welcker (Hg.): Staats-Lexikon. Altona 1834, Bd. I, S. 504

148 Blasius, Bürgerliche Gesellschaft, bes. S. 70–92

149 Zu diesem Aspekt des Liberalismus vgl. David Blackbourn: Wenn ihr sie wie-

der seht, fragt wer sie sei. Marienerscheinungen in Marpingen oder Aufstieg und Niedergang des deutschen Lourdes. Reinbek 1997, S. 451–480

150 Vgl. auch Ignatieff, A Just Measure of Pain

151 B. Appert: Die Geheimnisse des Verbrechens, des Verbrecher- und Gefängniß-Lebens. Leipzig 1851, Bd. I, S. 97–101

152 Mittermaier, Besserungsanstalten, S. 504–514

153 Mittermaier, Die Gefängnisverbesserung, S. 101

154 Schattke, Geschichte, S. 88 f.

155 Blasius, Bürgerliche Gesellschaft, S. 79

156 C. Krohne und R. Uber: Die Strafanstalten und Gefängnisse in Preussen, Bd. I, Berlin 1901; darin befinden sich Pläne der Geschosse und Aufrisse

157 Evans, Rituals, S. 380 f.

158 HStA Hannover Hann. 26a/7373 Bl. 38: Schreiben des Königlichen Gesammt-Ministerii vom 7. Januar 1860, die Reform der Strafanstalten betreffend; s. auch die folgenden Dokumente

159 Ebd. Hann. 9 Amerika 14, Bl. 14: Dudley Mann an Baron von Falcke, 15. Dezember 1847

160 Moltmann, Die Transportation, S. 161

161 HStA Hannover Hann. 9 Amerika 14, Bl. 4 f.: Beeidete Aussage von Moses Catzenstein und Amelia Blogg, Baltimore, 7 Februar 1845

162 Moltmann, Die Transportation, S. 161 f.

163 Ebd., S. 163 f. Den Berichten nach kamen auch aus dem Fürstentum Schwarzburg-Sondershausen, aus dem Herzogtum Braunschweig und dem Königreich Württemberg zu dieser Zeit Verbrecher nach New York (ebd., S. 165)

164 HStA Hannover Hann. 9 Amerika 14, Bl. 16–22. Ministerium des Innern an Ministerium der auswärtigen Angelegenheiten, 14. Januar 1848. Vgl. auch: Hann. 80 Hannover I A 626: Innenministerium an Landdrostei Hannover, 25. November 1834, Nr. 16075. Darin finden sich die ersten Anordnungen zur Verwirklichung der Pläne

165 Ebd., Hann. 74 Hameln 4345: T. von Werlhof, Königliche Großbritannisch-hannoversche Landdrostei an sämmtliche Obrigkeiten in dem Bezirke der Königlichen Landdrostei Hannover, 29. Juni 1835. Nr. 8, 951; Notiz vom 27. Mai 1840, Nr. 5931 (mit dem Vermerk «Confidentiell»); ebd. Burgdorf I 1669: Ausschreiben der Landdrostei Lüneburg, 10. Dezember 1834. Im Jahr 1844 brachten die Behörden Besorgnis zum Ausdruck, denn die zu Deportierenden forderten «ein ungewöhnlich hohes Reisegeld und eine ungewöhnliche Menge von Kleidungsstücken», woraufhin sie strengere Kontrollen einführten. Vgl. ebd., Celle 1315, Bl. 6: Ausschreiben der Königlichen Landdrostei Lüneburg, 20. August 1844

166 Ebd., Memorandum Nr. 5860, Februar 1855

167 Ebd. Hann. 80, Hildesheim I E 535: Innenministerium an Landdrosteien, 7. Januar 1856; Edgecombe an Platen, 25. Dezember 1855

168 Ebd. Hann. 9 Amerika 14, Bl. 47–49: Belgischer Botschafter in Berlin an Hannoversche Regierung, 17. März 1855

169 HStA Hannover Hann. 9 Amerika 14, Bl. 50–54: Ministerium des Innern an Ministerium für auswärtige Angelegenheiten, 26. März 1855

170 Ebd., Bl. 28–31: Präsident des Bremer Senats an Ministerium der auswärtigen Angelegenheiten, Hannover 20. Juni 1851; Bl. 40–45: Bericht der Inspection der Mäkler im Senate d. 16. Juni 1851

171 Ebd., Bl. 32 f.: Memorandum des Innenministeriums, 19. August 1851

172 Ebd., Bl. 35–39: Bericht des Amts Lehe, den 11. August 1851

173 Ebd. Hann. 80 Hannover I A 626: Innenministerium an Landdrostei Hannover, «vertraulich», 16. Januar 1841

174 Ebd., Innenministerium an Landdrostei Hannover, 20. Januar 1843

175 Ebd., Hann. 74 Burgdorf I 1669: Landdrostei Lüneburg an Amt Burgdorf («Vertraulich!»), 17. März 1848

176 Ebd., Hann. 9 Amerika 14, Bl. 35–39: Bericht des Amts Lehe, den 11. August 1851

177 Ebd., Hann. 80 Hildesheim I E 535: Anordnung der Landdrostei Hildesheim, 1. September 1851, Nr. 13, 709

178 Als Beispiel dafür: Ebd. 1216: Gesuch des Sträflings A. Bock um Bewilligung einer Beihilfe zu den Kosten seiner Auswanderung nach Amerika

179 Ebd. 999: die beantragte Übersiedelung des im Strafarbeitshause zu Hameln detenirten David Fränkl aus Sarstedt nach America 1841. In diesem Fall mindestens lehnte die Jüdische Gemeinde in Sarstedt ab

180 Ebd., Bl. 60–62: Ministerium des Innern an Ministerium für auswärtige Angelegenheiten, 26. März 1855; s. außerdem ebd., Hann. 74 Hameln 4345: F. Mehlis, Königlich-Hannoversche Landdrostei an Obrigkeiten des Verwaltungs-Bezirks, 18. Mai 1855, Nr. 5955

181 Ebd. Hann. 26a 7159: Species facti cum voto in Untersuchungssachen wider Heinrich Georg Hundertmark (etc.), Bl. 148–149, 11. März 1836, Nr. 1; Charakteristik des Verurtheilten Heinrich Hundertmark, Nr. 2; Unterthänigster Begnadigungsgesuch von Seiten des Vollmeiers Wilhelm Hundertmark, 27. August 1841 (+++ Handzeichen Wilhelm Hundertmark), Nr. 20; «Der Kettensträfling Hundertmark ist nicht zu begnadigen, Ernst August, 21sten September 1841», Nr. 21; Bericht der Direction der Strafanstalt zu Stade vom 2ten Januar 1852, Nr. 43, Notiz des Amts in Pyrmont, 12. März 1854, Nr. 59

182 Ebd., Hann. 74 4345: Königlich-Hannoversche Landdrostei an Obrigkeiten des Verwaltungs-Bezirks, 20. Juli 1866

183 Ebd., Hann. 26a 7105: Untersuchung wider den Maler und Glaser Heyko Boelsen aus Timmel, wegen Brandstiftung, 1858–1864

184 Ebd. 7228: Pastoral-Zeugnis für den Sträfling Sander aus Powe, 5. Feb. 1865

185 Ebd., Hann. 80 Hildesheim I E 1900. Bericht des Amts Einbeck vom 11. April 1865

186 Ebd. 7166: Freiting an König Georg V., 20. Februar 1864, Nr. 439; Bericht der Direction der Kettenstrafanstalt zu Lüneburg vom 16. December 1865, Nr. 58

187 Ebd. 7236: Memorandum vom 17. September 1865 und Bericht vom 14.

März 1866. Sein Komplize Johann Schmidt war zwei Jahre zuvor aus ähnlichen Gründen begnadigt worden und, was sehr ungewöhnlich war, nach Afrika ausgewandert anstatt in die Vereinigten Staaten

188 Ebd., Hann. 26 a 7530 I: Knoop an Justizminister, 30. November 1856

189 Ebd. II: Charakteristik des Heinrich Theodor Knoop aus Göttingen, Aufgestellt Lüneburg, den 4. April 1862

190 Ebd.: Pastoralzeugnis über den Sträfling Heinrich Theodor Knoop

191 Ebd., Hann. 80 Hildesheim I E 826: Bericht des Magistrats Hildesheim, 17. Juni 1841

192 Ebd. 1002: Bericht des Amts Hildesheim vom 31. August 1861; Reisepaß-Ausstellung, 7. Oktober 1861

193 Ebd. 1406: Polizeibericht an Kultusministerium, Abteilung der Universitätssachen, 26. Februar 1836, Nr. 36

194 Ebd.: Ministerium der geistlichen und Unterrichts-Angelegenheiten an die Göttinger Polizei, 12. März 1836, Nr. 37

195 Ebd.: Göttinger Polizeibericht, 24. März 1836, Nr. 38 a

196 Ebd. 7247: Bericht der Direction der Strafanstalt zu Lingen vom 9. März 1856

197 Ebd. 1440: Bericht der Polizei-Direction zu Göttingen vom 3ten September 1841

198 Ebd. 687: Rettstadt an Landdrostei Hildesheim, 4. Juni 1865; Bericht des Amts Gronau vom 3. Juli 1865

199 Ebd. 920: Charakteristik des Verurteilten Carl Ritter, Nr. XIV

200 Ebd. 923: Katharina Hartjen an Landdrostei Hildesheim, 5. August 1840

201 Ebd.: Magistrat an Landdrostei Hildesheim, 30. August 1840

202 Foreign Criminals and Paupers, 34th. Congress, 1st Session, Report No 359, 16. August 1856, zit. in Moltmann, Die Transportation, S. 166

203 Moltmann: Die Transportation, S. 167

204 Haubold Freiherr von Spesshardt: Handbuch über Straf- und Besserungs-Anstalten. Hildburghausen 1843, S. 116–121

205 StA Bremen 2-D 18.0: Verbannung, Transport, Zwangspässe, Ausweisung 1715–1873: Nr. 6: Extract aus dem Senatsprotokolle de 1852 – Mai 12 – p. 315: Transportirung von Verbrechern, Vagabunden etc. nach Bahia

206 GStA Berlin Rep. 84 a / 7797, Bl. 63: Bericht der Kommission für Rechtspflege der 1. Kammer, III. Leg. Per., Nr. 376, 26. April 1853

207 Franz von Holtzendorff: Die Deportation als Strafmittel in alter und neuer Zeit und die Verbrecherkolonien der Engländer und Franzosen in ihrer geschichtlichen Entwicklung und criminalpolitischen Bedeutung. Leipzig 1859, bes. S. 711–713

208 HStA Hannover Hann. 74 Hameln Nr. 4345: Königlich Preußische Landdrostei Hannover an die Obrigkeiten des Landdrostei-Bezirks, 21. April 1868

209 BA Potsdam 61 Rel, Bd. 1: Deportation. Gefängnis und Gefängnisarbeit. Zuchthaus und Zuchthausarbeit. International. 1894–1897; ebd. Bd. 2: Deportation, Zuchthaus und Gefängnisse 1897–1902, passim

210 Richard F. Wetzell: Criminal Law Reform in Imperial Germany. Diss. Stanford University 1991

211 GStA Berlin Rep. 84a/7798: Tägliche Rundschau, 28. Februar 1896

212 Ebd.: Hamburger Nachrichten, 27. April 1904

213 Johnson, Urbanization and Crime

214 GStA Berlin Rep. 84a/7797: Reichstagsdrucksache 823-118: Bericht

215 Ebd.: Begründung der Petition des Deportations-Ausschusses des Deutschen Kolonial-Bundes, 1903

216 Bericht in: HStA München M Inn 71567

217 GStA Berlin Rep. 84a/7798: National-Zeitung, 15. Januar 1908

218 Ebd./7797: Reichstag, 104. Sitzung, 18. Februar 1903, S. 18, 275 f.

219 Bericht in: HStA München M Inn 71567

220 GStA Berlin Rep. 84a/7798: Schlesische Presse, 14. Mai 1881

221 Bericht über diese Verhandlungen in: HStA München M Inn 71567

222 GStA Berlin Rep. 84a/7798: Norddeutsche Allgemeine Zeitung, 2. August 1896

223 Ebd.: Saale-Zeitung, 27. Juli 1905

224 Ebd.: Tägliche Rundschau, 28. Februar 1898 (Beilage); ebd./7797, Bl. 94–96: Memorandum des Landeshauptmanns in Windhoek, 15. März 1896; ebd., Bl. 99–101: Memorandum des Landeshauptmanns in Togo, 10. April 1896

225 Ebd.: Danziger Zeitung, 6. Juni 1896

226 Ebd.: Deutsche Tageszeitung, 7. August 1896

227 Ebd.: Deutsche Warte, 8. August 1896

228 Ebd.: Vossische Zeitung, 29. März 1896

229 Ebd.: National-Zeitung, 27. Juni 1906

230 Ebd., Bl. 194: Reichstag, 106. Sitzung, 20. Februar 1908; 108. Sitzung, 25. Februar 1908; Die Post, 26. Februar 1908

231 GStA Berlin, Rep. 84a/7796, Bl. 93: Borowskis eidliche Aussage; ebd., Bl. 124: Bericht vom Januar 1804

232 Für weitere Belege der Feindseligkeit russischer Bauern gegenüber Ausländern s. C. C. Zimmermann: Bis nach Sibirien. Erinnerungen aus dem Feldzuge nach Rußland und aus der Gefangenschaft 1812–1814. Hannover 1863, S. 17–20

233 GStA Berlin Rep. 84a/7796, Bl. 93, 118, 144 f. Borowskis und Wiesniewskis beeidete Aussagen und Untersuchungen

234 Ebd., Bl. 2, 91–93, 100, 118, 124, 130, 138, 144–45: Berichte, sowie vom 14. November 1803, 22. November 1803, 15. Februar 1804, eidliche Aussagen und Verhöre von Borowski und Wiesniewski

235 Carl Wilhelm Friedrich Grattenhauer: Über die Nothwehr. Ein Beitrag zur wissenschaftlichen Behandlung des Kriminalrechts. Breslau 1806; ders.: Exners Tod. Ein merkwürdiger Kriminalfall rechtmäßiger Notwehr: Erkenntnisse des Kriminal-Senats der Ober-Amts-Regierung in Glogau wider den Harpersdorffer Müller Johann Gottlieb Meschter. Breslau 1805; J. C. Hitzig, W. Häring: Der neue Pitaval. Teil I, Leipzig ²1857, S. 305–330

236 Grattenhauer, Über die Nothwehr, S. 29

237 Ebd., S. IV

238 Ebd., S. V

239 Ebd., S. 31–37

240 Dirk Blasius: Der Kampf um die Geschworenengerichte im Vormärz. In: Hans-Ulrich Wehler (Hg.): Sozialgeschichte Heute. Festschrift für Hans Rosenberg zum 70. Geburtstag. Göttingen 1974, S. 148–161

241 GStA Berlin Rep. 84a/7796, Bl. 93: Borowskis eidliche Aussage

242 Ebd./7794, Bl. 241–42: Verzeichniß der zur ersten Ablieferung designirten nach Sibirien zu deportirenden Verbrecher, Nr. 3–4

243 Ebd., Bl. 93: Borowskis eidliche Aussage; ebd., Bl. 118, 130, 100

244 August von Kotzebue: Das merkwürdigste Jahr meines Lebens. 2 Bde. Berlin 1801

245 M. Masson: Mémoires secrets sur la Russie et particulièrement sur la fin du règne de Catherine II e, et le commencement de celui de Paul Ier; ou lettres en réponse à M. Kotzebue. 4 Bde. Amsterdam 1803; Anon.: Nöthige Erläuterungen zu der Schrift des Herrn von Kotzebue: Das merkwürdigste Jahr meines Lebens. Von einem Freund der Wahrheit. Leipzig 1802

246 Die schrecklichsten Jahre meines Lebens. Meine Leiden und Verhaftung zu Königsberg und Spandau und Verbannung in die Bergwerke nach Sibirien, von Wilhelm Aschenbrenner. 2 Bde., Berlin 1804

247 Die klassische Studie dazu ist; Rudolf Schenda: Volk ohne Buch. Studien zur Sozialgeschichte der populären Lesestoffe 1770–1910. München 1977. Vgl. auch J. W. Appell: Die Ritter-, Räuber- und Schauerromantik. Zur Geschichte der deutschen Unterhaltungs-Literatur. Leipzig 1859

248 Aschenbrenners authentische Geschichte, S. IV–X

249 Ebd., S. 334, 330

250 Anon., Allgemeine Nachricht, S. 6

251 John Dundas Cochrane: Narrative of a Pedestrian Journey through Russian and Siberian Territory, from the Frontiers of China to the Frozen Sea and Kamchatka. London ²1824, Bd. II, S. 146–152

252 Charles H. Cottrell: Recollections of Siberia in the Years 1840 and 1841. London 1842, S. 325

253 Perry Mc Donough Collins: A Voyage down the Amoor, with a land journey through Siberia, and incidental notices of Manchooria, Kamchatka, and Japan. New York 1860, S. 115–118

254 Mrs. Aga: The Adventures of a Serf's Wife among the Mines of Siberia. London 1866, S. 252–255

255 Harry Lansell: Through Siberia. London ³1882, S. 43, 408–12, 418, 429; George Kennan: Siberia and the Exile System. New York 1891, Bd. II, S. 279, 285, 300, 305–307

Anmerkungen zu 2. «Die Zauberruthe des Gerichtsdieners»

1 StA Bremen 2.-D. 18.0, Nr. 5: Gröning an den Senat, 21. Mai 1845, S. 1 f.

2 Ebd., S. 3–9

3 Ernst Dronke: Polizei-Geschichten, sowie der Prozeß gegen denselben vor dem Zuchtpolizeigericht zu Koblenz. (1847) Hg. von Detlev Wagner. Berlin 1980, S. 76–83

4 Wilhelm Breithaupt: Die Strafe des Staupenschlags und ihre Abschaffung im Gemeinen Recht. Jena 1938

5 Vgl. Dirk Blasius: Bürgerliche Gesellschaft und Kriminalität. Zur Sozialgeschichte Preußens im Vormärz. Göttingen 1976. Besonders für Bremen vgl. Johannes Feest und Christian Marzahn (Hg.): Criminalia. Bremer Strafjustiz 1810–1850. Beiträge zur Sozialgeschichte Bremens, Heft 11. Bremen 1988

6 GStA Berlin Rep. 84a/8312, Bl. 6: Neumärkischer Regierungs- und Kriegs- und Domänen-Kammer allergehorsamstes Gericht, 23. September 1806

7 Reinhard Koselleck: Preußen zwischen Reform und Revolution. Allgemeines Landrecht, Verwaltung und soziale Bewegung von 1791 bis 1848. Stuttgart 1967. Exkurs I: Über die langsame Einschränkung körperlicher Züchtigung, S. 641–659. Zum Allgemeinen Landrecht vgl.: Allgemeines Landrecht für die Preußischen Staaten von 1794. Textausgabe mit einer Einführung von Hans Hattenhauer. Frankfurt/Main ²1994. Hattenhauers Einführung zu dieser Ausgabe bietet insgesamt den besten Überblick über das Gesetzeswerk, seine Ursprünge und Einflüsse. Vgl. außerdem: J.-U. Heuer: Allgemeines Landrecht und Klassenkampf. Die Auseinandersetzungen um die Prinzipien des Allgemeinen Landrechts Ende des 18. Jahrhunderts als Ausdruck der Krise des Feudalsystems in Preußen. Berlin 1960

8 Friedrich Malblank (Hg.): Geschichte der Peinlichen Gerichtsordnung Kaiser Karls V. Nürnberg 1763, S. 237 f.; Gustav Radbruch (Hg.): Die Peinliche Gerichtsordnung Kaiser Karls V. von 1532 (Carolina). Stuttgart ⁴1975, Paragraph CVI–CLXVI. Vgl. außerdem: J. Kohler und W. Scheel (Hg.): Die Carolina und ihre Vorgängerinnen. Text, Erläuterungen, Geschichte. 4 Bde. Halle 1900–1915. Neudruck Aalen 1970; F. C. Schroeder: Die Carolina. Die Peinliche Gerichtsordnung Kaiser Karls. Darmstadt 1986; Peter Landau und Friedrich Schröter (Hg.): Strafrecht, Strafprozeß und Rezeption: Grundlagen, Entwicklungen und Wirkung der Constitutio Criminalis Carolina. Frankfurt/Main 1984

9 Vgl. Richard J. Evans: Rituals of Retribution. Capital Punishment in Germany 1600–1987. Oxford 1996, S. 109–116

10 Novum Corpus, Constitutionum Prussico-Brandenburgensium Praecipue Marchicarum, Bd. X. Berlin 1801, Nr. 40, S. 963–966: Circulare an die Regierungen, dass bei Criminaluntersuchungen die Angeschuldigten durch thätliche Behandlung nicht zum Bekenntniss der Wahrheit zu nöthigen.

11 Koselleck, Preußen, S. 644

12 GStA Berlin Rep. 84a/8312, Bl. 1: Friedrich Wilhelm III. an Großkanzler

von Goldbeck, 24. Dezember 1804; ebd., Bl. 2–6: Neumärkischer Regierungs- und Kriegs- und Domänen-Kammer allergehorsamstes Gericht, 23. September 1806; ebd., Bl. 9–13: Befehl von Friedrich Wilhelm III., 12. Februar 1820, und Bericht des Oberlandesgerichts Neumark, 23. März 1810; ebd., Bl. 18: Friedrich Wilhelm III. an Oberlandesgericht Neumark, 28. April 1810

13 Ebd., Bl. 20: Bericht vom 21. Dezember 1816; ebd., Bl. 21: Regierung Breslau an Justizministerium, 3. Dezember 1816; ebd., Bl. 26 f.: Oberlandesgericht Breslau an Justizministerium, 20. Juli 1818; ebd., Bl. 29 f.: Regierung Breslau an Justizministerium, 23. Juli 1818; ebd., Bl. 44: Oberlandesgericht Naumburg an Justizministerium, 26. November 1824; ebd., Bl. 45: Bericht vom 15. Dezember; ebd., Bl. 47: Justizministerium Memorandum für den Justizminister, 28. Oktober 1832. Vgl. Koselleck, Preußen, S. 650

14 Vgl. Kai-Detlev Sievers: Prügelstrafe als Zeichen ständischer Ungleichheit. In: Karl Köstlin und Kai-Detlef Sievers (Hg.): Das Recht der kleinen Leute. Festschrift für Karl-Sigismund Kramer. Berlin 1976, S. 195–206

15 GStA Berlin Rep. 84 a / 8180, Bl. 1 a: Goldbeck Memorandum vom 15. August 1804

16 Ebd. / 8181, Bl. 55: Staatsministerium an König Friedrich Wilhelm IV., 4. März 1853; vgl. auch Koselleck, Preußen, S. 646–649

17 Körperliche Züchtigung auf gerichtliche Anordnung wurde entweder von Gefängniswärtern oder von Gerichtsdienern oder Gerichtsboten vollzogen, und zwar infolge eines Dekrets von 1808 «ad posteriora» mit einer Lederpeitsche oder einem Röhrchen. Peitschenschläge auf den Rücken wurden als gesundheitsschädigend empfunden. Die Anwesenheit eines Gefängnis- oder Gerichtsarztes wurde nur verlangt, wenn es prima facie Zweifel gab, ob der Straftäter die Strafe aushalten könne. In den altpreußischen Provinzen wurde das Röhrchen selten gebraucht, denn die Peitsche galt als wirksamere Strafe. 1828 bestätigte das Justizministerium, daß die Peitsche zu bevorzugen sei. Das Gefängnis in Lichtenburg benutzte «Kautschuhen und schwache Haselruthen stets auf den bekleideten Hintern». Die Kautschuhe war üblicherweise etwa 27 Zoll lang und wenig mehr als ein Zoll dick, und sie wurde «aus 4 bis 5 übereinandergelegten Lederschichten» gemacht. Der Straftäter wurde an ein Gerät befestigt, das speziell für diesen Zweck konstruiert war. Vgl. GStA Berlin Rep. 84 a / 8180, Bl. 11 a, 12 g, 21–35: Landgericht Traustadt an Justizministerium, 15. September 1831, und Antwort vom 30. September 1831; Kriminal-Senat des Oberlandesgerichts Naumburg an Justizministerium, 3. Februar 1832, und Antwort vom 8. Juni 1832; Kammergericht Berlin an Justizministerium, 14. Mai 1832; König Friedrich Wilhelm IV. an Minister Mühler, 12. November 1838

18 GStA Berlin Rep. 84 a / 8180, Bl. 12 a, 12 b; ähnliche Beschwerden vom Oberlandesgericht in Ratibor von 1830 ebd., Bl. 13

19 Bericht in: Ebd. / 8181, Bl. 55: Staatsministerium an König Friedrich Wilhelm IV., 4. März 1853

20 Koselleck, Preußen, S. 651–655

21 GStA Berlin Rep. 84a/8182, Bl. 102: Materialien: betr. die Abschaffung der Prügelstrafe in Preußen, 23. September 1898

22 Ebd./8035, Bl. 91: Strafrechtskommission, 29. Oktober 1845. Vgl. auch Koselleck, Preußen, S. 658

23 GStA Berlin Rep. 84a/8180, Bl. 146: Einige Bemerkungen zu den Verhandlungen der fünften Sitzung des Vereinigten Ständischen Ausschusses – die Abschaffung der körperlichen Züchtigung als Strafe betreffend; ebd./8182, Bl. 103: Materialien: betr. die Abschaffung der Prügelstrafe in Preußen, 23. September 1898

24 Wolfram Siemann: Deutschlands Ruhe, Sicherheit und Ordnung. Die Anfänge der politischen Polizei 1806–1866. Tübingen 1985, S. 341f.

25 GStA Berlin Rep. 842/8180, Bl. 145–155: Denkschrift von Polizeipräsident von Minutoli, 3. Februar 1848

26 Ebd., Bl. 156: Eingabe des Constitutionellen Clubs Berlin, 24. April 1848

27 Ebd., Bl. 138: Gesetzes-Sammlung für die Königlichen Preußischen Staaten, Nr. 21, Nr. 2967, 6. Mai 1848

28 H. Föhring: Noch ein Wort zur Prügelstrafe. Hamburg 1879, S. 6

29 Vgl. StA Bremen 2.-D.18.p: Körperliche Züchtigung

30 GStA Berlin Rep. 84a/8181, Bl. 3: Friedrich Wilhelm IV. an Justizministerium, 7. Dezember 1852

31 Ebd., Bl. 2: Friedrich Wilhelm IV. an Justizministerium, 8. Dezember 1852

32 Ebd.: Friedrich Wilhelm IV. an Justizministerium, 14. März 1853

33 Marx litt ebenfalls unter dieser Beziehung, die sein Gegner auf dem linken Flügel, Karl Vogt, auszunutzen versuchte, um ihn zu kompromittieren. Zu dieser Verbindung vgl. David McLellan: Karl Marx. His Life and Thought. London 1973, S. 65, 312, 327

34 GStA Berlin Rep. 84a/8181, Bl. 46: Votum des Innenministers, 7. Februar 1853

35 Ebd., Bl. 257f.: Votum des Innenministeriums, 30. November 1884

36 Ebd., Bl. 214–223: Votum des Justizministers Simons

37 Ebd., Bl. 262–265: Magistrat zu Lützen, Petition vom 30. Januar 1855; ebd., Bl. 297f.: Oberpräsident der Provinz Sachsen (Witzleben) und Provinziallandtag; ebd., Bl. 317: Bericht der Kommission für das Justiz-Wesen über den Antrag der Abgeordneten v. Rosenberg-Lipinsky und Genossen auf Einführung der körperlichen Züchtigung als gerichtliches Strafmittel, und mehrere, denselben Gegenstand, sowie die Verschärfung der Freiheitsstrafen betreffende Petitionen, S. 2

38 Ebd., Bl. 266–269: Petition an die Abgeordnetenkammer, 8. März 1855

39 GStA Berlin Rep. 181/14056, Bl. 15

40 Ebd., Bl. 25

41 Ebd., Bl. 11

42 Ebd., Bl. 42–52

43 Ebd., Bl. 35–38

44 Ebd., Bl. 44, 56

45 Ebd., Bl. 47

46 Ebd., Bl. 29–34

47 Ebd., Bl. 54–56

48 Ebd., Bl. 58–64

49 Ebd., Bl. 20–22

50 Ebd., Bl. 63 f.

51 Ebd., Bl. 72–81

52 GStA Berlin Rep. 84a/8181, Bl. 235–248: Staatsministerium «An des Königs Majestät», Berlin o. J. (Entwurf 1854); ebd., Bl. 276–290; ebd., Bl. 291–295

53 Ebd., Bl. 87: Staatsministerium an Friedrich Wilhelm IV., 4. März 1853

54 Ebd., Bl. 78–86: Votum des Justizministers Simons den Allerhöchsten Erlaß vom 8ten Dezember 1852 wegen Wiedereinführung der körperlichen Züchtigung betreffend

55 Ebd., Bl. 134–213: Zusammenstellung des wesentlichen Inhalts der von den Gerichten über das Bedürfniß und die Nothwendigkeit einer Wiedereinführung der körperlichen Züchtigung als Strafe für gewisse Gattungen von Verbrechen und Vergehungen, sowie für einzelne Klassen von Verbrecher abgegebenen Gutachten

56 Ebd., Bl. 214–223: Votum des Justizministers Simons

57 Ebd., Bl. 317: Bericht der Kommission für das Justiz-Wesen über den Antrag der Abgeordneten v. Rosenberg-Lipinsky und Genossen

58 Ebd., Bl. 326: Nicht die Verbrechen, nur die Gefangenen haben sich unverhältnismäßig vermehrt. In: Der Publicist. Zeitung für Recht und Gerichtsverfahren XI, Nr. 37, 9. Mai 1856

59 Ebd., Bl. 317: Bericht der Kommission für das Justiz-Wesen über den Antrag der Abgeordneten v. Rosenberg-Lipinsky und Genossen, S. 4 f.

60 Ebd., S. 6–10

61 Ebd., S. 10–15

62 Ebd., S. 16–21

63 Föhring: Noch ein Wort zur Prügelstrafe, S. 5

64 GStA Berlin Rep. 84a/8184, Bl. 47: Der Tag, 21. März 1901

65 Paul Sauer: Im Namen des Königs. Strafgesetzgebung und Strafvollzug im Königreich Württemberg von 1806 bis 1871. Stuttgart 1984, S. 171

66 GStA Berlin Rep. 84a/8184: Berliner Tageblatt, 1. Februar 1908

67 Bericht in ebd./8181, Bl. 55: Staatsministerium an König Friedrich Wilhelm IV., 4. März 1853

68 Ebd./8180, Bl. 8: Friedrich Wilhelm III., Memorandum vom 14. Mai 1811

69 Ebd., Bl. 21–35: Landgericht Traustadt an Justizministerium, 15. September 1831, sowie Erwiderung vom 30. September 1831; Criminal-Senat des Oberlandesgerichts Naumburg an Justizministerium, 3. Februar 1832; Kammergericht Berlin an Justizministerium, 14. Mai 1832; Justizministerium an Criminal-Senat des Oberlandesgerichts Naumburg, 8. Juni 1832;

Friedrich Wilhelm IV. an Justizminister Mühler, 17. November 1838; ebd./
8181, Bl. 303: Auszug aus den Gefängnisvorschriften

70 Ebd., Bl. 309: Haus-Ordnung für die Arrest- und Korrektionshäuser in den
Rheinprovinzen, § 89, 23. Oktober 1827

71 Alfred Bergmann: Das Detmolder Zuchthaus als Stätte von Christian Dietrich
Grabbes Kindheit und Jugend. Zugleich ein Beitrag zur Geschichte des Straf-
vollzuges in Lippe an der Wende vom achtzehnten zum neunzehnten Jahrhundert. Detmold 1968, S. 58–65

72 GStA Berlin Rep. 84a/8180, Bl. 79f.: Mühler an Friedrich Wilhelm IV.,
19. März 1833, und 95a–c: Friedrich Wilhelm IV. an Mühler, 21. Dezember
1833; vgl. auch ebd./8182, Bl. 101: Materialien: betr. die Abschaffung der
Prügelstrafe in Preußen

73 Vgl. Evans, Rituals of Retribution, Kapitel 5 und 6

74 GStA Berlin Rep. 84a/8180, Bl. 162: Memorandum des Justizministeriums,
16. Juni 1848

75 Ebd., Bl. 174: Criminal-Senat des Appellations-Gerichts Königsberg an das
Justizministerium, 6. Dezember 1849

76 Ebd., Bl. 170: Magistrat Breslau an das Justizministerium, 12. Dezember
1849

77 Ebd., Bl. 172: Justizministerium an den Magistrat Breslau, 5. Januar 1850

78 Ebd., Bl. 180:; Appellationsgericht Magdeburg an das Justizministerium,
9. März 1850

79 Ebd./8181, Bl. 66a: Simons, Memorandum vom 7. April 1853

80 Ebd., Bl. 300f.: Votum, dem Königlichen Staats- und Justiz-Minister Herrn
Simons Excellenz vorzulegen

81 Ebd./8182, Bl. 1f.

82 Vgl. Evans, Rituals of Retribution, Kapitel 6 und 7

83 Vgl. ebd., Kapitel 7

84 GStA Berlin Rep. 84a/8182: Preußisches Abgeordnetenhaus, 18. Sitzung,
18. Dezember 1882, S. 375–377

85 Vgl. die von August Bebel zitierten Beispiele in: Stenographische Berichte
über die Verhandlungen des deutschen Reichstages, 10. Legislaturperiode,
1. Session, 175. Sitzung, 23. März 1900, S. 4,941

86 GStA Berlin Rep. 84a/8182, Bl. 10–12

87 Ebd./8184: Breslauer Zeitung, 15. Dezember 1882

88 Ebd.: Berliner Tageblatt, 5. Mai 1893

89 Stenographische Berichte über die Verhandlungen des deutschen Reichstages,
10. Legislaturperiode, 1. Session, 175. Sitzung, 23. März 1900, S. 4,941: Abg.
Bebel

90 GStA Berlin Rep. 84a/8184: Posener Zeitung, 13. Mai 1894; Berliner Volks-
zeitung, 13. Mai 1894

91 Ebd.: Berliner Tageblatt, 30. März 1896

92 Ebd.: Freisinnige Zeitung, 17. Februar 1899

93 Föhring, Noch ein Wort, S. 6

94 GStA Berlin Rep. 84a/8184: Deutsche Tageszeitung, 13. Februar 1909; vgl. auch ebd.: Die Große Glocke, 14. April 1909

95 Ebd.: Westfälischer Merkur, 20. September 1898

96 Ebd.: Berliner Volksblatt, 14. Juli 1886

97 Stenographische Berichte über die Verhandlungen des deutschen Reichstages, 10. Legislaturperiode, 1. Session, 175. Sitzung, 23. März 1900

98 GStA Berlin Rep. 84a/8184, Bl. 51: Entscheidungen des Preußischen Oberverwaltungsgerichts, Bd. 9, S. 437; Bd. 15, S. 444; Bd. 16, S. 414f.; Bd. 30, S. 437; zit. in: Straßburger Post, 26. November 1901 (Einige Bemerkungen über die Prügelstrafe)

99 Vgl. Helmut von Bracken: Die Prügelstrafe. Dresden 1925

100 C. Klett: Der Lehrer ohne Stock. Gegen die körperliche Strafe in der Schule. Stuttgart 1869, S. 5

101 A. Freimund: Über körperliche Züchtigung beim Unterricht in Volksschulen. Leipzig 1875, S. 23. Die Knute war eine russische Peitsche, die mit mehreren Schnüren aus Leder versehen war (vergleichbar der «neunschwänzigen Katze» in England)

102 Stenographische Berichte über die Verhandlungen des deutschen Reichstages, 10. Legislaturperiode, 1. Session, 61. Sitzung, 7. März 1900, S. 4,497: Abg. Bassermann

103 Klett, Der Lehrer ohne Stock, S. 11, 25

104 Freimund, Über körperliche Züchtigung, S. 30–56

105 Anon.: Die Abschaffung des Rechtes körperlicher Züchtigung in der Schule. Erlangen 1868

106 Freimund, Über körperliche Züchtigung, S. 73

107 Anon., Die Abschaffung, S. 5

108 Stenographische Berichte über die Verhandlungen des deutschen Reichstages, 10. Legislaturperiode, 1. Session, 61. Sitzung, 7. März 1900, S. 4,494: Abg. Oertel

109 Ebd., S. 4,497

110 Norbert Elias: Über den Prozeß der Zivilisation. Soziogenetische und psychogenetische Untersuchungen. Bd. I: Wandlungen des Verhaltens in den weltlichen Oberschichten des Abendlandes. Bd. II: Wandlungen der Gesellschaft. Entwurf zu einer Theorie der Zivilisation. Bern 1969; Pieter Spierenburg: The Spectacle of Suffering. Executions and the evolution of repression: from a preindustrial metropolis to the European experience. Cambridge 1984; ders.: The Broken Spell. A Cultural and Anthropological History of Preindustrial Europe. London 1991, S. 1–13

111 Norbert Elias: Studien über die Deutschen. Machtkämpfe und Habitusentwicklung im 19. und 20. Jahrhundert. Frankfurt/Main 1992

112 GStA Berlin Rep. 84a/8184: Vossische Zeitung, 14. März 1880

113 Ebd.: Norddeutsche Allgemeine Zeitung, 24. September 1880

114 Ebd./8182, Bl. 435: Preußisches Abgeordnetenhaus, 19. Sitzung, 13. Februar 1885

115 Ebd., Bl. 13: Kreuz-Zeitung, 15. Juni 1894

116 Ebd./8184, Bl. 68: Hamburger Nachrichten, 18. November 1905 (1. Morgenausgabe)

117 Ebd.: Das Volk, 26. Mai 1894

118 Ebd.: Ostpreußische Zeitung, 6. Mai 1898

119 Ebd.: Das Volk, 26. Mai 1894; Deutsche Tageszeitung, 16. September 1898

120 Ebd.: Deutsche Tageszeitung, 16. September 1898. Gleiches wird auch behauptet in: Deutsche Tageszeitung, 1. März 1900. Ähnliche Aussagen auch in: Stenographische Berichte über die Verhandlungen des deutschen Reichstages, 10. Legislaturperiode, 1. Session, 175. Sitzung, 23. März 1900

121 GStA Berlin Rep. 84a/8184: Deutsche Tageszeitung, 24. Januar 1901

122 Ebd., Bl. 52: Deutsche Tageszeitung, 11. Oktober 1902 (Abendausgabe); ebd., Bl. 65: Kreuz-Zeitung, 4. Juni 1904 (Abendausgabe); ebd.: Der Tag, 26. Juni 1904; ebd.: Deutsche Tageszeitung, 13. Februar 1909

123 Ebd., Bl. 59: Hamburger Nachrichten, 17. November 1903 (Abendausgabe); ebd., Bl. 68: Hamburger Nachrichten, 18. November 1905 (1. Morgenausgabe)

124 Ebd., Bl. 60: Deutsche Tageszeitung, 8. Dezember 1903 (Morgenausgabe); ebd., Bl. 65: Kreuz-Zeitung, 4. Juni 1904 (Abendausgabe)

125 Ebd.: Deutsche Tageszeitung, 16. September 1898; vgl. außerdem ebd.: Kreuz-Zeitung, 25. August 1899

126 Ebd.: Breslauer Zeitung, 4. Februar 1900

127 Ebd.: Vorwärts, 28. Juli 1899

128 Ebd.: Vorwärts, 13. März 1900

129 Stenographische Berichte über die Verhandlungen des deutschen Reichstages, 10. Legislaturperiode, 1. Session, 175. Sitzung, 23. März 1900, S. 4,941

130 GStA Berlin Rep. 84a/8184: Freisinnige Zeitung, 12. November 1885

131 Ebd.: Berliner Zeitung, 13. August 1890

132 Ebd., Bl. 69: Leipziger Tageblatt, 22. November 1905

133 Ebd., Bl. 64: Freie Deutsche Presse, 19. April 1904; ebd., Bl. 68: Hamburger Nachrichten, 18. November 1905 (1. Morgenausgabe)

134 Ebd.: Hamburger Nachrichten, 7. Dezember 1909

135 Ebd.: Straßburger Post, 3. Dezember 1910

136 Ebd.: Hannoverscher Kurier, 12. Januar 1911

137 Ebd.: Vossische Zeitung, 15. Dezember 1910; Magdeburgische Zeitung, 13. Juli 1911

138 Stenographische Berichte über die Verhandlungen des deutschen Reichstages, 10. Legislaturperiode, 1. Session, 61. Sitzung, 7. März 1900, S. 4,500: Abg. Müller-Meiningen

139 GStA Berlin Rep. 84a/8184: Bericht in: Deutsche Tageszeitung, 7. April 1911

140 Clive Emsley: Crime and Society in England 1750–1900. London 1987, S. 231

141 GStA Berlin Rep. 84a/8184, Bl. 53: Die Bekämpfung des gewerbsmäßigen

Verbrechertums. Von einem Richter. In: Straßburger Post, 3. November 1902 (2. Mittagsausgabe)

142 Ebd.: Deutsche Tageszeitung, 7. April 1911

143 Ebd., Bl. 69: Leipziger Tageblatt, 22. November 1905

144 Stenographische Berichte über die Verhandlungen des deutschen Reichstages, 10. Legislaturperiode, 1. Session, 61. Sitzung, 7. März 1900, S. 4,500

145 Karen Halttunen: Humanitarianism and the Pornography of Pain in Anglo-American Culture. In: American Historical Review 100, Nr. 2, 1995, S. 303–334; Rudolf Schenda: Volk ohne Buch. Studie zur Sozialgeschichte der populären Lesestoffe 1770–1910. Frankfurt/Main 1970, S. 351–356

146 J. Zeisig: Memoiren einer Prostituierten, oder die Prostitution in Hamburg. St. Pauli 1847, S. 137–139

147 Rudolf Quanter: Die Leibes- und Lebensstrafen bei allen Völkern und zu allen Zeiten. Dresden 1901; ders.: Die Schand- und Ehrenstrafen in der deutschen Rechtspflege. Dresden 1901. Ähnlich auch: Dr. Ullo: Die Flagellomanie. Ihre Erscheinungsformen bei Anwendung der Straf- und Erziehungsmittel. Aufzeichnungen aus dem Leben, der Literatur und Vergangenheit. Dresden 1901

148 Dr. med. Wilhelm Hammer (Berlin): Die Prügelstrafe in ärztlicher Beleuchtung. Leipzig 1906

149 «Bernadotte»: Die strenge Klavierlehrerin. Rute, Stock und Peitsche als Züchtigungsmittel für faule und unaufmerksame Klavierschüler und Klavierschülerinnen. Pressburg 1910; darin Anzeigen für ähnliche Publikationen; Else Ramburg: Die Zuchtrute von Tante Anna. Ein interessantes Kapitel zur häuslichen Strafdisziplin. Pressburg 1908

150 D. K. Korell: Pädagogische Irrwege oder Sadismus? Berlin 1904, S. 4

151 Anon.: Bildersammlung zum Verständnis des Sadismus und Masochismus, mit neuen aufklärenden Berichten. Privatdruck, Philadelphia 1908, S. 17

152 Bram Dijkstra: Idols of Perversity: Fantasies of Female Evil in Fin-de-Siècle Culture. New York 1986; Gail Finney: Women in Modern Drama: Freud, Feminism and European Theater at the Turn of the Century. Ithaca, N. Y., 1989

153 Richard J. Evans: The Feminist Movement in Germany 1894–1933. London 1976, insbesondere Kapitel 1–3

154 Vgl. Maria Tatar: Lustmord. Sexual Murder in Weimar Germany. Princeton 1995

155 Klaus Theweleit: Männerphantasien. 2 Bde. Frankfurt/Main 1977

156 StA Bremen 2.-D. 18.0, Nr. 5: Gröning an Senat, 21. Mai 1845, S. 10–13

157 Ebd.: Gerichtliche Vollmacht

158 Ebd.: Genehmigt in Senatssitzung vom 21. Mai 1845

Anmerkungen zu 3. «Die vielen Identitäten des Franz Ernst»

1 StA Bremen 4, 14/1 – VII B 1e: Eberhardt's Allgemeiner Polizei-Anzeiger, Bd. LI, Nr. 4, Dresden 13. Juli 1864, S. 19 f.

2 Ebd.: Rechnung, Hotel du Nord, Bremen

3 Ebd.: Polizeiprotokoll des Verhörs am 31. Mai 1864

4 Ebd.

5 Ebd.

6 Ebd.: Der Demokraten-Congreß in Brüssel, am 26. September 1863, und die Absichten des demokratischen Central-Comités in Genf, von einem Mitgliede des Central-Comités dargestellt. Den regierenden und nicht regierenden Fürsten Europas ehrfurchtsvoll gewidmet, S. 9

7 Ebd., S. 17

8 Ebd., S. 21–24

9 Ebd., S. 25–27

10 StA Bremen 4, 14/1 – VII B 1e: Fragen an einen deutschen Ehrenmann

11 Ebd.: Notizen: Von der Polizeidirektion, 11. Juli 1864

12 Ebd.: Die Namen Adolf Hoch und Franz Hermann Ernst auf der Titelseite wurden durchgestrichen, der endgültige Name lautet Maltzan – v. Hoff. Zum Steckbrief s. ebd.: Eberhardt's Allgemeiner Polizei-Anzeiger, Bd. LI, Nr. 4, Dresden 13. Juli 1864, S. 19 f.

13 Zum gesellschaftlichen Status von Scharfrichtern vgl. Richard J. Evans: Rituals of Retribution: Capital Punishment in German Politics and Society since the Seventeenth Century. Oxford 1996, insbesondere Kapitel 1

14 Preußisches Central-Polizei-Blatt, Bd. 41, Steckbrief 4178, 1859

15 StA Bremen 4, 14/1-VII B 1e: Eberhardt's Allgemeiner Polizei-Anzeiger, Bd. LI Nr. 4, Dresden 13. Juli 1864, S. 19 f.

16 Karl Marx: Enthüllungen über den Kommunistenprozeß zu Köln. Basel 1853. In: K. Marx und Fr. Engels: Werke. Bd. 8. Berlin (Ost) 1960, S. 405–470

17 Leopold Auerbach (Hg.): Denkwürdigkeiten des Geheimen Regierungsrathes Dr. Stieber. Aus seinen hinterlassenen Papieren. Berlin 1884, S. 109–212

18 Wilhelm Eichhoff: Berliner Polizei-Silhouetten. 2 Bde. Berlin 1860, London 1861; August Ladendorf: Sechs Jahre Gefangenschaft unter den Folgen des Staatsstreichs und der Kampf um's Recht in der «neuen Ära». Ein Beitrag zur geschichtlichen Charakteristik der Reaction und deren Handlanger. Leipzig 1862; A. Vandermeulen (Pseudonym für Arthur Müller): Enthüllungen aus der höheren Region der politischen Spionage, in Berichten eines ungarischen Judas Ischarioth. Nebst sonstigen Aufdeckungen in Bezug auf das Treiben der geheimen Polizei. Berlin 1862. Vgl. außerdem: Wolfram Siemann: Deutschlands Ruhe, Sicherheit und Ordnung. Die Anfänge der politischen Polizei 1806–1866. Tübingen 1985, besonders S. 15–25

19 StA Bremen 4, 14/1-VII B 1e, Polizeinotizen

20 Karl Marx und Friedrich Engels: Werke. Bd. 30. Berlin (Ost) 1972, S. 391: Marx an Engels am 19. April 1894

21 Zu den versuchten Anschlägen und ihren Auswirkungen vgl. Siemann, Deutschlands Ruhe, S. 328

22 StA Bremen 4, 14/1-VII B 1e: Dr. von Hoff an Wilhelm I. von Preußen, 20. Juni 1864

23 Ebd.: Polizeibehörde Hannover an die Polizeibehörde Bremen, 11. Juli 1864

24 StA Bremen 4, 14/1-VII B 1: (Schwindler, Hochstapler usw.) Heinrich Bauer

25 Max Roderich: Verbrechen und Strafe. Eine Sammlung interessanter Polizei- und Criminal-Rechtsfälle, nach den Acten bearbeitet. Jena 1850, S. 67–147

26 GStA Berlin Rep. 84a/8489: Die Herausgabe öffentlicher Blätter zur Verfolgung von Verbrechern, besonders Bl. 18–21, 91–96, 193

27 F. C. B. Avé-Lallement: Das deutsche Gaunerthum in seiner social-politischen, literarischen und linguistischen Ausbildung zu seinem heutigen Bestande. 4 Bde. Leipzig 1858–1862

28 Ebd., Teil II, S. 3. «Klamoniß» bedeutet «Werkzeuge» in der Gaunersprache, und «Makkener» war ein Einbrecher.

29 F. C. B. Avé-Lallement: Die Krisis der deutschen Polizei. Leipzig 1861, besonders S. 14–19, 39. Eine Antwort mit einer Verteidigung der Polizei findet sich in: Carl August Ackermann: Für die deutsche Polizei. Wider Herrn Dr. Avé-Lallement. Schwerin 1861

30 Vgl. z. B. Karl Wilhelm Zimmermann: Die Diebe in Berlin oder Darstellung ihres Entstehens, ihrer Organisation, ihrer Verbindungen, ihrer Taktik, ihrer Gewohnheiten und ihrer Sprache. Zur Belehrung für Polizeibeamte und zur Warnung für das Publikum. Nach praktischen Erfahrungen. Berlin 1847

31 StA Bremen 4, 14/1: Polizei-Direction: 2. VII B.4: Sitten- und Kriminalpolizei. Gemeingefährliche Personen. Kunden und ihr Treiben (Gauner und Gaunerverbindungen): Die Kunden und ihr Treiben (MS 1856)

32 Avé-Lallement, Gaunerthum, Bd. II, S. 4f.

33 Ebd., Bd. I, S. 305f.

34 Hermann von Valentini: Das Verbrecherthum im Preußischen Staat, nebst Vorschlägen zu seiner Bekämpfung durch die Gesellschaft und durch die Reform der Strafvollstreckung. Leipzig 1869, S. 117

35 StA Bremen 4, 14/1: Polizei-Direction: 2. VII. B. 4: Sitten- und Kriminalpolizei. Gemeingefährliche Personen. Kunden und ihr Treiben

36 Peter Becker: Randgruppen im Blickfeld der Polizei. Ein Versuch über die Perspektivität des «praktischen Blicks». In: Archiv für Sozialgeschichte XXXII, 1992, S. 283–304; ders.: Vom «Haltlosen» zur «Bestie». Das polizeiliche Bild des «Verbrechers» im 19. Jahrhundert. In: Alf Lüdtke (Hg.): «Sicherheit» und «Wohlfahrt». Polizei, Gesellschaft und Herrschaft im 19. und 20. Jahrhundert. Frankfurt/Main 1992, S. 97–132; ders.: Wie sieht ein Verbrecher aus? In: Damals 26, Nr. 7, 1994, S. 45

37 O. Klatt: Die Körpermessung der Verbrecher nach Bertillon, und die Photographie als die wichtigsten Hilfsmittel der gerichtlichen Polizei, sowie Anleitung zur Aufnahme von Fußspuren jeder Art. Berlin 1862, S. 7

38 F. L. A. von Grolmann: Actenmässige Geschichte der Vogelsberger und Wet-

terauer Räuberbanden, und mehrerer mit ihnen in Verbindung gestandener Verbrecher. Nebst Personal-Beschreibung vieler in alle Lande teutscher Mundart dermalen versprengte Diebe und Räuber. Giessen 1813, S. 2

39 Karl Marx und Friedrich Engels: Manifest der Kommunistischen Partei (1848). In: dies.: Werke. Bd. 4. Berlin (Ost) 1959, S. 459–493

40 Dr. von Hoff: Die deutschen Gelehrten, Kaufleute, Handwerker und Tagelöhner in England, Schottland und Irland, mit ihren Institutionen, in ihrem Leben und Treiben. Mannheim 1863, S. 1–7, 11–12

41 Richard J. Evans: Family and class in the Hamburg grand bourgeoisie 1815–1914. In: David Blackbourn und Richard J. Evans (Hg.): The German Bourgeoisie. Essays on the social history of the German middle class from the late eighteenth to the early twentieth century. London 1991, S. 115–139

Anmerkungen zu 4. «Das Leben einer Verlorenen»

1 Margarete Böhme (Hg.): Tagebuch einer Verlorenen. Von einer Toten. Berlin 1905

2 Dies.: Dida Ibsens Geschichte. Ein Finale zum «Tagebuch einer Verlorenen». Berlin 1907, S. V–VII

3 Susan Sonntag: Krankheit als Metapher. München 1978

4 August Bebel: Die Frau und der Sozialismus. Berlin 1964, S. 207–242

5 Heinrich Lux: Die Prostitution, ihre Ursachen, ihre Folgen und ihre Bekämpfung. Berliner Arbeiterbibliothek, III. Serie, 4. Heft. Berlin 1892. Vgl. auch Paul Kampffmeyer: Die Prostitution als soziale Klassenerscheinung und ihre sozialpolitische Bekämpfung. Berlin 1905

6 Richard J. Evans: Prostitution, State and Society in Imperial Germany. In: Past and Present 70, Februar 1976, S. 106–129

7 Regine Schulte: Sperrbezirke, Tugendhaftigkeit und Prostitution in der bürgerlichen Welt. Frankfurt/Main 1979, S. 94

8 Alain Corbin: Women for Hire. Prostitution and Sexuality in France after 1850. London 1990

9 Franz Brüggemeier: «Volle kost voll». Die Wohnungsverhältnisse der Bergleute an der Ruhr um die Jahrhundertwende. In: Hans Mommsen und Ulrich Borsdorf (Hg.): Glück auf, Kameraden! Die Bergarbeiter und ihre Organisationen in Deutschland. Köln 1979, S. 151–173

10 Hans Ostwald: Dunkle Winkel in Berlin. Großstadt-Dokumente, Bd. 1. Berlin 1905

11 Magnus Hirschfeld: Berlins Drittes Geschlecht. Großstadt-Dokumente, Bd. 3. Berlin 1905, S. 66

12 Hans Ostwald: Vagabonden. Berlin 1901; Die Tippelschickse. Berlin 1901; Verworfene. Erzählungen und Skizzen. Berlin 1902; Die Bekämpfung der Landstreicherei. Stuttgart 1903; Berliner Nachtbilder. Berlin 1903; Lieder aus dem Rinnstein. Berlin 1903

13 Vgl. Peter Fritzsche: Vagabond in the Fugitive City: Hans Ostwald, Imperial Berlin and the «Großstadtdokumente». In: Journal of Contemporary History 29, 1994, S. 385–402

14 Hans Ostwald: Das Berliner Dirnentum. Bd. 6: Prostitutionsmärkte. Berlin 1905, S. 14

15 Ebd. Vgl. auch Hans Ostwald: Berliner Tanzlokale. Berlin 1905, S. 7; Wilhelm Hammer: Zehn Lebensläufe Berliner Kontrollmädchen. Großstadt-Dokumente, Bd. 23. Berlin 1905; Anon.: Norddeutsches Babel. Ein Beitrag zur Geschichte, Charakteristik und Verminderung der Berliner Prostitution. Herausgegeben von einem philanthropischen Verein. Berlin 1870

16 Ostwald, Prostitutionsmärkte, S. 6f., 9

17 Ebd., S. 12

18 Ebd., S. 20, 27

19 Carl Röhrmann: Der sittliche Zustand von Berlin nach Aufhebung der geduldeten Prostitution des weiblichen Geschlechts. Ein Beitrag zur Geschichte der Gegenwart unterstützt durch die vollständigen und freimüthigen Biographien der bekanntesten prostituirten Frauenzimmer in Berlin. Leipzig 1846, S. 36–40. Eine ähnliche Einschätzung findet sich in: Anon.: Die Hamburger Prostitution, oder Geheimnisse des Dammthorwalles und der Schwiegerstraße. Altona 1858

20 Schulte, Sperrbezirke, S. 55

21 Sta Braunschweig D IV 4783; Polizeidirektion an Stadtmagistrat, 12. Juni 1868

22 Zitiert in: Anon., Norddeutsches Babel, S. 24

23 StA Lübeck Rep. 49/1 Nr. 746, Bericht vom 7. März 1873

24 Ebd., Nr. 747: Militärherren an Polizeiamt, 16. November 1856

25 Ebd., Nr. 751

26 GLA Karlsruhe 233/32128: 12. Sitzung der 1. Kammer der Abgeordneten, 7. Mai 1910, Abg. Troeltsch, S. 485. Zum Thema Bordellbesuche von Studenten vgl. auch: Iwan Bloch und Georg Loewenstein: Die Prostitution. Bd. II. Berlin 1925, S. 423

27 E. Hoffet: Die Unzucht. Ihre Ursachen und ihre Bekämpfung. Mit besonderer Berücksichtigung ihrer Reglementierung durch den Staat. Vortrag gehalten im Instruktionskursus für Innere Mission in Karlsruhe, Oktober 1899. Colmar 1900, S. 10

28 Anon.: Die deutschen Frauen und die Hamburger Bordelle. Eine Abrechnung mit dem Syndikus Dr. Schäfer, Hamburg, wegen seiner Reichstagsrede am 28. Januar 1904. Referate in der Protestversammlung des Deutschen Zweigs der «Internationalen Föderation» am 12. Februar 1904 in Berlin. Pößneck i. Th. 1904, S. 28–30

29 GLA Karlsruhe 233/32128: Stellungnahme der Großh. Regierung zum Bericht der Petitionskommission der 2. Kammer. Nr. 101, Beilage der 124. öffentl. Sitzung der 2. Kammer vom 12. August 1908

30 Lynn Abrams: Prostitutes in Imperial Germany, 1870–1918: Working Girls

or Social Outcasts? In: Richard J. Evans (Hg.): The German Underworld. Deviants and Outcasts in German History. London 1988, S. 189–209, hier S. 194 mit Beispielen aus Remscheid und Neuss

31 Vgl. zum Beispiel die Anspielungen auf «Perversitäten» in GLA Karlsruhe 233/32128: Beilage zum Protokoll der 94. Öffentlichen Sitzung der 2. Kammer vom 13. Juli 1910: Bericht der Petitionskommission. Drucksache Nr. 76

32 Friedrich Wilhelm Müller: Die Prostitution in Deutschland am Ende des 19. Jahrhunderts. Historisch-kritische Darlegung der Notwendigkeit einer diesbezüglichen Reform. Regensburg 1892, S. 47

33 Zitiert in: Anon. (d. i. Wilhelm Stieber): Die Prostitution in Berlin und ihre Opfer. In historischer, sittlicher, medizinischer und polizeilicher Beziehung beleuchtet. Berlin ²1846

34 Anon., Die Hamburger Prostitution, S. 50, 60

35 Zitiert in: Anon., Norddeutsches Babel, S. 15 f.

36 J. Zeisig: Memoiren einer Prostituierten, oder die Prostitution in Hamburg. St. Pauli 1847, S. 146

37 Zitiert in: Lux, Die Prostitution, S. 13

38 Kurt Schneider: Studien über Persönlichkeit und Schicksal eingeschriebener Prostituierter. Berlin 1921, S. 177–179, 224 f.

39 Abraham Flexner: Prostitution in Europe. New York 1914

40 Urban: Staat und Prostitution in Hamburg vom Beginn ihrer Reglementierung bis zur Aufhebung der Kasernierung. Hamburg 1927, S. 103

41 Schneider, Studien, S. 189

42 Zeitschrift für die gesamte Strafrechtswissenshaft 23/103, 1902

43 Urban, Staat und Prostitution, S. 39 f.; Flexner, Prostitution in Europe, S. 157

44 Lux, Die Prostitution, S. 13

45 GLA Karlsruhe 233/12640: Eingabe der Vereine der Freundinnen junger Mädchen zu Heidelberg an den Reichstag, 1895; vgl. auch: Stenographische Berichte über die Verhandlungen des deutschen Reichstags, 9. Legislaturperiode, 5. Session, 1897/98, Drucksache Nr. 1, 123

46 Schulte, Sperrbezirke, S. 88–112

47 Robyn Dasey: Women's Work and the Family: Women Garment Workers in Berlin and Hamburg before the First World War. In: Richard J. Evans und W. R. Lee (Hg.): The German Family. Essays on the Social History of the Family in 19th- and 20th-Century Germany. London 1981, S. 221–255

48 Stefan Bajohr: Illegitimacy and the Working Class: Illegitimate Mothers in Brunswick, 1900–1933. In: Richard J. Evans (Hg.): The German Working Class 1888–1933: The Politics of Everyday Life. London 1982, S. 147–173

49 Abrams, Prostitutes, S. 196

50 Robert P. Neuman: Industrialization and sexual behavior: some aspects of working-class life in Imperial Germany. In: Robert J. Bezucha (Hg.): Modern European Social History. Lexington, Mass., 1972, S. 270–298, hier S. 291

51 Flexner, Prostitution in Europe, S. 79

52 Karin Walser: Dienstmädchen. Frauenarbeit und Weiblichkeitsbilder um 1900. Frankfurt / Main 1985

53 Anon (d. i. Wilhelm Stieber), Die Prostitution in Berlin, S. 78 f.

54 Schulte, Sperrbezirke, S. 68

55 Schneider, Studien, S. 192

56 Flexner, Prostitution in Europe, S. 79 f.; Judith R. Walkowitz: Prostitution and Victorian Society. Women, Class, and the State. Cambridge 1980, S. 20. Vgl. auch die Biographien in Röhrmann, Der sittliche Zustand von Berlin, S. 67–218 und die ähnliche Beurteilung in Anon., Die Hamburger Prostitution, S. 4

57 Zitiert in Schulte, Sperrbezirke, S. 151; vgl. außerdem S. 125 f.

58 Schneider, Studien, S. 221

59 Robert Hessen: Die Prostitution in Deutschland. München 1910, S. 17, 29

60 Anon. (d. i. Wilhelm Stieber), Die Prostitution in Berlin, S. 208–210

61 An Einen Hochedlen Senat der Freien und Hansestadt Hamburg ergebenste Petition in Sachen und abseiten C. W. Schülke und Consorten, Große Michaelisstraße 16. Belaß des jetzigen Zustandes der Mädchenbeherbergung bis zur Erledigung der Angelegenheit im Reichstag. Hamburg o. J., ca. 1900

62 B. E. von O.: Die Ursachen der Prostitution und die Möglichkeit ihrer Verminderung, sowie ein Wort über Bordelle und Findelhäuser. Berlin 1870, S. 3, 5

63 An Einen Hochedlen Senat

64 Ernst W. H. Paul: Lex Heinze. Die Hamburger Prostitution und das Zuhälterthum. Ein Beitrag zur Sittengeschichte Hamburgs. Hamburg 1897, S. 7 f.

65 Julius Kühn: Die Prostitution im 19. Jahrhundert vom sanitätspolizeilichen Standpunkt aus betrachtet, oder die Prophylaxis der Syphilis. Vorlesungen, gehalten an der Universität zu Leipzig im Wintersemester 1869–1870. Leipzig 1871, S. 53

66 Anon. (d. i. Wilhelm Stieber), Die Prostitution in Berlin, S. 111 f.

67 Anon.: Die Prostitution und die Gefahr für die Gesellschaft läßt sich nicht völlig beseitigen, jedoch beschränken. Ernster Anruf einer warnenden Stimme an die Kgl. Staatsregierung und die Vertreter des Volkes, sowie an Polizei- und Sanitäts-Beamte und Philanthropen. Von einem Arzte. Augsburg 1867, S. 6

68 GLA Karlsruhe: Beilage zum Protokoll der 120. öffentlichen Sitzung der zweiten Kammer vom 5. Juli 1904

69 Schulte, Sperrbezirke, S. 182

70 Abrams, Prostitutes, S. 191 f.

71 Schulte, Sperrbezirke, S. 181 f.

72 Sta Braunschweig D IV 4784: Regulativ enthaltend die polizeilichen Vorschriften für die wegen gewerbsmäßiger Unzucht der polizeilichen Aufsicht unterstellten Weibspersonen (1885), § 4, Abs. 8

73 Sta Frankfurt / Main, Magistratsakten S 31 / 1434: Bericht des Unterausschusses des Gesundheitsamts, 13. Feb. 1899

74 Zitiert in: Anon. (d. i. Wilhelm Stieber): Die Prostitution in Berlin, S. III

75 B. E. von O., Die Ursachen, S. 20

76 StA Lübeck Rep. 49/1 Nr. 737: Schreiben von Senator Lame an Senator Curtius, 19. Juni 1862

77 Ebd., Nr. 750

78 StA Hamburg Senat Cl. I Lit. T Nr. 7 Bd. 6 Fasc. 9 Inv. 6a: Anlage zu Nr. 10: Betrifft Prostitutionswesen – vertraulich! Vgl. auch GLA Karlsruhe 233/4793, Nr. 68: Beilage zum Protokoll der 120. öffentlichen Sitzung der zweiten Kammer vom 5. Juli 1904; Kritik ebd., 233/32128: 12. Sitzung der 1. Kammer am 7. Mai 1910, Troeltsch; Urban, Staat und Prostitution

79 B. E. von O., Die Ursachen, S. 23

80 Anon.: Die Prostitution in Berlin, und die Mittel, dieselbe zu beseitigen, beziehungsweise in ihre wenigstgefährlichen Schranken zurückzuweisen. Berlin 1856, S. 29

81 Zitiert in: Anon.: Zur Lex Heinze in Bezug auf die früheren Hamburger Bordelle und das jetzige freie Prostitutionswesen. Hamburg 1895, S. 18

82 Anon., Norddeutsches Babel, S. 17

83 Sta Braunschweig D IV: 4783: Polizeidirektion an Stadtmagistrat, 12. Juni 1868

84 GLA Karlsruhe 233/32128: Bericht der Petitionskommission der 2. Kammer (Nr. 101, Beilage der 124. öffentlichen Sitzung der 2. Kammer vom 12. August 1908)

85 Friedrich Wilhelm Müller: Die Prostitution in sozialer, legaler und sanitärer Beziehung, die Nothwendigkeit und der Modus ihrer Regelung. Eine sozialmedizinische Studie. Erlangen 1868, S. 31

86 Anon. (d. i. Wilhelm Stieber): Die Prostitution in Berlin, S. 76 f.

87 Ebd.; vgl. auch Urban, Staat und Prostitution

88 Sta Frankfurt/Main, Magistratsakten S31/1434: Gesundheitsrat, Sitzung am 21. Feb. 1899

89 An Einen Hochedlen Senat, S. 9

90 Ebd., S. 11–15

91 Bloch, Loewenstein, Die Prostitution, Bd. II, S. 450

92 Otto Fleischmann: Deutsches Vagabunden- und Verbrechertum im Neunzehnten Jahrhundert. Bremen 1888, S. 107 f.

93 BA Potsdam Reichskanzlei 749: Norddeutsche Allgemeine Zeitung, 28. Oktober 1891

94 Röhrmann, Der sittliche Zustand von Berlin, S. 39, 219 f.

95 F. C. B. Avé-Lallement: Das deutsche Gaunerthum in seiner socialpolitischen, literarischen und linguistischen Ausbildung zu seinem heutigen Bestande. Bd. II, S. 28 (Bd. I–IV: Leipzig 1858–1862)

96 StA Lübeck Rep. 49/1 Nr. 741: Polizeiprotokoll vom 25. November 1875

97 Hermann Dalton: Der sociale Aussatz. Ein Wort über Prostitution und Magdalenenasyle. Hamburg 1884, S. 17

98 Ostwald, Zuhältertum, S. 86

99 Anon.: Die Sinnenlust und ihre Opfer. Geschichte der Prostitution aller Zei-

ten und Völker mit genauer Darlegung ihrer gegenwärtigen Form und ihrer Ursachen in Berlin, Hamburg, Wien, Paris, London und den anderen Großstädten, nebst zeitgemäßen Vorschlägen zu ihrer Verminderung und Regelung. Herausgegeben von einem philanthropischen Verein. Berlin 1870, S. 218

100 Ostwald, Zuhältertum, S. 59

101 Urban, Staat und Prostitution, S. 119

102 Fleischmann, Deutsches Vagabunden- und Verbrechertum, S. 107

103 Ostwald, Zuhältertum, S. 13, 22 f., 51–55, 64–66, 71–75, 86

104 Vgl. dazu Stanley Cohen: Folk Devils and Moral Panics. The Creation of the Mods and Rockers. London 1972

105 BA Potsdam Reichskanzlei 749: Sitzung des Staatsministeriums am 2. Sept. 1891, S. 28, und Norddeutsche Allgemeine Zeitung, 28. Oktober 1891

106 R. J. V. Lenman: Art, Society and the Law in Wilhelmine Germany: the Lex Heinze. In: Oxford German Studies 8, 1973, S. 86–113; Gary Stark: Pornography, society and the law in Imperial Germany. In: Central European History VI. 14, 1981, S. 200–220

107 Zitiert in: Ostwald, Prostitutionsmärkte, S. 8

108 Urban, Staat und Prostitution, S. 109

109 Ebd., S. 119 f.; Anon., Zur Lex Heinze; Die Frauenbewegung, 1. Januar 1902, S. 1 f., 45

110 R. Hessen: Die Prostitution in Deutschland. München 1907; A. Neher: Die geheime und öffentliche Prostitution in Stuttgart, Karlsruhe und München. Paderborn 1912. Für eine allgemeine Einschätzung vgl. Flexner, Prostitution in Europe, S. 27–30

111 Urban, Staat und Prostitution, S. 109 f.

112 Flexner, Prostitution in Europe, S. 147–157

113 Sta Frankfurt/Main, Magistratsakten S31/1434: Volksstimme, 15. April 1914

114 Urban, Staat und Prostitution, S. 34–40

115 StA Lübeck Rep. 49/1, Nr. 749

116 Schneider, Studien, S. 177–179, 224 f.

117 Ebd., S. 176; vgl. H. Berger, Die Prostitutionsfrage in Hannover (Berlin 1902)

118 Müller, Die Prostitution in Deutschland, S. 53; Anon., Die Hamburger Prostitution, S. III

119 Urban, Staat und Prostitution, S. 41 f.; Flexner, Prostitution in Europe, S. 56; Anon., Die Hamburger Prostitution, S. 5–8

120 Sta Frankfurt/Main, Magistratsakten S31/1434: Volksstimme, 15. April 1914 (die Zahlen wurden geringfügig nachgebessert)

121 Urban, Staat und Prostitution, S. 106–117

122 Ebd.

123 Sta Frankfurt/Main, Magistratsakten S31/1434: Polizeiprotokolle und Protest der Bordellbesitzer der Rosengasse, 16. November 1913

124 Flexner, Prostitution in Europe, S. 157

125 GLA Karlsruhe 233/32128: Stellung der Großherz. Regierung zum Bericht

der Petitionskammer der 2. Kammer (Nr. 101, Beilage der 124. öffentl. Sitzung der 2. Kammer vom 12. August 1908), S. 14

126 A. W. F. Schultz: Die Stellung des Staats zur Prostitution. Berlin 1857, S. 4, 13 f.

127 Gustav Sentzke: Die Prostitution unserer Zeit, der Gesellschaft und dem Gesetze gegenüber. Berlin 1867. Dieses Buch ist ein Plagiat von Stiebers Arbeit aus dem Jahr 1846, und beide wurden plagiiert in «Norddeutsches Babel» und «Die Sinnenlust und ihre Opfer» (s. Anm. 99). Bei diesem Thema kam das Vergehen des Plagiats offenbar besonders häufig vor, insbesondere bei den moralischen konservativen Schriften

128 Anon., Norddeutsches Babel, S. 23

129 GLA Karlsruhe 233/4793: Beilage zum Protokoll der 120. öffentlichen Sitzung der 2. Kammer vom 5. Juli 1904

130 Abrams, Prostitutes, S. 193

131 Flexner, Prostitution in Europe, S. 157

132 Urban, Staat und Prostitution, S. 18 f.

133 Bloch und Loewenstein, Die Prostitution, Bd. II, S. 570

134 Anon.: Die Geschichte der Prostitution und des Verfalls der Sitten in Berlin seit den letzten fünfzig Jahren in ihren Ursachen und Folgen. Altona 1871, S. 43

135 GStA Berlin Rep. 84a/10776, Bl. 143: Königl. Regierung, Abtheilung des Innern (Schleswig) an Justizministerium, Memorandum vom 23. Januar 1870; vgl. auch ebd., Bl. 145

136 Ebd., Bl. 161: Oberstaatsanwalt Kiel an Justizministerium

137 StA Hamburg Senat, Cl. I Lit. T Nr. 7 Bd. 6 Fasc. 9 Inv. 6a: Anlage zu 86: Landgericht Hamburg, in Sachen A. D. Arnal Testament gegen Polizeibehörde, S. 37–39

138 GLA Karlsruhe 233/4793: Innenministerium Karlsruhe, 11. April 1899, N2.12287

139 StA Hamburg Senat Cl. I Lit. T Nr. 7 Bd. 6 Fasc. 9 Inv. 6a: Anlage zu Nr. 10: Betrifft Prostitutionswesen – vertraulich! Vgl. auch GLA Karlsruhe 233/4793, Nr. 68: Beilage zum Protokoll der 120. öffentlichen Sitzung der zweiten Kammer vom 5. Juli 1904. Beide geben einen allgemeinen Überblick über die Regulierung in deutschen Städten und Großstädten

140 StA Lübeck Rep. 49/1 Nr. 741: Ellenhusen und neun weitere (männliche) Bürger an den Senat, 22. Mai 1862

141 GLA Karlsruhe 233/4793: Beilage zum Protokoll der 120. öffentlichen Sitzung der zweiten Kammer vom 5. Juli 1904

142 Anon., Zur Lex Heinze

143 Sta Frankfurt/Main, Magistratsakten S31/1434: Polizeiprotokolle und Berichte, sowie 25. Sitzung der Stadtverordnetenversammlung, 2. Juli 1912

144 Dieses Argument brachte auch Otto Rühle vor in: Illustrierte Kultur- und Sittengeschichte des Proletariats. Bd. I. Berlin 1930, S. 488. Vgl. Abrams, Prostitutes, S. 200 f.

145 Ludwig Weber: Lebenserinnerungen. Hamburg o. J. Vgl. auch B. E. von O.,
Die Ursachen, S. 7

146 BA Potsdam Reichskanzlei 749: Anon.: Der Kampf gegen die Unsittlichkeit.
Berlin 1891

147 Vgl. auch dazu: C. B.: Keine Prostitution mehr! Oder: Motivirte Vorschläge
zur unbedingten Unterdrückung, resp. Ausrottung der überhand genomme-
nen Prostitution und Sittenlosigkeit. Landsberg a. d. W. 1858, S. 10–12

148 Müller, Die Prostitution in Deutschland, S. 11, 20, 33

149 Anon., Der Kampf gegen die Unsittlichkeit. Vgl. auch dazu: Carl Fricke: Die
Frauenfrage in ihrer Beziehung zur Prostitution. Berlin 1885, S. 45–49

150 Anon.: Clerus, Kirche und Staat gegenüber der Prostitution. Kritische Beleuchtung der Kammerverhandlung vom 13. März 1868 über den Artikel 221
des bayrischen Strafgesetzbuches nebst einem Anhange über die Argumentation des Herrn Universitätsprofessors Dr. philos. et theolog. Heinrich W. J.
Thierisch gegen Herrn Dr. Friedrich Wilhelm Müller. Erlangen 1868

151 Archiv des Bundes Deutscher Frauenvereine 8/2: Vorschläge zur Bekämpfung der Prostitution, von Hanna Bieber-Böhm. 1905; Else Lüders: Der
«linke Flügel». Ein Blatt aus der Geschichte der deutschen Frauenbewegung.
Berlin ca. 1900, S. 12–14

152 Richard J. Evans: The Feminist Movement in Germany 1894–1933. London
1976, S. 37–50, 64–66

153 Archiv des Bundes Deutscher Frauenvereine 8/2: Allerdurchläugtigster
Großmächtigster Kaiser und König, Allergnädigster König und Herr! (Petition des Jugendschutzvereins)

154 Lida Gustava Heymann: Aufklärung über das sexuelle Leben und hygienische
Ratschläge für die heranwachsende Jugend. Hamburg 1902, S. 12–16

155 Anon., Die deutschen Frauen und die Hamburger Bordelle, S. 18 (Anna Pappritz)

156 Anon., Die Hamburger Prostitution

157 Vgl. Judith R. Walkowitz: City of Dreadful Delight. Narratives of Sexual
Danger in Late-Victorian London. London 1992, S. 15–39, die diese Argumente bezogen auf England darstellt

158 Anon., Die deutschen Frauen und die Hamburger Bordelle, S. 31 f.

159 Vgl. auch Stadtrat Boeckh, in GLA Karlsruhe 233/32128: 12. Sitzung der 1.
Kammer, 7. Mai 1910, S. 504

160 StA Hamburg Politische Polizei SA 593/I, Bl. 240-1: Versammlungsbericht,
18. April 1902

161 BA Potsdam Reichskanzlei 750, Bl. 135: Sitzung des Staatsministeriums am
30. November 1908

162 Für eine detaillierte Untersuchung der Kampagnen der Abolitionistinnen vgl.
Evans, Feminist Movement, Kapitel 2

163 GLA Karlsruhe 233/32128: 12. Sitzung der 1. Kammer, 7. Mai 1910, S. 491
(Freiherr von und zu Bodman)

164 StA Hamburg Politische Polizei S 593/I: Internationale Abolitionistische

Förderation: Zweck, 1912. Der Bericht einer Insiderin über diese Veränderungen findet sich in: Anna Pappritz: Einführung in das Studium der Prostitutionsfrage. Berlin 1926, besonders S. 226. Vgl. außerdem Evans, Feminist Movement

165 Vgl. zu dieser Entwicklung insbesondere: Richard F. Wetzell: Criminal Law Reform in Imperial Germany. Dissertation, Stanford University 1991

166 GLA Karlsruhe 233/32128: 12. Sitzung der 1. Kammer, 7. Mai 1910, S. 491 (Freiherr von und zu Bodman)

167 Zitiert in: Böhme, Tagebuch, S. 268–272

168 Ebd., S. 308, S. 3; dies. (Hg.): The Diary of a Lost One. London 1907, S. 2

169 E. Meyer-Renschhausen: Weibliche Kultur und soziale Arbeit. Eine Geschichte der Frauenbewegung am Beispiel Bremens 1810–1927. Köln 1989, S. 308–319

Anmerkungen zu 5. «Der rote Mittwoch in Hamburg»

Sämtliche archivalischen Quellen, auf denen dieses Kapitel beruht, befinden sich im Staatsarchiv der Freien und Hansestadt Hamburg. Die vier wichtigsten Akten sind: Politische Polizei S3496; Politische Polizei S14139; Landgericht, 1930-1/I; sowie Senat Cl. VII, Lit. Me, Nr. 12, Bd. 20 a. Diese Registernummern werden im folgenden abgekürzt zitiert.

1 Hermann Popert: Helmut Harringa. Eine Geschichte aus unserer Zeit. Dresden 1910, S. 35

2 Ebd., S. 171–174

3 Ebd., S. 50, 53, 67–69, 78–82

4 C., R. und L. Tilly: The Rebellious Century. London 1975. Darin Verweis auf zahlreiche Artikel zu diesem Themenkomplex. Der Einfluß dieses Ansatzes ist abzulesen an der Sonderausgabe der Zeitschrift «Geschichte und Gesellschaft» 3, Nr. 2, 1977, zu dem Thema «Sozialer Protest», hg. von Richard Tilly, mit einem Artikel von Charles Tilly und der Einschätzung von Tillys Arbeit durch andere. Vgl. außerdem: R. Wirtz: Sozialer Protest und «Collective Violence» in Deutschland im 19. Jahrhundert. In: Sozialwissenschaftliche Informationen für Unterricht und Studium 4, 1975, S. 6–12; Jörg Berlin: Das andere Hamburg. Freiheitliche und demokratische Bestrebungen in der Hansestadt seit dem Spätmittelalter. Hamburg 1981; Hans Wilhelm Eckardt: Privilegien und Parlament. Die Auseinandersetzungen um das allgemeine und gleiche Wahlrecht in Hamburg. Hamburg 1980; Arno Herzig u. a. (Hg.): Arbeiter in Hamburg. Unterschichten, Arbeiter und Arbeiterbewegung seit dem ausgehenden 18. Jahrhundert. Hamburg 1983; Werner Jochmann und Hans-Dieter Loose (Hg.): Hamburg. Geschichte der Stadt Hamburg und ihrer Bewohner. 2 Bde. Hamburg 1982; Arno Herzig und Günther Trautmann (Hg.); «Der kühnen Bahn nur folgen wir ...». Ursprünge, Erfolge und Grenzen der Arbeiterbewegung in Deutschland. Bd. 2: Arbeiter und technischer

Wandel in der Hafenstadt Hamburg. Hamburg 1989; Volker Plagemann (Hg.): Industriekultur in Hamburg. Des deutschen Reiches Tor zur Welt. München 1984

5 Vgl. z. B. Thomas Lindenberger: Berliner Unordnung zwischen den Revolutionen. In: Manfred Gailus (Hg.): Pöbelexzesse und Volkstumulte in Berlin. Zur Sozialgeschichte der Stadt. Berlin 1984, S. 43–78

6 E. Baasch: Geschichte Hamburgs 1814–1918. Bd. 2. Gotha und Stuttgart 1924/25; J. Schult: Geschichte der Hamburger Arbeiter 1890–1918. Hannover 1967; R. A. Comfort: Revolutionary Hamburg: Labor Politics in the early Weimar Republic. Stanford, Calif., 1966

7 Schult, Geschichte der Hamburger Arbeiter, S. 69

8 August Bebel: Die Sozialdemokratie und das allgemeine Stimmrecht. Berlin 1895, S. 39

9 Vgl. Richard J. Evans: Tod in Hamburg. Reinbek 1990

10 U. Seemann: Die Kämpfe der Hamburger Arbeiter gegen die Verschlechterung ihres Wahlrechts in den Jahren 1905/6. In: Wissenschaftliche Zeitschrift der Universität Rostock 10, Nr. 1, 1961, S. 65

11 Schult, Geschichte der Hamburger Arbeiter, S. 69–78

12 Seemann, Kämpfe der Hamburger Arbeiter, S. 65

13 Comfort, Revolutionary Hamburg, Kapitel 1

14 Vgl. G. Eley: Reshaping the German Right: Radical Nationalism and Political Change after Bismarck. London 1980, Kapitel 2

15 Comfort, Revolutionary Hamburg, Kapitel 1

16 Seemann, Kämpfe der Hamburger Arbeiter, S. 65

17 Baasch, Geschichte Hamburgs, Bd. 2, S. 111

18 Ebd., S. 288

19 Seemann, Kämpfe der Hamburger Arbeiter, S. 80–85

20 Ebd., S. 98f.

21 Jahresbericht der vereinigten Vorstände der drei sozialdemokratischen Vereine und Einzelberichte, Geschäftsjahr 1905, Hamburg 1906

22 L. Stern (Hg.): Die Auswirkungen der ersten russischen Revolution von 1905–1907 auf Deutschland. Archivalische Forschungen zur Geschichte der deutschen Arbeiterbewegung, Bd. 1, Nr. 12, Berlin 1954–1956

23 C. E. Schorske: German Social Democracy 1905–1917: The Development of the Great Schism. Cambridge, Mass., 1955

24 Ebd., S. 45–47

25 Ebd., S. 47; außerdem: Schult, Geschichte der Hamburger Arbeiter, S. 69–79 (sehr ungenau)

26 Jahresbericht der vereinigten Vorstände

27 Vgl. S3496: General-Anzeiger, 18. Januar 1906

28 Ebd., Vorwärts, 19. Januar 1906

29 1930–1/I: Versammlungsberichte, S. 13–42. Die o. g. Zitate finden sich auf S. 13f., 15, 36, 15, 21, 29f., 36, 40, 42; S3496: Hamburger Fremdenblatt, 19. Januar 1906: Hamburgischer Correspondent, 18. Januar 1906

30 Senat . . . 20a: Polizeidirektor an Senat, 16. Februar 1906; Rede des Staatsan-
walts beim Prozeß; S3496: Hamburgischer Correspondent, 25. April 1906;
L1930-1/I Polizei, Abt. VII: Bericht über die Vorgänge am 17. Jan. 1906;
S3496: General-Anzeiger, 18. Januar 1906

31 Senat . . . 20a: Polizeidirektor – Ergänzung des Berichts über die Vorgänge
am 17. Januar 1906 bezüglich der Krawalle im Schopenstehl, 6. Februar
1906

32 Senat . . . 20a: 16/1: Anlage. Drucksache f. d. Senatssitzung, 55, 13. Februar
1906. Jeder Treffer, so wurde behauptet, wurde mit großem Beifallsgeschrei
begrüßt (S3496: Hamburger Fremdenblatt, 18. Januar 1906)

33 S3496: Hamburgischer Correspondent, 18. Januar 1906; Deutsche Zeitung,
19. Januar 1906; Senat . . . 20a: Hamburgischer Correspondent, 25. April
1906 (Rede des Staatsanwalts)

34 In manchen Berichten ist zu lesen, diese Ereignisse hätten eine Stunde früher
stattgefunden, aus den Quellen wird jedoch deutlich, daß diese Angabe falsch
ist.

35 Die Arbeitermarseillaise von Jacob Audorf war das wichtigste sozialdemokratische Kampflied. Seit 1875 wurde es als Abschluß jeder Parteiversammlung
gesungen.

36 S3496: Hamburger Fremdenblatt, 19. Januar 1906

37 S3496: Hamburger Echo, 23. Januar 1906

38 S3496: Hamburger Fremdenblatt, 19. Januar 1906; Hamburger Echo, 21. Januar 1906; Hamburger Echo, 23. Januar 1906; Hamburgischer Correspondent, 28. Januar 1906; General-Anzeiger, 19. Januar 1906; Deutsche Zeitung,
19. Januar 1906 (zitiert die Hamburger Nachrichten)

39 S3496: General-Anzeiger, 20. Januar 1906; Hamburgischer Correspondent,
18. Januar 1906; Hamburgischer Correspondent, 28. April; Senat . . . 20a:
Polizeihauptmann – Ergänzung des Berichts über die Vorgänge am 17. Januar, 6. Februar 1906; Drucksache 53 (Nr. 12); Drucksache 23

40 Senat . . . 20a: Hamburger Nachrichten, 22. Januar 1906

41 L1930-1/I: Feuerwehr 48/06, 17. Januar 1906

42 L1930-1/I: Hamburgischer Correspondent, 28. April 1906

43 Eine Entspannung dieser Situation war wegen der geringen Zahl der Polizeikräfte nicht möglich. Weitere Betrachtungen zu diesem Punkt s. Abschnitt
«Verbrechertum und Revolution»

44 Senat . . . 20a: Anlage zu 14, Untersuchungsrichter V bei dem Landgericht, betr. d. Tumult von 17. Jan. 1906, 7. Feb. 1906; Hamburgischer Correspondent, 25. April 1906 (Rede des Staatsanwalts). Ein vollständiger
Bericht von Major Gestefeld und anderen direkt Beteiligten findet sich
in: L1930-1/I: Polizei Abt. VII, Bericht über die Vorgänge am 17. Januar
1906

45 S3496/II: Vorwärts, 6. Februar und 13. Februar 1907; Hamburger Nachrichten, 8. Februar 1907

46 Ein Bericht über den Vorfall in der Lunauschen Gastwirtschaft findet sich in:

Stenographische Berichte über die Sitzung der Bürgerschaft zu Hamburg im Jahre 1907, 9. Sitzung der Bürgerschaft, am 18. Februar 1907 (Herr Blume). Außerdem S3496: Vorwärts, 6. Februar 1907

47 S14139: Hamburger Fremdenblatt, 21. November 1906

48 S14139: Hamburger Fremdenblatt, 21. November 1906

49 Ebd.

50 S14139: Hamburger Nachrichten, 22. November 1906

51 S14139: Hamburger Nachrichten, 21. Januar 1906

52 Zur Zeitangabe der Beendigung der Vorfälle des Abends vgl. S3496: Hamburgischer Correspondent, 19. Januar 1906

53 S3496: Arbeitgeber Zeitung, 21. Januar 1906

54 S3496: Hamburger Nachrichten, 28. Januar 1906. Bis zum 4. Februar 1906 waren bei Sammlungen 13 359 Mark, 10 Pfennige zusammengekommen. Diese Summe bezeugt nicht nur den Reichtum der Hamburger Bourgeoisie, sondern auch ihre Dankbarkeit gegenüber der Polizei

55 S3496: Die Post, 19. Januar 1906; Berliner Tageblatt, 18. und 19. Januar 1906. Außerdem S3496: Vossische Zeitung, 18. Januar 1906; Frankfurter Zeitung, 19. Januar 1906

56 Diese Haltung zeigte sich vor allem im folgenden November, als im Verlauf eines Prozesses, in dem einer der Kritiker der Polizei wegen Verleumdung der Ordnungskräfte vor Gericht stand, Einzelheiten über deren Brutalität durchsickerten – vgl. dazu S14139 passim. Die ersten Ausgaben der liberalen «Neuen Hamburger Zeitung» brachten nicht nur die Geschichte von dem «erschossenen Polizisten», sondern meldeten außerdem, ein anderer Polizist sei vom Mob von einer Brücke in einen der Hamburger Fleete geworfen worden. S3496: Neue Hamburger Zeitung, 18. Januar 1906

57 S3496: Hamburger Nachrichten, 18. Januar 1906; General-Anzeiger, 20. Januar 1906 (zitiert die Hamburger Nachrichten)

58 S3496: Hamburger Fremdenblatt, 20. Januar 1906

59 S3496: Hamburger Nachrichten, 21. und 25. Januar 1906

60 S3496: Hamburger Echo, 30. Januar 1906

61 S3496: Hamburger Nachrichten, 21. Januar 1906 (das Haus von Bürgermeister Burchard befand sich in dieser Gegend)

62 L1930-1/I: 1017/06 IV, 18. Januar 1906 (Paragraphierung des Originals aufgehoben)

63 S14139: Hamburger Echo, 23. Januar 1906

64 S3496: Hamburger Echo, 19. Januar, 27. April und 13. März 1906

65 Zur Diskussion über die Pressezensur gegen sozialdemokratische Zeitungen vgl. A. Hall: The War of Words: Antisocialist Offensives and Counterpropaganda in Wilhelmine Germany 1890–1914. In: Journal of Contemporary History 11, 1976, S. 11–42; sowie ders.: Scandal, Sensation and Social Democracy. Cambridge 1977

66 S3496: Wirtschaftsvigilanzberichte 4 (a), 4 (b), 4 (h), 4 (k), 4 (l), 4 (m)

67 Polizeibehörde I, DU 55/1906: Disziplinaruntersuchung

68 Karl Marx und Friedrich Engels: Werke. Bd. 4. Berlin (Ost) 1959, S. 472
69 Zu einer Erörterung der «Klassenjustiz» vgl. K. Saul: Staat, Industrie, Arbeiterbewegung im Kaiserreich. Düsseldorf 1974, S. 189–282
70 Eine Analyse der Anklagen und Urteile s. u. in dem Abschnitt «Die Polizei schlägt zurück», S. 333 ff.
71 S3496: Hamburger Echo, 19. Januar, 27. April und 13. März 1906
72 Vgl. die Erörterung der sozialen und politischen Funktion juristischer Verfahren, die «Gerechtigkeit» garantieren sollten, in: D. Hay: Property, Authority and the Criminal Law. In: D. Hay u. a.: Albion's Fatal Tree: Crime and Society in Eighteenth-Century England. London 1975, S. 17–63
73 S3496: Hamburger Nachrichten, 21. Januar 1906
74 L1930-1/I: Feuerwehr 481/06
75 L1930-1/I: Retent 1460/IV
76 Fall Seefeld: L1930-1/I: Retent 1526/06/IV
77 Fall Schön: L1930-1/I: Retent 1791-06/IV. In der Akte L1930-1/I finden sich noch weitere Beispiele für Denunziationen, z. B. der Fall Nellstein, Retent 2010/06/IV; der Fall Natzel, Retent 2159/06/IV; der Fall Fuhls, Retent 1976/06/IV
78 L1930-1/I: Retent 1371/06/IV
79 S3496: Hamburger Echo, 11. März 1906
80 Vgl. die Analyse von Denunziationen in: R. C. Cobb: The Police and the People. French Popular Protest 1789–1820. Oxford 1970, S. 3–17
81 Auch die Verhafteten, denen nicht der Prozeß gemacht wurde, verbrachten eine beträchtliche Zeit in Untersuchungshaft. Dies muß bei einer abschließenden Einschätzung der langfristigen Folgen der Vorfälle auf die Bevölkerung ebenfalls berücksichtigt werden.
82 L1930-1/I: Hamburgischer Correspondent, 3. Mai 1906; s. außerdem S3496: Die Post, 3. Mai 1906
83 S3496: Hamburger Echo, 8. Mai 1906
84 S3496: Hamburgischer Correspondent, 28. April 1906; Landgericht B, 1930-1/III: Antrag auf Wiederaufnahme des Verfahrens in Strafsachen des Emil Stange
85 Senat ... 20a: Anlage zu 14 – Untersuchungsrichter 7. Februar 1906, Abschr.
86 L1930-1/I: Rittner und Genossen
87 L1930-1/I: Dörrenhaus und Genossen
88 S3496: Berliner Tageblatt, 21. Januar 1906; s. auch Evans, Tod in Hamburg; sowie Michael Grüttner: Soziale Hygiene und soziale Kontrolle: Die Sanierung der Hamburger Gängeviertel 1892–1930. In: A. Herzig u. a. (Hg.): Arbeiter in Hamburg, S. 359–371
89 S3496: Hamburger Nachrichten, 19. Januar 1906
90 S3496: Hamburger Echo, 19. Januar 1906
91 Senat ... 20a: Hamburger Nachrichten, 4. Februar 1906. Vgl. außerdem den Bericht in: Michael Grüttner: Arbeitswelt an der Wasserkante. Sozial-

geschichte der Hamburger Hafenarbeiter 1886–1912. Göttingen 1984, S. 144–146

92 Senat ... 20a: Hamburger Fremdenblatt, 19. Januar 1906

93 Zum allgemeinen Hintergrund der Unruhen vgl. Schult, Geschichte der Hamburger Arbeiter; Baasch, Geschichte Hamburgs; H. Speckter: Die großen Sanierungsmaßnahmen Hamburgs seit der 2. Hälfte des 19. Jahrhunderts. In: Zeitschrift für Raumforschung und Raumordnung 6, 1967, S. 257–268; F. Tönnies: Hafenarbeiter und Seeleute in Hamburg vor dem Streik 1896–97. In: Archiv für Gesetzgebung und Politik, 1897, S. 673f.; E. Francke: Die Arbeitsverhältnisse im Hafen zu Hamburg. In: Jahrbuch für Gesetzgebung, Verwaltung und Volkswirtschaft im Deutschen Reich, 1898, S. 943–950. Vgl. außerdem Clemens Wischermann: Wohnen in Hamburg vor dem Ersten Weltkrieg. Münster 1983

94 Als Beispiel für einen derartigen politischen Prozeß vgl. S5883, Prozeß der Louise Zietz (eine der aktivsten SPD-Rednerinnen in Hamburg) wegen «Aufreizung»

95 L1930-1/I: Retent 1460/IV und 1526/06/IV

96 Es sollte darauf hingewiesen werden, daß Verbrechen im großen Stil hier nicht zur Debatte stand. Das organisierte Verbrechen konzentrierte sich in Hamburg auf St. Pauli, die Gegend um den Schopenstehl war besser bekannt für Kleinkriminalität.

97 Schult, Geschichte der Hamburger Arbeiter, S. 285f.

98 A. Lange: Berlin zur Zeit Bebels und Bismarcks. Berlin ²1982, S. 728f.

99 Die Altersstatistik wurde ermittelt nach den Quellen in den Anmerkungen 76 und 77. Vgl. außerdem: Schult, Geschichte der Hamburger Arbeiter, S. 315–323; R. N. Hunt: German Social Democracy 1918–1933. New Haven, Conn., 1964, S. 89, 241–259; sowie allgemeiner: Detlef J. K. Peukert: Jugend zwischen Krieg und Krise. Lebenswelten von Arbeiterjungen in der Weimarer Republik. Köln 1987

100 Schult, Geschichte der Hamburger Arbeiter, S. 315–357; H. Laufenberg: Die Hamburger Revolution. Hamburg 1919; F. L. Carsten: Revolution in Central Europe 1918–1919. London 1972, S. 33f., 323–325; und besonders Volker Ullrich: Die Hamburger Arbeiterbewegung vom Vorabend des 1. Weltkrieges bis zur Revolution 1918/19. 2 Bde. Hamburg 1976

101 Vgl. z. B. die Diskussion in G. A. Ritter: Die Arbeiterbewegung im Wilhelminischen Reich. Berlin 1959, S. 221

102 Lange, Berlin zur Zeit Bebels, S. 728f.

103 Vgl. Thomas Lindenberger: Straßenpolitik. Zur Sozialgeschichte der öffentlichen Ordnung in Berlin 1900 bis 1914. Bonn 1995

104 Zu einer allgemeineren Diskussion der Militanz von deutschen Arbeitern vgl. D. Geary: The German Labour Movement 1848–1919. In: European Studies Review 6, 1976, S. 297–330

105 Bei einer Gelegenheit gab es tatsächlich eine, wenn auch begrenzte, Übereinkunft zwischen Ordnern und Polizei: Als die Kolonne, die zu Dr. Bur-

chards Haus marschiert war, bei ihrer Rückkehr in der Stadtmitte feststellen mußte, daß ihr von Polizeikordons der Weg blockiert wurde, gelang es ihren Anführern, die Polizei zu überreden, sie ungehindert durchzulassen, mit der Zusicherung, daß sie sich friedlich verhalten würden (s. S3496: Hamburger Fremdenblatt, 19. Januar 1906; Hamburger Echo, 21. Januar 1906). Wie die Bemühungen der Ordner, die Menge nach 21 Uhr zu zerstreuen, läßt dieser Vorfall auf eine Bereitschaft schließen, mit der Polizei zu verhandeln. Dieser gelang es schließlich jedoch nicht, das zu ihrem Vorteil zu nutzen

106 Seemann, Die Kämpfe der Hamburger Arbeiter, S. 98–100

107 Es muß jedoch hinzugefügt werden, daß sich im Jahr 1918 viele ehemalige Soldaten in der Menge befanden. Außerdem war die relative Stärke der Polizei vom Krieg erschöpft. Zwischen 1914 und 1918 war es hauptsächlich die Armee, die innerhalb der Grenzen Deutschlands für Recht und Ordnung sorgte. Auch waren im Jahr 1918 Waffen und Munition leicht zu beschaffen, für die Demonstranten im Jahr 1906 waren diese noch völlig unerreichbar. Vgl. Ullrich, Die Hamburger Arbeiterbewegung

108 Popert, Helmut Harringa, S. 260–270

109 Roger Chickering: We Men who feel most German. Boston, Mass., 1984

110 Vgl. dazu Ulrich Wyrwa: Branntwein und «echtes» Bier. Die Trinkkultur der Hamburger Arbeiter im 19. Jahrhundert. Hamburg 1990, S. 226; Manfred Hübner: Zwischen Alkohol und Abstinenz. Trinksitten und Alkoholfrage im deutschen Proletariat bis 1914. Berlin 1988; James S. Roberts: Drink, Temperance and the Working Class in Nineteenth-Century Germany. Winchester, Mass., 1984

111 Detlev J. K. Peukert: Arbeitslager und Jugend-KZ: Die «Behandlung Gemeinschaftsfremder» im Dritten Reich. In: D. J. K. Peukert und Jürgen Reulecke (Hg.): Die Reihen fest geschlossen. Beiträge zur Geschichte des Alltags unterm Nationalsozialismus. Wuppertal 1981, S. 413–434; Norbert Frei: Der Führerstaat. Nationalsozialistische Herrschaft 1933 bis 1945. München 1987, S. 202–208

Anmerkungen zur «Schlußbetrachtung»

1 Michel Foucault: Überwachen und Strafen. Die Geburt des Gefängnisses. Frankfurt/Main 1976

2 Dirk Blasius: Michel Foucaults «denkende» Betrachtung der Geschichte. In: Kriminalsoziologische Bibliographie 41, 1983, S. 69–83. Darin wird Foucaults Werk aus der Sicht eines Historikers kritisiert. Vgl. außerdem: Michelle Perrot (Hg.): L'impossible prison. Recherches sur le système pénitentiaire au XIXe siècle. Paris 1980. Diese Darstellung enthält eine Auseinandersetzung zwischen Foucault und den Historikern; sowie Lawrence Stone: An

Exchange with Michel Foucault. In: The New York Review of Books, 21. März 1983, S. 42; Stephan Breuer: Foucaults Theorie der Disziplinargesellschaft. Eine Zwischenbilanz. In: Leviathan 15, 1987, S. 319–337; David Garland: Punishment and Modern Society. A Study in Social Theory. Oxford 1990, S. 153–163

3 Vgl. James Miller: The Passion of Michel Foucault. London 1993. Eine ausführliche Diskussion dieser Argumente findet sich in: Richard J. Evans: Rituals of Retribution. Capital Punishment in Germany 1600–1987. Oxford 1996, S. 880–891

4 Zu Spekulationen über die politischen Konsequenzen volkstümlicher populärer Kriminalität vgl. Dirk Blasius: Kriminalität und Alltag. Zur Konfliktgeschichte des Alltagslebens im 19. Jahrhundert. Göttingen 1978, S. 75–78; sowie Carsten Küther: Räuber und Gauner in Deutschland. Das organisierte Bandenwesen im 18. Jahrhundert. Göttingen 1976, S. 120

5 Vgl. insbesondere Küther, Räuber und Gauner; Werner Danckert: Unehrliche Leute. Die verfemten Berufe. Bern 1963; Richard von Dülmen: Der infame Mensch. Unehrliche Arbeit und soziale Ausgrenzung in der Frühen Neuzeit. In: ders. (Hg.): Arbeit, Frömmigkeit und Eigensinn. Frankfurt/Main 1988; Jutta Nowosadtko: Die Ehre, die Unehre und das Staatsinteresse. Konzepte und Funktionen von «Unehrlichkeit» im historischen Wandel am Beispiel des Kurfürstentums Bayern. In: Geschichte in Wissenschaft und Unterricht 44, 1993, S. 362–381

6 Bob Scribner: The Mordbrenner Fear in Sixteenth-Century Germany: Political Paranoia or the Revenge of the Outcast? In: Richard J. Evans (Hg.): The German Underworld. Deviants and Outcasts in German History. London 1988, S. 29–47; Michael Kunze: Straße ins Feuer. Vom Leben und Sterben in der Zeit des Hexenwahns. München 1982

7 Raymond B. Fosdick: European Police Systems. New York 1914

8 Dirk Blasius: Bürgerliche Gesellschaft und Kriminalität. Zur Sozialgeschichte Preußens im Vormärz. Göttingen 1976; Eric A. Johnson: Urbanization and Crime. Germany 1871–1914. New York 1995

9 Richard J. Evans: In Search of German Social Darwinism: History and Historiography of a Concept. In: Manfred Berg und Geoffrey Cocks (Hg.): Medicine and Modernity. Public Health and Medical Care in 19th- and 20th-Century Germany. New York 1997, S. 55–79

Sachregister